HR

HUMAN RESOURCE MANAGEMENT

人力资源管理译丛

劳动经济学（第10版）

Contemporary Labor Economics

(Tenth Edition)

坎贝尔·麦康奈尔（Campbell R. McConnell）
斯坦利·布鲁（Stanley L. Brue） 著
戴维·麦克弗森（David A. Macpherson）

徐卞龙 杨伟国 等 译

杨伟国 译校

中国人民大学出版社

·北京·

译者前言

我国正处于决胜全面建成小康社会的新时代，我们面临的劳动问题比以往任何时候都更复杂、更富挑战性。为更好地理解数以亿计的农村剩余劳动力转移、世界独特的民工潮与民工荒、人工智能对劳动力的替代、互联网时代的劳动力流动，以及基于地域、所有制、户籍的劳动力工资结构差异及收入不平等等劳动问题，学习与研究劳动经济学理论与实务显得十分重要和紧迫。为了给劳动经济学研习者提供一本实用且易懂的劳动经济学著作，我们翻译了美国著名经济学家坎贝尔·康纳奈尔、斯坦利·布鲁、戴维·麦克弗森合著的《劳动经济学》。

《劳动经济学》不仅涵盖了劳动力供给与需求、就业与工资、人力资本投资等劳动经济学的老问题，还与时俱进地论述了当代劳动经济学的新问题，使读者从中既能学习到劳动经济学的经典理论，又能了解劳动经济学的最新发展动向。因此，该书自面世以来深受读者喜爱，多次再版，成为全球最受欢迎的劳动经济学教材之一。本中译本基于原著第10版翻译而来。

从内容上看，本书除了对经典的劳动力配置效率、委托-代理问题与新人事经济学、工资结构、工会及政府对劳动力市场的影响、劳动力市场歧视与反歧视政策、企业内部与外部工作搜寻、个人收入分配、劳动生产率以及失业问题展开了独到的分析之外，还增加了经济危机、公共政策、劳动力供给新变化等新话题和扩展讨论，并结合时代变迁增加了14个反映劳动经济学最新发展动态的“工作世界”专栏。从结构上看，本书的组织结构逻辑性很强，章与章、节与节之间的衔接十分顺畅、连贯，每一章节的内容安排都遵循从微观到宏观、从简单理论到复杂现实、从理论分析到政策建议的逻辑思路。从教学上看，本书提供了多样化的教学设计。学习目标、章后小结、关键术语和概念、术语表、开放式的自由讨论题和计算题、网络练习和网络链接、历史统计数据等样样俱全。此外，本书还配有大量的教学辅助资料，如教师手册、PPT等。

本书的翻译由翻译团队全体成员协作完成。初译稿的具体分工如下：谢欢，前言和附录；王琦，第1章；唐聪聪，第2章；李欣，第3章；张含，第4章；万洁菲，第5章；王童，第6章；张瀚予，第7章；杨云超，第8章；张袁新一，第9章；尹梦芳，第10章；任婕柠，第11章；李光耀，第12章；宁探，第13章；卢川，第14章；齐洪昌，第17章；赵建波，第18章；徐玉龙，第15和16章、附表、术语表、快速回顾思考题答案。徐玉龙、杨伟国在初译稿的基础上对全书进行统译，确保术语的一致性和理论表述的准确性。杨伟国最后对全书审校并定稿。

我们力求能将原著原汁原味地呈现给读者，但是由于译者水平有限，翻译不当之处在所难免，恳请读者不吝赐教。最后感谢中国人民大学出版社各位编辑老师的辛勤付出和耐心包容。

杨伟国　徐玉龙

前　言

背景和目的

编写教材的好处在于能够及时根据市场背景的变化，对教材进行修订。修订的目的是使教材得到改进——删除过时的信息，修正错误和遗漏的信息，重写那些存在误导性或易混淆的陈述，引入更多相关的例证和最新的数据，更新教材结构，提高教学辅助作用。总而言之，修订的目的在于构建更易被读者接受的教材框架。阅读过《劳动经济学（第10版）》的读者能够体会上述变化。

我们编写此书的目的仍然是保持"新"劳动经济学的逻辑性和可读性。我们的重点是关注劳动经济学对宏观、微观经济理论的应用，当然也保留了诸如劳动法、工会结构、集体谈判等传统话题。本书的编写建立在这样的假设上：劳动经济学不再是分析经济学的边缘领域，而是分析经济学的重要组成部分。

本教材中所使用的分析方法适用于已经系统地学习过宏微观经济学标准课程的本科生。本书设定为一学期或者半学期的课程，加上一些适当的补充材料可作为两学期的课程。

第10版

新版本包含了许多重大变化，其中一些修订来自同事和学生的建议，感谢他们对以往各版本及新版本所提出的宝贵意见。

新话题和扩展讨论

新的、修订的以及扩展的各类讨论贯穿第10版。以下是其中一些重要的变化：

● 经济危机：加入了许多关于经济危机的讨论，例如，公共部门工会带来的挑战（第10章）；汽车制造商中的汽车工人联合会（第11章）；在经济衰退期大学毕业的效果（第18章）。第10版同时更新了教材中的很多过时数据。

● 公共政策：增加了一系列有关公共政策的讨论，包括卫生医疗改革、公共部门工会、进口、移民、大学财政援助以及失业政策等。

● 劳动力供给的最新变化：对当前已婚及单身女性劳动力供给下降、老年男性劳动力供给增加的现象进行了讨论。

新"工作世界"专栏

第10版中加入了14个新的"工作世界"专栏，例如："纽约出租车司机的劳动力供给”，“更多的大学生就业；女性劳动力供给的逆转”，“为什么女性很少在纽约工作，而大部分在明尼阿波尼斯工作?”，“大学除金钱之外还带来了什么?”，“美国邮政服务工作者的快速消失”，“中国综合征”，“健康保险改革和‘工作锁定’”，“运动既使你荷包满满又使你身心健康?”，“迁移地区流动的下降”，“公共部门工会的变化”，“谈判桌两端的汽车工会”，“工作搜寻与软件筛选”和“在经济衰退期大学毕业的效果”。

结构和内容

本书涉及了从微观到宏观的各类话题。图1-1及第1章的概述大致描绘了本书的框架，因此请更多关注图1-1及随后的讨论。我们也认识到了解其他章节的顺序对于获知本书的框架也是有帮助的。当然，本书各类主题的呈现方式体现了作者的偏好。教师们可根据自己的实际情况，选择合适的章节授课。

特　色

毫不谦虚地说，我们认为这一版本的教材与同领域的其他书籍相比较，具有以下特色。

内容

从内容上说，第6章及其他章节对配置效率的探讨是独特的，对效率的强调使学生们明白社会应关注劳动力市场是如何运作的。第7章将委托-代理理论及新人事经济学结合在一起。第8章关于工资结构的内容，由于对工资差异理论全面系统的介绍以及对享乐工资理论简明扼要的陈述而得到了学者的一致认可。第10～13章有关工会、政府对劳动力市场影响的综合分析也使本书与众不同。

第14章分析了劳动力市场的歧视与反歧视政策。第15章探讨了企业内部和外部的工作搜寻问题。第16章集中讨论个人收入分配问题，而不是通常对收入分配和贫困问题的讨论。我们相信将这种方法应用到劳动经济学的教材中更合适。有关劳动生产率的讨论在其他教材中已逐渐被忽略或只占一小部分内容，而本书的第17章对这一问题进行了专题研究。第18章运用存量-流量模型和总需求-总供给模型，考察了自然失业和周期性失业问题。最后的附录提供了很多有用的信息来源，帮助读者深入理解教材内容。

结构和安排

我们十分强调教材结构的逻辑性，不仅章与章之间，而且每一章内部的节与节之间的衔接也很注意逻辑安排。每一部分内容都是按照从微观到宏观、从简单理论到现实应用、从分析到政策的逻辑进行安排的。总而言之，我们花了大量的时间进行章节的最佳安排，同时对次标题的文字描述也尽量精准严谨，这使得学生能够始终清楚内容的结构安排和发展方向。

对大多数学生来说，劳动经济学的很多问题都极富智力挑战。为了不让学生被一些晦涩难懂的语言所限制，帮助学生更好地理解本书内容，我们十分注意写作的清晰性、直接性和条理性，目的是让那些受过有限经济学训练的大学生能够理解本书的内容。

教学特征

为了便于学生理解，我们对教学安排进行了合理设置。第一，每章开始的简介是对该章目标的陈述，并将前后章节衔接起来。第二，每章最后的总结简要地概述了该章的要点。第三，在本书最后附有全书的术语汇编。第四，每章后面列出了大量的习题，用来考查学生对书中基本概念的认识和理解。第五，每章还包含一到两个网络练习题，帮助学生提高对教材的理解以及获取最新数据。第六，在教材的最后为学生和教师列出了相关的历史统计资料。第七，每章的“快速回顾”能够帮助学生区分要点和备考。此外，正如前面所说的，根据附录中的书目单及延伸讨论，有兴趣的读者可更新书中的统计资料，并在课外获取更多知识。最后，我们在本版的教材中给出了几十篇“工作世界”短文。

教师手册

教师手册由 David Macpherson 编写，内容丰富，包含了章节框架和学习目标，以及各章后习题的答案。

幻灯片

每章都提供了大量幻灯片，这些幻灯片运用动画方式强调了各章的重点和难点。幻灯片可在本教材的在线学习中心下载。

网站

教师和学生可从网站（www. mhhe. com/mcconnellCLE10e）获取大量补充资料。其中包括密码保护模式的教师手册、幻灯片及包含教材中大量图表和图片的数字图书馆等。

目 录

第1章 劳动经济学：导言和概览

经济学的核心问题渗透在它的各个细化分支里。这个核心问题就是，生产资源是相对稀缺的，而社会的物质需求超出了我们的生产能力，这里的需求包括消费者、企业、政府部门对产品或服务的需求。也就是说，我们的经济系统无法满足个体和机构"想要"的所有产品和服务。因为绝对的物质丰富不可能达到，因此社会必须选择生产什么、如何生产以及如何分配。经济学就是对于这种规则或原则的探究，以帮助人们做出理性的和有效率的选择。因为资源有限而需求无限，社会需要尽可能有效率地管理资源以最大限度满足这些需求。当然，劳动是社会稀缺的生产资源之一，本书集中探讨劳动资源的有效率使用。**劳动经济学**（labor economics）考察劳动力市场的组织、运行和结果，现实的和潜在的劳动力市场参与者的决策，以及与就业和劳动力报酬有关的公共政策。

1.1 作为一门学科的劳动经济学

一个只关乎劳动这一特殊领域的经济学何以成为一门学科呢？劳动经济学为何如此重要，以至于被单独列为一个研究领域？对于这些问题有许多答案。

1.1.1 社会经济因素

首先，支持劳动经济学重要性的论据随处可见。只要瞥一眼报刊头条，便可以看到与劳动经济学相关的话题："国会议员呼吁提高最低工资""通用汽车裁员""劳动生产率大幅提升""卡车司机工资大幅上涨""工资不平等加剧""失业式复苏""自由贸易协定：促进还是抑制就业？""工作场所安全设施改进""性别歧视受到指控""更多单身父母加入劳动力大军""非法移民持续增加""高管薪酬遭到质疑""工作机会被外国人抢占"等。

不仅如此，劳动经济学还能帮助我们理解过去几十年中社会经济趋势形成的原因及导致的结果，如服务业就业迅速增长、女性员工数量激增、劳动力中工会成员比例的迅速下降、近年美国移民的增加、劳动力市场全球化扩张等问题。

1.1.2 数量上的重要性

证明劳动经济学重要性的另一论据体现在数量方面。在美国，大约65%的国民收入以工资或薪金的形式付给了工人。具有讽刺意味的是，在资本主义经济中，主要的国民收入来源竟然不是资本收入（利润、租金、利息），而是工资！在大多数美国家庭中，收入主要来源于提供劳动服务所取得的报酬。从数量上看，劳动力是我们最重要的经济资源。

1.1.3 独特性

最后，劳动力市场中劳动力的“买”“卖”具有独特性，值得我们单独研究。同产品市场交易相比，劳动力市场交易存在许多不同。著名的英国经济学家阿尔弗雷德·马歇尔（Alfred Marshall）简明扼要地说明了这一点：

> 砖块被用于建造宫殿还是下水道对砖块的卖方来说不重要；但对于承担一定难度工作任务的劳动力“卖方”来说，“如何使用劳动”这一问题至关重要，他一定关心工作场所是否卫生、令人愉悦，同事是否称心。[①]

或者如另一位近期的观察家所说：

> 劳动力市场是一个内容丰富且复杂的领域。当工人谋得一份工作，他希望赚得工资，也同样关心工资增长率、附加福利、风险程度、退休惯例、养老金、晋升及解雇条款、工龄权利以及员工申诉程序等。为此，他必须放弃一些时间，而企业也常常要求他提高技能、培训其他工人、付出体力和脑力以及服从企业对他的时间安排等。[②]

劳动力市场的复杂性意味着，当把经济学上的供给、需求概念应用到劳动力市场时，我们必须做出大幅的修正。供给方面，工人“租给”雇主的劳动服务与工人自身是分不开的。因为工人必须花费一定时间，如每周40小时来提供劳动服务，因此职位的非货币因素就显得非常重要。货币报酬之外，工人还对工作的健康和安全特征、辛苦程度、稳定性、培训提升机会等感兴趣。这些非货币因素也许同货币报酬同样重要。实际上，工人的社会地位、自尊、经济独立性也可能正取决于他在劳动力市场上的可用性。因此，工人的劳动力供给决策要比产品市场上的供给概念复杂得多。

与之类似，在产品市场上，产品需求取决于产品提供的满意度或效用，而劳动力的需求则取决于它的贡献——在产品生产或服务提供上的生产率。对于某种类型劳动力的需求源于对特定产品的需求。因为有对汽车的需求，所以产生对汽车生产工人的需求。因为需要会计服务，因此产生对会计人员的需求。因此，对于劳动力的需求是“间接需求”或“引致需求”。

---

① Alfred Marshall, *Principles of Economics*, 8th ed. (London: Macmillan and Co., Limited, 1938), p. 566.

② H. Lorne Carmichael, "Self-Enforcing Contracts, Shirking, and Life Cycle Incentives," *Journal of Economic Perspectives*, Fall 1989, p. 65.

需要强调的是，理解劳动力市场的前提是对劳动力供给、需求的特殊性理解到位。特定的制度性因素影响着劳动力市场的运行，如工会、集体谈判、最低工资、职业许可、歧视等，这些都值得我们特别关注。

1.2　“旧式”和“新式”

劳动经济学历来被当作研究重点，但在过去几十年中，该领域的研究内容和课题发生了很大变化。当你走进图书馆查阅 25 年前或 30 年前出版的劳动领域文献，你会发现它多是描述性的和史实性的。它或是侧重于劳工运动的历史、劳动法和重要法庭判例的记述，或是关于工会的体制结构、集体谈判协定的范围与内容。简而言之，“旧式”的劳动领域研究是描述性的，侧重于历史发展、事实、制度和法律因素。这种研究视角产生的主要原因之一在于，劳动力市场太过复杂以至于不适合进行经济分析。的确，劳动力市场和失业问题引发了我们的关注，然而所做的深入分析太少了。

最近几十年，这种状况发生了显著变化。在劳动力市场和劳动问题分析上，经济学家取得了重大突破。经济分析跳出了历史、制度、法律以及轶事材料的框架。劳动经济学渐渐成为宏观和微观经济学理论的具体应用。本书集中探讨关于“新式”劳动经济学的技术和理解。然而，这不意味着全部舍弃那些“描述性”部分。如前文所述，劳动力市场独特的制度性特征正是劳动经济学成为独立分支的原因之一。我们的焦点是将经济分析方法应用于劳动力市场和劳动问题。

1.3　经济学视角

劳动经济学使用“选择理论”来分析、预测劳动力市场参与者的行为以及劳动力市场活动的结果。它试图回答这些问题：为什么一些人决定工作而其他人决定不工作？为什么有些潜在的劳动力市场参与者决定上大学而推迟进入劳动力市场？为什么一些雇主雇佣较少工人而使用较多资本，而另一些雇主恰恰相反？为什么在经济衰退期，企业解雇一部分员工而留用另一部分？劳动经济学家也研究劳动力市场中各种选择带来的不同结果：为什么一些工人每小时赚 9 美元而另一部分工人每小时赚 20 美元或 50 美元？为什么过去几十年来女性以创纪录的规模进入劳动力市场？移民对于当地工人的工资是否产生影响，影响如何？

简而言之，劳动经济学专注于选择——为什么做出这样的选择以及该选择如何导致特定的结果。因此，了解**经济学视角**（economic perspective）下隐含的三个假定非常重要。

1.3.1　相对稀缺

我们知道，相对于社会中无数个体和群体的需求而言，土地、劳动、资本、企业家这些资源是稀缺的和有限的。资源的相对有限要求社会必须决定资源如何配置、为何种目的而配置。同样，个人也面临着时间和可支配收入的相对稀缺。例如，他们必须决定要用多长时间从事有酬工作，多长时间用于家务劳动，多长时间用于闲暇。必须决定为了未来获得更高的收入，应放弃多少当前收入（产品或服务）。必须决定购买哪些产品或服务、放弃哪些产品或服务。资源（时间、个人收入、社会资源）的相对稀缺是经济学视角下的一个基本要素。

1.3.2 有目的性的行为

因为资源的相对稀缺性，我们无法满足我们的所有需求而被迫做出取舍。对于每项决策，例如延长工作时间或服兵役计划，我们都有得有失。这里的损失——如放弃的闲暇、放弃的个人产出——叫做机会成本。

经济学视角假定人们会将成本和预期收益相比较。例如，一个工人会在增加一小时工作所获得的效用（收入）和放弃闲暇的代价间做出权衡，一个企业会在多雇佣一名员工所增加的利润和工资支出间进行比较，等等。因此，当代劳动经济学在劳动力市场行为、制度设计背后寻求“目的”或是起支配作用的理性因素。资源的稀缺使选择成为必须，在经济学视角下，我们认为这些选择都是有目的性的，而不是随机、拍脑袋的结果。

然而，我们说劳动力市场参与者理性行事，并不意味着他们总能实现预期目标。未被充分处理的信息、预期之外事情的发生、其他人的选择都会正向或反向地影响我们选择的结果。但是，即使某项决策事后证明是糟糕的，它在制定时也是带着对净收益的良好预期。

1.3.3 适应性

因为资源相对稀缺，人们被迫做出选择；因为选择是有目的性的，劳动力市场参与者根据预期的成本和收益来做出反应。一些工人会在工资率变化时改变工作时间。很少有人会在培训费用上涨或受训技能报酬下降时选择参与培训。当企业产品的市场需求变化时，它们会调整雇佣量。一些工人会从工资低的区域向劳动力需求显著增长从而工资大幅上涨的地区迁移。工会领导会在经济衰退或工会成员失业率攀升时降低工资要求。再次重申，经济学视角假定，当预期成本和预期收益发生变化时，工人、雇主以及其他劳动力市场参与者会适应、调整、改变他们的行为来应对。当代劳动经济学对这些行为反应进行整理，寻找可供预测的模式，从而促进我们对经济的理解。

经济学视角下的三个假定——资源相对于需求的稀缺性、基于成本收益比较的目的性行为，以及环境变化下行为的适应性——构成本书论述的基础。

◆ 快速回顾 1-1

劳动经济学考察劳动力市场的组织、运行和结果，当前和潜在的劳动力市场参与者的决策，以及关于雇佣和劳动力报酬的公共政策。

“新式”劳动经济学采用经济学分析方法，假定资源相对于需求的稀缺性、个体通过比较成本收益进行选择，以及人们会对激励或抑制因素做出反应。

思考题

下列两种说法中，哪种更好地体现了经济学视角？“即便没有养老金，大多数美国工人也会选择在65岁退休，因为这是习惯上的退休年龄。”“大多数美国工人会选择在65岁退休，因为在这个年龄能合法地取得养老金和全部社会保障金。”（答案：参见书末。）

工作世界1-1

加里·贝克尔：诺贝尔奖桂冠

当芝加哥大学的加里·贝克尔（Gary Becker）被提名为1992年诺贝尔经济学奖获得者时，很少有经济学家感到吃惊。与其他当代经济学家不同，贝克尔扩展了经济分析的边界。

在贝克尔的理论中，他假定个体和家庭为了最大化他们的效用而做出目的性的决策，且这些决策是与激励密切相关的。他的基础性贡献在于将这一理论应用到人类行为上，而传统上认为，这一领域是无法进行经济分析的。

贝克尔关于婚姻的理论就是很好的例证。他提出，人们寻找婚姻伴侣和寻找工作或买东西的道理如出一辙。在结婚前，情侣间远远没有获得对方的全部信息。在某种程度上，获取更多信息的成本超出了其带来的收益，这里的主要成本就是放弃的结婚收益。然而，结婚几个月或几年后，人们才了解了配偶的人格、特征等。在某些情况下，这些新信息使双方陷入不怎么乐观的境地，从而结束最初认为最优化的婚姻而离婚。

贝克尔将家庭看作一个小工厂，它在劳动力市场劳动、家庭生产和家庭消费间分配时间，来生产可带来效用的“商品”（第3章）。当养育孩子带来的“价格”上升，家庭倾向于养育较少的孩子，这里的孩子可看作时间密集型的“耐用品”，其“价格”的主要部分在于由养育孩子而放弃的收入。

贝克尔的人力资本理论（第4章）认为，人们投资于教育和培训的决策类似于企业投资实物资本的决策。贝克尔将这个理论用于犯罪分析，他认为罪犯会在犯罪和正常的劳动力市场工作间做出理性选择。和普通人一样，他们也是通过衡量成本、收益来应对变化。贝克尔分析了劳动力市场歧视（第14章），认为歧视者的选择体现了他的偏好或“口味”。

因为贝克尔涉足了传统的社会学、人类学、人口统计学、法学这些领域，人们称他为“经济帝国主义者”（支持者和反对者都这么认为）。正如萨默斯（Summers）所说，毫无疑问，贝克尔“对经济学的未来产生了深远的影响，因为他对经济分析的适用范围、边界和解释力进行了拓展，这在几十年前看来是令人难以置信的”。

资料来源：Lawrence Summers，as quoted in “An Economist for the Common Man,” *BusinessWeek*，October 26，1992. For a more thorough review of Becker's contributions，see Stanley L. Brue and Randy R. Grant，*The Evolution of Economic Thought*，8th ed.（Mason OH：Thomson-South-Western，2013）.

1.4 概 览

在进入具体问题讨论之前，我们稍作停顿，对本研究领域做一概览。由于两个密切相关的原因，本概览非常有用。第一，它提供了方向感。特别是揭示了各章顺序安排的内在逻辑。第二，它展示了任何一个特定章的议题是如何与其他章关联的。[①]

图 1－1 向我们展现了本书的基本架构。从左到右看，我们注意到劳动经济学的大多数议题都能比较恰当地归属在宏观或微观门下。**微观经济学**（microeconomics）涉及个体经济单位的决策以及特定市场的运行。而**宏观经济学**（macroeconomics）涉及作为整体的经济以及构成整个经济的基本总量。某个特定市场上的工资率和雇佣水平决定显然属于微观领域，如奥什科什的木匠市场或奥科博吉的零售职员市场。与之相对，实际工资的平均水平、总的就业和失业水平以及整体工资水平则是宏观议题。因为有些话题介于微观和宏观之间，部分章会同时涉及这两个方面。然而，从总体上看，第 2～15 章的内容主要是微观问题，第 16～18 章主要是宏观问题。

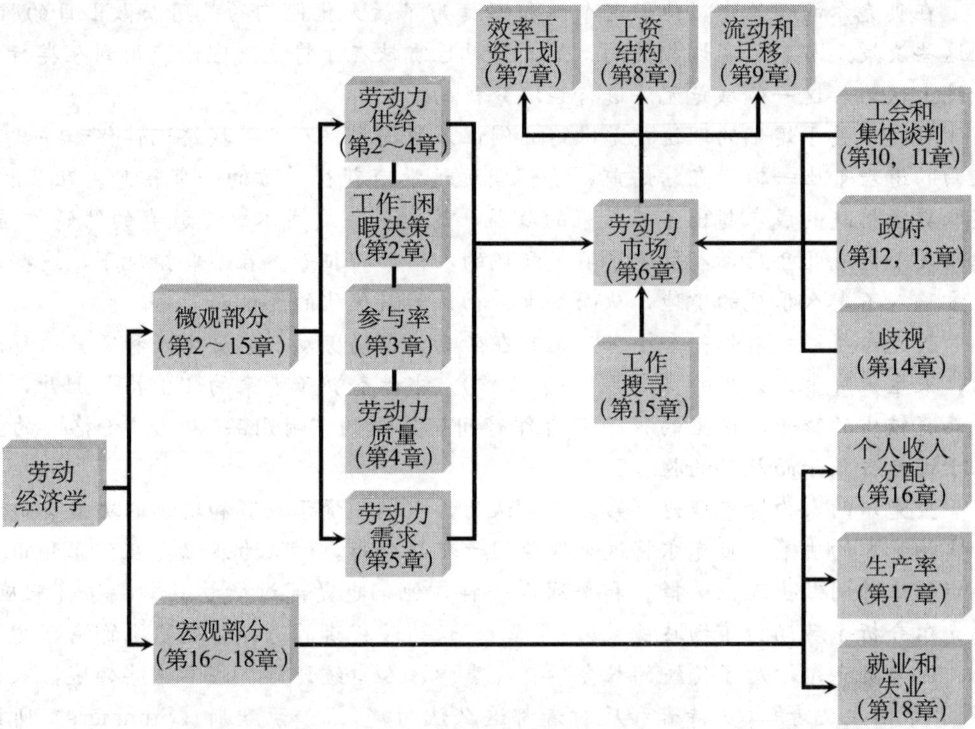

图 1－1　劳动经济学概览

注：本图展示了本书各章是如何在宏观经济问题和微观经济问题两个层面划分的。微观部分集中讲述劳动力供给和需求的决定因素，以及在不同的劳动力市场中，供给、需求如何相互作用从而决定工资率和雇佣量。在这些劳动力市场中，报酬的类型和结构（工资结构）是既定的。部分工资差异持续存在，另 部分则在劳动力流动、迁移的影响下逐渐消失。工会、政府、歧视都会作用于供给或需求从而影响劳动力市场。宏观部分则重点关注劳动力市场的总量层面，尤其是收入分配、劳动生产率和总就业水平。

图 1－1 再度强调了微观经济学重视个体市场。

第 2～6 章的目标是提出并整合构成劳动力供给与需求分析基础的相关概念。

第 2 章考察简单的劳动力供给理论，分析决定一个人是否加入劳动力市场的基本

① 本书所涵盖的经济学话题比大多数教师在单一课程中涉及的内容要多。而且，需要注意的是，本书各章主题之间能以多种方式从逻辑上联系起来。

因素，以及如果加入，他对于工作时间的选择。还考察了不同付酬计划和收入保持计划对个人劳动力供给决策的影响。

第 3 章考察劳动力总供给的决定因素：人口、不同群体的劳动参与率、工作时间。特别地，我们从家庭的视角来考察劳动力供给，探讨已婚女性劳动参与率迅速上升的原因。

第 4 章从质的视角介绍劳动力供给。工人经过培训可以提高劳动生产率，因此，在第 4 章中，我们考察人力资本投资——也就是教育和培训的决策问题，并解释了为什么不同个体进行不同量的人力资本投资是理性的。

第 5 章转向劳动力市场的需求层面。在这里，我们系统地推导出劳动力短期需求曲线，并解释该曲线在竞争性厂商和非竞争性厂商间的不同。此外，我们还探讨了长期劳动力需求曲线和需求工资弹性的概念，并在此基础上探讨需求和弹性的几个简单应用。

第 6 章将劳动力供给和需求结合起来，来解释均衡工资率和雇佣量的决定。我们展示了一系列市场模型，从最基础、最完美的完全竞争市场模型到相对复杂的双头垄断和蛛网模型。因为审慎地使用稀缺资源这一点极为重要，所以第 6 章的重点是劳动力资源配置的效率问题。在一个特定的劳动力市场中，雇佣量是社会所希望的吗？如果不是，社会的效率损失在哪里？

第 7 章到第 9 章对第 6 章中谈到的工作条件和劳动力市场产出进行了重要深化和修正。

在第 6 章中，工作报酬以标准小时工资率呈现，如每小时 10 美元。在第 7 章中，我们意识到工作报酬还包括了广泛的“好处”，如健康保险、带薪假期、病假、补充养老金等。我们将讨论为什么不同员工会青睐不同的“薪酬包”。更重要的是，第 7 章还解释了怎样设计薪酬计划才能激发工人提高效率和劳动生产率。

在第 8 章我们将面对工资结构这一复杂问题。为什么不同的工人工资不同？我们发现工资差异可能源于工作环境和工作技能要求的差异、人力资本和工人工作偏好的差异以及劳动力和工作信息流动不畅等因素。

第 9 章将继续对劳动力市场进行深入探讨，解释为什么劳动力在不同雇主、职位、地区之间的流动能够提高经济效率。这一流动可以看作一项人力资本投资，并且会产生不同的经济后果。

如图 1-1 所示，第 10～15 章集中分析现实世界的各种因素，这些因素渗透到工资决定和劳动力市场运转中。特别地，在这些章中，我们考察了工会、政府和歧视对劳动力市场的影响。

第 10 章、第 11 章讲述工会和集体谈判。在第 10 章中，我们考察工会成员人口学层面的因素，讨论劳工运动的规模和制度结构，展示了工资谈判和罢工过程的模型。

在第 11 章，我们考察工会以及集体谈判对于劳动力市场运行的影响。这些讨论集中于工会对于工资、效率、生产率、企业获利能力、收入分配的影响。

政府通过直接和微妙的方式影响劳动力市场是第 12 章和第 13 章的主题。第 12 章将政府当作一个直接的劳动力雇佣者，探索政府财政是如何影响劳动力市场的。特别地，我们会探究政府支出和税收如何改变工资和雇佣水平。在第 13 章中，我们将注意力转向法律规制和政府规制对劳动力市场的影响。例如，最低工资立法以及涉及工人健康和安全的规章条例背后的深层含义。

除了工会和政府，歧视性“制度”对劳动力市场的影响也相当大。因此，第14章提供了种族、性别工资差异的事实和数据，介绍了几个种族和性别歧视模型，并在此基础上讨论了可观察到的种族、性别工资差异有多少应归因于歧视。此外，第14章还详细考察了反歧视政策和问题。

工作搜寻行为对失业和经济效率等问题有重要影响。因此，第15章着力考察企业内外部的工作搜寻问题。

第16～18章主要考察宏观方面的问题和劳动力市场运行结果。

个人收入分配是第16章的主题。第16章讨论描述整体收入分配和衡量不平等的不同方法，对收入模式进行解释，并讨论了诸如收入分配中的转移程度以及近来收入差距呈扩大趋势等相关话题。

第17章考察劳动生产率。劳动生产率之所以非常重要，是因为实际工资的平均水平——也就是生活水平与其密切相关。我们会考察促进生产率提升的因素，以及在商业周期中发生的生产率的系统性改变。体现在价格上的生产率变化和就业水平之间的关系也在第17章得到解释。

第18章讨论失业问题。不仅对摩擦性失业、结构性失业、周期性失业这些概念进行区分，还考察了因职业和群体特征造成的失业的分布情况，以及旨在缓解失业的公共政策设计。

工作世界 1-2

乐透中奖者：谁会辞职？

在人们决定是否参加工作时所考虑的若干因素中，货币报酬通常是首要因素。实际上，“报酬”这个词本身就意味着工人需要“补偿”或“赔偿”他们放弃闲暇带来的效用损失。

虽然我们大多数人都声称热爱工作，但从经济学的角度看，假如我们能确定无疑地得到一笔非劳动报酬，大多数人将放弃工作。简单地说，非劳动收入削弱了我们的工作动机。非劳动收入越多，我们辞掉工作的可能性越大。

《西雅图时报》(*Seattle Times*) 开展了一项针对华盛顿州乐透中奖者的调查，调查结果支持了我们的猜想。受访的乐透中奖者中，有3/4在他们中奖时是有工作的。

经过观察我们发现，中奖额较小的人倾向于继续工作。在100万美元的中奖额下，只有7%选择辞职。我们注意到，100万美元是以每年40 000美元，分20年给付的，且每年10 000美元要被扣作税收。相反，那些中大奖的人更可能辞掉工作。400万美元及以上的中奖者中，77%会选择辞职。从下图中可以看出，中奖额度越大，退出劳动力市场的比例越高。*

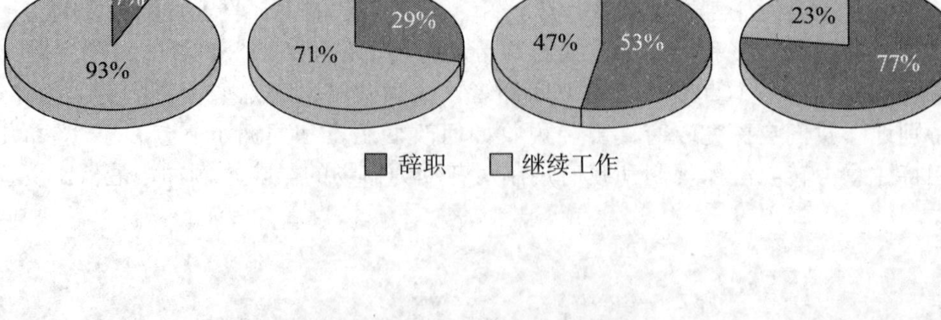

* 一项更大规模的调查结果也对这个结论进行了印证。参见 Guido W. Imbens，Donald B. Rubin，and Bruce Sacerdote，"Estimating the Effects of Unlearned Income on Labor Supply，Earnings，Savings，and Consumption：Evidence from a Survey of Lottery Players，" *American Economic Review*，September 2001，pp. 778-94。

资料来源：Jack Broom，"Lotto Winners—Unlike Fantasy，most Jackpot Winners Don't Say，'Take This Job and Shove It，'" *Seattle Times*，1999.

附录的内容没有涵盖在图 1－1 中，但它对于了解劳动经济学的未来发展、继续本领域的研究非常重要。它列出并讨论了与劳动相关的统计数据来源，讨论了本领域的文献以及学术性和非学术性期刊，列出了劳动经济学领域的高级教材，同时，还一并列出了与劳动关系、集体谈判和劳动法密切相关的一些书籍。要完成课程论文或其他写作任务的学生在一开始就应该读这一部分。附录中的表 A－1 列举了你可能感兴趣的一些论文主题。

1.5 收 益

你能从学习劳动经济学的过程中获得什么好处呢？无论个人还是社会，都能从劳动经济学的学习中获益。劳动经济学领域的信息和分析工具有助于我们做出与劳动力市场相关的个人和管理决策。此外，掌握劳动经济学能使你成为对劳动力市场问题和政策理解更为全面深入的公民和选民。

1.5.1 个人视角

从个人视角来看，大多数读者已经是劳动力市场的一员。你也许已经做过暑期工、兼职，在家庭农场或学校实习过。你们中的大多数人将从劳动力市场中获得你们的大部分收入。因此，本书涵盖的大部分话题都与你直接相关。诸如工作搜寻、失业、移民、歧视、工会、劳动生产率等话题，虽然我们只列举了一部分，但这些话题都具有新的意义和关联性。例如，如果你成为一名公立学校教师或公务员，对于加入工会，你个人希望从中获得多少薪水和附加福利？大学教育在何种程度上能使你获得高收入？这就是说，你期待一个多高的教育投资收益率？针对大学毕业生的劳动力市场有什么特殊性？如果你是一名女性或是少数族裔的一员，歧视会怎样影响你的求职机会和收入？与之类似，你们中的一些人可能将走向人事或劳动关系管理的岗位，掌握劳动经济学的背景知识和分析视角，将有助于你们做出有关雇佣、解雇、晋升、培训、员工薪酬等方面的管理决策。

1.5.2 社会视角

从社会视角来看，了解劳动经济学能使你成为更有知识的公民和更明智的选民。劳动经济学问题的范围和影响都很广泛。比如，应该倡导还是反对工会化？在我们的社会中，工会是积极的还是消极的力量？政府应该对经理人员、运动员和娱乐明星的高薪进行限制吗？税收结构的某一特定变化——例如，一项更具累进性质的联邦所得税——会怎样影响工作的积极性？美国政府是否应该限制将本土工作外包给海外公司或其子公司？美国的移民政策应该更宽松还是更严格？工业发达国家是否应该运用国际贸易协定来强迫发展中国家提高最低工资标准、改善工作环境以及达到其他劳动标准？应该给予正规教育和职业教育更多还是更少的公共援助？雇主付给童工低于法定最低工资标准的工资是否合理？虽然无法对这些问题做出详尽且确定的回答，但劳动经济学可以给你提供可贵的洞察力，帮助你在这些或类似的问题上形成自己的观点。

本章总结

1. 劳动和其他生产资源的相对稀缺性激励社会有效率地使用这些资源。

2. 劳动经济学的重要性体现在：(1) 当前的社会经济问题；(2) 劳动资源在数量上的支配性地位；(3) 劳动力供给和需求的独特性。

3. 过去 20 年里，劳动经济学领域更加重视经济分析，而弱化了历史、制度和法律方面的分析。

4. 经济学通常假定：(1) 劳动和其他资源是相对稀缺的；(2) 个人和机构做出理性或有目的性的决策；(3) 这些决策会随着经济环境的变化进行适应性调整。

5. 本书考察了一系列与微观经济学和宏观经济学相关的话题，概括如图 1-1 所示。

6. 了解劳动经济学的内容和分析工具有助于做出更明智的个人和社会决策。

习题和学习建议

1. 为什么经济学是一门有关“选择”的科学？解释劳动力市场中工人和雇主面对的种种选择。区分微观经济学和宏观经济学。

2. 2011 年，美国劳动力资源达 1.536 亿人，其中 1 370 万失业。鉴于这些事实，为什么经济学家还说劳动是一种稀缺资源？

3. 指出下列说法哪些属于微观经济学，哪些属于宏观经济学：

a. 2011 年，美国失业率为 8.9%。

b. 在 Sleepy Eye 谷物升降机上工作的工人每小时能挣 10 美元。

c. 过去 10 年里，美国工人整体劳动生产率年增幅超过 2%。

d. 2011 年，护士的货币或名义工资增长了 3%。

e. 印第安纳州博泽的 Alpo 狗粮厂上个月解雇了 15 名工人。

4. 为什么将产品市场上的供给、需求概念应用于劳动力市场时，应当予以修正？

5. 劳动作为一种经济资源的相对重要性体现在何处？

6. 简单比较“旧式”和“新式”劳动经济学。

7. 从经济学视角来看，劳动经济学的主要特征或假设是什么？

8. 对于以下提议，简要陈述并证明你的观点：

a. 如果工作相当，女性和少数族裔应该得到与白人男性相同的工资。

b. 美国应该禁止所有移民入境。

c. 联邦政府应采取措施以实现《1978 年汉弗莱-霍金斯法案》(Humphrey-Hawkins Act of 1978) 规定的 4%的失业率。

d. 所谓的工作权利法规定，拒绝加入工会的工人不能因此被解雇，这样的法律应该被废除。

e. 工人的健康和安全应当由劳动力市场决定，而不是由政府监管。

9. 学习劳动经济学可能给你带来哪些收益？

互联网练习

加里·贝克尔

请登录1992年诺贝尔经济学奖得主加里·贝克尔的网站（http://home.uchicago.edu/gbecker）。点击“The Becker-Posner Blog”，找出一个涉及劳动经济学问题的条目，本书的哪一章讨论了这一问题？

（网址有时会发生变动，在做各章网络练习时，如果你打开的是无效或过期链接，请查阅本书网站（www.mhhe.com/mcconnellCLE10e）获取最新的网址。）

互联网链接

诺贝尔奖电子博物馆网站（www.nobelprize.org/nobel_prizes/economics）提供了诺贝尔经济学奖得主的信息。

“开放式目录”网站（http://dmoz.org/Science/Social_Sciences/Economics/Labor_Economics）提供了许多与劳动经济学相关的链接。

第2章 个人劳动力供给理论

在劳动力供给方面，人们的选择千奇百怪。亚当斯（Adams）兼职做第二份工作，而安德森（Anderson）在其唯一的工作中经常无薪缺勤。大学生布朗（Brown）在上学的同时还从事全职工作，而其室友贝利（Bailey）则从事兼职工作，其同学布林克曼（Brinkman）压根就不工作。康韦（Conway）为抚养小孩辞掉了她的工作，而同样有小孩的科恩（Cohen）则继续在职场从事全职工作。唐妮（Downy）迅速抓住了提早退休的机会，而王（Wong）则打算工作至因年龄不能工作为止。埃文斯（Evans）喜欢加班，而艾伯特（Ebert）如果可选的话，通常会拒绝加班。弗莱明（Fleming）在工资率上升时会工作更长时间，而赫尔南德斯（Hernandez）则会削减他的工作时间。

这些千奇百怪的劳动力供给决策是如何做出的？如有可能，个人将如何决定其在劳动力市场上提供的劳动时间数量？本章的主要目的是扩展和应用个人劳动力供给基本理论来帮助解答这些问题。

2.1 工作-闲暇决策：基本模型

设想一个有一定教育和工作经验并因此拥有既定水平技能的人。此人有固定的可利用时间，他必须决定如何将自己的可利用时间在工作（劳动力市场活动）和闲暇（非劳动力市场活动）之间进行分配。在此背景下，工作是指从事有报酬工作的时间，而这里的闲暇是一个广义的概念，泛指各种各样的无报酬活动时间，如家务劳动时间以及花在消费、教育、通勤、休息、休闲等活动上的时间。

要确定个人时间在工作与闲暇之间是否得到最优分配必须具备两方面的信息：第一，我们必须了解有关个人对工作-闲暇偏好的主观心理信息，这一信息可通过无差异曲线表示；第二，我们需要预算约束线反映的客观市场信息。

全球瞭望 2-1

员工年工作时数

国家之间每年平均工作时数差异很大。比如，捷克共和国员工每年平均工作时数比德国员工多528小时。

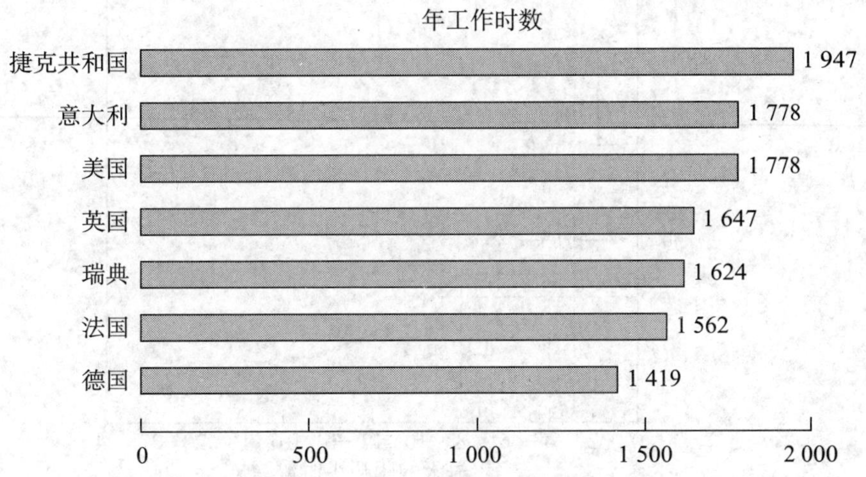

资料来源：Organization for Economic Cooperation and Development，*Employment Outlook*，July 2011，Table F.

2.1.1　无差异曲线

在进行工作-闲暇决策时，**无差异曲线**（indifference curve）表示能够给个人带来某一特定水平的效用或满足程度的实际收入与闲暇时间的各种组合，如图2-1中的曲线 I_1 所示。在图中，我们用纵轴表示每天的收入，横轴表示闲暇时间或非劳动力市场活动时间。第二根横轴告诉我们，鉴于一天只有固定的24小时，我们可以从右向左表示工时数。根据无差异曲线的定义，曲线 I_1 上任何一个表示收入与闲暇时间的组合点都具有相同的满足程度；曲线上的每一点对个人来说具有相同的效用水平。

无差异曲线具有以下几个显著特性。

■ 负斜率

无差异曲线之所以向下倾斜，是因为闲暇和通过工作获得的真实收入都是人们获得效用和满足的来源。沿着曲线向右下方移动，若要保持总效用不变，必须放弃一部分产品和服务的实际收入以获得更多的闲暇。换句话说，无差异曲线之所以向下倾斜，是因为个人增加对某一商品（闲暇）消费的同时，必须缩减对其他商品（真实收入）的消费，从而维持相同的效用水平。

■ 凸向原点

向下倾斜的无差异曲线可以是凹的，也可以是凸的，还可以是线性的。我们可以看到图2-1中的无差异曲线是凸向原点的，也就是说，当沿着无差异曲线向右下方移动时，该曲线斜率的绝对值是递减的。

为什么无差异曲线凸向原点？我们先使用通俗的语言对此特点进行说明，然

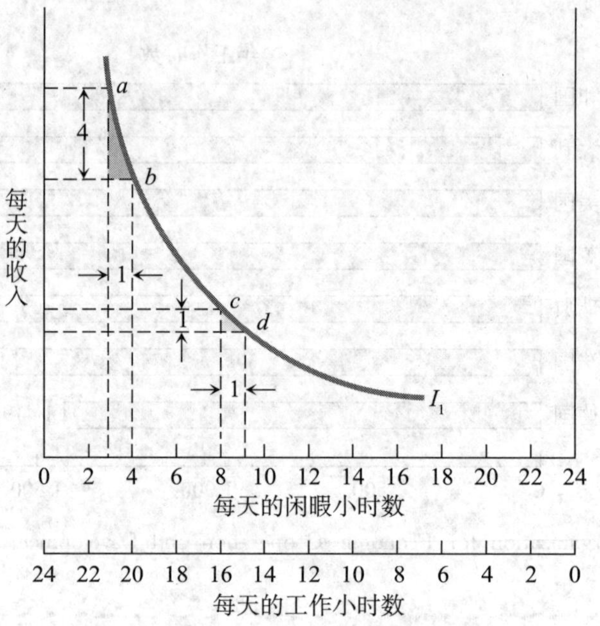

无差异曲线描述了产生某一给定总效用水平的收入（物品）与闲暇的各种组合。曲线向下倾斜是因为更多的闲暇所带来的额外效用增加必须抵消收入减少带来的效用损失，从而保持总效用不变。曲线凸向原点反映了闲暇对收入的边际替代率递减。

图 2-1　收入-闲暇无差异曲线

后再进行更加理论化的解释。对于它的解释基于以下两点考虑：第一，曲线的斜率反映了个人在收入与闲暇之间相互替代的主观意愿；第二，个人以闲暇替代收入或者以收入替代闲暇的意愿是随着初始拥有的闲暇和收入量的变化而变化的。

无差异曲线凸向原点反映了这样一个观点，即当一种物品（在此指收入）变得逐渐稀缺时，人们更加不情愿放弃它。考虑无差异曲线上的 *ab* 段，在该段上个人拥有相对较多的收入和较少的闲暇，此时他将愿意放弃相对较富裕的收入（4 单位）来换取 1 单位（即 1 小时）额外的较稀缺的闲暇。此时，额外增加的 1 小时闲暇所带来的效用完全能够弥补减少 4 单位收入所带来的效用损失。当沿着无差异曲线向下到 *cd* 段时，我们发现此人的情况有所不同，这时的收入相对稀缺而闲暇比较充足。他将只愿意以少量的收入（1 单位）来换取额外的 1 小时闲暇时间。随着获得闲暇的增多，个人为了获得更多单位的闲暇而愿意放弃的收入越来越少。因此，无差异曲线将变得越来越平坦。根据定义，曲线向右下方逐渐变得平缓，曲线是凸向原点的。

用更加理论化的形式解释，无差异曲线的斜率是以**闲暇对收入的边际替代率**（marginal rate of substitution of leisure for income，MRS L,Y）来衡量的。MRS L,Y是指用于补偿所增加的 1 单位（1 小时）闲暇个人必须放弃的收入量。尽管在图 2-1 中无差异曲线的斜率是负值，但是为了便于解释，这里对 MRS L,Y 取绝对值。这样在曲线的左上部分 MRS L,Y 较大，也就是说无差异曲线比较陡峭。在图 2-1 中画出曲线 I_1上的 *a* 点的切线可以看出，这条线的斜率就是曲线 I_1在点 *a* 的斜率。观察这个陡峭的斜率，即较大的 MRS L,Y。MRS L,Y 较大是因为此人现在拥有较多的收入和较少的闲暇。对他来说，此时收入的边际价值相对较小，闲暇的边际价值相对较大。因此，他愿意放弃较多单位的收入（4 单位）以换取额外的1 单位闲暇。

沿着无差异曲线向右下方移动，个人拥有的收入和闲暇不断发生变化，其拥有的收入越来越少而闲暇越来越多。因此，相对充足的闲暇具有的边际价值变小，而相对稀缺的收入具有的边际价值变大。此时，在图 2－1 中，画一条直线与曲线 I_1 相切于点 d，并将点 d 与点 a 的斜率进行比较，可以看出点 d 的斜率小于点 a 的斜率。这说明沿着曲线向下移动，MRS L,Y，即无差异曲线的斜率是逐渐减小的。根据定义，任何曲线若其斜率或 MRS L,Y 沿着该曲线向右下方移动逐渐变小，因此该曲线是凸向原点的。

■ 无差异曲线图

无差异曲线图对我们来说是非常有用的，如图 2－2 所示，无差异曲线图由一组无差异曲线组成。每条曲线都表示不同水平的总效用，这与地形图上反映不同海拔高度的等高线极为相似。图 2－2 中仅仅描述了可能存在的无限数量无差异曲线中的三条。收入和闲暇的每一组可能组合都会落在某一条无差异曲线上，离原点越远的曲线代表的效用水平越高。这可以通过绘制一条经过原点的 45°斜线来说明，这条线与每条无差异曲线的交点表明，离原点越远，收入和闲暇的量越大。图中 y_2I_2 的收入与闲暇组合优于 y_1I_1 组合，因为前者代表更大量的收入和闲暇。同理，y_3I_3 组合必然要比 y_2I_2 组合具有更大的总效用，等等。[①] 显而易见，个人为了实现总效用最人化，将会尽力达到其所能达到的最高无差异曲线。

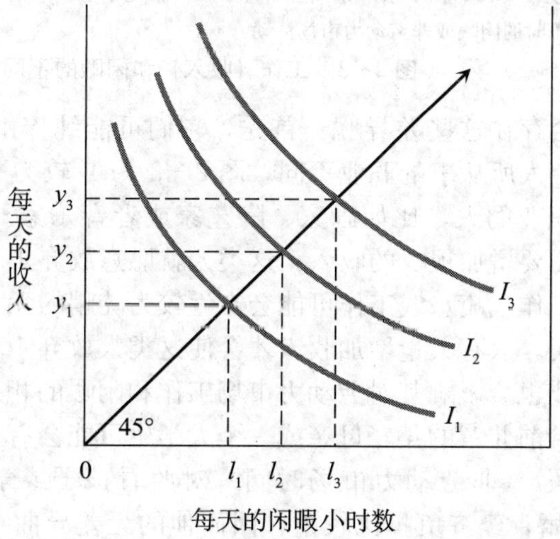

无差异曲线图由大量无差异曲线组成。每一条逐渐向右上方移动的曲线代表了更高的总效用水平。

图 2－2　收入和闲暇的无差异曲线图

① 不同的无差异曲线之间不能相交。我们知道任何一条无差异曲线上的所有点都代表同等的效用，而在其上方（或下方）的任何点都代表更高（或更低）的效用水平。如果两条无差异曲线相交，交点代表的效用水平相同，而分别处于两条曲线上的其他点间的效用水平不同。根据无差异曲线的定义，这在逻辑上是不可能的。

■ 不同的工作-闲暇偏好

正如不同的消费者对特定产品和服务的偏好有很大差异一样，个人对工作和闲暇的偏好也是如此。对于工作和闲暇的不同偏好可以通过个人的无差异曲线形状反映出来。图2-3（a）为我们提供了“工作狂”的无差异曲线，这类人轻闲暇、重工作（收入）。注意“工作狂”的无差异曲线较为平坦，表明这类人只愿放弃少量收入来换取1小时闲暇。图2-3（b）显示的是“闲暇爱好者”的无差异曲线，这类人重闲暇、轻工作（收入），其无差异曲线较为陡峭，意味着要让这类人牺牲1小时的闲暇必须给其增加相对较多的收入。在每一种情况下，无差异曲线都是凸向原点的，但是对于“闲暇爱好者”来说，其 MRS L,Y 的下降速率要比“工作狂”的快得多。

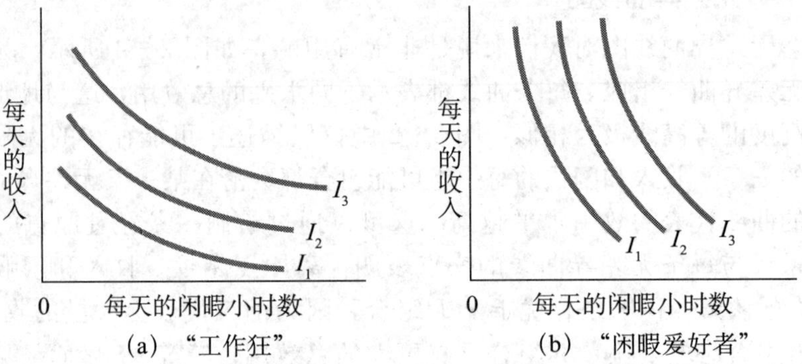

个人无差异曲线的形状取决于其对工作（收入）和闲暇的相对偏好。图（a）描述了一个“工作狂”，他只愿意以少量的收入换取1小时的闲暇。相反，图（b）描述了一个“闲暇爱好者”，只有给其增加大量收入他才愿意放弃1小时的闲暇或非劳动力市场活动。

图2-3 工作（收入）和闲暇的不同偏好

为什么会存在这些差异呢？首先，它们可能纯粹由于个人口味或偏好不同所致。其次，个人所从事的职业不同。图2-3（a）较为平坦的曲线适用于从事创造性或挑战性职业的人，比如画家、陶艺家或者音乐家。这些工作带来的负效用很少，因此只需要增加很少的收入，这类人就愿意放弃1小时的闲暇。相反，令人不愉快的煤矿工作或流水线工作可能会产生较为陡峭的无差异曲线，这类工作会产生较大的负效用，只有大量增加收入才会使这类人放弃1小时的闲暇。最后，个人的具体情况可能也会影响其对劳动力市场工作和闲暇的相对评价。例如，一个带着两个或三个学龄前儿童的年轻母亲或一个大学生可能会有相对陡峭的无差异曲线，这是因为“闲暇”（非劳动力市场时间）对照看孩子或学习非常重要。同样，约瑟（Jose）要结婚，经济负担比较重，因而他的无差异曲线相对较为平坦，他非常愿意放弃闲暇来挣钱；而约翰（John）是单身，经济负担没那么重，他不太愿意为了收入而放弃闲暇，所以他的无差异曲线相对较为陡峭。总而言之，个性、工作类型和个人情况等都可能会影响一个人的无差异曲线形状。

2.1.2 预算约束

我们认为，个人通过达到其所能达到的最高无差异曲线来最大化其效用，这意味着个人对曲线的选择是受约束的。具体来说，是受到可获得的货币收入量的约束。我们暂且假设个人获得货币收入的唯一来源是工作。换句话说，我们假设个人没有非劳动收入，没有积蓄且不可能借到钱。同时，我们还假设劳动力市场上个人面临的工资率是给定的，个人不能通过改变工作时间来改变其提供服务的小时工资率。[①] 据此，我们可以绘制出一条**预算（工资）约束**（budget（wage）constraint）线。预算约束线描绘了在工资率给定的条件下，个人可能实现或获取的所有收入（物品）和闲暇组合。如果现行工资率是1美元，那我们可以在图2-4中绘制出一条横轴截距为24小时闲暇，纵轴截距为24美元收入的预算线。给定1美元的工资率，在预算线的两个端点处，个人可以获得：(1) 24小时闲暇和零收入；(2) 24美元收入和零闲暇。连接这两点的直线显示了其他所有可能的选择：8美元收入和16小时闲暇；12美元收入和12小时闲暇；等等。观察可知，这条预算线斜率的绝对值是1，表示1美元的工资率。我们发现，沿着这条线向左上方移动，每增加1美元收入就必须放弃1小时闲暇。二者之所以发生等比交换，是因为给定的工资率是1美元。

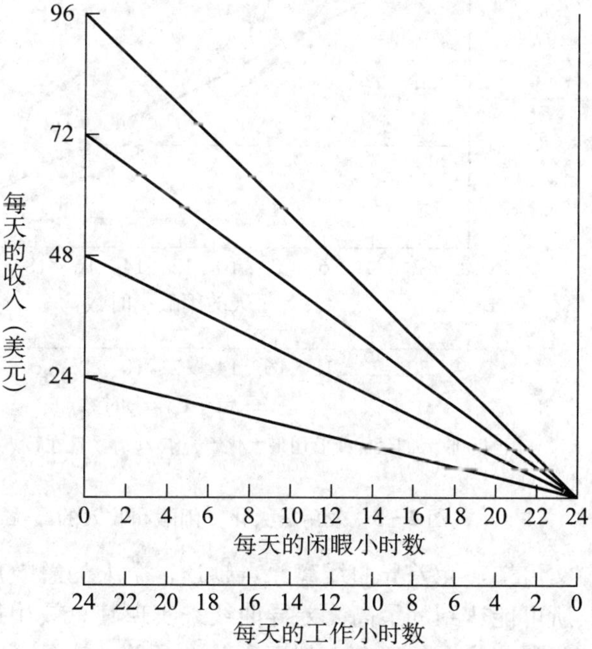

对任一可能工资率，都可以绘制出一条相应的预算线。工资率决定了每一条预算线的斜率。具体来说，随着工资率的上升，预算线会以右原点为轴心沿顺时针方向呈扇形向外扩展。

图2-4 预算约束

① 这种假设使得我们可以使用一条线性预算约束线。

同样，如果工资率是2美元，相应的预算线将由横轴上24小时闲暇和纵轴上48美元实际收入这两点决定，且该曲线的斜率为2，再次反映了工资率。图2-4中同时也显示了工资率为3美元、4美元时的预算约束线。我们通过观察发现随着工资率上升，预算线会以右原点为轴心，沿顺时针方向呈扇形向外扩展。在每一种工资率水平上，工资率（预算线的斜率）都反映了收入和闲暇的市场交换率。如果工资率是1美元，那么个人就能够以1小时闲暇（或工作）换取1美元收入；如果工资率是2美元，那么在劳动力市场上1小时闲暇就可以换取2美元收入；等等。[①]

2.1.3 效用最大化

个人最优或效用最大化的组合点，可以由无差异曲线代表的主观偏好与每一条预算线代表的客观市场信息来决定。如图2-5所示，在此我们假设工资率是2美元。

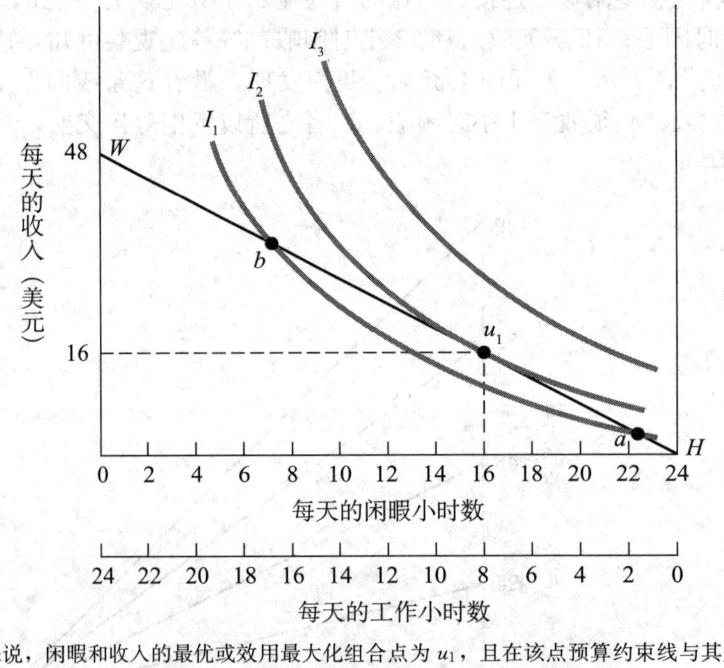

对于工人来说，闲暇和收入的最优或效用最大化组合点为 u_1，且在该点预算约束线与其所能达到的最高无差异曲线 I_2 相切。

图2-5 效用最大化：闲暇和收入的最优选择

回顾前文可知，无差异曲线离原点越远，个人的总效用越大。因此，个人将会通过达到其所可能达到的最高无差异曲线来实现其总效用最大化。给定2美元的工资率，任何闲暇与收入的组合点都不会落在预算约束线 HW 之外（右上方）。这条特定的预算约束线能使个人达到最高效用水平的点是 u_1，在该点预算线恰好与无差异曲线 I_2 相切。在各条无差异曲线所有可能的组合点中，我们可以清楚地看到，点

① 用方程式表示，预算约束线 $Y=WH$，其中 Y 表示收入，W 表示工资率，H 表示工作时间。所以，$Y=W(24-L)=24W-WL$，其中 L 表示闲暇时间，预算线的斜率是 $-W$。

u_1所在曲线离原点最远，因在此点能获得最高的总效用水平。我们观察发现个人会选择一天工作8小时，获得16美元的收入，并享受16小时的闲暇。

能够认识到在最优组合点上个人和市场就闲暇和收入的相对边际价值达成一致是很重要的。在点u_1，无差异曲线I_2的斜率与预算线的斜率相等。个人偏好就是其主观上愿意以收入替代闲暇的比率恰好与劳动力市场客观信息要求的交换比率相等。**最优工作-闲暇组合点**（optimal work-leisure position）在MRS L,Y（无差异曲线斜率）等于工资率（预算线斜率）的位置得以实现。根据定义，只有在切点位置斜率才相等。

通过考察为什么点a和点b不是最优点，能够强化我们对最优工作-闲暇组合点的理解。让我们从点b开始，这里无差异曲线I_1比预算线陡峭，用更学术化的语言说就是MRS L,Y大于工资率。例如，MRS L,Y是4，而工资率是2，这意味着什么？这意味着对个人来说1小时闲暇值4美元，而他只需要放弃2美元收入就可以得到额外的1小时闲暇。以2美元的成本交换价值4美元的闲暇显然是有利的。因此以收入“交换”闲暇（更少的工作时间）对她来说是合算的。这种交换实际上会使她沿着预算线HW向下持续移动到更高的无差异曲线上。直到点u_1所有的类似交换才会结束，个人和市场才会就工作（收入）和闲暇的边际价值达成一致。如前所述，在点u_1处，MRS L,Y等于工资率，且个人和市场都认为闲暇的边际价值是2美元。而在点b，个人会觉得“工作过度”，因为她能够通过压缩工作时间来增加总效用，也就是说，通过移至像点u_1这样的点，她可以获得较多的闲暇和较少的收入。

点a的情况恰恰相反。这里无差异曲线I_1的斜率小于预算线的斜率。换句话说MRS L,Y小于工资率。为了说明这一点，假设工资率是2美元，MRS L,Y是1美元。这表明1小时闲暇的边际价值仅为1美元，而个人却可以通过放弃1小时闲暇换取2美元收入，这一交换显然是有利可图的。在以闲暇换取收入（通过增加工作时间）的过程中，个人闲暇-收入组合点将会沿着预算线HW向上移动到更高的无差异曲线上。同样，当移动到点u_1时，所有以闲暇换取收入的这类有利交换都将结束，因为在这里，MRS L,Y等于工资率，即闲暇和收入的边际价值相等。因此，在点a处，个人会感觉“工作不足”。她可能会通过增加工作时间，即移动到诸如点u_1这一较少闲暇和较多收入的组合点，来提高其总效用水平。

◈ 快速回顾 2-1

- 收入-闲暇无差异曲线描绘了能提供相同总效用的所有收入和闲暇组合，其斜率被称作边际替代率（MRS）。
- 在无差异曲线图中，越靠近右上方的无差异曲线，其代表的总效用水平越高。
- 收入-闲暇预算线显示了在某一特定小时工资率下，工人能够获得的所有收入和闲暇组合。
- 效用最大化的收入和闲暇组合点出现在预算线和所能达到的最高无差异曲线的切点处，在这里，MRS L,Y（无差异曲线的斜率）等于工资率（预算线的斜率）。

思考题

假设在某一特定的收入和闲暇组合点，预算线的斜率大于与其相交的无差异曲线的斜率，那么工人应该如何调整工作时间？（答案：参见书末。）

2.1.4 工资率变化：收入效应和替代效应

当工资率变化时，个人是选择增加工作时间还是减少工作时间呢？这要视情况而定。图2-6（a）包含了图2-5中效用最大化点 u_1，又增加了四条预算约束线，并且显示了与其相对应的最优组合点。我们观察到，工资率提高使得预算约束线由 W_1 移至 W_2，并且最优组合点由点 u_1 移至点 u_2。与此同时，通过横轴我们发现个人会选择减少闲暇时间而增加工作时间。同样，当工资率继续提高，预算约束线由 W_2 移至 W_3 时，新的最优组合点也将会由点 u_2 移至点 u_3，并且与点 u_2 相比，工作时间进一步增加而闲暇时间进一步减少。但是，当工资率继续提高，预算约束线由 W_3 移至 W_4 时，由此产生的最优组合点 u_4 与点 u_3 相比，工作时间减少而闲暇时间增加。同样，当工资率进一步提高，预算约束线由 W_4 移至 W_5 时，在最优组合点 u_5 处，工作时间会进一步减少。

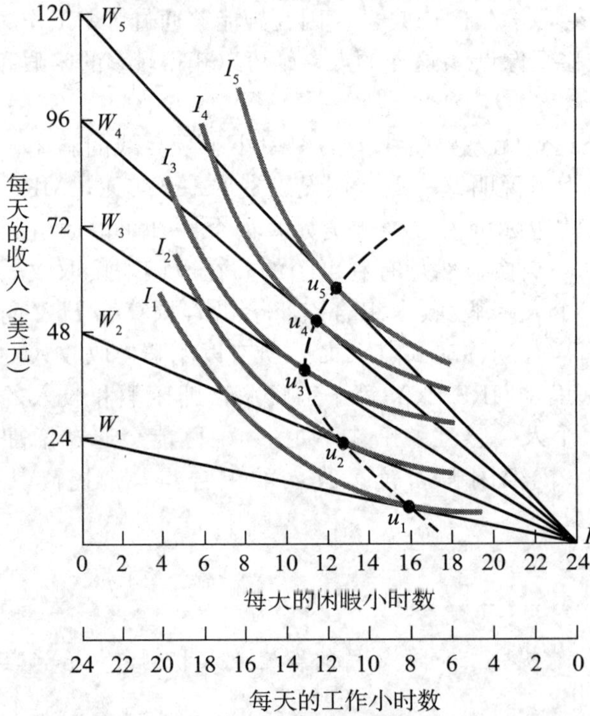

（a）5个最优组合

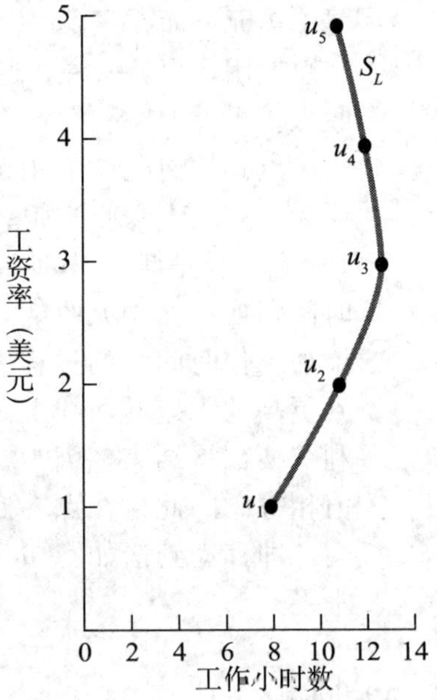

（b）劳动力供给

图（a）中越来越高的工资率产生了一系列越来越陡峭的预算线，这些预算线与无差异曲线相切产生了一系列效用最大化组合点。从点 u_1 移至点 u_2 再移至点 u_3，工作时间随工资率上升而增加，而从点 u_3 移至点 u_4 再移至点 u_5，工作时间反而随工资率上升而减少。综合起来就形成了图（b）中向后弯曲的劳动力供给曲线。

图2-6 向后弯曲的劳动力供给曲线的推导

这一分析表明，就某个人来说，随着工资率的上升，他将会增加工作时间，但是超过某一点后，进一步增加工资反而会减少劳动力供给时间。事实上，我们可以把图 2-6（a）中与 5 个最优点相对应的工作时间-工资率组合点连接成图 2-6（b），如图 2-6（b）所示，纵轴表示工资率，横轴表示劳动力供给时间。这样我们可以发现，个人劳动力供给曲线刚开始向前伸，然后逐渐向后弯曲。这条曲线就是大家熟知的**向后弯曲的劳动力供给曲线**（backward-bending labor supply curve）。这条曲线向前伸的部分被大家所熟知或被认为理所当然。我们可以设想经济中每个人的劳动力供给曲线都是如此。但是，请记住由于每个人对工作与闲暇的偏好不同，因此向后弯曲曲线的准确位置、形状和弯曲点会因人而异。

为什么向后弯曲的劳动力供给曲线在现实生活中具有存在的可能性呢？下面用收入效应和替代效应对此进行解释。当工资率变化时，这两种效应往往都会改变个人效用最大化组合点。

■ 收入效应

收入效应（income effect）是指在工资率保持不变的情况下，因收入变化引起的期望工作时间的变化。[①] 假设闲暇的价格（工资率）不变，仅把由于每小时工作的潜在收入增加所引起的工作时间增加分离出来，我们就能发现工资增加的收入效应。工资率的提高意味着在一定的工作时间内获得的货币收入增加。我们预期个人会拿出增加收入的一部分去购买产品和服务：新的电视机、电影票等。但是如果我们合理假设闲暇是一种正常商品（消费量随收入增加而增加的商品），那么我们可以预期增加收入的一部分可能被用来“购买”闲暇。消费者不仅从商品中获得效用，而且从商品和非市场时间（闲暇）的组合中获得效用。因为电影票只有有时间欣赏时才会产生满足感。人们如何购买闲暇或者非市场时间呢？唯一的方法就是减少工作时间。这意味着，当工资率上升且闲暇是一种正常商品时，收入效应将会减少期望的工作时间。

■ 替代效应

替代效应（substitution effect）是指在保持收入不变的情况下，因工资率的变化而引起的期望工作时间的变化。[②] 在这种情况下，工资率增加本身就会引起期望工作时间的增加。当工资率增加时，闲暇的相对价格也会变化。尤其是工资率的增加会引起闲暇的“价格”或机会成本上升。因为工资率越高，个人为了每小时的闲暇（不工作）就必须放弃更多的收入（商品）。经济选择的基本理论告诉我们，当正常商品变得相对昂贵时，个人会选择减少其购买量。简言之，随着闲暇的价格上升，人们将会选择减少消费闲暇时间，即增加工作时间。替代效应告诉我们，当工资率上升，闲暇变得更加昂贵时，用工作替代闲暇是明智的选择。工资增加的替代

---

① 用数学公式表示，收入效应$=\left.\frac{\Delta H}{\Delta Y}\right|\overline{W}<0$，这里，$H$ 表示工作时间，Y 表示收入，$\overline{W}$ 表示不变的工资率。

② 用数学公式表示，替代效应$=\left.\frac{\Delta H}{\Delta W}\right|\overline{Y}>0$，这里 H 表示工作时间，W 表示工资率，$\overline{Y}$ 表示不变的收入。

效应会促使人们愿意工作更长时间。[①]

■ 净效应

工资率上升对个人期望工作时间的总效应取决于上述两种效应的相对大小。仅仅凭借经济理论无法预测其结果。如果替代效应大于收入效应，当工资率上升时，个人会选择增加工作时间。图2-6（a）中最优组合点从点 u_1 移至点 u_2 再移至点 u_3 显示出替代效应占优，反映在图2-6（b）中就是劳动力供给曲线向上倾斜的部分。但是，如果收入效应大于替代效应，工资率上升将会促使个人减少工作时间。这种情况在图2-6（a）中体现为最优组合点从点 u_3 移至点 u_4 再移至点 u_5，在图2-6（b）中体现为劳动力供给曲线向后弯曲的部分。

表2-1对替代效应和收入效应相对大小对期望工作时间的影响做了有用的概括和扩展。第（1）栏、第（2a）栏和第（3）栏概述了我们刚刚结束的讨论。注意第（2a）栏是基于工资率增加的讨论。第（1）栏、第（2b）栏和第（3）栏很重要，因为它们揭示了当工资减少时，替代效应和收入效应对工作时间的影响与工资增加时恰好相反。工资减少的收入效应是期望工作时间的增加。也就是说，工资率下降将会减少个人特定工作时间内的收入。因此，我们可以预期个人将会选择减少闲暇时间而增加工作时间。同样，如果工资率下降，替代效应将会导致工作时间减少。因为工资率下降使得闲暇变得更为便宜，所以，人们会消费更多的闲暇。最终的结果依然取决于两种效应的相对大小。仔细研读表2-1，以确保你能完全理解它。

表2-1　工资变动与工作时间：替代效应和收入效应

(1) 效应大小	(2) 对工作时间的影响 (a) 工资率上升	 (b) 工资率下降	(3) 劳动力供给曲线斜率
替代效应大于收入效应	增加	减少	正
收入效应等于替代效应	不变	不变	垂直
收入效应大于替代效应	减少	增加	负

2.1.5　收入效应和替代效应图形描绘

如图2-7所示，我们通过图形描绘的方式将某一特定个人工资率上升时的收入效应和替代效应进行了分解。替代效应反映的是个人期望工作时间的变化，因为工资率的上升改变了收入和闲暇的相对价格。因此，为了分解出替代效应，我们必须控制因工资率上升导致的收入增加。回顾一下，收入效应表明工作时间的变化仅仅源于工资率的上升，而工资率的上升意味着任何工作时间内总收入的增加。为了描述收入效应，我们必须保持收入和闲暇的相对价格不变，换句话说，就是保持工

① 替代效应的另一种表达方式是，工资率上升使收入的相对价格降低，这是因为现在只需花费较少的工作时间就可获得价值1美元的商品。当工资率每小时2美元时，1美元收入的“价格”是半小时工作时间。但是如果工资率增加到每小时4美元，那么1美元收入的“价格”就降到1/4小时。既然收入便宜了，那么增加对收入的购买就是合理的。这种购买是通过增加工作时间并相应减少闲暇时间实现的。经典文章可参见 Lionel Robbins，“On the Elasticity of Demand for Income in Terms of Effort,” *Economica*，June 1930，pp. 123-29。

资率不变。

考虑图 2－7，随着工资率上升，预算约束线从 HW_1 移动到 HW_2，效用最大化组合点从曲线 I_1 上的点 u_1 移动到曲线 I_2 上的点 u_2，这是收入效应和替代效应共同作用的结果。我们可以通过绘制一条平行于 HW_1 且与 I_2 相切于点 u_2' 的预算线 nW' 分解出收入效应。此时，垂直距离 Hn 表示为了使个人在点 u_2' 获得与点 u_2 相同的福利（即获得相同的总效用）所需要的非劳动收入。随着非劳动收入的增加，个人无差异曲线从 I_1 移动到 I_2，但工资率（即闲暇和商品的相对价格）保持不变。[①] 由于不涉及替代效应，因此，从点 u_1 移动到点 u_2' 可以分解出收入效应。正如前文所述，无论从工资率增加还是收入增加的角度分析，收入效应都会导致工作时间减少。具体来说，收入效应使个人期望工作时间减少了 h_1h_2' 小时。

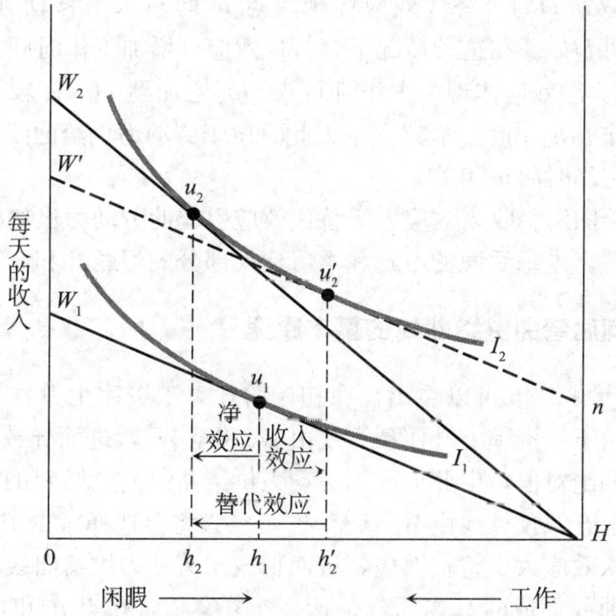

假设闲暇是一种正常商品，工资上升的收入效应将会导致工作时间减少。减少的工作时间在图中显示为 h_1h_2'。工资上升的替代效应将会导致工作时间增加，增加的工作时间在图中显示为 $h_2'h_2$。在本图中，替代效应大于收入效应，工人因工资上升会选择增加工作时间 h_1h_2。

图 2－7　工资率上升的收入效应和替代效应

替代效应分解描述如下：替代效应的发生仅仅是因为在工资率上升的假设条件下，预算线的斜率，即收入和闲暇的相对价格发生了变化。我们只需关注预算线 nW' 和 HW_2，因为两者的比较不会引起个人福利的变化。它们都与相同的无差异曲线 I_2 相切。nW' 反映的是初始工资率（与 HW_1 反映的相同），而 HW_2 反映的是新的更高的工资率，沿着无差异曲线 I_2 从点 u_2' 移动到点 u_2 反映的是替代效应。替代效应仅仅是闲暇和商品相对价格变化的结果，或者具体地说就是商品变得更加便宜而闲暇变得更加昂贵。在这种情况下，个人选择以工作（商品）替代闲暇也就不足为奇了。工资率上升，工作时间增加（替代效应）。从图 2－7 中可以看出，替代

① 注意 HW_1 和 nW' 的斜率是相同的；两条直线是平行的，意味着两条预算线所表示的工资率是相同的。

效应使个人期望工作时间增加了 h'_2h_2 小时。

事实上个人并不是分两步到达新的最优组合点，而是直接从点 u_1 移动至点 u_2。我们之所以从概念上分解出收入效应和替代效应，是为了强调工资增长通过提高货币性收入和闲暇的相对价格对工人产生了两种相反的效应。这两种效应同时起作用，但其中一种效应可能大于另一种效应。[①]

图 2-7 中的收入效应和替代效应从某种角度来讲就如同划船：设想一下，一艘正在海上漂流的帆船，海浪拍它向东漂，而海风吹它向西漂。两种力量同时存在，帆船最终向东漂还是向西漂取决于哪种力量更大。工资变化所带来的收入效应和替代效应亦是如此。

总之，在图 2-7 中，收入效应体现为点 u_1 向右水平移动到点 u'_2，即工作时间从 Hh_1 缩减到 Hh'_2。替代效应体现为点 u'_2 向左水平移动到点 u_2，即工作时间从 Hh'_2 增加到 Hh_2。在这种情况下，替代效应（增加工作时间）大于收入效应（减少工作时间）。净效应体现为工作时间从 Hh_1 增加到 Hh_2；较高的工资率诱使个人愿意增加工作 h_1h_2 小时。显然，个人此时位于劳动力供给曲线向上倾斜的部分，工资率和期望工作时间正相关。

通过绘图解释收入效应大于替代效应引起的劳动力供给曲线向后弯曲是一件有意义的事情。本章后面的习题和学习建议部分的习题 2 和 3 亦与此相关。

2.1.6 向后弯曲供给曲线的基本原理

我们从图 2-6 可以看出，在初始阶段，工资率上升，期望工作时间增加。具体来说，由于工资率上升使预算线由 W_1 移至 W_3，进而导致替代效应的绝对值大于收入效应的绝对值，由此形成了劳动力供给曲线向上倾斜的部分。但是，随着工资率进一步上升，预算线由 W_3 移至 W_5，工人将会选择减少工作时间，此时工资率上升导致收入效应大于替代效应，进而形成了劳动力供给曲线向后弯曲的部分。

这种曲线形成的基本原理是什么？答案是，在点 u_1 和点 u_2 所处的无差异曲线的位置上，闲暇的数量与收入（商品）的数量相比较大。也就是说，点 u_1 和点 u_2 位于无差异曲线相对平坦的部分，这里 MRS L,Y 较小，因为个人愿意放弃大量闲暇来换取 1 单位的额外收入（或商品）。这意味着替代效应足够大，以至于超过了收入效应。此时个人劳动力供给曲线向上倾斜，这就意味着工资率越高，工作时间越长。但是要想达到点 u_3、点 u_4 和点 u_5，只有在劳动力市场上以大量闲暇去交换收入。在这些点上，个人拥有相对较多的收入和相对较少的闲暇。这反映在无差异曲线相对陡峭的部分。换句话说，此时 MRS L,Y 较大，个人只愿意放弃少量闲暇来换取 1 单位额外收入。这意味着替代效应较小，收入效应占优。因此，此时的个人劳动力供给曲线会向后弯曲，这就意味着随着工资率上升，工作时间会相应减少。

---

① 我们已经利用希克斯（Hicks）分解法对收入效应和替代效应进行了分解，该方法通过假定效用不变来得到替代效应；另一种方法是斯卢茨基（Slutsky）分解法，该方法通过假定收入水平不变来计算替代效应。这两种分解方法在分析工资变化对劳动力供给的最终影响方面没有什么不同，只是所采用的中间步骤有所不同。

2.1.7 经验证据

有关劳动力供给曲线的实证研究揭示了什么？来自男性和女性的经验证据差异巨大。具体来说，大部分研究表明，男性劳动力供给对工资率的变化相当不敏感，而女性劳动力供给对工资率变化相当敏感。布伦德尔（Blundell）和麦柯迪（McCurdy）对18～20项实证研究考察后发现，工资率增长10%，男性劳动力供给量增加1%。[①] 然而，对于已婚女性来说，劳动力供给量则会增加8%。[②] 显然，对于男性来说，当工资率上升时，替代效应略微大于收入效应。而对于女性来说，替代效应似乎比收入效应大得多。

如何解释男性和女性劳动力供给对工资率变化反应的明显差异？答案取决于二者在时间分配上的差异。超过90%的成年男性从事全职工作，而且平均来看男性从事家务劳动的时间相对较少。因此，因工资率上升引起的工作时间增加必须以牺牲纯闲暇（非生产性活动或休息与休闲）为代价。很明显，对于男性来说，纯闲暇与劳动力市场工作替代性较弱，结果是较小的替代效应以及近乎垂直的劳动力供给曲线。相比之下，女性劳动力市场参与率明显低于男性；许多女性做兼职工作，而且女性承担了主要家务劳动。简单地说，男性使用时间的基本方式有两种（市场工作和纯闲暇）而女性使用时间的方式有三种（市场工作、家庭工作与纯闲暇）。对于许多已婚女性来说，家庭工作和劳动力市场工作具有很强的替代性。也就是说，女性可以选择自己做家庭工作，或者选择进入劳动力市场工作并用收入的一部分雇佣家庭清洁工、幼儿护理员以及购买方便食品。因此，当工资率上升时，许多女性会以市场工作替代家庭工作。她们进入劳动力市场，从兼职工作转换为全职工作，或者增加全职工作的时间。[③] 换句话说，此时的替代效应很强，这表明已婚女性有一条向上倾斜的劳动力供给曲线。

值得注意的是，已婚女性对工资率的敏感性似乎随着时间的推移而递减，并且她们的反应变得越来越像男性。布劳（Blau）和卡恩（Kahn）研究发现，已婚女性对工资率变化的敏感性在1980—2000年间下降了一半。[④] 他们认为这一发现源于女性劳动参与率不断提高，以及男性和女性在承担家庭和市场工作方面日趋平等。毕绍（Bishop）、海姆（Heim）和米哈利（Mihaly）研究发现，1979—2003年间，单身女性对工资率变化的敏感性也出现了大幅下降。他们认为下降的部分原因是1996

① Richard E. Blundell and Thomas E. McCurdy, "Labor Supply: A Review of Alternative Approaches," in Orley Ashenfelter and David Card (eds.), *Handbook of Labor Economics Volume 3A* (Amsterdam: North-Holland, 1999), pp. 1559-1695.

② 有关女性的类似发现，参见 Joyce P. Jacobsen, *The Economics of Gender*, 2nd ed. (Oxford, UK: Blackwell, 1998)。

③ 大部分劳动力供给性别差异源于男性和女性的劳动参与率不同，而非源于他们的工作时间不同。参见 James J. Heckman, "What Has Been Learned about Labor Supply in the Past Twenty Years?" *American Economic Review*, May 1993, pp. 116-21。

④ Francine D. Blau and Lawrence M. Kahn, "Changes in the Labor Supply of Married Women: 1980-2000," *Journal of Labor Economics*, July 2007, pp. 393-438. 相似的结论，可参见 Bradley T. Heim, "The Incredible Shrinking Elasticities: Married Female Labor Supply, 1978-2002," *Journal of Human Resources* 42, No. 4 (2007), pp. 881-918。

年福利改革法案中规定的工作要求条款。[1]

工作世界 2-1

与大自然相联系的工作时间

天气条件对我们日常生活某些方面的影响远超其他条件。很明显，一些户外休闲活动，比如说去海边玩耍或打棒球等可能会因为糟糕的天气而作罢。然而大多数人的工作环境并不会受天气影响，因为他们在室内工作。

个人可能希望根据天气情况调整他们的工作计划。假如今天是晴天而明天预计会有暴风雨。在这种情况下，个人可能希望今天能够早点下班以便享受户外休闲活动，而将工作推迟到未来某个日期。

玛丽·康诺利（Marie Connolly）通过分析与8 000个气象站观测数据相匹配的两年期时间序列数据，考察了阴雨天对工作时间的影响。她对阴雨天的定义是24小时内降雨量至少达到0.1英寸。她的分析显示，阴雨天会使男性每天多工作30分钟，而阴雨天对女性工作的影响较小且比较复杂。

下雨对工作时间的影响还存在巨大区域差异。在气候比较干燥的地区，男性在阴雨天会多工作48分钟。而在气候比较湿润的地区，他们在阴雨天只会多工作14分钟。

康诺利还检测了天气状况对工作时间的跨时影响。她发现前天的阴雨天气会使男性工作时间减少6分钟。这一发现不难理解，因为如果一个人在某一天增加工作时间，那么他在接下来的一天则希望享受更多闲暇。

资料来源：Marie Connolly, "Here Comes the Rain Again: Weather and the Intertemporal Substitution of Leisure," *Journal of Labor Economics*, January 2008, pp. 73-100.

2.1.8 劳动力供给弹性与劳动力供给变化

到目前为止，我们已经讨论了工资变化对个人劳动力供给时间的影响。实际上，这一讨论已经隐含了个人劳动力供给工资弹性这一概念。更为准确地说，**劳动力供给工资弹性**（wage elasticity of labor supply）定义如下：

$$E_s = \frac{\text{劳动力供给量变化的百分比}}{\text{工资率变化的百分比}} \tag{2-1}$$

在个人劳动力供给曲线的不同位置，式（2-1）计算的弹性系数可能是0（完全缺乏弹性）、无穷大（完全富有弹性），小于1（缺乏弹性），大于1（富有弹性），或者可能是负值（向后弯曲的部分）。弹性将取决于工资率变化引起的收入效应和替代效应的相对强度。但不能将沿着既有的个人劳动力供给曲线的移动（如图2-6（b））与整个劳动力供给曲线的移动相混淆。整个劳动力供给曲线的移动——劳动力供给的增加或减少——是由两种因素同时发生变化引起的。首先，非劳动收入的变化可能会引起个人劳动力供给曲线的移动。假如某人得到一大笔遗产、彩票中

[1] Kelly Bishop, Bradley Heim, and Kata Mihaly, "Single Women's Labor Supply Elasticities: Trends and Policy Implications," *Industrial and Labor Relations Review*, October 2009, pp. 146-168.

奖、获得养老金资格或福利补贴资格，那么此人的劳动力供给曲线就会向左移动，从而导致劳动力供给减少。相反，假如夫妻一方被解雇，或股息收入大幅下降，则会使得劳动力供给增加（劳动力供给曲线向右移）。

其次，表示工作-闲暇偏好的个人无差异曲线图发生变动也可能会引起劳动力供给曲线的移动。比如，工作条件改善、小孩入托或巨额医疗支出都可能改变一个人的无差异曲线图，从而增加其劳动力供给；与之相反，购买某种需要闲暇来享用的产品，或达到传统上可接受的退休年龄也可能会改变一个人的无差异曲线图，从而使劳动力供给减少。本书第6章会对引起劳动力供给曲线移动的因素进行更为详细的讨论。

总之，正如图2-6所示，在既定的工作-闲暇偏好和非劳动收入条件下，工资率的变化勾画出了个人劳动力供给曲线的轮廓，该曲线对任一特定工资变化的弹性——个人期望工作时间对工资变化的敏感度——取决于收入效应和替代效应的相对大小。相比之下，工作-闲暇偏好或非劳动收入的变化将会引起个人劳动力供给曲线的移动。

快速回顾2-2

- 工资率的变化同时产生了两种效应：(a) 收入效应。单纯的收入效应会使工人期望工作时间与工资率发生反方向变动。(b) 替代效应。单纯的替代效应会使工人期望工作时间与工资率发生同方向变动。
- 随着工资率上升，典型的个人劳动力供给曲线的初始斜率为正，此时替代效应大于收入效应；但是，随着工资率继续上升，曲线的斜率最终将变为负值（向后弯曲），此时收入效应大于替代效应。
- 劳动力供给工资弹性等于劳动力供给量变动的百分比除以工资率变动的百分比。

思考题

假设某人的工资率下降且收入效应大于替代效应，那么，这会对此人的期望工作时间产生什么影响？此人位于劳动力供给曲线的哪个部分？（答案：参见书末。）

2.2 模型应用与扩展

基本模型勾勒出了工作-闲暇决策的逻辑框架，为向后弯曲的个人劳动力供给曲线提供了一个合理解释，有助于我们理解个人劳动力供给的变化。下面我们将对工作-闲暇的基本模型进行扩展、完善和应用。具体来说，工作-闲暇模型可以用于：描述人们为什么不进入劳动力市场，解释一个标准工作周如何会使某些工人感到工作过度或工作不足，以及比较不同的薪酬体系和收入维持计划对工作激励的影响。

2.2.1 非劳动参与者与保留工资

图2-8描绘了一个非劳动参与者的情况：一个人决定不进入劳动力市场。请

注意图2-8的以下特征：首先，此人的无差异曲线陡峭，这表明相对于收入，此人更看重闲暇（非市场时间）。闲暇对收入的边际替代率很大，这意味着此人非常愿意放弃收入来换取闲暇或非市场时间。这可能反映了一个20岁年轻人的偏好，他认为把时间和精力放在上大学上是很重要的。其次，我们注意到非劳动收入 *HN* 的可用性（此时忽略除 *HNW* 之外的所有其他预算线）。或许这种非劳动收入是以家庭内部转移的方式，从父母的收入中转移给该年轻学生的。最后，相对平坦的预算线 *NW* 表示此人在劳动力市场上能够拿到的工资率相对较低。例如，这个学生可能只具有一般的技能，很少或几乎不具有劳动力市场经验，因此其不可能通过工作获得较高的工资率。

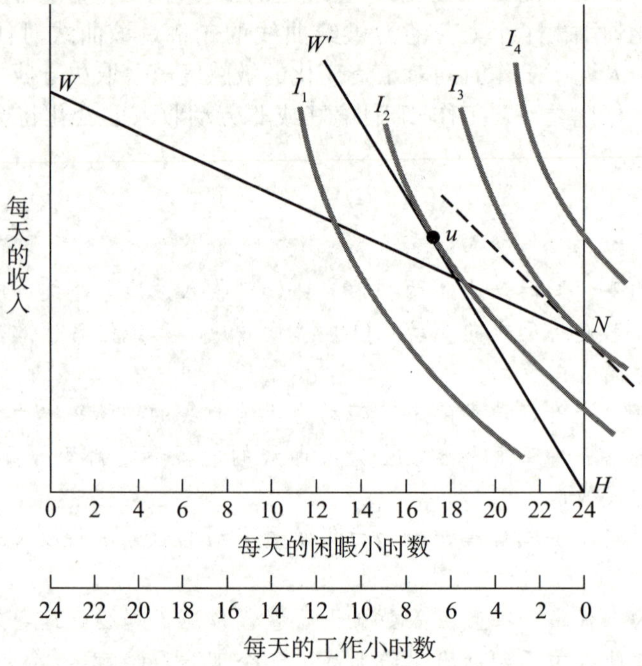

对非工作时间较高的主观评价（反映在陡峭的无差异曲线上）、非劳动收入的可用性（*HN*），以及较低的挣钱能力（*NW* 相对平坦）都是导致不进入劳动力市场的因素。

图2-8 非劳动参与者：大学生

图2-8中最优组合点的分析与图2-5所依据的原理相同。给定预算线 *HNW*，选择其与所能达到最高无差异曲线切点。在这种情况下，最高效用水平在点 *N* 处实现。这里预算约束线 *HNW* 触及无差异曲线 I_3，在此点，此人没有进入劳动力市场；其所有时间都用于非市场活动。技术上的原因是，在图中坐标轴内的所有点上，此人的无差异曲线都比预算约束线要陡峭得多。换句话说，在图中的所有点上，相对于市场而言，个人认为闲暇（非市场时间）的边际价值更高。注意与图2-5相比，这里最优组合点 *N* 不是切点，而是一个角点。在点 *N* 处，工资率小于 MRS L,Y，这意味着个人把非市场时间的价值看得比市场时间更高。当假定个人为非劳动参与者时，也就不存在以闲暇替代工作的可能性。

如果在图2-8中用 *HuW'* 替换初始预算线 *HNW*，我们就能够理解劳动力市场上赚钱能力低下和非劳动收入存在的重要性。这条新的预算线将非劳动收入减少为零，并假设在劳动力市场可得到一个更高的工资率。例如，假设我们的学生是一名技术娴熟的电脑程序员，他目前就有高薪就业机会；或者更形象地说明这一点，假设这个学生是一名一流大学的篮球运动员，NBA 要雇佣他。我们会发现在这些新的假设条件下，个人将愿意进入劳动力市场。现在最优组合点将会是点 u，在这里，此人每天期望工作 6 或 7 个小时。

图 2－8 也有助于我们引入保留工资的概念，这对于我们理解为什么有些人选择进入劳动力市场而有些人不进入是非常有用的。用简单的话来说，**保留工资**（reservation wage）是一个人选择不工作的最高工资率，或者一个人决定工作的最低工资率。如图 2－8 所示，当非劳动收入由 HN 表示时，保留工资是与无差异曲线 I_3 在点 N 处斜率相等的虚预算线暗含的市场工资率。在这一特殊工资率下，工作和非市场时间（闲暇）的价值相等。如果市场工资低于保留工资，个人显然会选择不进入劳动力市场。体现在预算线 HNW 的 NW 部分的相对较低的市场工资率显示了不进入劳动力市场的决定。用通俗的话讲，在点 N，对此人来说，非市场时间的价值超过了工作的价值，因此此人的福利会因选择工作而减少。相反，如果市场工资率高于保留工资，将会诱使个人成为劳动力市场的参与者。你可以通过绘制一条从点 N 出发并与曲线 I_4 相切于某点的更为陡峭的预算线来说明这一点。随着预算线变得更为陡峭（更高的市场工资），我们发现在点 N，工作的价值将会大于非市场时间的价值，个人的经济福利将会因工作而提高。

图 2－9 阐明了另一个未介入劳动力市场的常见例子。这里我们假定一个年龄较大的工人刚开始选择进入劳动力市场，其最优组合点 u 在无差异曲线 I_1 上，每天

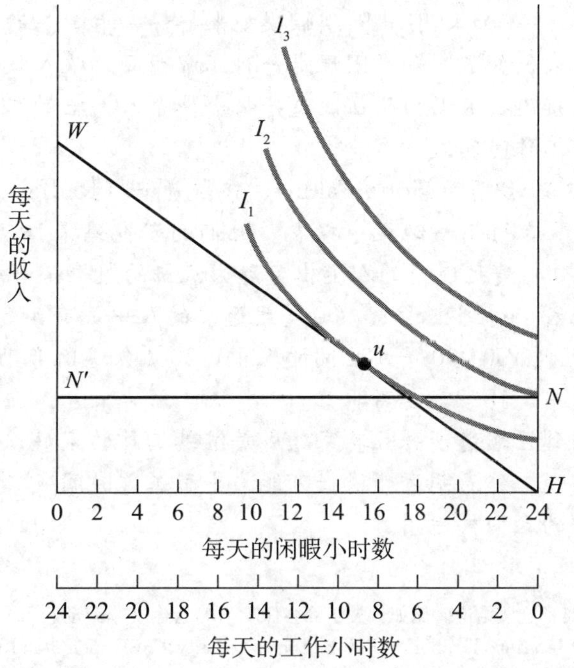

一个预算线为 HW 的老年工人，在点 u 将会是劳动参与者。然而，当他年满 65 岁可以得到养老金 HN 时，他将更愿意在点 N 成为非劳动参与者。

图 2－9　非劳动参与者：养老金与老年工人

工作大约9小时。再假设这名工人到65岁时，完全退休不工作，可以得到的私人或公共养老金是HN。换句话说，现在他就必须在预算线HW上的最优组合点u或预算线NN'上的角点N之间做出选择。我们发现点N显然优于点u，因为点N位于更高的无差异曲线I_2上。在这种情况下，可获得的养老金——例如，社会保障金——将会诱使此人成为非劳动参与者。换句话说，它会使此人的劳动力供给曲线（见图2-6（b））向左移动，以至于在市场工资下没有劳动力供给。虽然成为非劳动参与者的决策会导致货币收入减少，但是作为补偿，此人将会得到更多闲暇。尽管收入减少，但此人在点N处比在点u处的境况更好。

经验研究证实了我们在图2-8和图2-9中讨论的一些结论。首先，在其他条件相同的情况下，上全日制大学会阻碍劳动参与进程。这也适用于渴望照看学龄前儿童的父母。换句话说，那些认为非市场时间（上大学或抚养孩子）边际效用很大的人更有可能成为非劳动参与者。其次，在其他条件相同的情况下，一个人从父母、配偶、社会保障金、私人养老金、福利和其他来源获得的非劳动收入越多，他就越不可能成为劳动参与者。最后，在其他条件相同的情况下，不工作的机会成本越高，即从劳动力市场上能够获得的工资越高，个人就越有可能成为劳动参与者。[①]

工作世界2-2

卡耐基猜想

1891年，著名的慈善家和美国钢铁大亨安德鲁·卡耐基（Andrew Carnegie）曾经断言："留给子女巨额财富的父母一般来说会扼杀子女的天赋和能力，并且会诱使他们过上一种效率低下的生活。"如果用工作-闲暇模型来解释，卡耐基的意思是巨额遗产会产生很大的纯收入效应。我们知道，如果闲暇是一种正常商品，收入效应可能会导致一些工人减少工作时间或者直接退出劳动力队伍。遗产将会使个人面临的工资率直线向上平移，这一结果将会导致最优工作时间减少。

1992年，霍尔茨-伊肯（Holtz-Eakin）、乔尔费安（Joulfaian）和罗森（Rosen）考察了4 300名遗产继承者的三年纳税申报表。他们的研究结果证实了卡耐基的猜想。例如，一个得到超过150 000美元遗产的人退出劳动力队伍的概率是一个得到25 000美元遗产的人的4倍。具体来看，得到少于25 000美元遗产的人中，有4.6%会退出劳动力队伍；得到遗产25 000美元到150 000美元之间的人中，10%会退出劳动力队伍；得到150 000美元或更多遗产的人中，18.2%会离职。

此外，那些收到巨额遗产并且其家庭成员继续工作的家庭，其劳动收入的增长比得到较少遗产的家庭要慢，这表明巨额遗产可能减少了工作时间或工作努力程度，这对那些接受遗产后继续工作的人同样适用。

---

① 大量的研究证实了这些结论。比如，关于社会保险与养老金（非劳动收入）对劳动参与决策影响的讨论，可参见 Courtney Coile and Jonathan Gruber，"Future Social Security Entitlements and the Retirement Decision，" *Review of Economics and Statistics*，May 2007，pp. 234-46。关于幼儿看护成本对劳动参与决策影响的分析，可参见 Erdal Tekin，"Child Care Subsidies，Wages，and Employment of Single Mothers，" *Journal of Human Resources*，Spring 2007，pp. 453-87。关于税收影响的调查，可参见 Michael P. Keane，"Labor Supply and Taxes：A Survey，" *Journal of Economic Literature*，December 2011，pp. 961-1075。

这项研究的另外两个结论也很有趣。首先，那些得到巨额遗产而不工作的人与那些得到较少遗产的人相比，在随后的几年里更不愿意加入劳动力队伍。其次，那些得到巨额遗产的人在即将得到遗产的前几年就不愿意工作。也许是因为那些预期将得到巨额遗产的人工作积极性较低。或者另一种可能的解释是，那些预期将得到巨额遗产的人即使辞职，也有能力赡养年迈的父母。

尽管遗产会降低劳动参与率，但是它确实能够帮助子女达到更高的无差异曲线，进而得到更大的总效用。此外。那些获得额外闲暇的人可能会利用它从事诸如志愿者工作和教育工作等社会公益活动。这一点仅仅说明非劳动收入（诸如彩票奖金、退休金、家庭内部转移收入或者遗产）是理解劳动力供给行为的一项重要因素。

资料来源：Douglas Holtz-Eakin，David Joulfaian，and Harvey S. Rosen，“The Carnegie Conjecture：Some Empirical Evidence，” *Quarterly Journal of Economics*，May 1993，pp. 413-36. 亦可参见 Jeffrey R. Brown，Courtney C. Coile，and Scott J. Weisbrenner，“The Effect of Inheritance Receipt on Retirement，” *Review of Economics and Statistics*，May 2010，pp. 425-34。

工作世界 2-3

纽约出租车司机的劳动力供给

大多数工人被雇主要求工作固定的小时数，通常是每天 8 小时。这一要求使得经济学家实证估计劳动力供给曲线变得更加困难，因为实证估计的假设前提是劳动者个体可以自由选择他们希望工作的时长。因此，研究者最近开始关注那些劳动者可以自行决定工作时间的职业。其中最常见的就是出租车司机。

纽约出租车司机通常会按一个固定期限比如一周或一个月来租车。出租车司机需要支付一部分固定费用、燃油费以及一定数量维护成本。出租车司机的收入包括所有的载客费用以及小费。在 12 小时的班制内，出租车司机可以选择工作时间长一点，也可以选择工作时间短一点。

使用收集的纽约出租车司机载客数据，亨利·法伯（Henry Farber）发现，平均每位司机每天载客 22.7 次。等待时间占据了平均每天 6.8 小时工作时间的 1/3。包括小费在内，平均每位司机的小时工资率为 23.79 美元。

可以猜想，出租车司机愿意在一天工资率较高的时间段增加他们的劳动力供给。法伯的发现支持了这一猜想。出租车司机可能更多地选择在小时工资率较高的夜晚工作，而不大可能选择对出租车几乎没有需求的早上 6 点工作。另一项研究检验了出租车司机的长期劳动力供给弹性。阿申费尔特（Ashenfelter）、多兰（Doran）和夏勒（Schaller）调查了 1996 年和 2004 年费用增加对纽约出租车司机劳动力供给的影响。他们发现当费用增加 10%时，大多数男性出租车司机会减少 2%的行车里程，这意味着收入效应超过了替代效应。

资料来源：Henry S. Farber，“Is Tomorrow Another Day? The Labor Supply of New York Taxi Cab Drivers，” *Journal of Political Economy*，February 2005，pp. 46-82；and Orley Ashenfelter，Kirk Doran，and Bruce Schaller，“A Shred of Credible Evidence on the Long-run Elasticity of Labour Supply，” *Economica*，October 2010，pp. 637-50.

2.2.2 标准工作日

到目前为止，我们的讨论所隐含的假设是工人能够自己决定他们的工作时间。然而，现实情况通常不是这样。在美国，8小时标准工作日（每周40小时）是逐渐演变而来的。部分原因在于联邦立法强迫雇主对每周超过40小时的工作时间支付1.5倍的工资。况且，那些技术上需要连续加工商品或零部件的工业企业可以将工作日拆分为3个8小时轮班制。

■ 工作过度

如图2-10所示，当一名工人面对HD小时的标准工作日时，将会发生什么？首先考虑图中右下方实线表示的史密斯（Smith）的无差异曲线。史密斯的最优组合点是点u_s，在此点他每天只愿意工作Hh_s小时。但这是一个不可能的选择；史密斯的可能选择是要么工作HD小时，要么压根就不工作。也就是说，他的可能选择是，要么在标准工作日点P处，要么在非劳动参与者的点N处。他将如何选择呢？在本例中，选择标准工作日更可取，因为与选择不工作的无差异曲线I_{s1}相比，史密斯能够达到更高的无差异曲线I_{s2}。我们注意到点P不是切点位置，在点P处，I_{s2}的斜率大于预算线NW的斜率。闲暇对收入的边际替代率大于工资率，这意味着工人认为闲暇的边际价值高于市场劳动的边际价值。很明显，史密斯在点u_s的处境会更好，在此处，他每天将会有更多的闲暇以及更少的工作时间。

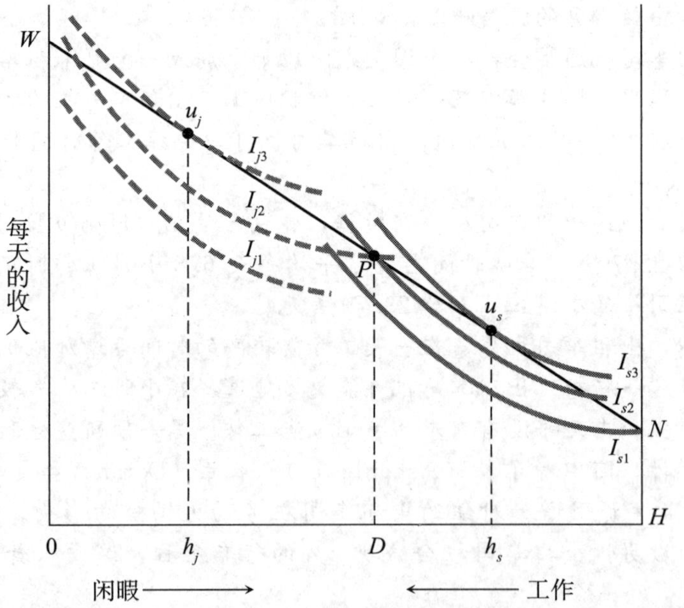

当面对HD小时的标准工作日时，史密斯（实线无差异曲线）会感觉工作过度，而琼斯（虚线无差异曲线）却会感觉工作不足。

图2-10 工作过度与工作不足

简而言之，在图2-10中的点P，史密斯会感觉**工作过度**（overemployed）。面对不可能增加闲暇的标准工作日，史密斯可能会通过旷工来加以补偿；他可能或多或少习惯性地每周旷工一天。实际上，旷工率（一个标准的工作周内，旷工的全日制工人占全日制总就业人数的比率）在 2011 年曾达到 3%。在这一年，因旷工而损失的工作时间是正常工作总时间的 1.5%，他们中的许多人因旷工而未拿到工资。此外，图 2－10 所描述的工作过度的工人可能有一个相对较高的工作转换率。他们通过频繁的工作变换来获得更多的闲暇。当然，我们有意排除了兼职工作的可能性，事实上，兼职工作对那些工作过度的工人更有吸引力。

■ 工作不足

图 2－10 左上部分的虚线无差异曲线描述了一名**工作不足**（underemployed）的工人琼斯（Jones）的境况。琼斯更愿意选择点 u_j，在这点她可以工作 Hh_j 小时的较长工作日而不是 HD 小时的较短标准工作日。我们同样注意到点 P 不是切点。在点 P，琼斯的无差异曲线 I_{j2} 的斜率小于预算线的斜率。她的闲暇对收入的边际替代率小于工资率。简而言之，她认为闲暇的边际价值远低于市场劳动的边际价值。这就意味着琼斯在点 P 会感觉工作不足。因此，她可能会通过兼职或从事第二份工作来实现多工作和少闲暇的愿望。可以用图 2－10 来说明琼斯为什么愿意从事第二份工作，即使其工资率低于第一份工作。事实上，2011 年，约 690 万工人（大约占全部雇员的 4.9%）拥有不止一份工作。

调查数据表明，大多数工人对于他们的工作时间还是满意的。2001 年，美国劳工统计局调查了约 30 000 名工人，其中 2/3 的人表示在目前的工资率下，他们愿意工作现有时长，而不是在成比例的更高或更低的收入水平下，工作更长或更短时间。只有 7%的工人表达了在成比例减少收入的情况下愿意工作更短时间的偏好。在所有被调查的工人中约 1/4 的人愿意在成比例增加收入的情况下工作更长时间。不足为奇的是后者以年轻工人和低收入者为主。[①]

2.2.3 加班工资与规定工时工资

尽管我们通常认为工人无论工作多长时间都会得到相同的工资率，但现实情况并非总是如此。事实上，《1938 年公平劳动标准法案》（Fair Labor Standards Act of 1938）规定，受法律保护的工人每周工作超过 40 小时的，必须支付其规定工时工资率 1.5 倍的加班工资。加班工资规定对工作-闲暇决策会产生什么影响呢？在工作时间相同，取得的日或周收入也相同的情况下，所有工作时间内支付相同的规定工时工资率与超过规定工时支付更高的加班工资率相比，二者有何不同？比如，假设某一给定行业，10 小时工作日（50 小时工作周）很常见，那么，以下两种薪酬支付方案对工作激励会有什么不同？一种方案是前 8 小时每小时支付 6 美元，后 2 小时每小时支付 9 美元；另外一种方案是 10 小时工作每小时均支付 6.6 美元。两种薪酬支付方案带来的日收入同为 66 美元，因此，人们通常会认为这两种方案没

① Lonnie Golden and Tesfayi Gebreselassie, "Overemployment Mismatches: The Preference for Fewer Work Hours," *Monthly Labor Review*, April 2007, pp. 18-37. 有关工人通过更换雇主而不是通过与当前雇主协商的方式调整工作时间的证据，可参见 Richard Blundell, Mike Brewer, and Marco Francesconi, "Job Changes and Hours Changes: Understanding the Path of Labor Supply Adjustment," *Journal of Labor Economics*, July 2008, pp. 421-54。

有什么不同。但是通过图 2－11，我们将会发现二者确实有所不同。

如图 2－11 所示，我们假设工人初始位于最优组合点 u_1，在此点预算线 HW 与无差异曲线 I_1 相切。在点 u_1，个人选择工作 Hh_1 小时，即我们假设的标准工作日。现在我们假设雇主对超出规定工时的工作支付更高的加班工资。这使得预算线 HW 上的 u_1W 部分不再适用，此时预算约束线变为 Hu_1P。我们观察到最优组合点将移至较高的无差异曲线 I_2 上的点 u_2，此时，工人将会选择加班 h_1h_2 小时，日工资收入为 u_2h_2。

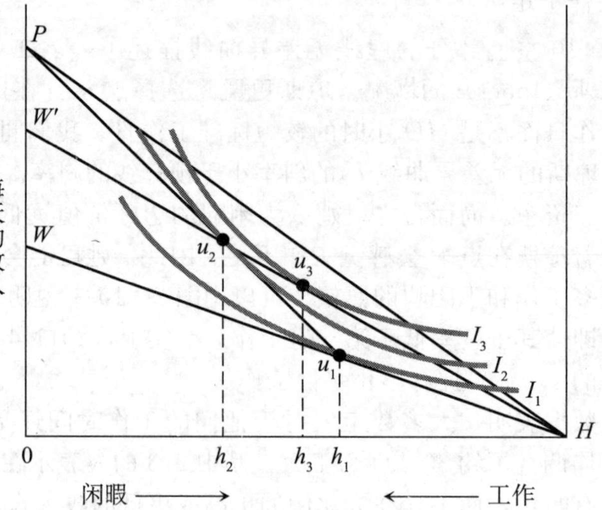

在日收入（Hh_3）相同的情况下，对超过规定工时的工作按加班工资率支付比按规定工时工资率支付会使工作时间增加（Hh_2）。

图 2－11　加班工资与等量的规定工时工资

现在考虑另一条能带来同样工资收入的预算线，即在 Hh_2 小时工作时间内能够带来相同日收入 u_2h_2 的一个标准小时工资率。现在我们可以通过点 u_2 绘制一条新的预算线 HW' 来表示与规定工时工资率等价的工资率。预算线 Hu_1P 和 HW' 在 Hh_2 小时工作时间内将会产生相同的货币收入 u_2h_2。关键是如果面对 HW'，工人会选择从点 u_2 移动到新的最优组合点 u_3，在该点工作时间将会小于 Hh_2。换句话说，在点 u_2 无差异曲线 I_2 与 HW' 相交，也就是说，在该点 MRS L, Y 大于工资率。这就意味着工人认为闲暇的边际价值高于市场价值。因此，在所有工作时间内均按规定工时工资率支付薪酬的方案下，点 u_2 不再是最优组合点。在这种方案下，工人工作 Hh_2 小时会感到工作过度（回顾图 2－10）。

结论：与在相同工作时间内带来相同收入的规定工时工资率相比，对超过规定工时继续工作的工人支付加班工资率会使工作时间增加。为什么会有这样的差异呢？加班工资的应用将会产生一个相对较小的收入效应，这是因为只有工作时间超过 Hh_1，才会产生收入效应。相比之下，等量的规定工时工资率将会产生更大的收入效应，这是因为在所有工作时间内都会产生收入效应。[①] 图 2－11 实质上是产品

① 图 2－11 显示，对于等量的规定工时工资来说，替代效应超过了收入效应，因此，个人此时位于其劳动力供给曲线向右上方倾斜的部分。这就是点 u_3 比点 u_1 需要更多工作时间的原因。这样的推论不是必需的。事实上，如果绘图时将点 u_3 绘制到点 u_1 的右边，那么我们的基本结论将更容易理解。

市场上的价格歧视在劳动力市场上的类似表现。某些产品的卖方根据产品供给量的不同索要不同的价格从而获得更多的收入。在当前的分析中，我们注意到雇主可以在给定工资支出的情况下，通过对不同的工作时间支付不同的工资率来获取更大的劳动量。[①]

快速回顾 2-3

- 陡峭的无差异曲线、非劳动收入的可用性以及较低的赚钱能力都会促使人们不进入劳动力市场。
- 保留工资是可接受的最低工资率；低于该工资，个人将会选择不进入劳动力市场。
- 标准8小时工作日可能会使一部分工人希望增加工作时间（工作不足），而使另一部分工人希望减少工作时间（工作过度），这取决于他们的无差异曲线图以及赚钱能力。
- 与产生相同日收入的规定工时工资率相比，超过规定工时支付加班工资率更能激励工人增加工作时间。

思考题

假设你可以在两份完全相同的工作（包括小时工资）之间进行选择，其中一份工作雇主规定了每周工作时间，而另外一份工作由你自己选择工作时间，你更喜欢哪一份工作？为什么？（答案：参见书末。）

2.2.4 收入维持计划

美国有各种各样的**收入维持计划**（income maintenance programs），也称为福利或公共援助计划，该类计划的目的是给所有家庭和个人提供一些最低收入保障。[②]这些计划包括补充性保障收入、贫困家庭临时援助、食品券和医疗补助等。我们的目的是考察这些计划对工作激励可能产生的影响。

三个基本特征

尽管在具体细节方面差异很大，但是收入维持计划有三个基本特征。

1. **收入保障或基本补贴**（income guarantee or basic benefit），B。指没有收入来源的个人或家庭所能获得的公共补贴数量。[③]

2. **补贴扣减率**（benefit reduction rate），t。指随着收入的增加，家庭基本补

---

① Kenneth E. Boulding, *Economic Analysis*, vol. 1, 4th ed. (New York: Harper and Row, 1966), p. 616. 我们的结论只有在限制雇主雇佣更多工人的前提下才成立。

② 不能将收入维持计划与各种社会保险计划相混淆。收入维持计划旨在援助那些或多或少有永久性残疾或失依儿童的家庭和个人。这些计划由一般税收收入提供资金支持并被视为公共慈善求助。要想获得援助资格，个人必须证明其有经济方面的需要。相比之下，社会保险计划（如老年及遗嘱保险、失业救济）是为了弥补因退休和暂时性失业而引起的部分收入损失。它们由专门的工资税提供资金支持，此类福利可被视为个人以往所做财政贡献应享有的权利。有关各种家计调查转移支付计划的讨论，可参见 Robert A. Moffitt (ed.), *Means-Tested Transfer Programs in the United States* (Chicago, IL: University of Chicago Press, 2003)。

③ 我们简单假定不存在各种形式的非工资收入，如利息、红利等。

贴扣减的比率。例如，$t=0.50$，那么一个家庭每挣得 1.00 美元工资收入，其基本补贴就会被扣除 0.50 美元。这意味着如果市场工资率是 5.00 美元，当考虑补贴扣减规定后，家庭的净工资率只有 2.50 美元。也就是说，补贴扣减率减少了一个人的工作净收益。经济学家通常把补贴扣减率看作"隐性税率"，这是因为 t 对于参与收入维持计划的个人净收入的影响与个人所得税税率对于未参与该计划的个人收入的影响具有同样的效果。

3. **盈亏平衡的收入水平**（break-even level of income），Y_b。由基本补贴和补贴扣减率可以计算出盈亏平衡收入。在盈亏平衡的收入水平上，个人或家庭实际得到的补贴是零。它是个人脱离收入维持计划的收入水平。下面我们将会看到，盈亏平衡收入取决于基本补贴和补贴扣减率的大小。

■ 例证

一个简单的数值例子有助于把这些概念联系起来。个人收到的**实际补贴额**（actual subsidy payment）用 S 表示，由以下方程式决定：

$$S=B-tY \qquad (2-2)$$

式中：B——基本补贴；

t——补贴扣减率；

Y——个人收入。

例如，假设 B 是 2 000 美元，t 是 0.50，Y 是 2 000 美元，那么收到的实际补贴额就应该是 1 000 美元，即

$$1\,000=2\,000-0.50\times2\,000$$

此外，盈亏平衡收入的计算很简单。只要令式（2-2）中的 $S=0$ 即可得到盈亏平衡收入，此时 Y 等于 B/t。[①] 我们可以代入数字进行例证，令 B 等于 2 000 美元，t 等于 0.50，则盈亏平衡收入 $B/t=2\,000/0.50=4\,000$ 美元。我们可以将相关数字代入式（2-2）中进行验证。

$$0=2\,000-0.50\times4\,000$$

让我们把这些概念引入图 2-12 以考察收入维持计划对工作激励的影响。直线 HW 表示没有收入维持计划时，个人所面对的预算约束线。由此得到的最优组合点为 u_1。为简单起见，我们假设工资率是 1.00 美元且个人选择每周工作 40 小时，如果一年工作 50 周，那么工人的年收入为 2 000 美元，如左边的纵轴所示。

现在假设具有上述特征的收入维持计划已经颁布。这一计划将会使预算约束线 HW 移动到 HBY_bW，注意右侧纵轴上的 HB 是基本补贴，如果个人没有任何收入，那么 HB 就是此人可得到的收入补贴额。新预算约束线的 BY_b 部分反映了补贴扣减率的影响。具体来说，BY_b 段的斜率由净工资率（市场工资率减去补贴扣减率）来衡量。因此，当 HW 斜率的绝对值为 1.00 时（表示工资率为 1.00 美元），BY_b

① 这里的代数关系很简单，在式（2-2）中令 $S=0$，我们可以得到 $0=B-tY$，进而得到 $tY=B$，$Y=B/t$。

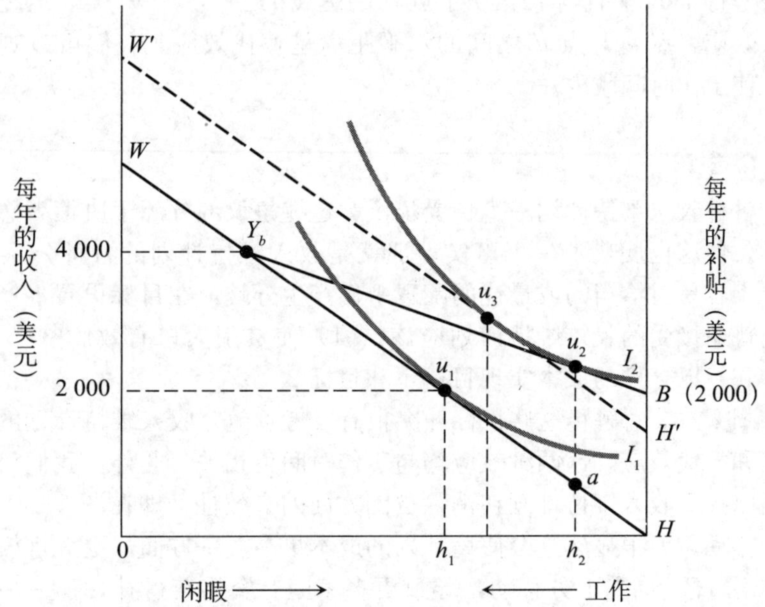

包含基本补贴和补贴扣减率的收入维持计划将会使预算约束线从 HW 移动到 HBY_bW。这一变化使得个人效用最大化组合点由点 u_1 移动到点 u_2，并导致工作时间减少。

图 2-12　收入维持与工作激励

的斜率只有 0.5（表示净工资率为 0.50 美元）。[①] HW 和 BY_b 之间的垂直距离就是实际收到的补贴额 S。点 Y_b 表示盈亏平衡的收入水平，因为在这一点个人获得的收入足够多（此例中为 4 000 美元），以至于 0.50 的补贴扣减率使实际补贴额 S 变为零（见式（2-2））。

我们从图 2-12 可以观察到，新的最优组合点为 u_2，在该点 HBY_bW 与无差异曲线 I_2 相切。与点 u_1 相比，虽然个人的货币总收入增加了（从 h_1u_1 到 h_2u_2），但是其工资收入和工作时间都下降了（分别从 h_1u_1 降到 h_2a，从 Hh_1 降到 Hh_2）。在前面对工资收入增加的分析中（见图 2-7），我们发现工作时间的净效应（工作激励）取决于收入效应（减少工作时间）和替代效应（增加工作时间）的相对大小。在本例中，收入效应和替代效应都会使工作时间减少。收入效应使工作时间减少并不奇怪。收入维持计划增加了货币收入且闲暇属于正常商品，因此，增加的部分收入将会用于消费闲暇，从而会使工作时间减少。但令人奇怪的是，替代效应也会使工作时间减少。补贴扣减率降低了净工资率，使得 BY_b 比 HW 平坦。虽然基本补贴增加了货币总收入，但补贴扣减率的特性意味着工资率实际的降低。现在闲暇变得更便宜（个人减少工作 1 小时只需放弃 0.50 美元而不是 1.00 美元），因此，个人就会以闲暇替代部分工作。

回想一下前文对收入效应和替代效应的图形分解（见图 2-7），我们可以绘制

① 正如所强调的，BY_b 的斜率反映了净工资率 w_n，$w_n=(1-t)w$。在我们的例子中，BY_b 的斜率是 $0.50=(1-0.50)\times1$。如果补贴扣减率是 0.25，净工资率和 BY_b 的斜率是 $0.75=(1-0.25)\times1$。如果补贴扣减率是 1.00，那么 BY_b 将是水平的。

一条平行于 HW 且与 I_2 相切于点 u_3 的虚线 $H'W'$，点 u_1 与点 u_3 之间的水平距离是收入效应，点 u_3 与点 u_2 之间的水平距离是替代效应。我们可以观察到，两种效应都会使工作时间减少。

■ 争论

各种收入维持计划一直备受争议。这些争议部分源于决策者意识形态上的基本差异。但这也反映了一个事实，那就是收入维持计划的各种公认目标之间相互冲突，很容易对恰当的或最优的配置平衡产生分歧，在目标设置上产生分歧。尤其是人们普遍接受的收入维持计划应该：（1）使贫困人口有效脱贫；（2）保持工作激励；（3）以合理的成本实现目标1和目标2。

图2-12对解释这些目标冲突很有参考价值。收入维持计划的实施触发了收入效应和替代效应，这两种效应均与工作时间负相关。此外，我们可以通过增加基本补贴以提高收入维持计划在消除贫困方面的有效性。即在图2-12中，将直线 BY_b 向上移动。但很显然这会使该计划的成本更高。一方面，更大规模的基本补贴会使点 Y_b 沿 HW 向左上方移动，导致更多家庭有资格获得补贴；另一方面，随着基本补贴的提高，已纳入收入维持计划的人们将会获得更大的补贴金额。目标1将会与目标3相冲突。

最后，在基本补贴既定的情况下，也许有人会设想通过减少补贴扣减率（提高 BY_b 的斜率）来保持工作激励。补贴扣减率的下降会提高净工资率，提高闲暇价格，从而导致工作替代闲暇。较高的净工资率也会促使那些目前不是劳动力的个人选择成为劳动力市场参与者（见图2-8）。然而，直线 BY_b 斜率的增大将使点 Y_b 沿 HW 向左上方移动，进而将会使更多的家庭获得补贴资格，因此，导致该计划的成本上升。此外，BY_b 斜率的增大也增加了任何给定工作时间内所获得的实际补贴，进而推动成本上升。这样目标2和目标3就会产生冲突。①

2.2.5 作为一种权利的福利终结

1996年8月，美国总统克林顿签署了《个人义务和工作机会调解法案》(PRWORA)，该法案从根本上改变了美国的福利制度。在此法案颁布之前，福利制度由于固有的工作消极影响以及易使福利接受者产生依赖性而备受诟病。福利改革试图从几个方面来纠正这些已察觉到的缺陷，并试图赋予州政府更多的过渡性福利决策权。

该法案的主要目的是为失业者在重返工作岗位前提供过渡期福利。该法案用**贫困家庭临时援助计划**（Temporary Assistance for Needy Families，TANF）取代现

---

① 实际上，降低补贴扣减率对工作动机的影响比我们讨论的情况更复杂。一方面，降低补贴扣减率将降低当前获得补贴者的负收入效应和替代效应的程度，因此，这类人的工作时间将增加；另一方面，较低的补贴扣减率将会扩大计划补贴的范围，使原来没有得到补贴的家庭也能够得到补贴。收入效应和替代效应将合力对这类人产生影响，从而导致他们减少工作时间。总之，降低补贴扣减率对工作动机的影响，将取决于每类人的平均反应以及他们的相对数量。参见 Gary Burtless, "The Economist's Lament: Public Assistance in America," *Journal of Economic Perspectives*, Winter 1990, pp. 68-70。

有的受抚养子女家庭援助计划（Aid to Families with Dependent Children，AFDC）。与 AFDC 相比，除极少数例外，TANF 要求福利接受者在接受援助两年后必须去工作。[①] 福利接受者可以通过就业、参加职业培训或参与社区服务来满足工作规定。该法还规定获得现金福利支付需要 5 年期限（尽管许多州可免除多达 20%的福利接受者）。[②] 此外，该法还为进入劳动力市场的家庭提供幼儿看护和健康保险。最后，大多数形式的公共援助都不会给予 5 年以内的合法移民，直到他们成为美国公民。

此外，PRWORA 同样鼓励父母承担责任。它包括帮助筹集儿童支持金的规定。还有要求未婚未成年父母必须有一名成年人陪伴，以及留在学校接受援助等措施来减少青少年怀孕的规定。

如图 2-13 所示，福利改革实施以来，接受福利的家庭数量出现了大幅下降。1996 年，460 万个家庭接受了福利。而到 2008 年，这一数字已减少到 160 万个家庭，下降了 65%。

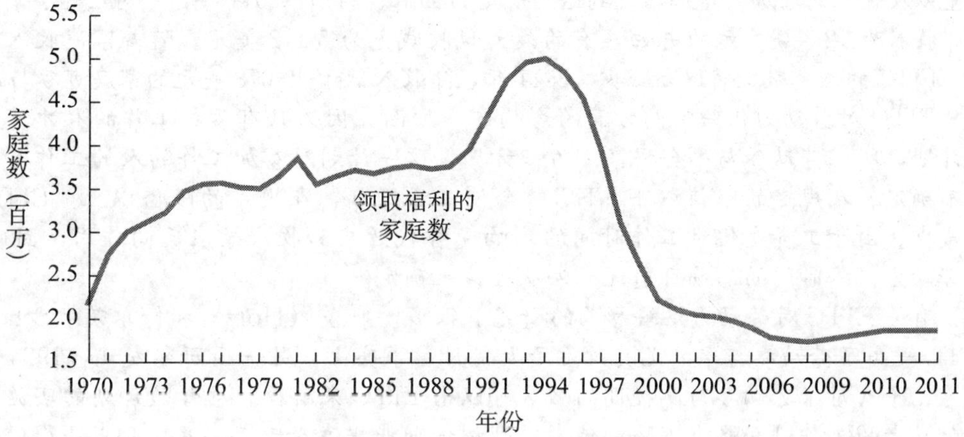

1970—1994 年，在受抚养子女家庭援助计划（AFDC）下领取福利的家庭个数增加了。而 1996 年实施贫困家庭临时援助计划（TANF）计划后，到 2011 年领取福利的家庭数下降了大约 60%。

图 2-13　领取福利的家庭数

许多因素可以解释这种领取福利的家庭数急剧下降的现象。首先，20 世纪 90 年代的经济繁荣改善了福利接受者面临的劳动市场条件。十年来失业率持续下降，而根据通货膨胀率调整后的非熟练工人的工资上升了。华莱士（Wallace）和布兰克（Blank）研究发现，约 1/5 领取福利家庭数的减少可由繁荣的经济来解释。[③] 其次，20 世纪 90 年代早期，工薪收入所得税减免（EITC）计划实质性的扩张，给予低收入工作家庭税收补贴，提高了福利接受者进入劳动力市场的积极性，从而减少

① 有关 AFDC 和 TANF 之间不同的概述，参见 Rebecca M. Blank and David T. Ellwood，"The Clinton Legacy for America's Poor，" in Jeffrey A. Frankel and Peter R. Orszag（eds.），*American Economic Policy in the 1990s*（Cambridge，MA：MIT Press，2002）。

② 如果他们这样选择，州政府可以征税进行严格限制。

③ Geoffrey Wallace and Rebecca M. Blank，"What Goes Up Must Come Down? Explaining the Recent Changes in Public Assistance Caseloads，" in Sheldon Danziger（ed.），*Economic Conditions and Welfare Reform*（Kalamazoo，MI：Upjohn Institute，1999）.

了福利接受者的数量。[①] 最后，政策的变化，比如补助时间的限制、福利补助的削减、幼儿看护的扩张以及培训计划的改变等似乎都可以解释领取福利家庭数的大幅下降。但每一个因素的重要性仍需更精确的界定。[②] 福利改革的长期结果，包括其在减少贫困率方面是否成功，仍有待评估。[③]

工作世界2-4

工薪收入所得税减免对劳动力供给的影响

自1975年启动以来，工薪收入所得税减免（EITC）计划发展迅速，现已成为美国最大的反贫困计划。目前已有1 900多万人参与该计划。依靠EITC生活的人几乎和依靠临时性贫困家庭援助计划和食品券生活的人一样多。

EITC通过向低收入工作家庭提供税收减免来提高他们的工资收入。如果税收减免超过应缴的所得税，该家庭就可以获得两者之间的差额。税收减免额度随着家庭中孩子和成年人数量以及收入的增加而增加，直到达到规定的上限。例如，2011年，一对已婚、有两个孩子且年收入为12 750美元的夫妇享有的最大税收减免为5 112美元。随着家庭收入水平的增加，EITC的减免数额将逐渐减少。2011年，年收入低于49 078美元的家庭可参与该计划。

EITC对劳动力供给有两方面的影响。一方面，因为只有参加工作的人才有资格参与该计划，所以劳动参与率会提高。另一方面，这一计划对参加工作的人的工作时间的影响还不确定。在规定的限值以下，EITC会使工资增加，在规定的限值以上，EITC会使工资减少。由于工资变化对工作时间的影响受替代效应和收入效应反向作用，因此，EITC对劳动力供给时间的影响目前还无法从理论上确定。

有关EITC对劳动力供给影响的研究有很多。霍茨（Hotz）和舒尔茨（Scholz）认为EITC提高了劳动参与率，尤其是无子女父母。事实上，另一项研究发现，1984—1996年间，无子女母亲劳动参与率提高的2/3可以由EITC来解释。尽管该计划的实施看上去会使劳动者的工作时间略有下降，但考虑到该计划能提高劳动参与率，因此EITC对工作时间的影响总体来说仍是积极的。

资料来源：V. Joseph Hotz and John Karl Scholz, "The Earned Income Tax Credit," in Robert A. Moffitt (ed.), *Means-Tested Transfer Programs in the United States* (Chicago, IL: University of Chicago Press, 2003).

---

① 一项研究显示，EITC的扩张是导致福利事例减少的最重要因素。参见 Bruce D. Meyer and Dan T. Rosenbaum, "Welfare, the Earned Income Tax Credit, and the Labor Supply of Single Mothers," *Quarterly Journal of Economics*, August 2001, pp. 1063-133。另一项研究也显示了EITC的巨大影响，参见 David T. Ellwood, "The Impact of the Earned Income Tax Credit and Social Policy Reforms on Work, Marriage, and Living Arrangements," *National Tax Journal*, December 2000, pp. 1063-105。

② 有关福利改革影响的早期证据评述，参见 Rebecca M. Blank, "Evaluating Welfare Reform in the United States," *Journal of Economic Literature*, December 2002, pp. 1105-66。亦可参见 Jeffrey Grogger and Lynn A. Karoly, *Welfare Reform: Effects of a Decade of Change* (Cambridge, MA: Harvard University Press, 2005)。

③ 有关长期结果的推测，参见 David T. Ellwood, "Anti-Poverty Policy for Families in the Next Century: From Welfare to Work—and Worries," *Journal of Economic Perspectives*, Winter 2000, pp. 187-206。值得注意的是福利改革引起的福利事例减少已导致诸如补充保障收入计划等其他公共援助计划中福利事例的增加。参见 Lucie Schmidt and Purvi Sevak, "AFDC, SSI, and Welfare Reform Aggressiveness: Caseload Reductions versus Caseload Shifting," *Journal of Human Resources*, Summer 2004, pp. 792-812。

本章总结

1. 在工作-闲暇选择模型中，无差异曲线是个人效用水平既定条件下收入和闲暇的不同组合。无差异曲线凸向原点，反映了闲暇对收入的边际替代率递减。离原点越远的无差异曲线代表的效用水平越高。

2. 预算（工资）约束线表示在既定的工资率水平上，个人所能获得的各种收入和闲暇组合。预算线斜率的绝对值反映了工资率。

3. 个人通过选择其可达到的最高无差异曲线上的某一点，来实现其最优或效用最大化组合。

4. 工资率的变化以及可观测到的个人最优组合点的预期变化，表明向后弯曲的个人劳动力供给曲线的可能性。

5. 工资变化对工作时间的影响取决于收入效应和替代效应的大小。收入效应衡量的是，由工资变动导致的收入变动所引起的期望工作时间变化。替代效应衡量的是，在收入或效用水平保持不变的条件下，由工资率变动引起的个人期望工作时间的变化。工资增加（减少），收入效应减少（增加）期望工作时间，而替代效应增加（减少）期望工作的时间。

6. 经验证据表明，在劳动力供给决策上，女性对工资变动的反应要比男性敏感得多。

7. 劳动力供给量对某一给定工资率变动反应的敏感程度由劳动力供给弹性来衡量。它由劳动力供给量的变化百分比除以工资率的变化百分比计算得出。相比之下，非劳动收入的变化或者工作-闲暇偏好的变化则会引起个人劳动力供给曲线位置的变化。

8. 非劳动参与者（选择不从事劳动力市场工作的人）的例子，可以由工作-闲暇模型右侧纵轴上的角点解来描述。

9. 保留工资是个人决定工作的最低工资率。

10. 如果工人被迫遵守标准工作日的规定，他可能处于工作过度或者工作不足的状态。在标准工作日中，工作过度（工作不足）的工人，其闲暇对收入的边际替代率大于（小于）工资率。

11. 与对相同工时支付同等收入的规定工时工资率相比，加班工资制度（例如，对超过规定工时工作支付 1.5 倍工资）能够对工作产生更大的激励效应。

12. 大多数的收入维持计划都有一个基本补贴和补贴扣减率，据此可计算盈亏平衡的收入水平。因为基本补贴只会引起收入效应而补贴扣减率则会减少净工资率，由此引起的收入效应和替代效应都会使期望工作时间减少。

13. 福利不再是一项权利，而是一项临时援助计划。1996—2011 年，美国领取福利的家庭数下降了约 60%。

习题和学习建议

1. 工作-闲暇模型中的无差异曲线和预算线向我们传递了什么信息？为什么无差异曲线向下倾斜且凸向原点？绘制无差异曲线图和预算线，并标出个人最优组合点。

2. 指出在下面每一种具体情形中，工人期望工作更长时间还是更短时间？

（1）工资率上升且替代效应大于收入效应。

（2）工资率下降且收入效应大于替代效应。

（3）工资率下降且替代效应大于收入效应。

（4）工资率上升且收入效应大于替代效应。

3. 运用与图 2-5 相似的图形来说明工资率下降前后个人的闲暇-收入选择。分离收入效应和替代效应，指出每一种效应是增加还是减少了工作时间，并用这两种效应来解释工资下降对工作时间的总影响。此时你所分析的工人是位于劳动力供给曲线的向右上方倾斜的部分，还是向后弯曲的部分？

4. 里根（Regan）政府（1981—1988 年）奉行的供给学派经济学认为，所得税削减将激发工作的积极性，从而促进经济增长。用工作-闲暇图证明这一结论。就收入效应和替代效应的相对大小，这一结论的假定是什么？请解释：“由供给学派减税政策所激发的工作积极性的预期增长，事实上可能对女性比对男性更有效。”

5. 假设劳伦（Lauren）的雇主为其提供了以下两种选择。第一种选择：她可以自己选择工作时间，并将得到下图中预算线 HW_1 所隐含的相对较低的工资率。第二种选择：她需要工作 HR 小时，并且将得到预算线 HW_2 所隐含的相对较高的工资率。她会选择哪一种？验证你的答案。

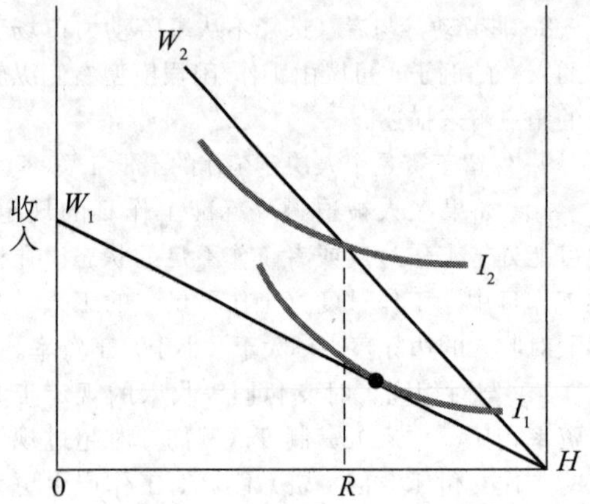

6. 运用含有非劳动收入的工作-闲暇图，描述个人通过每天工作8小时来实现效用最大化的情况。比较以下两种征税方案对劳动力供给的影响：

(a) 定额税，即对不同的收入所得征收相同的绝对税额。

(b) 比例税，即对收入所得按30%的比例征税。

在上述每一种情况下，工作时间增加了还是减少了？你能否将这些结果推广到该经济体中的所有个体？请解释。

7. 什么样的环境会使个人倾向于选择不进入劳动力市场？一方面，基于教育、有学龄前儿童、配偶的收入水平、种族以及家庭位置（城市还是乡村）这些环境因素，你能得出什么结论？另一方面，这些环境因素对已婚女性选择成为劳动力参与者的可能性有多大影响？

8. 什么是保留工资？“在其他条件相同的情况下，随着非劳动收入的增加，个人的保留工资将会上升。”你同意这种说法吗？请解释。重新绘制图2-8中的无差异曲线，说明任何能降低（或提高）非市场时间价值的因素都将增加（或减少）个人进入劳动力市场的可能性。

9. 运用图2-10说明，与琼斯相比，史密斯对闲暇的偏好更强，对工作的偏好更弱，什么因素会引起偏好的差异？重新绘制琼斯的无差异曲线，说明在曲线上什么位置，她宁愿选择成为一个非劳动参与者，也不愿意每周工作标准的 HD 小时。

10. 运用图2-11解释以下观点：“尽管超时工作的加班工资率与同等的规定工时工资率相比会促使工人工作更长的时间，但后者所带来的福利水平更高。”

11. 如果收入维持计划规定了3 000美元的基本补贴和0.30的补贴扣减率，那么一个年收入为2 000美元的家庭得到的补贴是多少？该家庭的总收入是多少？该计划隐含的盈亏平衡的收入水平是多少？

12. 下图中的 WH 是由劳动力市场工作决定的预算线。描述隐含在预算线 HBW'、$HBYW$ 和 HBW 中的收入维持计划特征。在给定的个人工作-闲暇偏好下，哪一种计划对工作的抑制作用最强？为什么？哪一种计划对工作的抑制作用最弱？为什么？“基本补贴和补贴扣减率越高，对工作的激励越弱。”你同意这一观点吗？

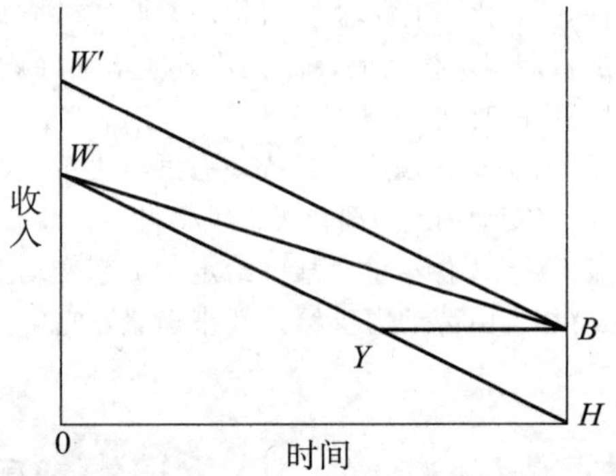

13. 在美国，平均而言残疾工人的报酬仅为其以前收入的一半；在瑞典、荷兰等其他一些国家，残疾工人可以拿到工人平均工资的70%～90%。我们还注意到，在美国获得残疾补助的工人的比例要比瑞典和荷兰两个国家低得多。这些发现与工作-闲暇模型一致吗？请解释。

14. 假设美国国会修改了社会保障法，允许福利接受者在不减少福利的情况下想挣多少就挣多少。请用工作-闲暇模型说明其对劳动力供给的预期影响。

15. 援助低收入家庭的一种方法是提高最低工资。另一种方法是直接提供非劳动收入补助。请比较这两种方法对工作激励的影响。

16. 请评述以下观点：

a. “雇主可以通过对超过某一固定最低工作时间支付标准工资率改为支付加班工资率来减少工人旷工。”

b. “感到工作不足的工人可能会选择兼职，即使其兼职工作的工资率略低于其第一份工作。”

c. “在工资率既定的情况下，个人往往更喜欢从事自己可以选择工时数的工作，而不喜欢从事工时数由雇主决定的工作。”

d. “如果在工作-闲暇图内的所有点上，个人的无差异曲线都比预算约束线平坦，那么个人将会选择成为一名非劳动参与者。”

e. “目前工作时间很长的人与工作时间很短或不工作的人相比，任何给定的工资增长所带来的收入效应都会更大一些。”

17. 史蒂夫（Steve）25岁，拥有MBA学位，但不工作。他的生活以滑雪为主，每周他都能从他富有的父母那里得到2 000美元。然而，他的父母看到史蒂夫正在变成一个永久性懒鬼而终止了给其提供每周开销。结果，史蒂夫选择了一份周薪1 000美元每周工作40小时的工作。请构造一个收入-闲暇选择简图来说明其父母做出上述决定前后史蒂夫的情况。简要概括工作时间、每周总收入以及史蒂夫的总效用变化。

互联网练习

领取福利的家庭数发生了什么变化?

请登录美国政府有关领取儿童和家庭福利的统计网站（www. acf. hhs. gov/programs/ofa/data-reports/caseload/caseload_current. htm），点击最近福利数据的链接。

1996—2008年，接受贫困家庭临时援助计划（TANF）的家庭数量变动百分比是多少？对于这一变动有哪些可能的解释？

2008年，接受贫困家庭临时援助计划（TANF）的家庭数量是多少？最近一年的情况如何？这段时期变动百分比是多少？你所在州的相应数量是多少？

互联网链接

有关贫困家庭临时援助计划的详细信息可以从美国卫生与公众服务部的家庭援助办公室（www. acf. hhs. gov/programs/ofa）获取。

贫困联合研究中心网站（www. jcpr. org）提供与贫困问题有关的学术研究、研究概述以及政策简报。

第3章 人口、参与率和工作时间

“时代在不停地变化。”① 1946—1964 年的“婴儿潮”使劳动力增加了 7 600 万人，但在这之后出现的“生育低谷”意味着在不久后的将来，劳动力增长的幅度会很小。在过去的十年中，移民使美国人口增加了超过 900 万人。非裔和西班牙裔等弱势群体在美国劳动力队伍中的比例逐年增加。1940 年，美国双职工家庭的数量占家庭总数量的 9%，目前则占到了 42%。

随着人们在教育、市场工作、家务和闲暇之间来回地选择，生活也逐渐变得喧嚣和繁杂。离婚比以前更加普遍。从 1970 年到现在，单身母亲抚养孩子的家庭占所有家庭的比例从 12%上升到 24%，几乎增长了一倍。自 1950 年以来，越来越多的女性劳动者加入劳动力队伍，与此同时，适龄的老年男性的劳动参与率下降。在 20 世纪上半叶，每周的工作时间下降了 20%，但从那以后，周工时一直保持相对稳定。

这些事实都与劳动力供给相关，本章将更加广泛地讨论这个问题。从经济整体来看，劳动力供给这一概念具有多层次的含义。正如图 3 - 1 所示，社会所能获得

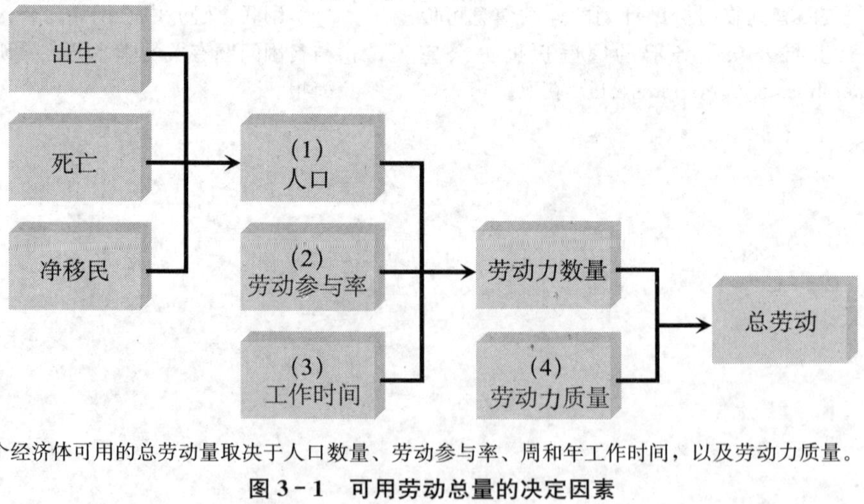

一个经济体可用的总劳动量取决于人口数量、劳动参与率、周和年工作时间，以及劳动力质量。

图 3 - 1　可用劳动总量的决定因素

① 鲍勃·迪伦（Bob Dylan）的歌词。

的劳动总量取决于：（1）人口规模和人口结构，而这又取决于出生率、死亡率和净迁徙；（2）劳动参与率，即适龄工作人口中正在工作或正在寻找工作人口的比例；（3）每周或每年的工作时间；（4）劳动力质量。本章将探讨影响劳动力供给的前三个因素，劳动力质量将在第 4 章分析。

3.1　人口基础

广义地说，一个国家的劳动力规模取决于其人口规模和参与到劳动力市场中的人口比例。图 3-2 描述了美国人口和劳动力在 1950—2011 年间的增长情况。回顾图 3-1 可知，人口增长大部分是自然增长（出生人数减去死亡人数的差值）和净移民的结果。因为死亡率的变动很小（随着时间推移缓慢下降），所以美国大部分的人口增长是由于生育率和净移民的变化。如 1946—1964 年间的生育高峰使美国人口增加了约 7 600 万人，20 年后，这些人口以庞大的数量进入劳动力市场。“婴儿潮”过后，生育率急剧下降，导致近年来人口增长极为缓慢。但是美国的人口仍然在扩增，随着美国移民政策的变化，移民（将在第 9 章详细介绍）也随着时间波动。最近几年，移民已经占到了人口增长的 20%～25%。

基于以上人口增长的背景，现在转向经济理论，以便更好地理解劳动参与率。

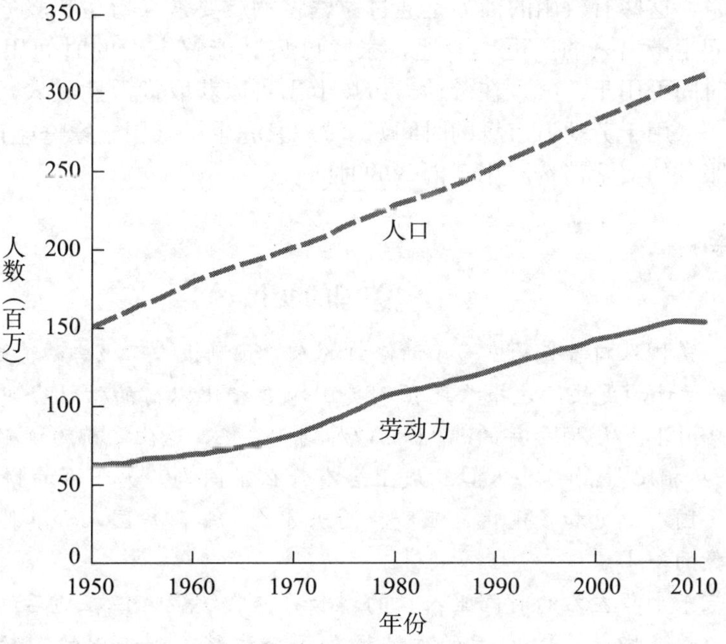

美国的人口和劳动力都有显著增长，但是各时期的增长率不同。

图 3-2　人口和劳动力的增长

3.2　贝克尔时间分配模型

在第 2 章，我们介绍了个人在劳动力市场工作和闲暇之间做出选择的模型，该模型有助于对工作-闲暇决策和一系列相关含义的理解，贝克尔（见专栏“工作世界1-1”）和其他一些学者对该模型进行了推广和拓展①，拓展后的**贝克尔时间分配模型**（Becker's model of the allocation of time）对于理解本章的主题“参与率”尤其有用。

3.2.1　两种基本变化

基础的工作-闲暇决策模型可以通过两种基本方式进行拓展。

■ 家庭的角度

第一个变化是把家庭看作决策的基本单位，这要比以个人作为基本单位所适用的范围更广。大多数人都是家庭的一员，家庭其他成员的决策会影响个人如何支配时间的决策，这种决策是相互影响的，例如，妻子是否应该到劳动力市场寻求工作可能取决于其丈夫目前是否就业，反之亦然。

■ 时间的多元用途

在贝克尔的家庭时间分配模型中，传统的工作-闲暇二分法被一个更为复杂的分类法所取代。贝克尔认为，家庭应该被看作一个经济单位，其能生产出有效用的“商品”，这些有效用的商品是通过家庭将物质要素（物品和服务）与时间要素结合在一起生产出来的。更一般地，家庭可将其能够支配的时间用于至少三个基本方面。时间可用于：(1) 在劳动力市场上出售以获取货币性收入，从而可以购买物品和服务（用于劳动力市场的时间）；(2) 家庭生产（用于家庭生产的时间）；(3) 物品和服务的实际消费（用于消费的时间）。

工作世界 3-1

美国的变化

1996年，美国人口普查局发布了新修订的人口预测报告，报告称美国人口的长期增长速度确实比早先估计的更快，该报告还预测美国人口相比以前的估计会更加多元化。到2050年，美国人口预计将从2011年的3.11亿增加到4.2亿，这比之前的预测高出了2 600万人。

与2000年相比，2050年人口构成上会有什么不同吗？如下页的饼状图所示，到2050年，预计的美国人口更加多元化，亚裔、西班牙裔、非裔美国人和其他非白种人群将占到美国人口总数的一半。

虽然在未来十年左右的时间里人口的增长将非常缓慢，但在随后的几十年，有一些因素将推动人口快速增长。1990年的立法增加了合法移民到美国的人数，美国人口普查局现在估计每年的移民数量为1 450 000人次，高于早期估计的824 000人次/年。亚裔和太平洋岛国移民数量将增加210%，占总人口的8%。西班牙裔美国人取代非裔美国人成为美国最大的少数族裔群体，预期到2050年，其人数将占到美国人口总数的24.4%。西班

① 加里·贝克尔的下列文章具有里程碑意义：“A Theory of the Allocation of Time,” *Economic Journal*, September 1965, pp. 493-517。

牙裔和亚裔的增长也将促进美国出生率的提高——从现在一个女性生育 2.05 个孩子增加到 2.22 个。

如果美国人口普查局的预测是准确的，那么这种预测对于劳动力将有几个重要的含义。第一，预期的近年劳动力增长放缓（即潜在的劳动力短缺）将只是一个短期的问题。第二，较高的移民数量和更高的出生率将放缓并最终扭转美国当今的人口老龄化现象。这意味着，社会保障金的接受者与缴纳者之间比率的上升不会如预期的那么快。第三，有必要重新将教育和培训放到重要地位，以使数量不断增长的不同种族青年人能获得高质量工作。第四，随着企业所有者、管理者以及员工中非白人数量的增加，工作场所将被改造。如果美国要维持较高的劳动生产率和生活水平，不同种族之间的和谐共处以及以更加包容的态度对待种族差异将是绝对必要的。

美国人口的种族构成（%）

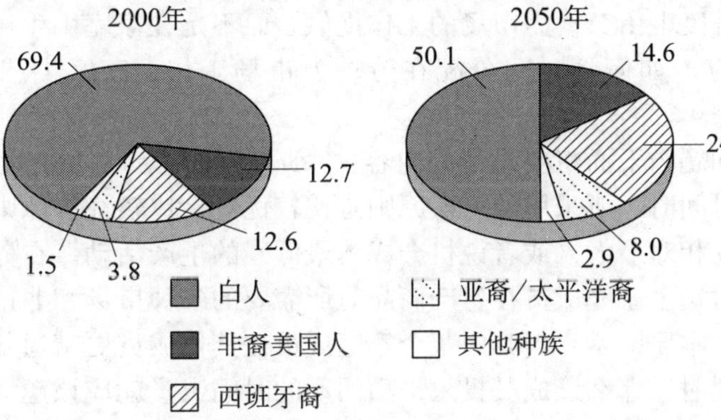

资料来源：U. S. Census Bureau, *U. S. Interim Projections by Age, Sex, Race, and Hispanic Origin*, March 2004, and "A Spicier Stew in the Melting Pot," *Business Week*, December 1992, pp. 29-30. Updated.

因此，对于一个典型的家庭来说，商品（如一顿晚餐）是通过结合提供劳动力市场时间而获得的物品（从超市购买的食品）、家庭生产时间（将这些食品烹饪成晚餐的时间）和消费时间（晚餐时间）而生产出来的。因为家庭可支配的时间总量是有限的，可供选择的时间使用方式之间是彼此竞争的，例如，假定其他条件不变，从事劳动力市场工作的双职工家庭可用于家庭生产和消费的时间将比单职工家庭要少。

3.2.2　商品特征

在讨论一个家庭如何分配时间，以及如何做出特定的劳动力供给决策时，考虑到商品所具有的两个特征非常重要。首先，有些商品是相对时间密集型的，而另一些则是相对物品密集型的。生产**时间密集型商品**（time-intensive commodities）需要大量的时间和少量的物品，比如在沙滩上看日落或者是在吊床上小憩等这些"纯"休闲的活动[①]；**物品密集型商品**（goods-intensive commodities）则需要大量

① 在贝克尔的模型中，我们可以认为闲暇是每单位时间中愉悦的消费，而此时物品的需求为零。

的物品和少量的时间，如快餐店里的一份饭菜。二者之间差异的一个含义是，随着劳动力市场中时间的价值更高（如工资率提升），一个家庭可能会牺牲时间密集型商品而选择更多的物品密集型商品，从而将更多的时间用于劳动力市场工作。

商品的第二个特征是，在生产这些商品时，时间和物品之间在一定限度内通常是可以相互替代的。家庭可通过使用大量的时间和少量的物品来生产某个特定的商品，反之亦然。在一种极端情况下家庭可以自制食品用餐，另一种极端情况则是家庭在餐馆吃饭；前者是时间密集型商品，后者是物品密集型商品。

3.2.3 家庭的选择

在贝克尔的模型中，家庭在寻求效用最大化时有很多问题需要解决。第一，家庭想要消费什么类型的商品？第二，家庭想要如何生产这些商品？也就是说，商品应该在什么程度上由劳动力市场的工作提供，而不是在家庭中生产？第三，家庭中的个体成员应该如何将时间分配在劳动力市场工作、家庭生产、消费以及其他用途？

第三个问题与下面将要讨论的内容关系最为密切。[①] 在决定每一个家庭成员应如何分配其时间时，所采用的一般原则是比较优势，比较优势原则认为个体应该专门从事其效率相对最大（或者说机会成本最低）的生产活动。在分配可支配的时间上，家庭应对每个家庭成员在生产商品时所需要的各种市场和非市场活动的生产率进行比较。基本原则是，当其中某个家庭成员比其他成员更精通某项活动或者说具有更高生产率时，那么该成员投入该项活动的时间数量就应该越大。因为家庭成员之间通常具有不同的特征，如年龄、性别、受教育程度，以及在劳动力市场和非劳动力市场的经验等，任何一方面的差异都将使他们在生产商品（效用）中所从事的市场和非市场活动的效率有相当大的不同。很明显，妻子的生理特征使其在生育上具有决定性的比较优势。同样，偏好或社会化（社会角色界定）也使得许多女性在家庭生产相关活动上体现出比较优势，比如打扫卫生、做饭和照看孩子等。此外，在第14章，我们会发现证明女性在劳动力市场中经常受到歧视的证据。由于歧视的存在，即使其他条件（教育、职业培训和劳动力市场经验）都是相同的，但是在提供同样的劳动力市场工作量时，丈夫仍然可以比其妻子获得更多的收入，从而可以为家庭提供更多的物品。从历史角度来看，比较优势原理使得许多家庭中丈夫花更多的时间从事劳动力市场工作，而妻子则花更多的时间在家中从事非劳动力市场工作。同样，我们会在第4章中发现，在获得教育方面也存在相对的比较优势。教

① 关于第二个问题，我们将在对不同人群的劳动参与率的讨论中给予考虑。关于第一个问题，我们假设家庭对商品的偏好是既定的，注意在贝克尔模型中，我们必须对消费者行为理论做出修正来解释时间的经济价值。更精确地说，当花在 a，b，…，n 种物品上的最后1美元的边际价值相等时，家庭将购买达到效用最大化的物品组合（a，b，…，n），用代数表示，即当 $MU_a/P_a=MU_b/P_b=\cdots=MU_n/P_n$ 时，效用达到最大化，这里MU指边际效用，P 为产品价格。贝克尔认为，这里的价格不仅仅指每一物品的市场价格，而且是指“全部价格”，即某一物品的市场价格加上该物品消费过程中所用时间的市场价格。这样，如果一个物品是2小时的音乐会，其价格是8美元，而在劳动力市场上，每小时的时间价值10美元，那么音乐会的全部价格是28美元（8+2×10）。把时间价格考虑在内，强时间密集型物品的完整价格将相对上升，而那些弱时间密集型物品的完整价格将相对下降，这样产生的效用最大化的物品组合与仅仅考虑市场价格所计算的物品组合不同。

育是对人力资本的投资，在其他条件不变的情况下，投资回报率是与个人完成教育后在劳动力市场工作的时间长度直接相关的。[①]

3.2.4 收入效应和替代效应的回顾

在更宽泛的框架中重新审视收入效应和替代效应，这对理解贝克尔的模型是有帮助的。

■ 贝克尔收入效应

假设工资率增加，收入效应告诉我们，对于任意给定数量的劳动力市场工作时间，家庭的收入会变得更多，因此大部分物品的消费量将增加。[②] 但是增加的物品消费会需要更多的时间。别忘了物品必须与时间结合才能生产有效用的商品。所以，随着消费时间的增加，工作时间会趋于下降。简而言之，收入效应会减少工作时间，虽然推理过程不同，但是和第 2 章中更简单的模型所得出的结果一样。

■ 贝克尔的替代效应

替代效应相比之下更为复杂。较高的市场工资率意味着不仅在劳动力市场中，而且在家庭内的生产和消费活动中，时间都是更具价值的。一方面，随着工资率的提高，家庭在生产过程中将使用更多的物品来替代时间，这意味着家庭更倾向于用非时间密集型的方式进行商品生产。例如，家庭可能会更频繁地光顾快餐店，因此花费更少的时间在家做饭。另一方面，在消费上，随着工资率的提高，家庭将改变其消费的商品组合，从时间密集型商品转向物品密集型商品。例如，度假和打高尔夫球等时间密集型活动将被购买艺术品或打网球所替代，又如，对于一个到科罗拉多滑雪一周的芝加哥人来说，乘飞机比开车表现出更少的时间密集性。这些在商品生产和消费上的调整将给劳动力市场上的有酬工作留出更多时间，因此，正如简单模型一样，这种更为复杂的替代效应表现为工作时间会随着工资率的提升而增加。

正如我们在简单模型中所述，收入效应和替代效应对于劳动力市场中工作时间的总影响可以是正也可以是负，这取决于两种效应的相对大小。贝克尔模型的优势在于，它为时间的用途提供了一个更全面、更真实的写照。并不像第 2 章中简单模型所暗含的解释那样，人们只是把时间用于生产线和吊床之间。正如前面所述，贝克尔模型对于理解劳动参与率是一个十分有用的工具，这也是接下来将要讨论的内容。

◆ 快速回顾 3－1

- 劳动力总供给的人口基数取决于出生率、死亡率和净移民率。
- 贝克尔时间分配模型将家庭看作经济单位，决定如何在劳动力市场工作、家庭生产

① 关于家庭内专业化弊端的有趣讨论，参见 Francine D. Blau，Marianne A. Ferber，and Anne E. Winkler，*The Economics of Women，Men，and Work*，6th ed.（Englewood Cliffs，NJ：Prentice-Hall，2010），chapter 4。

② 当然，劣等品是例外。随着收入的增加，劣等品的购买量将减少。

和家庭消费中分配时间，以获得商品的最大效用。

- 在贝克尔时间分配模型的收入效应中，工资率上升引起收入的增加，从而使家庭可以购买更多的物品，而这些物品需要消耗更多的时间，所以工作时间会减少。
- 在贝克尔时间分配模型的替代效应中，随着工资率的提高工作时间将会增加，这是因为：(a) 在家庭商品生产中用物品投入代替了时间投入；(b) 家庭的消费将从时间密集型转变为物品密集型。

思考题

总的来说，在过去的几十年中，女性的教育水平和实际工资率都有大幅度的提升，此外，越来越多的女性加入工作场所，请用贝克尔时间分配模型的收入效应和替代效应的比较优势概念来解释这些现象。（答案：参见书末。）

3.3 劳动参与率：定义和度量

劳动参与率由实际劳动力与潜在劳动力的比值决定，潜在劳动力有时被称为“适龄人口”。

在美国，**潜在劳动力**（potential labor force）或适龄人口被认为是人口总量减去16岁以下的青年人和被制度限制的人。教育法和童工保护法将大部分孩子排除在劳动力市场之外，所以16岁以下的孩子不被考虑在潜在劳动力中。① 此外，被制度限制（如处在监禁、精神病院、养老院等）的这一部分人口也不可能参与劳动力市场活动。② **实际劳动力**（actual labor force）由以下部分组成：(1) 就业人口；(2) 失业但是在积极寻找工作的人口。③ 因此，**劳动参与率**（labor force participation rate，LFPR）的百分比形式可以表示为：

$$\text{LFPR}=\frac{\text{实际劳动力}}{\text{潜在劳动力}}\times 100\% \tag{3-1}$$

或

$$\text{LFPR}=\frac{\text{劳动力市场上 16 岁以上的非限制人口总量}}{\text{非限制人口}}\times 100\% \tag{3-2}$$

例如，2012年3月的劳动参与率为：

$$\text{LFPR}=\frac{154\,707\,000}{242\,604\,000}\times 100\%=63.8\%$$

对于不同的人口分类，如已婚女性、非畜青少年女性等，其劳动参与率也可以通过同样的方法计算出来。

---

① 尽管官方对劳动力的定义不包括16岁以下的人，但这类人中的确有很多人从事劳动力市场的工作。

② 从1983年以来，所有驻扎在美国的军事人员被认为是劳动力成员，理由在于参军是一个自愿的决定，因而它代表了一种可行的劳动力市场选择。1983年前，军人不被算作劳动力的一部分，现在，美国劳工统计局公布劳动力总数和民用劳动力两方面的数据。

③ 在18章中将介绍更多精确的定义，需要注意的是兼职工作人员是被包括在劳动力中的。

3.4　劳动参与率的长期趋势

如图 3-3 所示，现在讨论美国劳动参与率的长期趋势。这里需要事先告知的是影响参与率的因素是多方面的和复杂的；有些影响因素是经济变量，而有些因素则是制度、法律或者个体态度特征等。因此，尽管贝克尔模型在解释参与率许多重要的变化时是有用的，但它不能对所有影响因素都给予全面的解释。

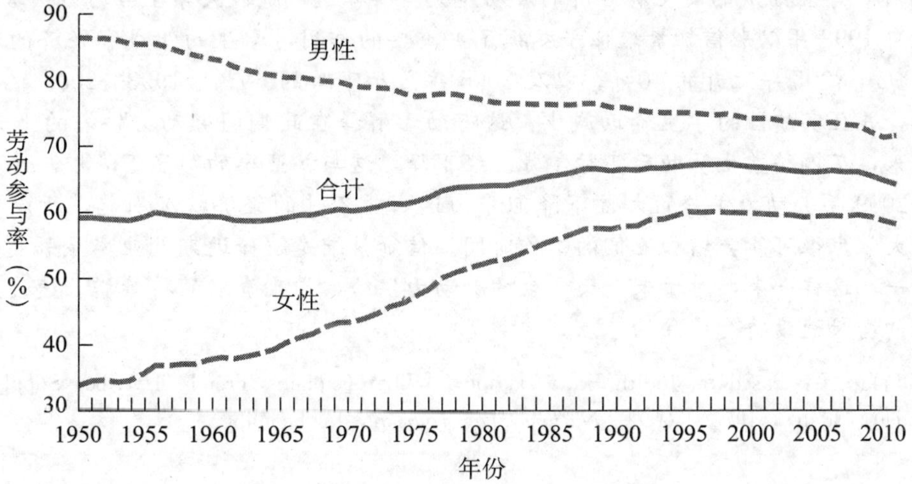

总的劳动参与率随时间缓慢地向上移动，这是女性参与率的增长超过男性参与率下降的净结果。

图 3-3　美国劳动参与率的变化情况

从图 3-3 可以看出，第二次世界大战以后，美国的总劳动参与率逐渐上升。在 1950 年，约 60%的适龄人口是劳动力市场参与者，到 2011 年，这个数字已经上升到大约 64%，其中的大部分增长发生在 20 世纪 70 年代和 80 年代。在图 3-3 中也可以观察到，男性的劳动参与率稳步下降，具体来说，男性参与率从 1950 年的约 86%下降到 2011 年的约 71%。但女性参与率的持续增加已经抵消并超过了男性参与率的下滑，女性参与率从 1950 年的约 34%提高到 2011 年的约 58%。总而言之，男性和女性的劳动参与率趋向于收敛，而理解这些趋势背后的主要原因是很重要的。

工作世界 3-2

更多的大学生就业

大学生越来越容易找到工作，并且现在的工作时间也比以往更长，这一变化对于两年或四年制大学中 18～22 岁的全日制学生影响最为明显。1970—2000 年，这些学生每周的劳动力供给时间从 6 小时增加到 11 小时。2000 年，超过一半的学生参与工作，平均每周工作时间为 22 小时。2000 年之后，这种劳动力供给时间停止增加，并且在 2009 年急剧下降到每周 8 小时。

朱迪斯·斯科特-克莱顿（Judith Scott-Clayton）提出了三种可能的原因来解释这些

变化：首先，在过去的40年中学费水平显著提升。学生收入有限，被迫工作更长的时间以支付更高的学费账单。其次，学校的大学生组成可能发生变化，在上学期间从事兼职工作的学生的比例可能有所增加。最后，经济状况将有可能影响大学生的就业可能性，例如，如果失业率较高，那么在校大学生将不太可能去工作。

她发现在大学生劳动力供给转变背后的那些影响因素是随着时间变化的，1970—1982年，学生组成的变化只能解释工作时间上升的1/5。学费变化和经济条件是更重要的影响因素。这一期间联邦勤工俭学项目的扩张可以解释劳动力供给增加的很大一部分。1982—1993年，学生组成的变化和经济的波动能完全解释这一阶段大学生劳动力供给的上升。

自1993年以来信贷紧缩似乎发挥了更重要的作用，学生的组成和经济的波动只能解释1993—2005年上升的40%，以及2005年之后下跌的60%。1993—2005年，学费大幅增加，并且实质性的学生资助减少，这有助于解释在此期间劳动力供给的上升。自2005年以来，在调整学生资助后实际学费已经下降，这与就业率的明显下降相一致。

2009年劳动力供给的大幅下降似乎由这一年不佳的经济状况引起，所以当失业率下降时大学生很可能会增加他们的工作时间。信贷紧缩是解释近期就业率显著变化的重要因素之一，这样一来，对于未来大学生的劳动力供给，学生资助的持续增长速度是否能超过学费的增长速度将是关注的重点。

资料来源：Based on Judith Scott-Clayton，"What Explains Trends in Labor Supply Among U.S. Undergraduates，1970—2009?" *National Tax Journal*，forthcoming.

3.4.1 老龄男性劳动参与率下降

图3-4按年龄组别显示了男性劳动参与率的情况，从图中可以获知的信息是，老年男性的参与率发生了显著变化。可以发现，65岁及以上男性的参与率在1950年到20世纪80年代中期显著下降，但此后有所回升。[①] 也可以观察到从1950年到20世纪90年代初，55～64岁男性的参与率大幅下降，在此之后有小幅上升。

有许多因素用以解释这些变化，包括：(1) 实际工资和收入的上升；(2) 可用公共和私人退休金的变化；(3) 伤残补助金的增加；(4) 教育水平的提高；(5) 老龄妻子劳动参与数量的增加。

■ 实际工资和收入增加

经济增长带来了实际工资和收入的不断上升，例如，自1950年以来，实际人均国内生产总值增加了大约三倍，而实际工资增加会同时产生收入效应和替代效应。就老龄男性而言，收入效应相对于替代效应占主导地位，因此，很多人会选择退休形式的闲暇。在很多情况下，老年男性的健康状况日趋下滑，他们更偏好于闲

① 经济激励机制并不能完全解释65岁退休高峰现象，参见Robin L. Lumsdaine，James H. Stock，and David A. Wise，"Why Are Retirement Rates So High at Age 65?" in David A. Wise (ed.)，*Advances in the Economics of Aging* (Chicago，IL：University of Chicago Press，1996)。

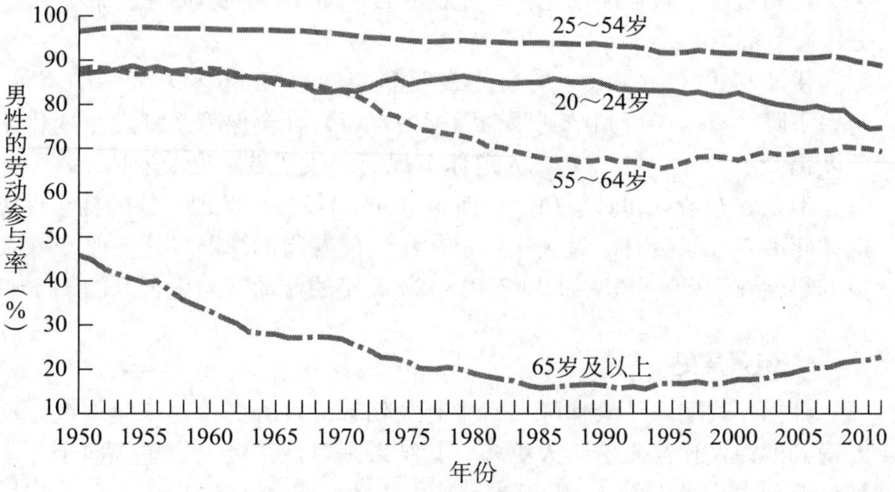

20～24 岁和 25～50 岁年龄组的男性劳动参与率相对稳定，但对老年男性而言，这一比率在过去 50 年里先是显著下降随后回升。

图 3-4　按年龄分组的美国男性劳动参与率

暇从而选择退休，用第 2 章的术语来表述就是他们的无差异曲线变得更加陡峭。[①] 简单来说，随着时间的推移，社会变得更加富裕，实际工资和收入的逐年增加使更多的工人积累足够多的财富，从而在较低的年龄退休。自 1950 年以来，男性和女性的平均退休年龄提前了 5～7 年。[②]

■ 社会保障和私人退休金

可解释老龄男性参与率下降的另外一个因素是社会保障和私人退休金的可用性。成立于 1935 年的社会保障项目不仅为老龄员工在伤残或疾病时提供收入支持，还提供退休津贴。社会保障项目中的退休金具有覆盖范围广和支付水平高的特点，是非劳动收入的主要来源，因此导致大批老年男性退出劳动力市场（见图 2-9）。近年来，社会保障津贴比实际工资的增长速度快，从而增加了退休的相对吸引力。此外，65 岁前退休津贴需要较大的津贴扣减率（相当于当期收入所得税的增加），这进一步刺激了老年员工退出劳动力市场的积极性。[③] 因此，社会保障的收入效应和替代效应都抑制了工作的积极性。

尽管联邦法律禁止强制性退休，但私人退休金的可用性成为提前退休的一个诱因。在 1950 年，只有 16%的劳动力被私人退休金计划覆盖；到 2010 年，有 43%的员工被覆盖。55～64 岁年龄组参与率下降这一现象毫无疑问地反映出，许多退

---

① 在 20 世纪早期，健康是老年人制定劳动参与决策的重要因素。参见 Dora L. Costa，"Health and Labor Force Participation of Older Men，1900—1991，" *Journal of Economic History*，March 1996，pp. 62-89。

② Murray Gendell，"Older Workers：Increasing Their Labor Force Participation and Hours of Work，" *Monthly Labor Review*，January 2008，pp. 41-54.

③ 在 2000 年之前，津贴下降也涉及 65～69 岁的工人。这种隐含税收对劳动力供给影响的分析可参见 Steven J. Haider and David S. Loughran，"The Effect of the Social Security Earnings Test on Male Labor Supply：New Evidence from Survey and Administrative Data，" *Journal of Human Resources*，Winter 2008，pp. 57-87。

休金计划规定在就业时间达到一定的长度（如20年或30年）后就可获得全部或部分津贴。

伊波利托（Ippolito）的研究表明[①]，1970—1986年，55～64岁的男性劳动参与率下降，有一半可归结到两个因素中：（1）社会保障系统发生变化使得退休津贴额度提升了约50%；（2）私人退休金规定的改变鼓励提前退休。

但是，布劳（Blau）和古德斯坦（Goodstein）发现，新的社会保障规则延长了退休年龄，并且提升了过去正常退休年龄能获得的津贴，这一改变可以解释55～69岁的男性在1988—1992年和2001—2005年的劳动参与率上升的1/4～1/2。[②]

■ 伤残津贴

证据还表明，社会保障项目中有关伤残的部分变得越来越慷慨，而且低工资工人得到的津贴比高工资工人更多。其结果是，低工资工人更倾向于寻求伤残津贴来替代劳动力市场工作。[③] 由于非裔美国工人一般都是低收入人群，这样的考虑或许可以解释相对年龄较大的白人工人，老龄非裔工人劳动参与率的下降幅度更大。[④]

■ 提升的教育水平

另一个有助于解释近期老年男性劳动参与率上升的因素是老龄男性教育水平的提升。受过更多教育的人具有更高的劳动参与率，因为他们的工资水平更高，而且相较于受教育程度较低的同龄人，体力劳动要求更低。在老龄工人中，高中学历工人的比例逐渐下降，与此同时，大学学历工人所占比例不断增加。布劳和古德斯坦发现，1988—1992年和2001—2005年，年龄为55～59岁男性劳动参与率增加的1/5可以归因于在此期间受教育程度的提高。[⑤]

■ 老龄妻子劳动参与的增加

下面讨论的是影响最近老年男性参与率上升的第五个也是最后一个因素。塔米·西尔勒（Tammy Schirle）考察了老年已婚男性劳动参与率上升中妻子所扮演

---

① Richard A. Ippolito, "Toward Explaining Earlier Retirement after 1970," *Industrial and Labor Relations Review*, July 1990, pp. 556-69. 然而，从公共政策的角度看，通过降低社会保障收益抑制提前退休人数的增加是困难的。参见 Alan B. Krueger and Jorn-Steffen Pischke, "The Effect of Social Security on Labor Supply: A Cohort Analysis of the Notch Generation," *Journal of Labor Economics*, October 1992, pp. 412-37。

② David M. Blau and Ryan M. Goodstein, "Can Social Security Explain Trends in Labor Force Participation of Older Men in the United States?" *Journal of Human Resources*, Spring 2010, pp. 328-63.

③ 在20世纪90年代，接受伤残津贴的个体比没有接受津贴者劳动参与率要高出20%。参见 Susan Chen and Wilbert van der Klaauw, "The Work Disincentive Effects of the Disability Insurance Program in the 1990s," *Journal of Econometrics*, February 2008, pp. 757-84。

④ 参见 Donald O. Parsons, "Racial Trends in Male Labor Force Participation," *American Economic Review*, December 1980, pp. 911-20。

⑤ Blau and Goodstein, op. cit. 证据表明，1994—2005年，55～65岁的男性劳动参与率增加的1/3是由于教育水平的提升。参见 Tammy Schirle, "Why Have the Labor Force Participation Rates of Older Men Increased since the Mid-1990s?" *Journal of Labor Economics*, October 2008, pp. 549-94。

的角色。[①] 她认为老年已婚女性的劳动参与决策通过两种方式影响其丈夫的劳动参与率，一方面，由于妻子工作会使家庭收入增加，从而导致收入效应，即会降低丈夫工作的机会；另一方面，夫妻更愿意一起度过闲暇时间，特别是在老年阶段，如果妻子在工作，那么丈夫可能不会享受太多的闲暇时间，从而会倾向于工作。如果共享闲暇效应大于收入效应，可以预期老年已婚女性的参与率上升会促使老年已婚男性的参与率增加，这也正是西尔勒的发现。通过 1994—2005 年的数据检验，她发现 55～64 岁已婚男性参与率增加的 1/4 是由于他们妻子参与率的增加。

3.4.2　持续增加的女性劳动参与率

图 3-5 按年龄分组描述了女性的劳动参与率，在过去 61 年中所有年龄段的女性劳动参与率都有所增加，两个较年轻年龄段的参与率增加较为明显。

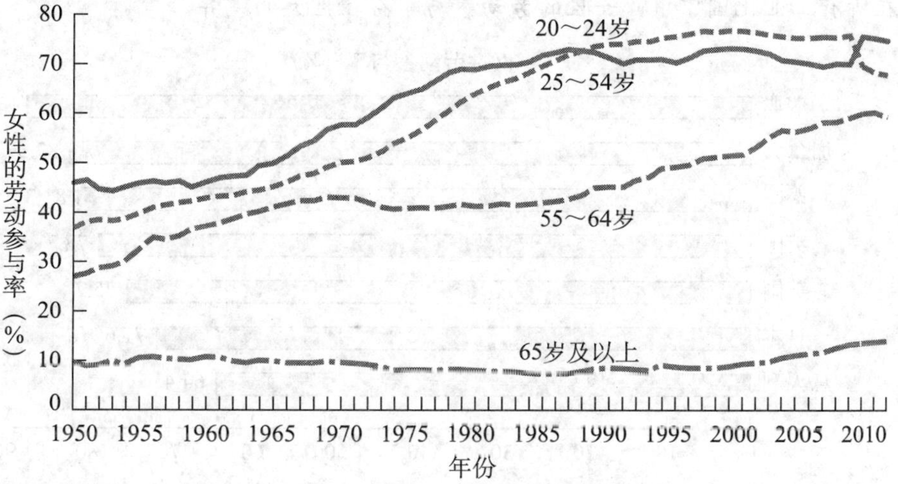

除去 65 岁及以上这个年龄段外，女性劳动力参与率在过去 50 年里都有所增长，其中 20～24 岁及 25～54 岁年龄段增长最为迅速。

图 3-5　不同年龄段的美国女性劳动参与率

如图 3-5 中所示，女性劳动参与率的大部分增加是由已婚女性引起的。例如，1950—2011 年，女性劳动力总数增加了 5 000 万以上，其中有 2/3 是已婚女性。从某种意义上说，这是个令人惊讶的现象。从家庭的角度来看，人们可能会认为自第二次世界大战以来已婚男性的实际工资和收入普遍上涨，从而导致已婚女性的劳动参与率下降。横断面研究显示，已婚女性的参与率确实与丈夫的收入成反比。在第 2 章中分析过原因：如果闲暇是正常品，那么随着收入的提高一个家庭将购买更多的闲暇，从以往来看，购买闲暇可能是通过妻子不进入劳动力市场的形式表现。在图 2-8 中，由于丈夫的收入增加，通过家庭内部转移给妻子的收入增加，随之而来的收入效应会诱使她成为非劳动参与者。这种推理认为，低收入家庭的妻子可能会出于经济需要而到劳动力市场工作，但随着丈夫收入的增加，更多的家庭会倾向

① Tammy Schirle, "Why Have the Labor Force Participation Rates of Older Men Increased since the Mid-1990s?" *Journal of Labor Economics*, October 2008, pp. 549-94.

于让妻子在家中进行商品生产。

怎样证明这种推理与长期以来已婚女性劳动参与率实际增长相一致呢？部分答案在于一个事实，即横断面研究中没有时间维度，因此将某些变量忽略或认为其是常变量，除了丈夫的收入以外，这些变量有可能对妻子进入劳动力市场的决策产生影响。也就是说，除了丈夫收入上升之外的其他因素也影响已婚女性劳动参与率的逐渐增加，而且这些因素对女性进入劳动力市场有着强烈的影响，以至于超过了由于丈夫收入增加对女性就业的消极影响。此外，在过去的20年中，许多丈夫的实际收入增长已经放缓甚至停止。

全球瞭望 3-1

25～54岁女性的劳动参与情况

在所有工业化国家中，女性的劳动参与率存在巨大的差异。

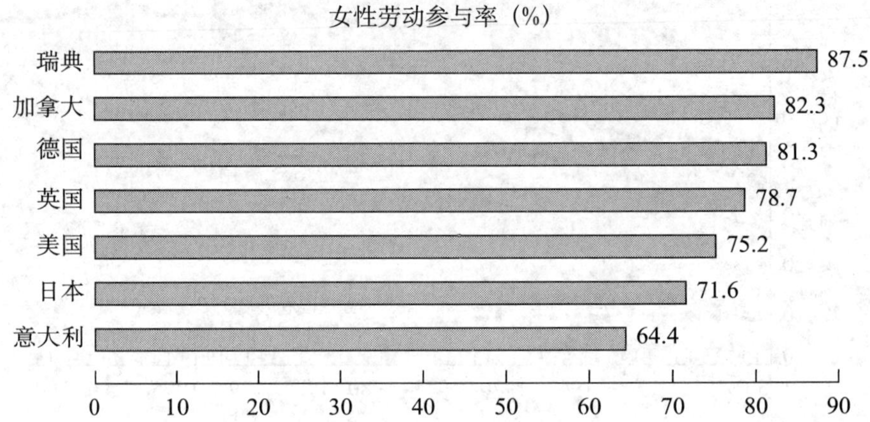

资料来源：Organization for Economic Cooperation and Development，*Employment Outlook*，July 2011，Table C.

对于女性劳动参与率的快速增加，经济学家们列举了几个可能的原因。①

■ 女性实际工资率提高

女性能从劳动力市场上赚到的实际工资长期处于持续增长的状态，这主要是由于女性通过教育获得了更多的技能。如前所述，在贝克尔模型的框架中，工资率的增加会同时产生收入效应和替代效应。其中收入效应会减少工作时间，而涉及家庭中生产和消费活动的替代效应会增加工作时间。在替代效应中，在进行商品生产时物品将替代时间，而在家庭消费的商品组合中，时间密集型商品将被物品密集型商

① 参见 James P. Smith and Michael P. Ward，"Time Series Growth in the Female Labor Force，" *Journal of Labor Economics*，*Supplement*，January 1985，pp. S59-90；Barbara Bergmann，*The Economic Emergence of Women*（New York：Basic Books，1986），chaps. 2-3；Claudia Goldin，*Understanding the Gender Gap*（New York：Oxford University Press，1990）；and Francine D. Blau，"Trends in the Well-Being of American Women，1970-1995，" *Journal of Economic Literature*，March 1998，pp. 112-65。

品所替代。这两种调整都会使妻子摆脱家庭的生产活动，让她可以花更多的时间在劳动力市场上。由此可以推断，对于很多女性来说，替代效应已经超过收入效应，从而使其劳动参与率上升。对于已婚女性来说，收入效应可能很小，因为收入效应的大小直接由其已经投入劳动力市场的工作时间决定。在极端情况下，工资率上升所带来的收入效应对那些目前没有进入劳动力市场的已婚女性没有任何影响。只有当个人正在为劳动力市场工作提供时间时，工资率的增长才会使其收入增加。

工作世界3-3

女性劳动力供给的逆转

20世纪80年代，女性劳动力供给急剧增加。1979—1991年，25～54岁已婚女性平均每年的工作时间上升至276小时，同样年龄的单身女性为118小时。在接下来的10年女性劳动力供给增长很小。

21世纪初，25～54岁的单身和已婚女性的劳动力供给都出现下滑。1999—2009年，已婚女性平均每年的工作时间下降13小时，单身女性下降到101小时。在这些已婚女性中，拥有大学学历和没有18岁以下孩子者下降更为明显。

黛安娜·马库诺威奇（Diane Macunovich）检验了21世纪初女性在黄金年龄段的劳动力供给变化。对于那些拥有大学学历的女性，她发现52小时的工作时间降幅中，一半要归因于家庭孩子数的增加。对于另外一些女性群体，她发现劳动力供给的变化很少或者几乎不能归因于经济或人口因素。她推测最近女性在黄金年龄段的劳动力供给变化可能是因为对于将时间在劳动力市场和家庭中分配的态度发生了变化。

资料来源：Based on Diane J. Macunovich, "Reversals in the Patterns of Women's Labor Supply in the United States, 1977—2009," *Monthly Labor Review*, November 2010, pp. 16-36.

■ 不断变化的偏好和态度

女性参与率的增长，可能也是女性对劳动力市场工作的偏好发生根本性变化所导致的。首先，20世纪60年代的女权运动可能改变了女性进入劳动力市场的职业目标。其次，20世纪60年代的反歧视法规定了同工同酬和同样的工作机会，女性更容易获得“男性工作”，从而使劳动力市场工作比家庭中的生产更具有吸引力。此外，除了工资率的积极影响之外，女性接受更多的教育使其对劳动力市场的职业生涯更为偏好。一般地说，社会对于工作的态度有了很大的改变。在20世纪20年代和30年代，人们普遍不赞成已婚女性外出工作。如果妻子“被迫”出门工作，那么男人会失去其地位并被认为是“拙劣的养家者”。但是在第二次世界大战之后，社会态度发生了显著转变，目前女性进入劳动力市场得到了广泛的认可和鼓励。

女性劳动参与率一方面受高工资率的影响，另一方面受偏好改变的影响，参考图2-8对于区分二者的作用机制很有帮助。工资率的提高使预算线的斜率增加，在给定偏好的条件下会鼓励劳动力市场的参与。同样，在给定工资率的条件下，对于工作偏好的改变将会使无差异曲线更加平坦，这也有助于劳动参与率的提升。

■ 家庭劳动生产率提高

长期以来，企业使用更多和更为先进的技术资本，使工作时间的生产率大幅提升，因此实际工资率也在提高。大量改良的机器和设备使工人能在更少的时间生产出更多的产品。同样，家庭可以使用更多更好的资本，减少家庭生产和消费所需要的时间。例如，超市和家用冰箱冰柜大大减少了人们专门买菜的时间，超市允许一站式购物，冰箱冰柜又进一步降低了每周购物的次数；微波炉、吸尘器、全自动洗衣机、烘干机、洗碗机等减少了家庭食品制作和家务劳动的时间；快餐店可以规避像准备食物这样的时间密集型活动；通过汽车等更加直接和便捷的交通工具，人们出席音乐会、看电影、看足球比赛等所需的时间大大减少。在贝克尔的模型中，这类资本供应量的增加会提高家庭的生产率，从而使许多女性从家庭生产和消费中解放出来，将更多的时间投入劳动力市场的兼职或全职工作。① 此外，托儿所的日益普及也促使已婚女性从家庭转移到劳动力市场的工作中。

■ 出生率下降

孩子（尤其是学龄前儿童）的存在与妻子的低参与率有关。照看孩子是一项时间密集型的家庭生产活动，使很多妻子不能进入劳动力市场。尽管保姆、幼儿园、丈夫和托儿所都可以代替妻子照看孩子，但是所涉及的费用和机会成本往往会阻碍这种替代。长期以来，随着节育技术的普及，加上生活方式的改变，出生率有所下降并且压缩了家庭中儿童的生养时间。在1957年“婴儿潮”的高峰时期，平均每个女性一生会生育3.8次，而在过去的10年，这一数字已经下降到只有1.8次。孩子的减少使已婚女性相关的家庭责任减少，有足够的自由去劳动力市场工作。此外，家庭中生养儿童的时间压缩，使很多女性离开劳动力市场履行照看孩子职责的时间减少，因此，她们有更多的时间用于追求劳动力市场的职业。

有两点需要说明。首先，更高的工资率与出生率下降有关，相比于那些较低教育水平和较低工资的女性，受过高等教育并且能从劳动力市场获取更多工资的女性更加倾向于生育较少的孩子。贝克尔模型为这种关系提供了一种解释，生育孩子是一项高度时间密集型的活动，因此相对于教育水平较低的女性，生育孩子的机会成本（即脱离劳动力市场工作损失的收入）相对于教育水平较高的女性来说更高。

其次，目前婴幼儿的存在对女性进入劳动力市场的阻碍已经不如过去那么大。事实上，正是那些有婴幼儿的妻子构成了劳动参与增长量中最主要的一部分。2001年，63%有学龄前孩子的妻子进入劳动力市场，相比之下1970年只有30%。最近，超过一半的母亲在孩子2岁之前返回工作岗位。

■ 离婚率上升

婚姻关系的不稳定（这可由离婚率上升来证明）无疑促使很多女性建立并维持与劳动力市场的联系。离婚率在20世纪70年代和80年代迅速上升，虽然在那之

① 对于家庭生产率上升的详细讨论，可以参见 Bergmann，op. cit.，chap. 12。

后略有下降，但仍比早期的要高很多。离婚对女性的经济影响往往是灾难性的，因为相对较少的女性接受了前夫的赡养费或抚养费。这时候的选择要么是忍受贫困，接受福利支持，要么到劳动力市场工作。总之，越来越多的已婚女性，以及有结婚打算的女性，将进入劳动力市场作为一种手段，保护自己免受潜在的由离婚造成的财务困境的影响。如图 2－8 所示，离婚的女性会发现自己的非劳动收入大大减少，这是从事劳动力市场工作的一个诱因。

需要着重注意的是：生育、离婚率和劳动参与之间的因果关系是复杂的和模糊的。例如，更有效并且成本更低的节育技术促使生育率下降，这无疑会鼓励劳动参与。而女性对劳动力市场职业生涯的追求可能会促使其选择少生孩子。同样，离婚概率的增加往往会让女性减少生育，因为离婚后抚养孩子变得更加困难。相反，孩子较少或者没有孩子使离婚的痛苦变小，成本更低。[①]

工作世界 3－4

药丸的能量

1960 年，第一枚避孕药丸向公众投放，这种药丸一定程度上能让女性避免怀孕。这个发明对社会的变革带来了深远的影响，包括让女性有一定的空间去规划她们的职业生涯，并且能选择更合适的生育时机。

在婚姻的不同阶段，采用避孕药的概率也不同。已婚女性会快速使用避孕药作为避孕的首选方法。在 5 年之内，41％的 30 岁以下已婚女性都会使用避孕药来避孕。然而，由于社会和法律因素，未婚单身女性使用避孕药的进程较为缓慢。使用避孕药的合法年龄为 21 岁，但是在 1969 年美国只有 9 个州通过，在 1969—1974 年所有州接受的合法年龄更低。因此，在 1976 年几乎 3/4 十八九岁的单身女性都试过避孕药。

戈尔丁（Goldin）和卡兹（Katz）利用不同州之间通过使用避孕药合法年龄的时间不同，来检验其对女性第一次婚姻的年龄和从事专业职业的比例的影响。他们的分析表明，在 1970 年到 1990 年期间，采用避孕药能解释女性从事专业职业比例上升的 1/3。将出生于 20 世纪 40 年代的女性与出生于 20 世纪 50 年代初的女性相比较，在 23 岁之前结婚的女性比例下降了 8.7％，而避孕药对于未成年人的合法化能解释这个下降中的 24％～37％。

贝利（Bailey）还利用州际间使用避孕药合法化的时差，研究避孕药对于女性劳动力供给的影响。她的结果显示，1970—1990 年，早期使用避孕药能解释劳动参与率 20％增加中的 3％，同样也能解释在此期间 16～30 岁女性工作时间增加 450 小时中的 67 小时。

资料来源：Claudia Goldin and Lawrence F. Katz，“The Power of the Pill：Oral Contraceptives and Women’s Career and Marriage Decisions，” *Journal of Political Economy*，August 2002，pp. 730-70；and Martha J. Bailey，“More Power of the Pill：The Impact of Contraceptive Freedom on Women’s Life Cycle Labor Supply，” *Quarterly Journal of Economics*，February 2006，pp. 289-320.

■ 工作机会增加

除了性别歧视的下降，还有很多其他因素促使女性的工作机会增加。首先，在

① 对于更深入的讨论，可参见 Ferber，and Winkler，op. cit.，pp. 294-97。

第二次世界大战以后，传统上被认为是女性工作的岗位（例如，文员和秘书工作，零售、教学和护理等工作），绝对量和相对量都增长很快。其次，在长期的农村和偏远地区人口向城市转移的过程中，女性能获取的工作更丰富，在地理上也更方便。最后，兼职工作的可获得性增加，这一发展使女性更容易调和劳动力市场就业和维持家务的矛盾。

■ 努力维持生活水平

在过去的20年中，男性收入的增长相比几十年前已经处于停滞状态。事实上，对于一些男性，特别是低工资工人和受进口冲击的产业工人，实际的周收入比10年前甚至20年前还要低。许多家庭通过夫妻双方都工作来应对这种现实，也就是说，他们已经将家庭生产时间用于劳动力市场的工作，以维持家庭生活的标准水平（无论是绝对的还是相对于其他家庭的）。[①]

这种观点认为，最近女性劳动参与率上升的部分原因是为维持家庭收支平衡所必需的。在某些情况下，收支平衡意味着要足够支付基本的食物、衣服和住房。在其他情况下，这意味着保持中上层的生活方式，包括居住在舒适的房子中、开好车、享用家庭电器设备，并可以考虑家庭旅行。可以理解的是，无论生活水平高低，家庭都会寻找各种方法来维持其生活水平。如果在过去的20年中配偶没有任何进入劳动力市场的记录，许多家庭或许将会遭受绝对或相对实际收入的减少，毫无疑问，很多妻子进入劳动力市场就是为了阻止这类事情的发生。除此之外，夫妻可能会将其家庭收入与其他家庭进行比较，一些女性进入劳动力市场会刺激其他女性的加入，从而维持家庭收入的相对水平。[②]

3.4.3 相对重要性

富克斯（Fuchs）曾分析了各种可能导致女性参与率上升的因素，试图区分它们的相对重要性。[③] 他将诸如反歧视法和女权运动等因素的重要性打了折扣，这主要是基于这些因素出现的时间不对。也就是说，女性参与率的增长要早于女权运动和反歧视法通过的时间点（见14章），也早于过去20年中很多丈夫实际工资增长停滞的时期。将女性参与率上升归因于家用物品节省出的时间和相关创新，也存在因果关系不明晰的弊病。是如洗衣机、冰柜、快餐店和超市等创新的出现并且空余出一定的时间，使已婚女性进入劳动力市场，还是女性由于其他原因进入劳动力市场从而引起对这些创新的极大需求呢？富克斯认为这些创新在美国的普及是时间价值提升和女性参与率增加的结果，而不是影响因素。

富克斯更激进地认为，实际工资率的不断上升和服务行业中女性工作岗位的扩张是女性参与率上升的最重要原因。更好的生育控制也是很重要的，但是因果关系同样

---

① 有关已婚女性为了适应其丈夫工资下降而增加工作努力程度的假设是有一些疑问的。参见 Chinhui Juhn and Kevin M. Murphy，"Wage Inequality and Family Labor Supply，" *Journal of Labor Economics*，January 1997，pp. 72-97。

② 与这些假设一致的证据参见 David Neumark and Andrew Postlewaite，"Relative Income Concerns and the Rise in Married Women's Employment，" *Journal of Public Economics*，October 1998，pp. 157-83。

③ Victor R. Fuchs，*How We Live*（Cambridge：Harvard University Press，1983），pp. 127-33.

很难确定。是因为女性首先选择进入劳动力市场才选择少生孩子，还是因为先决定少生孩子才决定进入劳动力市场？富克斯还认为，离婚率的逐渐上升迫使女性建立和维持与劳动力市场的联系。史密斯（Smith）和沃德（Ward）的观点与富克斯一致。他们的研究直接得出的结论是，在第二次世界大战以后，不断上升的实际工资率对女性劳动参与直接（通过创造工作激励）和间接（通过诱导减少生育率）的影响可以解释女性劳动力增长的 60%。①

全球瞭望 3-2

法定产假的最长期限

各国企业为初为父母的员工提供的产假期限有极大不同。

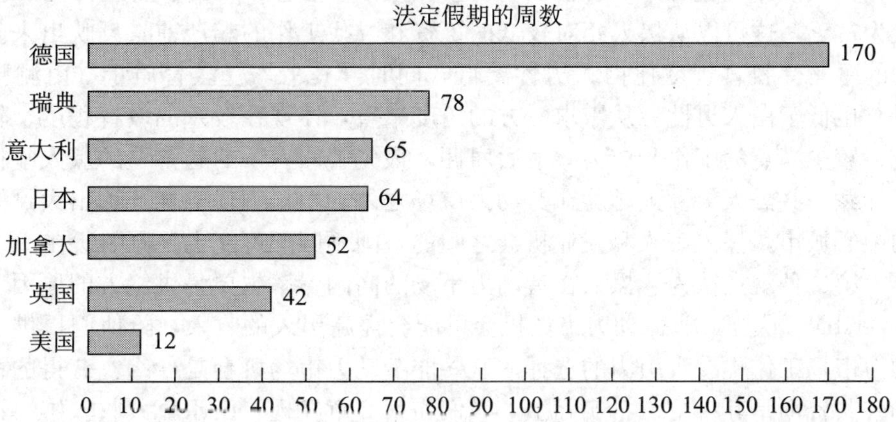

资料来源：Clearinghouse on International Developments in Child，Youth，and Family Policies，Columbia University，"Mother's Day：More Than Candy and Flowers，Working Parents Need Paid Time Off，" Issue Brief，Spring 2002. Data are for the 1998-2002 period. Maternity and parental leave have been combined.

3.4.4　种族差距

在讨论种族对劳动参与率的影响时，不要忽视性别这个重要因素。

■ 女性

黑人女性和白人女性的劳动参与率几乎相同。但情况并非一直如此。过去，黑人女性的劳动参与率其实高于白人女性，例如在 20 世纪 50 年代中期，黑人女性与白人女性的劳动参与率相差 12%～15%。由于女性参与率的增长（上一部分已经讨论）集中于白人女性，这种差距已经在缩小；而传统上黑人女性的参与率已经很高，故其变化相对较小。

在解释过去 20 多年里黑人收入与白人收入的比率缓慢增长的原因时，不同种

① Smith and Ward，op. cit.，pp. S59-90.

族间劳动参与率差异的缩小可能是一个重点因素。反歧视法律和对少数族裔更开明的态度所带来的黑人家庭收入的增加，可能很大程度上被更多已婚白人女性的劳动参与所抵消。[①]

■ 男性

从20世纪50年代起，黑人男性和白人男性之间的劳动参与率差距就出现了。例如1955年，两组人群的参与率均是85%左右，到2000年时，白人男性的参与率是75%，而同期黑人男性的参与率只有69%。从20世纪90年代中期以来这种差距基本稳定在6%～7%。

为什么黑人男性的参与率如此之低？这个问题还没有一致认同的答案，但有一些相关假说。"需求方"假说认为，这一差距可能主要归因于黑人男性的就业机会较为贫乏，这可以从黑人相对较低的工资和寻找工作的黯淡前景反映出来。黑人男性的平均受教育程度比白人男性要低，同时，其平均受教育质量（由测验分数衡量）也低于白人男性。从需求一方的角度来看，体现在较差的教育程度、较低的工资、较少满意的工作和成为"最后雇佣，最先解雇者"的趋势上的黑人歧视解释了为什么一些黑人男性被排除在劳动力市场之外。由于工作机会迁移出大量黑人集中的中心城市，黑人工人和就业机会之间的空间不匹配可能也是原因所在。[②]

第二种观点认为，黑人在劳动力市场的高闲置率主要是供给方的原因。韦尔奇(Welch)[③] 认为，非劳动力市场机会可能会提高黑人的收入，给他们提供了比在劳动力市场工作更有吸引力的选择。这些非劳动力市场机会是什么？获得的社会保障和公共资助是其中之一。实际上，我们在第2章发现，由于公共收入维持计划带来资助可用性的提高和额度的增加，该计划将会鼓励所有种族的受益者退出劳动力市场（见图2-9）。因为黑人在社会最低收入群体中的比例较高，所以我们可以想象，其劳动参与率与白人相比较低。韦尔奇注意到，1980年，20～24岁黑人男性中30%以上，以及35～44岁黑人男性中大约22%得到了社会保障或公共救助，或者与得到这些福利的人生活在一起。而白人男性对应的数据分别为13%和10%。韦尔奇也分析了非法活动是否比劳动力市场工作对黑人男性更有吸引力。他指出，年轻黑人男性入狱的可能性是同期白人男性的6～7倍；1980年，20～24岁的黑人男性中被监禁的约占4.6%，而同龄白人男性该比率仅为0.7%。从1980年以来，黑人男性监禁比率上升显著；到1999年，有20%的黑人男性在30岁以前蹲过监狱，而白人男性这一数据仅为3%。[④]

---

① 在本节中，我们将集中讨论关于解释劳动力市场中女性人数增加的各种因素。关于女性参与劳动对于结婚、离婚、家庭成员健康状况等影响的有趣讨论，可参见 Blau，Ferber，and Winkler，op. cit.，chap. 9。

② 对于空间不匹配假设的概述参见 Laurent Gobillon，Harris Selod，and Yves Zenou，"The Mechanisms of Spatial Mismatch，" *Urban Studies*，November 2007，pp. 2401-427。

③ Finis Welch，"The Employment of Black Men，" *Journal of Labor Economics*，January 1990，pp. S26-74.

④ Becky Pettit and Bruce Western，"Mass Imprisonment and the Life Course：Race and Class Inequality in U. S. Incarceration，" *American Sociological Review*，April 2004，pp. 151-69. 证据表明，非裔美国男性的高监禁率降低了生育率，提高了年轻非裔美国女性的入学率和早期就业率，参见 Stéphane Mechoulan，"The External Effects of Black-Male Incarceration on Black Females，" *Journal of Labor Economics*，January 2011，pp. 1-35。

第三种观点认为，健康状况可能影响老年黑人男性和白人男性的劳动参与率。邦德（Bound）、修恩博姆（Schoenbaum）和韦德曼（Waidmann）得出结论，51～61岁之间的黑人男性和白人男性参与率上的种族差异，其中44%可以由年龄、受教育程度和健康状况上的不同得到解释。① 有证据表明，健康差异的部分原因在于黑人更多地从事紧张的体力消耗性工作。

第四，已婚黑人男性相对较低的劳动参与率也可能反映了黑人妻子们较高的参与率（如前所述）。根据贝克尔的模型，黑人女性在劳动力市场上遭受的歧视可能少于黑人男性，因此有相对较多的黑人女性和相对较少的黑人男性进入劳动力市场工作，这种决策是合乎理性的。

工作世界 3-5

为什么女性很少在纽约工作，而大部分在明尼阿波利斯工作?

一个很少被注意到的事实是，在都市区之间已婚女性劳动力供给存在很大的差异。例如2000年，25～55岁高中学历的白人非西班牙裔已婚女性中，79%在明尼阿波利斯就业，而在纽约只有52%。这种情况与1940年形成鲜明对比，当时明尼阿波利斯这一女性群体的劳动力供给比纽约要低。因此，当前明尼阿波利斯的高就业率是因为其劳动力供给比纽约增长更快的结果。

通过使用50个大都市区的数据，丹·布莱克（Dan A. Black）、纳塔利娅·科列斯尼科娃（Natalia Kolesnikova）和洛威尔·泰勒（Lowell J. Taylor）检验了不同城市之间已婚女性劳动力供给的变化。他们认为，对已婚女性劳动力供给决策来说，上下班交通时间有重要作用，特别是那些有婴幼儿的女性。对于夫妻来说，更多的通勤时间将会增加工作双方的固定成本，这种变化可能会导致一方离开劳动力市场（通常是妻子），或者是诱导另一方增加工作时间（通常是丈夫）。

证据与他们的假设是一致的，不同大都市地区之间的上下班时间有很大差别。2000年，已婚男性平均每天的通勤时间是54分钟，已婚女性则为47分钟。已婚女性的通勤时间分布从代顿的38分钟到纽约的63分钟。

他们的研究结果表明，上下班时间可以解释不同城市间已婚女性劳动力供给的大部分差异。他们发现，上下班时间每增加1分钟，高中学历的白人非西班牙裔已婚女性劳动参与率将降低0.3个百分点。因此，上下班时间大约可以解释通勤时间最长和最短城市之间劳动参与率差异的1/3。此外，他们还发现，1980—2000年，通勤时间增长最大的城市，相应的已婚女性的劳动力供给增长最小。

资料来源：Based on Dan A. Black，Natalia Kolesnikova，and Lowell J. Taylor，“Why Do So Few Women Work in New York（And So Many in Minneapolis）? Labor Supply of Married Women across U. S. Cities，” Federal Reserve Bank of St. Louis Working Paper，Working Paper 2007-043H，March 2012.

---

① John Bound，Michael Schoenbaum，and Timothy Waidmann，“Race and Education Differences in Disability Status and Labor Force Attachment in the Health and Retirement Survey，” *Journal of Human Resources*，Suppl. 1995，pp. S227-67.

3.5 参与率的周期性变化

前面已经集中讨论了劳动参与率的长期变化，同时我们必须认识到，劳动参与率也存在周期性变化。我们现在考虑周期性的波动如何对这样的家庭产生影响：夫妻一方参与劳动力市场工作，而另一方从事家庭生产活动。假定发生了经济衰退，导致夫妻中就业的一方失去了工作，那么总体劳动参与率的净效应将取决于劳动力补充效应和劳动力阻滞效应大小。

3.5.1 劳动力补充效应

劳动力补充效应（added-worker effect）是指这样一种观点：当家庭来源的主要收入者失去工作时，其他家庭成员将会选择暂时进入劳动力市场，通过寻找工作来弥补家庭收入的减少。该效应中的理论基础与第2章的收入效应有相联系之处。具体来看，夫妻一方所得的收入被视为另一方配偶的非劳动收入。在我们的例子中，家庭成员中的未就业者将会以家庭内部转移的方式获得就业配偶收入的一部分；从家庭生产者的角度出发，这种收入转移属于非劳动收入。参加工作的配偶的失业将会减少这种非劳动收入，在图2－8中，右侧纵轴度量了这一减少。假定其他条件相同，非劳动（转移）收入的减少促使家庭劳动者进入劳动力市场工作。这就是劳动力补充效应的基本原理。①

3.5.2 劳动力阻滞效应

劳动力阻滞效应（discouraged-worker effect）作用相反。在该效应中，当经济衰退时，在一定的保留工资下，某些失业工人（例如在上述夫妻中失业的一方）对寻找工作感到悲观，因此停止积极寻找工作的努力，成为短暂的失业者。这种现象类似于第2章中的替代效应：经济衰退意味着失业工人和工作搜寻者的实际工资下降，提高了收入的价格(即为了获取1美元商品所需付出的工作时间增加)，同时降低了闲暇的价格，导致某些工人用闲暇来替代工作搜寻。在其他条件不变的情况下，工资率的下降意味着工人的现行工资减少，导致部分劳动者退出劳动力市场。替代效应表明，工人工资率的减少将会降低其工作的积极性。②

3.5.3 劳动力的周期性变化

这两种效应从相反的方向影响劳动参与率和劳动力规模。在经济衰退时，劳动力补充效应使劳动参与率和劳动力规模增加，而阻滞效应作用相反。哪种效应起主

---

① 对于劳动力补充效应的检验，参见 J. Melvin Stephens，“Worker Displacement and the Added-Worker Effect,” *Journal of Labor Economics*，July 2002，pp. 504-37。

② 对于劳动力阻滞效应的评估，参见 Yolanda K. Kodrzycki，“Discouraged and Other Marginally Attached Workers：Evidence on Their Role in the Labor Market,” *New England Economic Review*，May/June 2000，pp. 35-40。也可以参阅 Luca Benati，“Some Empirical Evidence on the ‘Discouraged Worker’ Effect,” *Economics Letters*，March 2001，pp. 387-95。

导作用？在整个经济周期中劳动参与率如何变化？经验研究证明，总体劳动参与率与失业率变化相反，因此劳动力阻滞效应起主导作用。当失业率增加时，参与率降低；反之亦然。

为什么劳动力阻滞效应明显超过劳动力补充效应？为什么劳动力规模会发生周期性变化？传统的观点是，劳动力阻滞效应比劳动力补充效应适用于更多的家庭。比如说，如果国家失业率从5%上升到8%，只有3%的家庭含有新增失业成员，满足劳动力补充效应；而失业率的增加和实际工资率的下降表明劳动力市场状况恶化，将会对所有家庭的已就业者和潜在劳动参与者产生阻碍。因此，当经济衰退时，面临继续学业还是寻找工作选择的年轻人会发现，工资率吸引力下降，工作更难找；因此，他们中的许多人将会选择在学校继续学习，而不是进入劳动力市场。

劳动力规模的循环变化也可以用部分个体的定时性劳动参与来解释。例如很多女性只是边缘性地进入劳动力市场，她们只计划一半的时间参加工作，而利用另一半的时间来进行家庭生产。在这种计划好的时间分配下，只有在工作易找、实际工资相对较高的繁荣期，参加工作才是理性的选择；与此相反，当失业率较高且工资率较低的时候，她们将会成为非劳动参与者。[①]

研究劳动力规模的周期性变化不仅是单纯的学术兴趣，这种变化对官方失业率的测量也有重要支撑作用，也为以后宏观政策（见第18章）提供间接支持。劳动力阻滞效应对劳动力补充效应明显的主导作用意味着经济衰退时劳动力的缩减（或者至少低于正常速率的增长）和官方失业率对实际失业情况的低估。在经济扩张时，劳动力阻滞效应成为劳动力激励效应，劳动力补充效应转而成为劳动力减除效应，前者依然主导后者，使劳动力规模扩大。这意味着在经济扩张时期，劳动力存在超常规的增加，从而使得官方失业率比实际情况更高。在短期，劳动参与率的周期性变化使得在周期性下降时官方失业率低估了实际失业状况，而在周期性上升时高估了实际状况。

◆ 快速回顾3-2

- 劳动参与率（LFPR）测量了要么就业要么正式失业的潜在劳动力百分比。
- 老年男性劳动参与率下降和劳动年龄女性劳动参与率上升是两个明显的长期趋势。
- 黑人女性劳动参与率一贯高于白人女性，而黑人男性劳动参与率已经远低于白人男性。
- 总劳动参与率随经济的衰退或扩张而相应地下降或上升，表明劳动力阻滞效应（劳动力激励效应）超过劳动力补充效应（劳动力减除效应）。

思考题

假想一个国家拥有1亿人口，其中失业者（但在积极寻找工作）有700万人，16周岁以下或被制度限制的有1 500万人，2 500万人符合工作条件但不参与劳动，就业者有5 300万人。劳动参与率是多少？（答案：参见书末。）

---

① 参见 Jacob Mincer, "Labor-Force Participation and Unemployment: A Review of Recent Evidence," in R. A. Gordon and M. S. Gordon (eds.), *Prosperity and Unemployment* (New York: John Wiley &Sons, Inc., 1966), pp. 73-112。

3.6 工作时间：两种趋势

观察图3-1，经济中的劳动力供给总量不仅取决于劳动参与者的数量，而且取决于这些参与者每周或每年的平均工作时间。因此，我们现在来分析长期工作时间的变化情况。

图3-6提供了一个对周平均工作时间长期变化的概览，该图显示了美国制造业工人每10年的周平均工作时间。从该图我们可得到两个重要的结论：第一，从1910年到第二次世界大战期间，工作时间平稳下降，在整个1910—1919年到1940—1949年时期，周平均工时下降了将近16%（(49.4—41.5)/49.4）①；第二，从1940年以后，周平均工作时间变化很少。虽然对这两种趋势还没有被普遍接受的解释，但一些可能合理的理论已经出现。

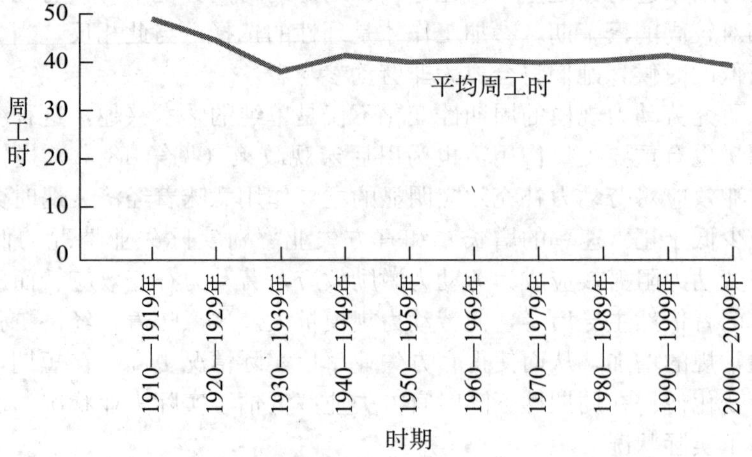

在1910—1940年间，平均周工时呈下降趋势，在之后的变化不大。

图3-6 平均周工时

资料来源：John Brack and Keith Cowling, "Advertising and Labour Supply: Workweek and Workyear in U. S. Manufacturing Industries 1919-1976," *Kyklos*, no. 2 (1983), pp. 285-303. Workweek data for 1970-2009 are from *Employment and Earnings*.

工作世界3-6

时间压力

研究表明，很多劳动者面临时间压力：缺少时间去开展他们想要的活动。在美国，已婚夫妇至少有一方参加工作的，其中44%的男性和55%的女性表示他们经常有时间压力。对其他国家的调查同样表明许多已婚夫妇面临时间压力。澳大利亚关于时间压力的报告数据与美国相似，大约1/3的德国人表示有时间压力，而韩国有70%的人遭受这种困境。

哈默梅什（Hamermesh）和李（Lee）运用以上四个国家的数据，验证了导致已婚夫

① 20世纪30年代的工作时间减少可以依据“大萧条”来解释，较短的周工作时间普遍导致了相对较多的工人供给，而劳动力市场的需求却较少。

妇产生时间压力的因素。不出所料，市场工作时间的增加或者家庭生产强化了时间压力。保持市场恒定和家庭工作时间不变，他们发现收入的增加会导致更大的时间压力。他们声称，人们感到时间压力是因为他们没有足够的时间去运用高收入进行消费；但这并不意味着收入的降低会让他们感到幸福。人们被假定追求效用最大化，但是对于面临的时间限制却很不高兴；保持以上假定不变，高收入者表示他们的生活一般会比低收入的同行更加幸福。

这些数据也得出一些涉及家庭生产的特点：家庭生产比等量市场工作产生的时间压力小，而家庭生产效率的提高也会降低时间压力。根据这一猜想，身体状况从一般或较差提高到好的状态最低能够减少与每周10小时市场工作等量的时间压力。

资料来源：Daniel S. Hamermesh and Jungmin Lee, "Stressed Out on Four Continents: Time Crunch or Yuppie Kvetch?" *Review of Economics and Statistics*, May 2007, pp. 374-83.

3.6.1 1900—1940年：周工作时间下降

根据第2章描述的工作-闲暇基本模型，我们可以解释第二次世界大战前周工作时间的下降。基本原因如下：周工作时间的减少是对历史上实际工资和收入增加的供给反应。准确地说，在工人收入-闲暇偏好、非工资性收入和假定闲暇是正常品的三个条件下，一段时期内工资率的持续增长将会使工人减少工作时间，前提是收入效应大于替代效应。实际上，大量经验证据表明，工资增长对工作时间的净效应一直为负。

3.6.2 第二次世界大战战后时期：周工作时间稳定

但是怎样解释第二次世界大战后时期平均周工时的相对稳定呢？实际工资率在持续增加；或者替代效应以某种方式抵消了收入效应，又或者在近几十年来，某些其他因素在起作用，抵消了较高工资率引起周工作时间减少的趋势。[①]

克尼斯纳（Kniesner）认为，受教育程度对第二次世界大战以后平均周工时的稳定有重要作用。[②] 他假定，劳动力供给与受教育程度呈正相关关系。此外，他还注意到，第二次世界大战战后时期人们受教育程度的增加比战前要大得多；1910—1940年，人们的平均受教育年数只增加了约6%，而1940—1970年间这一数字为34%。克尼斯纳认为，这种受教育程度的差异能够解释图3-6中的两种趋势。

为什么更高的受教育程度可能增加工作时间呢？首先，可能涉及偏好的改变。教育是工人在劳动力市场中增加收入能力的一种方法，接受更多的教育可能反映了工人偏好的一种变化，即他们愿意在劳动力市场上工作的时间更长。其次，有较高

① 尽管在过去50年中，平均周工时变化很小，劳动力的人口构成发生了显著的变化。关于这一点，参阅 Ellen R. McGrattan and Richard Rogerson, "Changes in Hours Worked since 1950," *Quarterly Review* (Federal Reserve Bank of Minneapolis), Winter 1998, pp. 2-19。

② Thomas J. Kniesner, "The Full-Time Workweek in the United States, 1900—1970," *Industrial and Labor Relations Review*, October 1976, pp3-5. 亦可参见 Ethel B. Jones, "Comment," and Kniesner, "Reply," *Industrial and Labor Relations Review*, April 1980, pp. 379-89。

受教育程度的工人普遍能获得更满意的工作，即那些具有体力要求较少、安排灵活且更有挑战性等特征的工作。其他条件不变，这些工作特征将会使工人不太愿意减少其周工作时间。最后，接受过更高教育的劳动者可能增加雇主对周工时减少的抵制。原因在于，与缺乏教育的工人相比，雇主雇佣受过良好教育的工人并在工期内培训他们，要承担更多的固定成本。在这种情况下，较短的周工时将会增加每个工人每小时的固定成本，进而增加任何给定劳动力的每小时总成本。随着劳动力受教育程度不断增加，雇主会更加抵制周工时的缩短。[①]

除了受教育程度变化以外，对周工时的稳定性还有三种解释：第一，**《1938年公平劳动标准法案》**（Fair Labor Standards Act of 1938，FLSA）要求雇主对每周超过40小时的工时支付溢价工资。这项立法不仅倾向于减少周工时，而且进一步将其规范在40小时。[②] 第二，自第二次世界大战以来，边际所得税税率的上升已经变成净工资税率的小幅增长。因此，第二次世界大战后与战前几十年相比，收入增加引起的劳动力供给或工作时间的减少要小得多。第三，第二次世界大战以后，广告的数量和效用增加，引起工人对产品和服务的需求增加，从而促使他们工作更长时间。

本章总结

1. 劳动力供给总量取决于人口规模、劳动参与率、每周或每年工作时长。

2. 用贝克尔的时间分配模型来解释劳动参与率是富有成效的。该模型认为，家庭通过将物品和时间相联合来生产产生效用的商品。家庭成员以比较优势为基础，分配时间用于劳动力市场工作、家庭生产和消费。

3. 劳动参与率是实际劳动力与所有潜在劳动力（或适龄人口）的一个比率。

4. 第二次世界大战后，总劳动参与率从1950年的59%缓慢上升到2011年的64%，这基本上是由于女性（尤其是已婚女性）劳动参与率上升幅度超过了男性劳动参与率下降幅度的结果。

5. 老年男性的劳动参与率过去一直下降，但近年来开始反弹。这种变化是由于：(1) 实际工资和收入增加；(2) 公共和私人退休金的变化；(3) 伤残补助金的获取机会增大；(4) 教育水平的提高；(4) 老龄妻子劳动参与数量的增加。

6. 女性劳动参与率上升由下列因素引起：(1) 女性实际工资率上升；(2) 女性对劳动力市场工作的偏好增强；(3) 家庭劳动生产率提高；(4) 出生率下降；(5) 离婚率上升；(6) 工作机会增加；(7) 维持家庭生活水平。

7. 如今，黑人女性和白人女性的劳动参与率几乎相同，而在过去，黑人女性的劳动参与率高于白人女性。

8. 黑人男性的劳动参与率随时间推移一直在下降，到现在低于白人男性6～7个百分点。在解释黑人男性参与率较低的原因时，一些分析强调了诸如劳动力市场歧视、缺乏教育机会和地理上的难以进入等需求方面的因素；另一些分析集中于诸如可获得的公共援助和非法活动等供给方面的因素。

9. 劳动参与率的周期性变化反映了劳动力补充效应和劳动力阻滞效应的净影响。劳动力补充

---

① 第二次世界大战后雇主缴纳的福利额度上涨（见第7章），强化了雇主对缩减周工时的抵制。雇主为员工缴纳的福利，如工人生活和健康保险也是每个工人固定成本的一部分，同招聘成本、培训成本一样，周工时的缩短也会带来劳动力每小时总成本的上升。

② 相反的证据即认为FLSA对于加班时间影响很小的讨论，请参见 Stephen J. Trejo, "Does the Statutory Overtime Premium Discourage Long Workweeks?" *Industrial and Labor Relations Review*, April 2003, pp. 530-51。

效应表明，当家庭收入的主要来源者失业时，其他家庭成员将选择进入劳动力市场，以维持家庭收入。劳动力阻滞效应则表示，在经济衰退时，某些失业者对其再就业前景感到失望，因此选择退出劳动力市场。大多数的经验研究表明劳动力阻滞效应起主导作用，使总体劳动参与率与失业率反方向变动。

10. 平均周工时和平均年工时在 1910—1940 年间减少，但从第二次世界大战结束以来两者都非常稳定。从历史上看，早期的周工时和年工时减少可以由这样一种观点来解释，即随着实际工资率的提高，收入效应大于替代效应。而第二次世界大战战后时期周工时和年工时的稳定则归于受教育程度的增加和其他因素。

习题和学习建议

1. 简要讨论劳动力总供给的主要组成部分。

2. 贝克尔时间分配模型与简单的工作-闲暇选择模型在哪些具体方面有所不同？比较每一种模型中收入效应和替代效应的作用；在这两个模型中，这两种效应对劳动力市场工作有相同的影响吗？

3. 2011 年，美国人口为 3.11 亿人，其中 7 100 万人在 16 岁以下或者被制度限制，大约有 1.54 亿人是就业者或者是积极求职的失业者，那么 2011 年的劳动参与率是多少？

4. 第二次世界大战后，总的劳动参与率发生了什么变化？男性和女性的参与率发生了什么变化？

5. 哪些因素可以解释老龄男性劳动参与率的下降？

6. 哪些因素可以解释已婚女性劳动参与率的上升？用工作-闲暇图（类似于图 2-8）来解释每一种因素分别如何改变了女性的无差异曲线或收入预算线，并使得女性更有可能进入劳动力市场。

7. 比较以下各类人群的劳动参与率：(1) 白人女性和黑人女性；(2) 白人男性和黑人男性。解释造成这种差别的原因。

8. “在过去的二三十年里，尽管有立法和各种公共政策来改善歧视状况，但黑人家庭收入与白人家庭收入的比率增加得相当缓慢。因此，有人可能认为政府计划没能减少种族歧视。”对此进行批判性讨论。

9. 用工作-闲暇图来说明：如果黑人的工作机会劣于白人，并且可获得非劳动收入（如以伤残津贴的形式），那么即使黑人和白人的工作-闲暇偏好（无差异曲线）相同，黑人的劳动参与率也较低。

10. “对美国的经验证据表明，劳动参与率直接随失业率的变化而变化。”你同意这种说法吗？根据劳动力阻滞效应和劳动力补充效应来解释。

11. “劳动力补充效应可以根据收入效应来解释，而劳动力阻滞效应是基于替代效应。”你同意这种说法吗？

12. 在 20 世纪周工时和年工时发生了什么变化？试解释其显著性趋势。

13. 下图描述了第 2 章的基本工作-闲暇选择模型。用此图解释第二次世界大战战后时期周工时下降的现象，并说明你所作分析的假设。在前面的章节我们知道，不同学者对第二次世界大战后周工时的稳定有如下考虑：(1) 较高的所得税；(2) 人们获得更多的教育；(3) 广告。试通过修改无差异曲线或预算线的位置（忽略税前实际工资增加的情况），来说明上述每一种因素如何有助于周工时的相对稳定。

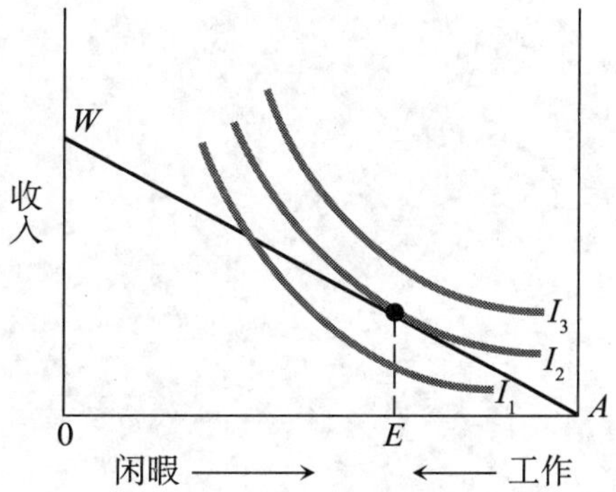

互联网练习

谁的劳动参与率更高？谁的更低？

到美国劳工统计局网站找到近期人口普查概况（www.bls.gov/cps），并选择“每月就业情况新闻发布系列的历史数据”，找到关于民众劳动参与率（LFPR）和就业率（EPS）的信息。

1. 1950年1月和最近的一个月关于男女劳动参与率的数据分别如何？谁的参与率在这一时期上升了？谁的下降了？这种变化可能的原因是什么？

2. 1950年到现在这一时期的劳动参与率两种趋势的联合效应是什么？（你的答案里要提供1950年1月和最近一个月的总体劳动参与率。）

3. 黑人女性和白人女性在1955年1月和最近一个月的劳动参与率分别是多少？这一时期首尾参与率之差是多少？这种变化可能的原因是什么？

4. 最近一个月的劳动参与率显示了什么？就业率为什么低于劳动参与率？（回答问题时运用本书的术语定义。）

互联网链接

美国劳工统计局网站（www.bls.gov）提供了很多关于劳动参与率和工作时间的详细数据。

第4章 劳动力质量：人力资本投资

教育和培训是当下新闻的热门话题。当今面临的挑战是如何在迅速崛起的全球市场中进行有效的竞争。专家们认为，为了维持相对较高的生活水平，必须提高劳动力的教育和技能水平。他们还一致认为，全球技术创新以及产品竞争加剧使得我们现有的工作岗位变得更加不稳定。继续教育、培训以及再培训将是保持劳动力充分就业的关键。

第2章和第3章主要考察了人们是否以及多大程度上参与劳动力市场的决策，重点分析了工作-闲暇决策与各种不同的参与率。本章我们将把目光从劳动力供给数量转向劳动力供给质量。工人们带着不同的正规教育水平和技能进入劳动力市场，并接受不同数量的在职培训。与一个缺乏教育和培训的人相比，一个受过良好教育和培训的人有能力提供更多有用的生产力。

任何有助于提高劳动力质量（生产率）的活动都可称作人力资本投资。人力资本投资不仅仅包括正规教育和在职培训支出，还包括健康、迁移、工作搜寻、学龄前儿童抚养支出。通过增进身心健康以及从生产率相对较低的区域和工作迁移到生产率相对较高的区域和工作，工人可能变得更有效率。事实上，第9章中的人力资本理论将会成为分析劳动力迁移的核心概念。

4.1 人力资本投资：概念和数据

公司投资实物资本是为了获得在一段时间内预计能给公司带来净利润流的资产。例如，某一公司可能会购买新机器以增加产出，进而在机器10年的使用寿命周期内提高销售收入。这一投资的独特之处在于，当前发生的支出或成本能够通过未来收入或收益的增加收回并带来盈余。人力资本投资与此类似。某人（或其父母或整个社会）当前的教育或培训支出，是为了获取知识和技能，进而增加其未来的收入。[①] 正如我们将花在资本设备上的支出理解为实物资本投资一样，花在教育和培训上的支出也可以理解为一项收益丰厚的**人力资本投资**（investment in human

① 正如后文将要提及的，教育投资回报也可能表现为非货币形式，比如获得一份更惬意的工作或更高的文学和艺术鉴赏能力。

capital）。

相关数据显示出美国人力资本投资的三大特点。首先，教育与培训支出巨大。2010—2011 学年，美国投入小学、初中和高中教育的经费大约是 1.113 万亿美元。此外，估计每年有 2%的工资被雇主用于员工在职培训。

其次，在过去 20 多年里，劳动力的受教育程度大幅提升。例如，1992 年，25 岁及以上的民用劳动力中，有 13%的人受教育程度在高中以下，有 26%的人完成了四年或以上的大学教育。同样的数字在 2010 年分别是 9%和 35%。

最后，教育投资导致收入流增加。这一趋势反映在图 4－1 中的**年龄-收入剖面曲线**（age-earnings profile）上，曲线刻画了不同教育水平男性工人的生命周期收入模型。通过观察可以发现，受教育水平较高的工人平均收入要高于受教育水平较低的工人。同样，受教育水平较高的工人的收入剖面曲线也比受教育水平较低的工人的上升得快，两者之间的收入差距往往在其初始工作年份就扩大了。

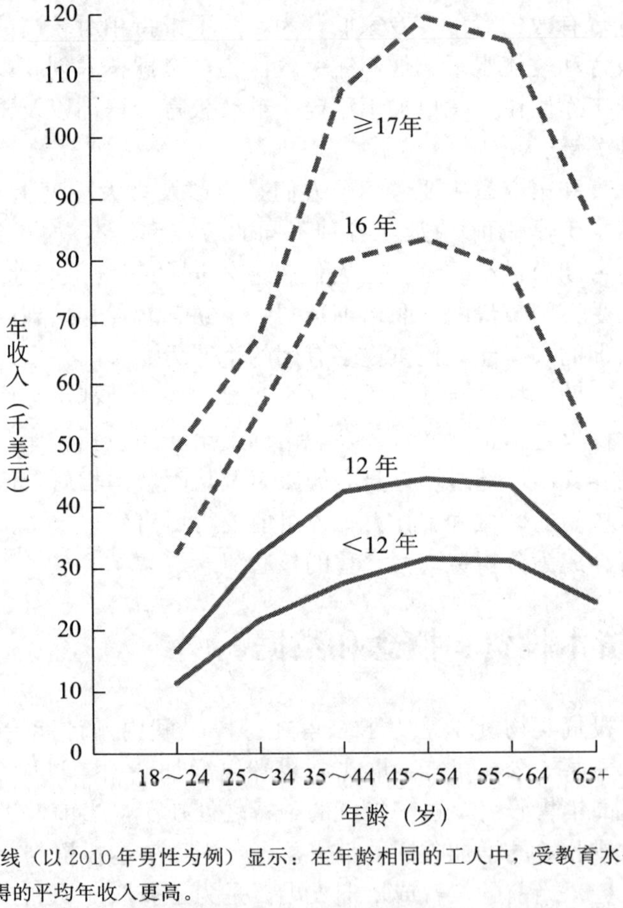

年龄-收入剖面曲线（以 2010 年男性为例）显示：在年龄相同的工人中，受教育水平较高的工人比受教育水平较低的工人获得的平均年收入更高。

图 4－1　按受教育年限划分的年龄-收入剖面曲线

资料来源：U. S Census Bureau，Personal Income Tables，Table P28_2010.

尽管图 4－1 中没有显示女性的年龄-收入剖面曲线，但其总体特征与男性类似且其所处位置显著低于男性剖面曲线。而且相对于男性收入剖面曲线其形状要平坦得多。本书将在第 14 章详细讨论收入的性别差异。①

4.2　人力资本模型

让我们引入一个简单的模型分析大学教育投资决策。假如你刚刚高中毕业，正考虑是否要上大学。从纯粹的经济学角度来看，一个理性的决策将会涉及相关成本与收益的比较。上大学的货币成本包括以下两种基本类型。一类是直接成本或付现成本，如学费、杂费、书本费以及其他学习用品费。食宿费不属于直接成本的一部分，因为无论是否上大学你都需要支付食宿费。另一类是上大学的间接成本或机会成本，这类成本源于你高中毕业后未进入劳动力市场而放弃的收入。例如，据估计，至少在公立大学，间接成本可能占到大学教育总成本的 60%～70%。从图 4-1 可以看出，大学教育投资的经济收益是增加未来的收入流。

人力资本投资决策的概念可以通过图 4-2 生动地描绘出来。曲线 HH 表示的是如果你 18 岁高中毕业后决定放弃上大学而立即进入劳动力市场的收入剖面曲线。而曲线 CC 表示的是你决定在进入劳动力市场前上四年大学的成本-收入剖面曲线。我们观察到，图中位于横轴以下的区域 1，表示读大学的直接成本或付现成本（负收入）。区域 2 表示间接成本或机会成本，也就是你上大学期间所放弃的收入。

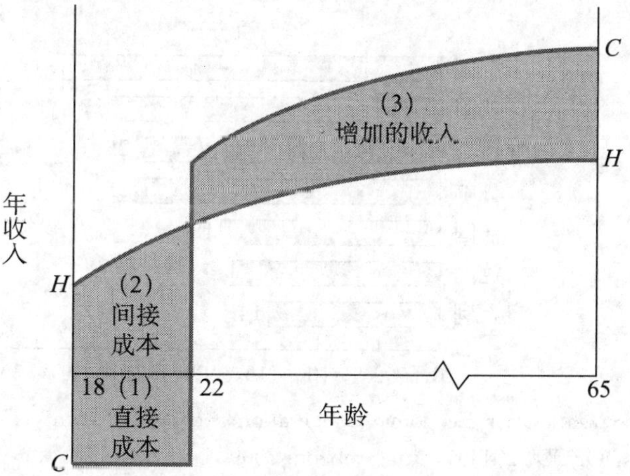

如果一个人决定 18 岁高中毕业后进入劳动力市场，那么其年龄-收入剖面曲线为 HH；反之，如果他决定上大学，那么其年龄-收入剖面曲线就是 CC。上大学需要花费直接成本（学费、杂费、书本费）和间接成本（放弃的收入）。但是，在 22 岁大学毕业进入劳动力市场后的整个职业生涯中其将获得更高的年收入水平。为了确定大学教育投资是否经济合理，我们必须把未来的成本与收益折现到现在（18 岁）计算出净现值。

图 4-2　受过与未受过大学教育的劳动力年龄-收入剖面曲线

---

① 年龄-收入剖面曲线最终向下倾斜这一事实必须详加解释。尽管人们试图将老年工人的收入下降归因于体力和脑力的下降、教育和技能的退化以及更短的工作时间，但是，下降也可能大部分归因于数据特征，尤其是这些数据没有追踪特定人群一生的收入。相反，这些横截面数据显示的是某一特定年份不同年龄不同个体的收入。纵向数据追踪特定人群随着时间变化而变化的收入，这一收入持续增加直至退休。在美国，图 4-1 中年龄-收入剖面曲线的下降部分可能会出现，因为美国经济的持续增长导致其后代每一个人的收入都比其前一代人多。因此，正如年龄-收入剖面曲线所示，平均 45 岁的大学学历工人比平均 65 岁的大学学历工人收入更高，这仅仅是因为前者是更年轻的一代。

区域1和区域2相加就是你上大学的总成本（总投资）。区域3（在22～65岁之间曲线 *CC* 与曲线 *HH* 的差距）表示因取得大学学位而获得的增量收入。它显示了在整个职业生涯中，拥有大学学历的你比拥有高中学历的你所能获得的额外收入。本例假定你的职业生涯为43年（22～65岁）。

4.2.1 折现和净现值

我们知道为了做出理性决策，需要比较成本（区域1和区域2）与收益（区域3）。但问题由此而生，与大学教育投资相关的成本与收益发生在不同时点。这非常重要，因为在不同时点发生的美元支出和收入价值是不同的。因此，为确保与大学教育相关的成本与收益具有可比性，必须把它们放在同一时点上进行比较，比如把它们折算成现值。我们试图从一个18岁的青年人身上找到大学教育的现在与未来成本以及现在与未来收益的净折现值，或简称**净现值**（net present value）。

全球瞭望 4-1

全球的大学毕业生

在主要的工业国家中，年龄在25～64岁的成年人中，拥有大学学历者的比例从意大利的14%到美国的31%。

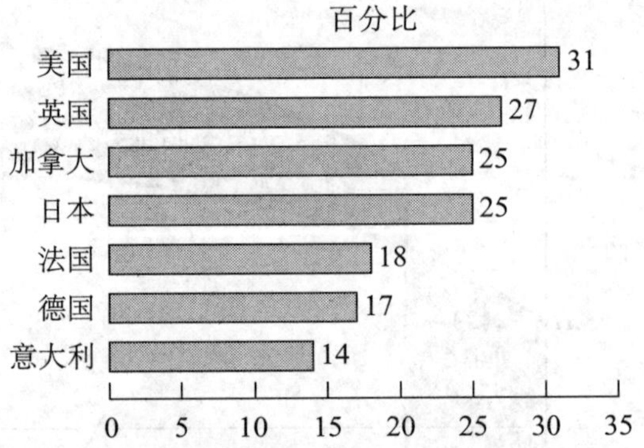

资料来源：Organization for Economic Cooperation and Development, *Education at a Glance*, *2011*, Table A1.1a (Paris: OECD, 2011). Data are from 2009.

■ 时间偏好

为什么一年、两年或三年后的美元收入（或支出）与今天相同数量的美元价值不同呢？最直接的答案是，因为借款或占用货币资金需要支付正利率。但这又引出一个新问题：为什么人们使用货币资金需要支付利息？答案在于**时间偏好**（time preference）的观念，即在给定选择机会的情况下，大多数人更喜欢选择今天及时享乐，而不喜欢选择明天的享乐承诺。大多数人喜欢现期消费而不喜欢未来消费的原因在于：生活变化莫测充满了不确定性，现期消费看起来更加触手可及，因此也更有价值。简而言之，时间偏好是这样一种观念，人们的消费意愿是非常急迫的，与未来同样的物品相比，他们主观上更喜欢现在的物品。要让一个人推迟现期消费，换句话说，让他把一部分收入进行储蓄，必须向他支付利息加以补偿。如果某人认为今天 100 美元的物品与一年后 110 美元的物品价值相等，我们可以说他的时间偏好率为 10％。我们必须支付给他 10 美元或 10％的奖励，才能诱使他放弃 100 美元的现期消费。

■ 现值公式

对现期消费的偏好使得支付正利率成为必然。一年后得到的 1 美元价值小于今天得到的 1 美元，因为今天得到的 1 美元能以某一正利率借出或投资，因此其比一年之后得到的 1 美元价值更大。如果利率是 10％，某人今天借出 1 美元，则其在年末可以得到 1.1 美元。这 1.1 美元由 1 美元本金加上 0.1 美元利息构成。这可由如下代数式表示：

$$V_p(1+i)=V_1 \tag{4-1}$$

式中：V_p ——现值或当前值，如今天的 1 美元；

V_1 ——（这 1 美元）一年以后的价值；

i——利率。

$(1+i)$ 表示某人收回的本金或现值（1 美元）与利息之和。将上例中的数字代入，可得

$$\$1.00\,(1.10)=\$1.10$$

该等式告诉我们，给定 10％的利率，一年后收到的 1.1 美元与今天手中的 1 美元相等。

式（4－1）重点在于确定今天 1 美元的终值是多少。如前所述，我们的目的是确定未来的支出和收入的现值（今天的价值）。通过重新表述原先的问题我们同样可以得到答案。我们不再问今天得到的 1 美元一年后值多少，而是问一年后得到的 1.1 美元今天值多少？很简单，我们从式（4－1）中求解出 V_p 即可：

$$V_p=\frac{V_1}{(1+i)} \tag{4-2}$$

式（4－2）是一年期的**折现公式**（discount formula），将上例中的数字代入，可得

$$\$1.00=\frac{\$1.10}{1.10}$$

也就是说，如果利率是 10％，一年以后收到的 1.1 美元今天仅值 1 美元。

由图 4－2 可知，成本和收益都是发生在若干年内，因此，我们可以将式（4－2）的折现公式进行如下扩展：

$$V_p=E_0+\frac{E_1}{(1+i)^1}+\frac{E_2}{(1+i)^2}+\frac{E_3}{(1+i)^3}+\cdots+\frac{E_n}{(1+i)^n} \tag{4-3}$$

式中，E 表示新增收入流（E_0 表示立即得到的新增收入，E_1 表示下一年的新增收入，E_2 表示两年后得到的新增收入，以此类推）；n 表示收入流的持续年限，或者说表示个人的预期职业生涯；i 表示利率。[①] 注意新增收入（或成本）E_0 立即发生，不

---

① 我们回避了一个棘手问题，即什么样的利率是合适的。在实际应用中，利率的细微差别也会对现值计算造成极大影响。

需要折现。但是下一年或一年后得到的新增收入 E_1 必须折现一年。此外，需要注意的是第三项的分母是平方，第四项的分母是立方，以此类推。这是因为 E_2 和 E_3 的值必须分别折现 2 年和 3 年才能得出其现值。将两年后得到的新增收入 E_2 除以（$1+i$）折现为第一年后的收入，然后必须再除以（$1+i$）才能得到其现值，因为在第一年和第二年期间，时间逐步减少其价值。

下面我们运用现值公式重新讨论一下 18 岁就加入劳动力队伍的高中毕业生，其现值公式如下：

$$V_p = E_{18} + \frac{E_{19}}{(1+i)^1} + \frac{E_{20}}{(1+i)^2} + \frac{E_{21}}{(1+i)^3} + \cdots + \frac{E_{64}}{(1+i)^{46}} \tag{4-4}$$

上式可简化为：

$$V_p = \sum_{n=18}^{64} \frac{E_n}{(1+i)^{n-18}} \tag{4-5}$$

这个公式告诉我们，现值（V_p）等于个人职业生涯（本例中高中毕业生的职业生涯是18～64 岁，65 岁退休）内各期所得新增收入（E_n）折现之和。因为 n 的取值范围是 18～64，所以我们需要将未来个人职业生涯的 46 年（18～64 岁）新增收入进行折现。

图 4－2 告诉我们，大学教育投资决策需要同时考虑成本和收益（增量收入），如何运用式（4－3）或式（4－4）对二者做出解释呢？答案是将成本看作负收入，这样个人上大学四年期间的“收入”（E_0，E_1，E_2和E_3）就是每一年发生的直接成本与间接成本之和（负值），接下来直到退休的每一年新增收入都为正。这样我们就可以运用这两个公式计算出大学教育的净现值了。

■ 决策原则：$V_p>0$

基于上述计算的相关投资标准或决策原则是：如果净现值大于 0，个人就应该进行投资。正的净现值意味着收益的折现值超过了成本的折现值，而当收益大于成本时，投资决策是经济合理的。如果净现值为负，则意味着成本大于收益，投资在经济上就不合算。

■ 例证

一个简单的例子也许有助于理解这一决策过程。假设卡尔·卡尔森（Carl Carlson）高中毕业后想要报名参加为期一年的数据处理强化课程。课程的直接成本是 1 000 美元，机会成本是 5 000 美元。修完该课程之后，他保证可以到电脑公司上班。由于预计会收到一大笔遗产，他打算只工作 3 年，然后就永久退出劳动力市场。他预计因接受数据处理培训 3 年工作期间其能够得到的新增收入分别是 2 500 美元、3 000 美元以及 3 500 美元。相关利率是 10%，那么报名参加数据处理培训课程的决策理性吗？将这些数据代入式（4－3），我们可以得到：

$$V_p = E_0 + \frac{E_1}{(1+i)} + \frac{E_2}{(1+i)^2} + \frac{E_3}{(1+i)^3}$$

$$V_p = -6\,000 + \frac{2\,500}{(1.10)} + \frac{3\,000}{(1.10)^2} + \frac{3\,500}{(1.10)^3}$$

$$V_p = -6\,000 + 2\,273 + 2\,479 + 2\,630$$

$$V_p = 1\,382$$

计算结果表明，收益（增量收入）现值总计是 7 382 美元（2 273＋2 479＋2 630），比成本现值 6 000 美元多出 1 382 美元，这一正的净现值表明卡尔森进行这项人力资本投资是经济合理的。

4.2.2 内部收益率

进行投资决策的另一种方法是计算一项潜在投资的**内部收益率**（internal rate of return）r，并将其与利率 i 进行比较。根据定义，内部收益率是人力资本投资净现值为零时的折现率。

■ 公式

这里不再使用式（4－3）中的利率 i 来计算净现值是正是负，而是选择特定的折现率 r，使未来成本和收益的现值相等，以便净现值为零。为此，我们必须对式（4－3）做如下修正：

$$V_p = E_0 + \frac{E_1}{(1+r)} + \frac{E_2}{(1+r)^2} + \cdots + \frac{E_n}{(1+r)^n} = 0 \qquad (4-6)$$

与式（4－3）中求解 V_p 不同，我们现在给定 E 值并假设 V_p 为零，求解 r。我们应该清楚地知道 r 是投资者能够接受的最大利率，在此利率下他恰好能够偿还为人力资本投资所借的款项，从而收支相抵。

■ 决策原则：$r=i$

与这种方法相适应的投资标准或决策原则涉及内部收益率 r 与利率 i 的比较。如果 r 大于市场利率 i，投资是有利可图的，应该进行投资。例如，如果某人能以10％的利率贷款并进行收益率为 15％的投资，那么这项投资就是有利可图的。但是如果 r 小于 i，那么这项投资就无利可图且不可行。如果某人能以 10％的利率贷款但其潜在投资收益率只有 5％，那么该项投资就无利可图。我们稍后会发现，人力资本投资收益是递减的，因此，随着受教育年限的增加，r 不断减小（见图 4－4）。在这种情况下，给定 i，在达到 $r=i$ 这一点之前，对所有的人力资本投资机会进行投资都是有利可图的。

4.2.3 总结与启示

人力资本模型的解释力相当强。下面我们根据图 4－2 以及式（4－3）、式（4－6）所示的基本模型做几点总结。

■ 收入流的期限

在其他条件相同的情况下，投资后的新增收入流期限越长，人力资本投资的净现值将越有可能为正。换句话说，收入流期限越长，内部收益率越高。人力资本投资在一生中开始得越晚，收益净现值就越低（内部收益率 r 也越低），只因投资完成后职业生涯更短，相应的新增收入为正的期限也更短。这就解释了为什么上大学的主要是年轻人[①]，以及为什么年轻人比老年人更愿意迁移（在地理迁移上进行投资）。它也解释了传统上存在于男性和女性之间的一部分收入差距。在许多情况下，女性的劳动参与是非连续的。也就是说，许多女性在完成正规教育后仅工作几年就要结婚，随后为了生育、抚养孩子而不得不退出劳动力市场一段时间。直到最小的孩子上学后，她们才能重返劳动力市场。在式（4-3）和式（4-6）中，这意味着一个缩短了的收入流。净现值或内部收益率的降低抑制了女性对自身进行人力资本投资的经济激励。此外，女性劳动参与的非连续性也抑制了雇主对其进行在职培训投资。

■ 成本

在其他条件相同的情况下，人力资本投资的成本越低，发现这一投资有利可图的人就越多。如果上大学的直接或间接成本下降，那么我们预期大学入学率将会上升。例如，由政府提供担保的学生贷款消除了贷方风险，从而降低了贷款上大学的利率。通过降低个人上大学的直接成本[②]，如提供贷款担保可以提高大学入学率。[③]较低的直接或间接成本增加了大学教育的净现值，使得原先认为教育投资无利可图的人改变了看法。[④]

蕴含在我们之前总结中令人难以捉摸的一点是年龄较大者一般不愿意进行人力资本投资。年龄-收入剖面曲线（见图4-1）揭示了收入随着年龄的增长而增长。因此，对于年龄较大的工人而言，上大学的机会成本更高，并且在其他条件相同的情况下，与人力资本投资相关的净现值和内部收益率也更低。换句话说，年龄较大的人不太可能投资大学教育有两个原因：(1) 获得未来收入流的期限相对较短；(2) 上大学的机会成本较高。

■ 收入差距

在做人力资本投资决策时，不仅新增收入流的期限很重要，收入差距的大小亦很重要。在其他条件相同的情况下，大学毕业生与高中毕业生之间的收入差距越大，愿意对大学教育投资的人就会越多。经验证据证实了这个一般化的推论。弗里曼（Freeman）认为，1970年，大学毕业生劳动力市场的特征由短缺变为过剩。这种变化的表现形式之一就是与大学教育相关的新增收入急剧下降。[⑤] 因此，20世纪

---

① 尽管从投资的角度来看，老年人重返大学接受教育是不理性的，但从消费（效用）角度来看也许是合理的。

② 当然，没有免费的午餐。纳税人（社会作为一个整体）将承担与贷款担保相关的成本。但当我们从个人（而不是整个社会）角度来计算大学教育的成本时，贷款担保确实降低了个人入学成本，并增加了与大学教育相关的个人净现值。

③ 公共补贴似乎有很强的入学效应，尤其是对于低收入学生和打算进入社区大学的学生。参见 Thomas J. Kane and Cecilia Elena Rouse, "The Community College: Educating Students at the Margin between College and Work," *Journal of Economic Perspectives*, Winter 1999, pp. 63-84。

④ 有关研究大学教育成本和其他因素对大学教育选择影响的一系列论文，参见 Caroline M. Hoxby (ed.), *College Choices: the Economics of Where to Go, When to Go, and How to Pay for It* (Chicago, IL: University of Chicago Press, 2004)。

⑤ Richard B. Freeman, *The Overeducated American* (New York: Academic Press, 1976).

70年代初年轻人进入大学的比例显著下降。20世纪80年代，大学毕业生的收入优势出现了反弹。葛（Ge）和杨（Yang）研究发现，1980—1996年间发生的大学入学率急剧上升，部分是由大学工资升水率上升造成的。[①]

工作世界4-1

经济萧条与大学入学率

经济萧条增加还是减少了大学生数量？从理论上说，答案是不确定的，因为经济萧条对大学入学率的影响是存在矛盾的。

一方面，经济萧条期间，与大学教育支付能力相关的三方面因素往往会减少大学生数量。首先，可用于分担大学费用的兼职工作在经济萧条期间通常会减少。其次，父母为子女接受大学教育的筹资能力（也许由于收入下降和资产贬值）可能会下降。最后，国家和个人的金融资助在经济萧条期间可能会减少。

另一方面，经济萧条往往会降低上大学的成本，因为经济萧条使高中毕业生收入下降或使其找到工作的可能性降低。其结果是上大学的机会成本下降，大学入学率上升。

经验证据表明，经济萧条期间，大学教育机会成本下降超过了支付能力下降对大学入学率的影响，因为在此期间大学入学率往往会显著上升。德拉斯（Dellas）和斯科拉里斯（Sakellaris）发现，失业率每上升1%，18～22岁的年轻人的大学入学率就会上升0.8%。他们的模型表明，在某些经济萧条期间增加了超过400 000名大学生。男性和女性对经济萧条的反应似乎没有明显差异。然而，白人大学入学率对经济萧条的反映比其他有色人种要敏感得多。

资料来源：Harris Dellas and Plutarchos Sakellaris，"On the Cyclicality of Schooling：Theory and Evidence，" *Oxford Economic Papers*，January 2003，pp. 148-72.

4.2.4 经验数据

大量的实证研究已对不同教育水平的人力资本投资收益进行了估计。接下来，我们将重点分析大学教育投资的个人收益率。

■ 收益率研究

总的来说，大多数收益率研究估算出的大学教育投资收益率在10%～15%。[②]例如，贝克尔在其经典著作中估计1939年、1949年和1958年的内部收益率分别是14.5%、13.0%和14.8%。[③] 弗里曼的估计表明，1959—1974年间的个人收益率变

① Suqin Ge and Fang Yang，"Accounting for the Gender Gap in College Attainment，" *Economic Inquiry*，forthcoming.

② 最近的一项研究，可参见George Psacharopoulos and Anthony Patrinos，"Returns to Investment in Education：A Further Update，" *Education Economics*，August 2004，pp. 111-34。

③ Gary Becker，*Human Capital*，2nd ed.（New York：National Bureau of Economic Research，1975）.

化范围在 8.5%～11%。[①] 而相应时期的社会收益率变化范围估计在 7.5%～11.1%。卡德（Card）则发现 1976 年的收益率为 10%。[②] 凯恩（Kane）和罗斯（Rose）的报告显示，1986 年高等教育收益率为 9%。[③] 在近期一项研究中，赫克曼（Heckman）、洛克纳（Lochner）和托德（Tod）发现 2000 年白人的个人收益率是 14%。[④]

全球瞭望 4-2

大学教育的年收益率

男性大学教育的个人年收益率变化范围较大，从瑞典的 7.1%到加拿大的 11.9%。

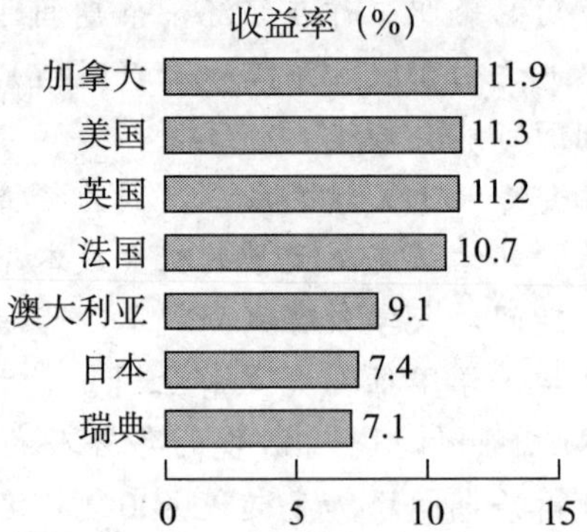

资料来源：Organization for Economic Cooperation and Development，*Education at a Glance*，*2011*，Table A9.3. All data are for males in 2007.

工作世界 4-2

通识教育发展的价值是什么？

过去 40 年，通过同等学力考试获取高中学历的人数持续飙升。1960 年，仅有 2%的人通过同等学力考试获得高中学历。到 2001 年，这一比例已经超过了 20%。

通识教育发展（GED）计划是通过考试获取高中同等学力的主要途径。该计划包括让辍学生通过一项时长总计 7.5 小时的考试，考试内容涵盖写作、社会科学、自然科学、阅读和数学。这项考试是为了证明某个人是否已经具备高中毕业生应有的知识和技能。

赫克曼和拉方丹（La Fontaine）考察了获取 GED 认证的经济收益。他们发现，对于那些未接受过高等教育的人来说，获取 GED 认证收益很小或没有直接收益。GED 计划参

① Richard B. Freeman，"Overinvestment in College Training?" *Journal of Human Resources*，Summer 1975，p. 296.

② David Card，"Using Geographic Variation in College Proximity to Estimate the Return to Schooling，" in Louis N. Christofides，E. Kenneth Grant，and Robert Swindisky（eds.），*Labour Market Behavior：Essays in Honour of John Vanderkamp*（Toronto，University of Toronto Press：1995）.

③ Thomas J. Kane and Cecilia Rouse，"Labor Market Returns to Two-and Four-Year Colleges，" *American Economic Review*，June 1995，pp. 600-13.

④ James J. Heckman，Lance J. Lochner，and Petra E. Todd，"Earnings Functions and Rates of Return，" *Journal of Human Capital*，Spring 2008，pp. 1-31. 他们的内部收益率因统计群组和估值技术不同而存在估计差异。

与者的收入比高中辍学者要高，但这一差异完全是由于GED计划参与者拥有较高的能力。这一推论对于男性与女性、老年人与年轻人、本地人与移民都适用。

获取GED认证经济收益的主要途径是有更大的机会接受高等教育。然而，GED计划参与者接受高等教育的人数相对很少，只有40%的人会选择上大学。而且，只有3%的人完成了四年制大学学习，5%的人完成了两年制专科学习。

赫克曼和拉方丹认为，接受正规教育没有捷径可走。

资料来源：James J. Heckman and Paul A. LaFontaine，"Bias-Corrected Estimates of GED Returns，" *Journal of Labor Economics*，July 2006，pp. 661-700.

■ 大学工资升水率

读者可能对最近几十年的大学工资升水率特别感兴趣。我们将**大学工资升水率**（college wage premium）定义为大学毕业生收入与高中毕业生收入之比。图4-3给出了1973—2008年间男性和女性的大学工资升水率。数据来源于具有高中或大学学历的工人。我们观察到，1973年女性的这一比率为1.48，男性为1.38，这意味着大学毕业的女性和男性分别比同性别的高中毕业者工资高48%和38%。20世纪70年代，女性和男性的工资升水率都略有下降。但20世纪70年代末，女性和男性的工资升水率都急剧上升，女性从1.36上升到1.72，男性从1.34上升到1.81。研究发现，工资升水率上升最快的是那些有1～5年工作经验的年轻大学毕业生。[①]

对大学工资升水率变化的解释聚焦于劳动力供给和需求。人们普遍认为，20世纪70年代工资升水率下降的原因是大学毕业的"婴儿潮"一代人量涌入劳动力市场以及对大学毕业生需求的相对停滞。但对于20世纪80年代大学工资升水率为什么会飙升尚未达成一致意见。墨菲（Murphy）和韦尔奇（Welch）[②]从受过大学教育的工人的需求大量增长方面，解释了工资升水率的快速增长。尤其是国内产业结构的变化（例如就业向高科技产业的转移）与生产技术的变化（例如计算机辅助技术的广泛应用）大大增加了对受过大学教育工人的需求。[③]再加上受过大学教育的劳动力增速放缓，这些都造成了大学工资升水率急剧上升。

尽管人们普遍接受了墨菲与韦尔奇的解释，但一些经济学家指出，越来越多的大学生正在传统上不需要大学学历的岗位上工作。这一事实似乎与相对于供给而言对大学毕业生的需求正日益增长的观点相矛盾。赫克（Hecker）[④]认为，大学工资升水率的上升并不是对受过大学教育的工人需求增加所致，而是对高中毕业生（尤其是男性）需求的下降所致。依据这种观点，高中毕业生的工资下降推高了大学工

① Kevin Murphy and Finis Welch，"Wage Premiums for College Graduates：Recent Growth and Possible Explanations，" *Educational Researcher*，May 1989，pp. 17-26.

② Ibid.，pp. 13-26.

③ Steven G. Allen，"Technology and the Wage Structure，" *Journal of Labor Economics*，April 2001，pp. 440-83.

④ Daniel E. Hecker，"Reconciling Conflicting Data on Jobs for College Graduates，" *Monthly Labor Review*，July 1992，pp. 3-21.

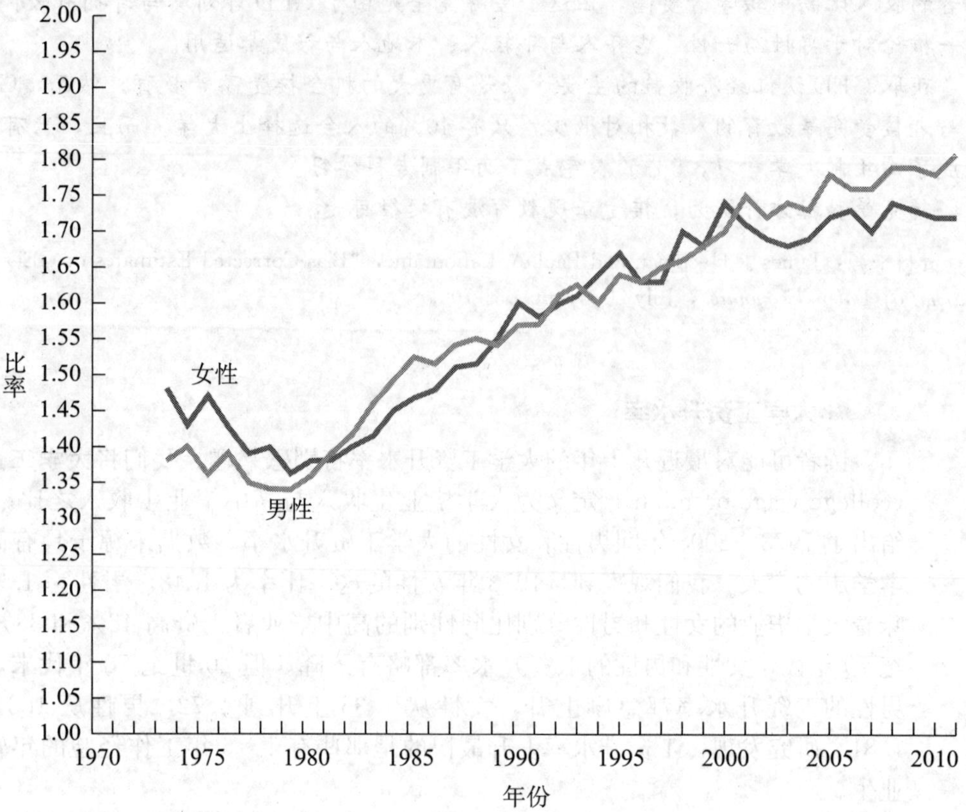

大学工资升水率（这里使用大学毕业生收入与高中毕业生收入的比率进行衡量）随着时间推移呈现出显著变化。20世纪70年代，女性工资升水率温和下降。而1974—1979年，男性工资升水率急速下降。从1979年开始，两组工资升水率均急剧上升。大学工资升水率的变化，通常用受过大学和高中教育的工人的供给与需求变化来解释。

图4-3　大学工资升水率的近期趋势

资料来源：Author calculations from 1973-1978 *May Current Population Survey* and the monthly *Outgoing Rotation Group Current Population Survey* files from 1979 to 2011.

资升水率。

戈特沙尔克（Gottschalk）和汉森（Hansen）不赞成越来越多的大学毕业生正在从事原本只需要高中毕业生来完成的工作的说法。[①] 他们认为，当我们使用非大学学历工作的严格定义，而不是使用受访者对其的主观理解时，赫克的论断就不成立了。事实上，他们发现，随着20世纪80年代中期至90年代中期大学工资升水率的上升，从事非大学学历工作的大学毕业工人比例在下降。

① Peter Gottschalk and Michael Hansen, "Is the Proportion of College Workers in Noncollege Jobs Increasing?" *Journal of Labor Economics*, April 2003, pp. 449-71. 有关过度教育文献的最近评论，参见 Edwin Leuven and Hessel Oosterbeek, "Overeducation and Mismatch in the Labor Market," in Eric A. Hanushek, Stephen Machin, and Ludger Woessmann (eds.), *Handbook of the Economics of Education*, Volume 4, (Amsterdam, Holland: Elsevier, 2011), pp. 283-326。

■ 说明

但是，所有这些经验数据都必须谨慎解读。首先，我们没有办法准确地预测未来。经济学家不能准确估算一个应届大学毕业生的未来收入。研究中用来计算人力资本投资收益率或大学工资升水率的数据都是历史数据。这些数据描绘的是1970年或者更早获得教育的大学毕业生的年龄-收入剖面曲线。尽管在2010年的劳动力市场上，大学毕业生比一个有代表性的高中毕业生的年收入平均多出33 400美元以上，但是不能保证这一差距会持续下去。到2020年，新增收入的数量可能增加，也可能减少。

另外，新增收入影响大学教育投资决策，而大学教育投资决策反过来也影响新增收入。如果近期大学毕业生比高中毕业生享有较高的收入溢价，那么，将会有更大比例的应届高中毕业生选择上大学。但这将会增加大学毕业生供给而减少高中毕业生供给，从而减少二者之间的未来收入差距或大学工资升水率。因此，近期的高收益率可能导致未来收益率下降。

其次，人力资本研究中使用的历史数据是平均（中位数）收入，而依教育水平划分的收入分布围绕均值呈发散状态。尽管某一特定研究计算得出大学教育的平均收益率为10%，但一些人可能赚到30%或50%，而另一些人的收益可能为负。那些仅受过高中教育的人中，有很大比例的人的收入高于大学毕业生的平均收入。而且一些大学毕业生的收入低于高中毕业生的平均收入。

最后，截止到目前，我们的讨论主要集中于教育的数量而非教育质量。我们隐含了这样的假设，即学生的受教育年限是唯一相关因素。然而，教育质量也可能影响教育收益率。例如，高素质的老师、更好的课堂资源以及学生更加努力学习都会提高教育收益率。

也有一些关于教育投入如何影响收益率的研究。[①] 卡德和克鲁格（Krueger）的研究表明，较高的教师工资和较低的师生比能够提高教育收益。[②] 他们还发现，1960—1980年，黑人教育质量的相对提升能够解释黑人男性与白人工资差距缩小的20%。[③] 然而，赫克曼、莱恩-法勒（Layne-Farrar）和托德（Todd）认为，与卡德和克鲁格的估计相比，教育投入对教育收益的影响不是太大。[④]

斯特雷耶（Strayer）考察了学校质量影响收入的途径。他指出较高的高中教育质量能够增加学生进入4年制或2年制大学的可能性。而大学入学率的增加反过来

① 有关调查，参见 Eric A. Hanushek, "School Resources," in Eric A. Hanushek and Finis Welch (eds.), *Handbook of the Economics of Education*, Volume 2, (Amsterdam, Holland: Elsevier, 2006), pp. 866-907。

② David Card and Alan B. Krueger, "Does School Quality Matter? Returns to Education and the Characteristics of Public Schools in the United States," *Journal of Political Economy*, February 1992, pp. 1-40.

③ David Card and Alan B. Krueger, "School Quality and Black/White Relative Earnings: A Direct Assessment," *Quarterly Journal of Economics*, February 1992, pp. 151-200.

④ James J. Heckman, Anne Layne-Farrar, and Petra Todd, "Does Measured School Quality Really Matter? An Examination of the Earnings-Quality Relationship," in Gary Burtless (ed.), *Does Money Matter? The Effect of School Resources on Student Achievement and Adult Success* (Washington, DC: Brookings Institution, 1996). 相似的结论，参见 Iida Hakkinen, Tanja Kirjavainen, and Roope Uusitalo, "School Resources and Student Achievement Revisited: New Evidence from Panel Data," *Economics of Education Review*, June 2003, pp. 329-35。

提升了未来收益。此外，他还发现，学校质量对收入的直接影响不大。[1]

工作世界 4-3

高等教育：做出正确的选择

下表显示了2012年不同专业大学毕业生的年薪。显然，一个人的专业选择会影响其收入。这些数据提出一个问题，即其他方面的决策是否会影响一个大学毕业生的收入。例如，进入哪所学院或者大学学习？

2012年应届大学毕业生的估计起薪 单位：美元

学科专业	估计起薪	学科专业	估计起薪
化学工程	63 000	工商管理	49 200
机械工程	58 600	护理学	48 400
计算机科学	58 300	会计学	47 800
电子工程	57 300	数学（包括统计学）	47 000
土木工程	55 300	广告学	44 700
经济学	54 800	化学	42 600
信息科学与系统	52 000	通信	39 400
金融学	49 700	中等教育	38 600
市场营销	49 600	政治学	38 400
历史学	37 500	影视表演	34 800
新闻学	37 500	心理学	33 500
外语	37 400	社会工作	33 300
英语	36 900	社会学	31 700
基础教育	35 800	刑事司法	30 800

资料来源：National Association of College and Employers，Spring 2012 *Salary Survey*（Bethlehem，PA：National Association of Colleges and Employers，2012）

戴尔（Dale）和克鲁格通过考察1976年和1989年被27所学院或大学录取或拒录的人的职业收入来阐明这一问题以及相关问题。[2] 这项研究的创新之处在于他们比较了以下两类人的收入：(1) 那些被名牌大学录取但决定进入非名牌大学就读的人；(2) 那些实际就读于名牌大学的人。这一方法能够使他们控制以往困扰大学质量对收入影响研究的能力问题。也就是说，早期的研究没有解决名牌大学的毕业生获得高收入是因为他们读了名牌大学还是因为他们更聪明且更有抱负。

该项研究结果显示，以入学新生平均SAT分数衡量，进入名牌大学就读并不能保证

① Wayne Strayer，"The Returns to School Quality：College Choice and Earnings，" *Journal of Labor Economics*，July 2002，pp. 475-503.

② Stacy Dale and Alan B. Krueger. "Estimating the Return to College Selectivity over the Career Using Administrative Earning Data，" *National Bureau of Economic Research Working Paper Number 17159*，June 2011. Stacy Dale and Alan B. Krueger. "Estimating the Return to College Selectivity over the Career Using Administrative Earning Data"，*Princeton University Industrial Relations Section Working Paper* Number 563，February 2011.

得到更高收入。例如，一名进入顶级名校如普林斯顿大学的学生并没有比进入稍逊一筹的宾夕法尼亚州立大学的学生收入更高。一个例外是，少数族裔与父母受教育程度较低的学生确实会从就读名校中获益。这可能由于他们获得了在其他选择中得不到的人脉关系。

然而，收入与学生申请但没有选择去读的大学的平均 SAT 分数正相关。知名的电影制片人、导演史蒂芬·斯皮尔伯格（Steven Spielberg）就是个例子，他曾申请就读南加州大学与加州大学洛杉矶分校的电影学院，但是都被拒录了。最后他进入了加州大学长滩分校。这个例子说明与就读于名牌大学相比，抱负和努力工作的主观愿望是决定收入的更为重要的因素。

全球瞭望 4-3

教育质量

基于标准化测试分数的教育质量在世界各地差异很大。

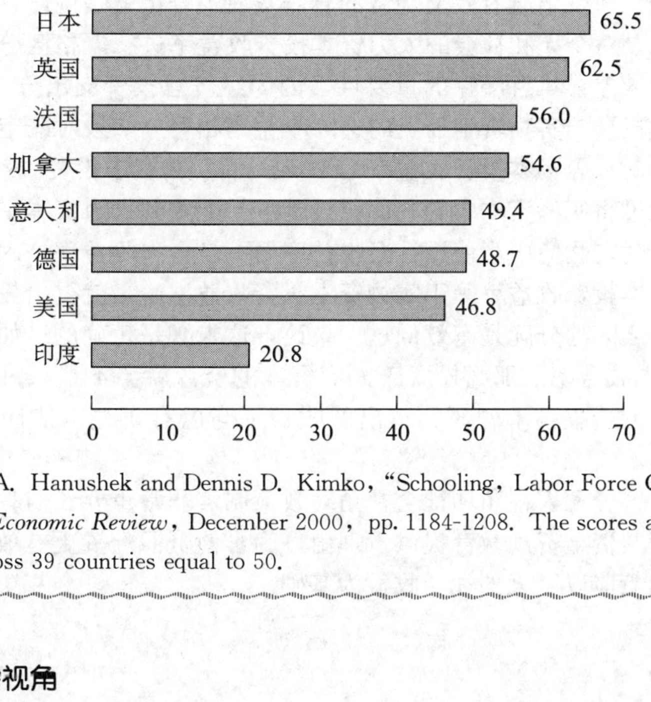

资料来源：Eric A. Hanushek and Dennis D. Kimko, "Schooling, Labor Force Quality, and Economic Growth," *American Economic Review*, December 2000, pp. 1184-1208. The scores are normalized to make the world average across 39 countries equal to 50.

■ 社会视角

我们已经从个人或**私人视角**（private perspective）考察了人力资本投资决策。也就是说，我们已经严格从一个打算进行人力资本投资的个人视角考察了成本与收益。这项投资决策也可以从公共或**社会视角**（social perspective）来考察。在社会视角下，我们仍然可以使用式（4－3）和式（4－6），但必须对成本与收益的概念加以修正。从个人视角来看，只包括发生在个人身上的成本和收益。但从社会视角来看，相关成本和收益的范围必须扩大。尤其是从个人视角计算成本时，任何对教育的公共补贴都被排除在外，仅仅因为这些补贴不需个人支付。同样，个人视角的收益（新增收入）是在税后的基础上计算的。从社会视角来看，成本应包括任何对教育的公共补贴，收益也应该是税前新增收入。在这里，我们假定政府对新增收入所征的税款将用于资助对整个社会有益的公共物品和服务。

此外，大多数经济学家认为教育还会产生大量的外部或社会收益，也就是说，除了接受教育的个人之外，其他社会群体也会有收益。从社会视角来看，在估计人力资本投资收益率时，这些收益显然也应该计算在内。这些收益是什么？首先，众所周知，受过良好教育的工人比受教育程度较低的工人有更低的失业率。当失业率较高时，受教育程度较低的工人接受失业补助和福利救济金的频率更高，而且他们可能会发现犯罪也是一个相对有吸引力的可供选择的收入来源。这就意味着，教育投资可以减少在社会福利计划、犯罪预防以及法律实施等方面的税收支出，从而使整个社会从中获益。其次，随着文化和教育水平的提升，政治参与和政治决策质量可能都会提升。更多的教育可能意味着社会政治进程运行得更有效率，从而造福整个社会。再者，可能存在代际收益传递，父母受过良好教育的孩子可能会在一个更为理想的家庭环境中成长并接受更好的抚育、指导和非正式学前教育。最后，研究发现，受过高等教育的人可能会给社会带来更加丰厚的收益。乔纳斯·索尔克（Jonas Salk）研发出既有效又经济的脊髓灰质炎疫苗就是例证。①

为什么要对个人和社会的人力资本投资收益率进行严格区分呢？首先，个人与社会视角间的差异具有潜在的重要性，因为经济总投资支出分配要满足效率要求，即人力资本投资与实物资本投资的边际收益率相等。如果对既定数量的投资进行分配，使得当前人力资本投资收益率为12%，而实物资本投资收益率仅为8%，那么社会可以通过将实物资本中的一部分投资重新配置到人力资本中而获取收益。在做这样的比较时，我们应当使用社会收益率而不是个人收益率。因此，如果我们发现个人人力资本投资收益率等于实物资本投资收益率时，就得出投资资源在人力资本和实物资本之间的分配是有效的这一结论，这未必是正确的。如果社会收益率高于（低于）个人收益率，那么投资于人力资本的资源就会不足（过多）。顺便说一下，大多数有关社会收益率的研究得出的收益率与已有研究中估计的个人收益率相差不大。

其次，区分私人视角和社会视角对政策制定非常重要。与教育相关的社会或外部收益为公共资金资助教育提供了理由。为了使资源配置更有效率，对教育的公共补贴规模决策应以巨大的社会收益为基础。

快速回顾 4-1

- 人力资本包括之前在教育、在职培训、健康和其他旨在提高劳动生产率方面投资的积累。
- 计算人力资本投资收益的净现值法是用市场利率将投资净收益折现为现值。如果净现值为正，则投资可行。

① 有关教育的社会及非市场收益的更详细讨论，参见 Fabian Lange and Robert Topel, "The Social Value of Education and Human Capital," in Eric A. Hanushekand Finis Welch (eds.), *Handbook of the Economics of Education*, Volume 1, (Amsterdam, Holland: Elsevier, 2006), pp. 459-509; and Lochner Lance, "Nonproduction Benefits of Education: Crime, Health, and Good Citizenship," in Eric A. Hanushek, Stephen Machin and Ludger Woessmann (eds.), *Handbook of the Economics of Education*, Volume 4, (Amsterdam, Holland: Elsevier, 2011), pp. 183-282.

● 内部收益率方法可以找到一个使未来收入现值与成本现值相等的独特折现率。如果内部收益率大于贷款利率，则投资可行。

● 教育投资的个人收益率大约在10%～15%，并且似乎还在上升；社会收益率被认为与之相似。

思考题

假设一项教育投资的净现值远大于0。那么对于投资的内部收益率以及与之相应的贷款利率，你能推断出什么？（答案：参见书末。）

4.3 人力资本投资与收入分配

为什么人们获得的人力资本数量有显著差异？为什么阮（Nguyen）是一名高中辍学生，布鲁克斯（Brooks）是一名高中毕业生，而哈桑（Hassan）是一名博士？这些问题的原因复杂多样。但通过构造一个简单的人力资本需求-供给模型，我们可以获得与这一问题相关的宝贵见解。同时，这样做也能使我们更好地理解为什么收入分配严重不均。

4.3.1 收益率递减

在图4-4中，我们绘制了某一特定个人连续多年接受教育的边际内部收益率（每新增一年教育所增加的收益）曲线。为简单起见，我们假定边际收益率是连续下降的。事实上，大学四年级（大学生毕业年）教育的边际收益率可能比第三年要高。但是一般来说，随着投资的增加，收益率会不断下降，这是一个合理的假设。收益率为什么会递减呢？答案实质上涉及两个方面。一方面，人力资本投资（教育）也遵循边际收益递减规律；另一方面，随着教育年限的不断增加，上学的收益下降而相关成本将会上升，从而降低了内部收益率。

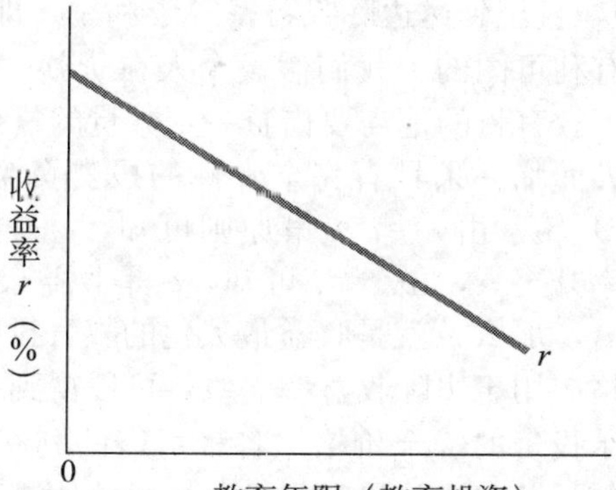

连续多年的教育投资收益率是递减的，因为：（1）人力资本投资遵循边际收益递减规律；（2）随着教育年限的增加，成本上升而收益下降。

图4-4　连续多年教育的收益率

■ 收益递减

教育投资遵循边际收益递减规律。随着教育数量的增加，教育所带来的额外知识和技能变得越来越少。这意味着每增加一年教育所获得的新增收入将会递减，因此收益率也会递减。我们可以把个人看作一个将固定资源与可变投入相结合生产一定产出的企业。个人将一定的体力和智力特征与教育投入相结合生产出劳动力市场技能。个人的体力和智力特征（智商、运动协调能力等）是由基因和家庭环境决定的固定资源。对这些固定资源，我们加入可变投入教育年限。与其他任何将可变投入加入固定投入的生产情况一样，结果是人力资本数量产出的增加（个人获得新的知识和技能）最终是递减的。这就意味着连续人力资本投资收益率也是递减的。

■ 收益下降，成本上升

前面我们已经提到过教育投资边际内部收益率递减的第二个原因。连续多年的教育往往会使成本上升而收益下降。除了拥有基本固定的智力和体力特征外，个人还拥有固定数量的时间，即有限的职业生涯。因此，投资于教育的年限越长，获得投资收益的时间也就越短，相应的收益率也就越低。连续多年教育的成本上升也会导致收益率下降。一方面，随着受教育年限的增加，个人的时间机会成本将会增加。也就是说，每增加一年在校时间，拥有学士学位的人比持有高中文凭的人的机会成本要大得多。另一方面，个人直接教育成本增加。公共补贴使得基础教育和高中教育基本上是免费的，但是上大学和研究生的成本大部分是由学生个人承担的。研究证明，随着教育数量的增加，教育收益率递减。

4.3.2 需求、供给和均衡

为什么我们将图4-5中标识为r的曲线认定为**人力资本需求曲线**（demand for human capital curve）D_{hc}？这一认定是根据前文讨论的决策原则得出的。该决策原则认为，如果$r>i$，则投资是有利可图的；反之，如果$r<i$，则投资是无利可图的。在图4-5中，直至到达边际收益率等于利率，即$r=i$这一点之前，人力资本或教育投资都是有利可图的。我们假设个人在贷款时是“价格接受者”，在既定的利率水平下，为了教育目的他需要借贷一定数量的货币资本。水平线的起点i_2说明在利率i_2下，个人面临一条具有完全弹性的**投资资金供给曲线**（supply of investment funds curve）S_2。由$r=i$决策原则可知，e_2是收益最大化的教育投资年限。同样，当市场利率升至i_3，由$r=i$可知，e_3是收益最大化的教育投资年限。反之，如果利率下降至i_1，那么e_1就是收益最大化的教育投资年限。将一些选择的可能利率或货币资本价格应用于边际收益率曲线，可以得到一系列均衡点（1，2，3），这些点的纵坐标表示投资的资金价格（各种可能的利率），横坐标表示相应的人力资本需求数量。任何一条包含价格和需求数量的曲线都可以定义为需求曲线，在这里可以定义为人力资本或教育需求曲线。

4.3.3 人力资本投资差异

图4-5中的供给与需求曲线可以解释为什么不同的人对人力资本的投资数量

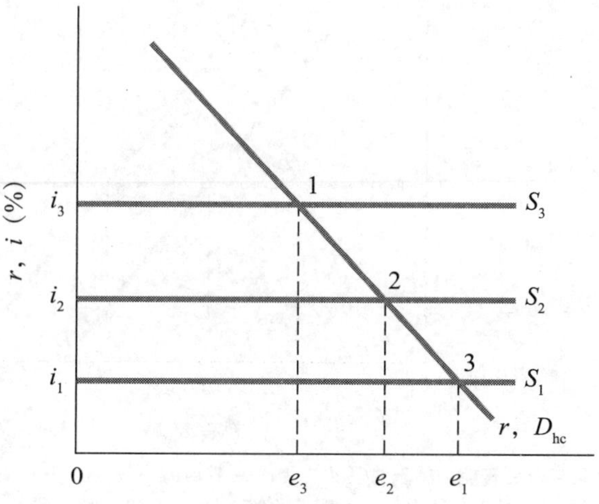

$r=i$ 决策原则的应用显示，边际内部收益率曲线就是人力资本需求曲线。均衡点 1，2，3 的纵坐标表示投资的资金价格（i），横坐标表示人力资本需求数量。有关价格和需求数量的信息构成了人力资本需求曲线。

图 4－5　推导的人力资本需求曲线

不同，并且因此实现的收入也截然不同。我们重点考虑以下三个因素：(1) 能力差异；(2) 歧视使得将技能和知识转化为提高收入的能力存在不同程度的不确定性；(3) 人力资本投资的贷款途径不同。前两个因素通过人力资本市场的需求层面发挥作用，第三个因素通过供给层面发挥作用。

■ 能力差异

图 4－6 包含两条不同的人力资本需求曲线（D_A和 D_B分别是亚当斯（Adams）与鲍恩（Bowen）的需求曲线）和一条共同的供给曲线。这条共同的供给曲线表示亚当斯和鲍恩投资于教育的货币资本都可以以相同的条件取得。关键问题是为什么鲍恩的人力资本需求曲线（D_B）在亚当斯（D_A）的右边。答案可能是鲍恩的能力更强，如更好的智力与体力天赋、更强的动力与自制力，这些能力能够将任何给定的教育投入转化为更高的劳动力市场生产率和收益能力。也就是说，鲍恩比亚当斯从每年的教育中获得的新增收入更多；鲍恩比亚当斯从劳动力市场上有用的教育中得到更多。因此，鲍恩的年教育收益率更高，其人力资本需求曲线也更靠右。在既定利率与金融资本供给为完全弹性的条件下，鲍恩将投资 e_B年的教育，而亚当斯将只投资 e_A年的教育。①

因为能力较强的人比能力较弱的人获得更多的教育是理性的，所以，收入差距将进一步加剧。给定相同数量的教育，我们可以预期鲍恩比亚当斯赚得更多，因为前者天生能力更强。对于鲍恩来说，获得比亚当斯更多的教育是理性的，所以，我们可以预期他们的收入差距会进一步拉大。

---

① 一些证据表明，受教育程度低的人获得较少的教育主要是因为他们有一个较高的折现率（也许他们来自贫困家庭或者并不愿意接受教育），而不是因为他们缺乏能力。参见 David Card，"Earnings，Schooling，and Ability Revisited，" *Research in Labor Economics* 16（1995），pp. 23-48。

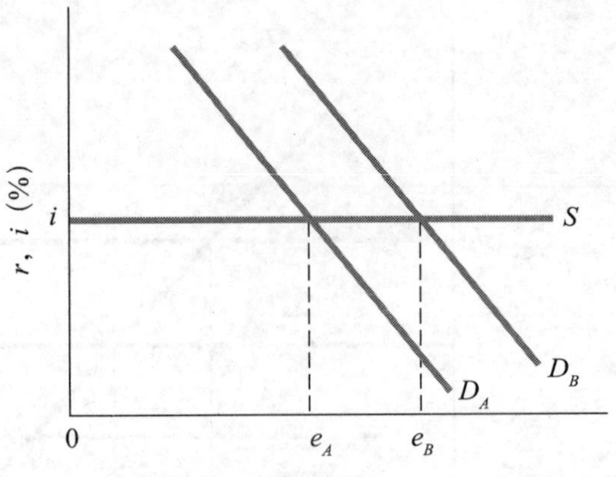

如果鲍恩比亚当斯更有能力将教育转化为更高的劳动力市场生产率和更高的收入，那么鲍恩的人力资本需求曲线（D_B）将位于亚当斯的人力资本需求曲线（D_A）右边。给定利率，鲍恩比亚当斯投资更多的教育是理性的。同样，如果亚当斯与鲍恩能力相同，但歧视减少了亚当斯可以从额外教育中获得的新增收入数量，则亚当斯比鲍恩投资较少的教育是理性的。

图 4-6 能力、歧视和人力资本投资

■ 歧视：收入的不确定性

现在让我们假设亚当斯和鲍恩的能力相同，但亚当斯是黑人或女性，因此他（她）在劳动力市场上出卖其通过教育获得的较高生产率时更有可能遭遇歧视性障碍。换句话说，亚当斯在将通过教育获得的劳动力市场技能转化为新增收入时，可能会遭遇各种形式的歧视。在式（4-3）和式（4-6）中，歧视可能会造成黑人（女性）亚当斯比白人（男性）鲍恩从相同数量的教育中获得更小的收入流。这就意味着在每个教育水平上，亚当斯的收益率都比鲍恩低。在图 4-6 中，亚当斯的人力资本需求比鲍恩小，假定两人获得教育贷款的途径相同（图 4-6 中的 iS 曲线），鲍恩将再次发现比亚当斯投资更多的人力资本是理性的。歧视降低了工资和收入水平，而且还会降低那些遭受歧视的人进行人力资本投资的积极性。

■ 融资途径

接下来我们考虑最后一个因素。图 4-7 描绘了亚当斯和鲍恩具有相同的人力资本投资需求曲线的情形。但与亚当斯相比，鲍恩能以更有利的条件获取货币资本。为什么会有这样的差异呢？原因在于鲍恩可能来自一个比较富裕的家庭，能够保证以一定的金融资产或实物产作为抵押，从而获得一个较低的利率。在这种情况下，鲍恩比亚当斯投资更多的教育是理性的。[1]

---

① 一个更令人难以捉摸的因素是一个人的时间偏好也会影响人力资本投资。例如，柯特（Curt）可能更加看重现在，他不愿牺牲当前消费换取未来收益。在式（4-3）中体现为，柯特实际上会用高利率来折现未来收入流。在其他条件相同的情况下，这将减少人力资本投资现值并降低其实施的可能性。相反，贝丝（Beth）可能更加看重未来，她非常愿意放弃当前消费以换取未来收益。在式（4-3）中体现为，她会用低利率来折现未来收入流，这往往会增加人力资本投资现值并提高其实施的可能性。时间偏好的概念有助于解释为什么能力与融资途径都非常相似的人获得的人力资本数量差异很大。这一因素将在第8章中进一步考虑。有关受教育更多的人更看重未来的分析，参见 John T. Warner and Saul Pleeter，"The Personal Discount Rate：Evidence from Military Downsizing Programs，" *American Economic Review*，March 2001，pp. 33-53。

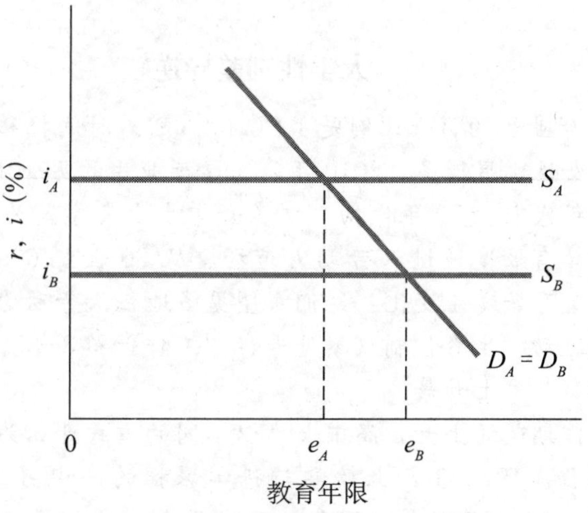

如果鲍恩比亚当斯的融资条件更有利，那么对于鲍恩来说，投资更大数量的教育是理性的。

图 4－7　融资途径和人力资本投资

■ 相互作用

能力的差异、歧视的影响以及不同的融资途径都是不同个人获得不同数量教育的原因。如图 4－1 中的年龄-收入剖面曲线所示，受教育程度的差异是收入分配不平等产生的重要原因。事实上，这些用来解释教育不平等的因素之间可能会相互作用，进而产生比我们上述讨论所表明的更大的收入不平等。例如，歧视不仅可能影响人力资本市场的需求侧，从而降低黑人和女性对教育的需求，而且也可能影响供给侧。如果贷款人认为歧视使得黑人或女性不大可能在其所培训的特定岗位上实现就业，那么他们将会通过索取更高的利率来补偿这一较高的风险。如图 4－7 所示，这将导致黑人和女性的投资资金供给曲线上移，从而他们的受教育数量将进一步减少。类似地，能力较强的个人也可能享有较低的融资成本。较强的能力可能不仅源于个人遗传基因，也可能源于良好的家庭环境。有幸出生在高收入家庭的孩子一般来说可能会享有更多和更好的学前教育，有更强动力和自制力，且更加重视教育。这些因素意味着，孩子可能有更强的学习能力以及提高劳动力市场生产率和收入的能力。出生在高收入家庭还意味着，孩子以更有利条件进行教育融资的能力更强。①

上述讨论说明，公共政策可能在决定不同的个人获取的人力资本数量和随之而来的收入分配中扮演着重要角色。例如，在反歧视政策的有效作用下，个人教育需求曲线差异缩小了，收入不平等程度也下降了。基于学生能力的奖学金意味着那些拥有最强人力资本需求曲线的学生最容易获得资金，这一组合将会加剧人力资本和收入分配的不平等。反之，基于需求而设置的奖学金，或为来自弱势或少数族裔家庭的孩子设置的针对性教育计划将会减少人力资本和收入分配的不平等。

---

① 有关父母如何影响子女收入这一有趣讨论，参见 Paul Taubman，*Income Distribution and Redistribution*（Reading，MA：Addison-Wesley Publishing Company，1978），chap. 5。

工作世界 4-4

大学性别差异逆转

1960年，大学毕业生的男女比例是1∶0.63。随着时间推移，这一比例稳步下降。现在的大学毕业生中女性比男性多。2010年，大学毕业生的男女比例是1∶1.34。

从20世纪50年代末至70年代初，许多女学生上大学是为了日后从事诸如教师等传统女性职业，并打算有限度地进入劳动力市场。从20世纪60年代末和70年代初开始，年轻女性的职业期望开始发生变化：她们希望更多地融入劳动力市场。许多因素促成了这一变化，包括妇女运动、生育控制（参见专栏“工作世界3-5”）、性别歧视减少、上一代女大学毕业生劳动参与率上升等。

由于对未来工作期望的上升，高中女生以不同的方式开始为上大学做准备。她们上更多的数学与科学课程。1972年，上数学与科学课程的高中男生比女生分别多出24%与20%。到了1992年，上数学与科学课程的高中男女生比例已基本持平。与男生相比，高中女生的学习成绩也在不断上升。实际上，到了1992年，高中女生的数学与阅读成绩合并得分已占有优势。戈尔丁（Goldin）、卡兹（Katz）和库茨尔姆科（Kuziemko）研究发现，高中女生上数学与科学课程比例的上升，以及相对于男生来说，女生成绩的上升可以解释20世纪70年代至90年代间大学毕业生男女比例下降的37%～63%。

为什么女性会打破过去的平衡成为大学生中的多数？戈尔丁、卡兹和库茨尔姆科认为，非认知因素可能扮演着重要角色。尤其是男生比女生有更多的行为问题。男生患上注意力缺陷和多动障碍的可能性是女生的两到三倍。他们比女生更有可能参与犯罪、休学或者参与特别教育计划。

资料来源：Claudia Goldin，Lawrence Katz，and Ilyana Kuziemko，“The Homecoming of American College Women：The Reversal of the College Gender Gap，” *Journal of Economic Perspectives* ，Fall 2006，pp. 133-56；and National Center for Education Statistics（http://nces. ed. gov).

4.3.4 资本市场的不完善

资本市场可能存在某些偏见或不完善，使其更加偏好实物资本投资，而非人力资本投资。这些偏见被称为**资本市场不完善**（capital market imperfections）。具体来说，与实物资本投资或购买耐用消费品相比，人力资本投资资金可能不太容易获得，或者只能在更不利的条件下获得。主要原因可能在于人力资本附着于借款人身上而无法作为贷款抵押品。如果某人拖欠了住房抵押贷款或者汽车贷款，贷款人可以将有形资产收回并出售以追回损失。但是，在一个禁止奴隶和卖身契约的国家里，如果借款人不能偿还教育贷款，贷款人将没有任何标的资产可供处理。这就增加了贷款人风险，促使其索取内含风险溢价的利率。此外，我们知道，在其他条件相同的情况下，年轻人比老年人进行人力资本投资更为理性。但是年轻人不大可能有规定的信用评级或可抵押资产以使他们在合理的条件下取得贷款。最后，人力资本投资收益的变化很大。回顾一下，虽然平均来看，大学毕业生比高中毕业生取得的收入要高很多，但是也有许多大学毕业生取得的收入低于高中毕业生的平均水平。这种收益不确定性可能抬高了人力资本贷款的风险升水率。[①]

对教育贷款来说，资本市场的相对不完善将产生两方面的严重后果。首先，由于刚刚提到的问题和不确定性，金融机构可能选择不发放人力资本贷款。这就意味着个人可以承担的人力资本投资数量将取决于他们自己或其家庭的收入和财富。富裕家庭可以通过减少储蓄额轻松支付子女的大学教育费用；而贫困家庭不可能储蓄，因此，为子女支付大学教育费用意味着其生活水平可能会严重降低。[②] 这可能会形成恶性循环。拥有很少人力资本（教育）的个人和家庭可能更为贫困，而贫困又导致他们获得新增人力资本所需资金极其困难。

其次，如果实现实物资本和人力资本投资之间的均衡是社会利益所在，那么政府需要通过补贴或提供人力资本贷款来抵消这种不完善性。理想状况是，实物资本和人力资本投资之间实现均衡，即花费在人力资本上的最后 1 美元和花费在实物资本上的最后 1 美元对国内产出的贡献相同。但是较高的教育贷款利率将会限制人力资本支出，以至于最后一单位人力资本支出对国民产出的相对贡献超过了最后一单位实物资本。这表明人力资本投资不足。这一基本原理成为政府提供贷款担保和金融资产以刺激教育贷款的部分理由。

◆ 快速回顾 4-2

- 人力资本投资收益率递减，即投资需求曲线向下倾斜，因为随着投资的增加，机会成本上升而边际收益下降。
- 当边际收益率 r 等于利率 i（投资的价格）时，人力资本投资达到最优水平。
- 能力较强的人比其他人获得更多的教育是理性的；相反，在劳动力市场上遭受歧视的人更不愿意进行人力资本投资。
- 有良好融资途径、能以更有利的利率条件获得投资的人比其他人投资更多的教育是理性的。
- 资本市场的不完善可能导致投资偏向实物资本，而非人力资本。

思考题

在均衡状态下，能力较强的人与能力较弱的人从正规教育中获取收入的边际收益率 r 相等（见图 4-6）。那么为什么能力较强的人得到更多的正规教育？（答案：参见书末。）

4.4 在职培训

工人所拥有的许多劳动力市场技能不是通过正规教育获得的，而是通过**在职**

---

① 有关资本市场不完善的进一步讨论，参见 Lester Thurow，*Investment in Human Capital*（Belmont，CA：Wadsworth Publishing Company，1970），pp. 77-83。

② 即便是学费较低的公立学院或大学，吸引到的低收入家庭学生可能也很少，因为这些家庭无法承担高额的机会成本（见图 4-2）。一个极度贫困的家庭可能无法放弃子女高中毕业后立即进入劳动力市场所赚得的收入。近年来，联邦教育贷款计划使这一问题得到缓解。有关家庭收入对大学入学影响的分析，参见 Bhashkar Mazumder，"Family Resources and College Enrollment，" *Economic Perspectives*（Federal Reserve Bank of Chicago），4th Quarter 2003，pp. 30-41。

培训（on-the-job training）得到的。在职培训有时可能正规一点，例如工人可能参与有组织的培训计划或学徒计划。但很多时候，在职培训常常是极不正规的，因此，难以衡量或察觉。缺乏经验的工人常常“干中学”，他们通过观察技术熟练工人的操作，在他们生病或休假时顶岗，或者在休息时同他们闲聊获得新技能。

4.4.1 成本与收益

与正规教育一样，在职培训需要以现在的牺牲换取未来的收益。因此，它也是一种人力资本投资，可以通过净现值和内部收益率的框架（式（4－3）与式（4－6））进行分析。在决定是否提供在职培训时，企业将会权衡培训所产生的预期新增收益和提供培训的成本。如果培训投资的净现值为正，企业将会投资；如果净现值为负，则不会投资。或者说，如果投资的内部收益率超过了借款成本，企业将会投资。

对于雇主而言，提供培训可能会涉及课堂教学或增加对工人管理等直接成本，还可能涉及培训期间工人产出减少等间接成本。培训期间工人可能不得不接受较低的工资成本。企业的潜在收益在于，经过培训的工人将会更有效率，因而能为企业的总收入做出更大贡献。同样，经过培训的工人会因生产率的提高，而期望得到更高的工资。

4.4.2 一般培训和特殊培训

为了理解相关成本和收益在工人和雇主之间是如何分配的，我们必须区分两类截然不同的在职培训。一类是**一般培训**（general training），是指对所有企业或行业都适用的技能培训。换句话说，一般培训能提高工人在所有企业的生产率。另一类培训是**特殊培训**（specific training），是指仅适用于某一特定企业的培训。特殊培训只能提高工人在本企业的生产率。实际上，大多数在职培训都包含了一般培训和特殊培训两种元素，很难清晰区分。不过，我们可以将在合理期限内专注于某项任务、按时出工、阅读、进行简单的数学运算以及遵守指令等能力的培训大致归属于一般培训。同样，获得文字处理、木工或者会计技能的培训也可视为一般培训。而操作某个企业的产品独有装配线的能力培训则属于特殊培训。教授员工接听有关公司产品的免费咨询电话也属于特殊培训。

区分一般培训和特殊培训很重要。原因至少包括以下两个方面：一方面，它有助于解释是工人还是雇主更有可能为在职培训买单；另一方面，它有助于理解为什么雇主可能会特别在意留住那些受过培训的工人。

4.4.3 培训成本分担

分析由工人还是雇主为在职培训买单有点复杂。让我们从纯理论的情况开始考察，然后修正我们的分析以解释现实世界的情况。我们从两个一般化的结论开始，每个结论都是依据市场是竞争性的且工人可以完全流动的假设得出。第一个结论是，工人通过培训期间获取较低工资的方式支付一般培训成本；第二个结论是，企业必须承担特殊培训的成本。

一般培训教授给工人的技能和知识是可以转让的，它们可以以更高的工资率出售给其他企业。如果由雇主负担该成本，工人可能会在培训后离职，这样，雇主将无法从培训投资中得到任何回报（收益）。换句话说，在培训结束以后，雇主将不得不支付与工人较高生产率相称的工资率，这就消除了雇主培训投资的任何可能回报。因此，如果要实施一般培训，就要通过降低培训期间工人工资率的方式来支付培训成本。

但是，工人通过特殊培训获得的特殊技能是不能转让或出售的。因此，工人将不会为特殊培训买单。如果在特殊培训结束后，工人被解雇或下岗，则其得不到任何可以在劳动力市场上出售的有价值的东西。因此特殊培训的成本应该由雇主来承担。这就意味着，雇主在培训期间将会支付超过工人对企业收入贡献的工资率。图4-8详细描绘了这两个一般化结论。

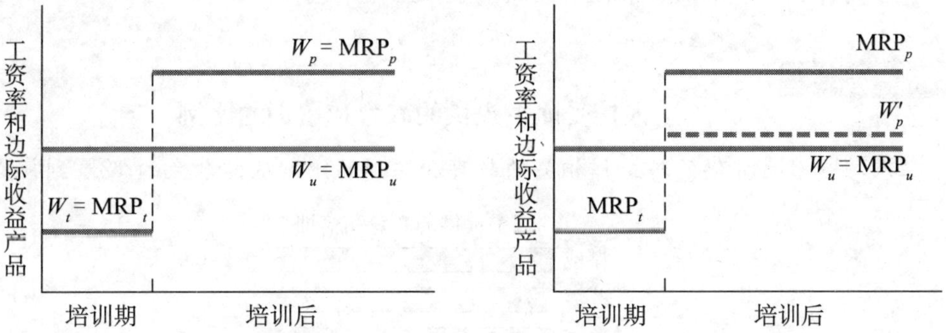

(a) 一般培训　　　　(b) 特殊培训

（a）一般培训。因为一般培训可出售给其他企业和行业（W_p＝MRP_p），所以工人通常必须向提供培训的企业支付成本，具体支付方式体现为降低培训期间工资（W_t＜W_u）。一个可能的例外情况是，在企业面临法定最低工资的地方，为得到合格劳动力需要提供补救性基础教育。在这种情况下，企业可能在培训期间支付高于W_t的工资率，而在培训结束后支付稍低于W_p的工资率以收回培训投资。工人面对高的工作搜寻和迁移成本可能不会为了工资W_p的工作而离职。（b）特殊培训。特殊培训不能转让给其他企业，因此，雇主必须为这种培训买单。在培训期间，雇主支付超过工人边际收益产品的工资率（W_u＞MRP_p）。培训结束后，雇主可以收回特殊培训投资，因为工人的边际收益产品会超过他的工资率（W_u＜MRP_p）。由于雇主的特殊培训收益与培训后的时间长度直接相关，所以雇主可能会自愿支付高于竞争性的工资（W'_p与W_u相比）以减少工人流动。

图4-8　一般培训和特殊培训的工资率与边际收益产品

资料来源：Adapted from John T. Addison and W. Stanley Siebert, *The Market for Labor: An Analytical Treatment* (Santa Monica, CA: Goodyear Publishing Company, 1979), p. 114.

■ 一般培训

图4-8（a）中描绘了一般培训的情况。这里W_u和MRP_u分别表示未经培训工人的工资率和边际收益产品。**边际收益产品**（marginal revenue product）是指额外雇佣一名工人所带来的企业总收入的增加。[①] 额外雇佣一名工人将增加企业的总产

① 这一概念将在第5章详细探讨。

出，从而增加企业的收入，收入的增加部分就是 MRP。

图 4-8（a）中，W_t 和 MRP_t 分别表示培训期的工资率和边际收益产品，W_p 和 MRP_p 分别表示培训后的工资率和边际收益产品。在培训期间，MRP_t 低于未经培训工人的 MRP_u，因为工人将时间从生产转移到了学习上。需要重点强调的是，由于是一般培训，较高的培训后边际收益产品（MRP_p）适用于所有企业。因此，与之竞争的企业将会提高受训工人的工资率，直到其等于 MRP_p。正是由于竞争迫使培训后的工资率上升到与边际收益产品相等这个原因，雇主一般不愿意为一般培训买单。除了支付低于工人边际收益产品的工资率外，雇主没有任何机会获得培训投资收益。既然培训的收益全部以较高工资形式由受训工人享有，那为什么雇主还要为一般培训买单呢？再重复一遍：工人通过在培训期间接受低于未经培训工人的工资率（W_t 与 W_u 相比）为一般培训买单。顺便说一下，竞争将会抬高工人的工资率使其等于培训后他的边际收益产品（MRP_p），从而使雇主不可能获得收益，这就解释了为什么一般培训通常在学校而不是在工作中进行。

全球瞭望 4-4

工人接受雇主提供的教育和培训的比例

工人接受雇主提供的与工作相关的教育和培训的比例从爱尔兰的 12%到挪威的 46%。

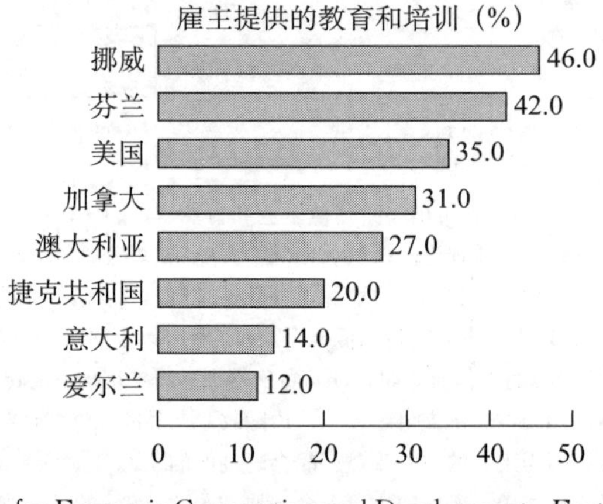

资料来源：Organization for Economic Cooperation and Development, *Employment Outlook*, July 2003, Table 5.1. The statistics are based on samples of workers aged 25 to 64 from the middle to late 1990s.

■ 特殊培训

图 4-8（b）描绘了特殊培训。同样，W_u 和 MRP_u 分别表示未经培训工人的工资率和边际收益产品。MRP_t 和 MRP_p 分别表示培训期和培训后的边际收益产品。与图 4-8（a）相反，培训后的边际收益产品仅适用于该企业。工人获得的特殊培训将会提高其在该企业的劳动生产率，但是根据定义，特殊培训不能转让给其他企业或为其他企业所用。因为特殊培训不能转让，即这种培训不能使工人通过劳动力市场竞争为自己的服务获得较高的工资率，因此工人将拒绝为这种培训买单，且在培训期间不会接受较低的工资。在培训期间，工资率将会一直保持在 W_u，这就意

味着雇主必须通过支付超过工人边际收益产品（MRP_t）的工资率来为特殊培训买单。然而，由于特殊培训不能转让，即它不能增加工人在其他企业的边际收益产品，所以雇主无须在培训后将工资率提高到 W_u 水平之上。这样，从雇主的角度来看，培训使其在培训期间负担了成本流（W_u 超过了 MRP_t），而接下来其将获得培训后的收益流或增量收入（MRP_t 超过了 W_u）。如式（4－3）所示，如果这些资金流的净现值为正，则企业将会发现为工人进行特殊培训是有利可图的。事实上，你应该会发现图 4－8（b）与图 4－2 类似。

4.4.4 修正

我们需要对一般培训和特殊培训的讨论在一些重要方面进行优化修正。首先，让我们再次看下图 4－8（a）中的一般培训。最近，一些企业已经开始为新员工提供一般培训，如补习阅读、写作和数学等，来弥补中小学教育质量的下降。为确保自己有足够多的合格工人，企业不得不提供一般培训。如图 4－8 所示，企业通常会降低工人培训期间的工资。但在某些情况下，法定最低工资会阻碍这一策略的实施。因此，一些企业可能不得不自己支付一部分培训成本。

如图 4－8（a）所示，最低工资可能迫使一些企业在一般培训期间支付高于 W_t 的工资。那么，这些企业如何才能收回一般培训的成本呢？如果工人完成培训后被支付低于 W_p 的工资，他们会不会跳槽到其他企业？答案在于，在现实世界中，工人并不是完全流动的，他们变换工作和易地迁移都会产生高昂的成本。因此，企业仍可以在培训结束后的一段时期或整个时期内，通过支付低于工人边际生产率的工资收回其一般培训投资。工人通过变换工作所得到的额外报酬可能不足以弥补其工作搜寻和易地迁移的成本。

我们同样需要修正图 4－8（b）中的讨论。我们已经分析过，培训结束后，雇主可以通过支付低于工人对企业总收入贡献（MRP_p）的工资率（W_u）来实现其特殊培训收益。这一差异带来的总收入或总利润将会随着工人在该企业的工作年限的变化而变化。简而言之，雇主受经济利益驱使，会想尽一切办法降低经过特殊培训工人的离职率。为了实现这一目的，雇主可能愿意支付稍微高于工人在其他企业所能得到的工资率，例如支付 W'_p 而不是 W_u。换句话说，培训后的工资可能设置为让雇主和雇员能够共享特殊培训收益。特殊培训是使劳动从一种可变投入转变为一种准固定生产要素的方法之一。[①]

最后，平均来看，那些接受正规教育最多的人也会接受更多的在职特殊培训。这并不奇怪，与一个仅有高中学历的人相比，一个通过完成大学学位展现自身可培训能力的人更有可能被雇主选中接受特殊在职培训。为什么呢？因为受教育程度较高的人，其培训成本也较低。确实，图 4－8（b）暗示出工人掌握培训技能的时间越短，雇主进行在职培训的收益率就越高，而取得大学学位正是快速掌握培训技能的有力证明。受过更多正规教育的人平均获得更多的在职培训，这一事实有助于解

---

① 经典的研究是 Walter Oi，"Labor as a Quasi-Fixed Factor，" *Journal of Political Economy*，December 1962，pp. 538-55。

释为什么受过更多教育的工人比缺乏教育的工人的年龄-收入剖面曲线上升得更快（见图4-1）。

快速回顾 4-3

● 因为一般培训可以出售给其他企业，所以工人通常必须通过减少其培训期间的工资来间接支付培训成本。因为特殊培训不能转让给其他企业，所以雇主通常必须为其买单，并在培训之后通过支付低于工人边际收益产品的工资来收回投资成本。

● 面对法定最低工资，需要合格工人的企业可能会为一般培训买单，并在培训之后通过支付给工人低于其边际收益产品的工资来收回投资成本。由于高昂的工作搜寻和易地迁移成本，即使工人到其他企业可以赚得更多，许多工人仍然会选择留在现在的企业。

● 雇主的特殊培训收益随着培训后工作时间长度的变化而变化，因此，雇主可能支付高于竞争性水平的工资，以减少工人的离职并增加特殊培训投资收益。

思考题

假设毕业后你找到一份工作，你的雇主承诺为想要在非工作时间返回学校取得MBA学位的雇员支付全部学费，且并不要求你取得MBA学位后必须继续为其工作。那么，这是什么类型的培训？你认为实际上应该由谁为此买单？（答案：参见书末。）

4.4.5 经验证据

1995年，规模50人或以上的企业中，70%的工人在过去一年中参加了提高其工作技能的正规培训。几乎90%的大学学历工人接受了培训，而那些高中学历或以下的工人，只有60%接受了培训。白人和黑人工人在工作中接受培训的比例相同。1995年，2/3的男性接受了培训，而73%的女性参加了培训。①

有关培训的最新研究令人眼花缭乱，以下是部分研究成果。②

● 工会工人比非工会工人更有可能接受培训。③

● 一般培训而非特殊培训与劳动生产率正相关。④

● 较大企业比较小企业为工人提供培训的可能性更大。⑤

---

① Harley Frazis, Maury Gittleman, Michael Horrigan, and Mary Joyce, "Results from the 1995 Survey of Employer-Provided Training," *Monthly Labor Review*, June 1998, pp. 3-13.

② 有关培训影响的最新研究，参见 Harley J. Frazis and James R. Spletzer, "Worker Training: What We've Learned from the NLSY79," *Monthly Labor Review*, February 2005, pp. 48-58。

③ Christian Dustmann and Uta Schoberg, "Training and Union Wages," *Review of Economics and Statistics*, May 2009, pp. 363-76.

④ Alan Barrett and Philip J. O'Connell, "Does Training Generally Work? The Returns to In-Company Training," *Industrial and Labor Relations Review*, April 2001, pp. 647-62.

⑤ Dan A. Black, Brett J. Noel, and Zheng Wang, "On-the-Job Training, Establishment Size, and Firm Size: Evidence for Economies of Scale in the Production of Human Capital," *Southern Economic Journal*, July 1999, pp. 82-100.

- 大多数培训本质上是一般培训，而不是企业特殊培训。①
- 在职培训的累积提高了工人的实际工资。当前雇主每年为年轻人提供的培训使他们的收入提高了 13%。②
- 提供培训的企业似乎更能吸引到高能力的工人。③
- 增加 1%的培训可以使劳动生产率提高约 0.6%，使小时工资率提高约 0.3%。④
- 正规培训延长了雇佣期限。⑤
- 在职培训数量的性别差异对性别工资差异影响很小。⑥

4.5　对人力资本理论的批评

对人力资本模型及其应用有很多批评。下面我们要讨论的前两个批评是关于人力资本的测量问题，他们认为对教育投资收益率的估计是有偏的。另外两个批评尽管也涉及人力资本收益率的测量问题，但其更深远的意义在于对人力资本投资的概念和理论提出了挑战。

4.5.1　投资还是消费

对人力资本投资收益率测量的一个批评是，将所有教育支出都看作投资是不正确的。因为事实上这些支出的一部分是消费支出。例如，上大学的决策是建立在比预期提高劳动生产率和增加收入更广泛、更复杂的因素基础之上的。某些大学教育支出的很大一部分会在短期或长期产生消费收益。⑦ 在莎士比亚作品、陶艺、音乐欣赏等课程上的支出拓宽了个人的兴趣、品位和活动范围，进而产生了短期和长期消费收益。当然，可以肯定的是，19 世纪英国文学课程不仅可以产生消费收益，而且可以提高人们的口头和书面表达能力，而这种能力在劳动力市场上是有价值的，因为它能提高劳动生产率和增加收入。然而，问题在于，没有合理的方法确定在这一课程上的支出哪一部分属于投资，哪一部分属于消费。实证研究者往往忽视

---

① Mark A. Loewenstein and James R. Spletzer, "General and Specific Training: Evidence and Implications," *Journal of Human Resources*, Fall 1999, pp. 710-33.

② Daniel Parent. "Wages and Mobility: The Impact of Employer provided Training," *Journal of Labor Economics*, April 1999. pp. 298-317.

③ David H. Autor, "Why Do Temporary Help Firms Provide Free General Skills Training?" *Quarterly Journal of Economics*, November 2001, pp. 1409-48.

④ Lorraine Dearden, Howard Reed, John Van Reenen, "The Impact of Training on Productivity and Wages: Evidence from British Panel Data," *Oxford Bulletin of Economics and Statistics* 4 (2006), pp. 397-421.

⑤ Adam Grossberg, "The Effect of Formal Training on Employment Duration," *Industrial Relations*, October 2000, pp. 578-99. 亦可参见 Federico Garcia, Jeremy Arks, and Robert Trost, "Does Employer-Financed General Training Pay? Evidence from the U. S. Navy," *Economics of Education Review*, February 2002, pp. 19-27。

⑥ Paul Sicilian and Adam J. Grossberg, "Investment in Human Capital and Gender Wage Differences: Evidence from the NLSY," *Applied Economics* 33, no. 4 (March 2001), pp. 463-71.

⑦ 对于大学教育的消费价值估计问题，参见 Pedro Carniero, Karsten T. Hansen, and James J. Heckman, "Estimating Distributions of Treatment Effects with an Application to the Returns to Schooling and Measurement of the Effect of Uncertainty on College Choice," *International Economic Review*, May 2003, pp. 361-422。

教育支出的消费部分而把所有支出都看作投资，从而低估了教育投资收益率。换句话说，这种做法高估了投资成本，低估了投资收益。

4.5.2 非工资收益

在计算内部收益率时，大多数研究者仅仅比较高中毕业生和大学毕业生的收入差异。但是，高中毕业生和大学毕业生的工作在其他方面也是不同的。首先，大学毕业生获得的与工作相关的附加福利无论从绝对量和占收入比来看都更丰厚。由于忽视附加福利，经验研究低估了大学教育收益率。其次，大学毕业生所从事的工作通常比高中生所从事的工作更舒适、更有趣。这意味着根据增量收入所计算的收益率低估了大学教育总收益。

4.5.3 能力问题

另外两个相关的批评——能力问题和筛选假说，对人力资本投资的概念提出了质疑。我们首先考虑**能力问题**（ability problem）。

人们已经普遍认识到平均收入与教育水平直接相关。但两者之间强烈、清晰的因果关系尚未被普遍接受。人力资本理论的批评者对可观察到的收入差距仅仅或主要是由增加教育引起的观点提出了质疑。换句话说，图4－2的简单模型以及由此引出的结论是在“其他条件不变”的假设基础上提出来的，但人力资本理论的批评者认为其他条件实际上不可能是不变的。人们普遍承认，那些智商更高、自律性更强、动力更足的人更有可能上大学，更不用说拥有更多的家庭财富和良好的工作市场关系这些有利条件。即使某种程度上不考虑大学毕业生在上大学期间所获得的知识和理解力，我们仍会预期这部分人比那些决定不上大学的人获得更高的收入。因此，尽管大学毕业生比高中毕业生获得的收入更高，但是增量收入中有很大一部分并不是来自大学教育投资。换句话说，能力强的人往往在劳动力市场上干得更出色，他们上大学的事实也许只是促使他们成功的次要因素。“教育与收入相关的唯一原因在于，能力、动力和个人习惯这一对教育成功发挥作用的组合，恰巧也会对成为更富效率的工人发挥作用。”[①] 这种批评意味着如果把大学毕业生享有的增量收入中的很大一部分归因于他们的能力而非教育，那么大学教育投资收益率将会被高估。

一些研究者认为这一批评是正确的，他们试图确定增量收入中哪一部分来自人力资本投资，而不是能力差异和其他个人特征。例如，双胞胎的研究结论显示，能力差异对教育收益率的影响很小。[②] 然而，最近的一项研究发现，随着时间的推移，

---

① Alice M. Rivlin, “Income Distribution—Can Economics Help?” *American Economic Review*, May 1975, p. 10.

② Orley Ashenfelter and Alan Krueger, “Estimates of the Economic Returns to Schooling from a New Sample of Twins,” *American Economic Review*, December 1994, pp. 1157-73. 有关使用直接测量能力的相似结果，参见 McKinley Blackburn and David Neumark, “Omitted-Ability Bias and the Increase in the Return to Schooling,” *Journal of Labor Economics*, July 1993, pp. 521-44。

能力差异的影响会越来越大，且可以解释大学工资升水率上升的很大一部分。①

同样值得注意的是，教育和收入之间的因果关系对公共政策的重要意义。如果人力资本理论家有关教育是高收入的唯一或主要原因的观点是正确的，那么如果社会选择减少贫困和收入不平等程度，则为低收入工人提供更多教育和培训是很有意义的。反之，如果收入主要源于能力，而与教育和培训无关，那么为低收入群体增加教育和培训支出的政策对增加收入、减轻收入不平等的作用就非常有限。

4.5.4　筛选假说

筛选假说（screening hypothesis）（或信号假说）与能力问题密切相关。这一假说表明，教育影响收入主要不是通过改变学生的劳动市场效率，而是通过对学生评级分类的方法来确定他们的工作岗位，进而确定他们的收入。② 该假说认为，雇主将学历（如拥有大学学位）作为识别高素质工人的一种廉价方式。这样，大学学位或其他证书就会传递出受训能力与工作能力信号，并成为通向高职位、高收入工作的准入证，这些工作通常具有较多的继续培训和晋升机会。受教育程度较低的工人被这些职位所淘汰，并不一定是因为他们没有能力胜任该工作，而仅仅是因为他们没有大学学位，所以无法得到这一职位。换句话说，大学毕业生享有的增量收入也许是对文凭的报酬，而不是对更高生产率的报酬。

从个人角度来看，筛选对内部收益率没有影响。无论个人是因为上大学获得了知识和技能，还是因为取得了必要文凭（大学学位）而得到了高薪职位，上大学通常能够获得更高的收入这是事实。但是，从社会的角度来看，筛选假说如果正确则非常重要。2002 年，美国政府花费在小学、初中以及高等教育上的支出多达 7 450 亿美元，如果这些支出仅仅为了向雇主传递信号，告诉他们依据智商、动力以及自律性判断，某些工人能力位于平均水平之上，那么有人可能会对此项支出提出质疑。从某种程度上说，将大学毕业生的增量收入归因于筛选，则大学教育投资的社会收益率将会被高估。

受过良好教育工人的较高收入中，多大程度上是由于教育提高了工人劳动生产率带来的？类似地，这些工人的较高收入中多大程度上可归因于筛选假说？该假说认为，教育仅仅是筛选出更有效率的工人。那么，教育到底是生产技能，还是仅仅用来识别已存在的技能？经验证据是混杂的。例如，查特吉（Chatterji）和他的同事的研究表明，在教育对收入的影响中，多达 30%可能来自筛选。③

但是，阿尔通吉（Altonji）、皮埃雷（Pierret）、沃尔品（Wolpin）和怀斯（Wise）的研究对筛选的重要性提出了疑问。阿尔通吉和皮埃雷认为，只有当企业

---

① Baris Kaymak, "Ability Bias and the Rising Education Premium in the United States: A Cohort-Based Analysis," *Journal of Human Capital*, Fall 2009, pp. 224-67.

② Michael Spence, "Job Market Signaling," *Quarterly Journal of Economics*, August 1973, pp. 355-74. 有关筛选假说的文献综述，参见 Andrew Weiss, "Human Capital vs. Signaling Explanations of Wages," *Journal of Economic Perspectives*, Fall 1996, pp. 133-54。

③ Monojit Chatterji, Paul T. Seaman, Larry D. Singell, Jr., "A Test of the Signaling Hypothesis," *Oxford Economic Papers*, April 2003, pp. 191-215. 有关对信号假说的进一步支持，参见 Harley Frazis, "Human Capital, Signaling, and the Pattern of Returns to Education," *Oxford Economic Papers*, April 2002, pp. 298-320。

缺乏新进工人劳动生产率信息或者了解这些信息耗时较长时，信号才有可能成为教育收益的重要组成部分。[①] 他们发现，企业确实根据教育程度来筛选新工人，但雇主能很快了解工人的生产率。阿尔通吉和皮埃雷的计算表明，教育的筛选收益部分可能只是与教育相关的工资差异的一小部分。沃尔品推断，如果教育是一种筛选工具，那么在获得工作的过程中，那些受筛选的工人比不受筛选的工人往往会购买更多的教育。他指出，尽管工薪工人受筛选，但自雇佣工人不会。因此，如果教育是一种筛选工具，那么工薪工人比自雇佣工人往往会购买更多的教育。但是，他发现这两类群体的工人获得的教育数量大致是一样的，这被沃尔品当作教育与收入正相关关系的"一个流行的筛选解释反证"。[②] 类似地，怀斯认为，如果教育确实像人力资本理论所说的那样影响工人生产率，那么不同含金量的大学学位和学生在校表现就应该反映在薪酬差异上。也就是说，如果人力资本理论是正确的，那么从名牌大学取得学士学位的工人，以及在校取得较高平均成绩的工人应该拥有更高的生产率，并应获得更高的薪水。通过对福特汽车公司雇佣的约1 300名大学毕业生的数据进行检验，怀斯发现学业成绩（大学质量和平均成绩）与薪水增长率之间存在"一致的正相关关系"。怀斯的结论是"大学教育不仅仅是生产能力的信号，而且事实上也提高了这种能力"。[③]

工作世界 4-5

大学除金钱之外还带来了什么？

在过去的几十年里，许多研究人员考察了个人大学学位的经济收益。而近年来，他们更多地关注大学教育的非经济收益。与受教育程度较低的同伴相比，大学毕业生可能拥有更好的健康状况，其原因在于：首先，大学毕业生由于掌握了更多的知识，可能会养成良好的生活习惯，比如健康的饮食、更多地使用安全带、更多的锻炼、更少吸烟以及不吸食毒品。其次，医疗保险在大学毕业生中覆盖率较高，因此他们有更好的医疗保健。最后，大学毕业生的生活和工作环境更安全。

证据显示大学毕业生比受教育程度较低的人更健康。大学毕业生的行为更健康，比如较低的吸烟率。2010年，25～64岁的成年人中，有27%的高中毕业生在吸烟，而大学毕业生仅有8%。就健康结果而言，大学毕业生不大可能被报道健康状况尚佳或欠佳和残疾率较低。此外，他们的死亡率也较低。一个25岁的大学毕业生比一个只有高中以下学历的人的预期寿命长9年。最后，受教育程度较高的人比受教育程度较低的人更幸福。例如，大学毕业生更有可能结婚且婚姻更稳定。他们拥有更广的社会网络和良好工作环境下的有趣工作。此外，大学毕业生还拥有较高的收入水平。大学毕业生比受教育程度较低的

---

① Joseph G. Altonji and Charles R. Pierret, "Employer Learning and the Signaling Value of Education," in I. Ohashi and T. Tachibanaki (eds.), *Internal Labour Markets, Incentives, and Employment* (New York: MacMillan Publishing, 1998).

② Kenneth Wolpin, "Education and Screening," *American Economic Review*, December 1977, pp. 949-58.

③ David A Wise, "Academic Achievement and Job Performance," *American Economic Review*, June 1975, pp. 350-66. 有关教育本身，而非能力或筛选，提高了两个欠发达国家（肯尼亚和坦桑尼亚）的收入的证据，参见 M. Boissiere, J. B. Knight, and R. H. Sabot, "Earning, Schooling, and Cognitive Skills," *American Economic Review*, December 1985, pp. 1016-30。

人拥有更高的生活满意度。来自 27 个国家的 25～64 岁的成年人调查数据显示，受过大学教育的人比高中学历以下的人对生活的满意度高出了 18 个百分点。剔除年龄、性别和收入因素差异后，二者对生活的满意度仍有约 10 个百分点的差距。

资料来源：Based on Organization for Economic Cooperation and Development，*Education at a Glance*，*2011*（Paris：OECD，2011），Table A11. 3；National Center for Health Statistics，*Health*，*United States*，2011：*With Special Feature on Socioeconomic Status and Health*（Hyattsville，MD：National Center for Health Statistics，2012）；and Lochner Lance，"Nonproduction Benefits of Education：Crime，Health，and Good Citizenship，" in Eric A. Hanushek，Stephen Machin and Ludger Woessmann（eds.），*Handbook of the Economics of Education*，Volume 4（Amsterdam，Holland：Elsevier，2011），pp. 183-282.

4.5.5　要点重述

毫无疑问，人力资本理论为我们的许多重要见解奠定了基础，成为无数启发式经验研究的基石。但是正如能力问题和筛选假说所表明的，人力资本理论并未得到普遍接受，而且那些接受它的人也只是有保留的接受。尽管教育与收入之间存在正相关关系几乎已得到普遍认同，但是对于这种关系的原因却存在分歧。经验检验通常是间接的，因为它首先断定了那些受过更多教育和培训的人有更高收入，然后推断新增教育和培训将会提高工人生产率，从而使工人收入增加。但问题在于：教育确实能提高一个人的生产率吗？或者，那些获得更多教育的人挣得多仅仅是因为他们更有能力和动力？学历只是用来识别工人生产率的工具吗？[①]

大多数经济学家拒绝接受对人力资本理论的各种批评，他们相信教育和培训直接提高了生产率和收入。但他们也承认，并不是所有的教育和培训投资都会产生正的净现值；有些投资较差，而另一些收益急剧递减，因此人力资本理论不能不加鉴别地用作公共政策的基础。例如，政府通过单一的人力资本巨额投资来拉动经济增长的政策可能会产生令人失望的结果。这些政策需要有另外一些提升新技术和加大实物资本投资的政策相配套。

本章总结

1. 能够提高个人在劳动力市场上的生产率与未来收入的教育和培训支出可以视为人力资本投资。

2. 大学教育投资决策包括直接成本（现款支付）和间接成本（放弃的收入），其收益表现为未来的增量收入。

3. 比较与人力资本投资相关的成本与收益有两种基本方法。净现值法运用折现公式来比较成本与收益的现值，如果净现值为正，则投资可行。内部收益率是投资净现值为零的折现率。如果内部收益率大于利率，则投资可行。

4. 大多数经验研究表明，大学教育的投资收

① 有关人力资本理论批评的精彩论述，参见 Bobbie McCrackin，"Education's Contribution to Productivity and Economic Growth，" *Economic Review*（Federal Reserve Bank of Atlanta）. November 1984，pp. 8-23；and Gian Singh Sahota，"Theories of Personal Income Distribution：A Survey，" *Journal of Economic Literature*，March 1978，pp. 11-19。

益率在10%～15%之间。

5. 大学工资升水率（大学毕业生和高中毕业生的收入比率差）随着时间变化差异显著，1979年后急剧上升。对大学毕业生和高中毕业生的供求变化可以用来解释大学工资升水率的变化。

6. 从个人角度来看，人力资本决策未包含对教育的公共补贴，考虑的是税后收入，且忽略了与教育相关的任何社会或外部收益。从社会角度来看，人力资本决策包含了公共补贴和外部收益，并且考虑的是税前收入。

7. 人力资本需求曲线和投资资金供给曲线组合起来可以解释为什么不同的人力投资的人力资本数量不同。能力差异、歧视以及不同的融资途径都有助于解释个人之间的教育和收入差异。

8. 货币市场为人力资本投资提供的资金比为实物资本投资提供的资金优惠条件更少。因此，为人力资本投资提供公共补贴是有道理的。

9. 区分一般与特殊在职培训是有用的。一般培训传授了适用于所有企业和行业的工人技能。特殊培训只对提供培训的特定企业有用。在竞争性市场中，工人通常以在培训期接受较低工资的方式来支付企业提供的一般培训费用。例外情况是企业所在地要求必须支付法定最低工资。雇主为特殊培训买单。为了留住受训工人，雇主可能会与工人分享特殊培训带来的增量总收益。

10. 对人力资本理论的批评包括以下几个方面：(1) 没能认识到教育支出的一部分是消费而非投资，经验研究低估了教育收益率；(2) 经验研究由于没有考虑大学毕业生的工作比高中毕业生的工作更舒适且包括更丰厚的附加福利而低估了大学教育收益率；(3) 大学毕业生的增量收入某种程度上是由于其较强的能力，而非教育本身，大学教育收益率将被高估；(4) 大学毕业生增量收入的一部分源于筛选，大学教育的社会收益率将被高估。

习题和学习建议

1. 为什么接受教育计划的决策可以被看作一项投资？从个人角度来看，接受大学教育所带来的成本和收益是什么？从社会角度来看，成本和收益又是什么？请解释在做出一项理性的人力资本投资决策时，为什么确定成本与收益的现值是必要的？

2. 什么是人力资本投资内部收益率？给定内部收益率，恰当的投资标准是什么？将这一标准与现值法标准进行比较。

3. 弗洛伊德（Floyd）目前工作的年薪为8 000美元。他正在考虑是否参加为期一年的汽车修理课程，该课程的书费及学费共计1 000美元。弗洛伊德估计，完成该课程后的3年内，他的年收入将会增加到13 000美元。3年后，弗洛伊德打算离职去科罗拉多州博尔德的乡村。如果当前的利率是10%，那么弗洛伊德参加这项课程是经济理性的吗？

4. 评论下述观点：

a. 考虑到"传统"女性的工作生命周期，她们的人力资本投资少于男性是合理的。

b. 老年工人比年轻工人进行异地迁移的可能性更小。

c. 经济衰退往往会提高大学入学率。

d. 社会保障补贴扣减率（在退休期间，当收入超出某一水平时，扣减福利）的一个缺点是使投资偏离人力资本，而投向债券和股票。

e. 图4-1的年龄-收入剖面曲线清楚地显示，受教育程度较高的人比受教育程度较低的人挣的更多。因此，个人在教育上的支出往往是一项好的投资。

5. 什么是大学工资升水率？你能否解释下为什么大学工资升水率在20世纪70年代下降，而在20世纪80年代和90年代上升？

6. 假设一名最近将要毕业的高中生在某一杂志上看到，大学教育收益率估计约为15%。利用这一信息，你有什么样的好建议可以帮助他决定是否上大学？

7. 为什么人力资本投资的内部收益率服从收益递减规律？请解释为什么可以将递减的教育收益率曲线看作人力资本需求曲线？将人力资本需求曲线与投资资金供给曲线相结合，解释为什么不同的人投资不同数量的人力资本是理性的。你的答案对个人收入分配有什么启示？你认为美国的教育制度是不是或多或少有助于收入分配平等？请说明理由。如果你希望减少收入分配不平等，你会提出什么样的政策建议？

8. 为什么人力资本投资比实物资本投资可用资金享有的优惠条件更少？依你的判断，这一差异是不是为实行公共补贴（如联邦政府对大学生贷款进行担保）提供了正当的理由？与教育相关的外部收益有哪些？你觉得这些收益是不是可以成为对教育进行公共补贴的理由？“公共补贴应该随着学生教育水平的提高而递减”，你可以为这一论据提供一个合理的解释吗？

9. 描述基于学生能力和学生需要两种标准分配大学奖学金可能对收入分配产生的预期影响。

10. 区分一般和特殊在职培训。一般培训通常谁来买单？特殊培训谁来买单？为什么会有这样的差异？有例外情况吗？请解释。

11. 如下图所示，“能力”（这里用IQ得分来衡量）呈正态或钟形分布，但收入分布右偏。你能用人力资本理论使二者分布一致吗？

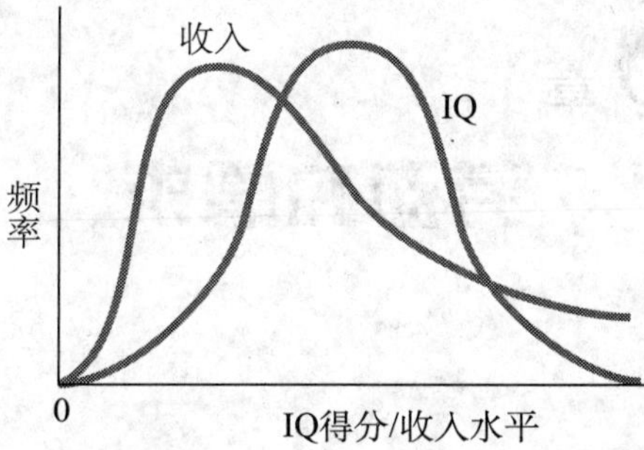

12. 数据显示，女性的年龄-收入剖面曲线比男性的更低且更平坦。你能解释这些差异吗？

13. 指出以下每种情况对大学教育收益率估计有何影响：（a）筛选假说；（b）个人大学教育支出的一部分应被看作消费而非投资；（c）上过大学的人比没上过大学的人更有能力；（d）大学毕业生获得的工作比高中毕业生的工作含有更多的附加福利。能力问题和筛选假说对制定教育公共政策有何启示？

互联网练习

大学学位价值几何？

请登录美国人口普查局网站并打开“教育程度”网页（www.census.gov/hhes/socedemo/educaion/data/cps/historical/index.html），找到按教育程度划分的工人收入信息。

1975年，高中毕业生和大学毕业生的年收入各是多少？最近一年又是多少？1975年，大学毕业生与高中毕业生的收入比是多少？最近一年又是多少？在这一时段，该比率是上升了还是下降了？哪些因素可能有助于解释这一变化？

互联网链接

美国国家教育统计中心网站（http://nces.ed.gov）有大量关于小学、中学、大学教育的统计数据。美国教育部网站（www.ed.gov）提供了有关美国教育系统的信息。

第5章 劳动力需求

前面三章主要探讨了劳动力供给。在本章，我们将视角转移到劳动力市场需求方面。为什么微软、镁光（Micron）和摩托罗拉希望雇佣那些愿意提供特定劳动服务的劳动力？当美泰公司（Mattel）所生产玩具的市场需求增加时，公司的劳动力需求会受到怎样的影响？哪些因素使美泰克（Maytag）和麦当劳等公司的劳动力需求发生改变？当某种劳动力的工资率发生变化后，为何孟山都公司（Monsanto）调整雇佣水平的幅度比默克公司更大？

为了回答这些以及相关问题，我们将对劳动力需求进行研究。接着在第 6 章，我们会将劳动力需求和劳动力供给相结合来解释工资率是如何决定的。

5.1 派生性劳动力需求

最开始我们需要强调，对劳动力或其他生产性资源的需求，都是**引致需求**(derived demand)，或者说派生性需求。这意味着劳动力需求取决或派生于消费者对劳动所生产的产品或提供的服务的需求。在制造业，因为劳动对汽车、电视机、面包等产品生产做出了贡献，因此产生了劳动力需求。当汽车的需求降低时，对汽车工人的需求也随之降低。在服务业，劳动直接为消费者带来好处，因此产生了企业对劳动力的需求。比如，当消费者对儿童照看服务的需求增加，市场上对儿童照看专业工作者的引致需求也将增加。

事实上，劳动力需求是一种引致需求意味着市场上对任意一种劳动力的需求强度取决于：(1) 该劳动力在生产产品或提供服务过程中的生产效率；(2) 相应产品的市场价格。如果 A 劳动力在生产 X 产品上有很高的生产效率，并且 X 产品的市场价格很高，那么市场对 A 劳动力的需求就会很大。相反，如果某种劳动力相对生产效率很低，且生产的产品或提供的服务的价格也很低，那么对这种劳动力的需求就会很小。

这些观察为我们接下来的讨论指明了方向。我们会发现，劳动力需求直接取决于劳动力的边际生产率和所生产产品的价值（价格）。下面我们首先分析单一厂商的短期生产函数，然后引入产品价格对劳动力需求的影响。虽然我们的讨论是针对某一公司生产某种产品而言，但这些概念同样适用于提供服务的厂商。

全球瞭望 5-1

年净就业量变化占总就业量百分比

2001—2011 年，美国就业增长率相对较低。

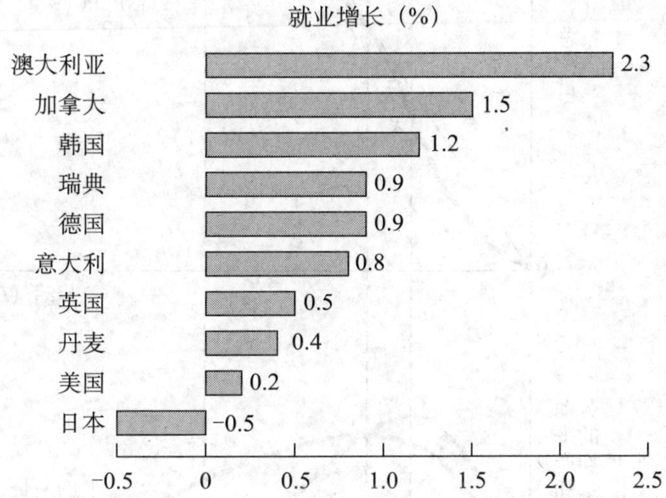

资料来源：Organization for Economic Cooperation and Development（www. oecd. org）.

5.2 单一厂商短期生产函数

生产函数（production function）是要素数量（投入）与相应的生产结果（产出）之间的关系。我们假设生产过程中只涉及两种要素——劳动 L 和资本 K。为了进一步简化，我们假设厂商投入的劳动是同质的。此外，我们目前分析的是厂商的短期生产情况，这段时期至少有一种要素是固定不变的。这里我们假定厂商的资本投入不变，如厂房、机器和其他设备等。如式（5-1）所示，厂商的短期总产量（TP_{SR}）是可变投入 L（劳动）和固定投入 $\overline{K}$（资本）的函数。

$$TP_{SR}=f(L, \overline{K}) \tag{5-1}$$

5.2.1 总产量、边际产量和平均产量

在某厂商连续追加劳动投入的情况下，总产量会怎样变化？图 5-1 给出了答案。图 5-1（a）所示为短期生产函数即劳动的总产量（TP）曲线，图 5-1（b）为相应劳动的边际产量（MP）曲线和劳动的平均产量（AP）曲线。

在短期内，如图 5-1（a）中**总产量**（total product，TP）（也称总产品）表示由可变数量的要素（劳动）和固定数量的要素（资本）结合所产生的总产出。劳动的**边际产量**（marginal product，MP）（也称边际产品）表示额外增加一单位劳动所带来的总产量的变化值。它代表总产量（TP）的绝对变化，且总产量（TP）曲线在任意一点的切线斜率即为边际产量（MP）值。例如，在图 5-1（a）中，直线 mm' 在点 Z 与总产量（TP）曲线相切，且斜率为 0，此时边际产量（MP）也为 0

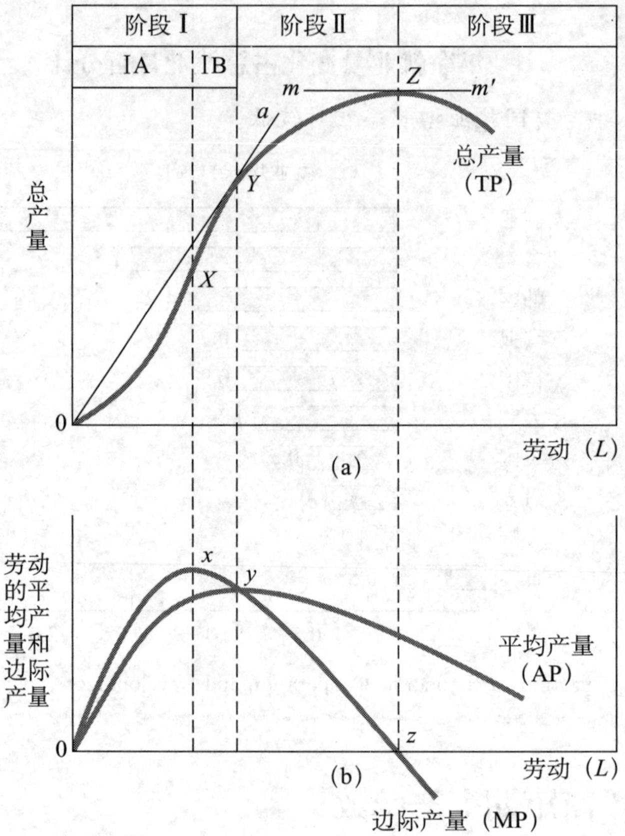

如图（a）所示，资本数量不变时，当劳动投入不断增加，总产量（TP）增加，增长率会逐渐变小，总产量达到最大值后开始下降。如图（b）所示，劳动的边际产量（MP）表示每额外增加一单位劳动所带来的总产量的变化，它与平均产量（AP）相交于平均产量（AP）的最大值。第Ⅱ阶段中的边际产量（MP）曲线，即图中的 yz 段部分决定了厂商的短期劳动力需求曲线。

图 5-1　单一企业短期生产函数

（图 5-1（b）中的点 z）。劳动的**平均产量**（average product，AP）（也称平均产品）则等于总产量除以劳动的投入量。在几何上，它相当于从原点出发并经过 TP 上任意一点的斜率。例如，$0a$ 连接原点和 TP 上的点 Y，其斜率（$\Delta TP/\Delta L$）便是此时的平均产量 AP。例如，如果设点 Y 的 TP 等于 20，L 等于 4，那么 AP 就等于 5（=20/4）。该值恰好等于直线 $0a$ 的斜率，即点 Y 的纵坐标（20）与其横坐标（4）的比值。如果我们假设劳动的单位是小时而非劳动人数，那么此比率代表每工时的产出。

5.2.2　生产阶段

弄清总产量、边际产量和平均产量之间的关系十分重要。为了证明三者关系，并且确定厂商的经营区域，我们把总产量（TP）分为三个阶段，其中第Ⅰ阶段又分为ⅠA 和ⅠB 两个部分。如图 5-1（a）所示，在 TP 曲线的 $0X$ 段，即第Ⅰ阶段的ⅠA 部分，总产量以越来越快的速率增加，对应地在图 5-1（b）中表现为边际产量 MP（$=\Delta TP/\Delta L$）的不断上升。例如，如果假设此时雇佣 1～3 名工人相应的总产量分别为3、8和15，那么这3个工人带来的边际产量就分别为3（=3−0）、5（=8−3）和7（=15−8）。另外，在图5-1（b）中，在ⅠA阶段，MP曲线一直位于AP曲线的上方，这使后者一直保持上升。它是基于这样的数学规律：如果将一个大于整体平均值的边际值放入整体中，那么平均值将会增加。所以当边际产量MP大于平均产量AP时，边际产量的加入会使平均产量增加。①

再看图5-1（a）中TP曲线上的XY段，即第Ⅰ阶段的ⅠB部分。在这一区域里，当更多的工人被雇佣时，总产量TP虽然仍在增加，但其增长速率在不断下降，即在图5-1（b）中，边际产量MP不断下降。在ⅠB区域的左边界即点x（对应图5-1（a）中点X）处，边际产量MP达到最大值，在此点后，MP值便开始下降。我们可以看到，此时虽然MP正处于下降趋势，但由于MP仍然大于AP，所以AP继续上升。最后，在ⅠB区域的右边界也就是第Ⅰ阶段的终点处即点y（对应图5-1（a）中的点Y），AP与MP相交于此点，且此时AP达到最大值。对应图5-1（a）能够得出同样的结论，AP的值相当于由原点到TP上连线的斜率，而$0a$恰好是从原点到点Y之间所有连线中斜率最大的一条。

在生产的第Ⅱ阶段（即生产区间，后面我们将详细介绍），总产量继续以递减的速率增加。于是MP也继续下降，但此时由于MP开始小于AP，所以AP也开始不断下降。简单的数学规律告诉我们，当边际量（MP）小于平均量（AP）时，边际量（MP）的加入会使平均量（AP）下降。

在第Ⅱ阶段和第Ⅲ阶段的分界处，TP达到最高点Z，同时MP也降至0（点z），此点过后，劳动投入的增加将会使三个产量指标都降低。在生产的第Ⅲ阶段，TP不断下降，同时MP开始变为负值，这也导致了AP不断下降。

5.2.3 边际报酬递减规律

为什么TP、MP和AP会展现出图5-1的形状？前面已经介绍了MP的变动与TP和AP的变动相关，因此这里我们只关注边际产量MP。那么为什么MP会先上升后下降，最后成为负值？这并非由于后续投入的劳动质量下降了；要记住我们从一开始就假设所有劳动都是同质的。事实上，MP之所以有这样的变化规律，是因为开始时随着劳动投入的增加，固定资本的使用效率逐步增加，但是当劳动投入超过一定量时，固定资本的使用效率便开始下降。设想一个拥有固定数量机器设备的厂商，在最初的一段时间内不断雇佣新工人时，后续的每个工人对产出的贡献都要比他之前的那个工人的贡献更大，这是因为随着工人数量的增加，厂商能够对机器设备有更好的利用。因为每个工人可以专注于一个任务，不必再手忙脚乱地从一个任务转移到另一个，所以能够节约大量时间；而且新工人的加入使机器设备在工作时间内的利用率更高，这也使得产出以更快的速度增加。因此，在最初的一段时间里，增加一个工人带来的边际产量是不断增加的。

但是边际产量的增加不是无限期的。当有更多的劳动投入到固定机器设备的生产过程中时，边际报酬递减规律就将发生作用。所谓**边际报酬递减规律**（law of di-

---

① 若你在最近一次考试中的得分高于已有科目的平均分，你的GPA就会提升。

minishing marginal returns）是指在生产过程中，某种可变要素（劳动）持续不断地增加，用以和某种不变要素（资本）搭配进行生产，但当该可变要素的数量超过某一水平后，继续增加这种可变要素投入所带来的边际产量就会逐渐减少。在某些情况下，相对于固定的资本来说，劳动投入太多太充足，甚至新投入的劳动无法带来从前幅度的产量增加。例如，新增加的工人不得不排队等待使用机器。在极端情况下，劳动投入的不断增加可能使工厂变得十分拥挤，以至于再增加新工人时，其边际产量可能变为负值，甚至总产量也将处于不断下降的趋势（图5-1中的第Ⅲ阶段）。

5.2.4 生产区间

我们将图5-1中TP、MP和AP三条产量曲线的特征归纳在表5-1中。仔细观察这个表格，我们把生产函数的第Ⅱ阶段称为**生产区间**（zone of production）。注意第Ⅱ阶段的左边界，该点劳动效率（用平均产量AP衡量）达到最大值。相似地，第Ⅱ阶段的右边界对应固定资本的生产效率达到最大值。具体来说，首先，左边界对应TP上的点Y和AP、MP上的点y，此时每一单位劳动带来的总产出达到最大值，并可通过射线$0a$（从原点引出且与TP相切的最陡切线）以及AP曲线（AP=TP/L）表现出来。其次，右边界对应TP上的点Z和AP、MP上的点z，此时总产量TP达到最大值。又因为资本投入（K）是固定的，所以在此处资本的平均产量也达到最大。也就是说，在第Ⅱ阶段的右边界，每一单位资本的总产量总大于该阶段的任何其他点。概括起来，厂商一定会选择：劳动投入的任何变化能够提高劳动或者资本的产出效率的阶段，即生产区间内来进行生产活动。[①]

表5-1　　关于生产函数的一个总结

	总产量（TP_L）		边际产量（MP_L）	平均产量（AP_L）
第Ⅰ阶段	ⅠA	以递增的速率增加	增加且大于AP	增加
	ⅠB	以递减的速率增加	减少但大于AP	增加
第Ⅱ阶段（生产区间）	以递减的速率增加		减少且小于AP	减少
第Ⅲ阶段	减少		为负且小于AP	减少

生产函数的第Ⅰ阶段和第Ⅲ阶段均不符合这样的特征。在第Ⅰ阶段，劳动投入的增加不仅会提高劳动效率，而且会提高资本效率。对于前者，可从不断上升的AP曲线看出；对于后者，因为资本投入固定不变且总产量TP不断提高，所以资本的平均产量（TP/K）不断增加。因此，厂商在进行生产时至少要移动到第Ⅱ阶段的左边界。

在第Ⅲ阶段，劳动投入的增加不仅会使劳动效率下降，也会使资本效率下降。如图5-1所示，劳动的平均产量降低，且由于总产量的下降，资本的平均产量

① 此结论只适用于竞争性厂商。就不完全竞争厂商（如垄断厂商）而言，只有第Ⅲ阶段才是非利润最大化区域。为使其利润最大化，垄断厂商有可能限制产出，并在第Ⅰ阶段的某点选择其劳动雇佣量。

（TP/K）也降低。与第Ⅰ阶段不同，减少劳动投入反倒能使劳动效率和资本效率都提高，所以厂商不会选择在第Ⅲ阶段进行生产。

因此，对追求利润最大化或亏损最小化的厂商来说，真正有意义的边际产量曲线只能是图5-1（b）中MP上的yz段。这一段MP曲线将成为决定厂商短期劳动力需求曲线的内在基础。

5.3 短期劳动力需求：完全竞争厂商

为说明图5-1（b）中的yz曲线与劳动力需求是怎样联系的，下面我们运用表格将TP、MP曲线图形信息转化为假设的具体数字，将分析中的产出形式转化为货币价值形式。毕竟，雇主主要从收益和成本角度而非产出角度来决定雇佣多少工人。

如表5-2所示，第1栏至第3栏数据描述了在生产区间内总产量和边际产量（此处不考虑平均产量）的变化情况。简单起见，这里我们只考虑边际产量递减的区间。回顾我们先前关于对劳动力需求是一种派生需求的讨论，注意第4栏表示生产产品的价格，这个2美元的价格并没有随着产量的增加而下降的事实说明，该厂商是在一个完全竞争市场上销售它的产品。在这种情况下，厂商的产品需求曲线是完全弹性的；厂商是一个价格接受者。例如，该厂商生产出售的产品具有较强的同质性，如谷物、新鲜的鱼等。

第2栏的TP值乘以第4栏的P值，我们得到第5栏中的总收益（有时称为总收益产品）。从这些总收益数据，我们可以很容易地计算出第6栏中的**边际收益产品**（marginal revenue product，MRP），即由于每增加一单位劳动投入所增加（或改变）的总收益。MRP严格地正比于MP，在这里因为产品价格为2美元，所以MRP的数值是MP数值的2倍。

表5-2中第1栏和第6栏，即MRP数据，构成了厂商**短期劳动力需求曲线**（short-run labor demand curve）。为证明解释这一说法，我们首先要明白一个追求利润最大化的厂商在确定其劳动力雇佣量时应遵循的规则：只有当增加劳动力雇佣量能够增加厂商总收益而不是总成本时，追求利润最大化的厂商才会雇佣工人。我们刚才指出，这种每增加一单位额外的劳动投入所带来的总收益增加由MRP表示，而每增加一单位额外的劳动投入所带来总工资成本的增加则由**边际工资成本**（marginal wage cost，MWC）表示。因此，追求利润最大化的厂商其劳动力雇佣量的最大点应在MRP＝MWC处。[①] 如果在某一雇佣水平上MRP大于MWC，那么对于厂商来说增加劳动投入是有利可图的；相反，如果MWC大于MRP，那么厂商会减少雇佣量来提高其收益。

现在让我们假设表5-2中的厂商是在完全竞争的劳动力市场上雇佣劳动力。这意味着该厂商只能是工资接受者，该厂商雇佣的劳动力数量与劳动力市场的总供给相比微不足道，因此它不会对市场的工资率产生明显的影响。也许这是一个鱼肉加工公司，正在招聘负责清理鱼的劳动力。对于这个厂商来说，市场工资率是给定

① MRP＝MWC的原则与边际收益等于边际成本（MR＝MC）的原则在基本原理上是完全一致的。唯一的区别就在于，前者适用于确定雇佣劳动力的最优数量，而后者适用于确定生产产品的最优数量。

的，厂商遵循每增加一单位劳动力雇佣量而增加总工资成本（工资总额）始终等于工资率 W 的原则。换句话说，工资率和边际工资成本是相等的。因此，在完全竞争条件下，厂商的最优雇佣原则即 MRP＝MWC 也可以表示为 MRP＝W。也就是说，追求利润最大化的厂商，在劳动力市场上处于完全竞争状态时，最终会把劳动力雇佣量确定在边际收益产品 MRP 等于工资率 W 这一点上。

表 5－2　劳动力需求：厂商在产品市场上是完全竞争者（假设数据）

(1) 劳动力数量 L	(2) 总产量 TP	(3) 边际产量 MP	(4) 产品价格 P（美元）	(5) 总收益 TR（美元）	(6) 边际收益产品 MRP（$\Delta TR/\Delta L$）（美元）	(7) 边际产品价值 VMP（MP×P）（美元）
4	15		2	30		
5	27	12	2	54	24	24
6	36	9	2	72	18	18
7	42	6	2	84	12	12
8	45	3	2	90	6	6
9	46	1	2	92	2	2

下面我们运用 MRP＝W 的原则来证明我们之前的断言：表 5－2 中第 1 栏和第 6 栏所表示的 MRP 的变化规律，即从生产区间中直接得到的 MRP 数据，实际上就是厂商的短期劳动力需求曲线。为了证明，我们将第 1 栏和第 6 栏的 MRP 数据描绘在图 5－2 中，该 MRP 曲线可表明在几个不同的竞争性工资率下厂商需要的劳动力数量。首先，假设工资率为 23.99 美元，略低于 24 美元，那么厂商会决定雇佣 5 单位劳动力，因为这样会使厂商的利润增加或是亏损减少。但是厂商绝不会雇佣第 6 个、第 7 个或是更多单位劳动力，因为对于每一增加的劳动力，都会有 MRP<W。

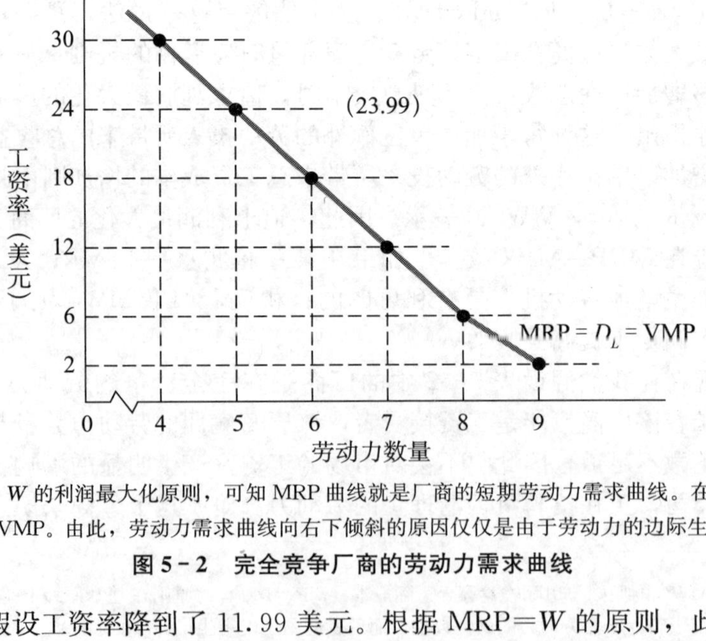

根据 MRP＝ W 的利润最大化原则，可知 MRP 曲线就是厂商的短期劳动力需求曲线。在完全竞争的产品市场上，MRP＝VMP。由此，劳动力需求曲线向右下倾斜的原因仅仅是由于劳动力的边际生产力递减。

图 5－2　完全竞争厂商的劳动力需求曲线

其次，假设工资率降到了 11.99 美元。根据 MRP＝W 的原则，此时厂商愿意雇佣第6个单位、第7个单位的劳动力。如果工资率降到更低，比如说1.99美元，厂商将雇佣第9个单位的劳动力。图5-2中MRP曲线上的每一点都代表在每一可能的工资率下对应的厂商劳动力需求量，因此从中我们可以得出这样的结论：图5-2中的MRP曲线是厂商的短期劳动力需求曲线。这一曲线体现出工资率和劳动力需求量之间的关系，顾名思义，这就是厂商的劳动力需求曲线。

另外我们须注意到：当产品市场也是完全竞争的时候，厂商的边际收益产品或劳动力需求曲线同时也是劳动的**边际产品价值**（value of marginal product，VMP）曲线。边际产品价值是指额外一单位劳动的使用所带来的产出的价值。在我们的例子里，表5-2中第1栏和第7栏中体现出VMP的变化情况。注意，VMP等于边际产量MP（第3栏）与产品价格 P（第4栏）的乘积，这里的边际产品价值（VMP）与边际收益产品（MRP）在数值上相等。正是这个原因，我们在图5-2中画出的劳动力需求曲线也可被看作VMP曲线或是MRP曲线。

在完全竞争的产品市场上VMP和MRP值相等的逻辑基础是什么？这是由于完全竞争厂商是产品价格的接受者，当产品市场价格既定时（等于2美元），厂商能够销售掉任意数量的产品。这时候，若厂商每增加一单位产品的销售，则其边际收益（MR）就总等于产品价格（2美元）。在这种情况下，对完全竞争厂商来说，每增加一单位劳动投入所带来的收益增量（MR×MP）总等于此单位劳动产出的社会价值（P×MP）。

5.4 短期劳动力需求曲线：不完全竞争厂商

现实经济中大多数厂商都不会在完全竞争市场上销售它们的产品，而是在不完全竞争的条件下销售。也就是说，厂商大都具有寡头、垄断的特性。当厂商能够制定自己的价格而不是被迫接受由市场确定的价格时，它就会具有一定的垄断能力。

产品市场条件的假设由先前的完全竞争转变为不完全竞争，这将会很大程度上改变我们的分析。由于不同厂商产品的异质性，不完全竞争厂商的产品需求曲线呈现出向下倾斜的态势，而不像完全竞争厂商的产品需求曲线那样具有完全弹性。这意味着厂商若想要增加后续的工人带来的产出即产品的销售，将必须降低自己产品的价格。此外，由于我们假定厂商不存在价格歧视，因此厂商除了要降低最后一单位产品的价格，其他每个单位产品的价格也都会被降低。每增加额外一单位产品的销售并没有使厂商所获得的边际收益完全等于产品价格，而这与完全竞争的状况有所不同。为了计算不完全竞争厂商的边际收益值，必须要在最后一单位产品的收益中减去因增加这一单位产品的销售而给此前所有单位产品造成的潜在收益损失。以上我们知道由于不完全竞争厂商边际收益小于产品价格，其边际收益产品（MR×MP）小于完全竞争厂商的边际收益产品（P×MP）。需要记住的是完全竞争厂商的边际收益产品是保持不变的。

综上，完全竞争厂商的MRP曲线或劳动力需求曲线下降的原因只有一个——随着更多的劳动力被雇佣，边际产量会由此降低。但是不完全竞争厂商的MRP曲线或劳动力需求曲线下降的原因有两个：第一个原因与前者相同，随着劳动力雇佣量的增加，边际产量降低；第二个原因则是随着产出的增加，产品的价格下降。如表5-3所示，将这两个因素考虑在内，其中第1栏至第3栏的生产数据与表5-2相同，但第4栏中我们注意到为了出售后续的工人带来的边际产量，必须降低产品价格。

表5-3　劳动力需求：厂商在产品市场上是不完全竞争者（假设数据）

(1) 劳动力数量 L	(2) 总产量 TP	(3) 边际产量 MP	(4) 产品价格 P（美元）	(5) 总收益 TR（美元）	(6) 边际收益产品 MRP（$\Delta TR/\Delta L$）（美元）	(7) 边际产品价值 VMP（$MP\times P$）（美元）
4	15		2.60	39.00		
5	27	12	2.40	64.80	25.80	28.80
6	36	9	2.20	79.20	14.40	19.80
7	42	6	2.10	88.20	9.00	12.60
8	45	3	2.00	90.00	1.80	6.00
9	46	1	2.90	87.40	−2.60	1.90

这里我们再次强调，随着产出增加而出现的价格下降不仅会对最后一单位劳动力投入带来的产品造成影响，而且会对先前所有原本能够以更高价格出售的产品产生影响。例如，第5位工人的边际产品是12单位，这12单位能够以每单位2.4美元的价格销售，总共是28.80美元。这就是该劳动力的边际产品价值（VMP）——从社会的角度来看带来的产出的价值（第7栏）。但是第5位工人的MRP只有25.80美元。为何会有这3美元的差别？

为了卖掉第5位劳动力带来的12单位产品，厂商必须接受前面4位工人所生产的15单位产品价格降低0.20美元，这些产品原本可以以每单位2.60美元出售。因此，第5位工人的MRP仅为25.80美元（28.80－15×0.20）。同样，第6位工人的MRP仅为14.40美元。虽然这位工人所生产的9单位产品在市场上每单位价值2.20美元，即其边际产品价值（VMP）是19.80美元，但是为了出售这些产品，前面5位工人生产的27个单位产品的单价将降低0.20美元，因此第6位工人为厂商增加的总收益即MRP并没有达到19.80美元，而是14.40美元（19.80－27×0.20）。从表5-3第6栏中的其他MRP值也可以分析得出相同的结果。比较第6栏和第7栏我们可以发现，在任意的雇佣水平上，VMP（在购买者角度，增加一单位产品带来的价值）大于MRP（在厂商角度，增加一单位产品带来的收益）。这种差异在效率上的含义会在第6章详细介绍。

对于完全竞争厂商，MRP＝W的原则使得厂商的MRP曲线等同于厂商的劳动力需求曲线。但是通过绘制不完全竞争厂商的MRP曲线或劳动力需求曲线D_L，见图5-3，与图5-2对比，我们发现：在其他条件一致的情况下，不完全竞争厂商的劳动力需求曲线比完全竞争厂商的劳动力需求曲线更加缺乏弹性。得出这样的结果并不奇怪，这反映出垄断性厂商对于工资率变化的反应弱于完全竞争厂商。当工资率降低时，不完全竞争厂商增加相对较少的劳动力的做法仅仅是劳动力市场对于厂商在产品市场上缩减产出的反应。在其他条件相同时，与完全竞争厂商相比，垄断性厂商发现生产规模增加得相对少一些是一件有利可图的事情。在这种小规模生产的情况下，垄断性厂商也会雇佣较少的劳动力。

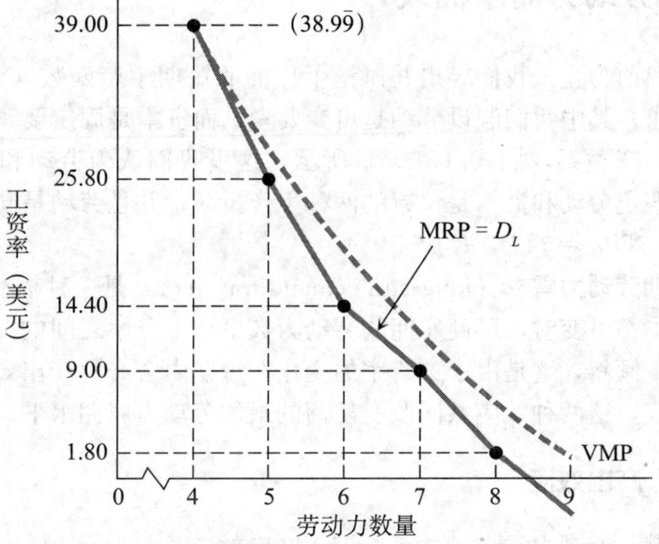

在不完全竞争的产量市场上，厂商的需求曲线向下倾斜，一方面由于劳动的边际产量下降，另一方面在于随着产出增加，厂商必须调低每单位产品的价格。此外，除起始点外，在任意雇佣水平下，不完全竞争厂商的 MRP（MR×MP）均小于 VMP（P×MP）。

图 5-3 不完全竞争厂商的劳动力需求曲线

最后，我们注意到，图 5-3 中描绘的 VMP 曲线位于厂商的 D_L ＝MRP 曲线右方，这与前面的结论完全一致：通过投入额外一单位劳动而给不完全竞争厂商带来的边际收益，要比该劳动带来的边际产出的市场价值小（（MRP＝MR×MP）＜（VMP＝P×MP））。

◈ 快速回顾 5-1

- 对于劳动力的需求衍生于对产品或服务的需求。
- 当资本的数量不变，劳动投入增加时，总产量会先增长且增长的速率越来越快，接着增长速率放缓，直至最后转为下降；这暗示着劳动的边际产量先增加，后降低，最后变为负值的变化过程。
- 由于完全竞争厂商会不断增加雇佣量直至 W＝MRP，所以 MRP 曲线就是该厂商的劳动力需求曲线。
- 不完全竞争厂商的劳动力需求曲线不如完全竞争厂商的劳动力需求曲线有弹性，这是因为随着产量的不断增加，不完全竞争厂商不得不降低其产品的价格（MR＜P）。

思考题

假设劳动是生产过程中唯一可变的投入，且每增加一单位劳动投入会使总产量从 65 单位增加至 73 单位。如果在完全竞争市场上，产品售价为每单位 4 美元，那么该单位劳动的 MRP 是多少？如果此时厂商是垄断者并且不得不通过降低价格来售出全部 73 单位产品，那么该单位劳动的 MRP 会变得更高还是更低？（答案：参见书末。）

5.5 长期劳动力需求曲线[①]

到目前为止，我们导出并讨论了厂商的短期生产函数（式（5－1））和短期劳动力需求，其中我们假设劳动是可变要素，而资本是固定要素。现在我们将目光转向长期生产关系，如式（5－2）所示，这里我们认为劳动和资本都是可变的。此外，仍假定劳动和资本是仅有的两种生产投入，并且劳动是同质的：

$$TP_{LR}=f(L,\ K) \tag{5-2}$$

长期劳动力需求（long-run demand for labor）是一种描述或曲线，描绘出当劳动和资本都可变时，厂商雇佣的劳动力数量与工资率之间的关系。长期劳动力需求曲线向下倾斜，这是由于工资率的变化在短期内会产生产出效应，在长期则会产生替代效应，这两种效应共同改变厂商的最优劳动力雇佣水平。

5.5.1 产出效应

就其与劳动力需求的关系而言，**产出效应**（output effect）（也称规模效应）是指由于工资率变动对厂商生产成本造成影响而引起的劳动力需求量的变化。这种效应是一种短期效应，用图 5－4 能够加以说明。在一般情形下，工资率的下降会使得厂商的边际成本曲线向下移动，即由MC_1移动至MC_2。也就是说，厂商每增加一单位产品的生产而带来的成本比之前更小。相对于厂商的边际收益（MR），降低了的边际成本（MC_2）意味着 Q_1 与 Q_2 间的任一产量边际收益均大于边际成本。遵循 MR＝MC 的利润最大化原则，厂商将发现将产量从 Q_1 增加至 Q_2 是有利可图的。为达到这个目标，厂商将增加其劳动力雇佣量。

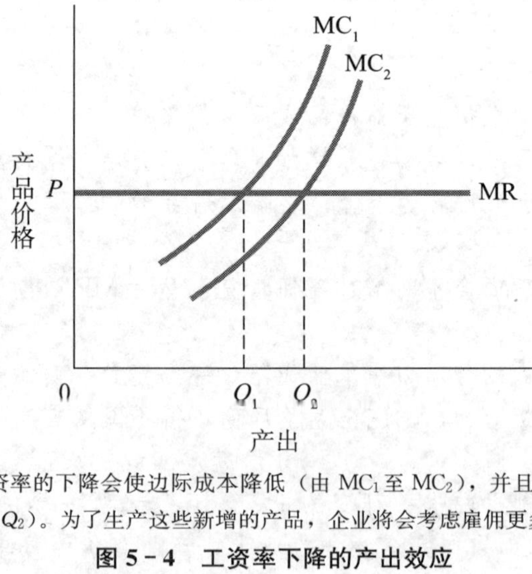

当其他条件相同，工资率的下降会使边际成本降低（由 MC_1 至 MC_2），并且使利润最大化（MR＝MC）的产出水平提高（由 Q_1 至 Q_2）。为了生产这些新增的产品，企业将会考虑雇佣更多的劳动力。

图 5－4 工资率下降的产出效应

① 在本章附录中，我们给出了长期劳动力需求曲线的一种推导证明。在那里以及随后的讨论中，我们忽略了工资率变化的长期利润最大化效应。为简单起见，我们只关注工资率变化在短期的产出效应和在长期的替代效应。

5.5.2 替代效应

讨论**替代效应**（substitution effect）只能在长期劳动力需求的语境下，它是指当产出保持不变时，仅由于劳动相对价格发生变化而导致的劳动力需求量的变动。短期内，资本是固定不变的，因此在生产中劳动与资本间的替代不可能发生。但在长期，当工资率下降时，厂商将会通过使用相对便宜的劳动来替代某些类型的资本。这一事实说明，在长期中，厂商由于工资变化所作的调整幅度要比在短期中的更大。也就是说，长期劳动力需求要比短期劳动力需求更富有弹性。

5.5.3 联合效应

在图5-5中我们运用以上结论，描绘出长期劳动力需求曲线D_{LR}。首先，假设厂商面对的短期劳动力需求曲线为D_{SR}，最初的均衡工资率和均衡劳动力需求量分别为W_1和Q，即图5-5中的点a。现在设工资率从W_1下降至W_2，因而引起了产出效应使得劳动力需求量增加至点b的Q_1。但从长期来看，资本是可变的，因此替代效应产生作用并将进一步使劳动力需求量增加至点c的Q_2。短期中的调整产生了从a到b的变化，而长期的效应又使得从劳动力需求量点b调整为点c。也就是说，长期劳动力需求曲线的位置由点a和点c最终决定。如图5-5所示，长期劳动力需求曲线D_{LR}比短期劳动力需求曲线更富有弹性。

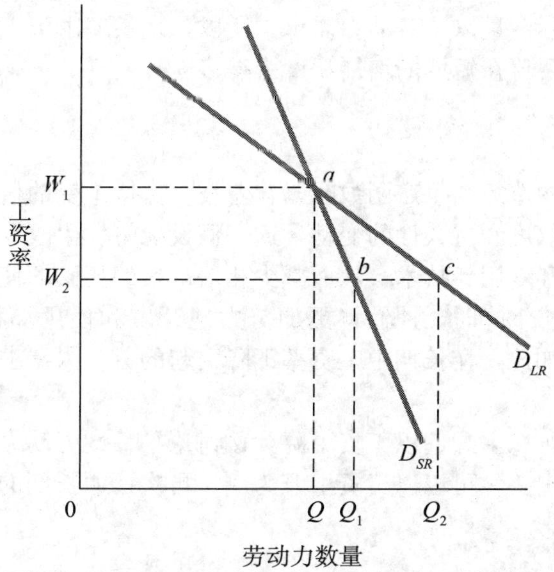

工资从W_1降低至W_2使劳动力需求量由Q增加到Q_1（产出效应）。但在长期，厂商将用劳动替代资本，从而导致了替代效应，即劳动力需求量由Q_1增加至Q_2。也就是说，长期劳动力需求曲线是由这两个效应共同决定的，在图中表示为点a与点c的连线。

图5-5 长期劳动力需求曲线

5.5.4 其他因素

除上述因素外，还有其他几种可能因素使得长期劳动力需求曲线与短期相比更富有弹性。下面是其中三个较为重要的方面。

■ 产品需求

如同我们将会讨论到的劳动力需求弹性的决定因素，产品需求在长期时的弹性要比在短期时大，因此时间越长，劳动力需求弹性也就越大。其他条件不变，消费者对产品价格变化的反应越强烈，那么厂商的劳动力需求对工资变化的反应就越大。

■ 劳动-资本交互作用

在“正常”的生产条件下，一种要素的数量变化会导致另一种要素的边际产量发生同方向的变化。我们接下来解释这个观点如何与劳动力需求相关联。我们再次假设某一特殊类型劳动力的工资率下降，工资率下降会导致在短期内对该劳动力的需求量提高，而劳动力数量本身的增加又会成为长期调整过程的重要一环：它会增加资本的边际产量以及资本的 MRP。正如劳动的 MRP 代表厂商的短期劳动力需求，资本的 MRP 代表厂商的短期资本需求（此时假设劳动要素是固定的）。当资本价格一定，资本 MRP 的增加会促使厂商使用更多的资本，而这反过来又会增加劳动投入的边际产量以及劳动力需求。所以，在长期由于工资率降低造成的劳动力需求量的增加要比在短期的增加程度大得多。

■ 技术

我们在构造短期生产函数时蕴含着技术保持不变的假设，在长期中，由于相关要素价格大幅度和持久性的变动，这一假设也将发生改变。投资者和企业家们会不断努力发掘和应用新技术，从而减少相对昂贵的要素的使用量。例如当劳动价格相对于资本价格下降时，他们将更加努力地开发和使用那种少用资本多用劳动的技术。正因为如此，在长期中工资率下降引起的劳动力需求量的变动比在短期的变动更加显著。

请注意，以上我们以工资下降为例讨论了长期劳动力需求曲线向下倾斜的一些特征。实际上，你可以以工资上升为例，再次证明长期的劳动力需求比短期更有弹性的结论。

工作世界 5-1

为什么制造业的就业下降了？

最近，美国制造业就业的大幅下降引发了越来越多的关注。制造业就业占总就业的比例从 1950 年的 31%降至 2011 年的 11%。制造业的就业人数已经从 1980 年的 1 870 万人减少到 2011 年的 1 360 万人。

导致制造业就业下降的原因有四个。

首先，在美国，消费者的消费支出也和其他工业化国家一样，已经从工业制成品上转移出来。2011 年，美国消费者的消费支出有 33%花在工业制成品上，而相应的数字在 1979 年和 1950 年分别为 53%和 67%。这一转变背后的一个可能的解释是，实际工资以及已婚妇女就业参与率的增加使得美国家庭越来越多地以市场服务来替代不通过市场的家务劳动。

其次，美国制造业企业为保持在全球市场中的竞争力，趋向于投资更多和更高品质的资本设备。这种投资使得企业能够在使用更少劳动者的同时仍可增加产出。1979 年以来，美国制造业工人的生产率以每年 3.3%的速度提高，这比全部非农业劳动生产率 2%的年增长率快很多。

再次，国际贸易的扩展也改变了美国生产的产品构成。当有国家可以更加专业化地生产比其他国家更高效的产品时，这个国家就可以通过贸易来获益。相对于其他国家而言，美国的强项是专业化地生产那些需要充足资本和熟练工人的产品。这样导致的结果是，制造业的就业不断下降，比如像服装业这种劳动密集且使用大量非熟练工人的产业日益没落。

最后，美国制造商正越来越多地使用来自临时帮助机构的临时工以应对需求的短期涨落，而不是雇佣固定职工。这些临时工通常被看作服务业工人而非制造业工人。另外，制造业企业还可以雇佣服务公司提供诸如清洁和薪酬处理等各种服务。

资料来源：Congressional Budget Office，"What Accounts for the Decline in Manufacturing Employment?" Economic and Budget Issue Brief，February 18，2004；and Congressional Budget Office，"Factors Underlying the Decline in Manufacturing Employment Since 2000'" Economic and Budget Issue Brief，December 23，2008. Updated statistics from http://www. bls. gov and http://www. bea. gov.

5.6 劳动力的市场需求

以上我们已经证明，由 MP 曲线中企业生产区间的那一段可以推导出 MRP 曲线，并且 MRP 曲线就是厂商的短期劳动力需求曲线。我们也验证了厂商的长期劳动力需求比短期更富有弹性。接下来，我们将目光转向**劳动力的市场需求**（market demand of labor）。首先，你可能会想，只要简单地将所有厂商的劳动力需求曲线在坐标系中进行水平方向的加总，就可得到关于该种劳动力的市场需求曲线了。例如，如果有 200 个均具有如表 5-2 所示的劳动力需求状况的企业，我们只需简单地用 200 乘以在不同工资率下的单个厂商的劳动力需求量，便得到整个市场的劳动力需求曲线。但是，这种简单的处理忽视了一个十分重要的加总问题。这个问题产生于某些量（如产品价格）在讨论单个厂商时可以被认为是固定的，但是在整个市场的状况下必须被认为是可变的。

为了证明这一点，我们假设有 200 个完全竞争厂商，每一个厂商都拥有如图 5-2 所示的劳动力需求曲线。此外还假设，这些厂商都生产一种同质的产品，并且相互竞争。从单个厂商的视角来考察，当工资率下降时，该厂商会雇佣更多劳动力，但这对整个市场的产品供给的影响是微不足道的，因此产品的价格也不会发生变化。但当所有的厂商都面临工资率下降的状况时，会增加劳动力雇佣量从而增加产量，那么产品的供给会保持持续的增加，而这一供给的变化会带来产品价格的下降。这一点十分关键，因为如表 5-2 所示，产品价格是单个厂商劳动力需求曲线的一个重要决定因素。具体来说，更低的产品价格会降低 MRP 并使每个厂商的劳动力需求曲线向左移动。这意味着，与简单地将所有厂商的劳动力需求曲线加总得到的曲线相比，真实的劳动力市场需求曲线更加缺乏弹性。①

如图 5-6 所示，左图（a）表示 200 个厂商中的某单个厂商的劳动力需求，右图（b）所示为整个市场的劳动力需求。单个厂商最初位于均衡点 c，此时的工资率为 W_1，劳动力需求量为 Q_1。劳动力需求曲线 D_{L1} 是基于产品价格恒为 2 美元的前提，即表 5-2 中的第 4 列。如果其他条件不变时，工资率下降至 W_2，厂商会发现转移至点 e' 处雇佣 Q_2' 数量的劳动力是有利可图的。但事实上，在关于这些雇佣劳动力生产相同产品的厂商的讨论中，“其他条件不变”的假设是不成立的。更低的工资将促使所有的厂商增加其劳动力雇佣量。这使得产品的供给明显增加，而产品价格也随之降低。更低的产品价格——例如 1.6 美元（最初为 2 美元）——反过来又使每个厂商的劳动力需求曲线向左移动，由原来的 D_{L1} 移动到了 D_{L2}（见图 5-6（a））。

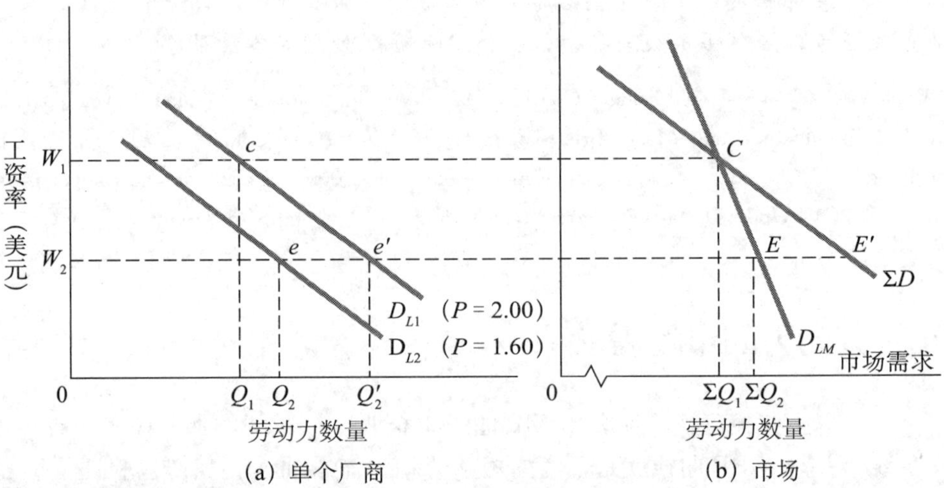

市场劳动力需求曲线要比所有单个厂商劳动力需求曲线简单水平加总更加缺乏弹性。较低的工资率会使所有的厂商雇佣更多的劳动力，生产更多的产品，从而导致产品的供给增加。这一结果引起的产品价格下降又会使厂商的劳动力需求曲线向左移动。结果，总的劳动力需求量从点 C 增加到点 E，而不是从点 C 增加到点 E'，如图（b）所示。

图 5-6 市场劳动力需求曲线

每个厂商在较低的价格下产生新的 MRP 或者说劳动力需求。因而，工资率为 W_2 时，每个厂商在点 e 实现新的均衡，此时厂商的劳动力雇佣量为 Q_2 而非 Q_2'。因此，在图 5-6（b）中，市场劳动力需求曲线不是曲线 CE'（曲线 CE' 由所有 200

① 如果所有厂商在其特定的产品市场上都是垄断者，我们的结论将不成立。如图 5-3 所讨论的，垄断厂商的劳动力需求曲线已经考虑到由于产出增加将导致的产品价格下降。因此，为得到市场劳动力需求曲线，只需将所有垄断厂商的单个劳动力需求曲线做简单加总。

个厂商的劳动力需求曲线水平加总得到)，而是将价格调整考虑在内的曲线 CE（曲线 CE 由相应价格下所有 200 个厂商的劳动力需求水平加总，如 D_{L1} 上 W_1 的工资率对应的雇佣量 Q_1 以及其他厂商在 W_1 的工资率下的劳动力需求量加总，如 W_2 的工资率对应的雇佣量 Q_2 以及其他厂商在考虑价格调整后的劳动力需求量加总，这些加总后的点构成了图 5－6（b）中的曲线 CE)。如图 5－6 所示，考虑到价格调整的曲线 CE 要比单一加总的曲线 CE' 缺乏弹性。

◈ 快速回顾 5－2

- 长期劳动力需求曲线要比短期劳动力需求曲线更富有弹性，这是因为在长期中产出效应和替代效应共同发挥作用；而在短期中，只存在产出效应。
- 工资率变化的产出效应是指由厂商生产成本的变化而导致的劳动力需求量的变化；替代效应是指由劳动与资本间的相对价格发生变化而导致的劳动力需求量的变化。
- 市场劳动力需求曲线要比所有单个厂商劳动力需求曲线的简单加总缺乏弹性；降低的工资率通过增加所有厂商的劳动力雇佣量，带来更多的产出，从而增加了产品供给，降低了产品价格，最终也降低了每个厂商的 MRP。

思考题

2009 年，联合起来的汽车工人降低了美国汽车产业的工资率。从 2010 年之后，通用汽车、福特和克莱斯勒等公司都出现了劳动力雇佣量回升的情况。结合产出效应和替代效应，试解释工资率的降低如何导致汽车行业劳动力需求量的回升。(答案：参见书末。)

工作世界 5－2

比较优势和劳动力需求

比较优势规律是应用于国际贸易中的一条规律，指的是当每一种产品都由机会成本较低的国家生产的时候，世界的总产出将会达到最大。例如，假设在美国，生产 1 单位雨衣需要耗费 15 单位的化学资源，而在韩国，生产 1 单位雨衣只需要耗费 10 单位的化学资源。那么，在韩国，1 单位雨衣的机会成本（10 单位化学资源）要比美国（15 单位化学资源）更低一些。因此，韩国应该专业生产雨衣。同样，美国应当专业生产化学制品，因为美国的机会成本（1/15 单位雨衣）比韩国的（1/10 单位雨衣）更低。韩国将专业化生产雨衣并用它们来交换化学资源；美国将专业化生产化学资源并用它们交换雨衣，两国间这种互相交换的贸易方式使双方都可满足对这两种产品的需求。

上述这种专业化的生产分工和贸易将会如何影响美国和韩国的劳动力需求？很显然，在美国，化学制造业的劳动力需求将会增加，生产雨衣的劳动力需求将会减少；而韩国将会出现相反的情况。由于国际贸易对劳动力需求同时导致正向和负向影响，因此其对每个国家劳动力总需求的影响是不确定的。然而很明确的是，这种专业化生产将增加两个国家的总产量。专业化将会刺激因效率相对较高而拥有比较优势的行业的扩张，且还会直接导致效率相对较低的行业出现萎缩。这也就意味着，专业化将会使资源（包括劳动力）转入更具生产率的使用途径。我们可以预期到的是，如果每个国家的工人总数保持不变，那么平均而言，专业化将使每个工人能够买到比以前更多的产品。换言之，或者工资提高或者产品价格下降，人们的实际收入（名义收入/价格水平）将会增加。

需要引起重视的是，带动国际贸易的是比较优势而非两国间的工资水平差异。韩国的低工资率并未给予该国特殊的国际优势。美国的高工资率也未使其注定成为商品的净进口国。即使韩国的低工资能够确保其以比美国更低的美元成本生产化学制品，韩国仍可以从专业化生产雨衣并以此从美国购入化学制品这样的分工方式中获益。因为通过这样做，韩国能够减少它获得化学资源的真实成本（以雨衣表示的机会成本）；同样，美国也能够以比生产雨衣所需的国内资源成本还要低的真实成本（以化学制品表示的机会成本）得到雨衣。

5.7 劳动力需求弹性

在前文中我们了解到，长期劳动力需求曲线比短期劳动力需求曲线更富有弹性，而市场劳动力需求曲线比单个厂商的劳动力需求曲线的水平加总更缺乏弹性。弹性的差异带来了一个十分重要的有待回答的问题：什么决定了劳动力需求量对工资率变动的敏感度，也就是说什么决定了**劳动力需求弹性**（elasticity of labor demand）？下面我们来详细讨论这个问题。

5.7.1 弹性系数

劳动力需求量对工资率变动的敏感度，通常由**工资弹性系数**（wage elasticity coefficient）E_d来衡量，如式（5－3）所示：

$$E_d=\frac{\text{劳动力需求量变化的百分比}}{\text{工资率变化的百分比}} \tag{5-3}$$

由于工资率变动与劳动力需求量变动呈负相关关系，所以弹性系数总为负值。但为方便起见，式中负号常常被省略。此外，需要注意的是，百分比的计算常会带来“可逆性”的问题。例如，工资从5美元增至10美元，增幅为100%；而当工资从10美元减至5美元时，降幅则为50%。经济学家为避免计算工资弹性系数时产生这种问题，通常以两个工资的平均数和两个劳动力需求量的平均数作为基准。对我们刚刚提到的这个例子而言，无论工资是从10美元降为5美元，还是从5美元增至10美元，都被视为出现了67%的变动{5/[(10＋5)/2]}。

在公式中采用平均的概念计算工资弹性，即为著名的中点公式，如式（5－4）所示：

$$E_d=\frac{\text{劳动力需求量的变化量}}{\text{劳动力需求量总额}/2}\div\frac{\text{工资率的变化量}}{\text{工资率总额}/2} \tag{5-4}$$

如果给定工资变动的百分比，将导致劳动力需求量的变动幅度相对更大，此时弹性系数的绝对值将会大于1，表明需求是富有弹性的，厂商对于工资率变动的反应较为灵敏。相反，若工资率在既定幅度内的变动仅导致劳动力需求量变动了较小的百分比，在这种情况下弹性系数的值将小于1，表明需求是缺乏弹性的，厂商对工资变动不太敏感。最后，当工资变动一定百分比，而由此导致的劳动力需求量变动百分比与之相等，弹性系数等于1，表明需求是单位弹性的。

5.7.2 总工资规则

你可能在基础的经济学课程中了解到，当产品价格发生变化时，可通过观察总收益的变化情况来判断产品的需求价格弹性。类似地，可以用**总工资规则**（total wage bill rules）来帮助评估工资弹性。

图 5-7 中有两条不同的劳动力需求曲线 D_{L1} 和 D_{L2}。假设最初工资率为 8 美元，此时厂商雇佣 5 个劳动力，从厂商角度看，工资总额可定义为 $W \times Q$，这时就等于 40 美元（8×5），这个数字同样可看作 5 个劳动力的总工资收入。现在我们假设工资率上升至 12 美元，而这对工资总额会造成两种相反的影响。一方面，工资率的提高会使总工资增加；另一方面，由此导致的劳动力使用量的减少又使总工资减少。观察 D_{L1}，厂商面对 4 美元的工资上涨，将会使劳动力雇佣量由 5 减少至 2。所以，工资率的提高使总工资增加了 8 美元（4×2），而劳动力使用量的下降则使总工资减少了 24 美元（8×3）。最终的净效应是减少了 16 美元，即从最初的 40 美元（8×5）变为 24 美元（12×2）。综上，当劳动力需求富有弹性时，工资率的变动将会导致工资总额朝相反方向变动。

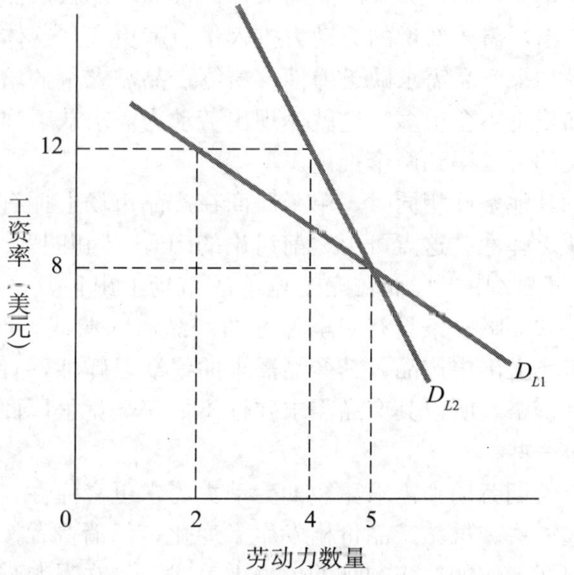

如果工资率的变动导致工资总额（$W \times Q$）沿相反方向变化，那么劳动力需求就是富有弹性的。如在 D_{L1} 上随着工资率从 8 美元增至 12 美元，工资总额从 40 美元（8×5）降至 24 美元（12×2）。但在 D_{L2} 上，同样的工资率增加却导致工资总额从 40 美元增加至 48 美元（12×4）。第二种情况说明，当需求缺乏弹性时，工资率的变动将导致工资总额沿相同方向变化。

图 5-7 总工资规则

注意在劳动力需求曲线 D_{L2} 上，4 美元的工资率提高使得工资总额增加 16 美元（4×4），减少一个劳动力使得工资总额减少 8 美元（8×1），前者程度大于后者，最终工资总额由原来的 40 美元（8×5）增加到现在的 48 美元（12×4）。综上，当劳动力需求缺乏弹性时，工资率的变动将会使工资总额按相同方向变化。最后，当劳动力需求具有单位弹性（为 1）时，工资率的变动不会引起工资总额的变动。

我们可以运用中点公式（式（5-4））来计算图5-7中D_{L1}、D_{L2}的弹性系数，从而对上述总工资的相关结论进行验证。当工资由8美元增至12美元时，其增长率为40%（4/（（8+12）/2）），而在D_{L1}上劳动力数量下降了86%（3/((5+2)/2)），由于劳动力需求量的下降百分比超过了工资变化的百分比，所以劳动力需求是富有弹性的（此时总工资随着工资率的提高而下降）。而在D_{L2}上，同样40%的工资上升仅导致劳动力需求量减少了22%（1/((5+4)/2)），因此需求是缺乏弹性的（此时总工资随工资率的提高而提高）。

5.7.3 弹性的决定因素

到底哪些因素决定了劳动力需求弹性？下面是关于这个问题的理论归纳与总结。①

■ 产品需求弹性

由于对劳动力的需求是一种引致需求，劳动力需求弹性自然会受到产品需求弹性的影响。当其他条件相同时，产品需求弹性越大，劳动力需求弹性也越大。这很容易解释。随着工资率的下降，产品的生产成本也会下降，由此导致产品价格的下降以及需求量的增加。如果产品需求弹性很大，那么产品需求量的增加就更多，因此为增加产出，需要新增的劳动力投入量也就更多，这体现出劳动力需求是富有弹性的。但是如果产品需求缺乏弹性，最终产品需求量的增加不会很多，因而劳动力需求的增加量也不会很多。这就体现出劳动力需求缺乏弹性。

据此我们可以得到两个推论。

第一，其他条件相同时，单个厂商在产品市场上拥有的垄断权力越大，其劳动力需求越缺乏弹性。这点可由之前讨论的图5-2和图5-3分析得到。让我们回忆一下，在图5-2中，厂商在完全竞争的市场上出售其产品，也就是说作为一个价格接受者，它面临一条具有完全弹性的产品需求曲线。而在图5-3中，厂商在不完全竞争市场上出售产品，其产品需求曲线缺乏弹性，且厂商要想增加产量，就必须降低产品价格，所以其产品需求弹性不如完全竞争厂商的大，其劳动力需求弹性自然也就小一些。

第二，长期劳动力需求比短期劳动力需求更富弹性。长期产品需求的价格弹性比短期更大一些。虽然产品价格发生了变化，但消费者按照习惯只会慢慢地改变他们的消费习惯。例如，当咖啡的价格上升时，喜欢喝咖啡的人可能不会立刻减少他们对咖啡的消费；但如果时间足够长，一些消费者就可能会购买茶来替代咖啡。此外，我们还需考虑到，有些产品通常需要与昂贵的耐用品搭配使用。比如，虽然电费价格上升了，那些拥有电炉和其他电器的人也不可能大量减少他们的用电量。但随着时间的推移，人们对电的需求弹性——包括该行业中对工人的引致需求的弹性——都会变得越来越显著，也就是说人们会使用天然气、太阳能、木材甚至煤炭

---

① 此处结论最早由马歇尔在其《经济学原理》（*Principles of Economics*，London：Macmillan Publishing Company，1890）中进行阐述，接着希克斯（John R. Hicks）在其《工资理论》（*The Theory of Wages*，2nd ed. New York：St. Martin's Press，1966，pp. 241-247）中对此进一步说明。正因为如此，该结论常被称为“希克斯-马歇尔引致需求原理”。

等资源来代替原有对电力的需求。

■ 劳动力成本占总成本的比重

总的来说，在其他条件不变时，劳动力成本占总生产成本的比重越大，劳动力需求弹性就越大。[①] 这一关系显而易见。对比以下两种状况：状况一，如果劳动力成本是唯一的生产成本——也就是说假设劳动力成本占总成本的100%——那么工资率上升20%将会使产品成本上升20%。在给定的产品需求下，成本的大幅增加最终会导致产品价格的大幅度提高，以及产品需求量大幅度减少，最终，厂商的劳动力需求会大幅度下降。状况二，如果劳动力成本只占总成本的10%，那么工资率同样上升20%最终只会使单位产品成本增加2%。假设这里产品需求状况与第一种情况相同，则这里相对较小的成本增加只会产生一个相对较小的劳动力需求量的下降。也就是说，同样20%的工资率增加，第一种情形下所产生的劳动力需求量下降的程度大于第二种情形。

在服务性行业，如教育、临时工、建筑物养护等，劳动消耗占总成本的比重都很大。在这些行业中，工资上升意味着成本的巨大提高，这就导致劳动力需求相对更富有弹性。相反，在资本高度密集性行业，如发电业和酿造业，劳动力成本只占总成本的较小比重，因此这些行业的劳动力需求曲线就相对缺乏弹性。

■ 其他要素投入的可替代性

当其他条件不变，其他要素投入对劳动的替代能力越强，劳动力需求弹性就越大。假设在某种技术条件下，资本可以较为容易地替代劳动，那么工资率的小幅度上升会导致机器设备的使用大量增加，同时劳动使用量必然也会大幅度减少。相反，工资率的小幅度下降也会带来劳动对资本的大量替代。在这种情况下，劳动力需求就是富有弹性的。在其他的例子中，由于技术原因，劳动投入可能是相对固定的，那么资本对劳动的替代便极其有限。在某些极端情况下，生产过程需要固定数量的劳动投入；例如，商业航班总是需要两名飞机驾驶员——不能多也不能少——在这种情形下，工资率的变动在短期内对飞行员数量产生的影响很小，即劳动力需求是缺乏弹性的。

这里值得注意的是，时间因素在要素替代中扮演着很重要的角色，与我们先前讨论的一种消费商品（咖啡）会被另一种替代的过程相似。自工资率调整后，我们观察的时间越长，劳动力需求对工资率变动的反应就越充分，需求弹性也就越大。例如，当某厂商的卡车司机工资率显著增加后，厂商所雇佣的司机数量不会立即减少。但一段时间以后，当需要进行卡车更新时，厂商会优先选择那些吨位更大的卡车，即对于同样多的运量，使用这样的大吨位卡车，能够降低司机的数量。反过来，当卡车折旧报废后，厂商也可以选择其他的运输方式。

■ 其他投入的供给弹性

劳动力需求弹性的第四个决定因素是对第三个决定因素的扩展。这一扩展是，

---

① 这一命题假设产品需求弹性大于资本和劳动的替代弹性。参见 Hicks，op. cit.，pp. 241-47。

当其他条件相同，其他投入要素的供给弹性越大，劳动力需求弹性就越大。在讨论第三个决定因素时，我们暗含着一个假设，即非劳动投入价格——比如资本的价格——不受其需求变动的影响。但这可能与实际情况不符。

为了分析这种情况，我们再次假设工资率的提高将使得厂商用资本替代劳动。那么，只有当资本的供给具有完全弹性时，对资本需求的增加才不会改变资本的价格。但是如果资本供给曲线是向上倾斜的，那么需求的增加将导致资本价格的增加。此外，资本供给越是缺乏弹性，资本价格上升的幅度越大，劳动力需求弹性因而就变得更加不明显。资本价格的上升必将削弱资本对劳动的替代，并最终降低劳动力需求弹性。在资本供给弹性很大时，资本需求的增加仅会使其价格有一个微小的上升，这对替代过程的抑制将是极小的。这些都表明劳动力需求是富有弹性的。

5.7.4 工资弹性的估计

哈默梅什在总结和比较了100多项关于劳动力需求的研究后得出结论，美国长期的劳动力需求弹性值为1.0。[①] 该系数表示单位弹性的劳动力需求曲线，即工资率每变动10%，劳动力需求会朝相反方向变动10%。哈默梅什认为，长期弹性中大约2/3是由产出效应带来的，另外1/3则由替代效应产生。尽管由于统计设计和数据支持的不完备使这个领域的研究变得困难，但其他研究结果也大都支持哈默梅什的估计结果。

还有一些研究结果发现，劳动力需求弹性在行业、劳动力类型和职业群体间存在很大差异。比如，克拉克（Clark）和弗里曼估计，美国全部制造业的工资弹性约为1。[②] 阿申费尔特（Ashenfelter）和伊兰伯格（Ehrenberg）研究发现，公共教育领域的工资弹性为1.06。[③] 另外一些研究还表明，对青少年的劳动力需求弹性高于对成年人的劳动力需求弹性，对生产性工人的需求弹性高于对非生产性工人的需求弹性，对非熟练工人的需求弹性高于熟练工人，非耐用品行业的劳动力需求弹性高于耐用品行业。

5.7.5 工资弹性的重要意义

估计劳动力需求弹性具有什么实际意义呢？其意义在于通过劳动力需求弹性估计可帮助人们进行工资率-雇佣量的权衡，从而对私人决策和公共政策产生极大影响。

在私人领域，工会的工资谈判策略便会受工会工人的劳动力需求弹性的影响。我们可以想见，一个由航空航天行业的高技能工程师组成的工会（这里劳动力需求是缺乏弹性的）去进行工资谈判与由餐馆劳动者组成的工会（这里劳动力需求富有

---

① Daniel S. Hamermesh, *Labor Demand* (Princeton, NJ: Princeton University Press, 1993), chap. 3.

② Kim B. Clark and Richard B. Freeman, "How Elastic Is the Demand for Labor?" *Review of Economics and Statistics*, November 1980, pp. 509-20.

③ Orley Ashenfelter and Ronald G. Ehrenberg, "The Demand for Labor in the Public Sector," in Daniel Hamermesh (ed.), *Labor in the Public and Nonprofit Sectors* (Princeton, NJ: Princeton University Press, 1975), p. 71.

弹性）进行工资谈判相对比，前者应更有竞争力。为什么呢？原因在于一定的工资率上升所导致的工程师雇佣量的减少远远小于所导致的低技能餐馆工人雇佣量的减少。

类似地，当厂商声称必须削减工资以保全因激烈的进口竞争而受到威胁的工作机会时，工会在做出同意与否的回应前，也必须搞清雇主的工资弹性。一般地，雇主的劳动力需求弹性越大，工会同意工资变动的可能性就越大。因为在劳动力需求富有弹性的条件下，同意削减工资对于保持工作机会是更加有利的。

政府某些政策的实际效果和影响也常常依赖于劳动力需求弹性。比如，最低工资率的提高对就业的影响取决于市场对那些接受最低工资的工人的劳动力需求弹性。类似地，一项为那些雇佣低层级工人的雇主提供工资补贴的项目，其效果也取决于所在行业的劳动力需求弹性，劳动力需求弹性越大，工资补贴导致的就业增加就越多。

5.8 劳动力需求决定因素

劳动力需求的变动与劳动力需求量的变动是有很大区别的。劳动力需求量的变动表现为沿劳动力需求曲线的变动，而劳动力需求的变动是指劳动力需求曲线的左移或右移。哪些因素会导致这样的曲线移动？主要的**劳动力需求决定因素**（determinants of labor demand）包括产品需求、生产率、雇主的数量以及其他资源的价格等。

5.8.1 产品需求

当其他条件相同，产品需求的变动会导致劳动力需求曲线沿同一方向变动。例如，如表5－2和图5－2所示，当产品需求增加时，产品价格从2美元增长到3美元。如果我们在图5－2中描绘出新的MRP数据，将会看到劳动力需求曲线向右移动了。同样，产品需求的下降将会使劳动力需求曲线向左移动。

5.8.2 生产率

假设产品价格变化不会完全抵消变动的效果，那么劳动的边际产量（MP）的变化将会使劳动力需求曲线按相同方向移动。再次回到表5－2和图5－2，假设由于技术进步，整体生产函数（即表5－2中第1栏与第2栏数据间的关系）向上移动。更进一步，我们可以假设在固定资本下每个劳动者的总产出翻了一番。由此，第3栏的MP和第6栏的MRP都将增加。如果将新的MRP数据描绘在图5－2中，我们看到劳动力需求曲线向右移动了。相反，随着生产率的降低，劳动力需求曲线将会向左移动。

5.8.3 雇主的数量

在图5－6中，市场劳动力需求曲线是通过将单个厂商的价格调整后的劳动力需求曲线水平加总得到。假设其他厂商的雇佣量不变，雇佣某一特定种类工人的厂商数量变化将会使劳动力需求沿相同方向变动。就图5-6而言，其他条件不变时，如果有更多的厂商进入这个市场来雇佣工人，那么D_{LR}曲线就会向右移动，相反就会向左移动。

5.8.4 其他资源的价格

其他投入，诸如资本、土地、原材料等的价格也会使劳动力需求曲线发生移动。为说明这个问题，我们仅以资本价格变化为例，讨论资本价格的变化对劳动力需求的影响。通常情况下，劳动和资本在生产过程中是相互替代的，即为达到既定的产出，可以在生产中使用较多的资本和较少的劳动，或者使用较少的资本和较多的劳动。现在假设资本价格下降，我们的任务就是分析这会对劳动力需求造成什么影响。

■ 总替代①

如果劳动和资本之间具有总替代的关系，那么资本价格的下降就会导致劳动力需求的减少。两种要素间具有**总替代**（gross substitute）关系是指，当一种要素的价格变化时，另一种要素的需求也沿相同方向变动。可以说，这里的替代效应大于产出效应：资本价格的下降降低了产品的边际成本，因而导致产出扩张和劳动力需求的增加（产出效应）；但是厂商会使用相对便宜的资本去替代劳动，这又会导致劳动力需求的减少（替代效应）。当劳动和资本具有总替代的关系时，替代效应大于产出效应，因此劳动力需求下降。例如，商店使用的安全器材与夜班警卫之间具有总替代关系，前者价格的下降会降低对夜班警卫的需求。

■ 总互补

另一方面，如果劳动和资本之间具有总互补关系，那么资本价格下降会导致劳动力需求增加。两种要素间具有**总互补**（gross complement）关系是指，当一种要素价格发生变化时，另外一种要素的需求会因此沿相反方向变动。在资本价格下降的情形下，生产成本将降低，产量将会增加，最终劳动力需求将会增加（产出效应）；而资本对劳动的替代又会带来劳动力需求量的减少（替代效应）。当劳动和资本具有总互补关系时，产出效应超过替代效应，即资本价格的降低（上升）会增加（减少）劳动力需求。例如，过去30年中电脑价格的下降增加了对电脑程序员的需求。

到目前为止，我们始终假定劳动与资本在生产中能够相互替代。但如果劳动与资本间不具备这种替代关系，资本价格的变化又将如何影响劳动力需求呢？假设劳动与资本是完全互补的，这意味着在生产过程中二者将保持不变的比例。比如，起重机和起重机操作员之间不具有替代性，一台起重机对应一名操作员，起重机的增加需要操作员一比一的增加。资本（这里是指起重机）价格降低会毫无疑问地增加

---

① 为了和高级经济学保持一致，我们将“总”作为“替代”和“互补”的修饰语。这里的“总”意味着既包含替代效应，也包含产出效应。反之，所谓“净替代”或“净互补”，表示在产出不变情况下，单纯关注替代效应或互补效应。

对劳动（即起重机操作员）的需求。因为在这个例子里，由于劳动和资本存在互补关系，且不存在替代关系，因此资本价格的降低减少了厂商的边际成本，使厂商的产出增加，其劳动力需求随之增加。

记住这些结论：(1) 如果在生产中，一种要素和劳动能够相互替代，那么该要素价格的变化会使劳动力需求产生相同方向或相反方向的变化，这取决于该要素和劳动是总替代关系还是总互补关系；(2) 如果在生产中，一种要素和劳动是完全互补的关系，即二者必须保持固定的比例——也是一种总互补关系，那么该要素价格的变化会使得劳动力需求朝相反方向发生改变。

◆ 快速回顾 5-3

● 工资弹性衡量的是劳动力需求量对工资率变动的敏感程度；它等于劳动力需求量变化的百分比与工资率变化的百分比的比值。

● 当工资率的变动引起工资总额（$W \times Q$）发生反方向变动，那么劳动力需求就是有弹性的；当工资总额不随工资率的变化而变化，那么劳动力需求就是单位弹性的；当工资总额与工资率变化方向相同时，劳动力需求就是缺乏弹性的。

● 工资弹性的主要决定性因素有：(a) 产品需求弹性；(b) 劳动力成本占总成本的比重；(c) 其他要素投入的替代性；(d) 其他要素投入的供给弹性。

● 导致劳动力需求曲线移动的主要因素包括：(a) 产品需求的变化；(b) 生产率的变化；(c) 雇主数量的变化；(d) 其他资源的价格变化。

思考题

假设资本价格相对于工资率出现了下降，因而引起劳动力需求的增加。那么，两种要素间是总替代关系还是总互补关系？通过比较产出效应和替代效应的相对强弱，你可以得出什么样的推论？（答案：参见书末。）

全球瞭望 5-2

自我雇佣占总就业的比重

在主要的工业化国家中，美国自我雇佣的工人占总就业的比重是最低的。

自我雇佣的工人占总就业的比重（%）

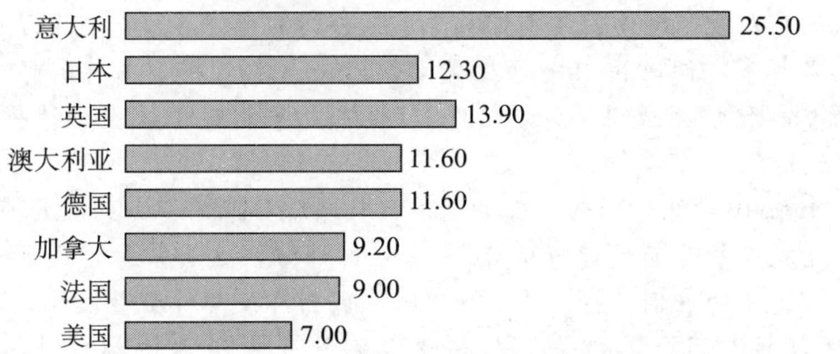

注：图中除法国为2006年数据外，其他均为2010年数据。

资料来源：Organization for Economic Cooperation and Development，*OECD in Figures*，*2011-2012 Edition*.

全球瞭望 5-3

临时就业占总就业的比重

与其他国家相比，美国的临时就业占总就业的比重是比较低的。

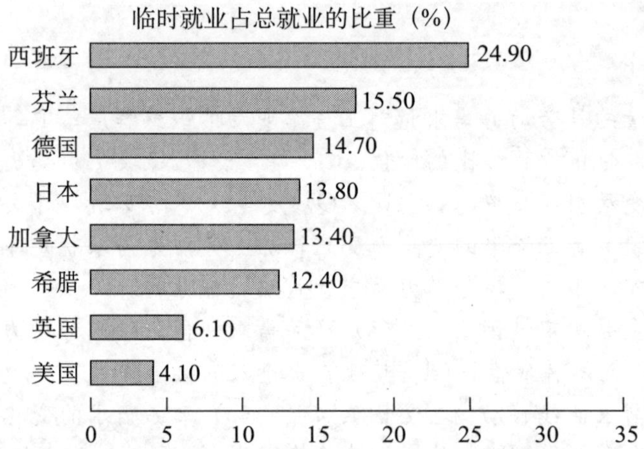

注：美国的数据为2001年，其他均为2010年数据。

资料来源：Organization for Economic Cooperation and Development（www. oecd. org）. Data are for 2010.

工作世界 5-3

美国邮政服务工作者的快速消失

在过去的10年间，美国邮政服务业雇佣量有着十分显著的下降，并且预计在未来10年将下降更多。在2000—2010年之间，邮政服务工作者的数量从901 000人减少至672 000人。预计到2020年，从事邮政服务业的劳动者将会降至475 000人。据预测，在2010—2020年联邦就业量的跌幅中，邮政服务业将占据半壁江山。

邮政服务业的就业量下降是因为人们对于该服务的需求在减少。对电子邮件、网上支付方式的使用越来越多，同时杂志发行在减少。2000—2010年，由美国邮政服务业处理的业务件数从2 080亿件减少至1 710亿件。到2020年，邮件数量预计将减少至1 270亿件。

据预测，在未来10年内，随着行业的收缩，邮政服务业的职业组合将有显著的变化。邮件处理职员占总就业的份额预计将从21%减少至15%，这要归结于技术进步对工人的生产率的提升。邮递员的雇佣量将只是小幅下降，因为即使邮件数量减少，邮政服务业仍需要他们来投递邮件。因此，邮递员在邮政服务就业中所占份额预计将从47%增长到59%。

资料来源：Based on Richard Henderson，“Industry Employment and Output Projections to 2020，” *Monthly Labor Review*，January 2012，pp. 65-83；C. Brett Lockard and Michael Wolf，“Occupational Employment Projections to 2020，” *Monthly Labor Review*，January 2012，pp. 84-108；and U. S. General Accountability Office，“Mail Trends Highlight Need to Fundamentally Change Business Model，” GAO - 12 - 159SP Report，October 14，2011.

5.9 实践应用

关于劳动力需求和劳动力需求弹性的概念具有极大的实践意义。这一点可以从下面的例子中看出来。

5.9.1 纺织和服装业

1973 年，美国的纺织和服装业有 2 400 万劳动者；到了 2010 年这一数字降至 396 000 人。预计到 2020 年该行业还会有 123 000 名劳动者失去工作。有很多因素可以解释就业量的迅速下降。首先，由于贸易壁垒的降低而带来的国外竞争减少了市场对美国生产的纺织品和服装的需求。美国本土生产商所提供的纺织品和服装市场份额已由 1970 年的 95%下降到今天的不足 60%。

另一个导致就业量下降的原因在于在纺织和服装业中广泛普及的自动化技术。工业机器人与流水线上的工人间存在总替代关系，这意味着价格较低的机器人产生的替代效应超过了产出效应。其带来的净效应是劳动力需求的下降。与产品需求下降相伴而来的是，使用机器人代替劳动者使得这一行业的就业量锐减。[①]

5.9.2 快餐业工人

在过去的几年里，麦当劳和其他快餐机构为吸引家庭主妇和老人来餐馆就业大打广告战。做出这些努力的一个重要原因是对快餐工作者需求的快速增长。女性劳动参与率的增加和双职工家庭数量的增加提高了时间的机会成本（回顾第 3 章的贝克尔模型）。在贝克尔模型中，人们用购买商品（餐厅的饭菜）来换取时间（家中准备食物需要的时间）。而对餐厅食物的需求量的上升，也提高了对快餐行业工作者的需求。这是因为作为传统快餐业工人的劳动力供应来源的年轻人已经不够用了，所以许多餐馆现在开始招聘家庭主妇以及将要退休的工人。

5.9.3 个人计算机

在过去的 20 年里，个人计算机的平均价格有了大幅下降，且计算机的数据处理能力得到令人惊叹的提高。这种变化对劳动力需求有着十分广泛的影响。比如说，计算机行业中的某些部门对劳动力需求量的增加尤为显著。1990—2011 年，

---

① 更多关于纺织与服装业劳动力趋势的信息，详见 Mark Mittelhauser，“Employment Trends in Textiles and Apparel，1973-2005，” *Monthly Labor Review*，August 1997，pp. 24-35。

计算机系统设计行业（编程和软件服务）的就业率以平均每年6个百分点的增幅扩张。创立于1976年的苹果公司（Apple Corporation）员工数量在2011年已达到63 300人。另一个软件行业的主要制造商微软雇佣的员工人数从1983年的476人增加至2012年的93 200人。

在一些办公室中，个人计算机已成为劳动力的总替代品，从而减少了公司对劳动力的需求，使得公司可以利用更少的劳动力来进行生产。但是从别的方面来说，电脑和劳动力已经被证明是总互补的关系。电脑价格的下降在一定程度上削减了生产成本，同时也使得产品价格下降，产品销量增加了，同时也使得对工人的引致需求在上升。另外，键盘录入人员和电脑是一种总互补关系。因此这两者之间不存在替代效应；每一台电脑都需要一名键盘录入员。

如今，有7 700万人在一天中或多或少地利用个人电脑来工作。据克鲁格估计，那些使用电脑的工作者比那些做着相似工作却不使用电脑的人多获得10%～15%的收入。①

工作世界5-4

不同职业的就业趋势

劳动力需求的变动很重要，这是因为它会改变工资率和特定职业的就业状况。某个特定职业的劳动力需求的增加将会提高该职业的雇佣量，同理劳动力需求的下降会降低雇佣量。为了举例说明，我们来考察一下正面临快速劳动力需求增长的几种职业（工资率的问题在下一章讨论）。

下面的表格列出了10种以百分比计算而言被认为是2010—2020年增长最快的职业。毫不令人感到意外的是，服务业和建筑业是该名单上的主力军。总的来说，服务业和建筑业的劳动力需求要比制造业和采掘业的劳动力需求增长得更快。

增长最快的前10种职业中有3种和个人卫生保健有关。对个人护理、家庭护理、生物医学工程师、医务助理的需求在持续增长，而造成这种增加的原因有：(1)美国人口的老龄化以及伴随而来的各种老年疾病患者的增加；(2)不断增长的收入使人们在卫生保健上花费更多；(3)不断上升的私人和公共保险，使更多的人有能力购买保健服务。

增长最快的前10种职业中的另外4种职业与建筑业有关。2006—2010年，建筑行业减少了200万个岗位。这导致的结果是，建筑行业的就业基于这样一个低起点回弹，这些职业的就业率迅猛。

宠物保健也属于快速发展的行业中的一种。对诸如牙齿健康预防医疗和外科手术等先进的宠物保健医疗服务的需求在持续增长，这使得对兽医服务的需求随之增长。由于这一行业对更熟练更在行的助手的需求，更训练有素的兽医专家和技术人员正在代替兽医助理从事兽医职业。

---

① Alan B. Krueger, "How Computers Have Changed the Wage Structure: Evidence from Microdata, 1984-1989," *Quarterly Journal of Economics*, February 1993, pp. 33-60. 更多关于计算机对工资的影响研究，参见 David H. Autor, Lawrence F. Katz, and Alan B. Krueger, "Computing Inequality: Have Computers Changed the Labor Market?" *Quarterly Journal of Economics*, November 1998, pp. 1169-1213。

2010—2020年增长最快的10种职业

职业	就业人数（以千计）		增幅（%）
	2010年	2020年	
网络系统和数据交流分析师	861	1 468	71
家庭护理	1 018	1 724	69
生物医学工程师	16	25	62
辅助工——砌砖工、建筑工、石匠、瓷砖和大理石铺装工	29	47	60
辅助工——木匠	47	52	56
兽医技术专家和技术员	80	122	52
铁及钢筋加固工	19	28	49
医务助理	67	98	46
辅助工——铺管工、水管工和蒸汽管道工	58	84	45
会议、大会和大型活动组织者	71	104	44

资料来源：Bureau of Labor Statistics，"Employment Projections"（http://stats.bls.gov）.

5.9.4 最低工资

正如我们在第13章中将详细描述的，联邦法律规定劳动者小时工资不得低于7.25美元。批评者认为，最低工资高于平均水平，会使雇主沿着他们倾斜的劳动力需求曲线向上移动，并且导致失业，尤其在青年劳动力中更易如此。那些仍以最低工资被雇佣的劳动力将会获得比从前更高的收入。失业者失去的收入数量和那些守住工作的人取得的收入，将取决于最低工资劳动力的需求弹性。研究发现，最低工资每上升10%就会使劳动力雇佣量减少1%～3%，这一现象说明劳动力需求是缺乏弹性的。因此，对于最低工资劳动力这一整体而言，他们的总工资收入因最低工资的上升而增加。如果对低收入劳动力的需求是富有弹性的，那么批评者对最低工资的批评将会更加猛烈。

5.9.5 弹性工人

最近几年，劳动力市场的一个巨大变化是许多雇主削减了其核心工作人员的数量。与此同时，他们增加了弹性工人（包括临时工、独立合同工以及随叫随到的工人）的使用。1990—2011年，临时工行业的就业量以每年3.4%的比率快速增长，这一增长速度是非农业就业发展速度的4倍多。在过去的一段期间，这一行业的劳动力数量已经从1 156 000人增加至2 316 000人。

为什么对弹性工人的需求增长得如此之快？原因有很多。这些工人的工资通常比固定工人低。另外，日益高昂的附加福利对于很多弹性工人来说是很少甚至是不存在的。

造成对弹性工人的需求持续增长的另一个同时也是关系更为密切的原因是，这些弹性工人使雇佣他们的公司在面对不断变化的经济环境时更具灵活性。随着产品需求的变化，企业可以通过改变对弹性工人、随叫随到的工人和分包人的使用，来随时增减工人的规模。这种灵活性使企业的竞争地位得到强化巩固，并且提高了它们在国际市场上取得成功的能力。

本章总结

1. 劳动力需求是一种引致需求，它取决于劳动力的边际生产力和产品的市场价格。

2. 边际产量曲线上为正且位于平均产量曲线下方的部分是短期劳动力需求曲线的基础。更确切地说，短期劳动力需求曲线是把某企业的边际收益产品数据代入公式 $MRP=W$ 中求得的。

3. 在其他条件相同的条件下，完全竞争厂商的劳动力需求曲线比不完全竞争厂商的劳动力需求曲线更富有弹性。出现上述差异的原因在于：不完全竞争厂商只能通过降低每单位商品价格的方式来实现多售出一单位产品的目的，而完全竞争厂商则无须采取这种方式；这也意味着，不完全竞争厂商的边际收益产品曲线在与之对应的边际产品价值曲线的左侧，而完全竞争厂商的上述两条曲线是重合的。

4. 厂商的长期劳动力需求曲线比短期劳动力需求曲线更富有弹性，因为在长期的生产运营中，厂商有充足的时间来调整非劳动投入，比如资本等。在短期，工资变化只能形成产出效应，而在长期，工资变化还会形成替代效应。此外，产品需求弹性、劳动-资本的相互作用和技术水平等因素都会使长期工资弹性增加。

5. 假设给定某种类型的劳动力，该种劳动力的市场需求曲线的弹性小于单个厂商短期或长期需求曲线的简单水平加总。造成此现象的原因是：当厂商们作为一个整体雇佣更多的工人以增加产出水平时，产品供给量将显著增加，从而导致产品价格下降。

6. 劳动力需求弹性系数等于劳动力需求量变化的百分比与给定的工资率变化的百分比的比值。如果弹性系数大于 1，对于该种劳动力的需求是富有弹性的；如果弹性系数小于 1，需求缺乏弹性。当需求富有弹性时，总工资水平的变化方向与工资率的变化方向相反；当需求缺乏弹性时，总工资水平的变化方向与工资率的变化方向相同。

7. 一般而言，当产品需求弹性越大，劳动力成本占总成本的比重越大，其他生产要素对劳动这一要素的替代性越大，其他生产要素的供给弹性越大时，劳动力需求弹性也越大。

8. 劳动力需求曲线的位置取决于：产品需求；生产率；雇主的数量；其他资源的价格。当上述任何一个决定因素发生变化时，劳动力需求曲线会随之移动到一个新的位置。

9. 在生产过程中，劳动和资本既可以相互替代也可完全互补。当二者在生产过程中相互替代时，它们既可以是总替代也可以是总互补。当两种要素为总替代时，一种要素的价格变化会使另一种要素的需求量发生同向变动；当两种要素为总互补时，一种要素的价格变化会使另一种要素的需求量反方向变动。

10. 劳动力需求、劳动力需求变化以及劳动力需求弹性的概念和原理在现实生活中有很广泛的应用。

习题和学习建议

1. 作出短期生产函数（一种可变生产要素）曲线，正确展示总产量、平均产量和边际产量三条曲线的关系。

2. 说明为什么“MP 曲线上只有位于 AP 曲线下方的部分才是厂商的短期劳动力需求曲线的基础”。

3. 说明边际收益产品是怎么导出的。为什么 MRP 曲线是厂商的短期劳动力需求曲线？在产品市场上，完全竞争厂商和不完全竞争厂商的劳动力需求曲线存在怎样的差异？为何会出现这些差异？

4. 根据表 A 中的数据，填补表 B 所示的劳动力需求表。根据所给出的数据推算边际产品价值表并将其与表 B 作比较，说明为什么劳动力需求表和 VMP 表会存在差别。

表 A

劳动力数量	总产量	产品价格（美元）
0	0	1.1
1	17	1
2	32	0.9
3	45	0.8
4	55	0.7
5	62	0.65
6	68	0.6

表 B

劳动力需求表	
工资率（美元）	劳动力需求量
18	
14	
11	
6	
2	
1	

5. 说明下列因素将会对习题 4 中的需求表产生何种影响：(1) 一种与劳动具有总替代关系的生产要素价格上升；(2) 一种与劳动具有完全互补关系的生产要素价格下降；(3) 对需要投入该种劳动进行生产的产品的需求减少。

6. 假设不存在生产率的提高和非劳动要素价格的变化，根据产出效应和替代效应，说明为何汽车工人工资率提高对其就业造成的负面影响在长期比在短期更大。

7. “把一个行业的劳动力需求曲线简单视为单个厂商劳动力需求曲线的水平加总的看法是错误的。”你认同这个观点吗？为什么？

8. 在表 5-2 中，假设边际生产力提高到原来的 3 倍，而产品价格下降了一半，那么图 5-2 中的短期劳动力需求曲线的位置将如何变化？

9. 运用“完全替代和完全互补”“总替代和总互补”的概念，分析电脑及相关办公设备价格迅速下降可能会对秘书职业造成的影响。

10. 利用总工资规则和习题 4 的劳动力需求表信息，思考在 6～11 美元这一工资率区间，劳动力需求是富有弹性还是缺乏弹性？使用式 (5-4) 计算弹性系数。

11. 自第二次世界大战以来，农业的劳动生产效率已显著提升。那么，在此期间发生的劳动力由农业向非农产业转移的现象该如何解释？

12. 对比并解释过去 20 年间劳动力市场对纺织业工人和快餐业工人的需求变化情况。在关于是否应该提高最低工资标准的讨论中，为什么劳动力需求弹性这一因素至关重要？

互联网练习

哪个行业在成长？哪个行业在衰落？

登录美国劳工统计局当前就业统计数据网站（http://www.bls.gov/ces/home.htm），依次选择“CES 数据库”（CES Databases）和“首选”（Top Picks），查询各行各业的就业信息。点击“reformat”可以改变你所提取的数据的年份。

1980 年 1 月的非农行业的就业量是多少？与最近一个月的数据相比，二者相差几个百分点？

1980 年 1 月，制造业和服务业的就业量如何？最近一个月两者的情况又如何？在此期间，哪个行业的就业量增加了？哪个行业的就业量减少了？上述两个行业的就业量分别变化了多少个百分点？试对上述两个行业的就业增长存在的差异提供一个可能的解释。

选择并提供另外一个行业就业量统计数据，如“2012 年 1 月，采矿和伐木业的就业量是×名工人。”

互联网链接

美国劳工统计局就业和失业网站（www.bls.gov/bls/employment.htm）分州、职业和行业提供有关临时解雇、职位更替以及就业等信息。

附　录

长期劳动力需求的等产量-等成本分析

根据等产量线和等成本线亦可推得劳动力的长期需求曲线。下面主要介绍这种分析方法。

等产量线

等产量线（isoquant curve）是所有能够给厂商带来同种商品相同产量的两种要素投入组合所构成的点的集合。如图5-8所示，所有能够生产出100单位的某种商品的资本-劳动投入量组合的集合构成等产量线 Q_{100}。在这条线上，20单位资本和7单位劳动的组合与10单位资本和15单位劳动的组合都能够给厂商带来相同的产出量，即100单位的商品产出。[①] 下面讨论等产量线的一些重要性质。

1. 向右下方倾斜

等产量线的背后暗含了两种要素（劳动 L 和资本 K）之间具有一定的替代性这一假定。在一定的产量条件下，若投入较少的劳动，就必须投入较多的资本；如果投入较多的劳动，就必须投入较少的资本。综上可知，在产出既定的前提下，劳动和资本呈反向变化的规律，等产量线具有向右下方倾斜的特征。

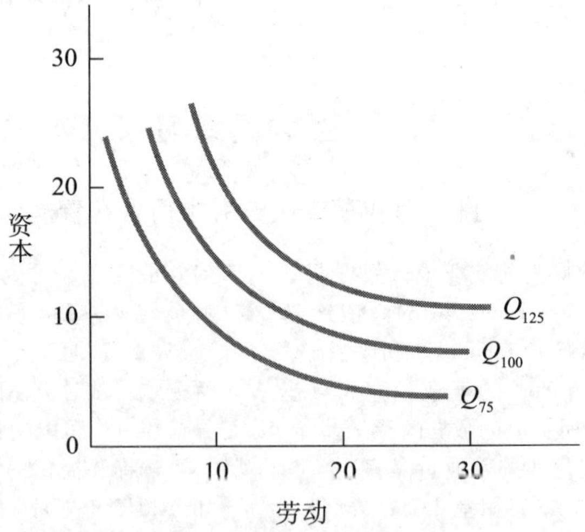

等产量线上的任何一个点对应的两种要素（此处为劳动和资本）的组合，都能够给雇主带来一个固定相等的产量。等产量线的位置代表产量水平，离原点越近，代表的产量水平越低。

图5-8　等产量线

① 为简便起见，不考虑生产的合理区间之外的所有可能组合，而且假设生产中只使用资本和劳动两种资源。

2. 凸向原点

在图 5-8 中，等产量线呈现出向原点凸出的态势是因为劳动和资本是不能完全代替的。例如，一个挖掘公司的任务是要在既定的时间内将 1 000 英亩的长满树木的土地清理出来，这种情况下劳动与资本不能很好地替代。通过比较下列情形，你会明白为什么等产量线凸向原点。假设最初只投入一台推土机，同时投入几百个工人可以完成这个任务。此时若增加一台推土机，将会替代大量工人的劳动；若开始时投入 100 台推土机而投入的工人数量很少，在这种情况下，再增加一台推土机所能代替的工人的数量就会很有限（也许只能替代一两个工人）。为什么？因为公司已经有了许多推土机，它需要工人来操作推土机执行清理任务、执行监督管理的职能或是人工砍伐那些推土机无法作业区域的树木。

也可以从另一个角度探讨这个问题。假如厂商投入了较少的劳动和较多的资本（设备），那么在这种情况下多投入一单位劳动能够替代较大的资本投入。但随着投入的劳动数量不断增加，劳动对资本的替代效应将会逐渐减弱，即劳动对资本的**边际技术替代率**（marginal rate of technical substitution，MRTS）递减。劳动对资本的边际技术替代率的大小反映了劳动对资本的替代能力，式（5-5）是该指标的定义式。不难看出，劳动对资本的替代率实际上就是等产量线在相应点的斜率的绝对值。

$$\text{MRTS } L,K=\frac{\Delta K}{\Delta L} \qquad (5-5)$$

回到图 5-8，我们看到等产量线凸向原点。沿任一条等产量线向右下方移动，即增加劳动投入减少资本投入，等产量线的斜率的绝对值逐渐变小，线的形状趋于平缓。因此凸向原点的含义在于，当沿着线向右下方移动时，线是趋于平缓的。

3. 线的位置与产量的关系

等产量线与原点之间的距离代表产量的大小，等产量线离原点越近，代表的产出水平就越低。在图 5-8 中，由 Q_{125} 到 Q_{100}，再到 Q_{75}，三条线对应的产量逐渐变小。实际上，本图中存在无数条这样的等产量线，我们仅画出了其中的三条。另外，这些等产量线类似平面地形图中的等高线，永远不会相交。

等成本线

在产量一定的情况下，以利润最大化为目标的厂商将会力求实现成本最小化。为实现成本最小化，厂商需要知道生产要素的价格才能在成本支出既定时确定要素组合的范围。在此不妨设定资本 K 的价格为 6 美元，劳动 L 的价格为 4 美元，厂商的总支出为 120 美元，则投入 20 单位的资本和 0 单位的劳动，或者投入 30 单位的劳动和 0 单位资本的组合都是厂商能够接受的。以上所述为两种极端情况，事实上厂商更有可能选择中间状态的某一组合，如 10 单位的资本与 15 单位的劳动这一组合。在横轴为 L、纵轴为 K 的坐标系中标注以上三个组合所构成的点，并用直线将这三个点连接起来，即得到如图 5－9 所示的**等成本线**（isocost curve）。不难看出，在要素价格和总支出一定的前提下，厂商能够接受所有劳动与资本的组合。进一步可以推知，劳动价格和资本价格的比率是等成本线斜率的绝对值，在图 5－9 中这个比率的值为 2/3（=4/6）。

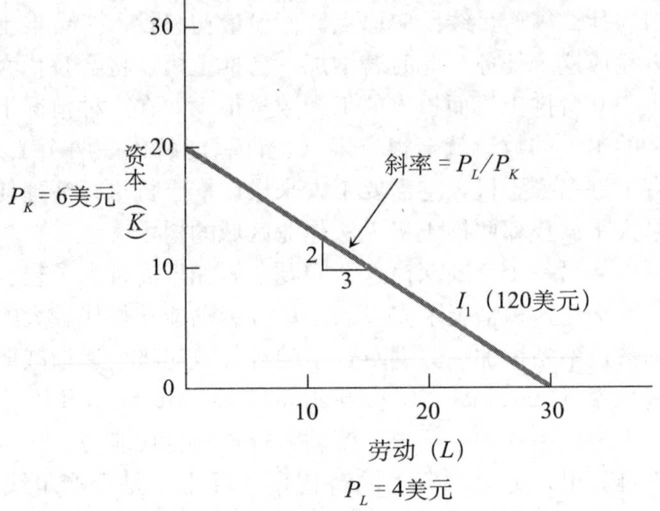

等成本线（或称等支出线）是指在总支出和要素价格一定的前提下，厂商能够承担的两种要素 L 与 K 的所有可能的组合的集合。两种要素的价格之比决定线的斜率。

图 5－9　等成本线

线的位置取决于总成本和两种要素的相对价格。第一，假定要素价格已知，随着支出的增加，等成本线将朝远离原点的方向平移。假设总支出从 120 美元提高到 150 美元，要素价格不变，那么图 5－9 中的等成本线会向外平移。类似地，支出下降会使之向内平移。第二，等成本线的位置取决于两种要素的相对价格。在总支出一定的情况下，当劳动价格相对于资本价格变得更高时，等成本线将变得更陡峭；反之，等成本线将变得更平缓。

成本最小的资本与劳动组合

将图 5－8 中的等产量曲线和图 5－9 中的等成本线画在同一个坐标系中即得到图 5－10，在图 5－10 中就能够确定既定产量下成本耗费最小的要素组合。从图中可以看出，**成本最小的要素组合**（least-cost combination of resources）出现在等产量线 Q_{100} 与等成本线 I_1 的切点 a 上；在该点处，等成本线斜率的绝对值即劳动价格对资本价格的比率与等产量线斜率的绝对值（MRTS L,K）相等。由此得到最优要素组合，这个组合为投入 10 单位资本和 15 单位劳动，此时 120 美元的总成本对应该产量水平的最小成本支出。为进一步理解该结论，也可以思考等产量线 Q_{100} 上其他点代表的要素组合不是最优的原因。

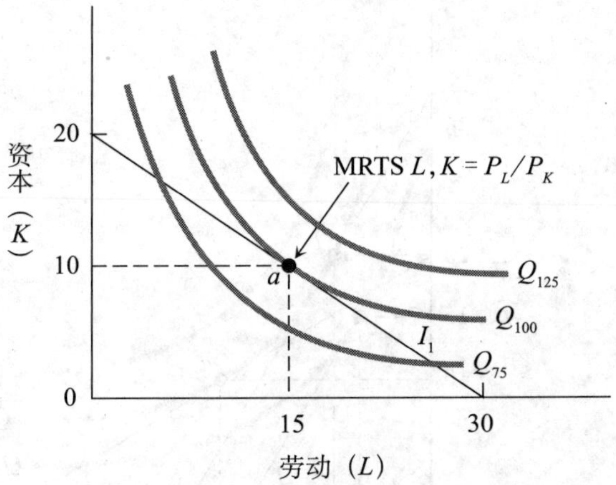

当产量为 Q_{100} 单位时，成本最小的要素组合位于等产量线与等成本线的切点 a 上。在该点，劳动投入为 15 单位，资本投入为 10 单位；此时劳动对资本的边际技术替代率（MRTS L,K）正好与劳动价格与资本价格之比相等。

图 5－10　成本最小的要素组合

长期劳动力需求曲线的推导

在本章的前面部分，我们在保持资本投入不变的前提下推导出了短期劳动力需求曲线。增加单位劳动投入生成一个边际产量表，然后将边际产量乘以对应的边际收益得到边际产品收益表，将边际收益表绘制成图可得到 MRP 曲线。根据 $W=$ MRP 规则，我们可知 MRP 曲线即为企业的短期劳动力需求曲线。接着，我们直接根据等产量、等成本分析得出长期的劳动力需求曲线。在图 5－11 中，等成本线 I_1 与等产量线 Q_{100} 相切于点 a，经过切点向下（见图 5－11（b））画一条与坐标轴垂直的直线，即代表劳动要素的最优投入，可在纵轴上找到对应的劳动价格或工资率。在这里，劳动的价格为 4 美元，最优数量为 15 单位。此时在图 5－11（b）中描绘此点，得到点 A。

现在我们假设由于某种原因（比如移民出境），劳动力供给减少，劳动价格（工资率）从 4 美元上升到 12 美元。此时我们需要借助图形确定工资率的上升对于劳动力需求量的影响。首先我们需要画一条新的等成本线来反映新的劳动-资本价格比。因为现在的劳动价格为 12 美元，而资本价格仍为 6 美元，新的等成本线斜率绝对值即为 2（12/6）；若要保持原有产量不变，我们就得出一条新的等成本线 I_2。此时可看出 I_2 反映了一个新的相对价格关系，并且与等产量线 Q_{100} 相切于点 b，即一个新的成本最小的要素组合（20 单位的资本和 7 单位的劳动）。换个说法，在工资率提高后，厂商用 10 单位的资本替代 8 单位的劳动，这种变化即为工资上升的**替代效应**（substitution effect），即在产出不变时，某种要素价格的改变所带来该要素投入数量的变化。

最后，在劳动价格从 4 美元上升到 12 美元后，我们需要重新确定厂商利润最大化的产出水平。劳动价格的上升导致产品成本的增加，若产品需求保持不变，厂

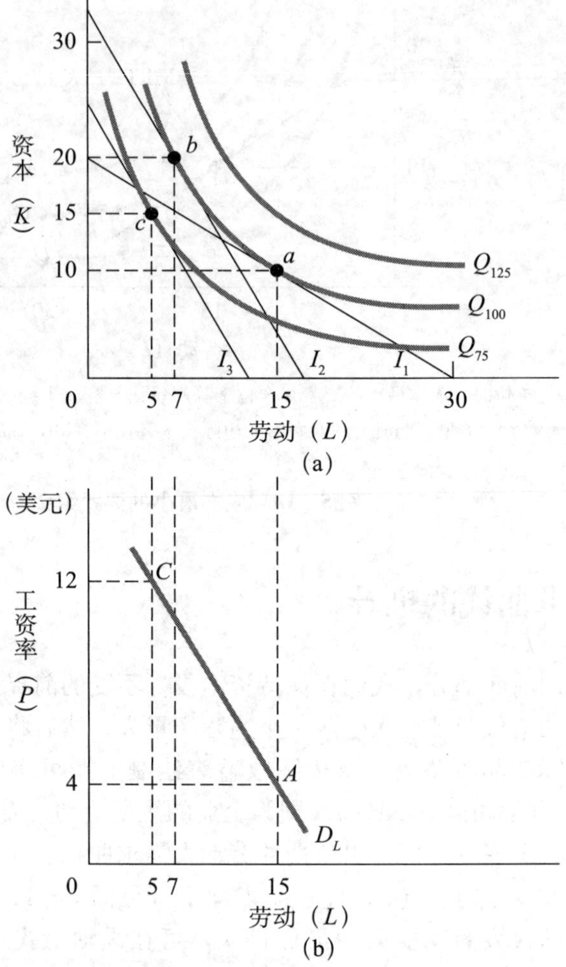

当劳动的价格从4美元上升到12美元时，替代效应导致企业使用更多的资本和更少的劳动，而产出效应则导致企业对两种要素的使用均减少。长期劳动力需求曲线可以通过将图（b）中工资率从4美元上升到12美元前后所对应的劳动力需求量进行标绘并用曲线连接而得到。

图5-11 长期劳动力需求曲线推导

商需要减少产量。假设厂商新的产量从 Q_{100} 降到 Q_{75}，在调整后的要素相对价格已确定的情况下，此时等成本线 I_2 向内平移至与更低的等产量线相切。此时切点移至点 c，要素组合再次变化（15单位的资本和5单位的劳动），**产出效应**（output effect）使得在成本最小化条件下减少劳动投入：在低产量水平下，不再需要那么多劳动投入。此种现象即为由要素价格改变引起的成本变化所导致的该要素投入数量的变化。从点 c 向下作垂线，在图5-11（b）中就可得到新的点 C，即在12美元的工资率上，厂商的劳动使用量为5单位。类似地，我们可以在图5-11（a）中找出一系列的点，如点 a、点 c，在图5-11（b）中找到对应的点 A、点 C，将 A、C 两点相连即可得到图5-11（b）中长期劳动力需求曲线 D_L。这条曲线向右下方倾斜，这是替代效应（减少8单位的劳动）和产出效应（减少2单位的劳动）共同作用的结果。

附录总结

1. 等产量线表示在产量既定的情况下，两种要素不同的数量投入的组合。

2. 等成本线表示在总成本既定的情况下，两种要素不同数量投入的组合。

3. 在产量确定的前提下，成本最小的要素组合出现在等成本线和等产量线的切点上；在此点上，劳动对资本的边际技术替代率（等产量线斜率的绝对值）等于劳动对资本的价格之比（等成本线斜率的绝对值）。

4. 在产出与另一要素价格恒定的前提下，将一种要素价格提高将产生一条新的等成本线，这条等成本线与原来的等产量曲线相切于另一点（即新的最优要素投入组合）。由于替代效应的作用，价格提高要素的使用量减少，价格恒定要素的使用量增加。

5. 一种要素的价格上升导致产品的单位成本增加，此时，产出效应会使劳动和资本的数量都减少。

6. 将劳动价格（工资率）变化前后的劳动数量-工资率关系表现在坐标系中，即可得出劳动力长期需求曲线。

习题和学习建议

1. 解释为什么等产量线具有以下特点：(1) 负斜率；(2) 凸向原点；(3) 从不相交。

2. 在图5-8中，假设资本恒定为10单位，从资本为10单位处向右作一条水平线，据此水平线解释说明在短期生产中存在边际报酬递减现象的原因（提示：沿此水平线观察不同的等产量线之间的间隔是如何变化的）。

3. 其他条件保持恒定，试说明下列因素将如何使图5-9中的等成本线发生移动：(1) 劳动价格下降；(2) 劳动和资本的价格同比例同时增加；(3) 总成本支出由120美元增加至150美元。

4. 借助图形，试说明如何在等成本线-等产量线的基础上推导出长期劳动力需求曲线。注意区分替代效应和产出效应。

5. 借助图5-11 (a)，试解释在支出最小化条件下，劳动价格提高对于最优资本使用量的影响，以及替代效应和产出效应对于资本的需求各起了多大作用。

6. 在图5-11 (b) 中，在4～12美元工资率的范围内，劳动力需求是富有弹性、单位弹性还是缺乏弹性？试借助总工资规则（见图5-7）以及计算弹性的中点公式（式(5-4)）进行解释。

第6章

工资决定与劳动力配置

在美国，每个工作日都发生着非凡的事情。每天都有超过 1.46 亿人在某个时间到某个地方上班。他们从事五花八门各具特点的职业：木匠、秘书、行政官员、职业运动员、律师、码头工人、农场工人、地质学家、发型师、护士、经理、卡车司机或者教授等。值得关注的是，不同的职业有悬殊的收入差距，职业棒球运动员平均每小时能赚到 1 653 美元，而一般餐厅雇员每小时只能挣 11 美元。

那么，究竟是什么决定了经济体的职业构成呢？又是怎样的机制安排我们到各种各样的职业和具体的工作场所去呢？某个职业或某个人的工资又是怎样决定的？本章将把关于劳动力供给（第 2～4 章）和劳动力需求（第 5 章）的原理结合起来构建基本模型，帮助我们回答这些重要的问题。

有一点必须预先说明：为分析简便，在本章我们假设所有的劳动收入都以工资形式支付。到第 7 章我们将放宽这个假设，以便更具体地观察收入的构成以及附加福利的经济学。

6.1 完全竞争劳动力市场

与其他劳动力市场不同的是，**完全竞争劳动力市场**（perfectly competitive labor market）具有以下几个特征：(1) 拥有数量众多的厂商，这些厂商为填补同质性的职位而在雇佣工人时相互竞争；(2) 拥有数量众多且技能相同的合格工人独立地提供劳务；(3) 价格接受者，即厂商和工人都是价格接受者，没有任何一方是市场的工资水平的决定方；(4) 信息完全、免费且劳动力具有充分的流动性。

下面我们详细地研究这种程式化的劳动力市场的组成、运行以及结果。我们的讨论将分成三部分：劳动力市场、单个厂商的雇佣决策以及劳动力的配置效率。

6.1.1 劳动力市场

对竞争性劳动力市场的分析可以分成两部分：一是反映雇主行为的劳动力需求；二是反映工人行为的劳动力供给。

■ 劳动力需求和供给

在上一章，我们通过把不同工资水平下所有厂商考虑到"价格调整"的劳动力需求量加总的办法，得到了市场劳动力需求曲线（见图 5-6）。在第 2 章，我们曾说明个人劳动力供给曲线具有向后弯曲的特征。那么根据这个加总的逻辑，我们能不能说市场劳动力供给曲线也是向后弯曲的呢？实际上大多数情况下不是这样的，市场劳动力供给曲线通常都是向右上方倾斜的；也就是说，在更高的工资率下，工人们愿意提供更多的劳动时间。这是为什么呢？

图 6-1 给出了这个问题的答案，阐释了在多数劳动力市场中工资率与劳动时间供给量的正向联系。图 6-1（a）表示同一市场上 5 条不同的具有向后弯曲特征的个人劳动力供给曲线，而图 6-1（b）则通过水平加总各曲线得到了一条市场劳动力供给曲线。[①] 注意到 W_1 工资率下不同的劳动力供给曲线 S_A 和 S_B，亚当斯（Adams）和贝茨（Bates）分别愿意提供 4 小时和 6 小时的劳动，将这两个数字相加可得图 6-1（b）中市场劳动力供给曲线上的 W_1 工资率下的点 x。如果工资水平由 W_1 提高到 W_2，而其他劳动力市场的工资不变，亚当斯将其劳动力供给增加到 5 小时，贝茨则从 6 小时增加到 10 小时。根据之前的分析我们知道，就此二人而言，在 W_1 和 W_2 的工资率范围内，工资上升的替代效应超过了收入效应。同时我们还注意到，在工资率为 W_2 时，第 3 个劳动者乔伊（Choy）（S_c）决定进入这个劳动力市场并提供 5 小时的劳动（在工资率为 W_2 时，乔伊可能从其他劳动力市场、家庭生产或闲暇中被吸引过来）。这样，全部的劳动小时数就增加到 20（=5+10+5），即图 6-1（b）中的点 y。最后，当工资率上升到 W_3 时，虽然亚当斯和贝茨相比之前减少了劳动小时数，但乔伊却将劳动小时数增至 6 小时，而且两个新工人——戴维斯（Davis）（S_D）和艾根（Egan）（S_E）也开始进入劳动力市场。这样，我们就得到图 6-1（b）上的点 z，现在这个市场上的总劳动力供给增加到了 30 小时（2+7+6+7+8）。

我们从中能得出什么结论呢？即使部分劳动者会随工资率的增加而减少其工作小时数，但在现实的工资变动区间内，市场劳动力供给曲线一般仍然是向右上方倾斜的。因为相对较高的工资最终会使人们从闲暇、家务劳动或者其他劳动力市场上转移过来。

在图 6-1（b）中，劳动力供给曲线上的点 x、点 y 和点 z 的垂直高度表示该职业的最后 1 小时劳动的机会成本。例如，S_L 上的点 y 表示 W_2 可以使第 20 小时的劳动进入到这个劳动力市场的工资率水平。由于在产品市场和劳动力市场完全竞争、信息完全和无成本充分流动的条件下，该单位劳动时间无论是用于闲暇，还是用于其他工作，所获得的价值都必须与工资率 W_2 相等。如果想吸引到 30 小时的劳动力供给，工资必须进一步增加到 W_3（点 z）。原因在于第 21 小时到第 30 小时中的每一小时的劳动在其他用途中创造的价值要比 W_2 大。想要吸纳这 10 单位的劳动时间，就必须提高工资率以弥补其机会成本。因此，在完全竞争的产品和劳动力市场条件下，我们用劳动力供给曲线刻画了劳动的边际机会成本。

① 我们假设虽然这些工人技能是同质的，但各自对闲暇的偏好不同、有不同水平的非工资收入等。因此每个人的保留工资和个人劳动力供给曲线各不相同。

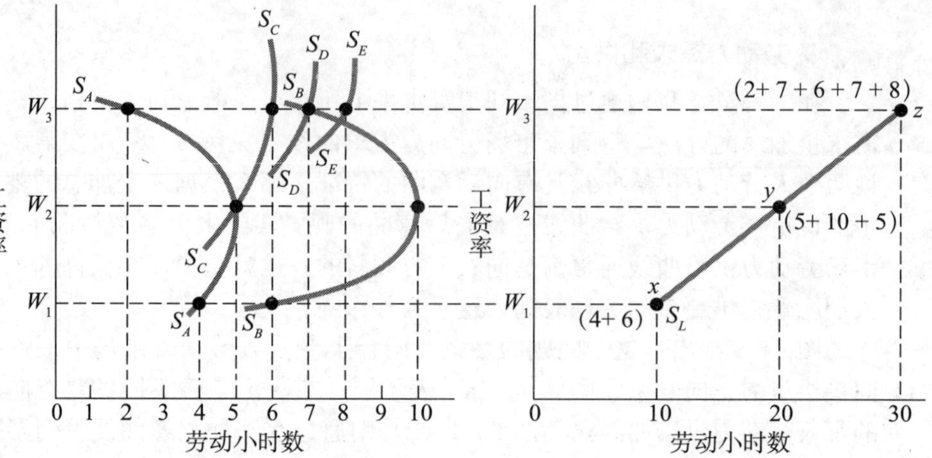

(a) 个人的劳动力供给　　　　(b) 市场的劳动力供给

虽然部分劳动力的个人劳动力供给曲线是向后弯曲的，但市场劳动力供给曲线通常是随工资率上升向右上方倾斜。更高的相对工资率可以将劳动力从家庭生产、闲暇和其他工作中吸引过来。市场劳动力供给曲线的高度可以衡量雇佣最后一小时劳动的机会成本。另外，我们还知道，该曲线的弹性应该与所考察的时期长短有关；考察的时期越短，该曲线就越缺乏弹性。

图 6－1　市场的劳动力供给

需要强调的与市场劳动力供给有关的最后一点是，考察劳动力供给的时期越短以及劳动力的专业性越强，劳动力供给曲线的弹性就越小。在短期内，工资的增加不一定带来显著的劳动力市场供给的显著增长；但在长期，考虑到期间的人力资本投资，劳动力市场供给对高工资的反应会更加敏感（具体内容见第 4 章）。

■ 均衡

图 6－2 展示了完全竞争市场的劳动力需求和供给曲线，以及均衡的工资率 W_0 和均衡的劳动力需求量 Q_0。如果工资是 W_{es}，市场上就将产生（ba）数量的过剩劳动力，导致工资率下降至 W_0。而如果工资率处于较低的 W_{ed} 时，劳动力市场就会出现（ec）的需求空缺，随后工资率将上升至 W_0。工资率 W_0 和雇佣水平 Q_0 是市场出清状态下的唯一工资-雇佣数量组合方案。也就是说，在工资率 W_0 时劳动力市场中劳动时间供给量和企业的劳动时间需求量恰好匹配。

■ 决定因素

图 6－2 中的劳动力供需曲线均建立在“除工资率外，其他因素不变”的假设下。但实际上， 系列的事件或者说是**劳动力供给决定因素**（determinants of labor supply）与**劳动力需求决定因素**（determinants of labor demand）均会引起曲线的左右移动。本书的第 2 章和第 5 章已经讨论了许多因素，我们将其归纳到表 6－1 中。值得一提的是，产品市场中需求变动与需求量变动以及供给变动与供给量变动的区别在劳动力市场中同样适用。表 6－1 中劳动力供给或需求影响因素的变动会移动整条曲线，这种曲线的移动称作劳动力需求变动或劳动力供给变动。而工资率的变动导致的变动是沿着需求或供给曲线进行的，也就是需求量或供给量的变动。在短期，工资率的改变通常不会造成整条曲线的移动。

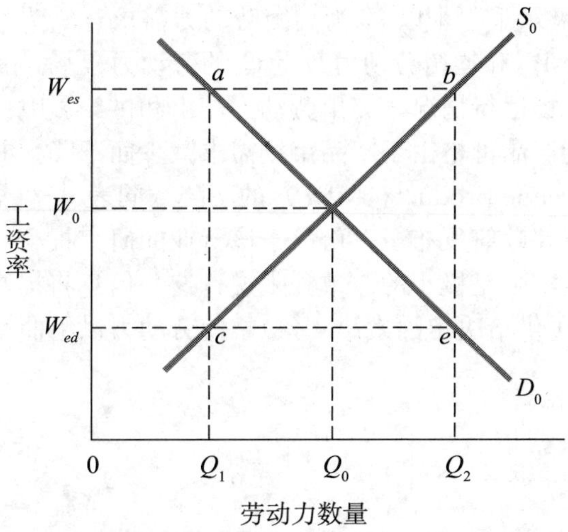

劳动力需求曲线与供给曲线的交点表示均衡状态下的工资率 W_0 和雇佣水平 Q_0。当工资率为 W_{es} 时，劳动力供给过剩（*ba*）；当工资率为 W_{ed} 时，劳动力供给短缺（*ec*）。

图 6-2　工资与雇佣量的决定因素

表 6-1　劳动力供给与需求决定因素

劳动力供给的决定因素
1. 其他行业工资率 其他行业的工资率水平上升（或下降），导致本行业劳动力供给的下降（或上升）。 **2. 非工资收入** 非工资收入的增加（或减少）将导致劳动力供给的减少（或增加）。 **3. 工作与闲暇偏好** 人们的工作相对闲暇偏好的增加（或减少）将导致劳动力供给的增加（或减少）。 **4. 工作的非工资特征** 工作的非工资特征条件改善（或恶化）将导致劳动力供给的增加（或减少）。 **5. 合格的劳动力数量** 劳动力市场中达到一定标准的合格劳动力数量的增加（或减少）将导致劳动力供给的增加（或减少）。
劳动力需求的决定因素
1. 产品需求 产品需求的增加（或减少）将导致产品价格的上升（或下降），从而使劳动的边际收益产品提高（或降低），劳动力需求随之增加（或减少）。 **2. 生产率** 如果产品价格未出现抵消性的下降，那么生产率的提高（或下降）将导致劳动力需求的减少（或增加）。 **3. 其他生产要素价格** 如果其他生产要素与劳动具有总互补关系（即产出效应>替代效应），则该要素价格上升（或下降）将会导致劳动力需求的减少（或增加）；如果其他生产要素与劳动具有总替代关系（即替代效应>产出效应），则要素价格上升（或下降）将会导致劳动力需求的增加（或减少）。如果其他要素与劳动完全互补（没有替代效应），其价格上升（或下降）会导致劳动力需求的减少（或增加）。 **4. 雇主数量** 假设单个厂商的雇佣数量不变，雇主数量的增加（或减少）将导致劳动力需求随之增加（或减少）。

图 6-3 展示了一个以 D_0 为均衡劳动力需求、S_0 为均衡劳动力供给，并共同决定均衡工资率 W_0 和均衡劳动力数量 Q_0 的劳动力市场，我们通过此图来说明完全竞争的劳动力市场运行情况，突出劳动力需求和供给影响因素的角色和作用。我们假设某家企业的产品价格由于产品市场需求减少而下降，并引起劳动的**边际收益产品**（marginal revenue product，MRP）的下降（同表 6-1 需求决定因素第 1 条）。同时我们假设联邦政府发布了一份关于该行业的研究报告，发现此行业工作引发的健康和安全风险实际是极小的。单独来说，这一信息将提高工作中非工资条件的吸引力（同表 6-1 供给决定因素第 4 条），使劳动力供给曲线右移，即由图中的 S_0 移动至 S_1。

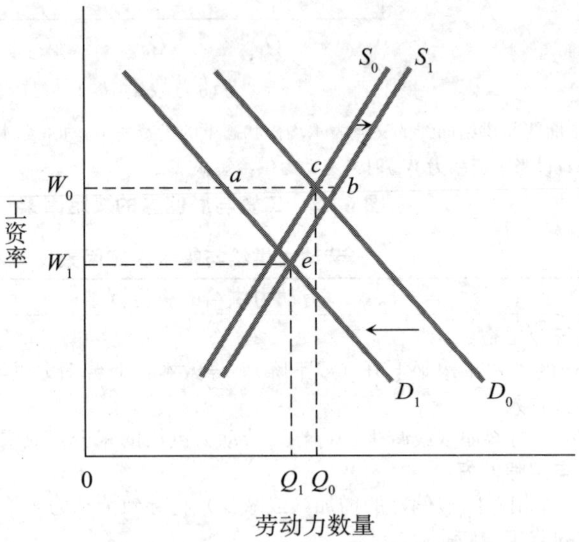

劳动力需求和供给的变化造成了最初的劳动力市场短缺或过剩，之后又调节到新的均衡工资率和就业量。图中，需求由 D_0 下降至 D_1，而供给由 S_0 上升至 S_1，造成了工资率为 W_0 时，数量为 ab 的劳动力过剩。随后，工资率下降至 W_1，原因是增加的供给和降低的需求使均衡就业量从 Q_0 减少至 Q_1。

图 6-3　劳动力的需求与供给变化和市场均衡

现在我们来观察市场如何进行调整。对应 W_0 的工资率，寻找工作的工人数量为 b，超过了厂商希望雇佣的数量 a。由于我们假定工资是极具灵活性的，所以工资会下降到 W_1，即在点 e 处再次得到市场出清状态。从图 6-3 我们看到两个结论，首先，单独来看，劳动力需求的减少同时降低了工资率和雇佣量；其次，同样单独来看，劳动力供给的增加降低了工资率但提高了均衡状态下的雇佣量。在这个例子里，供给与需求同步变化产生的净效应为，工资由 W_0 降至 W_1，均衡雇佣量由 Q_0 减至 Q_1。引起雇佣量减少的原因是需求减少的幅度比供给增加的幅度大。在 W_1 的工资水平上，原被雇佣的工人 Q_1Q_0 离开这个市场，原因在于这一工资不足以补偿他们的机会成本，因此他们宁愿去寻找另外的工作，从事家务劳动或者享受闲暇。

工作世界 6-1

飓风与本地劳动力市场

飓风具有很大的破坏性，它可以导致成千上万人的死亡和数亿美元的财产损失。飓风一般在每年的6月到11月之间发生，这时海水温度为80华氏度或以上。然而，我们还不能准确地预测飓风登陆的时间和地点。

在受灾区，飓风对劳动力的供给与需求造成了很大影响。人们为躲避飓风离开灾区造成劳动力供给降低；需求方面，飓风对劳动力需求可能存在不确定但很可能是正向的作用。如果飓风主要造成了财产损失，雇主会辞退一些工人减少劳动力需求；如果飓风袭击的大多是居民区，劳动力需求可能会因为雇主需要填补空缺岗位而增加。此外，需求还可能由于企业用劳动替换损失的资产而增加。如果劳动力供给下降而需求增加，工资率上升，对就业量的影响则无法确定。

阿里尔·贝拉森（Ariel Belasen）和所罗门·博拉切克（Solomon Polachek）通过对1988—2005年佛罗里达州季度数据的分析，检测了飓风对工资率和就业量的影响。由于5/6的大西洋区域的飓风都会在佛罗里达州登陆，而佛罗里达州的67个县在这期间遭受过至少一次飓风袭击，因此这项研究有重要意义。

贝拉森和博拉切克的研究指出，飓风影响受袭击县的程度与飓风的严重性相关。对于一个典型的县，高强度的暴风雨可以使工资提高4.4%，就业量降低4.8%；而低强度的暴风雨将提高1.3%的工资水平，降低1.5%的就业量。飓风对就业量和收入的影响随时间逐渐消失，但恢复的时期需要两年左右。

资料来源：Ariel R. Belasen and Solomon W. Polachek, "How Disasters Affect Local Labor Markets: The Effects of Hurricanes in Florida," *Journal of Human Resources*, Winter 2009, pp. 251-76.

6.1.2　单个厂商的雇佣决策

一个无论在劳动力市场还是产品市场都是完全竞争的厂商，在既定的市场工资水平下，如图6-3中的W_0或W_1，将如何确定要雇佣的劳动力数量呢？图6-4给出了这个问题的答案，图6-4（a）表示的是一个特定行业的劳动力市场，图6-4（b）表示的是雇佣这些劳动力的单个企业的劳动力供需曲线。由于市场中有大量和该企业同质的企业，因此这家企业的雇佣量不会影响市场工资水平。单个厂商仅仅是工资接受者，就像在完全竞争的产品市场中单个企业是价格接受者一样。图6-3（b）中的单个厂商不会提供高于市场均衡工资率W_0的工资率，因为在W_0水平下，该企业能够雇佣到需求的劳动力。但如果该厂商提供的工资率低于W_0，它将不能雇佣到任何劳动力。每一个符合技能要求的劳动者的边际机会成本都不低于W_0；他们能够选择最低工资率为W_0的另一份工作。这样就形成了图6-3（b）中在W_0工资率下水平的劳动力供给曲线（S_L），该曲线是完全弹性的。

图6-3（b）中的S_L曲线表示了单个企业的平均工资成本和边际工资成本。**平均工资成本**（average wage cost，AWC）表示总工资成本与雇佣劳动力数量的比值；**边际工资成本**（marginal wage cost，MWC）则指在已有劳动力数量的基础上，

新增一单位劳动力导致的总工资成本的增量。为分析此例中平均工资成本和边际工资成本为何相等，我们假设厂商以每小时8美元的工资价格雇佣100小时的劳动。总工资成本为800美元（8×100），而平均工资和边际工资成本分别是多少呢？平均工资水平AWC为8美元（800/100），边际工资成本MWC为8美元（800－792）。若厂商雇佣200小时的劳动，则总工资增加到1 600美元，平均工资成本AWC（1 600/100）和边际工资成本MWC（1 600－1 592）仍然保持原来8美元的水平。因此，在完全竞争市场，无论劳动力雇佣量是多少，总有W＝MWC＝AWC＝S_L成立。

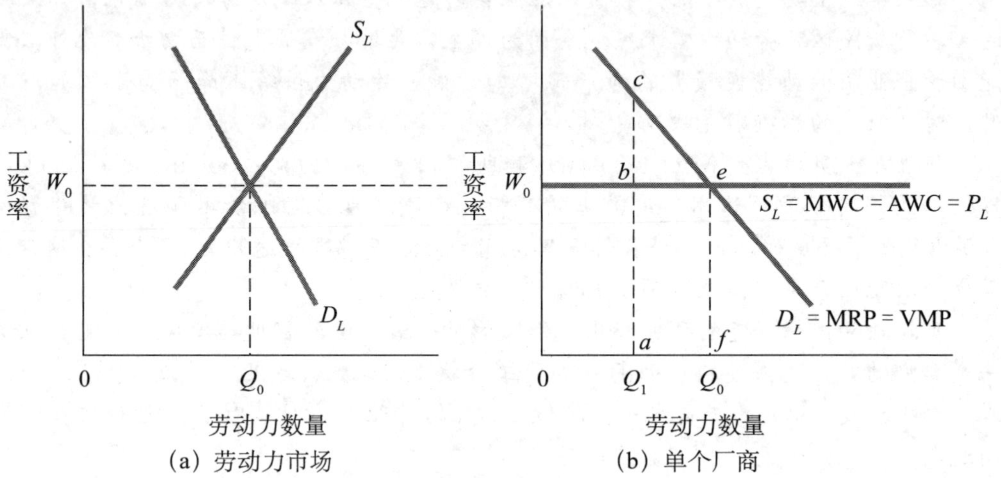

在完全竞争的劳动力市场上，均衡的工资率W_0和劳动力数量Q_0取决于劳动力的供给和需求（图（a））。单个厂商（图（b））是工资接受者，它面对完全弹性的劳动力供给曲线，满足S_L＝MWC＝AWC，且工资率为W_0。为实现最大利润，该厂商将雇佣数量Q_0的劳动力（MRP＝MWC）。假设产品市场也是完全竞争的，这样的雇佣水平将会产生一个有效率的资源配置（VMP＝P_L）。

图6-4　完全竞争市场：劳动力市场和单个厂商

在上一章，我们证明了厂商的短期劳动力需求曲线就是它的边际收益产品（MRP）曲线，因此企业可以比较多雇佣以单位劳动获得的边际收益产品（MRP）和增加的成本（MWC），在本例中边际工资成本与工资率相等（MWC＝W）。如果MRP＞W，厂商将雇佣额外数量的工时，而如果MRP＜W，则不会再雇佣。总结起来就是，利润最大化目标下的雇主的最优雇佣量是在MRP＝MWC时，我们可以将其称作**MRP＝MWC法则**（MRP＝MWC rule）。

图6-4（b）中的利润最大条件下的雇佣量为Q_0。在Q_1水平时，边际收益产品量ac超过了边际工资成本ab，即企业多雇佣一单位劳动力可以获得的边际收益量大于需要付出的工资W_0（MWC），而这一情况在雇佣量到达MRP与MWC相等的Q_0点之前都成立。雇佣量大于Q_0时，由于收益递减，边际产品（MP）下降使得边际收益产品MRP（MP×P）降到市场工资W_0（MWC）以下，即企业的雇佣量如果超过了Q_0，总利润将会降低。

工作世界 6-2

中国综合征

20 年来，美国从中国的进口量激增，而出口量并没有相应幅度地增长。美国在中国进口品上的花费占其总消费的比例由 1990 年的 0.6%增长到 2007 年的 4.6%，中国进口品在服装、纺织品、家具、电子设备和珠宝行业都占到了美国该行业进口份额的 30%。从中国进口的快速增长对美国经济的影响引发了许多关注。

大卫·奥特尔（David Autor）、大卫·东恩（David Dorn）和高顿·汉森（Gordon Hanson）分析了 1990—2007 年中国进口竞争对美国 722 个劳动力市场的冲击。愈发激烈的中国进口竞争将降低对美国制造业产品的需求，进而降低劳动力需求。他们发现受中国进口冲击越大的行业其劳动力市场就业量下降幅度比受到冲击小的行业下降幅度越大。此外，大学以下学历的就业者受到的冲击是最大的。他们的研究指出，中国进口竞争的增长可以解释 1990—2007 年美国制造业就业量降低的 21%。

中国进口冲击也影响了美国的工资水平。制造业的失业降低了非制造业产品的需求并提高了非制造业的劳动力供给。由于这些变化，非制造业的工资水平下降。制造业工资水平没有降低的原因可能是效率最高的那部分生产型劳动者留在了制造业。

中国进口冲击造成的美国工资水平和就业量的降低，也导致政府转移支付需求的增加。不难理解，转移支付最大的去处是补贴失业人员、残障人士、退休人员以及医疗保健支付。然而，政府的转移支付相对于减少的工作所得来说只是杯水车薪。

资料来源：Based on David H. Autor，David Dorn，Gordon H. Hanson，"The China Syndrome：Local Labor Market Effects of Import Competition in the United States，" MIT Working Paper，May 2012.

6.1.3　劳动力的配置效率

我们在本书第 1 章便强调了劳动力这一资源是稀缺的，因此社会应该高效率地使用。但是，我们应该如何定义劳动力的有效率配置呢？在刚刚讨论过的完全竞争的劳动力市场上，配置是有效率的吗？接下来要讨论的不完全竞争的劳动力市场又是怎样的情况呢？

■ 劳动力市场的效率

我们首先关注有效率配置这一概念。**有效率的劳动力配置**（efficient allocation of labor）是指使每一单位的劳动力都最大限度地创造了价值的配置。当整个社会在既定的劳动力供给水平下得到了最大化的产出，劳动力就达到了有效率的配置。严谨地说，当劳动力的边际产品价值（VMP），即用美元表示的劳动力的边际产量的社会价值，在所有可能的劳动力配置方案上都相等时，整个社会就实现了有效率的劳动力配置。

这一道理可以用一个简单的例子来说明。假设 A 类劳动者（比如装配线工人）既能够生产产品 x（汽车）又能够从事产品 y（电冰箱）的生产，在现有的资源配置格局下，生产汽车的劳动力的边际产品价值为 12 美元，而生产电冰箱的则为 8 美元，即 VMP_{Ax}（为12美元）>VMP_{Ay}（为8美元）。对于 A 类劳动力而言，这并非一个有效率的配置，因为在这种配置下，社会没有得到最大可能的产出。如果我们让一个原本生产 y（电冰箱）的工人转而生产 x（汽车），国内产出就将增加4美元（12−8）。这种重新配置将导致 x（汽车）的边际产品价值曲线下降，而 y（电冰箱）的边际产品价值曲线上升，这种 A 类劳动力的再配置将持续到两种产品的边际产品价值相等，即持续到 $VMP_{Ax}=VMP_{Ay}$。在本例中，当 $VMP_{Ax}=VMP_{Ay}=10$ 时，劳动力的重新配置将不再对国内产出的增加起作用。

将上述例子加以扩展，即假设有 n 种产品，则对于任意类型的劳动力，其最优配置应满足的条件是：

$$VMP_{Ax}=VMP_{Ay}=\cdots=VMP_{An}=P_{LA} \tag{6-1}$$

式中，A 是给定的劳动力类型；$x,y,\cdots,n$ 代表该类劳动力可能生产的所有产品类型；VMP 则代表劳动力生产某种产品的边际产品价值。

在式（6-1）中，我们不仅使所有产品的边际产品价值（VMP）都相等，还使其恰好相当于**劳动力价格**（price of labor）P_L。这一结论之所以成立是因为只有在劳动力价格不低于 A 类劳动力的机会成本时，才可能吸引或留住这部分劳动力。别忘了 A 类劳动力本来可以从其他工作、家务劳动（如照看儿童，准备一日三餐等）或者闲暇上获得价值。实际上，这个问题我们之前已经讨论过，在第2章的工作-闲暇模型中，最优点（图2-5中的点 u_1）代表劳动（时间）在劳动力市场活动和非市场活动间的最佳配置状态。从图6-1我们还看到，在完全竞争市场中，个人最优的工作-闲暇分配（同时还考虑到在其他劳动力市场上的工作机会）已经通过劳动力供给曲线反映出来。因而，式（6-1）告诉我们，当同一种劳动力在不同劳动力市场（如分别生产 x，y，…，n 产品的市场）上的边际产品价值都相等且等于劳动力的机会成本 P_L（即进行其他工作、非市场活动或闲暇的边际价值）时，人力资源的配置就是有效率的。与此相对应，若某种劳动力在任何产品生产上的 VMP 都超过了 P_L，就说明该劳动力配置不足；当 VMP 小于 P_L 时，则说明该劳动力配置过度。

■ 完全竞争和配置效率

在定义了配置效率之后，接下来的问题就是：完全竞争市场会使劳动力达到有效率的配置吗？图6-5是对图6-4的拓展，展示了几个竞争市场（即雇佣 A 类劳动力生产 x，y，…，n 产品的市场）中代表性企业的均衡状态。三家完全竞争厂商通过使 A 类劳动力的边际产品价值和边际工资成本相等实现利润最大化，最终达到的均衡雇佣水平分别是 Q_{Ax}，Q_{Ay} 和 Q_{An}。劳动力市场的完全竞争意味着 A 类劳动力的价格 P_{LA} 应该等于 A 的边际工资成本 MWC；产品市场的完全竞争则意味着 A 类劳动力的边际收益产品 MRP 等于其边际产品价值 VMP，因此，对于任何使用 A 类劳动力的厂商，其利润最大化的劳动力雇佣量都将满足 MWC=MRP。同时因为对于雇佣 A 类劳动力的所有竞争性企业，都有 P_{LA}=MWC，MRP=VMP，我们就可以得到式（6-1）。简而言之，完全竞争的劳动力市场可以实现劳动力的有效率配置，这就是亚当·斯密“看不见的手”的很好例证。在完全竞争的产品和劳动力市场上，个人对私利的追逐（企业对利润最大化的追逐）导致了社会利益的增进（即实现了稀缺资源的有效配置）。这看起来就好像是有一个看不见的调节者在把资源导向最有利于社会整体的地方。

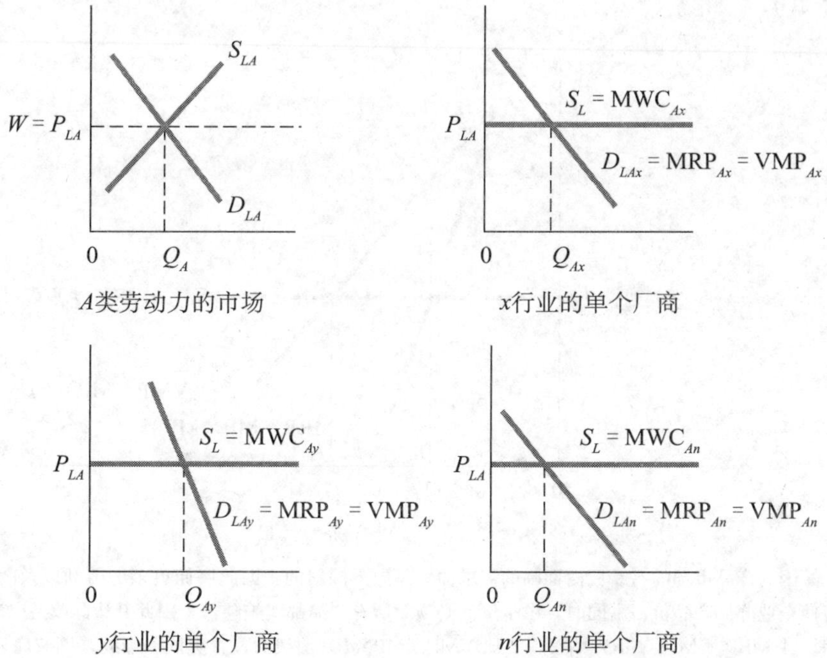

三个代表厂商通过雇佣 A 类劳动力分别生产产品 x，y 和 n，为实现利润最大化，它们在各自的边际收益产品（MRP）等于边际工资成本（MWC）时确定雇佣 A 类劳动力的数量。由于产品市场是完全竞争的，厂商的边际收益产品（MRP）和边际产品价值（VMP）相等；由于劳动力市场也是完全竞争的，MWC 与劳动力价格 P_L 也相等。这样，在 A 类劳动力的任何一种用途中，VMP 都等于 P_L，从而满足劳动力最优配置的条件 $VMP_{Ax} = VMP_{Ay} = \cdots = VMP_{An} = P_{LA}$。

图 6-5　完全竞争与有效率的劳动力配置

现在我们已经知道什么是有效率的配置，并且知道在完全竞争的情况下能够实现这种有效率的配置。接下来我们要看一看，在非竞争性的劳动力市场上，劳动力的配置是否有效率。

6.2　工资和雇佣量决定：产品市场上的垄断

前面分析过，无论在劳动力市场上还是在产品市场上，在完全竞争市场雇佣劳动力的厂商，都是价格接受者；也就是说，这类厂商没有市场垄断力。我们在第 5 章，尤其是在表 5-3 和图 5-3 中分析过，一个厂商如果在产品市场上是垄断者，它的产品需求曲线是向下倾斜的。厂商产量增加会导致价格下降，并且因为下降了的价格也适用于该企业的所有产品，使其边际收益（MR）小于产品价格（P）。因此，边际收益产品（$MRP_L = MP \times MR$）也会降低，原因是：第一，边际产量（MP）递减（与完全竞争的产品市场相同）；第二，边际收益（MR）会随着雇佣更多的劳动力下降得更快（在完全竞争市场中，边际收益固定等于产品价格 P）。

图6-6展示了产品市场垄断对劳动力市场的影响。我们假设劳动力市场是完全竞争的，但有一家雇佣这类劳动力的厂商是产品市场的垄断者。再次声明，雇佣这类劳动力的厂商为数众多，不只是该垄断厂商一家，也就是说劳动力市场是存在竞争的。

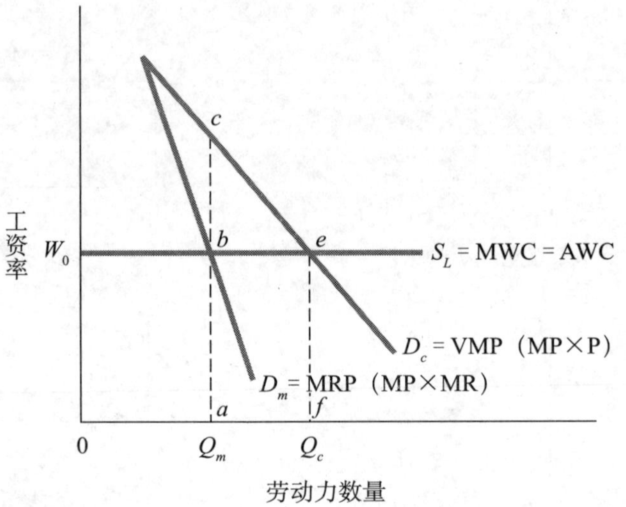

因为产品市场的垄断厂商面临的需求曲线是向下倾斜的，因此雇佣更多的劳动以及随之带来的产量上升将使企业降低产品价格。同时，由于厂商必须对所有产品都实施降价，因此其边际收益（MR）将低于产品价格。其 MRP（MP×MR）曲线也要比 VMP（MP×P）曲线的位置更低。最终，厂商雇佣 Q_m 而非 Q_c 单位的劳动力，社会就有了一个相当于三角形 *bce* 面积的效率损失。

图6-6　工资率与雇佣量的决定：垄断的产品市场

图6-6表明垄断厂商在劳动力市场上是价格接受者，因此面临的劳动力供给曲线 S_L 是完全弹性的。这条供给曲线和上一个模型一样，与厂商的边际工资成本线（MWC）和平均工资成本线（AWC）是相对应的。

假如劳动力市场处在完全竞争状态，不存在垄断行为，劳动力需求曲线 D_c 就是该厂商的 MRP 线，厂商的边际收益不会随着雇佣量和产量的提升而下降，MRP 线将与 VMP 线重合，企业多雇佣一单位劳动力增加的收益等于社会总收益的增加值。由于劳动力需求曲线 D_m 是垄断厂商的 MRP 线，在这一情形下，MRP 线与 VMP 线不重合。垄断厂商雇佣额外劳动力获得的产出价值低于社会总收益增加值。原因在于：垄断厂商销售额外一单位产品的收益不等于其边际收益，即企业获得的价值 MRP＝MP×MR 小于社会所获得的价值 VMP。[①]

图6-6关于产品市场垄断造成的结果有以下几点值得注意：第一，垄断厂商的劳动力需求曲线 D_m 比完全竞争厂商的劳动力需求曲线 D_c 弹性要小。第二，在决定利润最大化的劳动力雇佣量时，垄断者和完全竞争者的决策原则是一致的，即他们都在 MRP＝MWC 时决定其雇佣水平；不过，虽然如此，垄断厂商的劳动力雇佣量（Q_m）还是要比完全竞争厂商的雇佣量（Q_C）小。第三，垄断厂商与完全竞争厂商支付给工人的工资是相同的。在不存在工会的情况下，劳动力市场上的每一个

① 如果你对这一点尚存疑问，请回顾表5-3和图5-3的内容。

厂商都是工资接受者[①]，垄断厂商和竞争性厂商支付的工资是一样的。第四，劳动力资源的配置出现了低效率。原因是什么呢？在完全竞争的劳动力市场上，劳动力价格（$P_L=W$）反映社会使用劳动力资源的边际机会成本，而劳动力的边际产品价值 VMP 用以衡量多雇佣一单位劳动力获得的新增产出。在图 6-6 中，对于处在 Q_m 和 Q_c 之间的每个工人，都有 VMP$>P_L(W_0)$，这说明垄断厂商雇佣的劳动力数量是不足的（相应地，在其他某处就将存在劳动力配置过多的情况），效率损失的区域为 bce。假设劳动力具有充分的流动性即不花费任何成本，若将数量为 Q_mQ_c（或 be）的劳动力配置到该行业，社会总产出就将得到一个相当于 bce 面积的净增加。这些工人本可以使总产出价值增加 $acef$（即新增总产量的价值），但此时只增加了 $abef$，剩下的 bce 部分可以被看作由产品市场的垄断带来的效率损失。[②]

◆ 快速回顾 6-1

- 劳动力供给和需求的决定因素（见表 6-1）发生变化，会使劳动力供给曲线和劳动力需求曲线发生移动，从而产生新的工资和雇佣量的均衡。
- 完全竞争厂商表现为工资接受者，其劳动力供给曲线具有完全弹性（$W=$MWC$=$AWC）；在边际工资成本等于边际收益产品（MWC$=$MRP）时，厂商实现利润最大化。
- 产品市场和劳动力市场的完全竞争能够使劳动力的边际产品价值（VMP）和劳动力的机会成本（P_L）相等，从而实现劳动力的有效率配置。
- 由于产品市场上垄断厂商的 MRP（MP×MR）曲线处在其 VMP（MP×P）曲线之下，垄断行业的劳动力雇佣量要比竞争性行业的少，造成效率损失。

思考题

假设最初完全竞争厂商雇佣了利润最大化的劳动力数量。其他条件相同，当劳动力的市场供给增加，厂商将对此做出什么反应？它们将在什么时候停止调整？借助 MRP 和 MWC 加以解释。（答案：参见书末。）

6.3 垄 断

迄今为止，我们一直将劳动力市场假设为完全竞争的。下面我们将要分析的是在劳动力市场上只存在一个雇主，或者虽有两个或多个雇主，但他们之间存在串谋使得工资低于竞争水平的情况；我们将这样的市场分别称为**纯粹的买方垄断**（pure monopsony）和**联合的买方垄断**（joint monopsony）。为简单起见，我们主要讨论

---

① 有关论述请参阅 Leonard W. Weirs, "Concentration and Labor Earnings," *American Economic Review*, March 1966, pp. 96-117。垄断厂商的劳动力需求曲线相对缺乏弹性，这会增强工会讨价还价的能力，从而最终使工人获得一个较高的工资率。有关论述请参阅 Stephen Nickell, "Product Markets and Labour Markets," *Labour Economics*, March 1999, pp. 1-20。

② 这里我们假设垄断厂商不进行"价格歧视"。如果该厂商索要的价格恰等于购买者愿意支付的最高可能的价格，同时也是与该产品的边际效用相一致的价格，则在图 6-6 中，MRP 就将变得与 VMP 一致。此时，厂商也将雇佣 Q_c 而非 Q_m 的劳动力数量。这样，劳动力配置仍然是有效率的。

第一种情况，即买方垄断的情况。不过请谨记：与卖方垄断的情形一样，买方垄断并非仅指纯粹垄断一种情况，它还包括垄断能力相对较弱的市场形式。

我们仍然沿用这样的假设：(1) 有众多符合要求且同质的劳动力，他们在市场上独立地寻求就业机会；(2) 信息是完全的，劳动力能充分流动且不花费任何成本。与完全竞争市场不同的是，现在厂商是买方垄断的，它是"工资制定者"，它可以通过改变劳动力雇佣量来对工资水平实施控制，如同产品市场上的垄断厂商能够通过改变产量控制产品价格一样。

表6-2为我们提供了研究买方垄断模型时所需的劳动力供求、工资和雇佣量决定以及劳动力配置效率所必需的数据。弄清楚这些表格内容对之后的图形分析大有助益。

表6-2　　买方垄断条件下的工资和雇佣量决定（假想数据）

(1) 劳动力数量	(2) 平均工资成本（AWC） （美元）	(3) 总工资成本（TWC） （美元）	(4) MWC （美元）	(5) MRP（VMP） （美元）
1	1	1	1	7
2	2	4	3	6
3	3	9	5	5
4	4	16	7	4
5	5	25	9	3
6	6	36	11	2

表6-2中第(1)栏和第(2)栏的数据告诉我们，企业要想吸引更多的劳动力到这个市场上来，它就必须提高工资水平。我们假设这里不存在工资歧视，那么厂商必须为所有工人支付更高的薪酬，包括在较低工资水平下雇佣的工人，这一结论可以从第(3)栏，即总工资成本（TWC）看出，该栏数据由劳动力数量乘以平均工资得到。比如，垄断的买方雇佣了5个劳动力，那么厂商将为每个劳动力支付5美元，总共25美元。第(4)栏为边际工资成本（MWC），我们注意到该数据一般要比平均工资高。比如，第5个劳动力的工资为5美元，但厂商为增雇这一个劳动力额外支付了9美元。这是因为，早先接受4美元工资的4个劳动力现在也可以获得5美元的工资，这多出来的4美元工资加上为第5个劳动力支付的5美元工资，就是第5个劳动力的9美元边际工资成本。也就是说，买方垄断厂商的边际工资成本之所以超过其平均工资成本，是因为要吸引更多的劳动力，厂商必须支付更高的工资，而且要以这个更高的工资水平支付给所有的工人。

表6-2中最后一栏是劳动力的边际收益产品（MRP），我们知道该指标可用来表示企业短期的劳动力需求。但在这里，我们不必假设买方垄断厂商是在完全竞争市场上出售其产品，即MRP＝VMP。不久我们就会发现，当厂商选择其利润最大化的雇佣量时，可以忽略MRP的变化情况。

图6-7是一个买方垄断模型。由于买方垄断厂商是劳动力市场上唯一的买者，因此该厂商的劳动力供给曲线就是整个市场的劳动力供给曲线，该曲线向上倾斜。

注意，曲线 S_L 同时也是厂商的平均工资成本（AWC）曲线（总工资/劳动力的雇佣量）。边际工资成本（MWC）曲线位于该曲线的上方并且更加陡峭，原因是为吸引额外的劳动力支付的更高工资也覆盖了已雇佣的其他员工。如前所述，边际产品价值（MRP）曲线可被看作竞争性的劳动力需求曲线，此处亦相当于劳动力的边际产品价值（VMP）曲线。

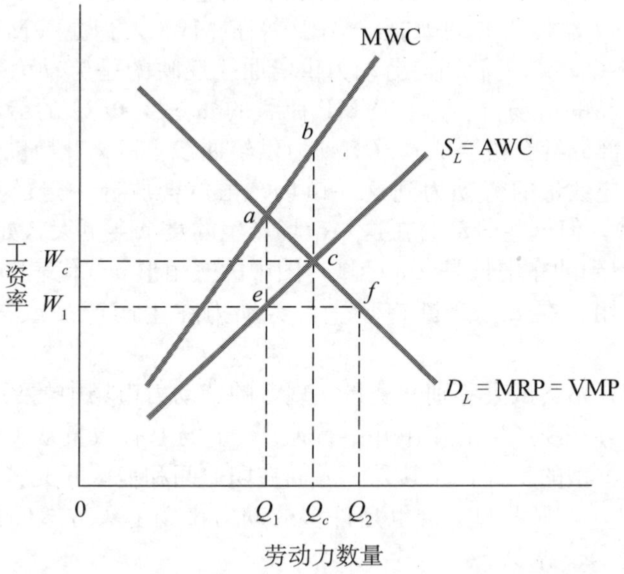

在买方垄断的劳动力市场上，厂商的 MWC 位于 S_L＝AWC 曲线的上方。厂商在 MRP 和 MWC 的交点 a 处选择其最优雇佣量 Q_1，为吸引这一数量的劳动力，只需要支付点 e 对应的 W_1 小时工资。与竞争性的劳动力市场相比，买方垄断厂商支付的工资（W_1 而非 W_c）和雇佣的劳动力数量（Q_1 而非 Q_c）都要少一些。缺乏效率的劳动力配置使社会产生了区域 eac 的损失。

图 6－7　买方垄断市场的工资率与雇佣量的决定

那么，垄断的买方将雇佣多少数量的劳动力呢？它将支付什么水平的工资呢？为实现利润最大化，厂商将选择在 MWC 等于 MRP 时（如图 6－7 中的点 a）雇佣 Q_1 单位的劳动力。为更清楚地分析，我们假设厂商雇佣 Q_c 单位的劳动力，这一产量下的边际工资成本（MWC）用点 b 表示，高于对应的边际产品价值（MRP）曲线上的点 c，因此厂商会损失区域 abc 所示的利润。通过这一例子，我们再次强调：买方垄断厂商和竞争市场厂商一样，只有当 MRP 与 MWC 相等时，才可以获得最大化利润。

确定了雇佣 Q_1 单位劳动力之后，买方垄断厂商的有效率的劳动力需求就是点 e 这一个点，而不是需求曲线 D_L，这一点在供给曲线 S_L 上将工资水平确定在 W_1。在这一工资水平，市场达到出清状态，即供给的劳动力与市场需求相等。这一均衡工资与表 6－2 中圈出的部分相对应。注意图 6－7 中的点 f，如果能用 W_1 的工资雇佣每一单位的劳动力，买方垄断厂商意愿的雇佣量为 Q_2。因此，垄断买方可能会存在劳动力短缺，即在 W_1 工资水平，它将继续雇佣更多劳动力，但是其追求利益最大化的行为不可能使工资水平处于 W_1 之上。这就可以解释如护士这一买方垄断的行业长期存在职位空缺的现象。[①] 如果在完全竞争的市场上，均衡的工资率和劳动力数量将分别为 W_c 和 Q_c（如点 c 所示），但在此种状态下，正如前面曾分析的，买方垄断厂商以 W_c 的工资雇佣 Q_c 数量的劳动力，将不能实现利润最大化。因此，它们更倾向于限制劳动力雇佣量并支付一个低于竞争性的工资水平（W_1 相对于 W_c），并且这个工资水平也低于劳动力的边际收益产品 MRP（点 e 与点 a 相比）。

显然，我们可以发现买方垄断厂商利益最大化目标与全社会最大化产出的分歧。雇佣 Q_1 数量的劳动力时，MRP 等于 MWC，但是 VMP 大于劳动力的供给价格 W_1（$=Q_1e$）。我们知道劳动力供给曲线反映的是劳动力在其他就业机会中能够生产的产品的市场价格。在 VMP 曲线的 ac 段，Q_1Q_c 的劳动力的边际产量的价值超过了这部分社会机会成本（劳动力供给曲线上的 ec 段）。所以，如果社会能够重新配置相应数量的劳动力到这一市场，虽然会放弃一定的产量（图 6－7 中的 Q_1ecQ_c 区域），但这些劳动力在这一市场产生的贡献会更大（如图 6－7 中 Q_1acQ_c 区域所示），得到的净增长是 eac 区域。图中的三角形 eac 代表了买方垄断的劳动力市场的配置费用。在买方垄断市场中，劳动力在生产产品或提供服务中的配置是不足的。

人们开始尝试去鉴别并衡量在现实的劳动力市场中的买方垄断力量。在美国经济中，买方垄断产生的作用并不普遍。[②] 市场上有数量众多的潜在雇主，他们需要雇佣各种类型的工人，尤其是工人们在职业间和地区间充分流动的情形下（详见第 9 章）。另外，强大的工会也是许多劳动力市场上买方垄断的主要制约力量（详见第 10、11 章内容）。

我们已经讨论过三个劳动力市场模型，其相应的工资表现列在表 6－3 的矩阵中。矩阵右下角表明该厂商是劳动力市场上的垄断者，同时又是产品市场上的垄断者。希望你能够认真地研究这张表。

表 6－3　　不考虑工会时的劳动力市场工资表现

		产品市场结构（厂商） 产品市场的完全竞争厂商（MR＝P）	产品市场结构（厂商） 产品市场的垄断厂商（MR＜P）
劳动力市场结构（厂商）	劳动力市场的完全竞争厂商（MWC＝W）	W＝MRP＝VMP （图 6－4）	W＝MRP W＜VMP （图 6－6）
劳动力市场结构（厂商）	劳动力市场的买方垄断厂商（MWC＞W）	W＜MRP（＝VMP） （表 6－7）	W＜MRP （＜VMP）

① 传统的观点认为，护士所在的劳动力市场是买方垄断的。这可能是因为医院的数量相对较少，在中小城市就更是这样。读者可参阅 Richard Hurd，"Equilibrium Vacancies in a Labor Market Dominated by Non-Profit Firms：The 'Shortage' of Nurses，" *Review of Economics and Statistics*，May 1973，pp. 234-40。然而，最近的一些研究对护士市场是否存在买方垄断表示怀疑。读者可参阅 Barry T，Hirsch and Edward J. Schumacher，"Classic or New Monopsony? Searching for Evidence in Nursing Labor Market，" *Journal of Health Economics*，September 2005，pp. 969-89.

② 买方垄断的理论和实证研究，参见 William M. Boal and Michael R Ransom，"Monopsony in the Labor Market，" *Journal of Economic Literature*，March 1997，pp. 86-112。亦可参见 Alan Manning，*Monopsony in Motion：Imperfect Competition in Labor Markets*（Princeton，NJ：Princeton University Press，2003）。

工作世界 6-3

职业棒球运动中的报酬和比赛成绩

职业棒球运动为检验传统工资理论提供了一个有趣的实验室。在 1976 年以前，受制于所谓的禁止选手在公开的（竞争性的）市场上待价而沽的保留条款，职业棒球选手们事实上只能一直待在一个棒球队里。换句话说，保留条款授予最初挑选队员的棒球队买方垄断的权力。劳动力市场理论（见图 6-7）告诉我们，这种买方垄断权力会使棒球队支付的薪金低于选手的边际收益产品（MRP）。从 1976 年开始，全美棒球协会的选手们能够在为初选他们的球队服务六个赛季后成为自由球员，在那之后，他们可以向任何棒球队提供自己的劳务。理论上，这些自由球员有机会提高他们的薪金并使之与他们的 MRP 尽可能一致。后来的研究证明了这个预测。

斯卡里（Scully）发现，在棒球运动员成为自由球员以前，他们的薪金显著低于他们的 MRP。他通过这样的方法估计选手们的 MRP：首先测定一个棒球队的胜率与其收益间的关系，然后估计各种反映选手效率的指标与球队胜率的关系。他发现投手的三振出局率和击球员（所有的非投手）的打击率是衡量选手对球队胜率所作贡献的最好指标。这样两个估计结合在一起，可以评估一个队员对全队总收益所作的贡献。

斯卡里发现，在棒球运动员成为自由球员以前，投手和击球员的 MRP 的估计值均远比他们的薪金高。甚至最低水平的投手的平均薪金也只有其 MRP 的 54%，明星球员受到的剥削就更多了。他还发现，最好的投手所获得的薪金仅相当于其 MRP 约 21%的水平；对于击球员来讲，这一结论也大体适用。比如，水平最低的击球员的平均薪金仅约相当于其 MRP 的 37%。

数位研究者考察了自由球员的存在对棒球选手薪金的影响。[①] 与劳动力市场理论相一致，他们的研究证明，自由球员的竞争性要价使得他们的工资相当接近他们的 MRP。具有买方垄断性质的保留条款的取消，迫使老板们支付与球员们对球队的贡献相一致的薪金。

2011 赛季，美国职棒大联盟大多数球队为球员支付的平均薪金激增至 3 305 000 美元，这一进步很大程度上应归功于自由球员制度。

资料来源：Gerald W. Scully, "Pay and Performance in Major League Baseball," *American Economic Review*, December 1974, pp. 915-30.

6.4　工资决定：延迟的供给侧响应

标准的劳动力供给模型（见图 6-2 和图 6-3）假设劳动力供给对劳动力需求造成的工资率变化的反应是迅速的。当市场工资率上升时，更多的工人进入劳动力市场；反之，工资率下降时，愿意提供劳动的工人数量减少。劳动力供给量最终在

---

① 这一系列研究调查可参考 Andrew Zimbalist, *Baseball and Billions* (New York: Basic Books, 1992); and Lawrence M. Kahn, "The Sports Business as a Labor Market Laboratory," *Journal of Economic Perspectives*, Summer 2000, pp. 75-94。

均衡工资率处与劳动力需求量相等，也就是说，劳动力市场能迅速出清。

在一些市场上，我们确实能观察到劳动力供给对工资变化的快速响应，但在许多情况下，劳动力供给的调整相对于标准模型假设有延迟，长的甚至历时几年。我们现在就来考察这样的调整较慢的劳动力市场模型。

6.4.1　蛛网模型

图6－8表示的是由刚毕业的大学生构成的工程师市场，我们假设一开始的劳动力需求和供给分别是D和S，并且市场在点a（工资率为W_0，雇佣量为Q_0）达到均衡状态。现在，我们假定由于意料之外的因素，如新技术的兴起导致对工程师的需求增加。在规范的劳动力市场模型中，劳动力市场会很快在供给曲线S和需求曲线D_1的交点处达到出清状态。但是工程师和其他高素质专业人才市场是非典型的，该类劳动力市场延迟响应的时间长达四五年之久也不足为奇。原因在于，刚进入工程学院进修的学生到毕业进入劳动力市场，要花上好几年的时间。

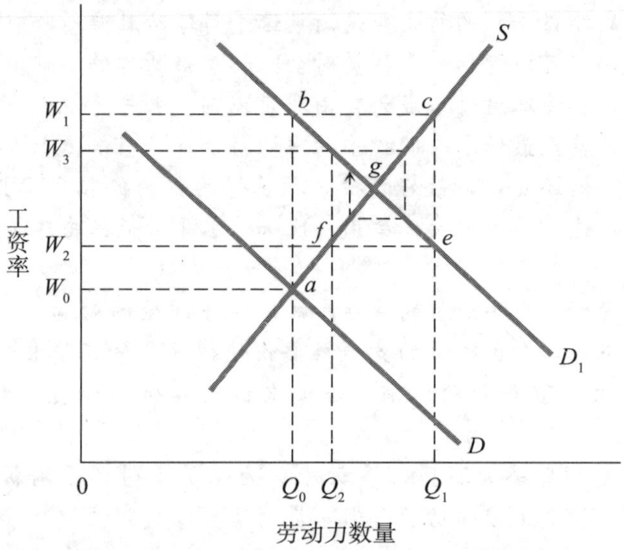

对于那些高素质劳动力如工程师，其供给对于需求以及工资变化的反应通常是延迟的。由于劳动力数量暂时固定在Q_0的水平，当劳动力需求D移至D_1时，工资率上升至W_1的水平。在这个水平，将会产生Q_1数量的工程师；但当工程师的数量固定在Q_1时，工资率又会降至W_2，从而使劳动力供给最终降至Q_2。这样不断循环往复，直到市场最终在S和D_1的相交处实现均衡。

图6－8　蛛网模型

在一定的市场周期内，工程师这一类型劳动力的供给数量暂时固定在Q_0的水平上。也就是说，即期内，劳动力的供给数量不会对工资率变化有任何反应。因此我们可以认为在Q_0上，存在一条垂直的通过点a和点b的即期市场劳动力供给曲线；而供给曲线S可以认为是长期的劳动力供给曲线，表示劳动力供给对工资率变动的最终响应。在这里，长期是指大约四五年的时间。

在给定的供给量Q_0处，劳动力需求为D_1，劳动力的短缺引起工资率由W_0激增至W_1。即期市场劳动力供给曲线Q_0ab与劳动力需求曲线交于点b处。因此，在新的工资率水平下，劳动力短缺问题被消除。但这并不是最终的结果，可以想象高工资率W_1将吸引大量的学生涌入工程师行业。当他们经过5年左右毕业后，市场中的工程师供给数量将达到Q_1。此时市场的供给是由此前的工资率W_1决定的，处在长期供给曲线上的点c处。垂直的即期市场劳动力供给曲线也从Q_0平行右移了Q_1。

劳动力供给量再次暂时固定，这次是在Q_1的水平上，在W_1的工资率水平上造成了数量为bc的工程师供应过剩。因此，工资率下降至W_2，即需求曲线D_1上的点e处，也就是通过点e和点c的新的即期供给曲线与D_1的交点，供给过多的矛盾暂时得到解决。

这样的情形将持续一段时间。尽管新的工资率W_2要比W_1低很多，但这并不会立即引起劳动力供给数量的下降。新近毕业的持有工程学学位的学生不大可能因为较低的薪金而放弃自己的专业。而且，工资率W_2很可能要比这些工程师在其他行业工作的工资率高。然而，W_2的工资率确实比较低，会影响大学新生的专业选择。可以想见，他们将会避免选择那些将来有可能使他们成为工程师的专业。这样，在四五年后的毕业典礼上，将不会有很多的学生被授予工程学学位。也就是说，经过这样一个调整后，我们将会看到新的工程师的数量由Q_1减少到Q_2，即长期供给曲线上的点f。这样，劳动力市场将再次出现工程师短缺现象，在给定的需求D_1上，将出现一个数量为fe的工程师短缺，工资率也因此由W_2上升至W_3。

以上描述的循环会一直重复，各期的劳动力需求数量随工资率变化，各期的劳动力供给数量由职业发展教育开始时的前一期工资率决定。在此种情况下，均衡在长期供给曲线S和需求曲线D_1的交点处达到。读者也可以继续推进这一循环以考察自己对非典型市场的理解。达到均衡点g的路径是一个蛛网模式，因此这个模型也被称作**蛛网模型**（cobweb model）。

有两点值得注意：首先，在通过蛛网模型达到均衡点g之前，劳动力需求完全有可能发生变化，也就是说新的蛛网调整过程是可能存在的。另外，劳动力供给曲线和劳动力需求曲线的弹性将决定市场能否达到最终均衡点g，在某种情况下我们可能会发现市场陷入一个短缺和过剩交替的周期性震荡过程。[①]

6.4.2 证据与争论

蛛网模型解释了需要较长培训期和专业化程度高的劳动力市场调节机制，之前的研究发现，工程师、律师以及物理学家的劳动力市场就存在蛛网模型的调整过程。[②]

并不是所有的经济学家都认可蛛网模型。一些批评者质疑蛛网模型与现在由普遍受过高等教育的劳动力构成的劳动力市场的相关性。你可能会发现，在蛛网模型中，劳动力市场参与者被假定会根据工作的起薪改变自己的职业选择。一些经济学

---

① 因为蛛网模型是收缩于均衡点的，所以供给曲线一定要比需求曲线陡峭。

② Richard B. Freeman, "A Cobweb Model of the Starting Salary of New Engineers," *Industrial and Labor Relations Review*, January 1976, pp. 236-48; Freeman, "Legal Cobwebs: A Recursive Model of the Market for New Lawyers," *Review of Economics and Statistics*, May 1975, pp. 171-80; Freeman, "Supply and Salary Adjustments to the Changing Science Manpower Markets: Physics, 1948-1973," *American Economic Review*, March 1975, pp. 27-39.

家认为，大学生更可能根据生命周期收益流（内容见第4章）进行职业选择。[①] 另外也有批评者声称对于任何劳动力需求方面的突然变化，当今的学生们都形成了理性预期并相应地调整其劳动力供给。如果这些批评是对的，则蛛网模型中即期劳动力供给的突然变化和蛛网中可能出现的震荡路径就不可能出现；也就是说，市场实现均衡的过程很可能并不存在蛛网效应。

工作世界6-4

医学专业的学生了解医生挣多少钱吗？

通常情况下，劳动经济学家会假定个体可以对他们的未来收入做出无偏的估计，也就是说，人们可以做出与实际收入差异不大的收入预测。经济学家同时假定，人们会收集到足够多的信息并且运用它们做出收入预测。

尼克尔森（Nicholson）通过测试医学专业的学生对医生收入水平的了解程度对这些假设进行了验证。他使用的数据来自1974—1998年针对宾夕法尼亚州一家大型医学院学生的年度连续调研。这一调研询问了大学一年级和四年级学生对六个医院科室医生收入水平的了解情况，以及学生们对不同科室的偏好。

研究发现，医学学生在医生收入估计上存在明显的误差。20世纪70年代的学生普遍高估医生的收入；而近期的学生则平均低估25%的医生收入。虽然学生在估计工资平均水平上有显著偏误，但是他们在估计自己偏好的科室医生工资时是相对准确的。此外，通过在医学院的学习，四年级时学生做出的工资估计比他们在一年级时的偏误降低了35%。估计误差在不同群体中的分布也不一样，女性、年纪大一些以及入学时分数较高的学生更可能低估医生收入。

资料来源：Sean Nicholson，"How Much Do Medical Students Know about Physician Income?" *Journal of Human Resources*，Winter 2005，pp. 100-14.

无论如何，蛛网模型都很重要，因为它指出劳动力供给的调整并不像基本劳动市场模型那样迅速而确定。因此，在大多数劳动力市场，与其说是达到了有效率的配置（VMP=P_L），不如说是处在趋近于有效率配置的过程中。

◆ 快速回顾6-2

- 买方垄断厂商比起完全竞争市场中的厂商，用更低的工资率雇佣了更少的劳动力；这一配置结果是无效率的。
- 在蛛网模型中，在达到均衡工资率之前，工资率会有一段随着劳动力供给的短缺与过剩的循环而震荡的时期。

思考题

为什么买方垄断厂商的MWC曲线位于市场劳动力供给曲线上方？难道这不是买方垄

① 参见Joel W Hay，"Physicians' Specialty Choice and Specialty Income，" in G. Duru and J. H. P. Paelinck (eds.)，*Econometrics of Health Care*（Netherlands：Kluwer Academic，1991）；and Sean Nicholson，"Physician Specialty Choice under Uncertainty，" *Journal of Labor Economics*，October 2002，pp. 816-47。

断的一个劣势吗?(答案:参见书末。)

工作世界 6-5

北美自由贸易协定与美国劳动力

经过多次会议讨论,1993 年年底美国国会通过了北美自由贸易协定(NAFTA)。这一协定消除了之后 15 年美国、加拿大和墨西哥的关税和其他贸易壁垒。NAFTA 是覆盖 4.4 亿人的全球最大自由贸易区之一。经济学家普遍认为这一贸易协定将提高国民产出、降低产品价格,提高美国和墨西哥国民的生活水平。

一些早期的分析研究了 NAFTA 对国际贸易的影响。三个国家之间的贸易显著增长,尤其是美国和墨西哥之间的贸易。比如说,墨西哥商品在美国进口商品中的比重由 1993 年的 6.6%激增至 2007 年的 10.5%,美国商品出口至墨西哥的比例在此期间由 8.9%增长至 13.0%①。古尔德(Gould)发现,在 NAFTA 条件下的美国和墨西哥之间的进出口量比没有这一协定时高出了 16%。②

NAFTA 对就业的影响比较温和,索贝克(Thobecke)和艾根-祖奇(Eigen-Zucchi)认为 NAFTA 对美国就业的影响非常小。③ 他们发现在 NAFTA 实施后的前 65 个月,每个月大约有 3 000 人获得了因为 NAFTA 由政府提供的失业救济金。他们还指出,在此期间,NAFTA 使得当期的就业增长率降低了 1.5%。

由于直到 2009 年 NAFTA 才全面实施,因此还需要几年的时间来进一步研究 NAFTA 对就业的影响。

本章总结

1. 在竞争的劳动力市场上,厂商和工人都是工资接受者,市场劳动力需求相当于单个厂商在不同工资下的考虑到"价格调整"的劳动力需求的加总,市场劳动力供给则相当于单个工人在不同工资下的劳动力供给的加总。市场劳动力供给和需求决定了均衡的工资率和雇佣量。

2. 劳动力供给曲线的垂直高度相当于在这个用途上使用的最后一单位劳动力产生的社会的机会成本(P_L),劳动力需求曲线的垂直高度则表示雇佣该单位劳动力给雇主带来的额外收益(MRP),在完全竞争市场,这相当于最后一单位劳动力产出的边际产品价值(VMP)。

3. 市场的劳动力供给曲线和需求曲线的位置由许多因素决定(见表 6-1)。当其中某个因素发生变化时,受影响的曲线将会向右或向左移动,并最终改变均衡的工资率和雇佣量。

4. 在完全竞争的劳动力市场上,单个厂商是工资接受者,其 MWC 永远与工资率相等;也就是说,对单个厂商来讲,劳动力供给曲线是完全弹性的。厂商要想获得最大利润,其雇佣的劳动

---

① www.wto.org and www.stlouisfed.org.

② David M. Gould, "Has NAFTA Changed North American Trade?" *Federal Reserve Bank of Dallas Economic Review*, 1st Quarter 1998, pp. 12-23.

③ Willem Thorbecke and Christian Eigen-Zucchi, "Did NAFTA Cause a Giant 'Sucking Sound'?" *Journal of Labor Research*, Fall 2002, pp. 647-58.

力数量必须满足 MRP＝MWC 或 MRP＝W 的条件。

5. 当某类劳动力在不同用途上的 VMP 都相等并且同时还等于其机会成本 P_L 时，该种劳动力的配置就是有效率的；在产品和要素市场都是完全竞争的条件下，这种效率配置是可实现的。厂商在 MRP＝MWC 的地方实现利润最大化，同时由于 MRP＝VMP 且 MWC＝P_L，所以相应地就有 VMP＝P_L。

6. 若产品市场存在垄断，则随着厂商雇佣人数和厂商产量的增加，产品的边际收益以比价格更快的速度下降。因为产品价格 P 大于边际收益 MR，自然地就有 MRP（MR×MP）小于 VMP（P×MP）。与产品市场完全竞争时相比，这会导致市场的就业水平要低一些，劳动力资源的配置是不足的。

7. 在劳动力市场存在买方垄断时，有 MWC＞S_L（或 P_L），原因是厂商必须提高工资以吸引更多数量的工人，并且这个更高的工资要支付给所有的工人。结果就导致，与完全竞争时相比，厂商将雇佣较少的劳动力，支付的工资率也低于 MRP。劳动力的配置不足（VMP＞P_L）降低了整个社会的总产出。

8. 蛛网模型记录了需要长期培训的劳动力供给随着劳动力需求和工资变动的调节路径。在达到均衡工资率之前，工资率会有一段随着劳动力供给的短缺与过剩的循环而震荡的时期。

习题和学习建议

1. 列举完全竞争市场的显著特征，并将其与买方垄断市场作比较。

2. 解释为什么尽管个人劳动力供给曲线是向后弯曲的，而市场劳动力供给曲线是朝右上方倾斜的？市场劳动力供给曲线的高度与劳动力的机会成本之间具有什么关系？

3. 下列因素的单独变化将对市场劳动力需求产生什么影响？

a. 产品需求的增加提高了其价格。

b. 劳动生产率下降。

c. 劳动的总替代品价格上升。

d. 劳动的总互补品价格下降。

e. 原来曾雇佣这类劳动力的一些公司倒闭。

f. 该类劳动力的工资率下降。

g. 一系列的合并使产品市场变成了垄断市场。

4. 说明下列因素将如何影响 A 类劳动力的均衡工资和雇佣量：

a. 劳动力需求和劳动力供给均增加。

b. 该劳动力市场由完全竞争变成了买方垄断。

5. 假设医生这一市场存在供给过剩。试用劳动力供求模型图示这种情况，在短期和长期市场分别对这种情况做出怎样的调整。

6. 根据下表回答问题。表中 Q_B 为 B 类劳动力的数量，VMP_{Bx} 和 VMP_{By} 分别为该类劳动力生产产品 x 和产品 y 的边际产品价值。设经济中只生产 x 和 y 这两种产品。

Q_B	VMP_{Bx}（美元）	VMP_{By}（美元）
1	18	23
2	15	19
3	12	15
4	9	11
5	6	9
6	3	5

a. 解释为什么表中 VMP 的值会随劳动力雇佣量的增加而下降。

b. 如果劳动力价格（或机会成本）P_L 为 9 美元，为实现劳动力的有效率配置，在生产 x 和 y 这两种产品的过程中各应使用多少单位的 B 类劳动力？此时两种产品的总价值为多少？

c. 设 P_L 为 15 美元，现在有 5 单位劳动力用于生产 x，2 单位劳动力用于生产 y。这种劳动力配置是有效率的吗？为什么？如果此种配置是缺乏效率的，怎样才能实现 B 类劳动力的有效率配置？

d. 设 P_L 为 25 美元，现在有 3 单位劳动力用于 x 产品的生产，6 单位劳动力用于 y 产品的生产。试解释为什么这种配置不是有效率的配置。

怎样配置这类劳动力可以达到最优？重新配置能够增加的总价值是多少（包括闲暇、可能的额外产出和家庭生产等）？

e. 设产品 x 在完全竞争市场上出售。不考虑 VMP_{By}，并设这里 VMP_{Bx} 的数据是所有雇佣这种劳动力的厂商都具有的。如果市场工资率为12美元，那么每个厂商的MWC是多少？在它们利润最大化的雇佣水平上，MRP的值是多少？说明在这个行业中为什么必然会实现劳动力的有效率配置。

7. 下表是一家处于劳动力市场 A 和产品市场 AA 单个厂商的情况。请完成这个表格并回答问题。

劳动力数量	工资率（W）（美元）	总工资成本	MWC	MRP（美元）	VMP（美元）
1	10			16	16
2	10			14	15
3	10			12	14
4	10			10	12
5	10			8	10
6	10			6	8

a. 该劳动力市场和产品市场上的竞争程度如何？

b. 找出并解释利润最大化时厂商雇佣水平。

c. 利润最大化的同时是否也实现了劳动力的有效率配置？试解释。

8. 下列表格中，上表为某厂商的生产数据，下表为该厂商的劳动力供给数据。假设产品以每单位一美元的价格在完全竞争市场上销售。回答下列问题：

劳动力数量	总产量
0	0
1	13
2	25
3	34
4	42
5	46
6	48

劳动力数量	工资率（美元）
0	—
1	1
2	2
3	3
4	4
5	5
6	6

a. 厂商最终会选择雇佣多少劳动力？

b. 最大利润水平时的工资率是多少？

c. 上述数据描述的是哪种劳动力市场模型？

9. 设某厂商满足以下两个条件：(a) 在劳动力市场上是买方垄断者；(b) 在产品市场上是卖方垄断者。试刻画该厂商的供求模型，正确标注相关曲线，并找出均衡工资率和雇佣量。该市场是否存在效率损失，请指出并予以解释。

10. 请使用图形分析的方式表示一个需要长期培训、专业性较强的劳动力市场在一次意外的劳动力需求下降后引起的蛛网调整循环。在解释图形过程中，区分即期劳动力供给曲线和长期劳动力供给曲线。

互联网练习

谁的收入增加了？谁的收入减少了？

访问美国劳工统计局的网站（www.bls.gov/data/home.htm），选择"Series Report"。然后输入下面的ID序列号：CES1000000001，CES1000000032，CES4200000001和CES4200000032。最后，点击"All Years"。这样你就可以检索到和采矿业、伐木业以及零售贸易等行业有关的平均小时工资（以1982年美元计）以及就业方面的资料。

零售业、采矿业、伐木业在1979年和1995年的平均实际小时工资率和就业率各是多少？这些行业的工资率和就业率各变化了多少个百分点？根据这些变化，你能推测出劳动力需求规模和劳动力供给规模的相对变化情况吗？

在最近的月份，上述行业的平均实际小时工

资和就业率各是多少？自1995年到最近的月份，其工资率和就业率各变化了多少个百分点？根据这种变化，你能推测出劳动力需求规模和劳动力供给规模的相对变化情况吗？

互联网链接

美国劳工统计局的工资、收入和利润网站（www. bls. gov/bls/blswage. htm）提供详细的分州、分职业和分行业的工资统计数据。

第 7 章 选择性支付计划和劳动效率

大学毕业后，你们中的大部分人都希望找一份全职工作。假设你找到了一份与你大学专业相关的工作。在接受这份工作之前，你想了解关于薪酬包的哪些信息？我们猜测，你首先想了解这份工作的年薪或者小时工资。其次，毫无疑问你想得到关于附加福利的信息，比如医疗补贴怎么样，是否有伤残保险，有没有带薪休假，以及公司是否提供养老金计划等。

在第 6 章，我们认识并解释了一些关于工资决定的基本模型。我们假设在这些模型中，所有的薪酬都是以小时工资形式支付的，例如每小时 10 美元。但是，正如前面段落中提到的，附加福利在现实中是薪酬的重要组成部分。另外，不同公司的薪酬支付构成也不同；例如，公司希望通过特殊设计的工资组合来提高工作效能和减少人员流失。本章的目的就是考察这种比小时工资具有更复杂的构成和作用的薪酬支付组合。

7.1 附加福利的经济学

我们首先来分析总薪酬中包含附加福利的经济学原理。总薪酬包含工资收入和附加福利。**附加福利**（fringe benefit）中既包括社会保险、失业补助以及工人赔偿金等法律强制的公共福利，也包括私人养老金、医疗和齿科保险、带薪休假以及病假工资等非强制的私人福利。我们会发现附加福利不仅能够增加工人从总薪酬中获得的效用，而且还能通过保留和吸引高素质的工人而使企业受益。

附加福利：事实

附加福利是总薪酬中的一个重要组成部分，并且其比重在过去的几十年中快速增加。

■ 作为总薪酬组成部分的附加福利

美国劳工统计局（BLS）对领取工资和薪水的工人的总薪酬做了划分。[1] 如

---

① U. S. Bureau of Labor Statistics, *Employer Costs for Employee Compensation*, U. S. Department of Labor. News Release 12-0450, March 2012.

图7－1所示，工资和薪水占了这些工人总薪酬的约70％，附加福利占了约30％。

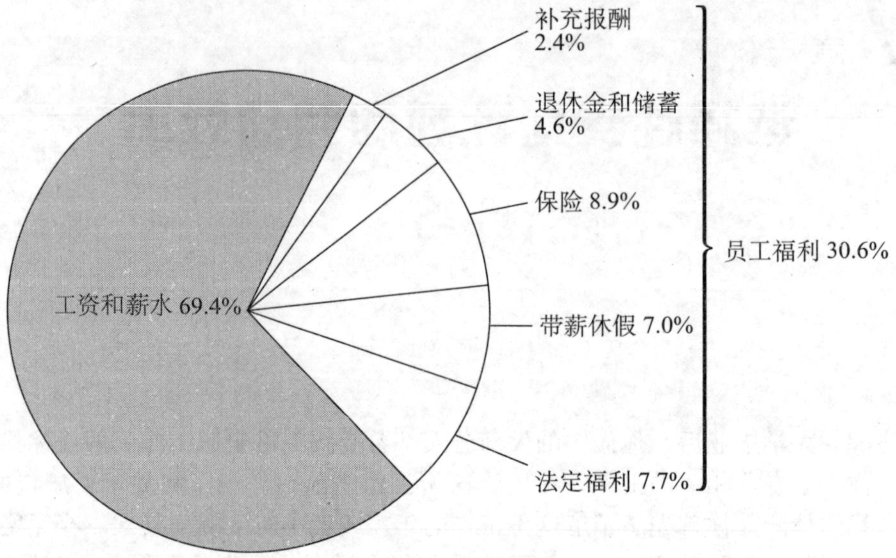

领取工资和薪水的雇员总薪酬中，附加福利占到了约30％。

图7－1　总薪酬构成（领取工资和薪水的雇员）

资料来源：Bureau of Labor Statistics. Data are for December 2011.

通过薪酬的饼状图可以很好地观察附加福利的组成情况。如图7－1所示，法定福利在总薪酬中占7.7％的比重，这些福利包括社会保险、铁路部门的退休金和辅助退休金、联邦和州的失业保险、工人的补偿金以及州的临时残疾保险等。带薪假期，包括带薪休假、带薪节假日以及带薪病假等占总薪酬的7.0％。保险，如寿险、健康保险以及疾病和事故保险等则占了8.9％的比重。

雇员薪酬饼状图的剩余部分是：退休金和储蓄，占4.6％的比重，包括退休金计划和储蓄节约计划；2.4％的补充报酬，由超时工作奖金和假期工作补贴、轮班工资、非生产性奖金以及汇总支付等组成。

总薪酬的组成在不同行业中存在很大差异。举例来说，附加福利在雇员总薪酬中的比重在行业间存在这样的规律：（1）高收入行业要高于低收入行业；（2）加工制造业要高于服务业；（3）交通运输业和公用事业行业要高于零售业。福利的比重和特定形式在各行业中也存在差异。例如，带薪假期在交通运输业和公用事业行业中占全部收入的比重大约为8％，而在零售业中这一比重只有约4％。

最后，美国劳工统计局的数据显示，总薪酬的组成在不同职业群体中存在很大差别。例如，由于法律强制提供附加福利，在蓝领工人中附加福利占总薪酬的比重要比白领工人的高。另一个例子是，在交通运输业工人工资中法定福利所占比重要显著高于经理人员。

■ 附加福利的增长

附加福利在过去的几十年中作为雇员总薪酬的一部分增长显著。这一增长参见

图 7-2，我们可以看到在全部工人的总薪酬中，附加福利的比重已经从 1929 年的不足 3%增加到 2011 年的 30%。

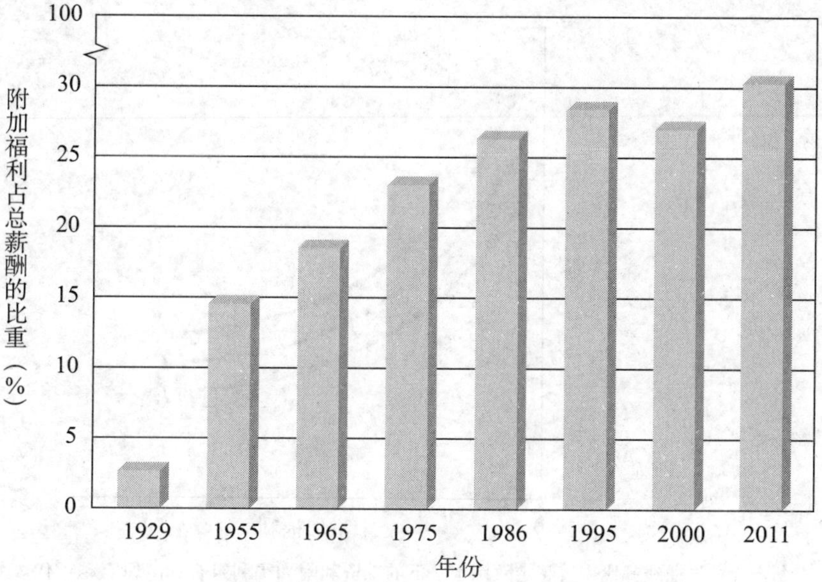

从 1929 年以来，附加福利占总薪酬的比重快速上涨。

图 7-2　附加福利的相对增长

资料来源：Bureau of Labor Statistics, *Employee Benefits in a Changing Economy: A BLS Chartbook*, September 1992, p. 3., updated.

为什么附加福利在总薪酬中占比很大？如何解释附加福利的快速增长？一个关于最优附加福利的模型将帮助我们解答这些问题。

7.2　最优附加福利理论

最优附加福利理论是第 2 章中所遇到的收入-闲暇选择问题的一个变形。在图 2-5 中我们看到，预算约束（工资率曲线）限制了工人在收入和闲暇间选择的组合。工人选择能为他们带来最大效用的收入和闲暇组合。这一选择建立在根据已有预算约束，工人对收入和闲暇间的替换关系的主观评价的基础上。

类似地，我们可以想象一个在工资和附加福利之间进行选择的工人。工人对这两种“物品”的偏好用无差异曲线反映出来。预算约束则是用雇主的总薪酬线或等利润线来表示。①

7.2.1　工人的无差异曲线

图 7-3 中的每条无差异曲线都代表能够给工人带来相同水平的满意度或效用

① 接下来的分析依据 Ronald G. Ehrenberg 和 Robert S. Smith 的方法。参见 Smith and Ehrenberg, "Estimating Wage-Fringe Trade-Offs: Some Data Problems," in Jack E. Triplett (ed.), *The Measurement of Labor Cost* (Chicago: University of Chicago Press, 1983), pp. 347. 67; Ehrenberg and Smith, *Modern Labor Economics*, 11th ed. (Boston, MA: Pearson, 2012), pp. 262-69。

的工资和附加福利的组合。每一条无差异曲线代表一个固定的效用水平。越偏向右上方的无差异曲线代表了越高的效用水平。

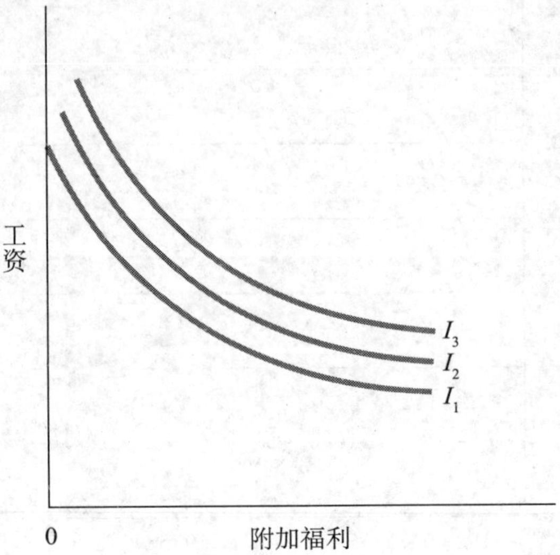

每条无差异曲线都代表着特定效用水平下的工资和附加福利组合。离原点越远代表效用水平越高；因此更受工人欢迎。

图 7-3　工资和附加福利的无差异曲线

向下倾斜的无差异曲线表示工资和附加福利都能给工人带来效用，因此二者在一定程度上能够相互替代。这看起来令人吃惊，因为附加福利中大部分是**实物福利**(in-kind benefits)，即具体的产品或服务形式的福利。将同等货币价值的工资和附加福利相比，难道一个工人（消费者）不应该更喜欢前者才对吗？1 美元现金工资所代表的通用购买力可以购买任何价值 1 美元的产品和服务，而实物形式的附加福利，只能带给消费者特定的产品和服务。事实上，对于特定的工人来说，实物的产品或服务可能并不会带来价值或满意度。日托中心的服务对于没有孩子或者孩子都已长大的工人来说，并不能带来任何满意度。然而，有两个主要原因使得工人宁愿牺牲一些工资来换取一定数量的附加福利包。

首先，最重要的一点是，一些附加福利会使工人获得税收方面的好处。例如，工人们对于私人养老金计划中的延迟收入，只有在真正获得这些收益时才会缴税。养老金的本金、利息和红利也是按照税前而不是税后进行累积。同时，由于工人退休后不会再有工资收入，在缴税时由养老金计划提供的收入相比于其在工作期间获得的同样数量的收入的税率（比如 28%或 35%）适用更低的边际税率（比如 15%）。也就是说，养老金可以通过延迟获得收入的方式缴纳较少的税收，即 1 美元养老金的税后价值要高于目前 1 美元工资的税后价值。类似地，由雇主支付的健康和人寿保险的保险费既不用缴纳社会保险税，也不用缴纳个人所得税。[①]

---

① 关于检验税收对雇员对附加福利需求影响的研究，参见 Stephen A. Woodbury and Wei-Jang Huang，*The Tax Treatment of Fringe Benefits*（Kalamazoo，MI：W. E. Upjohn Institute，1991）；David Joulfaian and David Richardson，"Who Takes Advantage of Tax-Deferred Savings Programs? Evidence from Federal Income Tax Data，" *National Tax Journal*，September 2001，pp. 669-88。

其次，工人们也愿意用如健康保险或养老年金等附加福利来替代部分工资收入，以防自己过多地将收入用于购买商品以满足当下。人们可能意识到，他们的现金收入更多地花在了小汽车、游艇、衣服或是度假上。因此，他们希望牺牲部分现期收入，而把它们"存储"在日后非常重要的健康和退休福利方面。通过接受包括附加福利在内的收入组合，工人们可以保证当他们需要时会得到保险、退休金和其他福利。

我们可以观察到，无差异曲线不仅向下倾斜，而且凸向原点（这与我们在第2章看到的收入-闲暇图相同）。这说明，随着附加福利的增加其对工资的边际替代率也是递减的。当一个工人拥有较少的附加福利时，他希望用大量的收入来换取额外一单位的附加福利。但随着附加福利数量的不断增加，附加福利带来的边际效用不断降低，人们用工资收入换取更多附加福利的意愿变得越来越小了。

7.2.2　雇主的等利润线

在给定的产出水平下，企业希望通过将每小时工作的总薪酬最小化来实现自身利润的最大化。在图7-4中，我们展示了一个企业的**等利润线**（isoprofit curve）*WF*，表示提供了相同利润水平的不同的工资和附加福利组合。简单起见，我们假设产品市场上的竞争会使企业得到一个正常水平的利润。我们同样假设劳动力市场上的竞争将使企业依据*WF*曲线上提供的工资和附加福利的组合来支付总薪酬。也就是说，在给定工资和附加福利的价格条件下，*WF*曲线上提供的工资和附加福利组合，能够使企业获得正常的利润水平。

仔细观察图7-4中的等利润线，我们发现其斜率是-1。在这个例子中，工人减少1美元的工资同时增加1美元的附加福利，使工人的总薪酬和企业的总利润均不变。支付$0W$的工资同时不支付附加福利的组合与不支付工资同时支付$0F$的附加福利的组合，企业支付的总薪酬和利润是一样的。同样，*WF*曲线上的其他工资和附加福利的组合代表的总薪酬支付水平也是一样的。

7.2.3　工资-附加福利的最优组合

图7-3和图7-4的坐标轴是相同的，我们现在可以确定使工人效用最大化的工资和附加福利组合。图7-5中*WF*曲线显示了所有可以得到的工资和附加福利组合，其中W_0和F_0的组合可以使工人实现最大的满意度或效用。效用最大化的组合是*WF*曲线与最高效用水平的无差异曲线I_2的切点b。点a（全部支付工资而不提供附加福利）和点c（支付较少的工资并提供较多的附加福利）的效用水平都要低于点b，因为在这两点，工人在较低水平的无差异曲线I_1上。如果将工资-附加福利的组合从a、c两点调整到点b，工人则可以达到更高的无差异曲线。

虽然不同工人的无差异曲线各不相同，但为了简单起见，我们这里假设所研究的工人对于工资和附加福利的偏好代表了所有工人的平均水平。工人之间不同的无差异曲线以及由此造成的工资-附加福利的最优组合的不同将在第8章进行讨论。

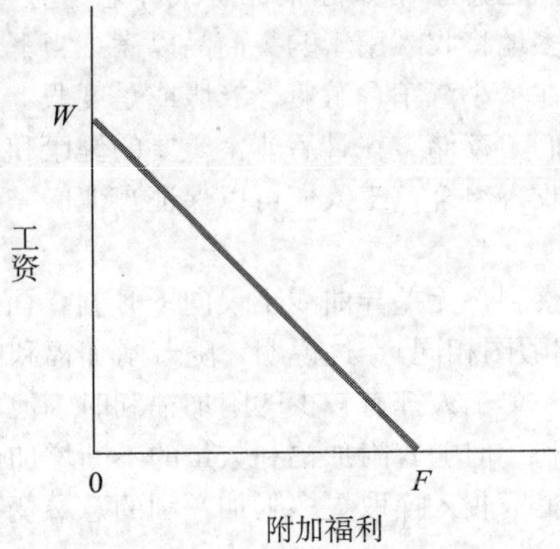

等利润线代表了能给企业带来特定利润的工资和附加福利组合。假设市场竞争能使企业获得正常利润。此时 WF 代表了在工资和附加福利“价格”既定的条件下，企业能够支付的工资和附加福利组合。

图 7-4　雇主的等利润线（正常利润）

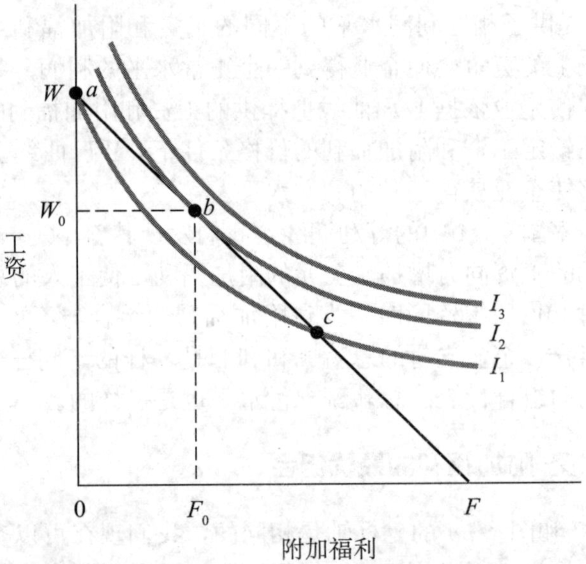

点 b 是工资和附加福利的最优组合点，此时等利润线与最高的无差异曲线相切。在这一点上，企业提供 W_0 水平的工资和 F_0 水平的附加福利。点 a 和点 c 同样是可以达到的工资和附加福利组合，但效用水平较低，即处于较低水平的无差异曲线上。

图 7-5　工资和附加福利的最优组合

7.2.4　附加福利增长的原因

下面我们考虑较低“价格”附加福利的情况。在图 7-6 中，我们画了一条新的获得正常利润的等利润线 WF'，WF' 比 WF 更加平缓。等利润线从 WF 移到 WF' 表示每单位附加福利的成本或“价格”下降了。换句话说，企业能够在支付最高工资水平并且不增加总薪酬的情况下提供更多的附加福利，即可以在不减少利润的情况下提供更多的附加福利。现在，企业能够用1美元价值的工资换取超过1美元价值的附加福利，尽管这些附加福利只花费了1美元。企业希望提供给工人更好的工资-附加福利的组合来吸引和保留高素质的员工。事实上，在竞争的劳动力市场上，企业会按照WF'的水平支付工人的薪酬，因为任何其他企业都会将总薪酬提高到这一水平。

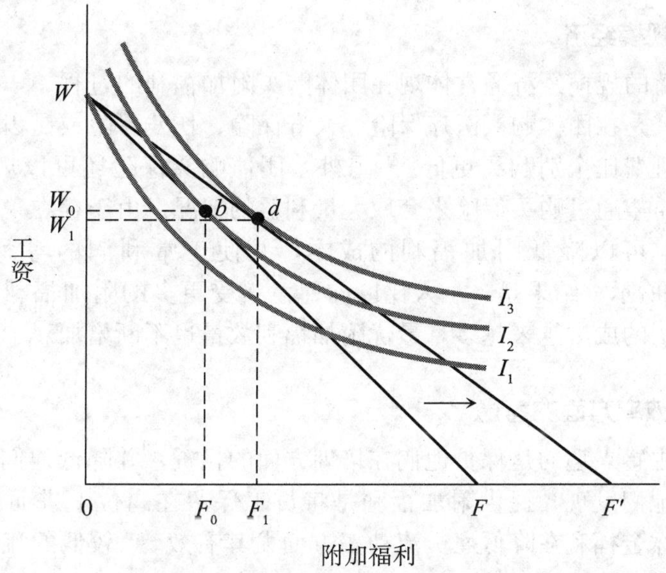

税收优惠、规模经济以及效率考虑等原因导致附加福利价格下降，使得等利润线向外移动。这使得工人达到了更高的无差异曲线I_3（与I_2相比）。其中，附加福利由F_0增加到F_1。

图7-6 附加福利的增长

新的等利润线与一条效用更高的无差异曲线I_3相切于点d。这一点代表工人新选取的工资和附加福利的组合中附加福利占了更大的比重。附加福利价格的下降使工人能够并且趋向于"购买"更多的附加福利。工人现在能获得更多的实际收入（工资加上附加福利），并且视附加福利比之前更容易购买。最终，工人选择了更多的附加福利并且达到了更高的效用水平（由现在的I_3代替原来的I_2）。

需要考虑的一个问题是，什么原因会导致正常利润的等利润线出现图7-6中的向外移动？什么原因会导致附加福利的价格下降并在总薪酬和利润不变的前提下使企业增加附加福利的数量？回答这些问题为我们解释附加福利在过去几十年来不断增加的原因提供了基础。

▩ 雇主税收优惠

我们已经观察到附加福利会给工人带来税收上的利益。同时，这些附加福利也减轻了雇主的税收负担。对于每个收入为110 100美元（2012年）的雇员，需要以收入15.3%的标准缴纳社会保险税，而企业要支付一半。对于收入低于这一数量的那些工人，企业通过将工资收入转化为附加福利的方式来降低自己的税收负担。假设一个工人的年收入为30 000美元，根据2012年7.65%的税率，雇主将支付2 295美元的税费。但是如果雇主支付给工人20 000美元的工资收入和10 000美元的附加福利，企业的税收负担将下降到1 530美元（20 000×0.076 5）。考虑到数以千计的工人，通过税收节省的金额对于大公司来说是很可观的。结果，公司可以通过减少1美元的工资提供高于1美元的附加福利。在图7-6中，正常利润的等利润线由原来的*WF*向右移动到*WF′*的位置。由于社会保险税的计税基础和税率都有所增加，因此，最优的附加福利水平也有所提升。[①]

■ 规模经济

显著的规模经济通常体现在团体购买附加福利的过程中，即可以享受较低的价格。尤其是在团体购买医疗保险、人寿保险、伤残保险或是齿科保险时，平均管理费和代理费比个别购买更低。[②] 另外，团体购买保险还可以规避逆向选择的问题，即个人希望通过购买保险来套取大量利益的情况。由于存在税收优惠，保险的"价格折扣"可以降低附加福利的成本，并使正常利润的等利润线向外移动，如图7-6所示。结果是，工人比以前愿意接受更多的附加福利。随着企业规模的扩大，节约的成本越来越多，最优附加福利数量也不断增加。

■ 效率方面的考虑

雇主感兴趣的是保护他们在培训方面的投资，并降低他们在招募和培训方面的成本。他们发现，提供附加福利是将员工保留在岗位上进而减少离职率的有效途径。退休金福利在降低雇员流动率方面尤其有效。[③] 较低的流动率意味着工作经验丰富、受过良好培训的工人在全部员工中占比更高。这样，企业的平均劳动生产率将得到提高。

从企业的角度来看，养老金带来的收益将比花在这方面的成本要高，因为附加福利提高了生产率，增加了企业的收益，进而抵消部分支出，所以企业能够在不使利润受损的情况下提供更多的附加福利。[④] 由于近年来企业的培训投资增加了许多，企业也日渐希望使用附加福利来降低工人的流动率。

---

① 关于税收对于雇员参加健康保险可能性的研究，参见Anne Beeson Royalty，"Tax Preferences for Fringe Benefits and Workers' Eligibility for Employer Health Insurance，" *Journal of Public Economics*，February 2000，pp. 209-27。还可参见Thomas L. Selden，"The Impact of Increased Tax Subsidies on the Insurance Coverage of Self-Employed Families：Evidence from the 1 996—2003 Medical Expenditure Panel Survey，" *Journal of Human Resources*，Winter 2009，pp. 115-39。

② 关于实施退休金和健康计划的规模经济的研究，参见Emily S. Andrews，*Pension Policy and Small Employers：At What Price Coverage*?（Washington，DC：Employee Benefit Research Institute，1989）。亦可参见Jacob A. Bikker and Jan DeFreu，"Operating Costs of Pension Funds：The Impact of Scale，Governance，and Pension Design，" *Journal of Pension Economics and Finance*，January 2009，pp. 63-89。

③ 例如，参见William E. Even and David A. Macpherson，"Employer Size and Labor Turnover：The Role of Pensions，" *Industrial and Labor Relations Review*，July 1996，pp. 707-28；and Harald Dale-Olsen，"Wages，Fringe Benefits，and Worker Turnover，" *Labour Economics*，February 2006，pp. 87-105。

④ 虽然附加福利带来的主要好处就是生产率的提高，但某些附加福利也可能会降低生产率。比如，带薪休病假的规定可能会鼓励缺勤。同样，一些福利可能吸引那些关注这些福利的员工，进而增加在这些附加福利方面雇主支付的成本。例如，一个企业提供育婴假期，这可能会吸引大量有孩子的员工。关于这一问题的公共政策含义，参见Lawrence H. Summers，"Some Simple Economics of Mandated Benefits，" *American Economic Review*，May 1989，pp. 177-83。

■ 其他因素

附加福利的增长还有其他一些原因。有些附加福利具有较大的收入弹性。包括养老保险以及医疗和牙齿保健等服务，其购买量对收入增长非常敏感。因此，随着工人收入的不断增加，对这些附加福利的“购买”不断增加就不令人奇怪了。[①] 另外，联邦政府也提高了社会保险和失业补偿金等强制性的附加福利。最后，我们将在第11章看到，工会化也是附加福利增加的一个因素。平均来讲，工会工人会比非工会工人得到更多的附加福利。同时，非工会企业经常通过模仿工会企业签订合同来阻止工会主义。

◆ 快速回顾 7-1

- 对于领取工资和薪水的工人，附加福利占到了其总薪酬的30%。
- 在工资-附加福利模型中，工资与附加福利的最优组合是等利润线和最大可获得的无差异曲线的切点。
- 税收优惠、规模经济以及对效率的考虑都降低了附加福利的“价格”，增加了附加福利的数量以及工人效用。

思考题

假设政府决定对附加福利同普通收入一样征税，那么典型工人的无差异曲线的斜率将会发生怎样的变化？这将如何影响附加福利的最优数量？（答案：参见书末。）

工作世界 7-1

健康保险改革和“工作锁定”

健康保险可以使某些原本要离开的工人继续留在原有的工作岗位上。为了获得健康保险，工人愿意留在能提供该保险的企业中。在提供给新工人健康保险时，企业通常会花费一些时间来导入新工人记录或删除新工人之前的医疗记录。在此期间，一些工人会因为担心失去这项健康保险便不愿意更换工作。这种工作流动的减少被称为“工作锁定”。

2010年制定的《病人保护和平价医疗法案》（PPACA）将从两个方面减少“工作锁定”现象。第一，取消就业和医疗保险之间的联系，允许个人通过国有健康保险交易以较低的费率购买医疗保险。第二，取消了医疗保险计划的等待时间和前提条件。

工人对PPACA的反应如何呢？退伍军人管理局（VA）的医疗保健计划扩张为我们提供了一些洞见。20世纪90年代中期，VA从一个以医院为基础、专门为军队提供医疗服务的医疗保健系统转变为完整的从事预防保健的健康保健系统。扩展了的医疗保健可以代替私人健康保险。结果，由于退伍军人不再需要通过为雇主工作来获得健康保险，“工作锁定”现象随之减少。博伊尔（Boyle）和赖希（Lahey）通过对比年龄在55～64岁之间的男性退伍军人和非退伍军人在VA医疗扩建之前和之后的劳动力供给

---

① 参见 Stephen Woodbury, “Substitution between Wage and Nonwage Benefits,” *American Economic Review*, March 1983, pp. 166-82。

决定，发现医疗扩张降低了“工作锁定”，退伍军人中选择全职工作的人数减少了，而选择兼职工作或不工作的人数增多了。另外，受过大学教育的退伍军人更多地转向自我雇佣。

其他研究也表明，健康保险改革将降低“工作锁定”现象。一些州和联邦政府要求雇主允许雇员在离开工作岗位后一定时间内从雇主处购买健康保险。为了检验这一授权的影响，格鲁伯（Gruber）和马德里安（Madrian）比较了在不同州内（在这些州中，雇主为离职雇员购买健康保险的时限不同，跨度在2个月到20个月之间）工人工作流动的情况。同时，他们比较了实施这些法律之前和之后的工作流动性。他们的结论是，授权降低了“工作锁定”，覆盖时间增加12个月可以使工作流动性增加大约10%。

资料来源：Based on Melissa A. Boyle and Joanna N. Lahey, “Health Insurance and the Labor Supply Decisions of Older Workers: Evidence from a U. S. Department of Veterans Affairs Expansion,” *Journal of Public Economics*, August 2010, pp. 476-78; and Jonathan Gruber and Brigette C. Madrian, “Health Insurance and Job Mobility: The Effects of Public Policy on Job-Lock,” *Industrial and Labor Relations Review*, October 1994, pp. 86-102.

7.3 委托-代理问题

下面讨论薪酬与绩效之间的关系。这里的薪酬既可以是现金，也可以是附加福利。但是作为这一问题的开始，我们需要探讨一下企业和工人之间关系的本质。

在前面章节的讨论中我们知道，企业雇佣工人是因为他们可以生产产品或提供服务，企业通过在市场上出售这些产品或服务获得利润。从这方面说，工人可以被看成是企业的**代理人**（agents），即为提高他人的利益而被雇佣的一方。相应地，企业可以被看成是**委托人**（principals），即雇佣别人来帮助自己达到目标的一方。此时，企业或委托人的目标是获取利润。雇员则希望帮助企业赚取利润进而获得企业支付的工资。这些收入允许雇员购买产品和服务来获取效用。因此，委托人（企业）和代理人（工人）之间的关系建立在互利的基础之上；雇佣关系使企业和工人都从中获益。但是委托人与代理人分享共同的利益，并不代表他们的利益完全相同。在企业和工人之间存在利益分歧的情况下，所谓的委托-代理问题便产生了。

委托-代理问题（principal-agent problem）是当代理人（工人）所追求的自身目标与委托人（企业）的目标发生冲突时产生的。企业希望最大化自身利润（第6章），而工人则希望最大化自身效用（第2章）。企业要想实现利润的最大化，就要求工人在工作时间内努力工作。否则，产出就会减少，同时产出的平均和边际生产成本也会提高。但在很多雇佣环境下，工人会通过机会主义行为来提高自身效用，但这直接同效用最大化冲突。具体来说，工人可通过**偷懒**（shirking）来增加休闲，既在工作时间内擅自休息或降低努力程度。如果未被企业发现，这种偷懒增加了工人的休闲，减少了工作时间和努力程度，又没有遭受收入上的减少。根据我们前面提到的收入-闲暇模型（见图2-5），那些消极或逃避工作的工人的效用比沿其工资率曲线达到的效用更高。实际上，未被发现的偷懒将使工人达到如图2-5中I_3所示的无差异曲线。

通过委托-代理理论我们可得到一个重要观点。这一观点十分简单，即企业（委托人）会想尽办法减少或消除委托-代理问题来增加利润。本章的剩余部分将从多个方面对这一问题进行考察。

7.4　按绩效付酬

企业解决委托-代理问题的方法之一是将工资同产出或绩效联系起来。一些所谓的**激励性支付计划**（incentive pay plan）随着经济的发展变得越来越流行。这些支付计划包括计件工资、佣金和版税、加薪和晋升、奖金、利润分享、股权分享以及竞赛工资等。①

7.4.1　计件工资

计件工资（piece rates）是指根据个人产出的一定比例给予的工资支付。使用这种工资支付方式，通常要求工人有权控制工作进度且企业对工人的监督成本较高。例如，摘苹果的工人根据所摘苹果的蒲式耳数计算工资，服装工人根据加工的服装数领取工资，打字员则根据打字的页数来领取工资。虽然这种计件工资通常应用在低工资的工作中，但这种形式的工资应用要比想象中更为普遍。外科医生出诊时按手术次数收费，税务代理人按每份纳税申报表收取固定的费用，律师对代人草拟的不同形式遗嘱收取相应的费用。

证据表明，在同一行业中领取计件工资的工人要比领取小时工资的人收入高出10%～15%。② 尽管如此，由于计件工资存在一些缺点，计件工资在美国产业中的重要性逐渐下降。第一，在技术革新较快的行业，找到使利润最大化的计件工资率对雇主来说非常困难。工人可以通过达成默契，人为地使他们所从事的工作看起来比实际情况更加困难和更耗时。③ 第二，计件工资增加了工人们每星期、每月甚至每年收入的变动性。因此，为了吸引工人在计件工资的岗位上工作，企业必须额外支付薪酬（第8章）来补偿收入变动给工人带来的风险。雇主可以通过直接支付小时工资来省下这笔额外开支。第三，在生产复杂且需要团队协作的情况下，根据个人表现对产出进行划分变得难以实现。如每一支高露洁牙膏、每一罐金宝汤或者每瓶可口可乐是谁生产的？我们很难界定。第四，成功的团队绩效需要工人之间紧密合作，而计件工资对个人的工作成果进行奖励，因此对所需的合作精神没有任何促进。第五，较快的生产节奏可能会降低产品的质量。正是由于以上原因，计件工

---

① 关于支付方式决定因素的分析，参见 Charles Brown，"Firms' Choice of Methodof Pay," *Industrial and Labor Relations Review*，February 1990，pp. S165-S182。

② Charles Brown，"Wage Levels and Method of Pay," *Rand Journal of Economics*，Autumn 1992，pp. 366-75. 关于企业将小时工资制转化为计件工资制后对生产效率和工资水平积极影响的研究，参见 Edward P. Lazear，"Personnel Economics：Past Lessons and Future Directions," *Journal of Labor Economics*，April 1999，pp. 199-236。关于实行计件工资制使工人生产率提高 20%～22%的研究，参见 Bruce Shearer，"Piece Rates，Fixed Wages，and Incentives：Evidence from a Field Experiment," *Review of Economic Studies*，April 2004，pp. 513-34。

③ 参见 Stephen Jones，*The Economics of Conformism*（New York：Basil Blackwell，1984）。

资逐渐被**计时工资率**（time rates）所替代，即一种按小时、月或年等工作时间作为计算依据的工资制度。

7.4.2 佣金和版税

与计件工资和产量挂钩不同，佣金和版税与销售价值相联系。**佣金**（commissions）通常是房地产经纪人、保险代理人、股票经纪人以及销售人员领取的薪酬。在一个大城市报纸的分类栏中，会发现许多招聘领取佣金的工人的广告。**版税**（royalties）也是根据销售收益的百分比计算的。它通常支付给作家、电影制作商、制作唱片的艺术家以及其他类似的专业人员。比如，本书的每一册新教材的销售都会给作者带来大约10美元的收入（我们对大家表示感谢）。

在工作努力程度和工作时间难以观察的情况下，佣金和版税是非常有效率的。由于企业对工人进行监督的成本高昂，使用计时工资在这种情况下会产生偷懒问题。佣金和版税的计酬方法将企业和工人的利益联系起来，有助于解决委托-代理问题。

工作世界7-2

为什么存在终身教职？

终身教职是一种独特的就业体系，获此职位的大学教授几乎可以获得充分的未来就业保障。在终身教职候选人试用期临近结束时，一个由具有同等资质人员组成的委员会对该候选人进行评估，评估结果作为是否推荐留任的依据。被推荐的候选人由管理者决定是授予其终身教职还是结束学校对他的雇佣。

设立终身教职的最初目的是保护教员不会因有争议的研究或观点而被解雇。支持终身教职的人宣称，其所创建的自由环境对于人类知识的进步极为重要。但终身教职也存在很多潜在的缺陷。部分教授由于工作得到保障降低了工作努力的程度。同样，终身教职妨碍了工人在工作之间的最优配置。一些年纪大的、创新力低的教授占据了那些本应由年轻的、更具创造力的因而也更适合的教授的职位。因此，批评者说，终身教职制降低了整所大学的活力。

如果存在这些缺点，那么为什么终身教职制仍很流行？大部分经济学家回答说："因为在大学内，教员有足够的政治权利来维持它的存在。"卡迈克尔（Carmichael）给出了一个更新奇的回答：终身教职制能够长久存在，是因为它能够帮助解决一种特殊的委托-代理问题并提高学校的教师质量。他强调说，学校的现有成员对于决定聘用哪位新教授有很大的决定权。学校将这个工作交给这些人，是因为他们能判断谁是最好的候选人。如果没有终身教职制，会产生一种特殊的委托-代理问题：现任教授（代理人）将会向大学（委托人）推荐最差的申请者来填补空缺的职位。通过这样做，高级别的教师将不会担心被更有能力的人所代替，正如在职业运动中发生的那样。高级别的教师愿意推选最好的候选人来填补空缺的职位，这一行为背后的原因是终身教职制。由于这一制度使他们不存在将来失去工作的风险，因此他们通过为学校选择有前途的年轻教授，使这个制度得以持续。总之，卡迈克尔认为，终身教职制之所以能够持续，是因为它将学校（委托人）和教授们（代理人）的利益联系在一起。其结果是提高了全体教师的整体质量。

这种对终身教职制的观点和大学中的其他现象是一致的。学校会为那些提早退休的教师提供丰厚补偿，偶尔学校还会买断那些表现糟糕的拥有终身教职教授的合同，有时在面临预算削减时，学校甚至会将力量较弱的专业整个取消。以上这些做法有助于解决终身教职制存在的问题，并保留其解决上面提到的委托-代理问题的功能。

资料来源：H. Lorne Carmichael，"Incentives in Academics：Why Is There Tenure?" *Journal of Political Economy*，June 1988，pp. 453-72.

7.4.3 加薪和晋升

很大一部分美国雇员领取按工时付酬的固定年薪。这些工人基本上从事团队性的生产工作，这种情况下很难对工人的努力程度以及他们的产出进行监督。因此，计时工资比计件工资、佣金以及版税都更加有效。但为什么采取固定的年薪而不是固定的小时工资呢？原因是至少在一年的时期内，企业的管理人员和专业人员可以被看成是**准固定资源**（quasi-fixed resources）[①]，企业的雇佣行为与其生产水平在很大程度上是独立的。因此这些领取薪水的员工就可以看作像资本和土地这样的固定资源（"准"的意思是"好像"）。例如，不论企业生产和销售状况好与坏，不论律师、会计、管理者以及营销人员表现如何，企业依然需要这些人。另外，企业在雇佣领取薪水的员工的过程中，在搜寻、雇佣、培训方面花费了很高的成本。将他们暂时解雇会产生员工离职的风险，这样企业就丧失了从前期特殊培训中收回投资的机会（见图 4－8（b））。更现实的情况是，高技术水平的工人会要求得到与固定年薪相联系的更有保障的收入。

虽然有这些优点，但年薪制仍然存在潜在的偷懒问题。下面我们分析这一问题并找出解决方法。

■ 薪水与工作激励

在图 7－7 中，我们说明了与薪酬相关的委托-代理问题，我们将在小时工资制和年薪制的条件下比较最优工作时数。

小时工资制 首先观察工资率曲线 WH，其斜率代表特定水平下的小时工资。在这一小时工资水平下，工人根据无差异曲线会选择工作 h_1 小时，得到 Y_1 的年收入。这个（h_1，Y_1）所代表的工作和收入组合即为工人无差异曲线 I_1 上的点 a，这一点代表着工人在该工资率下实现了效用的最大化。为了便于说明，我们假设 h_1 就是正常每周工作 40 小时情况下的年工作时数。

年薪制 现在将工作 h_1 小时获得的收入 Y_1 转变为年薪制，此时工人的年收入同样为 Y_1。在图 7－7 中，新的预算约束线用 HSY_1 表示，这意味着无论他工作多长时间都将获得 Y_1 的收入。如果由于工作性质的原因，该工人在岗位上实际工作的时间不容易被观察到，那么他就可以通过偷懒的方式来提高效用水平。也就是

① 参见 Walter Oi，"Labor as a Quasi-Fixed Factor，" *Journal of Political Economy*，December 1962，pp. 538-55。

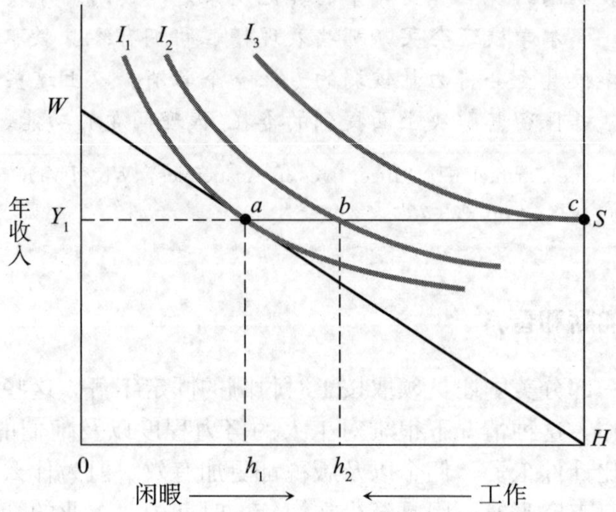

工资率曲线 WH 代表了 h_1 小时的工作量下，与年薪 Y_1 相对应的小时工资水平。保持年薪不变，将工作时间减少到 h_2 或 H 可以达到更高水平的无差异曲线 I_2 或 I_3。厂商可以通过对劳动时间为 h_1 的工人许诺未来加薪或升职来解决这一激励问题。

图 7－7　薪水与工作激励

说，工人存在将工作时间从原来的 h_1 减少到现在的比如 h_2 的激励，这将使工人达到处于更高的无差异曲线 I_2 上的点 b。在极端情况下，工人甚至可以通过将工作时间缩减为 0 而在点 c 处达到更大的效用水平 I_3。在这两种情形下，年薪制都保证了这个工人的年收入为 Y_1。

■ 解决办法：加薪和晋升

解决图 7－7 提出的问题的一种办法是建立以绩效为基础的加薪和晋升机制。存在未来加薪和晋升的机会，意味着工人在确定其工作时长的时候就不仅仅参考当年的收入，而是选择能使生命周期内的效用最大化的最佳工作时间。为了获得加薪和晋升，工人将决定每年工作超过 h_1 小时的时间。事实上，领取年薪的雇员要比领取小时工资的工人每周工作更长的时间。一个原因可能是加薪和晋升给他们带来的激励。如果一个工人被认为是效率低下的，他在企业内将不可能获得职位晋升的机会。①

7.4.4　奖金

奖金作为一种激励性支付使用得越来越多。**奖金**（bonuses）是基于个人或团队绩效等因素支付的年薪之外的收入。它可以给公司带来好处：一方面，奖金可以使工人更加努力地工作，另一方面，公司不需要通过加薪、晋升或其他形式的绩效工资等方式来永久性地提高基本工资或小时工资。在经济不景气的时期，奖金可以

① 另外一个对于领取薪水的雇员工作时间反倒较长的现象的解释是，他们能从工作中直接获得独立于薪酬的效用。在极端情况下，一些专业人员的总效用甚至会因为工时减少而降低。对此问题的图形分析，参见 Bevars D. Mabry, *Economics of Manpower and the Labor Market* (New York: Intext Educational Publishers, 1973), pp. 221-29。

比较容易地取消，而提高了的工资或薪水却不能轻易降低。

■ 个人绩效

一些奖金通常由上级通过对下属的个人表现的评估来决定。如果上级对某员工评价较高，该员工将获得一份奖金。在其他情况下，奖金的发放则基于一些可计量的产出。例如，对于一名专业的橄榄球运动员来说，当他获得超过一定数量的触地得分或四分卫擒杀时，就会获得来自球队的奖励。但这种"计件"奖金制度在那些个体表现不容易直接计量的行业里是比较少见的。

基于个人绩效的奖金制度也许能够解决委托-代理问题，但同时它也会产生其他问题。尽管这种支付体系可能会提高个人的努力程度，但这可能使个人行为与雇主的总体目标相背离。例如，可以通过助攻获得奖励的篮球运动员，即使在无人防守的情况下，依然愿意更多地传球给队友而不是自己投篮。再如，如果一个工人的奖金取决于他的上级对他做出的评价，他将投入大量的时间来讨好上级。结果，这个工人投入在工作上的时间将减少，比如在产品创意开发上不那么尽心尽力，而这种创意可能恰恰会给企业带来大量利润。因此，通过奖金制度来减少偷懒问题相对容易，但很难保证不产生新的委托-代理问题。

工作世界 7-3

关于小费的经济学

虽然小费只是比较少的一笔钱，但对于一些领域的工人来说却是非常重要的收入。仅餐馆里的小费每年就达420亿美元之多。一项2008年在www.payscale.com上的研究显示，服务生得到的小费为9.90美元，占其小时收入的68%；调酒师得到的小费为10.30美元，占其小时收入的59%；而外送比萨的司机可以得到5.00美元的小费，占其小时收入的43%。

有两个原因可以解释为什么人们支付小费。一个原因是人们想符合社会规范。调查显示，如果不支付小费人们会感到内疚和尴尬。另一个潜在的原因是支付小费会鼓励服务生此后提供高质量的服务，然而，这不是人们支付小费仅有的原因，因为即使不准备再次光顾一家餐馆，人们也会支付小费。

关于餐馆雇员小费的研究已经出现了几种模式。小费的平均水平一般为账单金额的15%左右，因此，账单的金额高低毫不令人奇怪地成为影响小费水平的因素。随着小费水平的提高，服务水平也得到提升。然而，较差和较好服务之间的差距只有0.5%～2.5%是由账单水平造成的。一个服务生的友好程度以及与顾客的关系更显著地影响小费水平。

资料来源：www.payscale.com；Ofer H. Azar，"The Social Norm of Tipping：A Review，" *Journal of Applied Social Psychology*，February 2007，pp. 380-402；and Ofer H. Azar，"Strategic Behavior and Social Norms in Tipped Service Industries，" *The B. E. Journal of Economic Analysis & Policy*，no. 1 (2008)，article 7.

■ 团队绩效

解决前面讨论的问题的一种方法是以团队绩效为基础来决定个人奖金。这里所说的团队可以是真正的团队，如专业足球队，也可以是企业中的部门、科室或者企业本身。团队的目标确立后，每一个团队中的成员的奖金水平就仅仅取决于整个团队的目标是否实现。在美国的企业中，大多数奖金计划都基于团队而不是个人对产出或利润水平的贡献程度。这种以实物产出或成本为基础的团队奖金计划通常又称为成果共享计划。

团队奖金最大的缺陷就是它会产生一个潜在的**搭便车问题**（free-rider problem）。随着团队规模的逐渐扩大，每个工人的努力程度对企业目标的实现产生的影响逐渐降低。当团队中工人数量非常多的时候，工人们便会尝试着偷懒。他们认为他们个人的偷懒行为并不会显著降低企业的产出和利润。如果其他人非常努力地工作，偷懒者同样会得到整个团队的奖金。目前还不清楚那些工作积极的工人会如何应对搭便车者的行为。一种可能的方式是通过降低他们自己的工作努力程度来“惩罚”偷懒者，这种情况下企业的奖金计划就彻底失败了。另外一种方式可能是工人们最终建立起一种合作策略，所有工人都承诺努力工作并且相互监督，保证所有人都能获得最佳的奖金。搭便车问题的严重程度将决定团队奖金是否会提高团队的生产效率。[①]

对于企业的高层管理者这样规模相对较小，但能直接影响利润水平的群体，使用团队奖金制度更容易获得成功。事实上，这种以盈利水平为基础的奖金占那些高级管理者总薪酬大概一半的比重。那么，这些巨额奖金提高了企业的经营绩效吗？最近的一些研究结果给出了肯定的答案。但是，这些研究同时也指出，奖金刺激对于企业利润的增长只起到了相对较小的作用。[②]

7.4.5 利润分享

利润分享（profit sharing）是一种将企业利润中的特定比例作为薪酬支付给雇员的支付体系。这种支付形式在 20 世纪 80 年代迅速增加，那时汽车和金属冶炼等基础工业的工人开始接受利润分享来代替工资增长。利润分享在大公司的高层管理者中也变得越来越普遍。根据美国国家员工持股中心（National Center for Employee Ownership）的资料，有 1 030 万名工人在 2009 年参与者加入了利润分享计划。[③] 大多数参与者加入了延期支付计划，这可以使雇员们在未来的某个时间，如退休时，获得这部分利润。[④]

---

① 分析表明，在一个大企业中组成自治工作组可以促进雇员之间的相互监督，进而克服与奖金有关的搭便车问题，参见 Marc Knez and Duncan Simester，“Firm-Wide Incentives and Mutual Monitoring at Continental Airlines,” *Journal of Labor Economics*，October 2001，pp. 743-72。

② 一些有代表性的研究发布在研讨会上，如“Do Compensation Policies Matter?” *Industrial and Labor Relations Review*，special issue，February 1990。

③ www. nceo. org.

④ Edward M. Coates Ⅲ，“Profit Sharing Today: Plans and Provisions,” *Monthly Labor Review*，April 1991，pp. 19-25. 这篇文章列出并讨论了利润分享计划的正反两个方面。

乍一看，利润分享与生产率之间似乎具有非常明确的关系。利润分享计划的支持者们认为，利润分享计划将工人转变为迷你资本家，即他们通过努力工作来分享企业的利润。额外的努力创造额外的产出和利润，从而使这一计划实现了自我筹资。由于利润分享计划将企业的利益和员工的利益联系在一起，因此也应该能够克服委托-代理问题。

但是在现实生活中，理论上提出的利润分享与效率提高之间的联系并不是那么清楚。① 主要原因在于利润分享同团队绩效相联系，这一联系同样会产生我们前面介绍奖金时提到的搭便车问题。组织的规模越大，搭便车问题就越有可能削减利润分享与生产率之间的关系。因此，利润分享计划能否成功，关键取决于搭便车问题被解决的程度。

因此，利润分享计划的有效性是一个实证问题。魏茨曼（Weitzman）和克鲁斯（Kruse）对这一问题的大量研究进行了详细的总结。他们总结道："已有的证据不足以证明利润分享计划与生产率之间存在明确的联系。二者之间的关系也不是中性的——部分研究指出两者之间存在正向的因果关系；唯一的争论似乎是该影响的大小。"② 魏茨曼和克鲁斯的总结表明，工人在利润分享计划下可以克服搭便车的问题。这一结论得到了克鲁斯的一项研究的支持，该研究表明企业采取利润分享计划可以将生产率提高2.5%～4.2%。③

7.4.6 股权工资

股权工资（equity compensation）是企业将工人的部分薪酬以股票的形式支付的工资支付方式。其中，一种越来越普遍的股权工资是**股票期权**（stock options），这种工资方式赋予工人在给定的时期内按照特定的价格购买一定数量的公司股票的权利。④ 这种操作给予的购买股票的价格又称"授予价格"，一般由授予工人股票期权时的市场价格确定。如果股票的市场价格上升到授予价格之上，持有股票期权的工人就能够获得利润。也就是说，他们可以使用他们的权力以授予价格从公司购买股票，然后再以市场价格将股票售出。

---

① Martin L. Weitzman and Douglas L. Kruse 围绕利润分享的问题提供了一个精彩的讨论，参见他们的"Profit Sharing and Productivity," in Alan S. Blinder (ed.), *Paying for Productivity* (Washington, DC: Brookings Institution, 1990), pp. 95-141。我们前面关于搭便车的讨论就取材于此。

② Ibid., p. 139. 关于雇员股票所有权计划（ESOP）的研究倾向于认为对公司绩效存在正向的关系，但结果却是不同的。雇员股票所有权计划使工人拥有其所工作所在的公司的部分所有权。对于前期研究的调查，参见 Douglas Kruse, "Research Evidence on the Prevalence and Effects of Employee Ownership," *Journal of Employee Ownership Law and Finance*, Fall 2002, pp. 65-90。

③ Douglas L. Kruse, "Profit Sharing and Productivity: Microeconomic Evidence from the United States," *Economic Journal*, January 1992, pp. 24-36. 其他发现对生产率具有积极效果的研究包括：Edward M. Shepard, Ⅲ, "Profit Sharing and Productivity: Further Evidence from the Chemicals Industry," *Industrial Relations*, October 1994, pp. 452-66; and Sandeed Bhargava, "Profit Sharing and the Financial Performance of Companies: Evidence from U.K. Panel Data," *Economic Journal*, September 1994, pp. 1044-56。

④ 关于股票期权以及不太普遍的股权工资的信息，参见 William J. Wiatrowski, "Putting Stock in Benefits: How Prevalent Is It?" *Compensation and Working Conditions*, Fall 2000, pp. 2-7。亦可参见 James Sesil, Maya Kroumova, Douglas Kruse, and Joseph Blasi. "Broadbased Employee Stock Options in the United States: Company Performance and Characteristics," *Management Revue*, Issue 2, 2007, pp. 5-22。

全球瞭望 7-1

参与利润分享计划的工人比例

不同国家参与利润分享计划的工人的比例有很大差异。

参与利润分享计划的工人的比例（%）

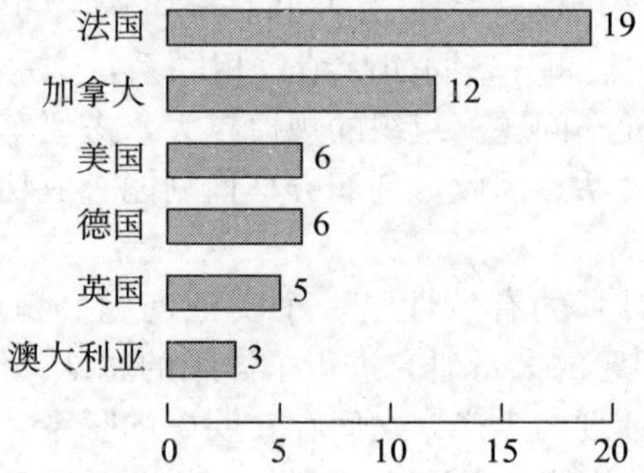

资料来源：OECD, *Employment Outlook*, July 1995, Table 4.1; and Wendy Zellner, Eric Schine, and Geoffrey Smith, "Trickle-Down Is Trickling Down at Work," *BusinessWeek*, March 18, 1996, p. 34.

在2011年，有8%的私营企业工人持有股票期权。[①] 在不同群体中股票期权的使用存在很大差异，在所有工人中收入水平排在后25%的工人的股票期权在收入中占5%，收入水平在前10%的工人的股票期权在收入中占16%。管理、商业和金融是持有股票期权的工人比例最高的行业（15%），服务业是比例最低的行业（3%）。

股票期权同利润分享计划具有相同的激励效应。股票期权将公司股东与雇员的利益联系在一起，工人们因此被激励努力工作进而增加企业的利润。更多的利润会提高公司股票的市场价格，同时又提高了工人持有的股票期权的价值。但是，股票期权同样存在搭便车问题，因为其价值取决于团队绩效而不是个人绩效。

7.4.7 竞赛工资

一些激励性支付计划以相对绩效作为支付基础，这一支付计划如**竞赛工资**（tournament pay）。例如，网球和高尔夫球锦标赛根据参赛选手在比赛中的最终名次来支付奖金。一般情况下，冠军的奖金非常高，紧随其后的几名选手得到的奖金会有所下降，但依然维持较高水平。随着名次的继续下降选手们的奖金将迅速减少。这种支付计划的目的是促进全体参赛选手有更好的表现。每一位选手都希望获得最高的奖金，所以，每一位选手都会努力去完成比赛。很多人都会容忍较少的薪酬，因为他们具备了获得为数不多的大奖的机会。[②]

① U.S. Bureau of Labor Statistics, *National Compensation Survey: Employee Benefits in the United States, March* 2011 (Washington, D.C: U.S. Bureau of Labor Statistics, 2011), Table 41.

② Edward Lazear and Sherwin Rosen, "Rank Order Tournaments as an Optimum Labor Contract," *Journal of Political Economy*, October 1981, pp. 841-64. 有兴趣的读者可以参见 Ronald G. Ehrenberg and Michael L. Bognanno, "Do Tournaments Have Incentive Effects?" *Journal of Political Economy*, December 1990, pp. 1307-24; and Jed DeVaro, "Internal Promotion Competitions in Firms," *RAND Journal of Economics*, Autumn 2006, pp. 521-42。

全球瞭望 7-2

执行总裁的薪金

在美国，执行总裁的薪金水平要明显高于其他工业化国家。

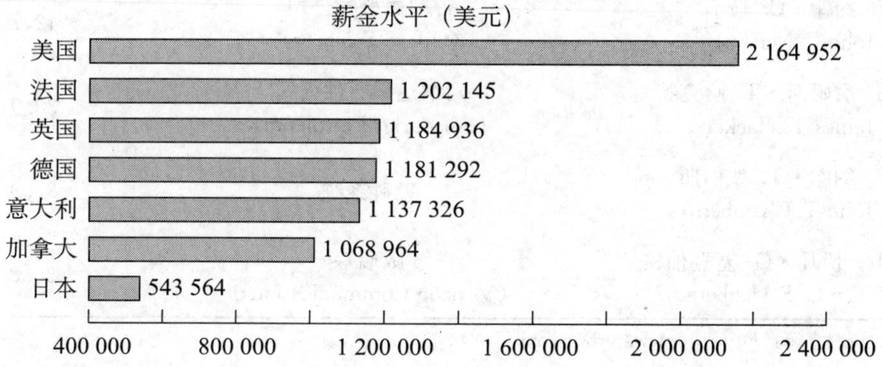

资料来源：Towers Perrin, New York, *Total Worldwide Remuneration*, 2005-2006. The compensation figures are for chief executive officers in firms with approximately $500 million in sales.

竞赛工资在运动领域之外也是很常见的。① 一些观察者认为支付给大公司的执行总裁数百万美元的薪金，就如同竞赛中的最高奖金。确实，总裁们得到的薪金可能超过了他们自身的边际收益产品。这种"超出的"薪酬也许非常有效，因为这提高了年轻的公司经理们的边际收益产品，因为他们都渴望有朝一日能成为总裁（见表7-1）。

表7-1　　2011年薪金最高的10位首席执行官

姓名	公司	薪金（百万美元）
1. 史蒂芬·J. 赫姆斯利 (Stephen J. Hemsley)	联合健康集团 (United Health Group)	102.0
2. 爱德华·A. 缪勒 (Edward A. Mueller)	奎斯特通信公司 (Qwest Communications)	65.8
3. 罗伯特·A. 艾格 (Robert A. Iger)	迪士尼	53.3
4. 乔治·帕斯 (George Paz)	快捷药方公司 (Express Scripts)	51.5
5. 卢·弗兰克福特 (Lew Frankfort)	蔻驰 (Coach)	49.5

① 例如，参见 Tor Eriksson, "Executive Compensation and Tournament Theory: Empirical Tests on Danish Data," *Journal of Labor Economics*, April 1999, pp. 262-80; and Michael L. Bognanno, "Corporate Tournaments," *Journal of Labor Economics*, April 2001, pp. 290-315。

续前表

姓名	公司	总薪金（百万美元）
6. 拉尔夫·劳伦 (Ralph Lauren)	拉尔夫·劳伦 (Polo Ralph Lauren)	43.0
7. 约翰·C. 马丁 (John C. Martin)	吉利德科学公司 (Gilead Sciences)	42.7
8. 詹姆斯·T. 哈克特 (James T. Hackett)	阿纳达科石油公司 (Anadarko Petroleum)	38.9
9. 约翰·T. 钱伯斯 (John T. Chambers)	思科系统	37.9
10. 伊凡·G. 塞登伯格 (Ivan G. Seidenberg)	威瑞森 (Verizon Communications)	36.8

资料来源：*Forbes*，www.forbes.com.

关于CEO工资的观点是存在争议的，我们接下来仔细分析。

首先，一些试图达到公司的高层职位但在某些方面存在不足的经理同样会获得比他们的边际收益产品更高的收入。企业甚至会容忍能力较低的人在公司担任较高职位。一旦公司随意解雇老员工和效率相对低下的职员，对声誉的影响将使公司的竞赛工资制度丧失对年轻工人的吸引力。因为年轻工人可能不愿意冒这种经过数年的努力却不能进入公司高层职位的风险。因此，保证其他高薪职位的存在和工作的相对稳定，对于这种竞赛工资获得持续的成功是相当重要的。

其次，竞赛工资还有助于对"金降落伞"条款在合同中的作用进行合理解释。这类条款规定，当经理们由于公司被接管而失去工作时，公司应该支付给他们一大笔费用作为补偿金。"金降落伞"通常价值数百万美元，从而使他们能够舒适地过渡到下一份工作。

对于上面提到的这种合同条款有几种解释。或许这种巨额的补偿金能通过提高自身价格来有效地阻止企业被恶意收购，又或者公司的所有者们（股东）相信，这笔巨额的奖金将鼓励执行总裁拒绝可能的接管，从而提高公司股票价格并最终增加股东财富。

竞赛工资提供了一个补充解释。也许"金降落伞"条款为CEO可能失去的巨额奖金提供了部分保证。那些到达CEO位置的人希望能够领取几年的高薪酬，但一次无法预见的接管可能使其被解雇，并使其奖金遭受损失。这种可能性的存在将会对工资计划的激励效应产生削弱作用。解决的方法是，"金降落伞"条款的规定至少可以补偿由于接管造成的CEO的部分收入损失。

最后，竞赛工资还有助于解释为什么许多执行总裁具有相对较短的任期。企业高层人员相对较为频繁的变动可以给公司中的下层员工提供更多的机会。因此，企业一般会在CEO 65岁退休时提供给他们丰厚的物质激励。通过这种途径，工资支付计划在公司里从上到下产生的激励能够持久地保持下去。

对于用竞赛理论来解释CEO的高收入同样存在一些批评。批评者宣称，在企业中这种工资支付计划并不是最佳的，因为参赛者存在干扰其他人表现的可能。在这种观点下，在企业中实行竞赛工资计划将促使执行官们采取有害的策略行为，这样团队协作的基础便受到侵害，最终导致生产率全面下降。

如果CEO的高薪不属于竞赛工资计划的一种，那他们为什么有如此高的工资?也许CEO的高工资仅仅是反映了供给和需求之间的关系。原因是CEO的决策将影响整个公司，因此他们的劳动效率是非常高的，同时，具有丰富经验的企业高级决策者的供给又非常少，从而CEO会获得非常高的薪金，就像体育界和娱乐圈中的超级明星那样。

批评CEO领取高薪的人不同意这种看法，他们认为CEO的高收入主要是CEO和公司董事的相互吹捧造成的。许多董事会成员本身就在其他公司担任CEO，从而高估CEO的重要性和价值。这样，一些原本属于股东的利润就变成了CEO的超额收入。1989—2000年，CEO的收入从普通生产工人平均收入的53倍变为411倍。在此之后开始下降，2011年，CEO的薪酬是普通生产工人平均工资的209倍。[①]

这种较高的CEO薪酬已经引起了工会、股东和政治家的不少抱怨。为了应对这一问题，美国证券交易委员会（Securities and Exchange Commission，SEC）在1992年制定了新规则，明确要求公司直接向其股东公布前5名高收入的经理人员。SEC认为这种信息披露将帮助股东们发现并有效抑制过高的CEO收入。同时，1993年美国国会取消了对于年薪超过100万美元的经理人员的课税减免（经理报酬与企业收益直接挂钩的情况除外）。[②]

很明显，超额的CEO支付备受争议，并且这种争议还会持续下去。[③]

7.5 效率工资支付

在个人产出能够准确度量的条件下，绩效工资计划具有很大可能性能够解决委托-代理问题。但在很多工作中，很难甚至根本不可能衡量个人产出。在这种情况下，解决委托-代理问题的一种方法就是直接对代理人在工作中的行为进行观察。企业可以通过监督工人的努力程度来减少偷懒的发生（例如，雇佣监督人员）。由于害怕失去工作，大多数工人在处于被监督状态时不会选择偷懒，因为如果他们偷懒的话很容易被发现并且被取代。在许多情况下，对工人实施监督是解决委托-代理问题的一种有效方法。因此，现实中的很多职位都会受到监督。

然而，在一些雇佣领域，监督工人的成本很高。这时经济效益会很低，例如，

---

① Lawrence Mishel and Natalie Sabadish，"CEO Pay and the top 1%" in Economic Policy Institute，*The State of Working America*（Washington，D.C：Economic Policy Institute，2013).

② 有证据表明法律对CEO的收入影响微弱，参见 Nancy L. Rose and Catherine Wolfram，"Regulating Executive Pay：Using the Tax Code to Influence Chief Executive Compensation，" *Journal of Labor Economics*，April 2002，part 2，pp. S138-75。

③ 关于CEO收入的近期研究包括 Xavier Gabaix and Augustin Landier，"Why Has CEO Pay Increased So Much?" *Quarterly Journal of Economics*，February 2008，pp. 49-100；Ingolf Dittmann，Ernst Maug，and Oliver Spalt，"Sticks or Carrots? Optimal CEO Compensation when Managers Are Loss Averse，" *Journal of Finance*，December 2010，pp. 2015-50；and Lucian A. Bebchuk，K. J. Martijn Cremers，and Urs C. Peyer，"The CEO Pay Slice，" *Journal of Financial Economics*，October 2011，pp. 199-221。

雇人监督一个警卫、一个临时保姆、一个房屋油漆工或是一个经理的努力程度。同样，雇佣监督者对装配线上的每一个工人进行监督将花费很高的成本。因此，一些经济学家建议，企业应寻找那些不同于监督或绩效工资的方法，将工人的利益和企业的利益联系在一起。

当监督成本过高并且工人的个人产出不容易度量时，企业应该如何解决委托-代理问题？一种可能的方法就是，给工人提供高于市场出清水平的工资。

7.5.1 工资-生产率的相关性

在第6章讨论的模型中，我们明确假设劳动力是同质的，并且假设工资率的变化不会改变劳动力的边际产量和劳动力需求曲线的位置。任何关于工资率的变化只会改变劳动力需求的数量，而不会改变劳动力需求曲线的位置。然而，在一些情况下，工资率的上升会对劳动效率产生积极影响，从而使劳动力需求曲线向右移动。

包含上述可能性的理论，即工资的上升会提高生产率的理论称为效率工资理论。**效率工资**（efficiency wage）是指雇主在雇佣劳动力时将每单位有效劳动所花费的工资成本最小化的工资水平，其中的关键是单位有效劳动。在劳动力市场完全竞争和劳动力投入同质性的假设下，市场出清时的工资水平（由劳动力供给曲线和劳动力需求曲线的交点决定）是可以使企业的单位有效劳动的工资成本最小化的工资水平。所有工人在生产过程中都被假设表现出同等并且充分的效率水平。如果企业支付了低于市场出清水平的工资，企业就不会吸引到足够数量的工人。如果企业支付了高于市场出清的工资水平，企业支付单位有效劳动的成本就会上升，因为它本可以支付更低水平的市场工资给单位有效劳动。然而我们将发现，即便在劳动力不同质以及工资和生产率相关的假设下，企业发现仍然能够通过给工人支付高于市场出清水平的工资降低单位有效劳动的工资成本。

一个简单的数字例子可以帮助我们说明这一普通原理。假设每个工人在充分发挥效率的情况下，每小时可以生产10单位的产品。接下来假设市场工资率为每小时5美元，工资为5美元时每名工人每小时只生产5单位产品。在这种情况下，我们发现雇主为每单位有效劳动实际上花费了10美元。企业需要2小时的劳动以获得10单位（2×5）的产品，每一小时劳动都花去5美元的工资。

如果企业发现提高工资标准，如每小时支付8美元，将充分发挥工人的劳动效率，即每小时生产10单位产品。这意味着，当工资提高3美元（8－5）时，每单位有效劳动的工资成本反而下降了2美元（10－8）。

我们列举的简单例子的结果说明，更高的工资不仅促进了工人的努力程度，还提高了工人的工作能力，并提高了熟练工人在工人总数中的比重。

■ 效率工资的偷懒模型

效率工资的偷懒模型是指一些企业可通过支付高于市场出清水平的工资来减少偷懒行为的发生。在一些情况下雇主掌握的关于工人努力程度的信息很少，例如，办公楼的夜班保安人员的工作努力程度。而且，对这些工人进行完全的监督，如雇佣其他保安来监督现有的保安人员会花费很高的成本。在这种情况下，所有的雇员都会选择偷懒的可能性就出现了。遇到这种情况，企业也许会选择支付高于市场出清水平的工资给工人。更高的工资提高了工作对工人的相对价值，同时也增加了由于偷懒被发现而被雇主解雇的成本。用我们熟悉的经济学语言来说，更高的偷懒机会成本（或价格）降低了偷懒发生的可能性。工人生产率的提高程度将高于工资的增加程度，劳动力需求曲线因此向右移动，单位有效劳动的工资成本也下降了。①

■ 其他效率工资理论

虽然与委托-代理问题的关联性不强，但还存在一些其他的效率工资理论，如营养模型和劳动替换率模型。

1. 营养模型　在一个相对贫困的国家，实际工资的增长会改善工人的营养和健康水平。这会正向地影响工人的体力、思维的敏捷性以及生产率。因此，实际工资的提高会使劳动力需求曲线向右移动，使雇主和工人们一样从工资的提高中获得好处。②

2. 劳动替换率模型　雇主可以通过提高工资水平来降低**劳动替换率**（labor turnover）。劳动替换率是指通过寻找新员工来替换离开工作岗位的现有员工的比率。在第4章中，我们已经看到雇主将要承担对新工人进行专业培训的费用。同时，由于工人通常在"干中学"，新工人不会马上达到老工人的工作熟练程度。

高于市场出清水平的工资会提高工人的离职成本，进而会降低他们离职的可能性。较低的劳动替换率由于提高了有经验工人相对于尚处在培训和"干中学"的工人的比例，进而提高了工人整体的平均生产率。因此较高的工资率使得劳动力需求曲线最终向右移动。

工作世界 7-4

福特汽车公司的5美元日工资

1914年，福特汽车公司由于将工人的工资从2.5美元每天提高到5美元每天而成为许多媒体的焦点。这一工资水平之所以具有新闻价值是因为，在那个时代，制造业的普遍工资水平仅为每天2～3美元。

福特公司为什么要支付高于竞争水平的工资？统计资料表明，当时该公司正饱受高离职率和严重缺勤的困扰。福特公司显然意识到，高工资能够通过提升士气并降低雇员离职率提高工人的生产率。只有在福特公司工作6个月以上的工人才有资格得到每天5美元的工资。尽管如此，有10 000名工人在福特公司宣布提高工资后立即申请到福特公司工作。

---

① 对效率工资理论感兴趣的读者可参见更深入的分析：George A. Akerlof and Janet L. Yellen（eds.），*Efficiency Wage Models of the Labor Market*（Cambridge：Cambridge University Press，1986）；Andrew Weiss，*Efficiency Wages：Models of Unemployment，Layoffs，and Wage Dispersions*（Princeton，NJ：Princeton University Press，1991）；and Kevin M. Murphy and Robert H. Topel，"Efficiency Wages Reconsidered：Theory and Evidence，" in Yoram Weiss and Gideon Fishelson（eds.），*Advances in Theory and Measurement of Unemployment*（London：MacMillan，1990）。

② Harvey Leibenstein，"The Theory of Underemployment in Densely Populated Backward Areas，" in Harvey Leibenstein（ed.），*Economic Backwardness and Economic Growth*（New York：John Wiley &Sons，1963），chap. 6. 批判营养模型的实证研究，参见 John Strauss and Duncan Thomas，"Health，Nutrition，and Economic Development，" *Journal of Economic Literature*，June 1998，pp. 766-817。

根据历史学家的记载，福特公司的这一战略是成功的。每天5美元的工资提高了福特公司工人的价值，工人变得更加忠诚于企业并通过努力工作来保证自己留在这一高工资岗位上。辞职率和缺勤率也大幅下降，1914年福特公司的劳动生产率据估计上升了51%。

如何用经济理论来解释这种生产率的提高？在第5章中我们知道，工资率的变动并不会影响劳动生产率，进而也不会影响劳动力需求。工资率发生变化时，厂商会通过改变劳动力雇佣数量来应对，而劳动力雇佣数量的变化是沿着现有的劳动力需求曲线移动的。但在1914年，福特公司上升到2.5美元的日工资率使工人的生产率得到了提高。从经济学的角度来看，5美元是效率工资。上升到5美元的日工资提高了福特公司工人的边际产量，进一步提高了福特公司的边际收益产品，而这将导致劳动力需求曲线向右移动。

简而言之，福特公司5美元日工资的经验表明，效率工资在某些情况下可能是解决委托-代理问题的最优工资制度。

资料来源：此处的案例部分来源于 Daniel M. G. Raff and Lawrence Summers，"Did Henry Ford Pay Efficiency Wages?" *Journal of Labor Economics*，pt. 2，October 1987，pp. S57-86。有证据表明，亨利·福特并不是有意识地支付效率工资，参见 Jason E. Taylor，"Did Henry Ford Mean to Pay Efficiency Wages?" *Journal of Labor Research*，Fall 2003，pp. 683-94。

7.5.2 推论：非出清的劳动力市场

在效率工资理论的基础上产生了几个有趣的推论，其中一个就是在劳动力市场实现均衡的条件下，失业将会永久存在。① 我们通过图7-8对这种可能性进行说明，市场最初均衡状态的工资率和雇佣量分别为 W_1 和 Q_1。假设企业发现通过将工资率提高到 W_2（从点 a 到点 b）的水平可以使单位有效劳动的工资成本降低。由于劳动力需求曲线从 D_{L1} 向右移动到 D_{L2} 造成了单位有效劳动的工资成本下降，这提高了劳动力的边际产量。单位有效劳动的工资成本下降是由于工人的额外产出大于企业支付的额外工资。如图所示，我们将劳动力需求增加到能够使企业维持原有的雇佣量 Q_1（点 b）时，效率工资移动的幅度可能比图中所示的更大，也可能更小。②

工资率 W_2 是市场中新的均衡工资水平，在点 b，企业在长期没有激励去降低或提高工资。但是这个均衡工资并不是市场出清工资。在 W_2 的工资率下，企业雇佣 Q_1 数量的劳动力，而我们可以看到在供给曲线的点 c 上，有 Q_2 数量的劳动力在寻求工作。假设工人们不会到其他劳动力市场寻求工作，则在这一特定市场上，将出现 bc 数量的永久性失业。而且劳动力需求和供给的弹性越大，失业人数将越多。新的效率需求曲线与劳动力供给曲线的交点离点 c 越近，这种失业就越少。

另外一个重要的地方是，在偷懒的效率工资模型中，数量为 bc 的失业者可以部分解释工资-生产率的相关性。失去相对较高工资并成为 bc 数量失业者中的一员

① 我们还将在后面研究工资差异（第8章）和摩擦性失业（第18章）时，对效率工资模型的其他理论含义进行讨论。

② 这里需要做一个技术性的说明。图7-8中的每一条需求曲线都是"虚假的需求曲线"，在这里工人的能力和努力程度都是固定的，并且假设厂商在雇佣工人时是具有竞争性的。事实上，这里的厂商是工资决定者，并且不存在劳动力需求曲线（与产品市场上的垄断厂商不存在产品供给曲线一样）。此时，劳动力需求仅为 D_{L2} 上的点 b。

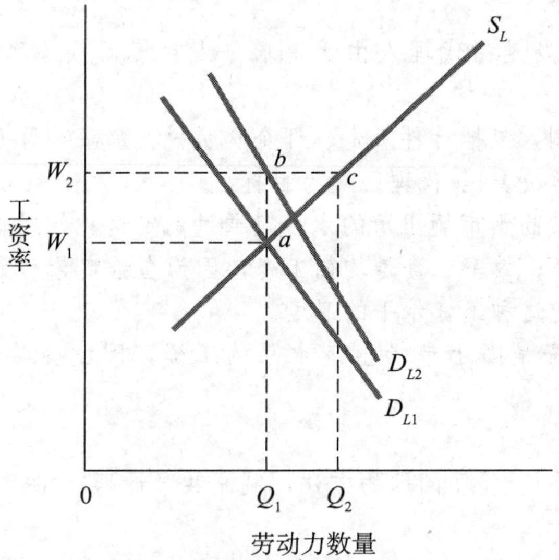

在一些情况下，工资上涨会提高工人的劳动效率和劳动力需求。这里我们假设厂商将工资从 W_1 提高到 W_2，并使劳动力需求从 D_{L1} 增加到 D_{L2}，此时单位有效劳动的工资成本最低。尽管 W_2 是均衡工资水平，但并非市场出清工资水平，此时存在 bc 数量的劳动力供给过剩。

图 7-8　效率工资模型

的威胁会减少工人们的偷懒行为并激励他们努力工作。在不存在均衡失业的情况下，即便工资提高了，也不会出现劳动力需求曲线由 D_{L1} 向 D_{L2} 移动的现象。

7.5.3　批评

效率工资理论的批评者们怀疑这些模型是否能够增进人们对发达经济中劳动力市场关系的理解。第一，偷懒模型的批评者指出，在本章前面部分讨论过的几种绩效工资具有与效率工资一样的作用，即可以预防工人在工作中的糟糕表现。比如，当监督成本过高时，企业可以支付计件工资或采取佣金的方式，而当很难度量个人的工作绩效时，可以使用基于团队绩效的奖金计划。

第二，批评者指出，企业可以要求雇员们上缴一定数量的保证金，这笔钱当雇员被发现工作认真度下降时会被没收。

第三，企业可以通过延迟支付工人的部分薪酬，直到工人领取退休金的时候再予以兑现这种方法来解决工人的偷懒问题。由于这种延迟收入的激励，工人将努力工作以使自己始终被企业雇佣。

批评者们认为上述任何方法都比支付雇员高于市场出清水平工资的成本更小，从而有效地解决委托-代理问题。[①]

---

① 关于效率工资理论的实证研究，参见 Adriana D. Kugler，"Employee Referrals and Efficiency Wages，" *Labour Economics*，October 2003，pp. 531-61；Paul Chen and Per-Anders Edin，"Efficiency Wages and Industrial Wage Differentials：A Comparison across Methods of Pay，" *Review of Economics and Statistics*，November 2002，pp. 617-31；and Darin Lee and Nicholas G. Rupp，"Retracting a Gift：How Does Employee Effort Respond to Wage Reductions?" *Journal of Labor Economics*，October 2007，pp. 725-62。

◈ 快速回顾 7-2

● 委托-代理问题是指代理人由于追求个人目标而损害了委托人目标所产生的利益冲突。

● 绩效工资计划，包括计件工资、佣金和版税、加薪和晋升、奖金、利润共享以及竞赛工资等，都是以解决委托-代理问题为目标。

● 效率工资通常高于市场出清的水平，通过制定这种相对较高的工资可以减少偷懒行为，降低劳动替换率；效率工资是均衡工资，因为在给定劳动力供给和劳动力需求的情况下，企业不存在改变这种工资水平的激励。

● 由于效率工资是高于市场出清水平的工资，因此会导致劳动力市场上的永久性失业。

思考题

作为一种解决委托-代理问题的方法，利润共享计划存在哪些主要困难？（答案：参见书末。）

7.6 劳动力市场效率的再定义

第6章中的基本供给和需求模型提供了对于工资决定和劳动力的有效率配置的深入考察。但在本章中我们看到，工人和企业的决定比前面模型中所描绘的复杂得多。有多种薪酬支付计划可供选择，每一种计划对于具体的工作或工人来说都可能是潜在最优的。因此工人们做决定时不仅要选择工作时间和收入，还要选择收入的具体组成。类似地，企业不仅必须做出雇佣人员和确定总薪酬水平的决定，同时还必须衡量所有可能的薪酬支付计划的成本和收益。这些计划有时会降低工人的生产率，而有时也可能导致生产率的明显上升。

在本章中，我们将前面定义的劳动力市场效率进行了扩展。在第6章中我们发现，劳动力市场最有效率的情况是没有工人能够从一个职位转移到另一个职位以产生更多经济效益。现在，我们必须加以扩展来增加另一种情况，即没有任何工人能够从一种工资计划转换到另一种工资计划来增加经济效益。劳动力市场效率需要将工人们安排到最佳的职位上。这同样要求企业实施的是最有效的工资组合。私人的最优工资选择正常来说对社会也是最优的，但效率工资是一种例外，因为这种支付方式将造成失业。

本章总结

1. 总薪酬由工资和附加福利组成。附加福利包括如社会保险交款等法定福利项目和如带薪假期、保险福利以及私人退休金等自愿的福利项目。从广义上看，总薪酬中约30%的部分都是以附加福利的形式支付的。

2. 雇员对工资和附加福利的偏好可以通过其无差异曲线来表现。每一条无差异曲线都代表给定效用水平下的工资和附加福利的组合的集合。雇主正常利润的等利润线是在获得正常利润时工资和附加福利的组合的集合。工人通过选择工资和附加福利组合来实现最优或效用最大化，同时达到最高的无差异曲线。

3. 可以解释附加福利不断增加的一些原因：(1) 获得有利的税率；(2) 集中购买产品实现的规模经济；(3) 能够降低工人离职率和流动率；(4) 某些附加福利（如医疗和牙齿护理）对收入的敏感度；(5) 联邦政府的法律强制；(6) 工会合同的增长使得附加福利相对较高。

4. 企业和工人之间的关系是一种委托人（企业）和代理人（工人）的关系。当代理人所追求的自身目标不同于委托人时，企业必须设法减少委托-代理问题的发生。

5. 计件工资、佣金和版税等支付计划，能有效地将工资和生产率联系起来。

6. 领取年薪将有可能激励工人比领取小时工资时工作更少的时间。加薪或晋升的激励可以减少这种委托-代理问题。

7. 奖金可以增加工人的努力程度，进而提高生产效率。但基于个人绩效的奖金将有可能导致个人的行动偏离集体目标。基于团队或企业绩效的奖金计划则有助于解决这一问题，但当团队规模较大时又会产生潜在的搭便车问题。研究证明，经理人员的奖金对公司的绩效会有一定的积极影响。

8. 利用利润分享计划和股票期权将企业的和工人的利益紧密联系起来可以最大限度避免搭便车问题。最近的研究指出，利润分享和生产率之间存在正向联系。

9. 竞赛工资给予企业的最高管理者一个格外高的奖金，希望促使那些渴望获取这个较高职位的员工的生产率最大化。一些观察者认为CEO的高收入体现了这一支付计划的效率。批评者们则否定了这一对CEO过高收入的合理化解释，认为过高的收入是公司董事会不正当地忽视股东利益造成的结果。

10. 当对工人实行监督的可能性很小的时候，工资支付和生产率之间会产生相关性，企业会发现可以通过支付给工人效率工资，即一种超出市场出清水平的工资，增加其利润。但关于效率工资的一个有趣的现象是在劳动力市场均衡时，仍然会有持续的失业。

习题和学习建议

1. 什么是同工资和附加福利相关的等利润线？什么是正常利润的等利润线？从什么角度来说正常利润的等利润线可以被看作工人的预算约束？一个理性的工人将会选择等利润线上的哪个点？请解释。

2. 在图7-6中，附加福利价格的下降增加了附加福利的数量并减少了工资收入。重新画出工人的无差异曲线，使得工人的附加福利不会上升多少，但工资收入有所增加。解释两种情形之间的区别。

3. 美国行政管理与预算局（Office of Management and Budget）估计，退休金、团体保险这样的附加福利的免税使得2009年美国国税税收减少约3 500亿美元。一些经济学家曾建议联邦政府对附加福利征收普通所得税，以此弥补税收收入的减少。参照图7-5说明这一建议将如何影响：(a) 无差异曲线的形状；(b) 等利润线的斜率。对最优的附加福利水平的选择会产生怎样的影响？

4. 对委托-代理问题的含义进行解释。你曾在工作场合遇到过这类问题吗？如果遇到过，你认为通过加强对工人的监督能否很好地解决这个问题？为什么企业不通过雇佣更多的监管者来应对偷懒问题？

5. 说明并解释下列各组支付计划中分别存在的普遍问题：

(a) 计件工资；基于个人绩效的奖金。

(b) 基于团队绩效的奖金；利润分享计划。

6. 借助图形说明为什么在获得相同年收入水平时，一些接受固定年薪的雇员相比于领取小时工资的雇员工作时间可能要少一些。而事实上，接受固定年薪的雇员可能要比按小时付酬的雇员每周工作更长的时间，运用理论来解释这一现象。

7. 设想工人们可能用什么样的方法来应对利润分享计划中的搭便车问题。

8. 人们经常以出售产品（或兑奖券）作为筹集基金项目的一种方式。在这些项目中，销售超过一定数量的人员会得到一份有价值的奖励。对于销售最多的个人，奖励将更加丰厚，如夏威夷旅游。为什么会提供这些奖励呢？请将此同大公司的执行总裁们获得高薪的例子相联系。

9. “新人事管理经济学倾向于将一切现存的东西合理化，如果一种薪酬结构是盛行的，它一定是有效率的，这种政策的含义就是‘让它发生’（放任主义），一些看起来是经济分析的东西，实际上是政治保守主义。”联系管理层薪金的竞赛工资理论和专栏“工作世界7-2”中终身教职制对这个观点进行讨论。

10. 效率工资如何减少雇员的偷懒行为以及降低雇员的流失率？效率工资会对失业产生什么影响？在什么情况下，计件工资、佣金、版税、利润分享以及股票期权能代替效率工资？

11. 什么是股票期权？它同委托-代理问题存在什么关系？

12. 作为雇主，如果你发现对雇员进行全程监督的成本过于高昂，你将制定什么样的薪酬政策来保证雇员达到适当水平的努力程度？在具体进行选择时，你需要考虑哪些方面的因素？

互联网练习

健康保险发生了什么变化？

访问美国劳工统计局关于国家薪酬调查的网址（www.bls.gov/ncs/ebs/home.htm），选择EBS数据库下的热门推荐。然后点击“Percent of All Workers Participating in Medical Care”，“Percent of Participating Employees with Single Coverage Medical Care and Employee Contribution Required”，以及“All Years”。这里提供了在私人企业中的工人健康保险的覆盖比例，以及需要个人支付保险费用的工人的比例。

2010年，拥有健康保险的工人比例是多少？这个比例在最近几年发生了什么变化？

2010年，在拥有健康保险的工人中，有多大比例的工人承担了个人保险费用？这一比例在最近几年又是多少？你能对于拥有健康保险的人数以及工人需要分担的费用的变化提供一个可能的解释吗？

从你选择的附加福利的数据中提供一个其他的统计描述，比如：“2011年，私人企业中雇主给工人提供的儿童保险的百分比是多少？”

互联网链接

《福布斯》的网站（www.forbes.com）包含了关于每年年度CEO收入的专业报告。

美国国家员工持股中心的网站（www.nceo.org）提供关于员工持股计划和股票期权的信息。

美国人口普查局的网站（www.census.gov/hhes/www/hlthins/hlthins.html）提供了考虑到健康保险覆盖面的详细统计数据。

雇员福利研究所的网站（www.ebri.org）提供了与雇员福利有关的调查总结。

第8章 工资结构

在美国，各种职业间的工资差异很大，例子俯拾皆是。一个顶级时尚模特的年收入可能会达到200万美元，她的摄影师年薪可能只有9万美元，她的化妆师年薪只有4.5万美元。而一个不经意间在杂志广告上看到这个模特的老师，每年只能挣到1.3万美元。一个砖瓦工的年薪可能为4.8万美元，而同属一个企业的秘书，年薪只有2.2万美元。一个律师的小时收入为200美元，但对于帮她照看孩子的临时保姆，只需支付6美元的小时工资率。一个药剂师的年收入有8万美元，而一个调酒师的年收入只有2万美元。圣迭戈一个打扮成小鸡模样的小丑年收入为25万美元，而一个制作鸡肉三明治的熟食店工人年收入却只有2万美元。

这些工资差异都属于**均衡工资差异**（equilibrium wage differentials），即不会导致工人从低收入工作流向高收入工作。另外，还有一种工资差异是**过渡性工资差异**（transitional wage differentials），它们会导致劳动力在不同职业间流动并最终使这种工资差异消失。本章考察劳动力市场中的工资结构，并解释工资差异产生和存在的原因。第9章将分析由于过渡性工资差异导致的劳动力流动和迁移，并考察最终会导致的工资差异缩小。

8.1 完全竞争：同质性的工人和工作

第6章分析了某特定类型劳动力的劳动力市场。现在，我们把**同质性的工人和工作**（homogeneous workers and jobs）假设扩展到经济中所有的雇员和企业。如果信息是充分的，工作的搜寻和迁移没有成本，劳动力资源将在不同职业和地区间流动，直到所有工人拥有相同的实际工资水平。

这一均衡的实现过程如图8-1所示。初步假定A市场的劳动力供给和需求分别是D_a和S_a，均衡工资率为10美元；B市场上的劳动力供给和需求分别是D_b和S_b，均衡工资率为5美元。在任何情况下，工资率都等于劳动力的边际产品价值VMP。注意到B市场上Q_b数量工人的工资率和VMP低于A市场上Q_a数量工人的工资率和VMP，会带来什么结果？工人将从B市场退出并进入A市场从事更高报酬的工作。B市场劳动力供给减少，A市场劳动力供给增加，最终使A市场的均衡工资率从10美元降低到7.5美元，B市场均衡工资率从5美元上升到7.5美元。通过劳动力流动，两个市场工资率最终将相同，并且等于机会成本或最后一单位劳动力的供给价格 P_L。

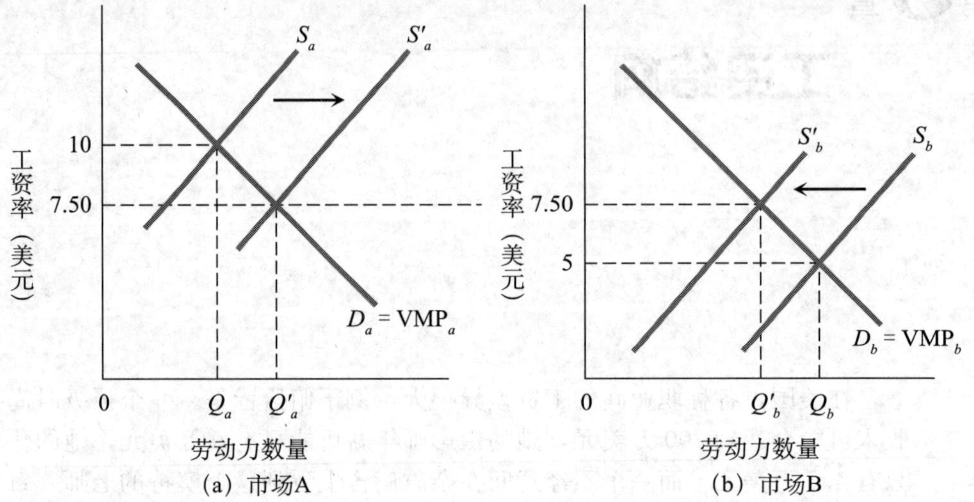

如果A、B两个市场上的劳动力供给和需求分别是 S_a、D_a 和 S_b、D_b，此时存在5美元的工资差异（A市场的10美元减去B市场的5美元）。假定工作和工人都是同质的，信息获得和劳动力流动不耗费成本，工人将离开B市场到A市场寻求高工资。B市场劳动力供给从 S_b 减少到 S'_b，而A市场的劳动力供给从 S_a 增加到 S'_a，从而在7.5美元的工资率上，两个市场再次实现均衡。

图8-1　完全竞争市场上的均衡工资

总结如下：如果工作和劳动力都具有同质性，市场为完全竞争且劳动力的流动是充分的，**工资结构**（wage structure）（即工人所接受的一系列高低不等的工资水平）将表现为单一的工资水平。此时，平均工资率将是经济中唯一的工资率。

8.2　工资结构：可见的工资差异

经济观察表明，现实生活中是存在工资差异的，而且大多数差异随时间推移持续存在。表8-1列举了几类职业的工资差异。从表中我们看到，2011年，管理、商业和金融业人员的平均小时工资为33.92美元，生产工人和服务业工人的工资分别为16.44美元和13.14美元。在同一职业类别中，小时工资也差异明显。例如，同属服务业的家政服务人员的工资和企业保安人员的工资是不同的。而且，尽管销售员的小时工资率更高，收入最高的服务员仍比收入最低的销售员赚得多。

表8-1　按职业类别划分的平均小时收入

职业类别	平均小时收入（美元）
管理、商业和金融业人员	33.92
专业人员	28.77
安装、维护和维修人员	20.57
建筑业人员	19.29
销售人员	17.69
办公室和行政支持人员	16.53

续前表

职业类别	平均小时收入（美元）
生产工人	16.44
运输业和物料搬运工人	15.90
服务业工人	13.14
农业、渔业和林业人员	11.27

资料来源：Barry T. Hirsch and David A. Macpherson，*Union Membership and Earnings Data Book：Compilations from the Current Population Survey*（*2012 Edition*）（Washington，DC：Bureau of National Affairs，2012）。

全球瞭望 8－1

世界各地的小时工资

工资差异在世界各地都很常见。下图是 2010 年以美元计价的各国生产工人的平均小时工资。这里小时工资包括直接支付给工人的所有形式的报酬，包括计时工资、休假收入及其他特定支付和实物支付，同时也包括法定保险计划和私人福利计划。所有工资都按税前计算并以一定的汇率折算为美元。

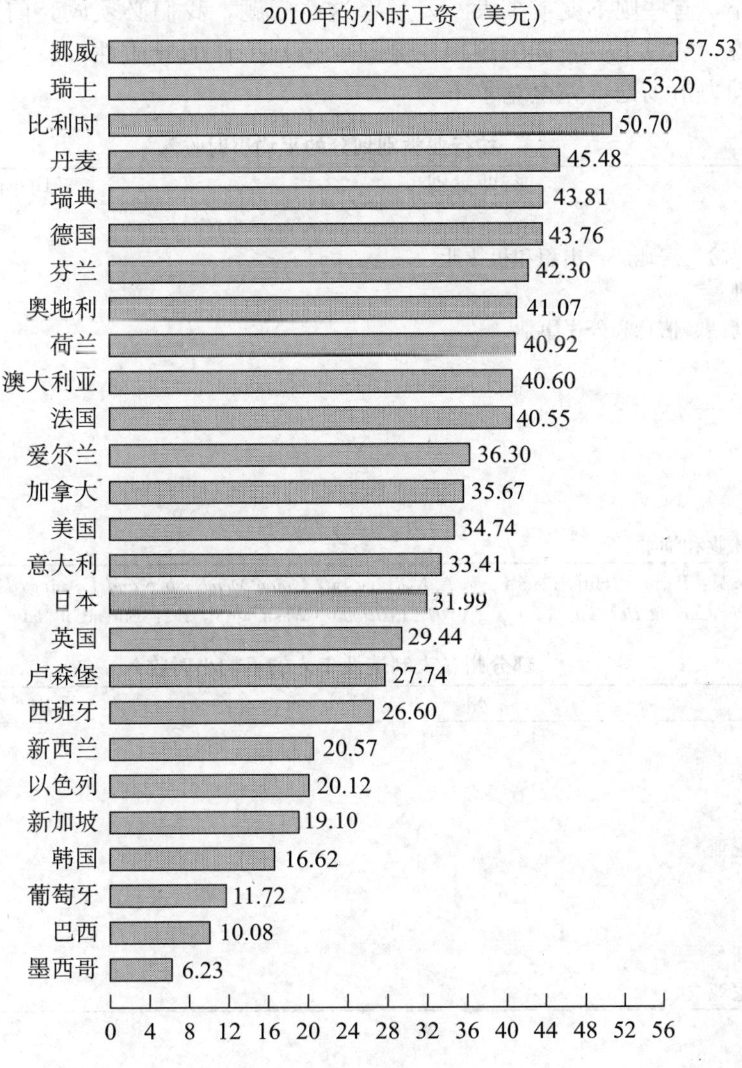

从图中我们可以看出这样一些事实：第一，各国的小时工资存在差别。第二，美国生产工人的工资低于欧洲国家。第三，墨西哥、巴西和韩国这类国家或地区的小时工资比成熟的工业化国家的小时工资要低得多。注意，由于汇率因素，名义工资通常不能完全反映不同国家或地区间产商品和劳务价格的巨大差异，这些数据只能粗略反映不同地区在购买力和生活水平方面的差异。

资料来源：Data are from *International Comparisons of Hourly Compensation Costs for Production Workers in Manufacturing*，2010，Bureau of Labor Statistics，News Release 11-1778，December 21，2011，Table 2.

在工资结构中，职业间的工资结构是可以进行独立研究的。表 8-2 和表 8-3 分别是按行业和地区划分的平均小时收入的情况。例如，2011 年，零售业的平均小时工资为 14.52 美元，而采矿业为 27.40 美元；新泽西州制造业工人的平均小时工资为 34.92 美元，而在阿肯色州，同样的工人每小时只能挣 16.87 美元。最后，2011 年女性的收入仅为男性的 81%，黑人的收入则相当于同等水平白人收入的 80%。

这些工资差异背后的原因是什么？为什么差异会一直持续？为什么有些工资差异会缩小，有些则不变或扩大？要解释这些问题，我们必须放弃前文的部分假定。具体来说，造成工资差异的原因主要是：（1）工作的异质性；（2）工人的异质性；（3）劳动力市场是不完全竞争市场。

表 8-2　按行业类别划分的平均小时收入

行业类别	平均小时收入（美元）
矿业	27.40
金融、保险、房地产、出租和租赁业	26.83
公共管理	26.80
交通、仓储、信息和公用事业	24.13
制造业	23.67
批发业	23.22
建筑业	21.14
服务业	20.62
零售业	14.52
农业、林业和渔业	12.82

资料来源：Barry T. Hirsch and David A. Macpherson，*Union Membership and Earnings Data Book：Compilations from the Current Population Survey*（*2012 Edition*）（Washington，DC：Bureau of National Affairs，2012）。

表 8-3　部分州私人制造业工人的平均小时收入

州	平均小时收入（美元）
新泽西	34.92
马萨诸塞	30.95
康涅狄格	30.14
加利福尼亚	26.89
纽约	24.87
密歇根	24.49
得克萨斯	23.49
宾夕法尼亚	22.81

续前表

州	平均小时收入（美元）
俄亥俄	21.20
佛罗里达	20.62
艾奥瓦	20.59
亚拉巴马	19.68
密西西比	17.65
阿肯色	16.87

资料来源：Barry T. Hirsch and David A. Macpherson，*Union Membership and Earnings Data Book*：*Compilations from the Current Population Survey*（*2012 Edition*）（Washington，DC：Bureau of National Affairs，2012）。

8.3　工资差异：异质性的工作

在图 8－1 中，我们假定两种工作是完全同质的。当追求效用最大化的工人选择要从事的工作时，只需考虑工资率就可以了。某个子市场的更高的工资水平将吸引更多工人。但在现实生活中，工作是异质而非同质的。**异质性的工作**（heterogeneous jobs）意味着不同的非工资特征，需要不同类型和不同熟练程度的技能，为提高生产率支付的效率工资也会不同。另外，不同企业在工会力量、规模以及歧视态度等方面也各有不同。

8.3.1　补偿性工资差异

不同工作的非工资特征存在不同，因此产生了**补偿性工资差异**（compensating wage differentials）。某些工作可能具有一些令人厌恶的特征，因此雇主必须向工人支付工资补偿。补偿性工资差异属于均衡工资差异，因为它不会引起工人向高工资工作的转移，因此工资率不会趋于均等。

图 8－1 可以用来说明这一概念。在前面的讨论中，假定劳动力市场 A 和 B 提供的工作岗位是同质的。现在我们对两个市场的工作性质做出区分，比如，A 市场的工作场所常年在户外严寒的天气下，而 B 市场的工作场所则是宜人的室内。回忆表 6－1，劳动力供给的决定因素之一是工作的非工资特征，由于 A、B 两个市场的工作在舒适性方面存在巨大差异，A 市场的劳动力供给相对少于 B 市场。如果用 S_a 代表 A 市场劳动力供给曲线，S_b 代表 B 市场的劳动力供给曲线，A 市场的均衡工资为 10 美元，B 市场为 5 美元。

我们把 A 市场上多出来的 5 美元叫做工作津贴、补偿性工资差异或均衡工资差异。这时，不会有劳动力由 B 市场向 A 市场流动，就像两个市场工作同质一样。这 5 美元的工资差异会一直存在；只有两个市场的劳动力供求态势发生变化时才会改变。

这里有几点需要特别强调：

第一，我们看到的 5 美元工资差距并不能反映两个工作之间实际的“净利益”或净效用差异。考虑两个工作的非工资特征，Q_a、Q_b 工人的报酬实际上是等同的；他们都从每小时工作中获得 5 美元的净效用。在 A 市场中，这个效用等于 10 美元的工资减去5美元的额外效用损失；在B市场中，则等于5美元的工资减去0美元的额外效用损失。

第二，假定两个市场上的劳动力需求相同，当支付了补偿性工资差异时，雇佣量将会降低。在图8-1中，A市场的雇佣量Q_a低于B市场的雇佣量Q_b。

第三，很明显，补偿性工资差异起到了优化社会资源配置的作用，它使那些虽不令人喜欢但却对社会有益的工作能够得到足够的劳动力配置。

在了解了有关补偿性工资差异的基本原理后，接下来我们研究造成这种劳动力供给及工资差异的不同工作的非工资特征。具体来说，我们主要考察以下几个方面：（1）工伤和死亡的危险；（2）附加福利；（3）职业声望；（4）工作地点；（5）收入的稳定性（6）增加工资的前景。

■ 工伤和死亡的危险

在工作中受伤和死亡的危险越大，这种职业的劳动力供给越少。因此，事故发生率相对较高的工作要求有补偿性工资。维斯库斯（Viscusi）估计，在美国经济中，工伤和死亡的平均收入津贴约为5%。尽管其他研究者得出了稍有差异的结论，但他们都认同补偿性工资的存在，特别是对于那些较可能发生致命性工伤的工作。①

■ 附加福利

即便雇佣的工人和给予的工资水平都差不多，雇主在提供附加福利（第7章）方面也会差别很大。这个事实与工资差异有何关联呢？假定雇佣某种劳动力的某些企业只支付8美元的小时工资，而其他雇佣同种工人的雇主除了支付8美元的小时工资外，还提供诸如病假、带薪休假以及医疗和健康保险等附加福利，那么在其他条件相同的情况下，工人愿意为后一种雇主提供劳动。因此，为了吸引高质量的劳动力，没有提供附加福利的企业必须支付补偿性工资，从而使两种情况下工人的总薪酬趋于均等。②

■ 职业声望

有些工作具有较高的职业声望，因此吸引了很多的劳动力；但是，有些工作在

---

① 参见 W. Kip Viscusi, *Employment Hazards: An Investigation of Market Performance* (Cambridge, MA: Harvard University Press, 1979)。在一篇评论中，他得出相似结论，参见 W. Kip Viscusi, "The Value of Risks to Life and Health," *Journal of Economic Literature*, December 1993, pp. 1912-46。亦可参见 Harald Dale Olsen, "Estimating Workers' Marginal Willingness to Pay for Safety Using Linked Employer-Employee Data," *Economica*, February 2006, pp. 99-127; and Xiangdong Wei, "Wage Compensation for Job-Related Illness: Evidence from a Matched Employer and Employee Survey in the UK," *Journal of Risk and Uncertainty*; February 2007, pp. 85-98。

② 尽管得不出最终结论，但有些研究确实支撑了雇主在工资和附加福利间进行取舍的观点，参见 Craig A. Olson, "Do Workers Accept Lower Wages in Exchange for Health Benefits?" *Journal of Labor Economics*, April 2002, part 2, pp. S91-114。有关企业在工资和补偿保险之间取舍的证据，参见 Price V. Fishback and Shawn Everett Kantor, "Did Workers Pay for the Passage of Workers' Compensation Laws?" *Quarterly Journal of Economics*, August 1995, pp. 713-42。有关在不同类型附加福利之间取舍的结论，参见 Catalina Amuedo-Dorantes and Traci Mach, "Performance Pay and Fringe Benefits: Work Incentives or Compensating Wage Differentials?" *International Journal of Manpower*, no. 6 (2003), pp. 672-98。

大众看来较为平凡、无趣，甚至肮脏。举个极端的例子，与污水处理厂的技术工人相比，新兴电子行业中技术工人的社会地位明显高一些。只要人们在供给劳动服务时多少会考虑到职业的社会声望，那么在声望高低不同的工作中就会产生补偿性工资差异。

当然，社会声望是从文化的角度来定义的，社会对不同工作的尊重程度是不断变化的。例如，在 20 世纪 70 年代早期，美国军事部门工作人员的社会声望有限，这反映了当时人们对越南战争的普遍不满。但是，1991 年海湾战争的胜利迅速提升了美国军人的社会地位。结果造成报名参军人数的增加，军队很快就实现了招兵目标。

■ 工作地点

相似的工作可能在工作地点上有很大的差异，从而影响工人的舒适度和生活成本。宜居型城市要比那些烟尘滚滚的城市更能吸引劳动力就业。因此，在环境恶劣的地区就会出现补偿性工资。[①]

一个国家不同地区间的价格水平差异也会导致补偿性货币支付，也叫做名义工资支付。纽约就是很好的例子。由于生活费用高昂，等量货币工资在纽约的购买力要远低于在堪萨斯的购买力，因此，相对于劳动力需求而言，在名义工资相同的情况下，纽约的某类型劳动力供给数量就少于堪萨斯。所以，纽约的均衡工资水平要比堪萨斯高。这种名义工资率的差异实际上是与两地的实际工资率紧密联系在一起的。

■ 工作保障：收入的稳定性

有些工作能为工人提供长期的就业保障，以显性或隐性的方式确保工人在一年中的每周都不会失业。但是有些职业，如建筑业、咨询业以及代理销售等职业，具有工作、收入较为可变的特征。由于不能确保一年的每周都有特定的工资，在其他条件相同的情况下，这些工作的吸引力较小，因此在这些行业就业者就可能得到一个补偿性工资。也就是说，作为对他们无法全年每周 40 小时工作的补偿，他们的小时工资可能相对较高。

失业可能性较大的工作存在补偿性工资差异，这一理论的结论在经验证据中得到了证实。马格纳尼（Magnani）发现，失业率增加一个标准差会导致工资率增长 8.5%～19%。[②] 莫雷蒂（Moretti）也发现，失业风险不同会导致工资差异。[③] 托佩

---

① 有关犯罪率及空气污染等区位因素如何影响工资差异的证据，参见 Jennifer Roback，“Wages，Rents，and the Quality of Life，” *Journal of Political Economy*，December 1982，pp. 1257-78。亦可参见 Lucie Schmidt and Paul N. Courant，“Sometimes Close Is Good Enough：The Value of Nearby Environmental Amenities，” *Journal of Regional Science*，December 2006，pp. 931-51。

② Elisabetta Magnani，“Product Market Volatility and the Adjustment of Earnings to Risk，” *Industrial Relations*，April 2002，pp. 304-28。

③ Enrich Moretti，“Do Wages Compensate for Risk of Unemployment? Parametric and Semiparametric Evidence from Seasonal Jobs，” *Journal of Risk and Uncertainty*，January 2000，pp. 45-66.

尔（Topel）研究认为，失业保险能大幅降低补偿性工资差异。如果没有失业保险，则失业可能性每增加1个百分点将导致工资率提高2.5%。[1] 最后，哈默梅什和乌尔夫（Wolfe）把失业导致的工资差异分为两部分：由较高的失业可能性导致的补偿，以及万一失去工作，长期待业的补偿。他们的结论是，几乎全部工资差异都是可能的长期待业所致，而非较高的失业可能性所致。[2]

■ 增加工资的前景

企业提供的人力资本投资水平不同也会导致工作之间的差异。例如，一个22岁进入银行业工作的年轻人自然可能希望接受更多的在职培训，以便日后晋升到工资更高的职位。而一个决定做木匠的同龄者，其未来年收入大幅增加的可能性不大。假定人们对收入、闲暇的偏好相同，则在工资率相同的情况下，人们将选择收入提高前景较好的工作。因此这些工作的劳动力供给自然比那些终生收入变化不大的工作的劳动力供给要多。后者要想获得足够的劳动力供给，有必要为工人的初始工资提供一个补偿。因此，我们可以预测，银行职员的初始工资会比木匠的初始工资低。这种补偿性工资得到了研究的证实：起薪较低的工作，其工资随工作年限的增长率通常较高。[3]

8.3.2 不同的技能要求

我们了解到，在市场经济中，不同工作的非工资特征是导致工资差异的一个原因。但是，工作还在另一方面体现出差异：它们的技能要求往往相差悬殊。为了说明这一问题，我们假设有两种工作，这两种工作具有同样的非工资特征，且所有工人对现期收入与未来收入的偏好一致。假设X工作要求应聘者在高中毕业后有5年的教育经历，而Y工作只要求应聘者高中毕业即可。如果两种工作的工资率相等，人们就不会选择X工作。为何？显而易见，X工作比Y工作更需要应聘者进行较多的人力资本投资以满足对工作技能的要求。在两种工作的小时工资相等的情况下，5年额外教育投资的收益将是负的（第4章）。也就是说，投资收益的现值为零（是否投资不影响工资水平），而成本的现值为正并且数字相当可观（成本包括学费、书本费以及放弃的5年收入）。

因此，工作X和Y间的工资均衡是不可持续的，恰恰是工资会创造“不均衡”。为了吸引足量的劳动力从事X工作，雇主必须支付比Y工作更高的工资。这样，在两种工作中就会存在均衡的工资差异。由此导致的收入差异将使5年教育投资的内部收益率r等于受教育期间借款的利率i（第4章）。如果存在工资差异，也就是r超过i，更多的人会选择进入大学继续深造。这就导致了X工作的

---

① Robert H. Topel, “Equilibrium Earnings, Turnover, and Unemployment: New Evidence,” *Journal of Labor Economics*, October 1984, pp. 500-22.

② Daniel S. Hamermesh and John R. Wolfe, “Compensating Wage Differentials and the Duration of Job Loss,” *Journal of Labor Economics*, January 1990, pp. S175-97.

③ David Neumark and Paul Taubman, “Why Do Wage Profiles Slope Upward? Tests of the General Human Capital Model,” *Journal of Labor Economics*, October 1995, pp. 736-61.

劳动力供给扩大、市场工资降低（也即收益率的降低），将两种工作间的工资差异降到一个可持续的水平。如果两种工作间的工资差异不够大，从事X工作的人数将更少，从而最终使工资差异上升到一个较高的均衡水平。

重申一下：当其他条件不变，要求大量教育和技能培训的工作将支付较高的工资率。不同工作的技能要求差别是经济中存在工资差异的主要原因。我们把熟练工人和非熟练工人间的这一工资差异叫做**技能差异**（skill differential）。

因技能要求不同导致的工资差异可能加剧、降低或逆转由于工作的非工资特征导致的差异。举个例子，假定相对于较安全的B工作而言，A工作有较高的工伤风险，因此需要为从事A工作的工人支付每小时3美元的补偿工资。现在我们对两种工作间的技能差异做两个替代假设：首先，假定有危险性的A工作的技能要求比安全性高的B工作的要求更高，显然，由于补偿工伤风险的需要，两种工作间的实际工资差异将会超过3美元；反过来，如果A工作的技能要求相对简单，而B工作要求相对较多的人力资本投资，则A工作、B工作间的实际工资差异将会小于3美元。在后一种情况下，工资差异的大小取决于技能差异的程度，如果技能要求的差异特别大，安全性高的B工作的工资甚至会高于有危险性的A工作的工资。一个现实世界的例子是，虽然伐木工人的工伤风险很大，但其收入还是远低于注册会计师。

因此，我们常常见到的高工资工人的工作环境也很好的事实与补偿性工资差异理论并不矛盾。这个现象告诉我们，许多情况下由技能差异导致的工资差异会反向抵消补偿性工资差异，没有工资差异的话，真实工资差异将会更大。进一步地，如果宜人的工作条件属于正常品（收入提高，对它们的“购买量”会增加），那么我们就会发现，较好的工作环境和较高的工资率是正相关的。熟练工人有能力“购买”较好的工作环境作为他们总薪酬的一部分，他们有能力放弃一部分直接的工资收入来换取更多的非工资好处。雇佣熟练工人的竞争使得雇主支付包含了更多非工资好处的薪酬包。

8.3.3 基于效率工资的工资差异

在第7章我们发现，在某些情况下，雇主会发现提供高于市场出清水平的工资更能促进利润的增加。因为行业内和行业间的具体情况不同，效率工资也有助于解释满足相似任职条件工人间的工资差异。即使既定素质的劳动力愿意接受稍低的工资，企业也没有动机降低工资，所以，由效率工资导致的工资差异也属于均衡差异。

▩ 怠工模型和工资差异

怠工模型告诉我们，当监督成本很高或者员工偷懒会使雇主蒙受很大损失时，雇主会选择支付效率工资。高于市场均衡水平的效率工资提高了工人失业的机会成本，因此使工人更加尽职尽责，从而降低了雇主的单位有效劳动的成本。当监督成本不高或者个别工人渎职给雇主带来损失时，单位有效劳动的成本将达到较低市场出清水平。这种不同背景导致的工资差异与由于技能要求导致的差异或由于非工资特征导致的差异没多大关联。

■ 离职模型和工资差异

效率工资模型告诉我们，当在雇佣和培训成本较高的情况下，雇主会支付高于市场出清水平的工资来降低离职率。高于市场出清水平的工资提高了工作对于工人的价值，从而降低了流动率（离职率）。结果，企业雇员的平均工作经验和生产率都会提高。从工人立场出发设计的薪酬策略（即提高工作对于工人的价值）导致劳动效率的提高，根据提高幅度的不同，产业间或产业内企业的工资会产生差异。

工作世界8-1

工资不平等与偏重技能的技术进步

众所周知，在过去的20年间，男性和女性的工资不平等程度呈现加剧的趋势。1979—2009年，男性工人和女性工人中第90百分位的工人相对于第10百分位的工人的小时工资分别提高了约34%和55%。今天男性工人之间的工资不平等是1940年以来最严重的。

工资不平等加剧的原因是多方面的。从第4章（特别是图4-3）中，我们了解到大学工资升水率近几年明显提高。对于没有大学学历的工人来说，年长工人的平均工资相比于年轻工人有所上涨。工资不平等在相同年龄、相同受教育程度以及相同性别的个体之间有所扩大，在同一行业和同一职业之间也扩大了。

在第16章，我们将对工资结构改变的解释进行详尽讨论。但在这里，我们要讨论造成技能差异的一个原因。在过去20年中，我们已经经历了基于电子计算技术的技术大爆炸。这一技术是偏重技能的，意味着它以一种不均衡的方式增加了不同技能水平工人的需求。特别地，计算机革命提高了那些受过大学教育的或接受过计算机培训的工人的生产率，从而增加了对这部分工人的需求。

使用计算机的工人比例从1984年的25%上升到2003年的56%。对于大学毕业生来说，这一比例从42%上升到84%。克鲁格估计，使用计算机的工人的收入比其他不使用计算机的同类工人的收入高10%～15%。这一工资溢价在非工会化部门是20%，在工会化部门是8%。在工会化部门之所以较低，与其更具标准化的工资有关。奥特尔（Autor）、卡兹和克鲁格发现，计算机应用的提高扩大了工资的不平等。特别地，他们发现，计算机的广泛应用可以解释20世纪80年代制造业中高技能工人需求增加的1/3。

艾伦（Allen）证实了技术进步在解释收入不平等加剧中的重要性。他利用1979—1989年的数据，探讨了诸如高技术资本的应用以及研发强度等技术措施对工资的影响。与奥特尔、卡兹和克鲁格的发现一致，艾伦发现，在研发强度较高的行业，教育收益率更高；而在较少使用高技术资本的行业中，收益率稍低。他的结论是，大学毕业生和高中毕业生的收入差距中，有16%可以由技术因素解释。

技术进步在工资差异加剧中的重要性受到了卡德和狄纳多（DiNardo）的质疑。他们指出，20世纪90年代，尽管计算机技术不断进步，但是工资差异并不明显。他们还认为，技术进步无法解释性别工资差异的缩小和种族工资差异的稳定性。

资料来源：Lawrence F. Katz，"Understanding Recent Changes in the Wage Structure，" *NBER Reporter*，Winter 1992 - 1993，pp. 10-15；Alan B. Krueger，"How Computers Have Changed the Wage Structure：Evidence from Microdata，1984 - 1989，" *Quarterly Journal of Economics*，February 1993，pp. 33-60；David Autor，Lawrence F. Katz，and Alan B. Krueger，"Computing Inequality：Have Computers Changed the Labor Market?" *Quarterly Journal of Economics*，November 1998，pp. 1169-214；Steven G. Allen，"Technology and the Wage Structure，" *Journal of Labor Economics*，April 2001，pp. 440-83；and David Card and John E. DiNardo，"Skill-Biased Technological Change and Rising Wage Inequality：Some Problems and Puzzles，" *Journal of Labor Economics*，October 2002，pp. 733-83.

8.3.4 其他工作或雇主的异质性

尽管非工资工作条件、技能要求以及效率工资是导致工资差异的主要原因，但其他工作或雇主差异也可能导致工资差异。比如，工会地位、歧视、企业的绝对和相对规模等。

■ 工会地位

我们在第 11 章中将会发现，工会能够为其会员带来更大的工资优势。工资差异的一部分可能是对工会化企业特有的结构性工作设计、缺乏弹性的工作时间以及雇主要求的加班给予的工资补偿，另一部分则被某些经济学家认为是工会化工人具有较高的生产率所致（第 11 章）。但是大部分经济学家总结认为，工会-非工会的工资差异也应包括工会对市场的影响能力导致的经济租金（第 13 章）。在后一种情况下，工会和非工会工作有明显的差别，这有助于解释工资的差异性。

■ 歧视

在第 14 章我们将发现，存在各种导致雇主有歧视倾向的因素。也就是说，有些雇主往往会对某些人群（比如，黑人、女性或少数族裔）持有偏见而不予雇佣，因此导致劳动力市场出现工资差异。雇主对于其所偏爱的工人的需求会增加，对其歧视的工人的需求会降低，这就导致白人和黑人之间、女性和男性之间以及其他群体之间出现明显的工资差异。在市场竞争的作用下，这些工资差异是持续存在还是会逐渐消失？人们对此尚存争议。

■ 企业的绝对和相对规模

众多研究表明，那些规模或市场份额较大的企业一般比小企业支付的工资和薪金要高。对此有各种可能的解释，其中有些解释涉及前面讨论的工作异质性。

首先，与小企业相比，大企业更可能被工会化。

其次，大企业工人的生产率可能比小企业同类工人的生产率更高。导致这种生产率差异的原因可能包括：（1）在大企业，每个工人拥有更多的、质量更高的资本；（2）技能专业化使工人接受更多的在职培训；（3）大企业的工人更可能是优秀工人，他们比一般工人需要更少的监督等。①

再次，我们在大企业中观察到的高工资很可能是一种补偿性工资溢价。与小企业相比，大企业的工作环境可能更官僚、更不令人愉悦。② 而且，大企业一般坐落在大城市的市区，那里的生活费用（除上下班、停车的费用）比较高。

最后，拥有较大市场份额的大企业可能获得较高经济利润。这可以提高工人的谈判力量，使他们获得更高的工资。③

工作世界 8-2

是不是越大越好?

过去20年里，大企业支付的工资溢价显著下降。在1988—1992年和2003—2007年间，雇员规模500人及以上的公司相对于雇员规模25人以下的公司的工资优势从55%下降到40%。高中辍学生的规模溢价工资下降幅度是大学毕业生的两倍多。

埃文（Even）和麦克弗森（Macpherson）发现略高于1/3的规模溢价工资下降源于不同规模企业的工人同质性越来越强。这种趋同最明显地体现在受教育程度最低的工人身上。以下事实对理解这种趋同特别重要：（1）工会主义在规模较大的企业中加速下降；（2）就业已转向较小规模溢价的产业。

他们还指出，略高于1/2的规模溢价工资下降是因为小企业和大企业在如何奖励员工方面已变得越来越相似。这种趋同仍然最明显地体现在受教育程度最低的工人身上。

如果将薪酬度量范围从工资扩展到包括雇主为员工缴纳的健康保险和养老金，那么工资规模溢价下降缩减了近1/4。大企业更有可能为工人提供健康保险和养老保险，大企业比小企业在这些福利方面投入的成本更多。因此，规模溢价工资的下降部分反映了这样一个事实，即大企业相对于小企业降低工资增长，是因为大企业的福利增长更快。

资料来源：William E. Even and David A. Macpherson，"Is Bigger Still Better? The Decline of the Wage Premium at Large Firms，" *Southern Economic Journal*，April 2012，pp. 1181-201.

8.4 工资差异：异质性的工人

我们已经了解到工作和雇主的异质性是造成工资差异的一个主要原因，现在我

① 想更多地了解这一话题，参见 Charles Brown and James Medoff，"The Employer-Size Wage Effect，" *Journal of Political Economy*，October 1989，pp. 1027-59；Todd L. Idson and Walter Y. Oi，"Firm Size and Wages，" in Orley Ashenfelter and David Card（eds.），*Handbook of Labor Economics*，vol. 3B（Amsterdam：North-Holland，1999），pp. 2165-214；Thierry Lallemand，Robert Plasman，and Francois Rycx，"Why Do Large Firms Pay Higher Wages? Evidence from Matched Worker-Firm Data，" *International Journal of Manpower*，no. 7/8（2005），pp. 705-23；and Ana Ferrer and Stephanie Lluis，"Should Workers Care about Firm Size?" *Industrial and Labor Relations Review*，October 2008，pp. 104-25。

② 一项研究显示，企业规模对工资影响的1/3可由大小企业的工作环境不同来解释。参见 Douglas Kruse，"Supervision，Working Conditions，and the Employer Size-Wage Effect，" *Industrial Relations*，Spring 1992，pp. 229-49。

③ David Blachflower，Andrew Oswald，and Mario Garrett，"Insider Power in Wage Determination，" *Economica*，May 1990，pp. 143-70；and S. Nickell，J. Vainiomaki，and Sushil Wadhwani，"Wages and Product Market Power，" *Economica*，November 1994，pp. 457-73.

们转向讨论另一个重要因素：**异质性的工人**（heterogeneous workers）。图 8-1 中的工资平等是建立在工作同质及劳动力在市场上具有相同生产率的假定之上。实际上，不同的人往往具有不同的人力资本存量，他们对工作的非工资特征的偏好也各有差异。

8.4.1　人力资本差异：非竞争性群体

在第 16 章，我们将讨论年龄、教育年限、教育质量、先天禀赋以及家庭背景等与个人收入分配相关的因素。这揭示了一个重要的事实：人不是同质的。由于不同的人往往拥有不同的人力资本存量，我们在这里要讨论的工资结构就显得极为重要。在任何时刻，劳动力都包含着大量的**非竞争性群体**（noncompeting groups），其中每一群体的成员都可能胜任一个或几个职业。

造成人力资本差异的一个原因在于学习和执行等天赋方面的差异。只有少数人拥有成为核物理学家、职业的橄榄球四分卫、石油工程师、歌剧演员以及职业模特等所需的智力和身体禀赋。这些职业群体与大量的熟练和非熟练工人之间不存在有效的竞争关系。物理学家和专业运动员之间也不存在替代关系。事实上，即使在同一职业群体内，个人之间也并不总是可以完全替代。例如，一些职业橄榄球选手要求的工资要远高于其职业平均工资，原因就在于先天能力的差异使其他运动员不能完全替代他们。

更重要的是，人们后天所接受的教育和培训类型、数量以及质量（第 4 章）不同也导致了非竞争性群体的差异。例如，一个高中毕业生的就业选择只局限于农场工人、加油站服务生、参军、非熟练的建筑工人或者快餐店雇员等类职业。我们可将这些工人归入一个更大的群体中，因为每个工人都有能力做其他工作。然而，其中没有一个工人能对律师或会计人员构成直接竞争，因为后者的职业往往表现出一定的排他性。

工人可以通过人力资本投资从一个非竞争性群体流动到其他非竞争性群体中。加油站工人可以选择进入大学学习以获得会计专业的学位，但实现这一目标的前提是，他必须有足够的资金和先天智力条件。由于收入、信誉状况以及先天学习能力不是均匀分布的，非竞争性群体间的工资差异将会持续存在。别忘了，教育质量也是有差异的。与名牌大学相比，从一所普通大学获得的会计学位可能不能带来很高的收入。

总结：由于先天禀赋的差异，所受教育或培训的类型、数量和质量的不同，人们拥有不同的人力资本存量。毫无疑问，这就导致在劳动力市场中，群体、个人之间不可能完全替代。在短期内，人力资本的异质性使工人具有不同的生产率，并最终导致工资差异。在长期内，人们可以向高收入职位流动，但由于受人力资本投资财力、接受和应用知识技能先天能力的限制，这种流动很有限。因此，工资差异持续存在。

8.4.2　个人偏好的差异

除了人力资本存量的差异之外，人们在以下方面也存在差异：（1）时间偏好；

（2）对工作的非工资特征的偏好。

■ 时间偏好

有些人更重视现在：他们较为忽视甚至完全忽略未来。另外一些人则愿意牺牲眼前的收益以争取未来更大的回报。应用第4章的人力资本投资理论，我们假定人们具有不同的贴现率（即式（4－3）里的"i"）。重视现在的人具有较高的贴现率。他们不愿意牺牲今天的消费，除非省下的这笔钱能在将来带来可观的收入。式（4－3）里的i越高，投资的净现值越低，人们越不可能进行人力资本投资。反之，那些未来导向的人则愿意放弃现在的消费，哪怕只换取将来一个相对较小的收入增加。用专业术语表达，即这些人的贴现率较低，既定的人力资本投资将使他们获得更高的净现值，结果，他们比那些重视现在的人更愿意进行人力资本投资。

时间偏好差异对于理解非竞争性群体理论有重要意义。具体而言，它有助于解释为什么那些在先天禀赋和资金能力上相似的个人会进行不同的人力资本投资。我们已经知道，不同人力资本存量是造成工资差异的一个主要原因。再次重申，时间偏好差异（个人之间差异的体现）帮助我们理解一个更为重要的异质性问题，即不同的人力资本存量。①

■ 对工作的非工资特征的偏好

前面提到，在工伤的可能性、附加福利、职业声望、工作地点、收入的稳定性、工资增长前景，以及工作节奏的控制等各种非工资特征上，不同工作差异明显。人们对这些非工资特征的偏好也是不同的，在这点上工人和工作一样都是有差异性的。例如，有些工人喜欢安全一点的工作，而另外一些人则可能不那么讨厌风险；有些工人希望拥有带薪假期，而有些人则认为度假很枯燥，他们宁愿放弃度假以得到更高的小时工资；有些人很在乎工作的社会声望，而有些人则不关心别人对其职业的评价。

工作世界 8－3

运动既使你荷包满满又使你身心健康？

研究表明，有规律的运动有益健康，包括改善心脏健康和减少肥胖。运动也被证明可以改善心理功能，增加心理健康，提高活力。这些因素可以直接提高个人的生产率，从而提高工资水平。运动还可以通过向雇主展示其自律性强，或通过社交网络的影响，间接地提高个人工资。

运动还可能通过影响肥胖而影响收入。体重过大的人工资较低，且随着年龄增长，这种相关性越来越强。较低的收入可能源于歧视，向雇主传递了较高的健康成本，或自身较低的自尊。

---

① 有关时间偏好差异的分析，参见 John T. Warner and Saul Pleeter, "The Personal Discount Rate: Evidence from Military Downsizing Programs," *American Economic Review*, March 2001, pp. 33-53。

瓦西利奥斯·科斯蒂亚斯（Vasilios Kosteas）运用6 190名年龄在33～41岁的个人样本数据检验了运动的影响。样本中的运动行为比较宽泛。近32%的人从不运动，39%的人经常运动（1周至少1次）。男性比女性更有可能经常运动，男性经常运动的比例为46%，而女性为31%。

在控制了肥胖的情况下，分析表明，经常运动使男性收入提高7%，使女性收入提高9%。运动频率越高（每周至少3次），收入提高得越多，尤其是女性。她们比那些从不运动的人的收入高近12%。这些研究结论可能会鼓励人们更多地运动。

资料来源：Based on Vasilios D. Kosteas, "The Effect of Exercise on Earnings: Evidence from the NLSY," *Journal of Labor Research*, Spring 2012, pp. 225-50.

◆ 快速回顾 8-1

- 如果所有的工人和工作都是同质的，市场为完全竞争，且劳动力的流动和迁移不受阻碍，那么整个市场就将只存在一个均衡的工资水平。
- 工作的异质性（不同的非工资特征、技能要求等）是导致工资差异的主要原因。
- 产生补偿性工资差异的原因包括不同的工伤和死亡的风险、不同的附加福利、不同的职业声望、不同的工作地点、不同的收入稳定性、不同的工资增长前景等。
- 工人的异质性，如人力资本、时间偏好以及对不同工作的非工资特征的偏好，也是导致工资差异的重要原因。

思考题

一般来说，公务员的工资大大低于私人部门中同等素质劳动力的工资，解释这一工资差异的原因。（答案：参见书末。）

8.5 享乐主义工资理论

工人和工作都具有异质性这一事实在**享乐主义工资理论**（hedonic theory of wages）中亦有所体现。[①]“享乐”这一术语来源于哲学概念“享乐主义”，它假定人们的目标都是追求效用（快乐），比如收入，同时尽量规避负效用（痛苦），比如在恶劣的工作条件下工作。根据享乐主义理论，工人致力于最大化自己的效用，因此，他们愿意通过“交易”得到那些带来效用的东西，减少无效用的东西。

8.5.1 工人的无差异曲线

享乐主义工资理论往往被描述为“好”（工资）与“坏”（如工伤的可能性）之间的取舍。别忘了，“坏”的减少（如工伤可能性的降低）也是一种“好”。因此，我们可以运用该理论来解释工资和非工资特征的取舍。这就为使用标准的无差异曲

① Sherwin Rosen, "Hedonic Prices and Implicit Markets," *Journal of Political Economy*, January-February 1974, pp. 34-55.

线分析提供了条件。

可以合理地假设，一个典型的工人既看重工资，又看重一系列非工资特征。与第 7 章的工资-附加福利分析类似，工人要在工资和非工资特征之间做出取舍。

如图 8-2 所示，纵轴表示工资率，横轴表示某个非工资特征。这里的非工资特征可以是该工作具有的除工资以外任何能给工人带来效用的“好”的工作特征（如较低的工伤发生概率、便利的工作地点、通勤费用的降低以及由此增加的闲暇）。

假设此图中横轴表示非工资特征中的工作安全的程度（从左到右，工伤的可能性逐渐降低）。每一条无差异曲线都是能够给工人带来同等效用水平的所有工资率和工作安全程度组合。回想第 7 章，在特定的某条无差异曲线上的每一点的效用值都相等，无差异曲线越高（图中从 I_1 到 I_2，再到 I_3），代表的效用水平越高。

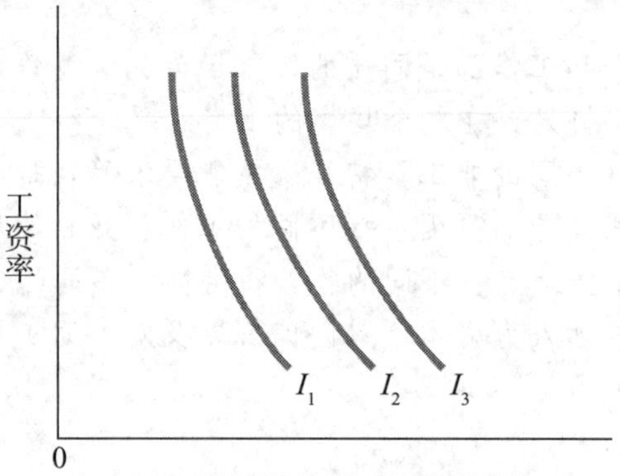

享乐主义无差异曲线图由一组无差异曲线组成。每条无差异曲线都是产生同等效用水平的工资率和特定非工资特征（例如工作安全）的一系列组合。无差异曲线越高，代表的效用水平越高。

图 8-2　工资和非工资特征的无差异线

图 8-2 中的无差异曲线较为陡峭，表明这个工人是高度厌恶风险的。为了理解这个结论，请观察曲线 I_1，我们会看到这个人为额外的工作安全度赋予了很高的替代价值。只有大幅度地提高工资率才能弥补工作安全程度的小幅降低（即工伤发生概率的小幅度增加）导致的效用损失。但是，不同人的无差异曲线是不同的，另一个工人可能对风险没那么厌恶，从而具有相对平坦的无差异曲线。简而言之，在对非工资特征的偏好上，不同工人是存在异质性的。

8.5.2　雇主正常利润下的等利润线

我们可以合理假设，雇主通常可以采取一定措施来降低工伤的概率，即提高工作环境的安全性。例如，雇主可以进行工作安全教育，购买安全性能更好的机器，提供保护性的工作装置或降低工作速率等。但是，由于采取这些措施都是耗费成本的，因此雇主必须在工资率和工作安全程度之间作出权衡。为了维持既定的利润水平，企业可以支付较低工资并保证较高水平的工作安全程度，或者支付较高工资而在降低工伤概率方面采取较少的措施。

图 8-3 表明的是雇主正常利润下的等利润线，表示能给雇主带来既定正常利

润的工资率和工作安全程度之间的一系列组合。注意到这条等利润线是凹的，与图7-4中工资和附加福利的直线型等利润线有所不同。造成这种差别的原因是：在第7章中，我们假定工资率和附加福利之间的替代是恒定的，而图8-3中出现凹形等利润线的原因在于，现实中厂商使工作安全水平每提高一单位，其耗费的成本呈递增趋势，因此必然要求工资率以更快的速度下降。也就是说，厂商提高工作安全程度的边际成本是递增的。因此，沿曲线 P 向右移动，该曲线变得越来越陡峭。

但是，不同雇主的等利润线是不同的。图8-3中的等利润线相对平坦，意味着企业只需要付出较低的边际成本就能带来工作安全性的一点改善，即沿曲线 P 降低很少的工资，就可以带来工作安全较大幅度的增加。但是有些企业就没这么幸运了。由于技术方面的限制，这些企业要减少事故发生十分困难，提供安全的工作环境的成本就很高。这些企业面临着相对陡峭的等利润线。

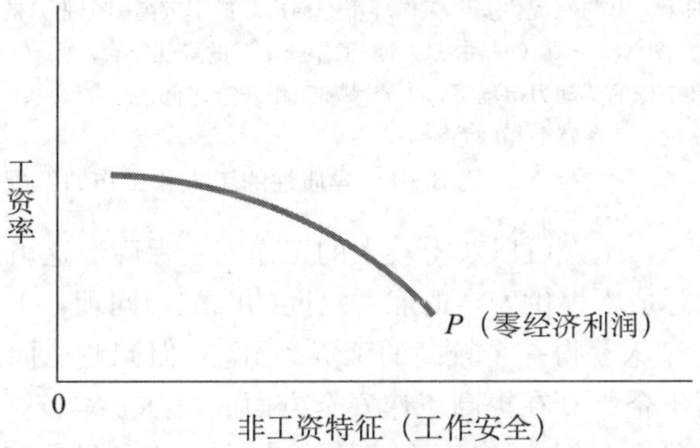

雇主的等利润线表明产生同等利润的工资率和工作条件（例如工作安全）的各种组合，在长期，竞争导致企业只能获得正常利润（经济利润为零）；因此，企业就必须在曲线 P 上进行“工资率-非工资特征”组合的权衡。

图8-3 等利润线

8.5.3 工人和工作的匹配

在图8-4中，我们考察了两个不同的雇主和工人的工资率和工作安全程度的最佳组合问题。工人A和工人B拥有相同的人力资本存量，但是对于工作安全这种非工资特征有着不同的偏好。图8-4(a) 的等利润线 P_A 和图8-4（b）的等利润线 P_B 分别表示A、B两个企业在各自行业既定的竞争水平下能够获得的最大利润。可以看出，等利润线 P_A 不如 P_B 陡峭。这意味着由于技术等原因，企业B提高工作安全程度方面耗费的边际成本比企业A更高。换句话说，将工作安全提高同样的程度，企业B的工资降低幅度要比企业A大。

现在观察图8-4（a）和图8-4（b）的无差异曲线 I_A 和 I_B。这是每个工人可达到的最高无差异曲线。曲线 I_A 相对陡峭，意味着工人A相当厌恶工伤风险（即更看重工作安全的价值）。而曲线 I_B 相对比较平坦，表示工人B对工伤和意外死亡关心程度低于工人A。显然，工人A和工人B对于工作安全偏好是不同的。

当工人的无差异曲线与最高的一条雇主等利润线相切时，每个工人的效用达到最大。工人A会选择到企业A那里工作，他所接受的工资率为 W_A（点 a）；在这

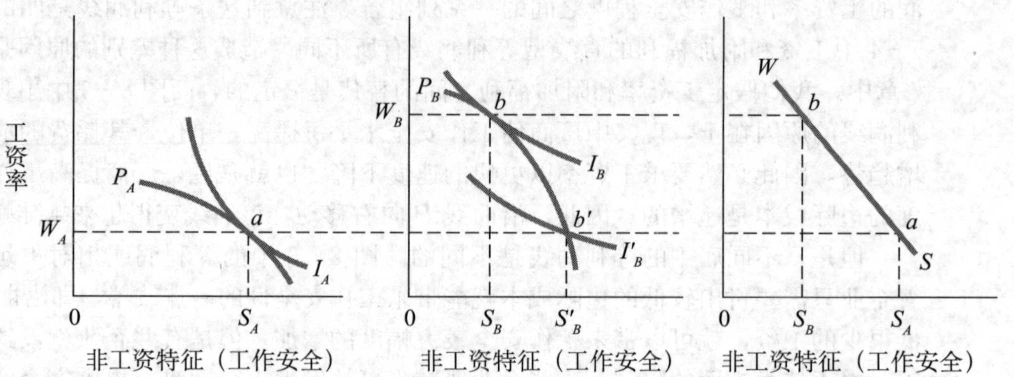

图（a）显示的是重视工作安全的工人A和低边际成本提供工作安全的企业A之间的匹配，图（b）显示的是风险偏好的工人B与在提供安全工作环境方面边际成本较高的企业B的效用最大化（利润最大化）组合。图（c）显示的是图（a）、图（b）中"工资-工作安全"的最佳组合。图（c）中的*WS*曲线表示的是包含许多异质性的工人和工作的劳动力市场下，工资率和工作安全之间的一般关系。在其他条件相同的情况下，高工资率与较低水平的非工资特征相联系。

图8-4 异质性的工人和工作的匹配

一低工资率下，工人可以获得较大的工作安全保障。这就实现了厌恶工伤风险的工人与以低边际成本提供安全的雇主之间的匹配。同理，工人B和企业B形成最优匹配（点*b*），工人获得一个较高的工资率W_B，但同时也面对一个相对不太安全的工作环境。由于企业B在提高工作安全方面的边际成本较高，而工人B愿意为了高工资而接受较低程度的工作安全，因此，这样一种匹配能够使双方都实现效用最大化。

工作世界8-4

轮班工作的补偿性工资?

根据享乐主义工资理论，当工作条件不佳时，会出现补偿性工资差异。这些工作的市场工资必须能够补偿在恶劣工作条件下受雇的最后一名工人工作产生的负效用。然而，这种工资补偿提高了某些工人的净效用。这些工人往往不太厌恶恶劣工作条件或从事正常工作时效率较低。对于这些人来说，通过接受条件较差的工作，可以提高自己的净效用水平，他们从补偿工资中获得的效用要超过恶劣工作条件可能带来的效用损失。正是基于这一点，一些经济学家指出，有些工人自我选择从事那些条件恶劣但拥有工资补偿的岗位。

科斯提克（Kostiuk）发现，在那些需要在夜晚工作，即通常所说的轮班制工作中，存在上述结论。事实上，轮班工作比我们通常认为的要普遍得多，大约15%的全职工人的工作时间不是传统的朝九晚五。根据美国人口普查局当期人口调查的补充资料，科斯提克发现，制造业中8.2%的工资补偿与轮班有关。其中，工会成员的轮班工资补偿占到工资总额的18.1%，而非工会成员只有4.3%。

科斯提克的发现部分印证了前面提到的自我选择问题。他发现，与受教育较多从事相似轮班工作的工人相比，受教育较少的轮班工人通常拥有较高的工资补偿。这一相对较高的工资补偿促使更多的工人从事轮班工作。反之，如果典型的夜班工人转而从事白班工作，他们获得的工资通常会低于典型白班工人的工资。平均而言，夜班工人比从事相似工作的白班工人的教育水平更低。

其结果是轮班部门通过提供补偿性工资差异，提高了受教育较少工人的工资并减少了总工资的不平等。轮班制从两个方面缩小了收入分配差距：(1) 为在不利工作环境下工作的工人提供补偿性工资；(2) 吸引白天工作的潜在收入较低的工人。

资料来源：P. F. Kostiuk，"Compensating Differentials for Shift Work，" *Journal of Political Economy*，part 1，October 1990，pp. 1054-75。

8.5.4　劳动力市场的含义

享乐主义工资模型存在一些有趣的含义（部分尚存争议）。下面列举几个例子。

第一，人力资本相同的工人之间存在工资差异。其他条件相同，高工资倾向于伴有较低水平的非工资特征。这一点可由图 8-4（c）看到，*WS* 曲线连接左侧两图中的 a、b 两点，意味着，在拥有大量非同质工人和工作机会的劳动力市场上，工资率和工作安全之间存在反向变化的关系。表现在这条线上的工资差异是持久的或均衡的工资差异，它们不会导致工人在不同工作间的流动。

第二，一些针对非工资特征设定最低标准的法律可能会降低一些工人的效用水平。这一点可以参考图 8-4。如果政府强迫企业 B（见图 8-4（b））把工作安全程度从 S_B 提高到 S'_B，即沿着 P_B 将点 b 移动到点 b'，工人 B 将被迫降到无差异曲线 I'_B 上，很显然它的效用低于 I_B。

第三，我们观察到性别工资差异（第 14 章）有一部分可能是对较好的工作特征（如宜人的工作条件、通勤距离短或者工伤可能性低）的不同偏好所致。根据图 8-4，女性群体的无差异曲线更可能是 I_A 而不是 I_B，女性比男性更有可能从事工资水平低但非工资特征水平较高的工作。法勒（Filer）的研究支持这种观点。那些具有类似技能的男性工人和女性工人，其工资差异的一部分就源于这种补偿性工资差异。[①]

第四，享乐主义工资模型对之前章节的最优附加福利进行了扩展，那时我们利用雇员的无差异曲线和雇主的等利润线进行分析（见图 7-5）。不同工人具有不同的工资-附加福利无差异曲线，偏爱附加福利工人的无差异曲线的形状较为陡峭，他们将愿意为提供较多附加福利的雇主工作。反之，偏爱现金的工人更愿意到附加福利较少但货币工资较高的雇主那里工作。

此外，不同工人无差异曲线的差异有助于解释所谓的自助餐计划，该计划允许工人从一系列附加福利自由选择。与不得不接受一个固定的附加福利组合相比，这种做法有助于异质性的工人达到更高的无差异曲线。例如，一个有孩子的女工可能会选择托儿服务，而一个年老的男性工人更愿意提高其养老金水平。因此，在薪酬总额既定的条件下，这种自助餐的做法有助于提高工人的总效用水平，从而也能够帮助雇主吸引和留住高质量的工人。

---

① Randall K. Filer，"Male-Female Wage Differences：The Importance of Compensating Differentials，" *Industrial and Labor Relations Review*，April 1985，pp. 426-37.

不同的企业其附加福利的构成不同，这取决于各种附加福利的边际成本。例如，一所大学可能愿意为本校员工的子女提供免费就读的机会，而一个零售商更可能愿意为其雇员提供购买商品的折扣优惠。在每一种情况下，企业都在根据附加福利的边际成本决定其附加福利的组合。

◆ 快速回顾 8-2

● 在享乐主义工资模型中，无差异曲线代表能够带来同等效用水平的工资率和非工资特征的一系列组合。

● 雇主正常利润的等利润线描述能给雇主带来既定正常利润的工资率-非工资特征的一系列组合。

● 雇主的等利润线与雇员最高水平无差异曲线的切点就是最优的工作匹配。

● 偏好非工资特征的工人愿意到能以较低的边际成本提供它们所需要的非工资特征的雇主那里工作。其他条件相同，对非工资特征偏好较弱的人，更容易和边际成本较高而提供较少的非工资特征的雇主相匹配，他们的工资相对前者更高。

思考题

通常，人们可能更喜欢在能够调节温度的建筑物内或者温度适宜的户外工作。那么，一个确实很喜欢在极度寒冷的户外工作的工人将如何从中受益？（答案：参见书末。）

工作世界 8-5

人的生命的价值

法律规定，一些部门如美国环保署（EPA）、美国联邦航空管理局（FAA）、美国职业安全与健康管理局（OSHA）等必须在其任何新制度出台前预估货币成本与收益。因为挽救生命是多数制度的重点，这些联邦机构首先需要测算人类生命的经济价值。

传统的测算方法依据人力资本的概念（第4章）。比如，一次空难导致的非正常死亡使死者的预期剩余工作时间收入化为乌有。经济学家用同一职业中类似工人的收入数据来估计死者那些年的收入和附加福利现值。尽管估计值随着年龄和职业的不同有所差异，但使用这一方法测评的人的生命的价值平均在70万～100万美元之间。

最近，出现了一种尚存争议的建立在享乐主义工资理论（见图8-4）基础上的测算人类生命价值的方法。我们知道，雇主必须支付补偿性工资来吸引工人从事危险性工作，这一工资差异的大小揭示了企业必须为每一个因工伤死亡的工人支付的货币数量。比如，劳动力对风险的厌恶使企业支付补偿性工资，假设工伤死亡者的概率每提高0.1%，企业需要每年多支付给工人1 000美元。因此，企业为每一工伤死亡者支付的成本将是100万美元（1 000÷0.1%），这一金额可以看作对人的生命的经济价值的度量。

使用享乐主义工资模型估计的生命价值明显高于使用人力资本方法估算的价值。例如，联邦管理机构提供的利用享乐主义方法估计的每一条被挽救的生命的价值最高可达350万美元。

8.6　工资差异：不完全劳动力市场

工作、雇主和工人的异质性可以解释大部分的工资差异，但并非全部。工资差异也可能是劳动力市场的不完全性阻碍了劳动力流动所致。例如信息不完全、迁移成本较高以及其他阻碍劳动力流动的壁垒等，这些因素交织作用导致并维持了工资差异。

8.6.1　劳动力市场的信息不完全

在图8-1中，我们假定劳动力市场的信息是充分的，但在现实中，信息是不完全的，获取信息要耗费成本。别忘了工人是异质性的，因此企业要到劳动力市场上搜寻最适合的工人。同样，工人也会通过浏览招聘广告、写求职信、到职介中心等方式来获取有关工作机会的信息。企业和工人搜寻信息会给他们带来直接成本和时间的机会成本。而且，搜寻信息的边际收益递减，换句话说，获取信息的边际成本是不断递增的。信息不完全以及信息成本递增的事实对我们理解市场活动和工资分布有重要意义。[①] 确切地说，它意味着：（1）任一职业内部都可能存在一定程度的工资差异，且这种工资差异与补偿性工资差异无关；（2）当需求变化导致工资出现差异时，长期劳动力供给的调整可能会比较缓慢。

■ **工资率分布**

考虑到信息成本、工作搜寻和雇主与工人的异质性，存在一种均衡工资率的可能性就大大降低了（见图6-1）。取而代之，我们可以为每一类型的劳动力找到一个均衡工资区间。这一区间可能很窄也可能很宽，主要取决于每一劳动力市场的具体情况。

图8-5给出了一种可能的工资率分布。这一分布是对称的，当然该分布也可能呈现出其他形状。横轴表示工资率变动的范围，如从8.00美元到9.80美元，纵轴衡量每一分区间的相对频率。工资率分布覆盖的总面积等于1，即工资率落在8.00～9.80美元这一范围的可能性为100%。类似地，工资率处在8.00～8.19美元之间的概率为5%，处在8.20～8.39美元范围内的可能性是8%。

为什么存在如图8-5所示的工资率分布？难道工人不会从低工资的工作流动到高工资的工作，从而实现单一的均衡工资率吗？这个问题的关键在于信息成本和工作搜寻成本的存在。雇主根据各自的具体情况和对市场工资率的估计设定工资水平。有些雇主支付的工资可能稍高于平均工资，而另外一些雇主则稍低。但是，由于信息不完全且获取信息通常耗费成本，一些工人和雇主不清楚其工资究竟是偏高还是偏低。有些工人也知道工资之间确实存在差异，但他们认识到，要弄清楚究竟哪个雇主支付的工资更高，通常会耗费信息成本。用专业术语来说，即如果工人认为获得这些信息的边际成本超过高工资可能带给他们的边际收益，他们就会安于现状，从而工资差异会一直存在。也就是说，在信息不充分而且存在信息成本的前提

① 同时它对工作搜寻（第15章）和失业（第18章）都有重要意义。

下，某一职业中的工资差异完全有可能就是均衡工资差异，这一差异将不会导致劳动力流动。①

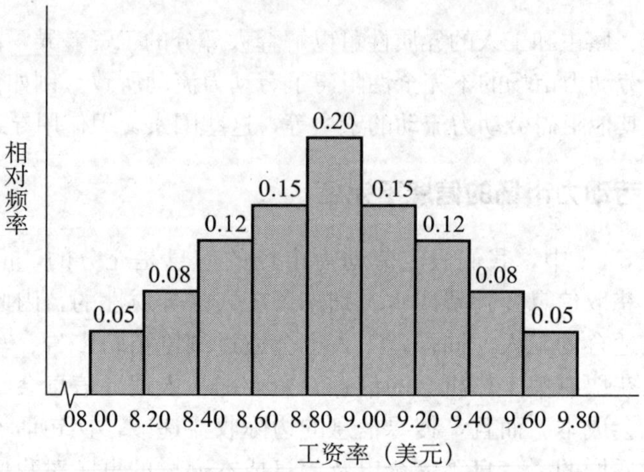

考虑到信息成本和工作搜寻，竞争性劳动力市场产生了一个均衡的工资率分布而非一种均衡的工资率。在此例中，20%的工人工资率在8.80～8.99美元区间，而只有5%的工人工资率在8.00～8.19美元区间，还有5%的工人工资率落在9.60～9.79美元区间。所有分布区间的工人的总频率为1（100%）。

图8-5 工资率分布

■ 调整期限

信息不完全和存在信息成本的第二个含义是，针对需求变动导致的工资差异，长期劳动力供给可能要用数月甚至数年的时间进行调整。例如，假设X职业的劳动力需求迅速增加，给定向右上方倾斜的短期劳动力供给曲线，X职业的工资水平会增加。但是X职业工资增加这一信息可能很难迅速且完全地传播开。人力资本投资者会逐渐了解到这一信息。当然，随着时间的推移，人们了解到的信息越来越多，但即便如此，一些X职业的潜在供给者也会疑惑，X职业相对较高的工资率是持续存在，还是到了他们具备从事X职业的资格时恰好消失。

一旦认识到X职业的高工资会长期存在，一些人就做出反应，离开Y、Z等职业而涌向X职业。理论上，这会缩小工资差异。但是，根据第6章（见图6-8）讨论的蛛网模型，在有些需要长期培训的职业中，例如，法律和工程技术类职业，供给的反应如此强烈以至于使调整过程变得矫枉过正，不但原有的工资差异被消除，还会进一步得到一个负的工资差异。在接下来的一个时期，过度调整仍然会发生，由于劳动力供给的急剧减少，正的工资差异将再一次出现。图8-6描绘了这种工资调整路径，我们看到，工资率最终会达到均衡水平W_e，如图中所示，随着时间的推移，从W_0变化到W_1，再变化到W_2，如此一直继续下去。总结：在信息不充分且存在信息成本的劳动力市场，因为需要较长时期的振荡性调整以达到最终均

① 关于这一问题的经典文章是George J. Stigler，"Information in the Labor Market，" *Journal of Political Economy*，October 1962，pp. S94-105。

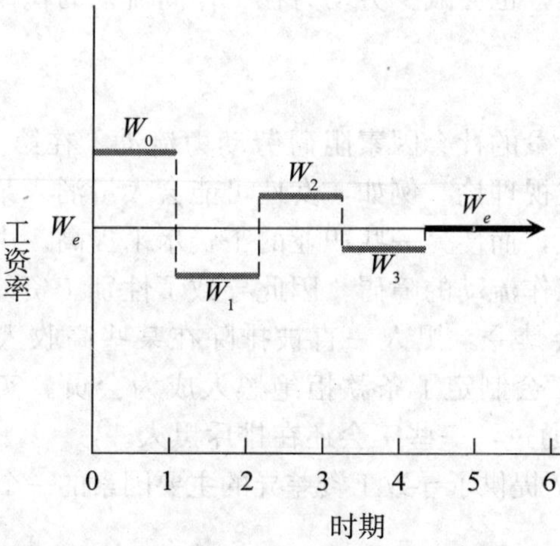

最初的劳动力需求增加会导致工资率大幅上升（W_0），假定从事该职业需要长期的培训，但是劳动力供给的过度反应会在下一阶段使该职业出现劳动力供给的过剩，从而使工资率下降到 W_1，在一段时间内，工资率将会一直在长期均衡工资率 W_e 的上下徘徊，直到该职业再次实现均衡。在这一过渡阶段，该职业与其他职业间的工资差异会一直存在。

图 8-6　工资率调整路径

衡，过渡性工资差异的存在将会成为该劳动力市场的典型特征。①

8.6.2　流动障碍

我们把**劳动力流动障碍**（labor immobilities）简单地定义为劳动力流动的阻碍，它是导致工资差异出现并延续的另一个重要因素。为简便起见，我们将劳动力流动障碍分为地区性的、制度性的和社会性的三种。

■ 地区障碍

在第 9 章我们会发现，地区间工资差异为劳动力跨地区迁移提供了激励。通过迁移到高工资地区，人们可以提高其终生收入。但是，迁移也带来了成本，例如交通费、迁移期间的收入损失、适应新工作或融入新社区时的不便、离开家人和朋友的心理负效应以及资历和养老金收益的可能损失等。如果这些成本足够大以至于限制了劳动力向高工资地区流动，那么地区间的工资差异就会一直存在下去。

■ 制度障碍

政府和工会等组织制定的条款可能阻碍劳动力迁移。正如我们在第 13 章将要讨论到的，政府的职业许可证制度会限制工人在工作间的流动。各州的不同认证要求也会限制工人的跨地区流动。行业工会的存在也是一个重要因素，它们通过限制非工会工人进入工会控制的行业来阻碍劳动力的流动。其他制度性障碍包括养老金

① 有关替代工资率调整路径的讨论，参见 Belton M. Fleisher and Thomas J. Kniesner, *Labor Economics: Theory, Evidence, and Policy*, 3rd ed.（Englewood Cliffs, NJ: Prentice-Hall, Inc., 1984），pp. 186-91。亦可参见 Jean Helwege, "Sectoral Shifts and Interindustry Wage Differentials," *Journal of Labor Economics*, January 1992, pp. 55-84。

计划及资历权利等，也会减少劳动力在工作间流动的积极性。

■ 社会障碍

最后，存在大量的社会因素阻碍劳动力流动。在第14章，我们将考察劳动力市场种族和性别歧视理论。例如，女性可能会大量涌入某些职业，使得这些职业的工资水平相应降低，而使另一些职业的工资水平提高。由于存在女性劳动力从低工资工作向高工资工作流动的障碍，因此导致了性别工资差异。同理，通过非正式的默契和正式的工会禁令，黑人一直被排除在某些高收入的职业之外。例如，1930年，20多个美国工会制定了条款拒绝黑人成为会员。实际上，即便到了1964年，《民权法案》已经通过，一些工会还在排斥黑人。[①]

最后，图8-7提供了导致工资差异的主要因素的一个总结。此图值得认真学习。

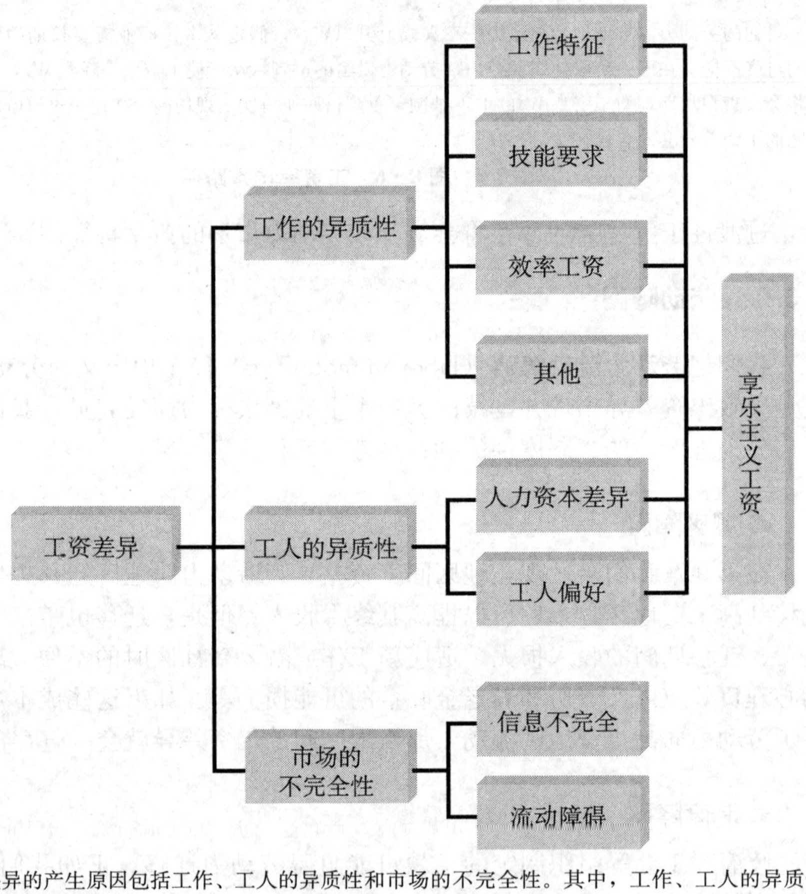

工资差异的产生原因包括工作、工人的异质性和市场的不完全性。其中，工作、工人的异质性是享乐主义工资理论和工作匹配模型的基础。

图8-7 工资差异的原因

① F. Ray Marshall, Vernon M. Briggs, Jr., and Allan King, *Labor Economics*, 5th ed. (Homewood, IL: R. D. Irwin, Inc., 1984), p. 567.

本章总结

1. 理论上，如果所有的工人和工作都同质且劳动力市场是完全竞争的，那么工人会在各种工作间流动，直到所有劳动力市场上的工资相同为止。

2. 对工资率和周收入的经验研究表明，各种工资差异确实存在并且长期存在。

3. 工作的一些非工资特征会影响劳动力供给决策从而产生补偿性工资差异。这些特征包括：(a) 工伤和死亡的危险；(b) 附加福利，(c) 职业声望；(d) 工作地点；(e) 收入的稳定性；(f) 增加工资的前景。

4. 技能要求不同也会产生工资差异。其他条件相同，要吸引足够的劳动力到那些需要大量人力资本投资的职业中，雇主必须支付他们高于非熟练工人的工资。

5. 我们用效率工资理论来解释行业内的工资差异。这些理论预测，在较难监督工人的工作表现、个别工人的渎职给雇主带来的损失较大以及劳动力高流动将严重降低生产率的行业，其工资水平一般较高。

6. 造成工资差异的另一个重要因素是工人的异质性。人力资本存量以及对非工资特征的偏好因人而异。因此，整个劳动力市场由大量的次级市场组成，而这些次级市场由群体间的竞争并不那么激烈的工人群体构成。

7. 享乐主义工资理论假定，对工资和非工资特征有不同偏好的工人，寻求与那些以不同成本提供非工资特征的雇主之间的最佳匹配。这一模型有助于解释相同人力资本的个人之间出现并持续存在工资差异的原因。

8. 不完全信息和信息成本是导致工资差异的一个原因，同时也是过渡性工资差异通常历时较久的一个原因。

9. 劳动力市场流动性不足，即地区障碍、制度障碍和社会障碍有助于解释工人间持续存在的工资差异。

习题和学习建议

1. 假定经济体中的所有工人和工作都是同质的，试解释为什么在一个完全竞争、充分信息且不存在劳动力流动成本的市场上不会存在工资差异，为什么在信息不充分且流动成本较高时会产生工资差异。

2. 分析为什么大学教授通常要比那些受聘于企业的博士收入低。

3. 讨论：“社会收入最低的工人，例如临时性的厨师，其工作环境也比较差，因此，补偿性工资理论是站不住脚的。”

4. 试解释：在某些工作称谓前加一个地位显示可能是短期兴趣，例如称调酒师而不是酒吧招待，称环卫工程师而不是收垃圾工人。为何这些称谓的变化不是工人的长期兴趣所在？

5. 试解释人力资本投资理论与非竞争性群体的联系，并说明后者与均衡工资差异的联系。

6. 参照图7-8，解释为什么仅由效率工资（怠工模型和离职模型）导致的工资差异将会持续存在而不会消失。

7. 什么是享乐主义工资理论？讨论等利润（正常利润）线的特征，并将其与工人的无差异曲线相结合，解释为什么人力资本存量相同的两个工人，其工资却可能大相径庭。

8. 根据表8-3，试分析为何密西西比州制造业生产工人的工资比密歇根州同类工人的工资低得多。

9. 解释下列因素与工资差异的关系：(a) 资历规定；(h) 各州的职业许可证对工人的要求不同；(c) 种族隔离；(d) 生活成本的地区差异。

10. 为什么一项要求公共部门支付与私人部门同类工人同等工资的“可比工资”立法将会导致公共部门的劳动力供给过剩？

11. 假定：(a) 雇主必须支付高工资以从更广的范围内吸引工人，导致长通勤距离一般伴随着高工资率；(b) 女性比男性更喜欢离家近的工作。根据享乐主义工资模型，作图说明为什么即便没有性别歧视和技能差异，男女工人的工资差异仍会存在。

互联网练习

谁挣大钱？谁挣小钱？

请登录美国劳工统计局职业就业统计网站（www.bls.gov/oes/home.htm），选择“OES Tables”和最近一年显示的“National Cross Industry”，在10大职业大类中（“Management Occupations”“Business and Financial Operations Occupations”等），找出工资相对较高的职业的平均工资，以及相对较低的职业的平均工资。解释造成职业大类内部和大类之间的工资差异的主要因素（以一段小短文作答）。

选择OES编码，查看“Sales and Related Occupations”中“Real Estate Brokers”的年收入就业分布。在收入最高的25%的经纪人中，其最低薪水是多少？收入最低的10%的经纪人的最高薪水是多少？如何解释这些显著的工资差异？

登录网站 http://sports.espn.go.com/golf/moneyLeaders，找到ESPN's Sportszone，在男子PGA巡回赛、女子PGA巡回赛、冠军巡回赛、全美巡回赛和欧洲巡回赛中，找出男选手和女选手中获得资金最多的五位及他们的收入数据。在每一项赛事类目下选择“Money Leaders”即可得到这一信息（你可使用列示的当期或前一年的收入数据）。一般情况下，你如何解释在这五大职业巡回赛中所观察到的收入差异？

互联网链接

《福布斯》网站（www.forbes.com/lists）有对名人、高管和其他人的薪水报告。

第9章 劳动力流动、迁移与效率

你可能听说某某最近换了一家新公司，某某换了一个新职业，某某则变更了工作地点。事实上，**劳动力流动**（labor mobility）是劳动力市场中一种十分常见的现象。汽车修理工阿尔瓦雷斯（Alvarez）从亚利桑那州迁至阿肯色州；公立学校教师皮尔逊（Pearson）则辞职做了一名私家侦探；金奥斯凯（Kioski）本来是北卡罗来纳州一家公司的经理，最近迁移至新墨西哥州。

在现实生活中，上述变化其实和产品需求、劳动生产率、人力资本水平、家庭环境以及个人对非工资特征态度等方面的变化一样常见。这些变化导致一些工人变换雇主、职业、工作地点，有时三者皆会涉及。雇主也通过招聘、改聘或者解雇工人，关闭企业或扩张企业规模或变更企业地址来面对日新月异的经济形势。

综合来看，工人和雇主的这些行为使劳动力从一家企业到另一家企业、从一种职业到另一种职业、从一个地区到另一个地区流动。调查表明，劳动力的这种流动是由工资差异导致的，当市场趋于均衡状态时，这种工资差异会逐渐缩小。劳动力流动对劳动力市场的运行十分重要，通过劳动力流向社会的高价值职业，实现劳动力资源的有效配置。

9.1 劳动力流动的类型

图 9-1 展示了几类重要的劳动力流动形式。列表明的是工作变更时地点是否发生变化；行表明的是工作变更时职业是否发生变化。下面我们具体看下每个方格所代表的有关劳动力流动的具体内容。

9.1.1 方格Ⅰ：工作改变/职业和居住地均未变动

方格Ⅰ表示的是工人的职业和居住地均不发生变化时的劳动力流动。这种流动发生的频率较高，例如加州硅谷的一个电力工程师更换了雇主，一个汽车销售人员离开原来的经销商到另一个经销商处工作。这种流动也包括雇员在同一地区的公司内部流动。例如，一个银行雇员被从某地区银行一支行改派至另

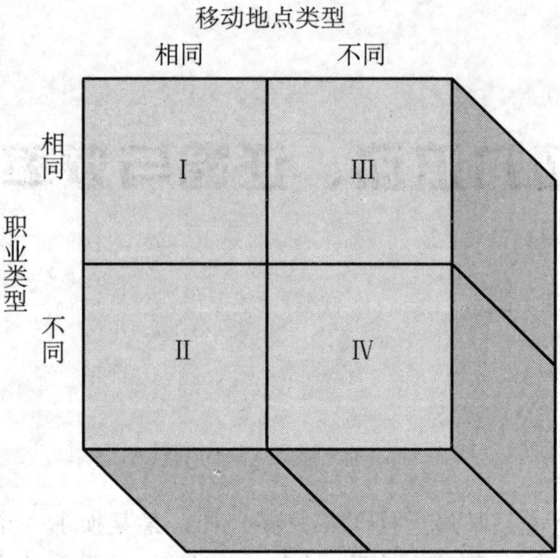

劳动力流动可采取多种形式，其中最重要的四种形式以图中四个方格Ⅰ～Ⅳ表示。具体来说，方格Ⅰ表示不涉及职业和居住地点变换的劳动力流动；方格Ⅱ表示职业发生变换但居住地点未变的劳动力流动；方格Ⅲ表示职业不发生变换但居住地点改变的劳动力流动；Ⅳ表示职业及居住地点均发生变化的劳动力流动。

图 9-1　流动的类型

一支行。

9.1.2　方格Ⅱ：职业变动/居住地没有变动

这种劳动力流动是指劳动力的职业变动但不伴随地点的变动。绝大部分的**职业流动**（occupational mobility）都是流动到与原来职业联系紧密的职业中去，比如一个木匠到一家贮木场工作，或一个生产工人在公司里被提升为监工。但有时这种流动涉及的职业变化可能很大，例如一个完成了大学教育的兼职仓库保管员，可能在同一个城镇中开始他证券经纪人的工作。在美国，每年都有近 1/10 的劳动力改变职业，而这种职业变动主要发生在 35 岁以下的年轻人身上。这种职业的改变大多还伴随着地理位置的变动（见方格Ⅳ）。

9.1.3　方格Ⅲ：地点变动/职业没有变动

地区间流动（geographic mobility）是指劳动者从事同一种职业，但从一个城市、州或国家流动到另一个城市、州或国家。每年约有 15%的美国人变动其居住地点，其中，县、州间迁移占了迁移总量的 37%。公司间流动每年大约有 40 万～50 万人。近年来，每年迁移至美国的净移民约有 100 万人。

很多情况下，地区间流动会导致工作而非职业发生变动。例如，一个航空公司的经理从威齐托到西雅图，一个农场工人从墨西哥到美国，一个合伙律师离开纽约的律师事务所而去了波士顿的一家事务所，一个职业橄榄球运动员从新奥尔良转会到芝加哥等。

9.1.4 方格Ⅳ：地点变动/职业变动

与工作相关的跨地区劳动力流动中，近 30%都涉及职业变动。因此这些变动既涉及地点，又涉及职业。例如，一位被解雇的宾夕法尼亚州的钢铁工人可能会迁至亚利桑那州做一名建筑工人，或者一名高中教师从一个小镇迁出，到相距很远的城区从事保险索赔调解员的工作。

为了限定讨论范围以便更清楚地分析，我们接下来将着重分析跨地区劳动力流动（方格Ⅲ和Ⅳ）。上述分析亦可应用于其他形式劳动力流动的分析。

9.2 作为人力资本投资的迁移

经济学家、社会学家、人口学家和地理学家已经对劳动力流动做了大量研究。经济学家对理解劳动力地区流动的一个重大贡献就是建立并验证了劳动力流动的人力资本模型。从第 4 章中我们知道，人力资本包括创收能力、知识以及个人经验。这种资本可通过人力资本投资得以继续增加。纵观人的一生，此投资要求人牺牲现有收入但会增加其未来收入流。人力资本投资包括教育投资、在职培训以及维持健康。获得更高报酬的工作也是人力资本投资的一种，因为它要求牺牲目前的收入以获取未来较高的收入。

流动是否总能够提高终生收入？答案是否定的，因为流动这种投资也需要成本，人们将这种成本与流动后预期所获收益的大小相权衡。主要成本包括运输费用、迁移期间放弃的收入、离开家人和朋友的精神成本以及资历和养老金的损失等。根据第 4 章的分析，如果预期收入增加值的现值超过投资成本的现值，人们就会选择流动；在相反的情况下，即便目的地的潜在收入可能更高，人们也会认为流动是不划算的。[①]

工作世界 9-1

地区流动的下降

1900—1980 年，美国国内劳动力迁移比率不断上升，但之后这一比率稳步下降。1981—1990 年，美国国内年度迁移率为 2.9%。2001—2010 年，这一比率下降至 1.7%。短距离和长距离的劳动力迁移比率都在下降。

莫洛伊（Molloy）、史密斯（Smith）和沃兹尼亚克（Wozniak）分析了 1980 年之后劳动力迁移比率的下降原因，他们发现人口统计以及社会经济层面的变量很难解释上述现象，为此他们提供了另外四种可能的原因：首先，夫妻两人均有工作的占比不断攀升，两人均有工作也使得劳动力迁移的意愿下降。其次，远程办公的增加降低了工人的迁移需

① 有关这一话题的经典文章，参见 Larry A. Sjaastad，"The Costs and Returns of Human Migration，" *Journal of Political Economy*，suppl.，October 1962，pp. 80-93. 有关劳动力流动模型的纵览，参见 Michael J. Greenwood，"Internal Migration in Developed Countries，" in Mark. R. Rosenzweig and Oded Stark（eds.），*Handbook of Population and Family Economics*，（Amsterdam：Elsevier，1997），pp. 647-720. 亦可参见 John Kennan and James R. Walker，"The Effect of Expected Income on Individual Migration Decisions，" *Econometrica*，January 2011，pp. 211-51.

求，但它不太可能成为主要原因，因为在家工作的工人比例仅从1980年的2.1%上升到2009年的4.1%。再次，产品与服务的生产不再局限于某一地点，因此，全国范围内提供的工作岗位趋于相似。有证据支持这一假设，人口密度大的城市人口比例在下降，而人口密度不太大的城市人口比例却在上升。最后，居住在各个城市的生活便捷程度逐渐变得没有差别，所以也就没有必要再搬迁。

莫洛伊、史密斯和沃兹尼亚克检验了自2005年迁移人口下降后楼市以及经济下滑可能对迁移人口数的影响。他们认为经济并非重要影响因素，因为早在经济下行之前，迁移人口数就开始下降。相反，楼市可能是一个重要的影响因素，因为楼市行情开始变差的时间与迁移人口数开始下降的时点基本一致。楼市行情一旦变差将会对拥有房产的移居者产生影响，因为这些房产拥有者的资产开始变负（房屋的贷款总额超过了房屋本身的价值），也就更不愿意迁移。然而，他们发现，租房者和房产拥有者的迁移率基本相似且拥有负资产性质房屋人口较多的州其人口迁移率也没有下降很多，为此他们得出楼市行情变差对人口迁移产生的影响并没有想象中那么大。

资料来源：Based on Raven Molloy，Christopher L. Smith，and Abigail Wozniak，"Internal Migration in the United States，" *Journal of Economic Perspectives*，Summer 2011，pp. 173-96.

式（9-1）给出迁移的净现值算法，该式即为第4章式（4-3）的变形。

$$V_p=\sum_{n=1}^{N}\frac{E_2-E_1}{(1+i)^n}-\sum_{n=1}^{N}\frac{C}{(1+i)^n}-Z \tag{9-1}$$

式中：V_p——收益净现值；
E_2——在第 n 年由新工作所获得的报酬；
E_1——在第 n 年由现有工作所获得的报酬；
N——从事新工作的预期时间；
i——利率（贴现率）；
n——成本和收益增长的年份；
C——在第 n 年由于迁移所带来的直接成本和间接成本；
Z——迁移的净心理成本（心理成本扣除心理收益）。

在式（9-1）中，如果 $V_p>0$，表示预期收益超过货币成本和心理成本之和，个人将选择迁移。反之，如果 $V_p<0$，个人将选择维持现状，不进行迁移。一般地，其他条件相同时，两份工作的年均收入差异（E_2-E_1）越大，收益净现值（V_p）越高，个人迁移的可能性就越大。

9.3 迁移的影响因素：细致的考察

除年均收入差异（E_2-E_1）外，各类因素都可能影响式（9-1）中收益和成本流的贴现值，从而影响收益净现值和迁移决策。这些**迁移的影响因素**（determinants of migration）包括年龄、家庭情况、教育、距离及失业率等。

9.3.1 年龄

对迁移的研究表明，年龄是影响迁移可能性的一个重要因素。当其他条件相同时，一个人年龄越大，他迁移的可能性就越小。主要包括以下几个方面的原因。

首先，年长的迁移者回收投资成本的年限较短。在迁移成本既定的情况下，一个人获得迁移收益的时间越短，式（9-1）中 V_p 就越小。一个年轻人可能将较小的工资差异视为一生中比较重要的因素；而对一个距离退休只有两三年时间的人来说，不太可能为了这几年的工资差异而承担迁移成本。

其次，对于目前的雇主而言，年长者较之年轻人拥有较高的人力资本。某人的年龄、参与工作年限均与其年薪存在正相关关系。一个人的工作年限越长，则所获得的在职培训及由雇主承担的特殊培训投资也就越多。这种人力资本，根据定义是无法转移至其他工作中的（第4章）。因此，当一个人从事某种职业几年后，其工资就能部分地反映出特定人力资本投资的回报，而且当前工资水平可能高于在其他地方可能获得的工资。在不考虑回收投资成本的时间长短的情况下，年长者迁移的可能性较小。[①]

再次，迁移成本。年长者通常而言比年轻人的迁移成本更高。例如，迁移时，年轻人可能只需使用4英尺乘8英尺大小的U型拖车搬运行李，年长者则可能依靠专业搬家公司使用厢式货车进行搬运。再如，打算迁移的年轻人可能只会稍微牺牲资历并损失养老金收益，而年长者则可能会由此遭受很大的损失。[②] 另外，迁移所致的心理成本也会随着年龄的增长而增加，年长者可能会比年轻人对目前所住地区产生更深厚的感情，他们可能有孩子在当地学校就读，并且可能在工作地拥有一个广泛的朋友圈等。这些心理净成本，即式（9-1）中的 Z 越高，收益净现值 V_p 就越低，迁移的可能性也就越低。

最后，年龄大小和迁移可能性之间也存在阶段的反向关系，原因在于人们在完成长期人力资本投资后更容易流动。很多人在高中结束时（18～19岁）就开始找工作，从而有可能会导致地区迁移的发生。[③] 对于进入地区性或全国性劳动力市场的大学毕业生来说，这种迁移现象就更为多见。因此，在美国，个人迁移频率取得峰值时年龄为23岁也就不足为奇。

9.3.2　家庭情况

随着家庭规模的扩张，迁移的潜在成本成倍增加。因此，可以推测，在年龄、教育背景等相同时，已婚者较单身者更不容易迁移。对于那些配偶不工作或工作报酬很低的已婚劳动力而言，出现高迁移率的可能性很大。如果夫妻双方的工资都很高，其迁移过程中由于放弃收入所产生的迁移成本就会很高；再加上夫妻一方不能在迁移目的地找到工作，这个成本就会降低家庭迁移的净现值。最后，学龄孩子的存在也会降低迁移的可能性，父母和孩子可能都会认为，相比于预期的货币收益，

---

① Jacob Mincer and Boyan Jovanovic，"Labor Mobility and Wages，" in Sherwin Rosen (ed.)，*Studies in Labor Markets* (Chicago：University of Chicago Press，1981)，pp. 21-63.

② 有关迁移导致雇主提供的养老金损失构成了变换工作的一项高昂成本的证据，参见 Steven Allen，Robert Clark，and Ann McDermed，"Pensions，Bonding，and Lifetime Jobs，" *Journal of Human Resources*，Summer 1993，pp. 463-81。

③ William Johnson，"A Theory of Job Shopping." *Quarterly Journal of Economics*，May 1978，pp. 261-78.

迁移造成的心理成本太大了。

基于人力资本模型所得的上述预测都得到了经验证据的验证。明瑟（Mincer）发现：（1）未婚劳动者更可能迁移；（2）妻子参与工作阻碍了家庭迁移；（3）妻子的已工作年限越长，家庭越不可能迁移；（4）学龄孩子的存在降低了家庭迁移的可能性。[①]

9.3.3 教育

在美国的同一年龄群体中，是否拥有高中以上学历是推测一个人迁移可能性的一项主要指标。其他条件相同，一个人教育水平越高，他迁移的可能性就越大。[②]原因如下：大学及以上学历毕业生（包括工商管理硕士、博士、法律硕士、注册会计师）会到地区性或全国性的劳动力市场找工作。在这种市场内一般就业信息充足且参与者有能力分析、评估有用的信息。迁移的潜在经济收益可能因工人和职位的异质性而增加（第8章）。[③] 对于不要求有大学学历的工作，工会工资等级和最低工资率降低了工资间差异。而对于从事专业性和管理性工作的雇员来说，工资的差异为他们流向责任更重、报酬更高的工作提供了更多的机会。专业化技术水平较低的工人更可能通过本地区的职业间流动来提高工资（图9-1中的方格Ⅱ）。这个途径对于专业化技术水平较高的工人来说并不适用，他们只有通过地区间的流动来实现收益的增长。

其他因素也在起作用。大学学历的工人更倾向于迁移至新地区，即便不能迁移也比那些受教育年限少的工人更可能在当地获得新工作。因此，他们迁移到新地区后找不到工作的可能性为零，但预期的职业生涯收入却增加了。最后，拥有大学学历的工人离乡所承受的心理成本会较低，因为他们当中很多人是在异乡求学，这种经历使他们在新机会出现时更容易再次迁移。这些人选择去新地区上大学的这种行为本身就表明，较之于没有做出这种选择的人，他们迁移的心理成本更低且对迁移有更强烈的偏好。但不论如何，研究表明，但凡迁移过的人再次迁移的可能性更大。

---

① Jacob Mincer, "Family Migration Decisions," *Journal of Political Economy*, October 1978, pp. 749-74. 在夫妻双方都有学士学位的家庭中，当妻子工作时，迁移的可能性要低4%。参见 Dora L. Costa and Matthew E. Kahn, "Power Couples: Changes in the Locational Choice of the College Educated, 1940-1990," *Quarterly Journal of Economics*, November 2000, pp. 1287-315. 亦可参见 Janice Compton and Robert A. Pollak, "Why Are Power Couples Increasingly Concentrated in Large Metropolitan Areas?" *Journal of Labor Economics*, July 2007, pp. 475-512。

② Larry H. Long, "Migration Differentials by Education and Occupation: Trends and Variations." *Demography*, May 1973, p. 245. 亦可参见 Michael A. Quinn and Stephen Rubb, "The Importance of Education-Occupation Matching in Migration Decisions," *Demography*, February 2005, pp. 153-67。

③ 证据显示，教育回报率的地区差异是影响技能工人迁移的决定性因素。参见 George J. Borjas, Stephen G. Bronars, and Stephen J. Trejo, "Self-Selection and Internal Migration in the United States," *Journal of Urban Economics*, September 1992, pp. 159-85。亦可参见 Gary L. Hunt and Richard E. Mueller, "North American Migration: Returns to Skill, Border Effects, and Mobility Costs," *Review of Economics and Statistics*, November 2004, pp. 988-1007。

9.3.4 距离

迁移的可能性与需要迁移的距离呈负相关关系。距离越远，潜在迁移者获得有关工作机会的信息就越少，且运输成本及迁移的心理成本也随着距离的增加而增大。这些成本使得跨城镇、跨州甚至跨国的迁移成了问题。通过遵循"老路子"并在目的地与熟人聚集，心理成本可能部分降低但不可能消除。迁移者通常会遵照家人、朋友或亲戚之前的"老路子"，这些前期的迁移者通过提供工作信息、就业联系、临时性住房以及文化层面的联系来降低后继者迁移的难度。但是，迁移的距离越远，获得的工资差异相关信息就越少，心理成本越大。因此，个人迁移的可能性就会越小。①

9.3.5 失业率

根据人力资本模型，本地区的高失业率会提高迁移的净收益，促使工人迁移。也就是说，一个失业者必须权衡在当地与潜在目的地再就业的可能性。尽管有关这方面的实证分析结果众说纷纭，研究仍然得出下列结论：（1）户主处于失业状态的家庭更可能迁移；（2）本地失业率与外迁可能性间存在正相关关系。② 然而当决策者主要是年长者或受教育较少的工人，抑或失业补助及其他转移支付较高时，外迁的数量就不会如想象中的多。

那么，目的地的失业率是否会通过影响找到工作的概率并因此提高预期净收益的贴现值，从而影响迁移的可能性？这一问题尚无定论。一方面，总的失业率并不能反映特定个人找到工作的可能性；同时，迁移本身也可能提高目的地的失业率。但仍可得出如下结论：失业者倾向于迁移到失业率低于平均水平的地区。

9.3.6 其他因素

还有很多因素影响迁移，我们仅列出其中几个。第一，研究表明住宅所有权阻碍迁移。③ 第二，一个地区的高国际移民率将会提高地区本土居民的迁出率。④ 这一现象可能是逐渐令人失望的工资水平所致，而这往往又是由于国际移民的增多。第三，州和当地政府政策可能影响劳动力迁移。例如：（1）降低可支配收入的较高个人所得税会阻碍向高税区的迁移；（2）政府在服务方面的人均支出水平会促进劳

---

① 参见 Henry Herzog, Jr., and Alan M. Schlottmann, "Labor Force Migration and Allocative Efficiency," *Economic Inquiry*, July 1981, pp. 459-75; and Paul S. Davies, Michael J. Greenwood, and Haizheng Li, "A Conditional Logic Approach to U. S. State-to-State Migration," *Journal of Regional Science*, May 2001, pp. 337-60。

② 参见 Julie Da Vanzo, "Does Unemployment Affect Migration? Evidence from Micro Data," *Review of Economics and Statistics*, November 1978, pp. 32-37; and Davies, Greenwood and Li, ibid。亦可参见 Raven E. Saks and Abigail Wozniak, "Labor Reallocation over the Business Cycle: New Evidence from Internal Migration," *Journal of Labor Economics*, October 2011, pp. 697-739。

③ Richard K. Green and Patric H. Hendershott, "Home Ownership and Unemployment in the U. S." Urban Studies, 2001, pp. 1509-20.

④ George J. Borjas, "Native Internal Migration and the Labor Market Impact of Immigration," *Journal of Human Resources*, Spring 2006, pp. 221-58.

动力迁入；（3）政府吸引新产业的政策可能会导致大量的定向迁移。第四，目的地的特性对于不同年龄段的人的影响各不相同。对受过良好教育的年轻工人而言，目的地的商业环境比消费设施对其迁移决策影响更大。而对于临近退休的工人来说，结论恰恰相反。[①] 第五，就国际迁移而言，目的地的语言是影响迁移的主要因素。外来移民的配额以及国际移民的禁令等都会对国际移民产生重要影响。另外，许多国际移民是由于受到政治压迫或战争影响才选择外迁。第六，工会会员身份也可能是决定因素。工会代表工人权益去改变令人不快的工作条件，从而减少自愿退出者，降低流动性和迁移（见第11章）。或者从另外一个角度来说，工会为工人争取加薪减弱了他们迁移到新地区的动机。第七，有些学者认为，人们在迁移决策中越来越重视地区犯罪率及气候问题。[②] 尽管存在差异，上述这些因素仍然有共同的特征，即它们通过影响迁移的预期收益、预期成本或同时影响两方面，进而影响式（9-1）中的 V_p。[③]

9.4 迁移的结果

对国内和国际迁移的结果有诸多定义。我们首先分析迁移给个人带来的收益，即这种形式的人力资本投资能带来什么回报，然后分析迁移给社会带来的产量增加。我们还要试图弄清楚净收益的分配问题：谁从中受益？谁从中受损？

9.4.1 个人收益

当人们自愿从一个地区迁移到另一个地区时，他们期望以此提高整个生命周期的效用。一个有趣的方式就是询问：需要付多少钱才能使迁移者愿意放弃目前的工作？这个价格就是迁移者迁到新地区后预期收益的估计值。

■ 经验证据

经验研究证实迁移会增加迁移者的终生收入。[④] 迁移报酬率的预估值大约等同于其他形式的人力资本投资的收益率，这个数值通常在10%～15%。

■ 需要说明的几点

在讨论迁移的收益率时，至少有以下五点应该注意。

1. 不确定性和信息不充分 迁移决策是建立在预期净收益的基础之上的，而

---

① Yong Chen and Stuart S. Rosenthal, "Local Amenities and Life-Cycle Migration: Do People Move for Jobs or Fun?" *Journal of Urban Economics*, November 2008, pp. 519-37.

② Richard J. Cebula, "Migration and the Tiebout-Tullock Hypothesis Revisited," *Review of Regional Studies*, Winter-Spring 2002, pp. 87-96.

③ William J. Kahley 在他的文章中对影响迁移的各种因素做了一个非常易懂的总结。"Population Migration in the United States: A Survey of Research," *Economic Review* (Federal Reserve Bank of Atalanta), January-February 1991, pp. 12-21.

④ 例如，参见 Kristen Keith and Abagail McWilliams, "The Return to Job Mobility and Job Search by Gender," *Industrial and Labor Relations Review*, April 1999, pp. 460-77。

且多是在不确定和信息不充分的情况下做出的。较高的平均收益率并不意味着所有迁移者都会获得正的收益。很多时候，迁移的预期收益无法实现，比如在目的地没找到满意的工作，迁入地的生活成本更高，以及离开亲朋好友的心理成本高于预期，预期的工资增加或晋升没有实现。因此，在迁移形式中就存在大量的回流现象。[①] 尽管回流成本很高，但却起着至关重要的经济作用：它为其他的潜在迁移者提供了目的地信息，使他们能更好地评估迁移的成本和收益，从而使得随后的迁移更有效率。

当然并非所有的回流都意味着出现亏本的人力资本投资。有些人只为短期积累财富，或通过干中学及进修来增加自身的人力资本存量。大多数人在实现了自己的资金或人力资本目标后，会选择回到最初居住的地方去。例如，大多数阿拉斯加修建管道的工人在工程完工后，回流至美国的其他州。再如，很多通过非法越境方式到美国的墨西哥人最后还是会回到墨西哥。[②]

2. 获取收益的期限 迁移将带来更多的终生收入，但这并不意味着移民后的最初几年就可以使收入大幅增加。研究表明，一些移民在移民后的前几年首先会经历一个低收入时期，经过这一时期之后收入才有较大幅度的增加。换言之，一些迁移者接受以迁移后短期内的收入减少作为获取未来更高收入增长率的代价。

3. 收入差异 迁移导致终生收入的增加，并不意味着迁移者的年均收入一定要与当地工人的收入相等。迁移者掌握的技能不总是在地区间（因为职业许可）、雇主间（因为专业化培训）或国家间（因为语言或其他方面的因素）具有可迁移性。这种**技能可转移性**（skill transferability）的缺失意味着迁移者与受过同样培训、同等教育并在目的地受雇的工人相比获得的工资要少，尽管和他们自己相比工资上涨了。例如，麦克马纳斯（McManus）发现，英语技能的差异解释了美国不同种族间收入差异的一大部分。他的研究表明，对大多数移民来说，语言障碍的成本很大。然而，英语障碍的成本也因种族和职业而不同。例如科斯苏德吉（Kossoudji）发现，在每一项技能水平下，西班牙裔美国人因英语障碍而付出的成本要比亚洲人高。[③] 另一项研究发现，学习语言动机不强的移民，比如那些回国或生活在母语使用比较广泛地区的人，往往不太可能去学习新语言。[④]

---

① 在国外出生的移民中，在美国劳动力市场上表现不好的人回迁的可能性更大。参见 George J. Borjas and Bernt Bratsberg，"Who Leaves? The Outmigration of the Foreign Born，" *Review of Economics and Statistics*，February 1996，pp. 165-176。亦可参见 Patricia B. Reagan and Randall J. Olsen，"You Can Go Home Again：Evidence from Longitudinal Data，" *Demography*，August 2000，pp. 339-50。

② Michael J. Piore，*Birds of Passage*：*Migrant Labor and Industrial Societies*（Cambridge University Press，1979），pp. 149-54.

③ Walter S. McManus，"Labor Market Assimilation of Immigrants：The Importance of Language Skills，" *Contemporary Policy Issues*，Spring 1985，pp. 77-89；and Sherrie A. Kossoudji，"English Language Ability and the Labor Market Opportunities of Hispanic and East Asian Immigrant Men，" *Journal of Labor Economics*，April 1988，pp. 205-28. 亦可参见 Alberto Davila and Marie T. Mora，"English Language Skills and the Earnings of Self-Employed Immigrants in United States：A Note，" *Industrial Relations*，April 2004，pp. 386-91；and Matthew Hall and George Farkas，"Does Human Capital Raise Earnings for Immigrants in the Low-Skill Labor Market?" *Demography*，August 2008，pp. 619-39.

④ Barry R. Chiswick and Paul W. Miller，"The Endogeneity between Language and Earnings：International Analyses，" *Journal of Labor Economics*，April 1995，pp. 246-88.

另一方面，迁移存在**自我选择**（self-selection）特征。在拥有同样技能的情况下，有人选择迁移，有人则不。原因可能在于前者自身强烈的改善经济状况的动机更高，从而愿意牺牲目前消费水平以获得将来更高水平的消费。正如奇斯维克（Chiswick）所说：

> 如果剥离了外地出生的劣势，那些自我选择的迁移者会比当地人收入更高。综合考虑技能可转移性的劣势及自我选择的优势，这些人的收入最后会等于并将超过当地人。[①]

移民的收入最终会超过本土美国人吗？奇斯维克发现，对于早期的迁移者而言，在教育水平和迁移前工作经验相同的情况下，男性迁移者在11～15年后所获的收入平均来看与本地人的收入相当，而在此之后收入水平甚至将会高出5个百分点。[②] 然而，近来的研究发现，在20世纪70年代后半期和80年代及90年代到达美国的移民在劳动熟练程度上要差于此前的迁移者。除此之外，相较于20世纪70年代的迁移者，80年代及90年代的移民在技能方面的缺陷更大。这些新进移民的收入比本地人的收入要低12%～20%。[③]

不同于国外移民，美国内部的迁移者能够很快融入新环境。近来的研究表明，年轻的内部迁移者在开始时确实比基本情况大致相同的迁入地当地工人的收入要低，但几年内这种工资差异就会消失。迁移的距离越远，目的地的经济状况越差，迁移者一开始的工资劣势就越明显。[④]

4. 配偶的收入 由迁移给家庭收入带来的收益增加并不意味着夫妻双方的工作收入都有所增加。平均来讲，迁移使丈夫的收入提高但却倾向于降低妻子的收入，至少在迁移后的5年间会如此。[⑤] 很明显，家庭收入愈高，丈夫相较于妻子与雇主间的劳动关系愈稳固，则家庭愈会因为丈夫收入的增加而选择迁移。这些迁移一般会带来家庭收入增加，但同时也降低了妻子的工作积极性（收入影响）或劳动力市场就业机会，或者两方面都可能受到影响。注意，丈夫往往成为随迁配偶的现象越来越普遍。最新的研究表明，在随迁配偶对劳动力市场负面影响方面，男性和

---

① Barry R. Chiswick, "Immigrant Earnings Patterns by Sex, Race, and Ethnic Groupings," *Monthly Labor Review*, October 1980, P. 22.

② Ibid, p. 23. 亦可参见 Chiswick's "The Effect of Americanization of Foreign-Born Men," *Journal of Political Economy*, October 1978, pp. 897-921; and James Long, "The Effect of Americanization on Earnings: Some Evidence for Women," *Journal of Political Economy*, June 1980, pp. 620-29。

③ George J. Borjas, "The Economic Analysis of Immigration," in Orley C. Ashenfelter and David Card (eds), *Handbook of Labor Economics*, Volume 3A (Amsterdam: Elsevier, 1999), pp. 1697-760; Darren Lubotsky, "Chutes or Ladders? A Longitudinal Analysis of Immigrant Earnings," *Journal of Political Economy*, October 2007, pp. 820-67; and Darren Lubotsky, "The Effect of Changes in the U. S. Wage Structure on Recent Immigrants'Earnings," *Review of Economics and Statistics*, February 2011, pp. 59-71.

④ George J. Borjas, Stephen G. Bonars, and Stephen J. Trejo, "Assimilation and the Earnings of Young Internal Migrants," *Review of Economics and Statistics*, February1992, pp. 170-75.

⑤ 例如，参见 Solomon Polachek and Francis Horvath, "ALife Cycle Approach to Migration," in Ronald G. Ehrenberg (ed.), *Research in Labor Economics* (Greenwich, CT: JAIPress, 1971), pp. 103-49; and Terra McKinnish, "Spousal Mobility and Earnings," *Demography*, November 2008, pp. 829-49.

女性差异不大。①

5. 失业带来的工资减少 迁移的正回报率并不意味着收入比不迁移更高。有些移民是由于失业或持不同政见而被迫流动，所以对这些人来说，流动是非自愿的。例如，俄亥俄州的钢铁工人史密斯（Smith）每小时的工资和附加福利收入是18美元，有孩子在上大学，并且他的一生都住在同一个地方。如果史密斯因为工厂倒闭而失业，在用完所有的失业救济金后，最后在西南部找了一个每小时12美元的新职业，难道我们还能说迁移提高了他的福利水平吗？人们对于这一点误解颇多。失业确实给史密斯及其家庭带来严重的后果，因为收入骤降为零。但这种情况发生后，史密斯面临着一组新的收入流。为了更好地说明问题，我们假定，他在当地所能找到的最高报酬的工作是每小时8美元，通过迁移至西南部能找到每小时12美元的工作，由此，在其他条件不变的情况下，史密斯确实提高了终生收入，尽管这些收入低于失业前的工作可能带来的收入增加。对大多数迁移者来说，迁移确实提高了终生收入，但它并不总是高于之前工作的收入水平。

9.4.2 工资差异的缩小和效率提升

当一个国家运用它所拥有的土地、劳动力、资本及企业家才能使得国内产出或收入最大化时，它就实现了经济效率。劳动力流动对于这一目标的实现极为关键。为了说明问题，我们假定：第一，只存在两个劳动力市场且两者都是完全竞争并位于不同的地方；第二，每一个市场都包含固定数量的劳动力且都不存在失业；第三，两个地方的非工资条件和位置特征是相同的；第四，资本是不流动的；第五，工人对两个市场上的工资和就业条件掌握充分的信息，且他们在两个市场间的流动成本为零。

■ 数据说明

表9-1中列1_A、2_A表示劳动力市场A的劳动力需求，列1_B、2_B表示劳动力对市场B的劳动力需求。注意工资都是按年度计算的。由于我们假定产品市场和劳动力市场都是完全竞争的，因此工资与劳动力的边际产品价值（VMP）相等。② 列3_A、3_B是对VMP进行累计求得的每一雇佣水平对应的总产品价值（VTP）。注意，每一单位劳动力投入在市场A创造的边际产品价值要高于市场B。这种劳动力需求强度方面的差异在我们的分析中并非特别重要，很可能是由于市场A中资本及技术的禀赋高于市场B，因此市场A的劳动力边际产量较高，现在，我们首先假定，市场A有2名工人被雇佣，每人年均收入为23 000美元，而市场B有8名工人被雇佣，每人年均收入为7 000美元。接下来我们放宽对两市场相互独立的假设，假定在其他条件一定的情况下，市场B的工人可能会流动到市场A以寻求更高的收入。

① Thomas J. Cookie and Karen Speirs, "Migration and Employment among the Civilian Spouse of Military Personnel," *Social Science Quarterly*, June 2005, pp. 343-55.

② 如果不理解，请回顾一下第5章表5-2中的有关讨论。

表 9-1　　配置效率：劳动力流动的作用

劳动市场 A			劳动市场 B		
(1_A) 工人数	(2_A) VMP_A 年工资（美元）	(3_A) VTP_A（美元）	(1_B) 工人数	(2_B) VMP_B 年工资（美元）	(3_B) VTP_B（美元）
1	25 000	25 000	1	21 000	21 000
2	23 000	48 000	2	19 000	40 000
3	21 000	69 000	3	17 000	57 000
4	19 000	88 000	4	15 000	72 000
5	17 000	105 000	5	13 000	85 000
6	15 000	120 000	6	11 000	96 000
7	13 000	133 000	7	9 000	105 000
8	11 000	144 000	8	7 000	112 000
9	9 000	153 000	9	5 000	117 000
10	7 000	160 000	10	3 000	120 000

当这种流动发生时，两个市场上的年收入各自会发生什么变化？市场 A 的劳动力数量会增加，使得市场 A 的工资降低；市场 B 的劳动力数量减少，均衡工资会上升。流动会一直持续到市场 A 的工资优势消除，即实现两个市场都是 15 000 美元的年均工资时才终止（表 9-1 中圈注的数据）。在这一工资水平上，资本禀赋较高的市场 A 的雇主雇佣了 6 名工人，而在资本相对缺乏的市场 B 的雇主雇佣了 4 名工人。总的来说，在完全竞争、信息成本为零、迁移成本为零的假定下，市场工资将等于劳动力的边际产品价值（W＝VMP），工人会一直流动直到所有劳动力市场的边际产品价值都相等（$VMP_A = VMP_B$）。

劳动力迁移会增加我们所分析经济体的总产出的价值吗？为了得到答案，我们再看一下表 9-1 中的列 3_A、3_B。在迁移前，劳动力市场 A、B 的总产品价值（VTP）分别是 48 000 美元和 112 000 美元。这样，迁移前两个市场总的 VTP 是 160 000 美元（48 000＋112 000）。那迁移后呢？从表中就可以看到是 192 000 美元；此时，市场 A 的 6 名工人生产的总产品价值是 120 000 美元，市场 B 的 4 名工人生产的总产品价值是 72 000 美元。因此，从这个简单模型可以看出，工资差异使工人产生了从一个市场流动到另一个市场的动机。这种流动性或迁移使不同市场的工资相等并提高了配置效率（式（6-1）），在资源既定的前提下，使整个社会实现了最大的总产出价值。

■ 图形说明

我们可以很容易地用图形来说明迁移导致工资差异缩小以及**迁移的效率增进**（efficiency gains from migration）。稍作扩展，现在我们举一个国家间而非地区间迁移的例子。图 9-2（a）和图 9-2（b）分别显示了美国和墨西哥的劳动力需求。

假定，美国和墨西哥的就业率和工资水平分别为 $0e$，W_u，以及 $0l$，W_m。因为假定信息是充分的，迁移没有成本，劳动力将从墨西哥流到美国，直到实现了均衡工

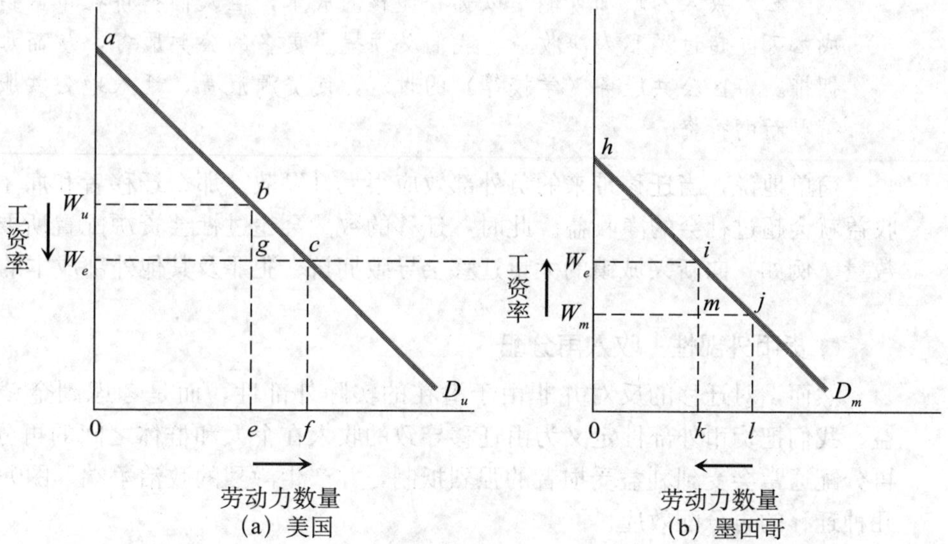

劳动力由低工资的墨西哥迁移到高工资的美国提高了美国的国内产出，降低了平均工资，而在墨西哥产生相反的效果。美国的产出的增加 *ebcf* 超过了墨西哥的损失 *kijl*，因此，两个国家的净收益将增加。

图 9-2　迁移的效率增进

资水平W_e。注意，迁移带来了效率的改进。美国的国内产值增加相当于坐标图 9-2（a）的 *ebcf* 部分，而墨西哥损失的国内产值相当于坐标图 9-2（b）的 *kijl* 部分。由于美国的增加量超过了墨西哥的损失量，所以，由两国所创造的总产出价值增加了。换言之，图 9-2（a）中的 0*acf* 和图 9-2（b）中的 0*hik* 区域的面积超过了迁移前 0*abe* 和 0*hjl* 的面积总和。因此结论十分明显：在既定的假设下，工资差异导致的劳动力迁移（无论是国内的还是国际的）将会提高迁出地和迁入地的总收入和总产出。简而言之，迁移可以使现有资源生产出更多的实际总产出。

9.4.3　外部效应

由表 9-1 和图 9-2 引申出一个重要问题：既然由迁移带来的效率增进那么直接明显，为什么许多人对迁移持否定态度？尽管大量的非经济因素也在起作用，但很多解释是从经济的角度，即分析迁移的外部性或第三方的影响来说明的。这种外部性可以是**实际外部性**（real externalities）或**货币外部性**（pecuniary externalities），可以是正的，也可以是负的。

■ 实际负外部性

实际负外部性是指私人的行为溢出到第三方造成的资源配置的低效率（非经济效率）。典型的例子是水污染。如果一个工厂在生产某一产品的过程中污染了下游城镇、娱乐中心和企业使用的河流，而且工厂没有为它的行为支付成本，这种产品的价格就会低于应有水平，用于生产这种产品的资源也就超过了社会最佳数量；下游的用水者承担了成本并进一步促进了资源投入量的增加。在有些情况下，大量的迁移也会造成相似的负效应。正如瑟罗（Thurow）指出的：

> 私人收入的增加可能足以弥补迁移的成本，但人们拥挤在市区造成的社会成本可能超过了私人净收益。我们必须提供更多的公共服务，从而加剧了市区拥挤。市区公共服务（学校等）的过剩，使资源浪费，迁入地公共服务的生产需要新的投资。①

简单地说，当迁移带来的负外部效应很大且发散，那么迁移者和雇主的私人净收益就会超过社会的净收益。此时，迁移的数量会超过社会资源配置所要求的最佳数量。例如，向新兴城镇的大量迁移会导致拥挤、犯罪及其他外部成本的增加。

■ 货币外部性：收入再分配

然而，对迁移的反对并非由于潜在的实际外部性，而是考虑到金钱或经济利益。我们把货币外部性定义为由迁移导致的收入在个人和群体之间的再分配。这种再分配通常会受到利益受损者的强烈抵制，并产生激烈的政治争端。图9-2揭示了几种迁移的再分配效应。

迁出国的损失 尽管从墨西哥到美国的移民提高了美国的总产出，但墨西哥的总产出却降低了。更一般地，迁移提高了迁出国和迁入国的总产出，但是多数情况下，这种增加只是针对迁入国而言。当然也有例外。举一个极端的例子，假定迁移到美国的 kl 名工人找不到工作（边际产品价值为零），因此没有带来产出增加，而迁入国要给移民提供资助而遭受损失。相反，因为固定的国内产出在更少的人之间分配，迁出国的收益增加；同时，很多移民会把大部分的工资汇回国内，或者在短暂逗留结束时一次带回。这些都导致了迁出国的经济效益提升。但是，如果由于迁入国工资较高而移民是永久性的，会导致移民放弃原居住地的工作，此时，迁入地会经历国民收入的增加，而迁出国将会受损。这种再分配效应可以部分解释为什么“人才流失”，即高技术劳动力的外迁是一些国家的心头之患。②

当地工人工资收入的降低 图9-2显示了迁移导致收入分配的第二个后果。移民使美国的劳动力供给由 $0e$ 增加到 $0f$，平均工资率由 W_u 降到 W_e，美国当地工人的工资收入由 $0W_ube$ 降到 $0W_ege$。注意，移民进入对美国的总工资收入影响是正是负主要取决于劳动力需求弹性的大小（见图5-7）。然而，我们可以确定，ef 数量的劳动力流入将会降低 $0e$ 数量的美国劳动力的工资收入；而在墨西哥，劳动力供给的减少会提高那些未迁移工人的工资率（W_e 而非 W_m）。可以得到一般化的结论：移民可能会遭到迁入地区或国家劳动力的反对，而得到迁出地劳动力的支持.

我们在第5章区分了总替代与总互补，在这里也有必要注意这个问题。一方

---

① Lester C. Thurow, *Investment in Human Capital* (Belmont, CA: Wadsworth Publishing Company, 1970), p. 33.

② 人才流失也被看作负效应，因为迁出国损失了人力资本投资收益，而这些人力资本投资可能已由迁入国以全部或部分补贴的形式支付了。有关人才流失的理论讨论，参见 Viem Kevok and Hayne Leland, “An Economic Model of the Brain Drain,” *American Economic Review*, March 1982, pp. 91-100。有关人才流失影响的经验证据讨论，参见 John Gibson and David McKenzie, “Eight Questions about Brain Drain”, *Journal of Economic Perspectives*, Summer 2011, pp. 107-28。

面，迁入美国的移民与某些劳动力群体之间是总替代关系（替代效应>产出效应），降低了这些劳动力的需求和工资水平。另一方面，对于其他劳动力而言，移民可能和他们是总互补关系（产出效应>替代效应），导致这些劳动力的需求和工资水平的提高。因此，移民并非对所有劳动力群体产生相同的影响。经验研究显示，移民数量增加10%会造成当地工人的工资至多1%的降低。[①] 另外，移民似乎对高中辍学者及其他移民工资的影响最大。[②]

在这方面，博尔哈斯（Borjas）研究发现，移民不会对当地工人的收入产生显著影响，但会降低移民过来的当地工人的收入。[③]

资本所有者的收益　反对移民的第三个原因关乎迁移导致劳动收益和资本收益的变化。回到图9-2（a），移民导致了美国非移民所获得的国民收入的增加，即三角形 *gbc*。因为在美国，总产品价值从 0*abe* 增加到 0*acf*。在总收益 *ebcf* 中，移民获得了 *egcf*，剩下的三角形 *gbc* 即总的非移民所得的收入增加量。前文中，我们得出美国当地工人的工资降低的结论。那么谁获得了上述收益呢？答案当然是美国企业。它们以当地工人的损失为代价获得区域 $W_e W_u bg$ 的收益，并得到了三角形 *gbc* 产值的增加。因此，这个简单的模型说明了企业从移民中获得了附加收益（至少是在短期内），相反，当大量劳动力迁出时，企业会蒙受损失。这有助于解释为什么历史上美国的企业愿意招收外国工人。例如，它们曾招聘中国工人建造铁路；现在则是借助移民进行农业生产和收割。

由于上面所述的短期、局部的均衡分析，使用长期的一般均衡理论且放宽一些假设后，企业以国内工人损失为代价获得移民收益的结论需要调整，这也增加了问题的复杂度。例如，新移民在美国可能会花掉一部分收入，这将提高对许多类型劳动力的需求，并使那些与移民没有密切替代关系的劳动者的工资增加。而且，在资本存量既定的情况下，企业收益的增加提高了资本的回报率，进而增加国内投资支出并因此增加美国的资本存量。在正常的生产状况下，劳动力的边际产品会增加，劳动力需求也会增加。因此，从长远来看，移民对工资率产生的负效应会减小或消除。基本明确的是：有关开放的移民政策、非法移民以及人才外流等问题的不同观点都要从实际的或觉察到的移民再分配效应角度进行理解。

财政影响　最后还有一个收入分配的结果值得讨论。移民的流入通过影响目的地国家或地区的转移支付和税收进而影响其可支配收入的分配。例如，如果图9-2中移民到美国的劳动力受过高水平教育且专业技能娴熟，美国公众一般不会抵制这些移民。这些人往往是净纳税人，而不是接受现金和转移支付的人。然而，如果移

---

① Rachel M. Friedberg and Jennifer Hunt, "The Impact of Immigrants on Host Country Wages, Employment and Growth," *Journal of Economic Perspectives*, Spring 1995, pp. 23-44. 另一项调查也得出了相似的结论，参见 T. Paul Schultz, "Immigrant Quality and Assimilation: A Review of the U. S. Literature," *Journal of Population Economics*, May 1998, pp. 239-52。

② 参见 George J. Borjas, Richard B. Freeman, and Lawrence Katz, "Searching for the Effect of Immigration on the Labor Marker," *American Economic Review*, May 1996, pp. 246-51. 亦可参见 Maria E. Enchautegui, "Immigration and Wage Changes of High School Dropouts," *Monthly Labor Review*, October 1997, pp. 3-9。

③ George J. Borjas, "Immigrants, Minorities, and Labor Market Competition," *Industrial and Labor Relations Review*, April 1987, pp. 382-92.

民是文盲、低技能水平者，在美国很难找到永久性工作，那么这种劳动力的流入必然导致政府的转移支付和社会保障支出的增加。结果，这种移民会造成美国居民的税负增加，或降低当地低收入居民的转移支付水平，或者兼而有之。因此，美国的纳税人和低收入阶层会反对移民。这样，税收和转移支付的增加会通过限制劳动力市场的供给（第2章和第12章）而产生真正的外部性。当然，这取决于一个假定，即移民有资格享受转移支付计划并且能广泛地使用它。

从历史上看，美国移民人口比当地人口所享有的福利要少。[①] 但是自20世纪70年代后期，享受福利的移民迅速增加，到20世纪90年代已经超过了当地人。1996年，美国国会颁布了《个人责任与工作机会调和法案》(Personal Responsibility and Work Opportunity Reconciliation Act)，该法案极大地减少了合法非城市移民享用福利计划及食品券的数量。因此，目前来看，移民对福利计划和食品券的享用程度比当地人要低。[②]

◈ 快速回顾9-1

- 职业流动涉及劳动力改变职业；地区流动是指劳动力流动到其他城市、州或国家去工作。
- 地区间流动的决策可以从人力资本投资的角度来考虑；当迁移的净现值 V_p 是正值时，劳动力就可能选择流动。
- 除了年收入的差别外，决定迁移的重要因素还包括年龄、家庭情况、教育、距离和失业率等。
- 迁移会增加迁移者的收入，缩小地区间的工资差异，并为社会带来实际产出的增加。一般地，迁移会降低同样技术水平的当地工人的工资，并使资本所有者的收入提高。

思考题

假定净现值公式（9-1）中 E_2 和 N 的值下降，而 Z 的值上升，那么 V_p 和迁移可能性会发生什么变化？（答案：参见书末。）

9.5 资本和产品流动

除了获得信息和迁移成本的原因外，表9-1和图9-2夸大了其他影响因素导致的两国或两地区间劳动力迁移可能性的程度。由于投资收益率的差异，资本本身在长期内也具有流动性；而且，一个地区的产品可能会在另一个地区销售。这些因素对劳动力迁移都会产生重要影响。

---

① Francine Blau, "The Use of Transfer Payments for Immigrants," *Industrial and Labor Relations Review*, January 1984, pp. 222-39; and Julian L. Simon, "Immigrants, Taxes, and Welfare in the United States," *Population Development Review*, March1984, pp. 55-69.

② 参见 George J. Borjas, "Welfare Reform and Immigrant Participation in Welfare Programs," *International Migration Review*, Winter 2002, pp. 1093-123; and Christopher R. Bollinger and Paul Hagstrom, "Food Stamp Program Participation of Refugees and Immigrants," *Southern Economic Journal*, January 2008, pp. 665-92。

9.5.1 资本流动

资本流动（capital mobility）和跨地区、跨国贸易会影响工资差异，进而影响劳动力流动，这一点可以用图9-3说明。在此，我们以美国和韩国为例进行简单说明。首先注意两国的劳动力需求曲线都为D，美国的工资水平W_u超过了韩国的工资水平W_k。根据前面的分析，这种工资差异将会导致韩国的劳动力迁移到美国。但其他因素也在起作用。韩国的低工资可能会导致美国的一些生产商放弃生产而选择到韩国重新建厂。韩国资本的这一增加会提高该地区的边际产量以及劳动力的边际产品价值，劳动力需求曲线因此会向外移动（图9-3（b）中的D_1）。相反，美国资本存量的降低将使劳动力需求曲线由D减少到图9-3（a）所示的D_1。

韩国劳动力需求的增长导致工资水平由W_k上升到W_e。美国需求水平从D到D_1的降低使工资水平由W_u下降到W_e。资本的流动削弱了工资差异和劳动力迁移的动机。但与劳动力迁移一样，资本流动面临着很高的成本以及许多的现实世界经济、政治、法律等方面的限制。例如，美国的肉类生产商会发现，仅仅为了节省劳动力成本而迁移到韩国可能会无利可图。其他诸如将活畜运输到韩国的成本以及把肉制品运回美国的成本都可能会很高。因此，虽然发生了大量的资本流动（例如，从美国的东北部流动到南部和西南部，或从美国流动到韩国、墨西哥或其他地方），它对于缩小工资差异的作用也多少会受到限制。但是，只要资本是流动的，地区间的工资差异就会相应缩小；而且，相对于投资仅局限于国内，劳动力迁移也会相应减少。①

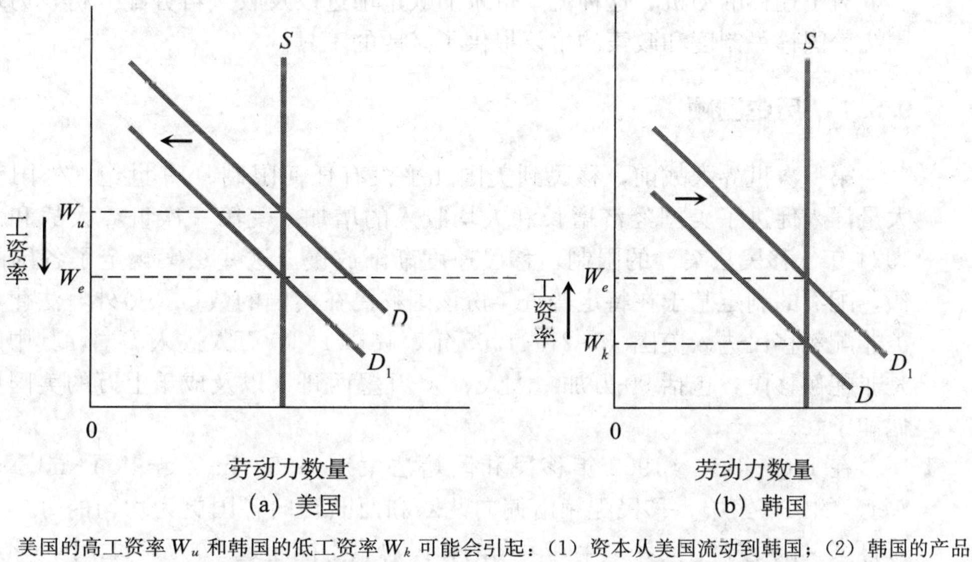

美国的高工资率W_u和韩国的低工资率W_k可能会引起：(1) 资本从美国流动到韩国；(2) 韩国的产品更具价格优势。不论哪种情况，都会使韩国的劳动力需求增加，而使美国的劳动力需求降低。这样工资差异会缩小，结果是劳动力迁移就不再发生。

图9-3 资本和产品流动对工资差异的影响

① 有关美国资本输出的批判性讨论，参见Seymour Melman，*Profits without Production*（New York：Alfred A. Knopf，1983），chap. 1。

9.5.2 产品流动

地区、国家间的贸易对工资差异和劳动力迁移都有类似的潜在影响。再回到图9-3，现在假定资本和劳动力都不能流动，美国和韩国的劳动力是同质的，且产品在两国间的运输成本为零。韩国工资率 W_k 低于美国工资率 W_u 会对韩美两国产品的竞争性产生怎样的影响呢？假设竞争使得两国的产品价格都降到边际成本的水平，美国的消费者将会调整他们的消费支出去购买韩国的低价产品。这会增加美国的进口需求，最终提高韩国对劳动力的引致需求。表现在图9-3（b）中，韩国的劳动力需求曲线从 D 向外移至 D_1 从而提高了韩国的工资率。美国的情况恰恰相反：产品需求的降低导致对劳动力的引致需求由 D 向左移动到 D_1 并使工资率降到W_e。如果我们放宽劳动力不流动的假定，这种通过产品流动形成的工资差异缩小会降低劳动力迁移的程度。然而实际上，许多产品和劳务的运输成本极为昂贵，以至于长途运输并不划算。因此，在长期内，贸易会缩小工资差异，但不会使之完全消失。

结论：地区和国家间的劳动力迁移、资本流动和贸易在提高资源配置效率方面是互补的。劳动力流动只是经济中资源和商品流动的一个方面。实际上，美国政府经常促进在欠发达国家的投资，并减少贸易壁垒以减缓那些国家到美国的移民。

9.6 美国移民政策与问题

对于迁移的动机、这种流动带来的效率增进以及收入再分配分析，为理解有关围绕美国移民制度和政策的争议提供了必要的工具。

9.6.1 历史回顾

第一次世界大战前，移民到美国几乎没有任何限制。19世纪，外国劳动力的大量涌入促进了美国经济增长和人均收入的增加。受第一次世界大战和1921年、1924年《移民法案》的限制，移民速度渐渐放慢。这些法案规定了各国的移民配额，配额的制定基于在特定普查年份该国移民在美国的数量。另外，法律也允许几类非配额移民进入美国。1921—1965年，只有1 000万人进入美国，其中超过一半是非配额移民，包括90万加拿大人、50万墨西哥人以及成千上万的美国居民的配偶和子女。

在1965年对《1952年移民和国籍法案》（1952 Immigration and Nationality Act）的修订案中，移民配额由偏向北欧和西欧转向各国更为均匀的分配。此后的修订案又限定了全世界每年到美国的移民总量不能超过27万，每个国家不能超过2万，开发了“六点偏好系统”以向那些拥有特殊技能的人才敞开大门。但是美国居民的直系亲属、难民以及寻求政治避难的人被排除在这些条款和配额之外。

图9-4表明了特定年份到美国的合法移民数量。20世纪80年代，合法移民从1980年的531 000人增加到1989年的1 091 000人，大体上每年保持在550 000～600 000人之间。1989年、1990年和1991年三个年份，由于《1986年移民改革与

控制法案》(Immigration Reform and Control Act of 1986) 的特赦条款使之前大量非法移民成为永久居民，合法移民的数量急剧增加。

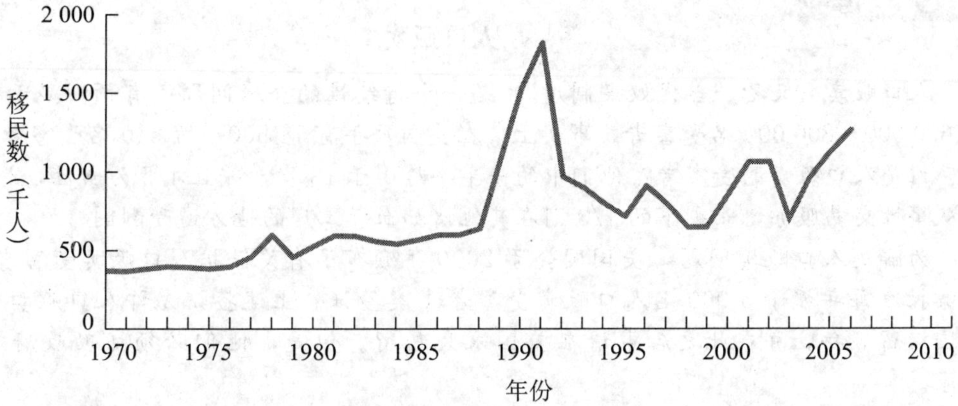

20 世纪 70 年代和 80 年代，美国合法移民的数量逐步增加，直到 1988 年。由于以前的非法移民在《1986 年移民改革与控制法案》的特赦下成为合法移民，使合法移民数量在 1989—1991 年间急剧增加。20 世纪 90 年代和 21 世纪初，合法移民的数量仍然相对较高。目前，每年大约有 100 万人成为合法移民。

图 9-4　美国的合法移民

资料来源：U. S Department of Homeland Security，*2011 Yearbook of Immigration Statistics*.

对图 9-4 中的数据，我们必须加上主要来自墨西哥、加勒比海地区、美洲中部及南美洲的非法移民数量。美国人口普查局估计，1980—1990 年，每年到美国的非法移民平均为 200 000 人。因此，那一时期的移民总量（合法的和非法的）年均超过 750 000 人也就不足为奇了。

20 世纪 90 年代，移民的数量进一步增加。20 世纪 90 年代末，美国国会通过了一项移民法案，把合法移民的上限从每年 500 000 人提高到 700 000 人，其中不包括难民。这个新法案每年为专业技术人员保留 140 000 张绿卡。它还为那些在美国投资 100 万美元以上并创造 10 个以上就业岗位者，或在美国指定的萧条地区投资 50 万美元的人士预留 10 000 个居留证席位。

同时，尽管受制于《移民改革与控制法案》，非法移民数量仍在不断增加。这一法案使那些自 1982 年以来就居住在美国但没有证件的个人获得特赦并有了合法身份。而且这一法案还规定雇主雇佣不能证明其合法身份的工人是非法的。[①] 约束雇主的目的在于减少或消除对于无证工人的需求，从而遏制他们来美国的意愿。但是非法移民通过伪造的证件避开了这一法律约束。因此，研究表明，这一法案从长期看没有对非法移民产生影响。

此外，加上 1990 年移民法的自由化条款，非法移民的流入使得自 2000 年以来

---

① 有关考察《移民改革与控制法案》对工资影响的研究，参见 Julie A. Phillips and Douglas S. Massey，"The New Labor Market：Immigrants and Wages after IRCA，" *Demography*，May 1999，pp. 233-246。有关该法案对非法移民的影响证据，参见 Pia M. Orrenius and Madeline Zavodny，"Do Amnesty Programs Reduce Undocumented Immigration? Evidence from IRCA，" *Demography*，August 2003，pp. 537-50。一项研究表明该法案增强了对拉美人的歧视，参见 Cynthia Bansak and Steven Raphael，"Immigration Reform and the Earnings of Latino Workers：Do Employer Sanctions Cause Discrimination?" *Industrial and Labor Relations Review*，January 2001，pp. 275-95。

每年平均有1 200 000名移民进入美国。

工作世界9-2

人口贩卖

人口贩卖（又称“当代奴隶制度”）是一个持续性的全球问题。有预测显示全球每年有600 000～800 000名受害者。事实上，在美国每年有14 500～17 500名受害者。

谁是人口贩卖的受害者？他们中的一半年龄小于18岁，并且4/5为女性，2/3的受害者从事性交易服务，而剩下的1/3则在其他诸如血汗工厂的地方遭受剥削。

为解决人口贩卖问题，美国国会于2000年颁布了有关保护人口贩卖受害者的法案。法案批准每年授予5 000名人口贩卖受害者T类签证。上述签证允许人口贩卖受害者在美国滞留3年，并在此之后申请在美国永久居留。但是，他们必须协助政府起诉人口贩子。

该法案实施的初步结果喜忧参半。一方面，截止到2005年，下发给人口贩卖受害者的签证不足700张。下发数量很少有可能是因为法案要求受害者协助政府起诉人口贩子。这些受害者很明显受到了人口贩子对其家人的报复威胁而打消了指认人口贩子的念头。另一方面，截止到2005年，联邦政府已侦破277起人口贩卖案件，且每桩案件都证据确凿。

资料来源：David Crary，“Human Traffic an Elusive Target，” *Journal Star*，October 30，2005，p. 3A.

9.6.2 非法移民的影响

在过去20年间，大量**非法移民**（undocumented persons）流入美国，使得移民和移民政策成为美国主要的公众话题。公众关注的原因是多数无证件移民都是非熟练工人。人们担心这些移民及其家庭会减少现有劳动力的就业机会，进一步降低低工资劳动力市场上的工资水平，同时通过接受转移支付和社会公益服务加重了纳税人的负担。这些忧虑是合理的吗？很遗憾，我们无法提供一个简单的“是”或“否”这样的答案。

■ 就业影响

一些观察者认为，雇佣非法移民会一比一地降低国内工人的就业量。他们强调经济中的就业机会是一定的，如果某项工作被非法移民占有，合法居民就得不到这项工作了。另一个极端观点认为，非法移民接受的只是那些当地工人不愿意做的工作，因此并没有从当地人手中抢工作。正如下面要说的，这两种观点都过于简单了。

图9-5显示的是非熟练农业工人的市场。曲线D是我们熟悉的劳动力需求曲线，供给曲线S_d表示国内的劳动力供给，而曲线S_t反映的是包括非法移民在内的总劳动力供给。那么，S_t和S_d之间的水平距离即任一工资水平上的无证件工人数量。

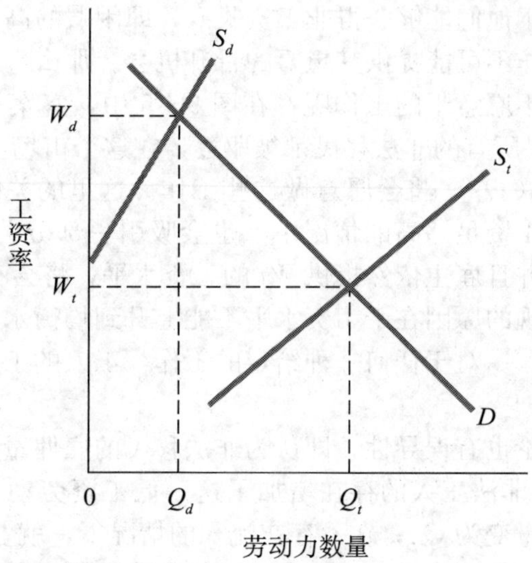

低工资劳动力市场上的非法移民使劳动力供给曲线向右移动到S_t，使市场工资由W_d降低到W_r。在W_t的工资水平上，所有受雇的工人都是非法移民。如果非法移民都被驱逐，那么将有Q_d数量的国内工人被雇佣。因此得出了误导性结论：非法移民从事的是国内工人不愿意干的工作。另外，同样一个经不起推敲的结论是：驱逐非法移民将会导致国内工人就业量一比一地增加。

图9-5　非法移民对美国国内就业与工资的影响

全球瞭望9-1

移民人口的百分比

在发达的工业国家中，移民人口的百分比从芬兰的4.4%到澳大利亚的26.5%。

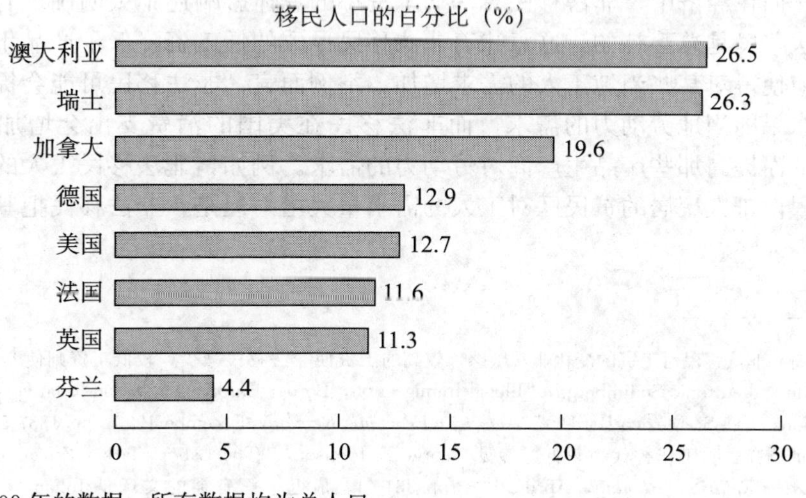

注：为2009年的数据，所有数据均为总人口。

资料来源：Organization for Economic Cooperation and Development，*OECD Factbook*，2011-12，page 41.

在存在非法工人的情况下，市场工资率和雇佣量分别为W_t和Q_t。由于工资太低，没有国内工人愿意从事这项工作。在此例中，国内工人的保留工资太高了，其原因可能是由于他们能够获得非工资收入，即闲暇的高的边际收益或机会成本，或者是由于该工作不可能提供其想要的晋升机会。那么，我们能不能得出非法移民仅仅从事当地人不愿意干的工作呢？在图9-5中，答案是肯定的，但条件是“低工资率W_t”。如果所有的非法移民都被驱逐，在这个市场上，工资率将会上升到W_d，一些美国工人（Q_d）将会愿意做这些工作。这里的关键是，在所谓不受人欢迎的工作的补偿性工资足够高的情况下，也会吸引一部分美国人（见第8章）。如果非法移民被驱逐并且雇主依然提供W_t的工资水平，将会存在$0Q_t$的劳动力短缺。但是这种短缺出现的原因在于工资水平不能上升到均衡水平，而不是因为美国工人不愿意做那些工作。对于任何一种给定的工作，工人的工作意愿部分地取决于企业支付的工资水平。[①]

相反的结论也有误导性，即认为非法移民的雇佣量等量地降低国内就业量。如图9-5所示，非法工人的存在增加了这一低工资劳动力市场上的就业量。由于非法迁移，就业量变为Q_t；在不存在流入的情况下，就业量仅为Q_d。认为驱逐Q_t数量的非法移民会使国内就业量增加到Q_t是错误的，实际上，在劳动力市场上，当地工人的就业量只能增加至Q_d。我们的结论是，非法移民确实会挤占国内工人的就业机会，但挤占的数量大多数情况下是小于非法移民的总就业量的。[②]

■ 工资效应

毫无疑问，移民的大量涌入，无论合法还是非法，都会降低工资率。在图9-5中，劳动力供给的增加使美国市场工资率由W_d降到W_t。然而，在当前非法移民的水平上，非法移民对工资的冲击看起来是很小的。只在美国的边境城市能见到可度量的影响。[③]

然而在经济中，非法移民对平均工资率的总体影响还不太明确。有些当地工人和非法移民是总互补的，这意味着非法移民导致的低工资降低了产品生产成本，产出效应使得对某些当地工人的需求增加。举例而言，非法移民可能会提高对运输和销售水果的当地劳动力的需求，而非法移民在美国的消费支出会增加对产品的需求，从而提高那些产品生产商对劳动力的需求。例如，非法移民工人的存在使得洛杉矶墨西哥人聚居的贫民区对工人的需求量大增。但是，非法移民把其工资收入的

---

① 在墨西哥，非法移民对工资的变化非常敏感。较高的工资使非法移民减少，较低工资则使非法移民增加。参见 Gordon Hanson and Antonio Spilimbergo，“Illegal Immigration，Border Enforcement，and Relative Wages：Evidence from Apprehensions at U. S. -Mexico Border，” *American Economic Review*，December1999，pp. 1337-57。

② 有关实证调查表明工作替代率较低，参见 George E. Johnson，“The Labor Market Effects of Immigration，” *Industrial and Labor Relations Review*，April 1980，pp. 331-41。最近一篇有趣的文章是 Julian L. Simon，Stephen Moore，and Richard Sullivan，“The Effect of Immigration on Aggregate Native Unemployment：An Across-City Estimation，” *Journal of Labor Research*，Summer1993，pp. 299-316。亦可参见 David Card，“Immigrant Inflows，Native Outflows，and the Local Labor Market Impacts of Higher Immigration，” *Journal of Labor Economics*，January 2001，pp. 22-64。卡德的结论是，对于那些传统的门户城市，比如迈阿密和洛杉矶，20世纪80年代的移民潮仅仅使非熟练工人的就业率略微下降。

③ Gordon H. Hanson，Raymond Roberston and Antonio Spilimbergo，“Does Border Enforcement Protect U. S. Workers from Illegal Immigration，” *Review of Economics and Statistics*，February 2002，pp. 73-92.

大部分汇给国外的家人会削弱这种效用。①

关于非法移民对工资率的影响我们能得出什么结论呢？考虑到复杂的现实，最稳妥的结论是：大规模的非法移民的确通过替代国内非熟练工人而降低了工资水平。但非法移民可能对美国平均工资率有小幅的净影响。

工作世界 9-3

非法移民拥有什么样的工作？

非法移民工人在美国经济中发挥着十分重要的作用。据估计，在美国大约有 700 万非法移民工人，占总劳动力的 5%。

与当地工人相比，非法移民工人集中分布在不同职业中。约有 3/5 的本地工人从事白领职业，而只有 1/4 的非法移民工人从事此类职业。非法移民工人更可能从事对教育程度要求低或者不需要执业资格的职业。非法移民工人从事农业（4%）、建筑与采掘业（19%）的可能性大约是本地工人的 3 倍。而从事服务业的非法移民工人（31%）大约是本地工人（16%）的两倍。

考察非法移民就业的另外一种方法是度量某一职业多大程度上被非法移民所占据。在一些职业中，非法移民工人占了很大比重。例如，非法移民工人在农业中占比为 24%，在清洁业中占比为 17%，在建筑业中占比为 14%，在食品加工业中占比为 12%。

资料来源：Jeffrey S. Passel，"The Size and Characteristics of the Unauthorized Migrant Population in the U. S.：Estimates Based on the March 2005 Current Population Survey，" Pew Hispanic Center Research Report，March 2006.

■ 财政影响

最后，非法移民对税收、转移支付以及公共服务会产生什么影响？法律规定非法移民没有资格享受诸如医疗补助、食品券等项目。尽管如此，由于容易伪造证件，近来越来越多的非法移民也在享受这些福利。有证据显示，20 世纪 90 年代早期，获得特赦的非法移民及其家庭正在加重当地政府福利体系的负担（如洛杉矶）；而且，如果移民取代了低收入当地工人，那么，这将增加美国福利和收入支持计划的间接成本。②

另一方面，我们必须记住，多数非法移民是没有家庭的年轻人，而多数转移支付计划的资格取决于诸如年老、疾病、残疾或者单身母亲等特征。虽然非法移民享受了当地公共服务如上学、道路以及公园，但他们大多数也支付社会保险税、使用费和销售税。研究非法移民的多数学者认为这些移民仍然是净纳税人。

① 有关这些巨额汇款是欠发达国家一项重要资金来源的证据，参见 Bilin Neyapti，"Trends in Workers' Remittances：A Worldwide Overview，" *Emerging Markets Finance and Trade*，March-April 2004，pp. 83-90。

② 然而，证据表明，非法移民对年轻人和少数族裔群体的失业率影响甚微。参见 C. R. Winegarden and Lay B. Khors，"Undocumented Immigration and Unemployment of U. S. Youth and Minority Workers：Econometric Evidence，" *Review of Economics and Statistics*，February 1991，pp. 105-12。

本章总结

1. 流动可以有很多形式，包括职业变化和工作地点变化。

2. 迁移决策可以从人力资本的角度来考察，即将终生预期收益的现值与投资成本的现值相比较（运输成本、迁移期间放弃的收入以及心理成本等）。

3. 许多因素影响迁移决策。年龄与迁移的可能性是负相关的；家庭情况也在很多方面影响迁移决策；教育水平与流动性存在正相关关系；迁移的可能性与迁移的距离是负相关的；失业人员比就业人员更可能迁移；目的地的高失业率会降低失业人员迁入的可能性。

4. 迁移的平均终生报酬率是正的，估计在10%～15%。

5. 劳动力流动通过将劳动力由创造低价值的工作重新配置到创造高价值的工作而使配置效率得到增进。在完全竞争和迁移成本为零的假定下，劳动力会重新配置，直到所有从事类似工作的劳动力的边际产品价值相等（$VMP_a = VMP_b = \cdots = VMP_n$）。此时，劳动力的配置是最有效率的。

6. 在积极效果之外，移民还会带来一些负面的外部效应。如果是实际负外部性，会降低移民带来的效率增进；如果是货币外币性，就会导致在原住地和迁入地的不同个人和群体之间产生收入的再分配。

7. 工资差异可能会导致资本和产品的流动，从而长期来看各地的工资趋于均等，进而降低迁移的规模。

8. 在美国的非法移民并不会相应数量地降低当地工人的就业率，但会降低某些劳动力市场上的工资水平。非法移民对工资的总效应被认为很小。

习题和学习建议

1. 使用式（9-1）解释下列因素对迁移收益净现值的可能影响：（1）年龄；（2）距离；（3）教育；（4）婚姻状况；（5）贴现率（利率）。

2. “老路子”意味着什么？“老路子”是如何通过提高式（9-1）中的 V_p 从而提升迁移的可能性？

3. 为什么条件相同的情况下，拥有特定人力资本的人与那些拥有一般人力资本的人相比不大可能变动工作？这是否说明拥有大量特定人力资本的人永远不会迁移？请说明原因。

4. 用表9-1说明受工资诱导的劳动力迁移对下列因素的影响：

（1）两地区的联合产出。

（2）目的地资本和工资收入。

（3）原住地的平均工资水平。

（4）目的地本地工人的总工资。

5. 根据式（9-1）中的变量，找出至少两个来说明即使在迁移后的前几年家庭收入降低，对于该家庭来说，选择迁移仍然可能是合理的。

6. 资本向低工资地区的流动如何降低两地区间的工资差距？

7. 试评论这个观点：“如果我们将所有在美国的非法移民驱逐出去，那么美国的总失业人数将会按同样数量减少。”

8. 劳动力流动和迁移如何影响劳动力市场上的买方垄断程度（第6章）？

9. 支持国内的劳动力自由流动与反对移民到美国，这两种态度是否一致？

10. 如果一个人信奉国际自由贸易，为保持一致，他一定会赞同不受限制的国际劳动力迁移吗？

11. 分析下列论述：“美国对来自低工资国家的产品征收关税激发了非熟练工人移民到美国的动机。”

互联网练习

移民来自哪里

请登录美国国土安全部网站（www. dhs. gov/xlibrary/assets/statistics/publications/lpr_fr_2011. pdf）找到有关非法移民的信息。

在所显示的年份中，来自哪个国家的合法移民最多？来自哪个国家的非法移民数量增长最快？解释一下，为什么这个或这些国家有如此高的移民率。

互联网链接

美国人口普查局网站（www. census. gov/hhes/migration）提供美国公民的内部移民率数据。

第10章 工会和集体谈判

礼仪专家认为，在社交场合与刚认识的人讨论政治和宗教话题并不明智。因为这类话题经常会引发强烈的情绪、不同的观点和不必要的潜在争端。工会也是一个与之类似的话题。在社交场合中对工会表达强烈的观点可能引起不必要的口舌之争。

当然，观点并非事实；观点也并不总是建立在完善的分析之上。本章和第11章的主要目的是加深我们对工会的认识，了解工会的目标和活动。我们将通过事实和分析相结合的方法进行研究。这两章提供的内容会使你对美国的工会化有更深刻的认识。

10.1 工会为什么存在?

对于工会的产生和演变已有大量的理论来解释。① 从历史的角度看，工会本质上是工业化的结果。工业化之前的工人多数是自给自足、自我雇佣的工匠、手艺人或者自耕农。这些人既是雇主又是雇员。然而，工业化瓦解了自我雇佣体系，大量工人开始依靠企业主获取工作和收入，工业化也导致了雇主和工人的分离。

虽然雇主并不会有意亏待工人，但迫于产品市场的竞争压力，他们仅会支付工人微薄的工资，让工人长时间从事艰苦的工作，提供给工人最低的在职福利，并在产品滞销时解雇冗员。总之，工业化使工人沦为从属地位：他们无法控制自己的收入、工作环境和安全。因此工人们结成工会，通过与雇主进行集体谈判来代表、保护和提高自身利益。

10.2 工会：事实和数据

在分析集体谈判过程及其经济含义之前，对美国工会的范围和性质有一个基本

---

① 例如，参见 Simeon Larson and Bruce Nissan（eds.），*Theories of the Labor Movement*（Detroit Wayne State University Press，1987）。Ray Marshall and Brian Rungeling，*The Role of Unions in the American Economy*，2nd ed.（New York：Joint Council on Economic Education，1985）详细阐述了这一理论，并简要介绍了美国工人运动的历史。

了解是很重要的。下面我们具体来讨论：（1）工会工人在产业、职业、性别、种族、年龄和地区间的分布；（2）工会的体系；（3）过去几十年中，工会化部门规模相对缩小的现象。

10.2.1　谁会加入工会？

2011 年，1.38 亿非农业工人中有将近 1 480 万人加入工会。换句话说，大约有 11%的美国工人是工会会员。工人是否加入工会取决于他所从事的职业、所属行业、个人特征（性别、种族和年龄）以及所处的地理位置。

■ 产业和职业

表 10－1 展示了按产业和职业划分的工会会员比例。工会会员主要集中在产品制造业（采矿业、建筑业和制造业），而在多数的服务业（批发零售业、金融业、保险业和房地产业等）中工会会员比例较低。比较特殊的是，农业工会化比例较低，运输服务业、通信业和公共设施业中工会化比例较高。运输服务业、通信业和公共设施业的工会会员比较集中，可能是因为这些行业“公共管制、个人劳动市场高度集中、资本集中所导致的劳动力需求弹性较低、从工会可以获得较高的预期收益、组织成本低”。[1] 值得注意的是，公共管理部门工会化程度较高，这主要表现在邮政业 3/4 的工人是工会会员，并且过去几十年州和地方的公共部门工会发展非常迅速。

全球瞭望 10－1

工会会员在总就业人口中的比例

世界各国工会会员的比例差异较大，从美国的 16%到瑞典的 91%。

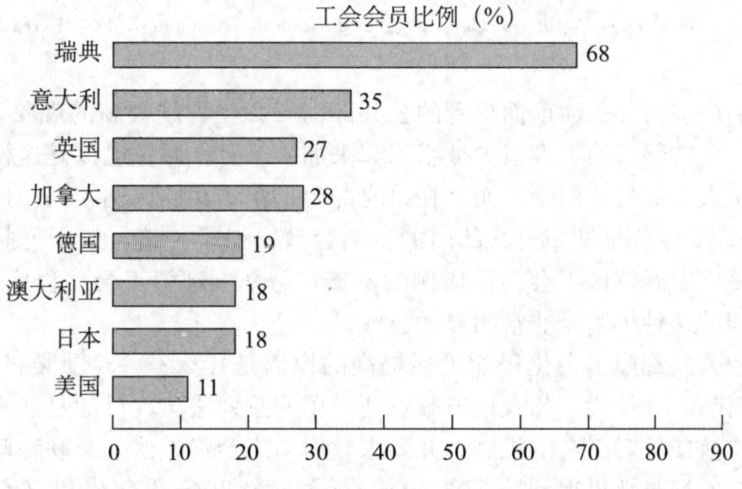

资料来源：www.oecd.org. Data are for 2010.

① 参见 Barry T. Hrisch and John T. Addison, *The Economic Analysis of Unions*（Boston：Allen and Unwin 1986），p. 63。

表 10－1 表明，蓝领工人比白领工人更可能加入工会，原因是：首先，一些白领工人是管理人员，在现有劳动法下雇主没有义务与监管人员谈判；其次，许多白领工人与管理人员步调一致，他们渴望脱离工人行列进入管理层，他们认为工会会员都是“不专业的”，会阻碍他们实现自己的雄心壮志；最后，一般来说，白领工人比蓝领工人享受更高的工资和更优越的工作环境，因此他们没必要加入工会。

另外要注意的是，产业和职业工会模式在 20 世纪 40 年代后期就建立起来了，这些工会化程度较高的产业一直保持到现在。今天，多数工人不是被雇主组织加入工会，而是因他们在已经工会化的雇主那里工作而加入工会。

表 10－1　　按产业和职业划分的工会会员比例（%）

产业	工会会员比例*	职业	工会会员比例*
商品制造业		**白领**	
农业	2	专业和技术人员	18
矿业	7	管理、商业、金融从业人员	5
建筑业	15	牧师工人	10
制造业	11	销售人员	3
服务性行业		**蓝领**	
运输、通信及公共设施业	23	建筑人员	19
批发和零售业	5	安装修理工人	17
金融、保险和房地产业	2	生产人员	14
服务业	11	运输工人	18
公共管理行业	33	服务员	11

＊属于工会的领取雇佣工资的工人比例。

资料来源：Barry T. Hirsch and David A. Macpherson，*Union Membership and Earnings Data Book*：*Compilations from the Current Population Survey*（*2012 Edition*）（Washington，DC：Bureau of National Affairs，2012）。

我们应该格外关注前面提到的公共部门工会化程度较高的现象。20 世纪 60 年代以前，公共部门的工人很少被组织起来加入工会。好像也该是这样的，因为公共部门的工人大部分是白领，而且在政府部门工作的女性比例较高。但 20 世纪 60 年代中期和 70 年代早期，公共部门的工会会员增加了 4 倍，如今公共部门的工会会员比例是整个经济体工会会员比例的两倍，与私人部门工会化程度显著降低相比，公共部门的这种扩张是非常明显的。

导致公共部门工会化程度迅猛提高的原因是什么？一个重要的原因是，20 世纪 60 年代和 70 年代，州及地方政府通过了一系列法律，目的是建立一个由政府雇员投票支持或反对工会的机制，并要求政府与工会工人谈判。联邦政府的行政命令在联邦政府雇员那里得到较好的执行。总之，20 世纪 60 年代和 70 年代的立法给公共部门工人提供了加入工会的机会——私人部门的工人自 20 世纪 30 年代起就已经有了这种机会。

在新的立法环境下，为什么公共部门工会经历了快速增长，而私人部门工会却日渐衰落呢？一方面，被压抑的对工会的需求在有利的法律环境中得以释放；另一方面，私人雇主明显抵触工会，以至于经常违背劳动法，而公共部门的雇主并没有抵触雇员加入工会。①

工作世界 10-1

公共部门工会的变化

过去 20 年中，私人部门工会和公共部门工会的发展出现了很大的差距。1991 年，37%的公共部门工人与 12%的私人部门工人是工会会员。到 2011 年，公共部门工会会员比例仍保持在 37%，而私人部门工会会员比例却下降到 7%。尽管公共部门的工人只占全部工人的 1/6，但公共部门工会会员的数量占总工会会员数量的 1/2。

然而，在 2011 年，公共部门工会在新泽西州、俄亥俄州、威斯康星州面临着巨大的挑战。这三个州新一届的州政府面临财政困难，试图削减公共部门工人的集体谈判能力。威斯康星州的州长斯科特·沃克（Scott Walker）呼吁取消非公共安全部门的公共部门工人健康和保险福利的谈判权力，限制通货膨胀时期的工资增长，要求工会针对工人是否还想继续保持工会会员身份进行年度投票，取消工会从工人工资中收取会费。这个法案遭到强烈反对，但最终还是被写进法律中。

俄亥俄州州长约翰·卡西奇（John Kasich）成功游说实行一项可能更加严厉的法律。如同威斯康星州的法律，它取消了公共部门工人保险和健康福利的谈判权利。之所以说这部法律更为严厉是因为它还限制警察和消防员关于健康和保险福利的谈判权利。另外，它规定，如若工会及其管理者不同意这项法案，它将取消市议会和教育局单方面提交最终财政报价的权利。这部法律在颁布之初并未受到重视，公民投票否决后公共部门的工会组织了一场轰轰烈烈的游行示威，最终该法律还是获得通过并加以实施。

新泽西州州长克里斯·克里斯蒂（Chris Christie）更为成功地减少了对州和地方政府人员的补偿。他成功推动了如下立法：提高了州和地方政府人员对自己健康和保险福利的缴费额度，暂停了退休人员生活费用的上涨直到州和地方政府的保险经费是足够的，还提高了退休年龄。立法同时规定，当合同谈判陷入僵局时，州政府可以单方面决定保健条款，通过这种方式限制公共部门工会的谈判权利。

资料来源：Based on www. unionstats. com and http://topics. nytimes. com/topics/reference/timestopics/subjects/o/organized_labor/index. html.

公共部门工会的增长主要出现在 1960—1976 年。1976 年之后增长非常缓慢甚至不再增长，因为公共部门的工会会员比例基本维持在 37%左右。可以说公共部门工会急剧增长的时代已经过去。②

■ 个人特征：性别、种族和年龄

表 10-2 表明，个人特征会影响员工是否加入工会。从性别角度来看，男性比

① 这段内容基于 Richard B. Freeman，“Unionism Comes to the Public Sector，” *Journal of Economic Literature*，March 1986，pp. 41-86。

② 参见 Linda N. Edwards，“The future of Public Sector Unions：Stagnation or Growth?” *American Economic Review*，May 1989，pp. 161-65。

女性倾向于加入工会。这种差异并不是因为不同性别对工会的态度不同，而是因为女性工人更多地分布在低工会化产业和职业中，如零售业、餐饮服务业和办公室工作等。而且，与男性相比，女性对劳动力队伍的依附期较短，女性加入工会后整个生命周期获得的总收入现值比男性低，因而工会会员身份对女性的吸引力并不大。[①]

表 10-2　　按性别、种族和年龄区分的工会会员比例

个人特征	工会会员的比例*（%）
性别	
男性	12
女性	11
种族	
白人	12
黑人	14
年龄	
25岁以下	4
25岁及以上	13

*属于工会的领取雇佣工资的工人比例。

资料来源：Barry T. Hirsch and David A. Macpherson，*Union Membership and Earnings Data Book；Compilations from the Current Population Survey*（*2012 Edition*）（Washington，DC：Bureau of National Affairs，2012）.

从表10-2中我们还可以看出，工会中黑人比白人的占比高。这一差异反映了工人在产业间的分布。具体来看，黑人主要从事蓝领工作；另一个解释是，工会化使黑人获得比白人更高的工资收益[②]，也就是说，黑人加入工会比白人加入工会能够获取更多的收益。

表10-2还显示出，25岁以下的年轻人与年长者相比，更不倾向于加入工会，这很大程度上是年轻人所从事的工作类别所导致的。正如我们看到的，近几年，经济部门中工会化程度较高的传统制造业发展缓慢，这些部门不再是年轻人进入劳动力市场的首选。相反，大量非工会化服务部门迅速发展并提供了大量工作机会，吸引了更多的年轻人。今天，高中毕业生更可能进入非工会化的快餐连锁店工作，而在25年前，多数高中毕业生会到工会化的汽车厂和钢铁厂工作。

■ 地区

在很大程度上，美国的劳工运动是一种典型的城市化现象。在6个城市化和产业化水平较高的州（纽约州、加利福尼亚州、宾夕法尼亚州、伊利诺伊州、俄亥俄

① 关于此主题的两篇文章是 William E. Even and David A. Macpherson，"The Decline of Private-Sector Unionism and the Gender Wage Gap，" *Journal of Human Resources*，Spring 1993，pp，279-96；and Diane S. Sinclair，"The Importance of Sex for the Propensity to Unionize，" *British Journal of Industrial Relations*，June 1995，pp. 173-90。

② 黑人与其他群体相比对工会有更强烈的需求，参见 Gregory Defreitas，"Unionization among Racial and Ethnic Minorities，" *Industrial and Labor Relations Review*，January 1993，pp. 284-301。

州和密歇根州)，工会会员几乎占全国工会会员总量的一半[①]，而南部地区的工会化程度大约只有美国其他地区的2/3。这可能是因为南部地区职业和产业之间具有互补性，但也说明南部地区的雇主和大众可能更倾向于反对工会。

10.2.2 工会结构[②]

图10-1是美国工会体系的框架图。工会组织分为三个层次：联邦层次的工会、全国性工会[③]、地区性工会。

■ AFL-CIO

美国劳工联合会-产业工会联合会（AFL-CIO）是个独立、自治的全国性的松散工会组织。从图10-1可以看到，2011年，56个全国性工会的800万会员隶属于AFL-CIO，有大约60个全国性工会的300万会员不属于AFL-CIO。AFL-CIO并不负责集体谈判，但它是工会体系的主要政治机构。AFL-CIO反映工人对政治问题的观点，从最低工资到外交政策，宣传工人的地位并进行游说。[④] AFL-CIO也负责解决附属性全国工会之间的管辖权争端，换句话说，AFL-CIO可以决定哪个工会有权组织某个特定的非工会工人群体。

■ 变则赢联盟

变则赢联盟（Change to Win Federation）成立于2005年，是由几个独立的全国性工会组成的松散联盟。如图10-1所示，它代表总计600万工会会员。这个联盟专注于组织新的工会成员。

■ 全国性工会

全国性工会（national unions）是地区工会的联合体，它或者存在于同一产业中（“产业工会”，如汽车工人联合会、钢铁工人联合会），或者存在于同一职业中（“行业工会”，例如代表木匠和电工的工会）。表10-3列出了隶属于AFL-CIO或变则赢联盟的一些大型的全国性工会。不隶属于AFL-CIO的最大的全国性工会是全国教育联合会，它拥有300万会员。

全国性工会有两个主要职责：(1) 组织产业或行业中未参加工会的工人；(2) 谈判达成集体谈判协议。后一职责可能需与地方性工会共同承担，这取决于涉

---

① 参见 Barry T. Hirsch and David A. Macpherson, *Union Membership and Earnings Data Book: Compilations from Current Population Survey (2012 Edition)* (Washington, DC: Bureau of National Affairs, 2012)。

② 相关讨论参见 Marten Estey, *The Unions: Structure, Development and Management*, 3rd ed. (New York: Harcourt Brace Jovanovich, 1981), chap. 3。有关工会运动及其详细结构的探讨请参见 John W. Budd, *Labor Relations: Striking a Balance*, 3rd ed. (New York: McGraw-Hill, 2010), chaps 4-6。

③ 有些全国性工会自称是“国际性工会”，如国际电力工人兄弟会（International Brotherhood of Electrical Workers, IBEW），这通常意味着有些加拿大和波多黎各的附属当地工人也加入了工会。

④ 关于工会在政治领域中作用的相关研究参见 Richard B. Freeman and James L. Medoff, *What Do Unions Do?* (New York: Basic Books, Inc., 1984), chap. 13。也可以参见 Roland Zullo, “Union Membership and Political Inclusion,” *Industrial and Labor Relations Review*, October 2008, pp. 22-38。

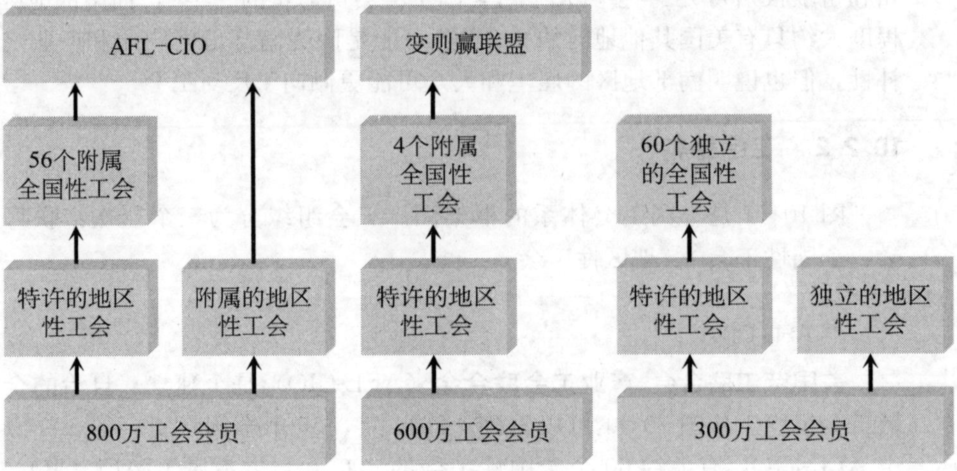

美国的工会体系主要包括 AFL-CIO、变则赢联盟和众多独立工会。AFL-CIO 的主要职责是在经济、社会、政治问题上代表工人形象和表达工人意见。变则赢联盟的主要职责是组织发展新的工会会员。全国性工会一般负责集体谈判协议的制定，而地区性工会只负责协议的执行。

图 10-1　美国工会体系框架图

及的地区和行业的大小。例如，如果所涉及的产品市场是地区性的（如住宅建筑），那么地区性的木匠、泥瓦匠及其他行业工会可能会商讨形成自己的合约。当相关的产品市场涉及全国范围时（如纺织品、汽车），合约的谈判一般由全国性工会进行。这主要有两方面的原因，最重要的是，全国性工会要求雇主执行统一工资，即竞争形成的工资，这使那些支付高工会会员工资的雇主不至于在销售上输给支付低工会会员工资的雇主。另外，集体谈判已经变得复杂化、合法化，这就需要更加专业的谈判人员和律师等。因此，全国性的谈判更可能获得规模经济效应。

表 10-3　会员在 100 000 人以上的附属工会组织　单位：千人

工会组织*	会员
卡车驾驶员（变则赢联盟）	1 400
州及乡村政府人员	1 344
食品和商业工人（变则赢联盟）	1 300
教师	1 129
服务员（变则赢联盟）	1 100
电工	578
木匠（变则赢联盟）	520
通信业工人	468
钢铁工人	436
机械工	370
航空业和汽车工人	303
体力劳动者	280
联邦政府雇员	268
机械工	265
消防员	260
邮政业工人	220

续前表

工会组织*	会员
管道工	220
宾馆和餐饮业工人（变则赢联盟）	209
邮递员	186
护士	128
加利福尼亚州的学校工作人员	122
交通运输人员	119
办公室和专业人员	104

* 如果没有标示“变则赢联盟”则属于 AFL-CIO。

资料来源：Barry T. Hirsch and David A. Macpherson, *Union Membership and Earnings Data Book: Compilations from Current Population Survey (2012 Edition)* (Washington, DC: Bureau of National Affairs, 2012); and www.changetowin.org.

■ 地区性工会

地区性工会（local unions）一般是全国性工会的分支机构或组成部分。从图 10－1 中我们可以看出，有些地区性工会直接隶属于 AFL-CIO，有一些既不隶属于全国性工会也不隶属于 AFL-CIO。地区性工会与全国性工会间的关系明显不同于全国性工会和 AFL-CIO 之间的关系。全国性工会加入 AFL-CIO 后，仍保留处理内部事务的主权和自治权。但地区性工会通常服从于全国性工会，例如，地区性工会罢工前必须与全国性工会在决议上达成一致，而且全国性工会有权力暂停或解散下属的地区性工会。

但这并不会降低地区性工会的作用，地区性工会在管理集体谈判、制定相关政策以及解决合约解释过程中工人的不满等方面扮演着重要的角色。

积极的、体恤工人的、高效的地区性工会领导在会员中威信较高，反之亦然。总之，地区性工会是会员的工会，它的表现是人们对工会看法的基础。[①]

■ 谈判结构的多元化

谈判结构（bargaining structure）是指集体谈判中涉及的雇主和雇员范围。谈判结构让我们了解谁和谁谈判。在美国，谈判结构是多样的。图 10－1 也隐含着谈判结构的差异。实际上，目前进行的重要的集体谈判协议（重要的集体谈判协议指涉及 1 000 人甚至更多数量的工人）有将近 2 000 个。成千上万的其他集体谈判协议涉及的是一些小雇主。

许多工会与单个工厂谈判，其他的要与多个雇主进行更集中的谈判。在后者的情况下，拥有多个工厂的公司与一个或几个工会谈判形成一个主协议，这个协议在所有下属工厂中通用。[②] 极端形式是所谓的**典型谈判**（pattern bargaining），它是由工会与行业中的一家代表公司进行谈判，形成的协议或稍加修订的版本满足工会要求并在整个行业中通用。在其他一些例子中，多雇主谈判还会出现另一种形式——

① 参见 Estey, op. cit., pp. 50-51。

② 各工厂会根据自身的情况和问题在主协议的基础上补充一个子协议。

既定行业中的雇主形成雇主联合会（例如，沥青煤矿企业联合会），共同作为一个集体与工会进行谈判。

尽管谈判结构的决定因素很多并且非常复杂[①]，但谈判双方的实际考虑和预期效果是最重要的。例如，当雇主数量多、规模小，市场高度地区化时，工会就可能与雇主联合会在全城范围内进行谈判并形成协议。这种谈判结构对雇主和工会都有好处。首先，谈判存在规模效应，如果让工会与每个雇主进行谈判，成本非常高。其次，雇主发现，作为一个整体与工会谈判比单个雇主谈判的力量大。最后，也是最重要的，采用全城协议制定的统一工资率可以避免高工资导致的竞争劣势，同样，工会制定的竞争性工资也可以避免高工资企业工作机会的下降。[②] 因此，在建筑业、宾馆业、零售业及地区性运输业中，全城协议很常见。地区性的多雇主谈判在货运、煤矿等行业都很实用。

单一公司谈判在大型制造业中很普遍，因为这些行业中的大型垄断性厂商认为自己有足够的力量与工会进行单独谈判。通常，与单一厂商谈判形成的协议会成为同行业其他厂商的范本。汽车业的谈判模式属于典型谈判模式。三年合约终止时，美国汽车工人会从三家最大的汽车厂商中选择一个厂商与工会进行新合约的谈判，形成的合约成为其他汽车厂商的标准。这种谈判结构对工会也有好处，因为与整个行业进行罢工相比，单个厂商的罢工大大减少了罢工期间的工资损失。而且，经历过罢工的企业与没经历罢工的企业相比，销量上会受到损失，这无形中给谈判的企业施加压力迫使其接受工会要求。但是，美国并不存在这种典型谈判结构。

◆ 快速回顾 10-1

- 工会是工业化的副产品，因为工业化使工人的收入、工作条件和安全依赖于雇主的决策。工会的产生是为了代表、保护、提高工人的权益。
- 2011 年，1.48 亿美国非农业工人中近 1 480 万人属于工会。
- 工会化程度因行业、职业、性别、种族、年龄和地区的不同而有所差异。
- 美国的工会体系包括 AFL-CIO（包含 56 个附属全国性工会）、变则赢联盟（包含 4 个附属全国性工会）以及大约 60 个独立的全国性工会。

思考题

根据统计，以下两人：苏珊（Susan），白人女性，23 岁，艾奥瓦州的一名销售人员；艾赛亚（Isaiah），黑人男性，53 岁，俄亥俄州的一名运输工人，谁更可能是工会会员？（答案：参见书末。）

---

① 有关谈判结构的系统讨论参见 Harry C. Katz and Thomas A. Kochan, and Alexander J. S. Colvin, *Introduction to Collective Bargaining and Industrial Relations*, 4th ed. (New York: Irwin/McGraw-Hill, 2008), chap. 7。

② 通过降低消费者以非工会企业产品替代工会企业产品的能力，可提高工会在行业中的覆盖比例，降低工会企业产品的需求弹性。根据第 5 章的内容，产品需求弹性降低会降低劳动力需求弹性，从而使工会在雇佣量损失不大的情况下提高工资率。

10.3 工会的衰落

前面提到，2011年，约有1 480万工人（非农业工人中的11%）加入工会。图10-2提供了工会会员发展的总体趋势，有两点比较明显：第一，工会会员在总劳动力规模中所占比例较低。工会会员从未超过总劳动力的34%。顺便提一下，与其他发达的西方工业化国家相比，美国工会化比例偏低。例如，在瑞典，有68%的非农业工人属于工会，澳大利亚、加拿大、日本分别是18%、28%、18%。

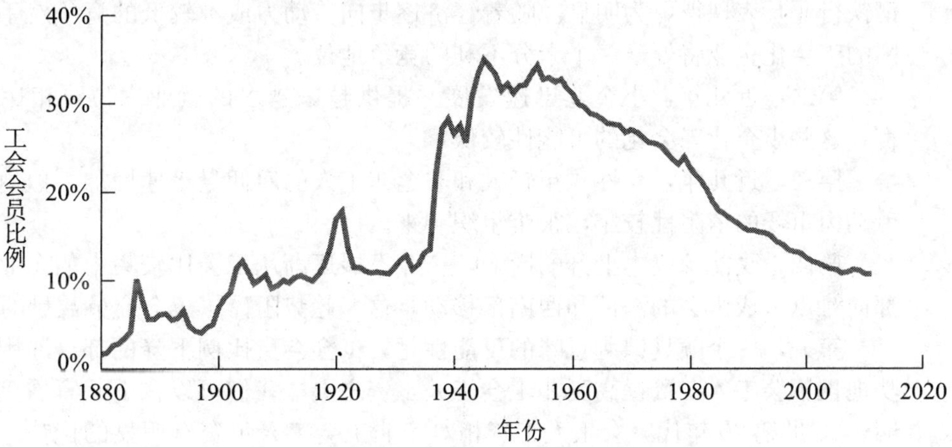

图10-2 美国非农业人口中的工会会员情况

资料来源：Richard B. Freeman, "Spurts in Union Growth: Defining Moments and Social Processes," in Michael Bordo, Claudia Goldin, and Eugene White (eds.), *The Defining Moment: The Great Depression and the American Economy in the Twentieth Century* (Chicago, IL: University of Chicago Press, 1998); and Barry T. Hirsch and David A. Macpherson, *Union Membership and Earnings Data Book: Compilations from the Current Population Survey (2012 Edition)* (Washington, DC: Bureau of National Affairs, 2012).

第二，美国的工会在衰落。20世纪40年代中期，美国的工会会员比例高达34%。此后，工会会员比例一直在下降①，原因是工会会员数量并没有随着劳动力总量规模的扩大而增加。自1980年以来，工会会员的绝对数量也呈下降态势。

为什么会出现这种情况呢？关于这一问题，解释多种多样。我们将阐述三个主要的假说，并简单介绍一下其他有关工会衰落的理论。②

① 尽管工会会员的总体比例在下降，但在这一时期，公共部门的工会会员比例却在上升。

② 想深入了解这个主题的读者可以参见 Henry S. Farber and Alan B. Krueger, "Union Membership in the United States: The Decline Continues," in Bruce E. Kaufman and Morris M. Kleiner (eds.), *Employee Representation: Alternatives and Future Directions* (Madison, WI: Industrial Relations Research Association, 1993), pp. 105-34; "Symposium on the Future of Private Sector Unions in the United States: Part 1," *Journal of Labor Research*, Spring 2001, pp. 226-354; and Henry S. Farber, "Union Membership in the United States: The Divergence between the Public and Private Sectors," Princeton University Industrial Relations Section Working Paper 703, September 2005。

10.3.1 结构变化假说

被大众提得最多的是**结构变化假说**（structural change hypothesis），它认为经济和劳动力群体中的各种结构变化对工会会员的扩张产生不利影响，这一假说包括许多相互联系的结论。

第一，消费需求和就业不再集中于传统工会化程度较高的行业。一般说来，国内产出从蓝领工人集中的制造业（工会化程度较高）转向白领工人集中的服务业（工会化程度较低）。这个变化在进口竞争激烈、工会化程度较高的部门（如汽车和钢铁行业）表现得更为明显。随着经济逐步向劳动力成本较低的竞争对手开放，美国的工会化企业将处于一个十分不利的竞争地位。

第二，近几年，小企业迅速发展并提供越来越多的就业岗位，相比大企业而言，这些小企业工会化的可能性较低。

第三，近几年，女性、年轻人和非全职工人的雇佣量迅速增加。但由于他们对劳动力市场的依附性较小，很难组织起来。

第四，受能源成本上升的影响，产业发展逐渐从工会比较集中的东北部和中西部向难以形成工会的南部和西南部移动，这一趋势阻碍了工会会员数量的扩张。

第五，一个颇具讽刺意味的可能性是，工会会员比例下降的部分原因是工会成功地把工会工人工资提高到非工会工人工资之上。我们可以在下一章看到，证据表明，20世纪70年代工会工人工资相对于非工会工人工资有明显的优势。与非工会化雇主相比，工会化雇主面临劳动力成本上升的不利因素，可能采取以下方式进行规避：加快资本替代劳动力的步伐，向非工会化工人转包工作，在欠发达地区新建非工会化企业，由低工资国家实现产品零部件加工工作。与非工会化部门相比较，工会化部门的这些行为会减少工会化部门的就业机会。更重要的是，低劳动力成本的非工会化企业在行业中实现的产量和就业增长，都是以高劳动力成本的工会化企业产量和就业的损失为代价的。总之，工会成功地提高工资可能会导致产业结构的改变，最终对工会化部门的雇佣量和会员产生不利影响。①

结构变化假说也存在一些缺陷。② 首先，其他发达资本主义国家同样经历了与美国类似的产业结构变迁过程，但这些国家的工会化程度都实现了绝对量和相对量的增加，加拿大就是最贴切的例子。其次，从历史来看，工会化程度的提高依赖于大量非工会工人加入工会。20世纪30年代，大规模生产行业，如汽车和钢铁行业，已经实现蓝领工人的大规模工会化。近年来，公共部门工作者也陆续加入工会。历史如此，为什么女性劳动力、年轻人、移民和南部地区工人没有加入这种变迁，继续维持工会会员快速增长的势头呢？调查表明，虽然图10-2显示年轻人和女性劳

---

① 关于此处讨论的相关资料请参见 For a discussion and empirical evidence on this point, see Peter D. Linneman, Michael L. Wachter, and William H. Carter, "Evaluating the Evidence on Union Employment and Wages," *Industrial and Labor Relations Review*, October 1990, pp. 34-53. For contrary evidence for the construction industry, see Dale Belman and Paula B. Voos, "Union Wages and Union Decline: Evidence from the Construction Industry," *Industrial and Labor Relations Review*, October 2006, pp. 67-87。

② 参见 Freeman and Medoff, op. cit, chap. 15。

动力的工会会员比例较低，但实际上他们加入工会的意愿甚至比年长者和男性劳动力更强。当美国国家劳动关系委员会（National Labor Relations Board，NLRB）让工人投票决定是否想加入工会时发现，工会的支持比例已经不再增长。

10.3.2　雇主反对假说

上述对结构变化假说的一些批判，让弗里曼（Freeman）和梅多夫（Medoff）开始质疑结构变化假说的充分性，提出**雇主反对假说**（managerial opposition），认为对工会的雇主反对也是阻碍工会成长的重要因素。弗里曼和梅多夫认为，从 20 世纪 70 年代开始工会提高了会员的工资水平（第 11 章），工会化企业与非工会化企业相比利润下降[①]，使得雇主对工会的反对愈加强烈。雇主对工会的反对可能采取各种方式，包括合法的和非法的。合法手段包括雇主以书面或口头方式与工人交流，暗示工会化会形成工人和雇主的对立局面，损害工人的利益。类似地，雇主会指出在工会存在的情况下，罢工会更加频繁地给工人带来更大的损失。另外，如"工作世界 10-2"专栏所讲，企业可能雇佣永久罢工破坏者替代罢工工人，或者用各种手段延迟美国国家劳动关系委员会工会认证选举，降低工人组织工会的热情。雇主也越来越多地雇佣擅长煽动反对工会氛围的劳工管理顾问阻止工人加入工会，或者规劝工会工人抵触工会。[②]

弗里曼和梅多夫指出，使用非法手段反对工会的情况急剧增加，特别是雇主通过解雇亲工会的工人来反对工会，即便这种做法被《瓦格纳法案》（Wagner Act）明令禁止。这种手段的盛行是因为即使雇主被发现违法，也只受到很轻的处罚。在这种反工会策略的阻挠下，工会运动进入相对低潮期。

工作世界 10-2

雇主雇佣永久罢工破坏者的权利应该被废除吗？

雇主越来越多地采用雇佣永久罢工破坏者的方式反对工会。例如，1977 年，*Detroit News* 和 *Detroit Freepress* 通过雇佣罢工工人的永久替代者的方式成功打破了长达 19 个月的罢工。罢工结束后，只有有空闲工作岗位时，罢工者才能继续在公司工作。

在此之前，费尔普斯·道奇公司（Phelps Dodge）、《芝加哥论坛报》（*Chicago Tribune*）、荷美尔公司（Hormel）、大陆航空公司（Continental Airlines）、国际纸业（International Paper）、灰狗公司（Greyhound），还有其他一些大公司都雇佣过永久罢工破坏者来替代罢工工人。其中，个别公司甚至通过要求不可接受的工资让步诱使工会罢工，然后

---

① 尽管工会的工资优势会吸引工人加入工会，但工资提升所引起的利润下降也会引起雇主对工会的强烈反对。弗里曼坚信后者的效果会更大，并且 NLRB 选举中工人比例下降的 1/4 在一定程度上归因于 20 世纪 70 年代工会工人工资的提高以及由其引起的企业利润下降，利润下降使得雇主强烈反对工会。参见 Richard B. Freeman，"The Effect of the Union Wage Differential on Management Opposition and Union Organizing Success，" *American Economic Review*，May 1986，pp. 92-6。

② 一个名为执行企业研究所（Executive Enterprises Institute）的组织声称 80%的《财富》500 强企业都派代表参加它的年会，年会主题包括"21 世纪如何保持工会的自由"等。想要了解这方面的更多分析，参见 John Logan，"The Union Avoidance Industry in the United States，" *British Journal of Industrial Relations*，December 2006，pp. 651-75。

用新的永久性雇员替代罢工工人。

工会试图通过修改劳工关系法制止公司的这些商业伎俩。1992年众议院通过了禁止公司雇佣永久罢工破坏者的法律条文，但这条法律在参议院并没有通过。1995年，美国总统克林顿签署禁止联邦政府承包商使用罢工破坏者取代罢工工人的行政命令，但一年后，这条行政命令被联邦法庭推翻。尽管工会做出了各种努力，但禁止永久替代者的法律仍然没有出台。

禁止雇佣永久罢工破坏者的支持者认为，雇佣罢工破坏者本质上跟解雇罢工工人是类似的，现有法律规定解雇罢工工人违法，使用罢工破坏者取代罢工工人却不违法。工会和企业之间应该进行合法、有诚意的谈判，正如一位评论员指出的，"你不能和一个即将失去工作的罢工者进行谈判"。支持者也提出，在日本、德国和其他一些主要贸易竞争对手那里，雇佣永久罢工破坏者都是被禁止的。

反对者则认为，禁止雇佣永久罢工破坏者的规定会使工会提出过多要求，逼迫公司破产或迁到国外。而且被永久性替代只是工人在投票决定罢工与否时应该考虑的一种风险。反对者还提出，公司能够找到大量合格替代人员的事实，也从侧面说明工会所提要求并不合理。

辛格（Singh）和贾殷（Jain）通过实证研究发现，禁止雇佣永久替代工人的影响并不确定。一方面，实证结果能够确定的是，这种禁令会缩短罢工期限，减少罢工现场发生的暴力冲突，减少被关闭的工会数量。另一方面，并没有发现从法律上禁止雇佣罢工替代者对罢工的数量、工资和就业产生影响的明确证据。

资料来源：Parbudyal Singh and Harish C. Jain, "Striker Replacements in the United States, Canada, and Mexico: A Review of the Law and Empirical Research," *Industrial Relations*, January 2001, pp. 22-53.

弗里曼针对雇主反工会活动对工会组织动机和代表选举结果的影响做了13项研究，发现其中12项的结果都证明雇主反工会活动是有效的。因而，弗里曼得出结论，雇主的反对对工会运动成败至关重要，这也是美国经济发展过程中工会化程度降低的主要原因之一。[①]

10.3.3 替代假说

替代假说（substitution hypothesis）是指，除工会外的其他组织，尤其是政府和雇主，提供一些通常只有工会才会提供的服务、福利和优厚就业条件。政府和雇主提供的这些替代性服务使得工人对工会的需求降低，工会对工人的吸引力下降。纽曼（Neumann）和里斯曼（Rissman）指出，目前很多与劳动力市场相关的公共计划，如失业保险、工伤补偿、社会保障及健康和安全法等，虽然曾经都是工会的

① 参见 Richard B. Freeman, "Contraction and Expansion: The Divergence of Private Sector and Public Unionism in the United States," *Journal of Economic Perspectives*, Spring 1988, pp. 82-83; and Richard B. Freeman and Morris M. Kleiner, "Employer Behavior in the Face of Union Organizing Drives," *Industrial and Labor Relations Review*, April 1990, pp. 351-65. 也可参见 Morris M. Kleiner, "Intensity of Management Resistance: Understanding the Decline of Unionization in the Private Sector," *Journal of Labor Research*, Fall 2001, pp. 519-40。

重要目标，但实际上政府越来越多地承担起为工人提供类似服务的责任，从而降低了工人加入工会的意愿。[①]

类似地，一些雇主试图采用积极的劳动力政策降低工人对工会的需求。例如，他们建立与工人沟通的双向渠道，有序地处理工人的不满，建立工人参与企业管理的机制，提供养老保险，支付诱人的工资和附加福利等。通过消除亲工会工人对工作的不满情绪，雇主实现了工会自由。在这种情况下，原先需要工会为之斗争的相关权益，雇主主动奉上，实现了对工会的打击。

在研究工人对工会态度的数据后法伯发现，对现有工作满意的工人对工会的热情要相对较低，对现有工作不满的工人投票支持工会的热情更高。有数据表明，非工会工人对工资和工作安全的满意度在 1977—1984 年间急剧上升，而对工会能够帮助工人提高工资和改善工作条件的期望在降低。法伯的结论是，非工会工人对工会代表需求的急剧下降是独立于劳动力和产业结构变化的。[②] 法伯与克鲁格合写的论文进一步支持了他的观点[③]，他们发现，工会会员在 1977—1991 年间的下降，实际上是因为工人对工会代表的需求下降所引起的，这与传统的工会化工作机会的减少是一致的。

10.3.4 其他因素

上述三个假定并没有涵盖导致工会化程度降低的所有因素。例如，有证据表明，工会并没有竭尽全力组织工人加入工会。[④] 还有观点认为，美国社会的基本价值取向是强调自由市场和个体竞争，并未给劳工运动提供良好的环境。[⑤] 最后，里根-布什时期的公共政策越来越倾向于保护雇主，特别是 NLRB 的法令越来越反工会，总体形成了不利于工会发展的行政法律环境。

10.3.5 相对重要性

经济学家尝试对导致工会衰落的各种因素的重要性进行定量分析。例如，与雇主反对假说和工会组织工人加入工会的积极性降低相比较，结构变化假说在解释工会衰落中有多么重要呢？尽管进行定量分析非常困难并且需要非常小心，但的确存

---

① 参见 George R. Neumann and Ellen R. Rissman, "Where Have All the Union Members Gone?" *Journal of Labor Economics*, April 1984, pp. 175-92。关于纽曼和里斯曼假设得出的少数实证研究结果已经被整合在一起了。参见 Christopher K. Coombs, "The Decline in American Trade Union Membership and the 'Government Substitution' Hypothesis: A Review of the Econometric Literature," *Journal of Labor Research*, June 2008, pp. 99-113。

② 参见 Henry S. Farbe, "Trends in Worker Demand for Union Representation," *American Economic Review*, May 1989, pp. 166-71。

③ 参见 Henry S. Farber and Alan B. Krueger, "Union Membership in the United States: The Decline Continues," in Bruce E. Kaufman and Morris M. Kleiner (eds.), *Employee Representation: Alternatives and Future Directions* (Madison, WI: Industrial Relations Research Association, 1993), pp. 105-34。

④ 参见 Paula B. Voos, "Union Organizing: Costs and Benefits," *Industrial and Labor Relations Review*, July 1983, pp. 576-91; and Gary N. Chaison and Dileep G. Dahvale, "A Note on the Severity of the Decline in Union Organizing Activity," *Industrial and Labor Relations Review*, April 1990, pp. 366-73。

⑤ 参见 See Seymour Martin Lipset, "North American Labor Movements: A Comparative Perspective," in Seymour Martin Lipset (ed.), *Unions in Transition* (San Francisco: ICS Press, 1986), pp. 421-52。

在一些合理的方法来估量。例如，法伯通过定量分析证实了经济结构的变化对工会的衰落有一定的重要性，他估计在 1956—1978 年间，总劳动力中工会会员的相对比例降低，40%是经济重心转向了非制造业工人、白领工人、女性工人和南部地区工人所在产业所导致的。①

同样，法伯和韦斯顿（Western）认为 1973—1998 年间，私人部门工会会员减少很大程度上是由于非工会化部门就业增长快于工会化部门就业增长。② 他们还发现，在过去一段时间，工会活动的减少与工会化程度降低关系并不大，他们发现，即使活动数量是现在的 5 倍，工会化程度在 1973—1985 年间仍会降低，且此后基本稳定在 18%左右。

弗里曼研究了工会在 NLRB（13 章）资格选举中成功率降低的情况③，发现由于雇主的反对，1/4～1/2 的选举失败了。综上，弗里曼的结论是，工会化程度降低的原因中 40%是雇主反对更加强烈导致；20%是工会组织非工会工人加入工会的积极性降低导致；剩余 40%是经济结构变化和其他一些未知因素引起的。

10.3.6 工会对策

工会如何应对衰落的现状呢？

■ 合并

面对工会会员减少的情况，工会最基本的反应是合并管辖权相近的工会。自 1955 年 AFL 和 CIO 合并后已有 136 家工会陆续合并，其中大约 30%的合并发生在 1985—1994 年间。工会理念强调团结，在合并中一些现实的考虑有很重要的作用。会员数量的骤减、会费收入降低以及在集体谈判中统一发声都促进了近年来工会的合并。④

■ 策略变化

面对工会会员减少现状的另一个对策是改变工会的组织和谈判策略。

工会开始加强对工会组织者的培训，并制定了一系列吸引白领专业工人和女性劳动力（第 3 章）加入工会的谈判条款。例如，有些工会对工资和工作条件关注较少，而把重点放在产假、照料孩子、弹性工作时间等目标上。多数工会已经表明在

---

① 参见 Henry S. Farber，"The Extent of Unionization in the United States，" in Thomas A. Kochan（ed.），*Challenges and Choices Facing American Labor*（Cambridge，MA：MIT Press，1985），pp. 15-43. For a study reaching a similar conclusion，see C. Timothy Koeller，"Union Activity and the Decline in American Trade Union Membership，" *Journal of Labor Research*，Winter 1994，pp. 19-32。

② 参见 Henry S. Farber and Bruce Western，"Accounting for the Decline of Unions in the Private Sector，1973-1998，" *Journal of Labor Research*，Summer 2001，pp. 459-85。

③ 参见 Richard B. Freeman，"Why Are Unions Faring Poorly in NLRB Representation Elections？" in Thomas A. Kochan（ed.），*Challenges and Choices Facing American Labor*（Cambridge，MA：MIT Press，1985），pp. 45-64。

④ 参见 Lisa Williamson，"Union Mergers，1985-1994 Update，" *Monthly Labor Review*，February 1995，pp. 18-24. Also see Gary Chaison，"Union Mergers in the U. S. and Abroad，" *Journal of Labor Research*，Winter 2004，pp. 97-115；and Kim Moody，"The Direction of Union Mergers in the United States：The Rise of Conglomerate Unionism，" *British Journal of Industrial Relations*，December 2009，pp. 676-700。

一些潜在会员关心的吸毒测试和艾滋病保护等方面的立场。另外，工会开始提供一些新的服务，如为工会会员和非工会会员提供低息信用卡和工作咨询服务，使工人对工会产生好感，拥护工会，即使这名工人暂时没有在与工会谈判的公司中工作。

在谈判前，工会也逐渐倾向于避免罢工，因为罢工中雇主通常雇佣永久罢工破坏者进行反击，这部分人后续会投票否定工会。除罢工外，工会支持的是有显著成效并有成功案例的“怠工”方式。工会会员不再像以前一样继续努力工作，而是“照章行事”，即按最低标准工作，从而使公司产量降低利润减少，得到与罢工相同的惩罚效果。但对工人而言，工人收入没有损失，也没有被罢工破坏者替代的风险。怠工的目标是说服雇主以公司利益为重，与工会进行认真的谈判。

◆ 快速回顾 10-2

- 近几十年来，工会会员占总劳动人口的百分比不断下降；如今工会会员的绝对数量也低于 1980 年。
- 三个假设——也许是互补的——被用来解释工会化程度下降的原因：(a) 产业构成和地理位置的结构变化；(b) 雇主对工会的反对；(c) 先前由工会提供的很多服务被政府和雇主所取代。
- 工会对工会衰落的反应是：合并或者实施新策略来满足员工的需求。

思考题

下列哪些措施可以有效地提高工会会员占市场劳动力总数的百分比？(a) 将东北部的制造业搬到东南部；(b) 减少进口；(c) 发展高新技术产业，如电脑芯片或者软件；(d) 公共部门就业量的相对减少。（答案：参见书末。）

10.4　工会想要什么？

之前，我们了解了劳工运动的规模，乐于加入工会的劳动力类型，工会的组织结构和工会衰落的可能原因。接下来我们将讨论工会的目标这一棘手问题。

10.4.1　垄断性工会模型

当被问到工会想要什么的时候，美国劳工联合会（AFL）的创建者萨缪尔·冈珀斯（Samuel Gomperss）回答的是“更多，更多，更多！”经济学家普遍相信工会的目标之一是既增加工会会员的工资，又增加工会会员的雇佣量。[①] 因而，经济学家通常假设一个工会的总效用与工会会员的工资率 W 和雇佣量 E 为正相关。工会的总体效用水平用图 10-3 中的无差异曲线 I_1、I_2、I_3、I_4 来表示。每一条曲线表示对工会而言效用相同的工资率和雇佣量的组合。这些曲线是向下倾斜的，因为如果工资率上升，要想维持整体效用水平恒定，雇佣量必然会降下来，反之亦然。这

① 研究工会目的模型的调查，参见 Bruce E. Kaufman，“Models of Union Wage Determination：What Have We Learned since Dunlop and Ross?” *Industrial Relations*，January 2002，pp. 110-58。

些曲线是凸向原点的，这是因为随着工资水平的上升，其对劳动力的边际替代率是递减的。最后，越高的无差别曲线（那些离原点越远的曲线）代表越高的工会效用水平，表示更高的工资水平和更多的就业。

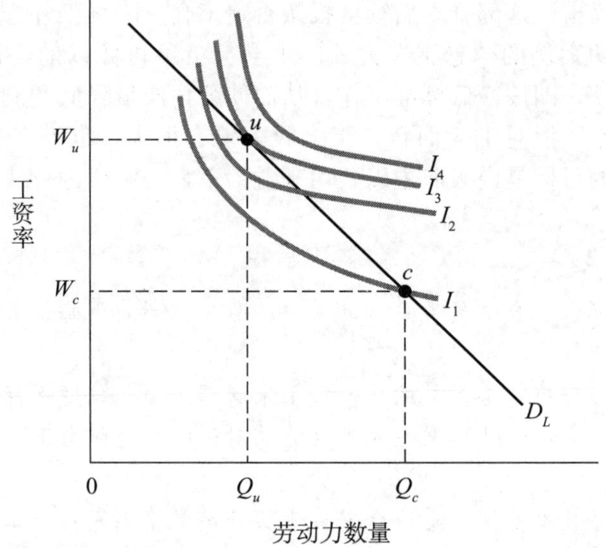

效用最大化的工资率和雇佣量的结合点是点 u，在这里工会无差异曲线 I_3 和劳动力需求曲线 D_L 相切。工会将工资率从 I_4 提高到 W_u，企业的雇佣量由 Q_c 减少到 Q_u，工会的效用从 I_1 提高到 I_3。

图 10-3　垄断工会模型

无差异曲线给定时，什么因素会影响工会对工资率和雇佣量的选择呢？假设没有工会，市场竞争会使工资率稳定在 W_c，雇佣量稳定在 Q_c（图 10-3 中的点 c）。**垄断性工会模型**（monopoly union model）假设工会设定工资率，而企业根据工资率决定雇佣量。因为企业追求利润最大化，它会在劳动力需求曲线上选择雇佣水平。因此，对企业来说，最优的工资率和雇佣量组合位于企业的劳动力需求曲线上。在图10-3 中，对于工会来说效用最大的工资率和雇佣量组合的点是 u，此时，工会的无差异曲线 I_3 和劳动力需求曲线 D_L 正好相切。相应的工资率是 W_u，雇佣量是 Q_u。不存在其他工资率和雇佣量的组合比 u 有更高的效用。同非工会化的结果相比，工资率从 W_c 上涨到 W_u，雇佣量从 Q_c 下降到 Q_u，工会的总效用从 I_1 增加到 I_3。

10.4.2　效率合约模型

经济学家指出，在垄断工会模型中工资率和雇佣量的组合对双方来说都是无效率的。若存在其他工资率和雇佣量的组合，在不损害其他方利益的情况下，使至少一方获利，这个合约就不是有效率的。如果不是由工会设定工资率，企业决定雇佣量，而是在工会和企业谈判的基础上共同协商决定工资率和雇佣量，就会出现一个有效率的结果。我们把在未损害其他方利益的情况下，至少使一方获利的工资率和雇佣量组合称为**效率合约**（efficient contracts）。这个合约对双方来说是有效率的，但对整个经济中的劳动力资源配置来说未必是有效率的。

图 10-4 阐释了效率合约模型。此图中的工会无差别曲线 I_3 和 I_4 以及劳动力需求曲线 D_L 是从图 10-3 中复制过来的。图中还引入了一组等利润线 π_1 和 π_2。等利润线展示的是使企业产生相等利润的工资率与雇佣量的组合。给定一个工资率，最大的利润点一定位于劳动力需求曲线上。越低的等利润线代表越高的利润，这是因为在相同的雇佣水平下，支付较低工资的企业可以获得更高的利润。因此，追求利润最大化的企业希望可以位于最低的等利润线上。

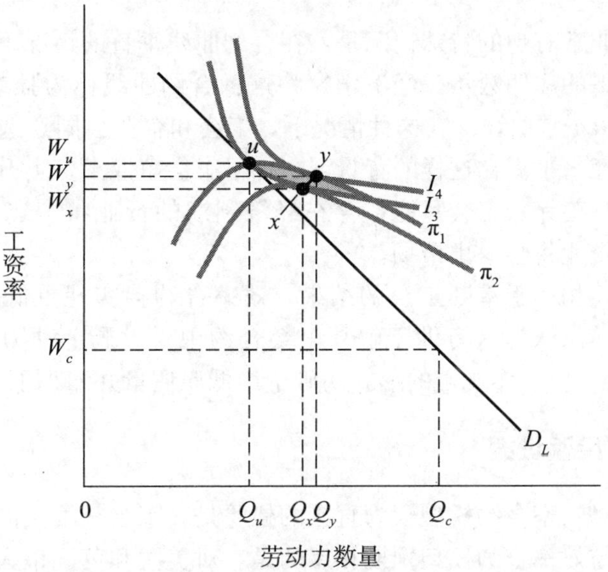

垄断工会最终达到的均衡点是点 u。W_u 和 Q_u 的组合并不是有效率的，因为移动需求曲线，两方中至少有一方是可以变得更好的。在点 x，工会的效用并没有下降，因为点 x 和点 u 在同一条无差异曲线上，但企业可以通过下移等利润线获得更高的效用。在点 y，工会处于一条更高的无差异曲线上，因而获得更高的效用，而企业的情况也不会变坏，因为仍在同一条等利润线上。xy 即是一条合约线，在这条最优的线上，工会与企业进行谈判。

图 10-4 效率合约模型

在垄断工会模型之下，工资率和雇佣量的组合位于劳动力需求曲线 D_L 上的点 u。为阐释垄断工会模型的结果对于企业和工会双方是无效的，我们先假设双方在点 x 就工资率和雇佣量达成共识。同垄断工会模型中的点 u 相比，工会的效用没有降低，因为点 x 和点 u 都位于无差异曲线 I_3 上。但是企业在点 x 可以获得更多的利润，因为此时它处于位置更低的等利润线 π_2 上。或者我们同样可以假定工会和企业在点 y 就工资率和雇佣量达成一致，那么相对于点 u，工会获得了更高的效用水平而企业也没有任何损失，依旧位于等利润线 π_1 上。

工会和企业会发现一系列至少是跟垄断工会合约有相同吸引力的合约。图 10-4 中的阴影部分表示这些合约。在这些合约中，最有效率的合约不可能在不损害其他方利益的情况下使得某一方的境况得到改善。最有效率的工资率和雇佣量的组合是等利润线和无差异曲线的切点。连接点 x 和点 y 之间所有切点所构成的线段 xy 称为合约曲线（或者称讨价还价曲线）。

尽管在合约曲线 xy 上的任意一点两方的效用都不会差于点 u，但并不意味着达到合约曲线上的任意一点对两方都是无差异的。工会更喜欢靠近点 y，因为这样会使工会处于更高的无差异曲线上，从而获得更高的效用。而企业更喜欢靠近点 x，因为它们可以获得更大的利润（更低的无差异曲线）。解决方案最终确定在合约曲线的哪一点上，取决于工会与企业谈判力量的大小。

尽管图中的合约曲线 xy 是向上倾斜的，但实际上合约曲线可以是斜率为负、斜率为正或者是垂直的。合约线的斜率取决于企业等利润线和工会无差异曲线的形状。

一种非常有趣的特殊情况是，在合约曲线垂直的情况下，工会化的企业雇佣的是竞争水平的雇佣数量。经济学家将这种合约曲线称为**强效率合约**（strongly efficient contract）曲线。在这种情况下，工会和企业会同意选择一个与工会不存在时相同的雇佣水平。在这样的背景下，如果工会争取工资上升一美元，那企业的收入就会下降一美元。工会只能在存在经济利润的行业将工资提高到竞争工资水平之上，否则企业将会退出市场。

总之，相比于垄断工会的结果，效率合约会实现更低的工资和更高的雇佣水平。经济学家认为这有助于解释工会合约中对过剩劳动力的要求。这些规定或者“额外雇工”以工作规定的形式明确了最低雇佣量并缩小了工作范围。

10.4.3 经验证据

一个对效率合约模型较为直接的检验是，工会是不是同时就雇佣量和工资率进行谈判。与效率合约模型预期相反的是，对美国和英国最大工会的调查发现，工会通常会让企业几乎完全自主决定雇佣量。① 虽然工会并不直接谈判雇佣量，但一些研究发现，它们可能会通过对资本-劳动比率的谈判来间接影响雇佣水平。② 比如，关于公立学校老师的雇佣合约，一般会规定最低的老师-学生比率或者最大的课堂规模。然而，这些证据并不是很有说服力，因为企业可以通过改变资本来改变雇佣量。

一些研究尝试对效率合约模型进行间接测试。③ 这些研究都基于效率合约模型与垄断工会模型对影响工会雇佣水平的因素有不同的预期。比如，垄断工会模型假设工会决定工资率而企业根据这个工资率决定雇佣量。因而，工会的雇佣水平是与工会工资率相关的，而与市场竞争工资率无关。强效率合约模型假设，工会的雇佣水平是恒定的，这个恒定的雇佣水平与没有工会的情况下是相同的。因此，工会的工资率与工会的雇佣量无关，工会的雇佣量应该仅仅取决于竞争性工资水平。

---

① Andrew J. Oswald, “Efficient Contracts Are on the Labor Demand Curve: Theory and Facts,” *Labour Economics*, June 1993, pp. 85-113.

② 例如，参见 George E. Johnson, “Work Rules, Featherbedding, and Pareto Optimal Union-Management Bargaining,” *Journal of Labor Economics*, January 1990, pp. S237-59；以及 Andrew Clark, “Efficient Bargains and the McDonald-Solow Conjecture,” *Journal of Labor Economics*, October 1990, pp. 502-28。

③ 对间接测试的批判性观点，参见 Alison Booth, *The Economics of Trade Unions* (Cambridge: Cambridge University Press, 1995), pp. 134-41。

通过对效率合约模型的间接研究，人们对关于是否支持该模型得出了不同的结论。其中的两项研究使用了打印行业 27 年的数据，发现工会雇佣水平与竞争性市场工资率相关。[①] 这个研究结果是与效率合约模型一致的。但一项使用瑞典建筑行业数据的研究结果同时支持效率合约模型和垄断工会模型。[②] 采用不同的统计技术往往会得出不同的结论。此外，并没有确定性的证据表明垂直的合约曲线是存在的。[③] 一个简单模型不可能在不同时点上适用所有的工会情况。[④]

10.5 工会和工资决定

工会可以通过以下方式提高有工作的工会成员的工资水平：（1）增加劳动力需求；（2）限制劳动力供给；（3）通过谈判争取一个均衡水平之上的工资率。

10.5.1 增加劳动力需求

工会可以在一定程度上增加劳动力需求，在提高市场工资水平的同时增加受雇的工人数量。从图 10－5 可以看出，劳动力需求从 D_0 右移到 D_1，工资水平则由 W_0 提高到 W_1，雇佣量也由原来的 Q_0 增加到现在的 Q_1。劳动力供给弹性越大，相对于雇佣量，工资增加的幅度越小。

工会可以通过改变一个或多个决定劳动力需求的因素增加劳动力需求。具体来说，可采取以下行为：（1）增加产品需求；（2）提高生产率；（3）影响相关投入品的价格；（4）增加具体劳务的雇主数量。接下来我们通过实例对上述行为进行具体分析。

■ 增加产品需求

工会虽然不能直接控制它们希望增加的产品的市场需求，但可以通过政治游说影响它。比如，工会积极支持增加政府采购该产品的法案；建筑业工会会为新的高速公路项目、城市轨道交通建设、市区重建计划、防洪计划以及相关水利工程项目进行游说；教师工会会推动增加政府教育支出法案的实施。这些都是这方面的典型例子。

---

① 参见 Thomas E. MaCurdy and John H. Pencavel，"Testing between Competing Models of Wage and Employment Determination in Unionized Markets，" *Journal of Political Economy*，June 1986，pp. S3-39；以及 James N. Brown and Orley Ashenfelter，"Testing the Efficiency of Labor Contracts，" *Journal of Political Economy*，June 1986，pp. S40-87。另一项有相似发现的研究是 David Card，"The Efficient Contracts with Costly Adjustment：Short-Run Employment Determination for Airline Mechanics，" *American Economic Review*，December 1986，pp. 1045-71。

② Thomas Aronsson，Karl-Gustaf Lofgren，and Magnus Wikstrom，"Monopoly Union and Efficient Bargaining：Wage and Employment Determination in the Swedish Construction Sector，" *European Journal of Political Economy*，August 1993，pp. 357-70.

③ 发现存在强效率合约曲线的证据和分析参见 John M. Abowd，"The Effect of Wage Bargains on the Stock Market Value of the Firm，" *American Economic Review*，September 1989，pp. 774-800. For contrary evidence，see MaCurdy and Pencavel，op. cit。

④ MaCurdy and Pencavel，op. cit.

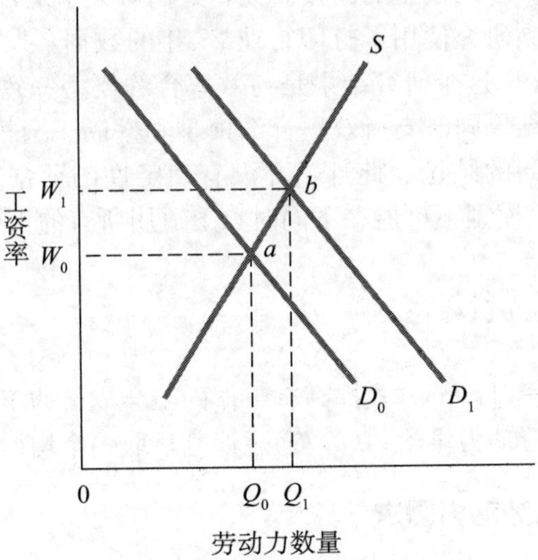

工会使劳动力需求由 D_0 增加至 D_1，相应地，工资率由原来的 W_0 增加到 W_1，雇佣量则由原来的 Q_0 上升到 Q_1。

图 10－5 工会增加劳动力需求的方法

全球瞭望 10－2

工会工资差异控制了工人个人特征的影响

在主要的工业化国家中，日本的工会工资差异（是否加入工会对员工工资的影响）最大。

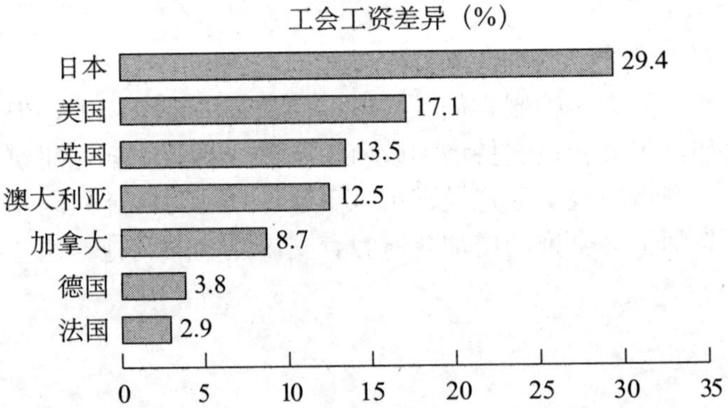

资料来源：David G. Blachflower and Alex Bryson，"Changes over Time in Union Relative Wage Effects in the UK and US Revisited，" in John T. Addison and Claus Schnabel（eds.），*International Handbook of Trade Unions*（Cheltenham，England，and Northhampton，MA：Edward Elgar 2003），chap. 7. The wage differential estimates cover the period 1994-1999.

工作世界 10－3

世界贸易组织、贸易自由化和劳工标准

1999 年 11 月，数万人参加了西雅图的暴力示威活动，因为世界贸易组织正试图达成

一项贸易自由化的协定，抗议者们以这种方式表达对世界贸易组织政策的不满。近来，世界贸易组织在会议上屡次受到抗议者的攻击。抗议者对成员超过150个的世界贸易组织没有解决任何有关工人权利和工作环境方面的问题表示担心。

世界贸易组织成立于1995年，目标是削减贸易壁垒，促进贸易自由化。其最核心的宗旨是，每个成员在贸易壁垒方面对待所有成员都应该一视同仁。比如，如果美国要降低国外进口汽车的关税，它就必须降低来自其他所有成员进口汽车的关税（当然也存在一些例外情况，区域贸易协定和发展中国家有时不适用这一条款）。如果某个成员违反了世界贸易组织的规定，就会受到制裁。

致力于西雅图抗议活动的工会组织希望世界贸易组织能够制定关于劳工和环境标准的相关政策。例如，在国际贸易协定中加入童工年龄限制的规定，赋予工人们组织起来通过集体谈判确定工资水平的权利，以及作出对最低工资标准、工作条件标准等方面的规定。

如果这些劳工标准被采纳，工会成员无疑会受益良多，因为这样一来国外产品的制造成本和相对价格都会提高，市场上对本国产品的需求和工会工人的需求会得到大幅提升。

然而，绝大多数成员坚信，如果将这类劳工和环境标准作为国际贸易协议的一部分，只会让发达国家的工会工人受益，而工业发达国家的消费者和发展中国家的生产者、消费者都要为此付出昂贵的代价。这类标准增加了发展中国家的劳动和生产成本，对已经达到标准的工业发达国家却是一个有利条件。劳动和生产成本的提高，会使得进口量减少以至于全世界范围内的消费者都要支付更加昂贵的价格。发展中国家的经济增长也会受到明显阻碍，而经济增长恰恰又是这些国家有能力执行更为严格的劳工和环境标准的必要条件。

资料来源：根据一些新闻报道整理。

出于类似的原因，工会也经常为能够刺激私人部门产品需求的立法进行游说。例如，航空业工会曾经大力支持给予购买美国商业飞机的外国客户利率补贴的立法。

另外一种增加产品需求的方式是，工会在政治上支持能提高工会会员所制造商品的替代品价格的法律。比如，钢铁工人联合工会（United Steel Workers of America，USWA）代表轮胎行业的橡胶工人，获得了美国进口轮胎征收关税的政策支持。这些关税会提高替代品（进口轮胎）的价格，从而增加市场对国内轮胎的需求，加大劳动力市场上对USWA会员的需求。

提高生产率

我们知道，在一个特定职业中对劳动力的需求部分地取决于劳动生产率，虽然决定劳动生产率的大多数因素都控制在企业手中，工会仍然可以通过两种方式影响工人的单位产出：联合劳动管理委员会（有时称作“质量环”）和共同决策制（也称“工人民主制”，使工人能够直接参与企业的决策过程）。这些方法的目的在于加强企业的内部沟通以及通过强调合作、利润奖励来提高生产率。

■ 对相关投入品的价格施加影响

如果劳动力与其他一些生产资源是总替代关系（即替代效应>产出效应），工会就能够通过提高这些资源的相对价格来增加劳动力需求。虽然工会很难直接控制这些替代性生产资源的价格，但它可以通过一些政治手段对这些生产资源的价格施加影响。首先，工会成员一般都是高收入的熟练工人，工会可能通过支持提高作为替代品的非工会非熟练工人的最低工资来达到增加对工会劳动力需求的目的。我们举一个简单的例子，假设两个非熟练工人的每小时产出与一个熟练工会工人的每小时产出相当，非熟练工人的小时工资为10美元，工会工人的小时工资为25美元，那么很明显企业愿意雇佣非熟练工人（单位产出的工资为20美元）。现在假设工会成功地游说政府为所有工人设定每小时15美元的最低工资标准，熟练工人和非熟练工人在生产上是替代关系并构成总替代关系，则非熟练工人工资的增长会加大对熟练工会工人的需求。这是因为现在每单位的产品可以通过雇佣一个熟练工人以25美元/小时来生产，而不是雇佣两个非熟练工人用每小时30美元（2×15）来生产。

《戴维斯-贝肯法案》（Davis-Bacon Act，1931）及其修正案为我们提供了另外一个工会如何提高能够替代工会工人的生产资源价格的例子，在这个例子中，对工会工人构成替代威胁的是熟练的非工会工人。这个得到工会强烈支持的法案，要求那些承包联邦政府出资的工程项目的承包人支付“通行工资”。这种“通行工资”实际上相当于工会工人的工资水平，因为其计算公式显示，“通行工资”水平取决于发生频率最高的工资水平。通常非工会企业支付的工资要低于工会工人的工资水平，因此，该法案实际上提高了非工会劳动者的工资水平。当工会工人和非工会工人是总替代关系时，该法案使得市场对工会工人的需求增加了，并使得工会为更高的工资谈判时不必担心政府项目流失到非工会企业那里去。[①]

■ 增加雇主数量

工会可以通过游说政府设立项目，鼓励厂商在当地建立公司来增加劳动力需求。例如，工会可能会支持政府发行工业收益债券建立工业园区，并且通过减免财产税吸引国内外制造商的政策。

10.5.2 限制劳动力供给

工会还可以通过削减劳动力供给的办法增加工资。但是工会必须接受工资提高所造成的雇佣量的下降。幸运的是，对工会来讲，对劳动力供给的限制更可能在一种动态变化中发生。在这种动态过程中，限制劳动力供给的结果仅仅表现为减缓了工作机会的增长。

---

① 《戴维斯-贝肯法案》增强了工会在劳资谈判中的讨价还价能力，从而提高了工会工人的工资。关于此观点的实证证据，参见 Daniel P. Kessler and Lawrence F. Katz, “Prevailing Wage Laws and Construction Labor Markets,” *Industrial and Labor Relations Review*, January 2001, pp. 259-74。还可参见 Mike Clark, “The Effects of Prevailing Wage Laws: A Comparison of Individual Workers' Wages Earned on and off Prevailing Wage Construction Projects,” *Journal of Labor Research*, Fall 2005, pp. 725-38。

在图 10 - 6 中，我们描绘了一个动态的劳动力市场，在这一市场中劳动力需求和供给都是不断增加的。我们假设，需求的增加是因为产品需求增加和生产率提高引起的；供给增加是因为人口增长引起经济活动人口增加。当不存在工会的时候，需求的增加（D_0 到 D_1）和供给的增加（S_0 到 S_1）会使得工资率由 W_0 增加到 W_1，而雇佣量由 Q_0 增加到 Q_1（即由点 a 移动到点 b）。

现在假设存在工会并且工会通过采取行动限制劳动力供给扩张到 S_1。于是，工资率将上升到 W_u 而非原先的 W_1，雇佣量也仅增加为 Q_u 而非原先的 Q_1。工会通过限制劳动力的供给增加了工资率。在这种情况下，工会的行为降低了就业的增加：相比原来的 $(Q_1-Q_0)/Q_0$，现在的就业仅仅增长了 $(Q_u-Q_0)/Q_0$。劳动力需求弹性越大，劳动力供给限制对雇佣量的负效应就越大。

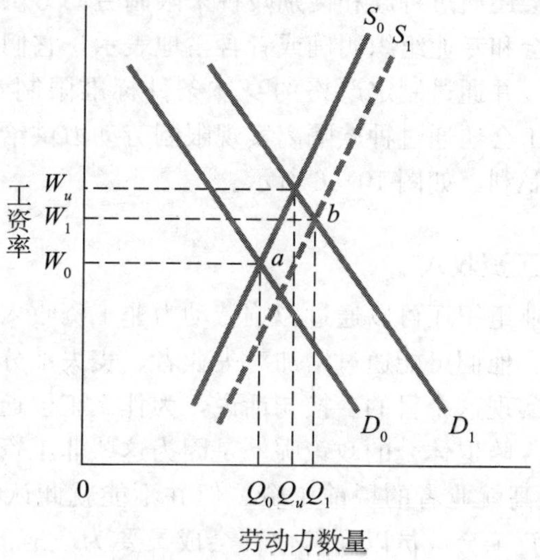

在一个劳动力需求和劳动力供给均扩张的动态劳动力市场上，如劳动力需求由 D_0 扩张到 D_1，劳动力供给由 S_0 扩张到 S_1，工会或专业组织通过限制正常的劳动力供给增加（S_0 而非 S_1），可以成功地将工资率由 W_1 提高到 W_u。然而，工会工人的就业增长也放慢了（$(Q_u-Q_0)/Q_0$ 与 $(Q_1-Q_0)/Q_0$ 相比）。

图 10 - 6 工会限制劳动力供给的方法

工会通过采取措施或者支持政府政策来改变影响劳动力供给的因素从而限制劳动力供给。其中，特别是“减少合格劳动力数量”这个因素很容易受到工会的影响，“非工资收入”的变动受工会的影响也很大。

■ 减少合格劳动力的供给数量

工会经常用来制约劳动力供给的一种方法是限制国家做过多的合格劳动力储备。这可以部分解释为什么工会会强烈支持：(1) 限制移民；(2) 童工法；(3) 强制退休；(4) 更短的周工作时间等政策和做法。

工会还可以通过对进入某个职业的资格做出规定来控制劳动力供给。例如，工艺工会（由具备某项特定技能的工人组成，如水管工人、木匠、泥瓦匠等）和某些专业团体（例如，美国医学会）通过设定进入培训的门槛以及设立很长的学徒计划，以达到限制劳动力供给的目的。这种类型的工会主义有时也称为**排他工会主义**

(exclusive unionism)，这种做法主要通过排斥潜在工人进入特定行业来限制劳动力供给。

另一种更重要的方式是，工会和专业组织利用**职业许可证**（occupational licensure）制度限制劳动力进入相关行业，这种制度通常由政府以法律形式颁布，要求从业者必须满足一定条件才能进入某行业。这些条件可能包括一定程度的教育水平或必要的工作经验，或者必须要通过某项考试，才能够获得从业资格证书。州执照委员会在确定获取从业资格证书的标准方面具有自主裁量权。有迹象表明，有的委员会通过调整“通过率”来控制进入某些行业的工人数量。[①] 另外，为限制工人的跨州流动，从业资格证书的获取还需满足最低居住权的规定。如图10-6所示，职业许可证限制了劳动力供给，提高了工会工人的工资水平。[②]

此外，工会还通过种族和性别歧视来限制劳动力供给。一些主要由男性劳动力组成的工艺工会和专业组织明确或者含蓄地表示，它们的工作对女性工作者来说过于繁重和紧张，并通过制定严格的身体条件标准限制女性劳动力进入该行业或职业。有些工艺工会还通过种族隔离实现限制劳动力供给的目的，这样做他们可以得到直接的经济私利，如图10-6所示。[③]

▩ 影响非工资收入

工会和职业组织还可以通过影响劳动力非工资收入的决定因素，来实现增加工人工资的目的。他们可能通过增加对失业者、丧失部分劳动力的工人和老年人收入的相关立法来实现这个目的。换句话说，为什么工会通常会支持增加失业补偿、工伤赔偿、社会保障退休金的政策呢？是因为这些非工资收入会降低劳动参与率（第2章），进而提高就业者的税前工资。但并不能就此认为这是工会支持这些政策的主要原因，毕竟工会成员以及其他社会成员要为政府的转移支付缴纳更高的税收，这会降低税后收入。但是这种支持与图10-6的结论是一致的。

10.5.3 争取高于均衡水平的工资

除了限制某个职位的劳动力供给（使劳动力供给曲线左移），一些工会还试图通过大量吸收行业内工人加入工会的方式，实现对劳动力供给的控制。在谈判中，工会可以以罢工威胁雇主，要求雇主增加工资。因为这些工会试图吸引所有的工人到工会中，因而也称为**包容性工会主义**（inclusive unionism）。像汽车工人联合会

---

① 参见 Alex Maurizi, “Occupational Licensing and the Public Interest,” *Journal of Political Economy*, March/April 1974, pp. 399-413。

② 此观点的一致性证明参见 Morris Kliener, “Occupational Licensing,” *Journal of Economic Perspectives*, Fall 2000, pp. 189-202。还可参见 Morris M. Kleiner, *Licensing Occupations: Ensuring Quality or Restricting Competition?* (Kalamazoo, MI: W. E. Upjohn Institute, 2006)。

③ 关于工会的歧视行为，参见 Orley Ashenfelter, “Discrimination and Trade Unions,” in Orley Ashenfelter and Albert Rees (eds.), *Discrimination in Labor Markets* (Princeton, NJ: Princeton University Press, 1973)。亦可参见 Larry D. Singell, Jr., “Racial Differences in the Employment Policy of State and Local Governments: The Case of Male Workers,” *Southern Economic Journal*, October 1991, pp. 430-44。关于劳动力市场歧视在本书第14章和第15章还有更详尽的分析。

和钢铁工人联合会就控制了所在行业相当大比例的劳动力供给。

工会控制劳动力供给的作用可以通过图 10－7 反映出来。设想在劳动市场上雇主们能够独立采取行动，则在不存在工会的前提下，市场将会出现竞争性均衡，此时的工资率和劳动力雇佣量分别为 W_c 和 Q_c。现在假设工会组建起来并成功地使雇主将工资提高到 W_u 的水平，则在 W_ua 的区间上劳动力供给曲线变成完全弹性。如果雇主在此区间雇佣某个数量的劳动力，他们就必须支付工资率 W_u，否则工会将通过组织工会工人罢工暂时退出劳动力市场。在工会合同有效期间，如果厂商希望雇佣比点 a 还要多的工人（比如劳动力需求大幅度增加）时，它们将不得不支付比 W_u 更高的工资以将足够数量的工人从其他工作吸引过来。

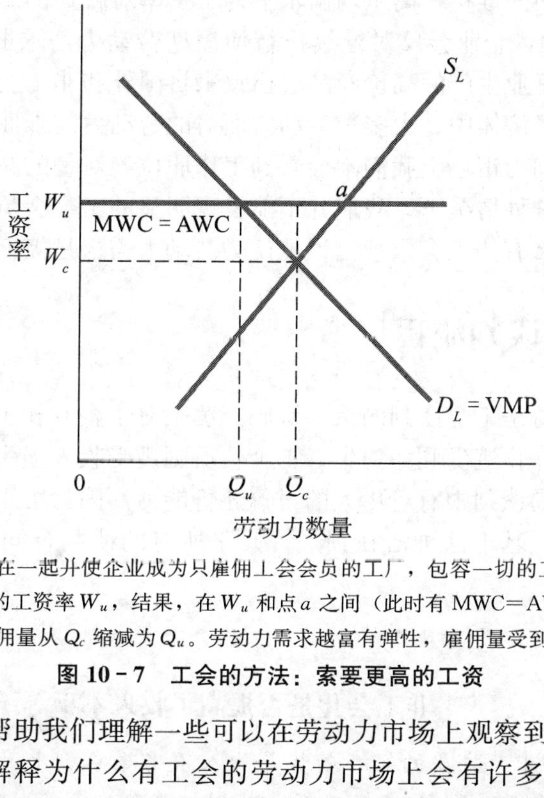

通过将所有工人组织在一起并使企业成为只雇佣工会会员的工厂，包容一切的工会可以成功地索要一个高于竞争水平工资率 W_c 的工资率 W_u，结果，在 W_u 和点 a 之间（此时有 MWC＝AWC＝S_L），劳动力供给曲线变得完全富有弹性，雇佣量从 Q_c 缩减为 Q_u。劳动力需求越富有弹性，雇佣量受到的影响就越大。

图 10－7　工会的方法：索要更高的工资

这个模型可以帮助我们理解一些可以在劳动力市场上观察到的现象和工会的行为。首先，它可以解释为什么有工会的劳动力市场上会有许多长期等待工作的工人。其次，与之相关的是，它清楚地说明了为什么工会强调劳动合同中必须有工会保障条款。工会的谈判能力在很大程度上取决于罢工威胁的可信性以及罢工发生后工会对全体工人的约束能力。一项**工会企业条款**（union shop clause）允许企业雇佣非工会工人，但要求这些工人在试用期结束后加入工会。这些条款通常增加了工会成员的比例。当合同到期时，假若企业不能在新合同中满足工会的要求，便会面临罢工的威胁，罢工会使劳动力减少，迫使企业削减产量甚至停产。停工威胁或实际罢工所导致的潜在或实际损失，提高了工会的谈判能力，使工会能够获得均衡水平以上的工资，如图 10－7 中的 W_u 所示。

再次，图 10－7 中 Q_u 和 Q_c 的距离也可以帮助我们理解为什么工会对合同中降低劳动力需求弹性的条款感兴趣。劳动力需求弹性越低，由工资提高而导致的被解雇的工人数就越少。回想一下，决定劳动力需求弹性的一个主要因素就是其他投入要素的可替代性。什么样的合同条款会降低资本对工会劳动力的替代？什么样的条款可能会限制非工会工人对工会工人的替代？对于第一个问题而言，这些条款可能包括限制新技术的应用，雇佣冗余工人，或者提供失业救济金。通过限制新技术的采用和雇佣多余劳动力的方法，工会能暂时降低劳动力需求弹性，也就是说，工资上升所导致的资本对劳动的替代作用也会减缓。提供失业救济金和解雇费的条款起着类似的作用。如果这些款项涉及的金额足够高，就会提高能代替工会劳动力的任何资本的“有效价格”。降低非工会工人对工会劳动力替代的例子如阻止工程转包和工厂换址。当工会迫使厂商提高工资率的时候，厂商能够更经济地使用工会劳动力。通过阻止这样的行为，工会至少临时降低了劳动力的需求弹性。

随着时间的推移，高于均衡水平的工资率对就业的影响越来越明显，如图10-7所示。例如，企业会反对继续执行使短期劳动力需求曲线缺乏弹性的合同规定。此外，工会行业生产的高价商品会招致来自国外和非工会行业的激烈竞争。在一个不断增长的经济体中，大多数劳动力面对的劳动力需求曲线会逐渐向右移动。虽然在工会的劳动力市场上我们不会看到工作职位绝对量的减少，但工作机会的增速可能放缓。在这种情况下，我们并不能发现明显的工会会员被解雇的情况。这或许可以解释为什么有些工会领袖错误地认为劳动力需求是极度缺乏弹性的。

10.6 罢工和谈判流程[①]

罢工威胁是工会谈判的重要筹码。罢工对于企业和工会而言都会产生损失，企业因为工作停止遭受利益损失，工会会员则遭受收入损失。有能力更久地承受损失的一方在合同谈判中有着更大的讨价还价能力。因为罢工会同时给工会和企业带来巨大的损失，基于这种潜在损失，几乎所有的谈判合同都无须真正举行罢工就能签署。

工作世界 10-4

非工会化是否提高了收入不平等

在过去的20年中，主要的经济趋势是收入不平等急剧上升。一个测量收入不平等的指标是90/10的工资率，即第90百分位的小时工资除以第10百分位的小时工资。这个比例从1974年的3.7涨到了2009年的4.5。在同一时期，工会会员比例迅速下降。1974年，23.6%的工薪工作者参加了工会。到2011年，这个比例已降至11.8%。

从理论上讲，工会对收入不平等的影响是不确定的。一方面，工会增加收入不平等，因为它提高了工会工人相对于同行的工资，而工会会员绝大部分是高薪蓝领工人。另一方面，工会降低收入不平等，因为它平衡了不同企业之间工会工人的工资。另外，工会倾向于降低白领和蓝领工人之间的工资差异，因为工会相对提高了蓝领工人工资。虽然工会对收入差距的影响在理论上并不确定，但大多数证据表明它倾向于降低收入不平等。

工会化率的降低在多大程度上提高了收入的不平等程度呢？卡德得出结论，男性工人

① 此部分参考 Hirsch and Addison，op. cit.，chap. 4。

收入不平等程度中的 15%～20%，女性工人是稍微低一些的占比，可归因于工会主义的弱化。当然还存在其他影响因素，比如随着技术水平的提升市场对技术工人的需求加大，但与此同时移民增加了更多非熟练工人的供给，这些都会加大收入不平等。

资料来源：David Card，"The Effect of Unions on Wage Inequality in the U. S. Labor Market，" *Industrial and Labor Relations Review*，January 2001，pp. 296-315；and Barry T. Hirsch and David A. Macpherson，*Union Membership and Earnings Databook：Compilations from the Current Population Survey* (Washington，DC：Bureau of National Affairs，2012). Updated.

10.6.1　事故模型

罢工的存在一直是经济学家面临的一个问题，因为罢工是集体谈判过程中一个非常差的结果。罢工代价很大，工会和企业在罢工之前达成一致对双方都有好处。因此，经济学家们经常将罢工视为谈判过程中的事故或错误。

约翰·希克斯发明了最著名的**罢工事故模型**（accident model）[①]，见图 10-8。希克斯模型假设雇主愿意在工资上涨方面做出让步来减少罢工的时间。雇主让步曲线 EC 表示企业为避免一定时间的罢工所愿意支付的最高工资额度。此外，该模型假设，随着预期罢工时间的增加，工会对工资的要求会降低。工会阻力曲线 UR 显示了工会为避免一定时间的罢工所愿意接受的最低工资额度。如果工会和企业都很好地了解对方的曲线，工资率会定在 EC 曲线和 UR 曲线的交点 W^* 上（此时 EC 曲线和 UR 曲线相交），并且不会发生罢工。

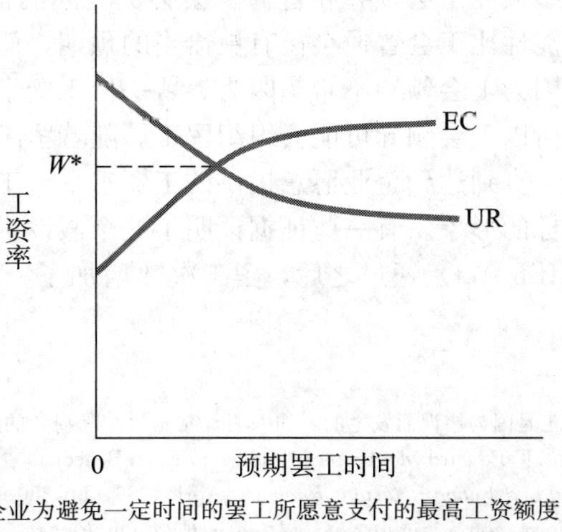

雇主让步曲线 EC 表示企业为避免一定时间的罢工所愿意支付的最高工资额度。工会的阻力曲线 UR 显示了工会组织为避免一定时间的罢工所愿意接受的最低工资额度。如果工会和企业都很好地了解对方的曲线，工资率会定在 EC 曲线和 UR 曲线的交点 W^* 上，并且不会发生罢工。如果任何一方误解对方的让步曲线，就会发生罢工。

图 10-8　事故模型

企业让步曲线和工会阻力曲线的形状和位置决定了协议工资和预期的罢工时

---

① 参见 John R. Hicks，*The Theory of Wages*，2nd ed.（New York：Macmillan，1963）。

间。一个高或者平的UR曲线，表示更强的工会抵抗，将增加最后的协议工资率和预期罢工时间。当工会预期自己的罢工代价越低，工会抵抗力度越大。例如，如果一个强大的劳动力市场可以使工会成员临时在其他地方得到雇佣或者工会成员可以得到失业补偿，他们的工资要求可能会更高。一个较低或者平的EC曲线，表明更强的雇主抵抗，将减少最后协议的工资、增加预期的罢工时间。对工会中的劳动力需求越富有弹性，雇主的抵抗力度会越大。当工会工人在生产中很容易被替代、产品需求更富有弹性或者工会工人成本占据产品生产成本中很大一部分时，工会工人的需求弹性会较高。

根据事故模型，为什么会发生罢工呢？这是罢工一方或者双方误解了对方让步曲线的位置或形状的结果，对于让步曲线的误解会使双方对协议工资率和预期罢工时间产生分歧。比如，如果工会认为企业抵抗能力比实际的弱（也就是说，相比较真实的EC曲线，工会理解的EC曲线更高或更陡），工会预期的罢工后协议工资率要比企业预期的高，这种分歧将会导致罢工的发生。

事故模型关于什么时候会发生罢工做出了两个预测。第一，一方对另一方的让步曲线越不确定，罢工越容易发生。[①] 第二，罢工的联合成本越高时，罢工越不容易发生。[②] 罢工成本的分配依赖于让步曲线的形状，并决定最后协议工资的水平。但是罢工成本的分配并不会影响罢工发生的可能性。

10.6.2 不对称信息模型

最近，基于**不对称信息**（asymmetric information）理论，两种罢工模型得以发展。第一个模型关注工会领导和普通工会会员之间的信息不对称。[③] 假设工会领导对于协商的可能性比工会普通会员有更恰当的预期，而普通工会会员有着不切实际的工资需求。因为工会领导不希望因为签署一份工资水平低于工会会员预期的合同而失去支持，所以工会领导可能会组织罢工。随着罢工的进行，工会会员降低了他们的工资需求，直到达到企业愿意提供的工资水平。工会领导层保持了它尽一切可能实现员工目标的形象。有一些证据证明了这个假设，如《兰德鲁姆-格里芬法案》（Landrum-Griffin Act）通过之后，罢工次数增加了，因为这部法律增加了工会的民主性。[④]

---

① 实证证据表明，罢工是因为错误而发生的。如一项研究显示，谈判者的经验越丰富，罢工的可能性越低，持续时间也会缩短，相关文献参见 Edward Montgomery and Mary Ellen Benedict, "The Impact of Bargainer Experience on Teacher Strikes," *Industrial and Labor Relations Review*, April 1989, pp. 380-92. See also Martin J. Mauro, "Strikes as a Result of Imperfect Information," *Industrial and Labor Relations Review*, July 1982, pp. 522-38; and John F. Schnell and Cynthia L. Gramm, "Learning by Striking: Estimates of the Teetotaler Effect," *Journal of Labor Economics*, April 1987, pp. 221-41。

② 当罢工的综合成本较高时，罢工发生的可能性较小，相关证据参见 Melvin W. Reder and George R. Neumann, "Conflict and Contract: The Case of Strikes," *Journal of Political Economy*, October 1980, pp. 867-86; and Barry Sopher, "Bargaining and the Joint Cost Theory of Strikes: An Experimental Study," *Journal of Labor Economics*, January 1990, pp. 48-74。

③ 对这个模型的讨论，参见 Orley Ashenfelter and George Johnson, "Bargaining Theory, Trade Unions, and Industrial Strike Activity," *American Economic Review*, March 1969, pp. 35-49。

④ Ashenfelter and Johnson, ibid.

第二种类型的罢工模型强调工会和企业之间的信息不对称。[①] 这个模型假设企业比工会对于企业现在和将来的盈利能力掌握更多的信息。企业有少报盈利能力的动机，因为这样它可以降低最后的协议工资率。在这种情况下，工会的最优策略是制定一个如果盈利高会被接受，盈利低会被拒绝的工资需求。如果企业不得不接受一个代价高昂的罢工，工会便会认识到企业的利润是真的很低，那么随着罢工的进行，工会会降低它的工资需求。

信息不对称模型对罢工活动有两个启示。一是工会对于雇主利润的不确定性越大，发生罢工的可能性越高，罢工持续时间也可能越长。与此一致的是，特雷西(Tracy)发现，当企业的盈利能力随时间变化的可能性越大，预期罢工发生的可能性越大，罢工活动持续的时间也越长。[②] 二是模型预期罢工之后达成合约所确定的工资率要低于没有罢工时达成的工资率。实证研究也证实了这个预期：加拿大和美国的数据都显示，罢工之后所达成的工资率要低于没有罢工活动时达成的工资率。[③]

快速回顾 10-3

● 垄断工会模型假设工会决定工资率，然后企业根据工资率决定雇佣水平。与没有工会的结果相比较，均衡工资率更高，雇佣量更低。

● 效率合约模型假设工会和企业同时就工资率和雇佣量进行谈判。一般来说，效率合约模型得到的均衡工资率比垄断工会模型低，雇佣量比垄断工会模型高。

● 工会可以通过以下几种增加劳动力需求的方式提高工资率：(a) 增加产品需求；(b) 提高生产率；(c) 影响相关投入品的价格；(d) 增加雇主数量。

● 工会可以通过以下几种限制劳动力供给的方式提高工资率：(a) 减少合格劳动力的供给数量；(b) 影响非工资性收入。

● 工会可以通过控制企业的潜在劳动力供给以及威胁企业若不同意工资率则不给其供给劳动力的方式来提高工资率。

● 在罢工事故模型中，罢工的发生是因为一方或者双方误解另一方的让步意愿。

● 在不对称信息罢工模型中，罢工的发生是因为工会领导与普通工会会员之间、工会与企业之间都存在信息不对称问题。

思考题

随着工会与企业谈判时间增加，罢工发生的可能性如何变化？解释原因。(答案：参见书末。)

---

① 例如，参见 Beth Hayes, "Unions and Strikes with Asymmetric Information," *Journal of Labor Economics*, January 1984, pp. 57-82; and Oliver D. Hart, "Bargaining and Strikes," *Quarterly Journal of Economics*, February 1989, pp. 25-44。

② 参见 Joseph S. Tracy, "An Empirical Test of an Asymmetric Information Model of Strikes," *Journal of Labor Economics*, April 1987, pp. 149-73。

③ Sheena McConnell, "Strikes, Wages, and Private Information," *American Economic Review*, September 1989, pp. 801-15; and David Card, "Strikes and Wages: A Test of the Asymmetric Information Model," *Quarterly Journal of Economics*, August 1990, pp. 625-59.

本章总结

1. 工业化使经济由自我雇佣为主转向劳动力依靠雇主获取工作和收入的方式，工会是工业化发展的结果之一。

2. 近1 480万非农业工人隶属于工会。商品制造业的工会化程度较高，服务业的工会化程度较低。公共部门的工会化程度也较高。

3. 男性、年长者和黑人比女性、年轻人和白人更倾向于加入工会，主要是因为通常这些人群所从事的行业和职业有所差异。

4. 工会化程度在城市和工业化程度较高的州中比较高，在美国南部地区比较低。

5. 工会体系包含工会组织的三个基本层次。AFI-CIO的职责是形成并代表工会的政治观点，解决全国性工会间的管辖权争端。全国性工会的主要职责是进行集体谈判并组织工会工人。谈判协议的执行是地区性工会的职责。谈判的结构多种多样。

6. 相比较其他国家而言，美国的工会在衰落。有些劳动经济学家认为这是国内产出结构和劳动力群体结构变化对工会发展不利导致的。一些学者认为，雇主意识到工会会使自身利润降低，因而更激进地采取合法和非法手段来反对工会，阻止工人加入工会，造成了工会的衰落。还有学者认为，政府服务项目和雇主对工人的友好政策部分替代了工会的传统作用，降低了工人对工会的需求。

7. 垄断工会模型假设工会决定工资率，企业随后根据这个工资率决定雇佣水平。这个模型得到的均衡点位于企业的劳动力需求曲线上。与没有工会的结果相比较，工资率较高但雇佣量较低。

8. 垄断工会模型的结果对企业和工会来讲并不是最优的，因为至少存在一个工资率与雇佣量的组合，在不损害一方利益的情况下使另一方的利益增加。

9. 效率合约模型假设工会和企业共同谈判决定工资率和雇佣水平，而不仅仅是工资率。一般来说，相对于垄断工会模型，效率合约模型的结果是更低的工资率和更高的雇佣量。

10. 工会可能通过以下几种方式使会员得到更高的工资：(a) 增加劳动力需要；(b) 限制劳动力供给；(c) 谈判获得高于均衡水平的工资。为增加劳动力需求，工会试图增加产品需求，提高生产率，影响相关投入品的价格，或者增加雇主数量。为了限制劳动力供给，工会试图影响合格劳动力的供给数量、非工资性收入或者替代工资。为了控制劳动力供给，工会实行排他性的组织方式来保护工会会员。

11. 在罢工事故模型中，罢工的发生是因为其中的一方或双方误解对方让步的意图。

12. 信息不对称模型中，罢工的发生是因为工会领导与工会普通会员之间，以及工会与企业之间都存在信息不对称的问题。

习题和学习建议

1. 工会是如何产生的？什么情况下劳动力更愿意加入工会？说明工会会员的产业和职业分布。为什么相对于蓝领工人，白领工人的工会化程度较低？简要说明工会会员在性别、种族和年龄方面的差异。请评述下面的观点："一名工人是否加入工会并不取决于他对工会的态度，而是取决于他的职业选择。"

2. 总结美国的工会体系，阐述AFL-CIO、变则赢联盟、全国性工会和地区性工会的职责。

3. 简述美国目前存在的各种谈判结构。多个雇主共同与工会谈判对工会和雇主而言优势分别是什么？什么是"典型谈判"？

4. 请批判性地评论下列观点：

a. "美国工会的相对衰弱可由以下几个变化来解释：产业重心由商品制造业向服务业转移，职业趋势由蓝领职业向白领职业转移，雇员由男性雇员向女性雇员转移。"

b. "工会成功地将工会工人的工资提高到非工会工人之上，在一定程度上导致工会化程度的降低。"

c. "由于工会的存在，工会化企业的利润水平较低，因而雇主开始强烈抵制工会。"

5. 请解释为什么在 20 世纪 60 年代和 70 年代早期，公共部门工会化程度迅速提高，尽管社会总体工会化程度降低。

6. 假设工会的效用只取决于工资率而非雇佣量。在这种情况下，效率合约模型中的最终结果如何？

7. 相比于只谈判工资率，工会与企业之间是怎样通过同时谈判工资率和雇佣量而获得更好的结果的？

8. 比较效率合约模型和强效率合约模型。

9. 在什么样的劳动力需求弹性下，工会可以通过限制劳动力供给（使劳动力供给曲线左移）来提高雇员的工资率？

10. 罢工对企业和工会来说是无效率的吗？请解释。

11. 信息不对称在罢工的原因中扮演的角色是怎样的？

互联网练习

工会会员发生了什么变化？

请登录美国劳工统计局网站（www. bls. gov/cps），在“Economic News Releases”下选择“Union Members”。最近一年，工会会员在有工资收入的工人中所占比例是多少？近几年，男性、女性、黑人、白人和拉丁美洲人的工会会员比例各是多少？根据这份资料，再举出两个与工会会员比例有关的事实。

互联网链接

Unionstats 网站（www. unionstats. com）按行业、职业和州报告了工会化比例。

AFL-CIO 网站（www. aflcio. org）上包含工人运动和罢工的相关信息以及对现行政策的解读。

劳动和就业研究所图书馆的网站上提供了有工会、工会信息来源以及其他工会运动信息的链接（www. irle. berkeley. edu/library）。

第11章 工会的经济影响

上一章的焦点集中在以下四个方面：（1）加入工会的劳动力的行业、职业及人口特点；（2）美国工会运动的制度结构；（3）工会的目标；（4）罢工与谈判过程。

在本章，我们来分析工会与集体谈判的经济效应。通过集体谈判，工会可以争取到多大的工资优势？工会和集体谈判对于生产率以及配置效率有什么意义？工会会影响企业的利润吗？工会对收入分配有怎样的影响？

11.1 工会工资优势

大多数人都认为工会工人的工资高于非工会工人的工资，即工会可以为其成员争取到工资差额或者工资优势，毕竟工会可以通过组织罢工使厂商失去劳动力，并由此让厂商承担相应的成本。因此，在一定限度内，雇主会支付更高水平的工资以避免罢工带来成本的增加。美国劳工统计局的统计数据显示，2011 年工会成员的平均小时工资为 25.32 美元，相比之下非工会工人仅有 20.76 美元。

11.1.1 问题初探

进一步研究发现，这个问题的答案并非显而易见。首先，不妨考虑处于完全竞争（或者至少高度竞争）行业的工会化企业情况。当行业内的其他竞争对手处于非工会化状态时，在其他条件相同的情况下，如果该企业支付其员工高于竞争对手所提供的工资水平，它将无法生存下去。尽管工会有能力让企业不得不承担罢工成本，但工会也面临“没有工资优势”与“没有企业”的两难困境。工资优势意味着生产的平均成本高于市场决定的产品价格，如此便造成了经济损失。

竞争模型还有另外两点含义。一是模型告诉我们为什么工会希望把整个行业都组织起来而不仅仅停留在单个企业层面。如果所有的企业都实现工会化并且都面临更高的平均工资成本，则没有一家企业会处于不利的竞争地位而面临失去市场份额的风险。美国汽车工人联合会迫切想要组织海外汽车生产商在美国设立的工厂中的工人加入工会，其原因不仅仅是想要进一步增加成员人数。二是这一模型也意味着工会在不完全竞争的市场中可以生存得更好，譬如政府管制的行业以及在制造业中占有统治地位的寡头垄断行业。这些企业认识到，工会通过更高的工资既可分得经济收益或者超额收益，又无须降低产出和劳动力雇佣量。

但这也给我们提出了第二个难点。假设我们认为在各个行业中工会化程度与平均工资率之间都存在正相关性，即高度工会化的行业确实比工会化程度低的行业支付更高水平的工资，可是我们凭什么认为是工会导致的高工资呢？究竟是工会导致了高工资，还是在高工资率的行业中工会更容易组织起来？以汽车行业为例，在20世纪30年代末该行业工会化之前，汽车业的高薪酬就已经是众所周知的事实了。实际上，除了工会，还有很多因素至少在某种程度上可以解释高工会化行业所享受的高工资水平。[①]

首先，在工会化程度低的行业中，女性劳动力的比例较高。在第14章中我们会看到，由于歧视等原因，女性的工资比男性的低。因此，在工会化程度不同的行业中，工资差异的一部分原因并不在于工会的存在，而在于这些行业中不同的人口结构。其次，工会化程度高的行业通常比工会化程度低的行业拥有更大规模的工厂和更高的资本密集度。这些工会化程度高的工厂的监管成本可能更高，这就迫使雇主寻求那些不需要太多监管就能高效工作的“优秀”工人。这些工人即便在没有工会的条件下也会获得更高的工资。类似地，资本密集型的生产通常需要更高技术水准的工人，而这些工人会要求更高的工资水平。[②] 我们认为，除了工会外，工会化行业的高工资率可以（至少部分）归结到其他因素上。

11.1.2　工会工资优势的度量

除了前面讨论的难点，度量纯工会化与非工会化之间工资率水平的差异时还存在一个基本的概念问题。这是由于工会化有可能影响非工会化的劳动力市场，进而推高或者压低这些非工会化劳动力市场的工资率，最终导致工资优势的度量存在偏差。

首先，**纯工会工资优势**（pure union wage advantage）是指工会会员工资超过工会不存在状态下的工人工资的数额。这一差距可以用百分比的形式来表示。在式（11-1）中，用A代表纯工会工资优势：

$$A=\frac{W_u-W_n}{W_n}\times 100 \qquad (11-1)$$

式中，W_u代表工会工资；W_n代表非工会工资；$(W_u-W_n)/W_n$乘以100将工资优势以百分比的形式表现。例如，如果工会会员的工资水平是每小时24美元，非工会会员的工资率是每小时20美元，则工会工资优势为20%。

在理想状态下，其他影响工资的因素保持不变，我们在实验条件下比较工会工资与非工会工资，从而得出工会工资优势。因此，在图11-1中，我们首先观察工会出现之前的工资水平（W_n），与加入工会后的工资水平（W_u）相比较，然后再把

① 以下讨论基于 Daniel J. B. Mitchell，*Unions*，*Wages*，*and Inflation*（Washington，DC：Brookings Institution，1980），pp. 83-5。

② 当然，可以说由于工会工资压力促使雇主用更多的资本替代劳动，因此高度工会化的行业大多是资本密集型的。

相关数据带入前面的公式中。问题在于，事实上我们无法做这样的控制实验。特别是，我们无法观测到不存在工会时，特定劳动力市场的工会工人收入究竟如何。因此，我们不得不做现实世界中那种复杂的、带有尝试性的比较。

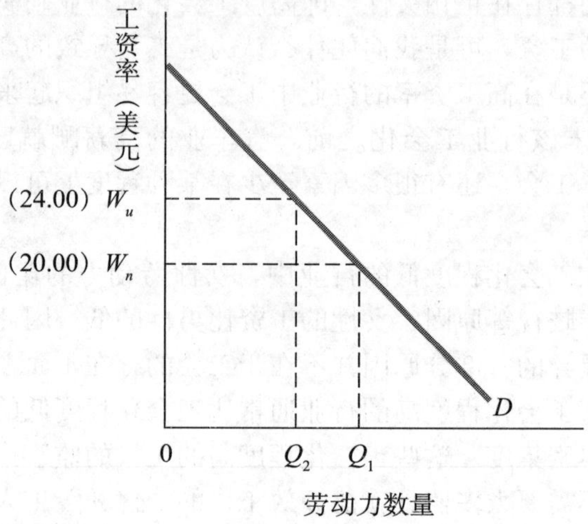

除工会以外的其他条件不变的情况下，如果能够比较给定劳动力市场的工资率，就能够计算纯工会工资优势。纯工会工资优势为（W_u-W_n）/$W_n\times100$。

图 11－1　理想条件下工会工资优势的度量

对于这一问题，最好能比较特定类型劳动力在工会化（或工会化程度较高）和非工会化（或工会化程度较低）劳动力市场上的工资差异。但在做这种比较时，我们前面提到的概念性问题就会出现，即工会可能会同时影响工会工人工资和非工会工人工资。更进一步地，工会对非工会工人工资的潜在影响可能会以多种形式表现出来，从而使总体影响变得十分模糊。我们无法从理论层面确定工会工资上涨到底会引起非工会工人工资的增加还是减少。此外，工会工资可能会吸引生产率更高的工人进入工会化企业工作。下面我们简单考察工会工资设定对非工会工人工资以及非工会工人素质可能造成的几种不同的影响。

■ 溢出效应

溢出效应（spillover effect）是指工会中的失业工人进入非工会化的劳动力市场提供劳务，从而引起非工会工人工资的下降。工会化部门较高的工资导致该部门就业机会的减少，失业的工人会“溢出”到非工会化部门从而压低非工会工人的工资水平。

溢出效应的基本原理如图 11－2 所示。假定两个部门最终都是非工会化的，劳动力在这两个部门间的自由流动最终达成了均衡工资水平 W_n。现在假定部门 1 实现工会化并且该工会成功地将部门 1 的工资水平提高到 W_u，将会引起 Q_1Q_2 数量的工人失业。溢出效应假定一部分甚至是全部的失业工人都会在非工会化部门寻求就业，工人从工会化部门向非工会化部门的移动会引起工会化部门劳动力供给的减少以及非工会化部门劳动力供给的增加。若假定工资弹性是下降的，那么非工会化部门的工资将会降至 W_s。

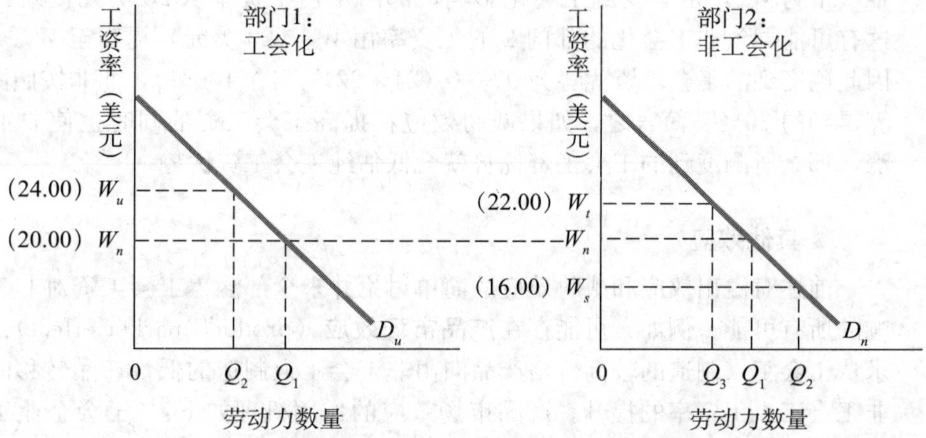

在溢出效应下，工会能够把部门 1 的工资水平从 W_n 提高到 W_u，雇佣量因此下降 Q_1Q_2。假定工资弹性是下降的，部门 1 中的失业工人在部门 2 中再就业时，会使得该部门的工资率从 W_n 下降至 W_s。在此条件下测度到的工会工资优势（W_u-W_s）/$W_s\times100$ 实际上夸大了纯工会工资优势（W_u-W_n）/$W_n\times100$。威胁效应指出，部门 1 的工资率提高会迫使部门 2 的雇主将该部门的工资率从 W_n 提升至 W_t，以此来应对工会化的威胁。测度到的工会工资优势（W_u-W_t）/$W_t\times100$ 则低估了纯工会工资优势（W_u-W_n）/$W_n\times100$。

图 11-2　溢出效应、威胁效应和工资优势的度量

在存在溢出效应的情况下，**测度到的工会工资优势**（measured union wage advantage）（工会工资超过非工会工资的部分）会高估纯工会工资优势。我们可以通过比较图 11-1 的实验性假定与图 11-2 中反映溢出效应的真实情况来理解溢出效应的夸大效应。具体说来，我们需要比较图 11-2 中的工会工资率 W_u（24 美元）与非工会工资率 W_s（16 美元）的差值来计算纯工会工资优势，而不是根据图 11-1 中的 W_u 与 W_n 所计算得出的 20%。由于受到溢出效应的影响，W_s 小于 W_n，在这种情况下测度到的工资优势为 50%（(24−16)/16×100)。溢出效应压低了所观测到的非工会工资，从而使得测度到的工会工资优势较纯工会工资优势高出 20%，即溢出效应夸大了工会工资优势。[①]

■ 威胁效应

相比之下，一些制度学派的劳动经济学家认为，溢出效应的市场力量在很大程度上会被集体谈判削弱或不值一提，使得工资水平主要是在公平比较的基础上决定的。这意味着工资水平将在可比的基础上确定，如此，工会工资与非工会工资可能会呈现正相关。具体地说，**威胁效应**（threat effect）是指非工会雇主在受到工会化威胁的情况下，会提高非工会工人的工资。原因在于，当工会化部门提高工资水平时，非工会雇主会日益受到工会化的威胁。工会化与非工会化企业之间工资差异的加大，会增进非工会化企业工人组建工会的动机。为应对这种威胁，非工会化企业的雇主会提高本部门工人的工资水平。因此，如图 11-2 所示，起初市场的均衡工

① 关于溢出效应的实证检验，参见 David Neumark and Michael L. Wachter，"Union Effects on Nonunion Wages: Evidence from Panel Data on Industries and Cities," *Industrial and Labor Relations Review*，October 1995，pp. 20-38。在这篇论文中他们提出了关于溢出效应重要性的许多证据。

资水平为 W_n，由于受到工会化影响，部门 1 使工资率从 20 美元提高到 24 美元，这有可能导致非工会化的部门 2 的工资率由 W_n（20 美元）提高至 W_t（22 美元）。因此测度到的工会工资优势为 9%（（24－22）/22×100%），而非按照图 11-1 计算得到的 20%。简言之，如果威胁效应在提高工会工资的同时也使非工会工资上涨，那么所测度到的工会工资优势就会低估纯工会工资优势。[①]

■ 其他效应

前述对溢出效应和威胁效应的简单讨论并未全部涵盖工会工资对非工会工资影响的所有可能。例如，可能存在**产品市场效应**（product market effect）：消费者需求从工会工人制造的较高价格产品向由非工会工人制造的低价产品转移时，会带来非工会工人工资率的提升。产品市场效应的作用机理如下："工会企业工资水平上升，通过对生产成本和产品价格的影响，使得需求向非工会化部门转移，对非工会产出需求的提升推动了对非工会化部门劳动力的需求，从而对这一部门的均衡工资水平带来正向影响。"[②]

其他经济学家通过**等待性失业**（wait unemployment）现象质疑溢出效应的影响。他们认为，当图 11-2 中部门 1 的工资水平提高时，那些失业的工人或许会留在部门 1，以期待被重新召回到高收入的岗位上去。在有失业保险的情况下，他们可能更倾向于期待被高收入的工作重新召回而不是接受非工会化部门的低工资工作。一旦出现等待失业现象，溢出效应所提到的非工会化部门工资下降的压力也就不存在了，这意味着测度到的工会工资优势能比较准确地反映纯工会工资优势。

此外，也存在**优秀工人效应**（superior worker effect）的观点。这种观点认为，工会化企业支付的高工资会诱使工人排队等候这些企业中好的工作机会。面对众多的求职者，工会化企业会仔细在这些潜在工人中挑选能力最好、职业动机最强、监督成本最低以及具备其他高生产力品质的应聘者。这意味着，高工资的工会化企业可能比非工会化企业更容易招徕优秀的劳动力。[③] 因此，为了准确度量工会工资优势，研究者面临这样的问题：所测度到的工会工资优势在多大程度上应归结于工会这一制度因素，又在多大程度上反映了工人更高的生产力水平？也就是说，如果优秀工人能够争取到工会化企业中高工资的职位，测度到的工会工资优势就会被夸大，实际上这些工人高工资的一部分要归功于他们更高的生产力水平而不是工会。

最后，工会工资优势也可能是对工会工人恶劣工作环境的补偿，即补偿性工资差异。也就是说，工会工人的工资优势可能是对他们面临更加程序化的工作环境、

---

① 关于威胁效应的大小，相关研究找到了较为复杂的证据，参见 Henry S. Farber, "Nonunion Wages and the Threat of Unionization," *Industrial and Labor Relations Review*, April 2005, pp. 335-52。

② Mitchell, op. cit., p. 87.

③ 另一方面，如果工会工人的素质提升，工会可能会要求更高工资。参见 Walter J. Wessels, "Do Unionized Firms Hire Better Workers?" *Economic Inquiry*, October 1994, pp. 616-29。Wessels 模型一致的实证研究参见 Barry T. Hirsch and Edward J. Schumacher, "Unions, Wages, and Skills," *Journal of Human Resources*, Winter 1998, pp. 201-19。

缺乏弹性的工作时间、更快工作节奏的一种补偿。[①]

表 11-1　　测度纯工会工资优势的困难

效应	结果
溢出效应	降低非工会工资，导致测度到的工会工资优势高估纯工会工资优势
威胁效应	提升了非工会工资，导致测度到的工会工资优势低估纯工会工资优势
产品市场效应	提升了非工会工资，导致测度到的工会工资优势低估纯工会工资优势
优秀工人效应	使得工会化企业雇佣更多优秀的高效工人，导致测度到的工会工资优势高估纯工会工资优势

表 11-1 列示了各种效应并总结了各种效应如何影响测度到的工会工资优势与纯工会工资优势之间的偏差。尽管目前还未完全达成共识，但大多数研究认为威胁效应与产品市场效应要强于溢出效应的影响，也就是说，工会工资对非工会工资总体上的影响是正向的。此外，这种正向的影响足以抵消可能存在的优秀工人效应。如此一来，测度到的工会工资优势可能低估纯工会工资优势。[②]

11.1.3　经验证据

了解了估计工会工资优势在实践与概念层面上的困难后，我们转向已有的经验证据。赫希（Hirsch）和迈克弗森（Macpherson）使用相同的方法和数据考察了 1983—2011 年的工会工资优势。[③] 他们的发现可以通过图 11-3 来概述，其研究结果表明，工会工资平均优势在 2011 年达到 15%。[④] 这一估计值处于刘易斯（Lewis）所估计的 1923—1958 年工资优势 10%～15%的上界。[⑤] 赫希和迈克弗森也考察了公共部门的工会工资优势：在其他条件相同的情况下，工会化政府员工的工资要比非工会化政府员工高出 10%，比私人部门工会工人工资优势低 10%。

20 世纪 70 年代，工会工资优势甚至更大。刘易斯发现，工会工资优势在 1976 年达到 20%的峰值。[⑥] 其他研究者在 20 世纪 70 年代中期发现了更高的工会工资优

---

① 参见 Greg J. Duncan and Frank P. Stafford, "Do Union Members Receive Compensating Wage Differentials?" *American Economic Review*, June 1980, pp. 355-71。亦可参见 Stanley W. Siebert and X. Wei, "Compensating Wage Differentials for Workplace Accidents: Evidence for Union and Nonunion Workers in the UK," *Journal of Risk and Uncertainty*, July 1994, pp. 61-76。

② 参见 Barry T. Hirsch and John T. Addison, *The Economic Analysis of Unions* (Boston: Allen & Unwin, 1986), pp. 120, 176。对于威胁效应的最近研究，参见 David Neumark and Michael L. Wachter, op. cit.; and Farber, op. cit。

③ 参见 Barry T. Hirsch and David A. Macpherson, *Union Membership and Earnings Data Book: Compilations from the Current Population Survey (2012 Edition)* (Washington, DC: Bureau of National Affairs, 2012)。

④ 对工人属于或不属于工会的错误分类以及其他数据错误都会使得现有对工资差异的估计过低，参见 Barry T. Hirsch, "Reconsidering Union Wage Effects: Surveying New Evidence on an Old Topic," *Journal of Labor Research*, Spring 2004, pp. 233-66。统计方法也会影响对工资差异的估计，参见 Ozkan Eren, "Measuring the Union-Nonunion Wage Gap Using Propensity Score Matching," *Industrial Relations*, October 2007, pp. 766-80。

⑤ 参见 H. Gregg Lewis, *Unionism and Relative Wages in the United States* (Chicago: University of Chicago Press, 1963)。

⑥ 参见 H. Gregg Lewis, *Union Relative Wage Effects* (Chicago: University of Chicago Press, 1986)。

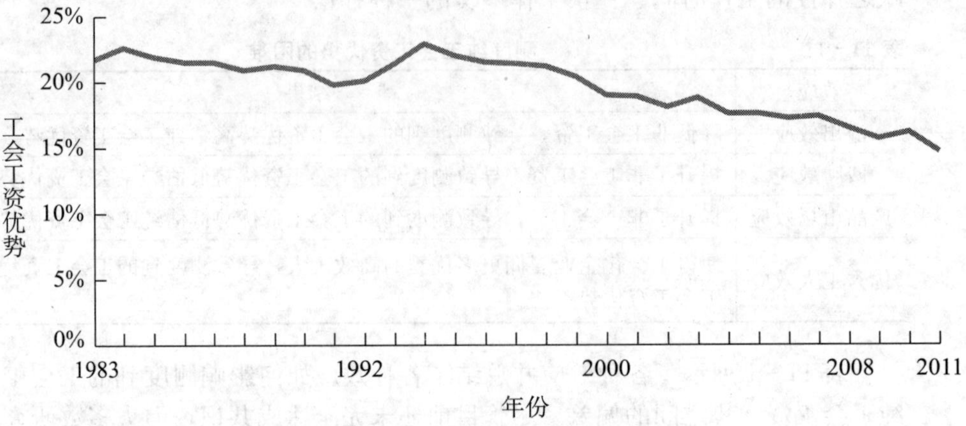

1983—2011 年，工会工资优势平均达到 20%，目前处于 15%的水平。

图 11-3　工会工资优势

资料来源：Barry T. Hirsch and David A. Macpherson，*Union Membership and Earnings Data Book：Compilations from the Current Population Survey*（*2012 Edition*）（Washington，DC：Bureau of National Affairs，2012）.

势。米歇尔（Mitchell）[①] 利用三组不同的数据，推测这一时期的工会工资优势高达 20%～30%。弗里曼和梅多夫利用 6 组个体工人数据集，发现工会工资优势介于 21%～32%，并得出结论："20 世纪 70 年代的工会工资优势在 20%～30%"。[②]

上述提及的时期正值滞胀——高通胀与高失业率并行——很大程度上是来自石油价格的暴涨。通过集体谈判和劳资双方合同中生活成本调节项，工会工人比非工会工人能够更好地保证他们的名义工资与通胀同步上涨。疲软的劳动力市场（高失业率）使得非工会工人名义工资的相对增速明显放慢了。第 10 章中提到，20 世纪 70 年代工会工资的明显优势可能是 80 年代工会化部门吸纳就业下降的原因之一。

工会工资优势从 20 世纪 70 年代的最高点开始降下来。1983—1994 年，工会工资优势的变动比较小。自 1994 年起，工会工资优势大幅下降，无论是公共部门还是私人部门工会工资优势都在减弱。

工作世界 11-1

两个行业的故事

在 20 世纪 70 年代末期前，航空和货运行业都受到政府的高度管制，企业之间的价格竞争和新企业的进入都受到严格限制。管制削弱了产品的市场竞争，产生的经济租金惠及行业中的工人。

对上述两个行业的管制几乎在同一时期终止。对航空业的监管随着《1978 年航空线解除管制法案》（Airline Deregulation Act of 1978）的通过而废止；《1980 年汽车承运人法案》（Motor Carrier Act of 1980）的实施使得货运行业的监管正式解除（在该法案通过的两年前监管者就在一定程度上放松了监管）。

---

① 参见 Mitchell，op. cit.，p. 95。

② 参见 Richard B. Freeman and James L. Medoff，*What Do Unions Do*?（New York：Basic Books，1984），p. 46。

解除监管对上述两个行业工人带来的影响非常不同。在货运行业，货车司机的相对工资水平在解除监管之后下降了15%。工资下降很大程度上源自工会司机实际工资的大幅下降（工资下降集中发生在解除监管最初的三年）。此外，还存在就业从高工资工会企业向低工资非工会企业转移的现象。最终，货运司机的工会会员比例从1977—1978年的56%下降到1985年的33%，到2011年则进一步下降到12%。

在监管解除之初，航空行业的员工待遇得到了很大提升。1979—1983年，航空行业员工的相对工资提高了约10%。但自此之后，他们的相对工资水平开始下滑，降幅达到15%。工资下降集中出现在20世纪90年代。航空行业的工会会员比例从1973—1978年的49%缓慢下降至2011年的43%。

相对于货运行业，航空行业工资下降速度较慢的背后有诸多原因。第一，价格监管取消以及新竞争者的进入造成航空资费下降，使得乘客人数大幅增长，对航空员工的需求相对旺盛；加之该行业的劳动力供给对专业技能的要求较高，劳动力供给弹性较小，因此工资存在上升压力。第二，航空行业中存在的规模经济和其他进入壁垒使得企业能够对其产品保持一定的定价权。第三，乘客人数的增长和稳定的定价权使工会保持了他们的组织与谈判能力，从而使得其成员工资下降的速度更为缓慢。

资料来源：Barry T. Hirsch and David A. Macpherson，"Earnings and Employment in Trucking: Deregulating a Naturally Competitive Industry," in James Peoples (ed.), *Regulatory Reform and Labor Markets* (Norwell, MA: Kluwer, 1998), and Barry T. Hirsch and David A. Macpherson, "Earnings, Rents, and Competition in the Airline Labor Market," *Journal of Labor Economics*, January 2000, pp. 125-55.

工会工资优势会因行业、职业、种族、性别以及经济状况的不同而有所差异。尽管区分这些差异的研究还未得到无懈可击的结论，但以下论断在某种程度上还是站得住脚的。①

1. 工会工资优势呈逆周期性，即在经济衰退期增大、在经济扩张期减小。工会工资通过长期用工合同被锁定从而缺乏调节的弹性。而非工会工资可以随经济和劳动力市场环境变化自由涨落。结果是，非工会工资在经济扩张期较工会工资上涨得更快，在经济衰退期则下降得更多。

2. 建筑行业的同业工会实现了高于平均水平的工会工资优势。由于每个同业工会工人的工资仅代表建筑总成本的一小部分（见第5章），而且建筑工人在罢工期间往往能在其他公司找到就业机会，因此这些工会的谈判能力很强。

3. 非裔美国男性加入工会会员获得的平均收益要高于白人和女性。

4. 工会为蓝领工人（工匠、操作员、体力劳动者）争得的工资优势高于其为白领工人（办公室职员、销售人员）争取的工资优势。

5. 受教育程度低的工人享受到的工会工资优势高于受教育程度较高的工人。

---

① 例如，参见H. Gregg Lewis，1986，op. cit.；David G. Blanchflower and Alex Bryson，"What Effect Do Unions Have on Wages Now and Would 'What Do Unions Do?' Be Surprised?" *Journal of Labor Research*，Summer 2004，pp. 383-414；and McKinley L. Blackburn，"Are Union Wage Differentials in the United States Falling?" *Industrial Relations*，July 2008，pp. 390-418。

11.1.4 总薪酬：工资加附加福利

我们不能忽视工会对附加福利的影响。第 7 章提及，**附加福利**（fringe benefits）包括社会保险、失业补助和工人赔偿金等法律强制的公共福利以及养老金、医疗与齿科保险、带薪休假和病假工资等大量私人部门非强制性福利计划。**总薪酬**（total compensation）是工资收入和附加福利价值的总和。如果工会工人比非工会工人享受到的附加福利更多，那么工会工人比非工会工人在整体上获得的经济优势就要超出工资优势。如果工会工资优势的获得是以牺牲附加福利为代价的，并且非工会工人可获得更多的额外福利，那么计算出的工会工资优势就会高估工会工人的经济优势。

工作世界 11-2

谈判桌两端的汽车工会

自美国汽车工人联合会（UAW）成立以来，其一贯的目标就是在与汽车制造商的谈判中为其成员争取到更高的工资和更多的福利。不过近年来，这种敌对关系随着 UAW 在谈判桌两端都有所行动而逐渐发生转变。2009 年，通用汽车和克莱斯勒近乎破产。在此条件下，通用汽车和克莱斯勒向 UAW 信托基金（该信托基金向 80 万名退休工人提供医疗福利）捐赠了股票而非现金。截至目前，UAW 医疗保健信托基金分别拥有通用汽车和克莱斯勒 13%和 65%的股权。

问题在于，该信托基金目前处于严重的资金不足状态。通用汽车信托基金总资产达 166 亿美元，但其需要 200 亿美元才能够达到资金充足状态。克莱斯勒信托基金的总资产需要达到 110 亿美元才能够达到资金充足状态，尚缺 40 亿美元。因此，信托基金需要股价上涨来弥补该信托基金的资金缺口。

2011 年秋，UAW 与汽车制造商签订了新的四年合约。新的合约延续了 UAW 与汽车制造商之间的协作关系。譬如，在通用汽车的合约中，到 2015 年，用工成本只需保持每年 1%的增长。劳动力成本的缓慢增长有助于汽车制造商利润的提升进而可以提高其股价。

资料来源：Based on "UAW To Face Dual Roles in Talks at Two Automakers," *Toledo Blade*, June 2, 2012; and Nick Bunkley, "G. M. Contract Approved, With Bonus for Workers," *The New York Times*, September 28, 2011.

11.1.5 证据

与非工会工人相比，工会工人的附加福利究竟如何呢？答案是，工会工人比非工会工人享受更多样、更高水平的附加福利。利用 2002 年的数据，巴德（Budd）指出，工会工人享有养老金和医疗保险覆盖的可能性比非工会工人分别高出 31%和 25%。[①] 威亚特罗斯基（Wiatrowski）发现，工会优势之一是有多样的附加福利。

① John W. Budd, "Non-Wage Forms of Compensation," *Journal of Labor Research*, Fall 2005, pp. 669-76.

弗里曼和梅多夫证明了工会在附加福利上的优势高于在工资上的优势。[1] 最后，刘易斯认为附加福利的存在使工会工资优势的估计值提高了 2%～3%。简而言之，众多研究一致认为，与非工会工人相比，工会工人不仅在工资上存在优势，在附加福利上也有相当多的优势。

11.1.6　工会的作用

为什么工会工人会比非工会工人得到更多的附加福利呢？这或许涉及诸多相互关联的原因。第一，工会额外福利更高的原因可能和工会工资更高的原因一致。工会可以剥夺管理层的劳动力，正因为如此，雇主通常愿意支付更高的工资并提供更多的附加福利来避免罢工成本。第二，由于享受到了更高的工资收入，工会工人相较于低收入的非工会工人可以选择去"购买"更多的附加福利。第三，作为集体发言的机构，工会可以制定附加福利提案，向其成员通告所提交方案的细节，并且将工人们的诉求具体化；然后工会就这些诉求与管理层进行沟通。第四，老工人通常更热衷于工会的内部政治，也因此在工会目标抉择上更具影响力。这些老工人往往比年轻工人更热衷于养老金和人寿保险计划。第五，正如我们稍后会提到的，工会化降低了工人的辞职率从而延长了工作年限。更长的工作年限反过来提高了工会工人获得诸如养老金和人寿保险的可能性。第六，在集体谈判法下，附加福利是谈判日程中的必备项，因此与非工会劳动力市场相比，附加福利会得到更多的关注。

◈ 快速回顾 11-1

- 纯工会工资优势指工会会员工资超过工会不存在状态下工人工资的数额，可以用百分比的形式来表示。
- 如果溢出效应和优秀工人效应占主导地位，测度到的工会工资优势就会高估纯工会工资优势；若威胁效应和产品市场效应更占优势，则测度到的工会工资优势会低估纯工会工资优势。
- 总的来看，工会工资优势预计可达到 15%。如果将附加福利也考虑进来，那么工资优势可以进一步上升 2～3 个百分点。
- 工会工资优势的特点：(a) 具有逆经济周期性；(b) 在建筑行业的同业工会中更高；(c) 非裔美国男性成为工会会员获得的平均收益要高于白人和女性；(d) 受教育程度低的工人的工会工资优势要高于受教育程度高的工人的工会工资优势。

思考题

假设工会工资为每小时 20 美元；非工会工资为每小时 18 美元；在没有工会的条件下非工会工资为 16 美元。那么测度到的工会工资优势是多少？纯工会工资优势是多少？（答案：参见书末。）

---

① William J. Wiatrowski, "Employee Benefits for Union and Nonunion Workers," *Monthly Labor Review*, February 1994, pp. 34-38.

11.2 效率与生产率

从经济效率与生产率的角度出发，工会起到的到底是积极作用还是消极作用？工会是如何影响资源分配的？尽管对工会化的效率存在诸多分歧，但同时考虑工会对效率造成的正面与负面影响还是很有裨益的。我们首先考察其负面影响。

11.2.1 负面影响

工会可能从三个方面对效率造成负面影响。首先，工会可能在工会化企业内部实施降低生产效率的工作条款。其次，罢工会造成产出的损失。最后，工会工资优势造成工资结构扭曲，从而引发工会化与非工会化企业和行业间劳动力资源的错误配置。

■ 限制性工作条款

工会向管理层施加各种工作条款是工会降低生产率和效率最显而易见的方式。这些用工条款可能采取各种内在关联的形式。第一，工会可能对每个工人每小时、每天或每周的产出直接作出限制。例如，砌砖工会宣称为保障产出质量，限制每小时或者每天的砌砖量。第二，工会可能会坚持使用耗时的生产方法。例如，油漆工人工会可能会禁止使用喷枪或限制漆刷的宽度。过去，排字工会会抵制将计算机引入到排版中。第三，工会可能要求做一些不必要的工作。例如，同业工会可能会提高建筑的标准，要求拆除预制建筑构件而在原址上重建。第四，工会可能会要求超过合理规模的人员配备。例如，历史上音乐家工会坚持在音乐会上聘用超规模管弦乐团，并且要求那些使用非工会化管弦乐团的雇主为备用的工会化乐团支付劳务费用。长久以来，尽管在柴油机取代蒸汽机后锅炉工的作用消失了，但美国火车司机兄弟会（Brotherhood of Locomotive Firemen and Engineers）仍然能够保留火车上的锅炉工。这种行为被称作**额外雇工**（featherbedding）。[①] 第五，工会可能会对工人的某些工作权限施加限制。譬如，轧钢工人和砌砖工人可能被禁止从事与他们工作相关的木工活。遵守上述条款意味着，在这种情况下，需要雇佣实际上用不到或者未能充分发挥作用的木工。第六，工会可能会干预管理层对工人的岗位分配。最常见的例子是，工会坚持工人的晋升需按照资历而不是能力与效率来进行。

上述罗列的种种工作条款如何不利于公司内部效率的解释需要从以下几个方面加以调整。首先，不能错误地假定生产率会因“加快流水线的速度”而必然得到提升。提高速度事实上会引起工人的疲劳而使其变得士气低落，从而使得效率不升反降。其次，与之相类似，把额外雇工、不必要的工人数量、限制性工作条款等仅和工会工人联系在一起是不正确的。尽管工会可能需要对这些条款的编制和实施负

---

① 关于“浮报雇佣”方法的讨论，可参见 George E. Johnson，“Work Rules，Featherbedding，and Pareto Optimal Union-Management Bargaining，” *Journal of Labor Economics* Part 2，January 1990，pp. S237-59。

责，但这些条款事实上在经济体中的工会化和非工会化部门中都十分常见。来自同行的压力以及社会的排斥可能会和集体谈判协议中的某一条款在限制企业生产进度上的作用相同。[①] 最后，前面罗列的所有降低生产率的所有行为可能都是在技术变革的大背景下产生的。劳资双方在签署协议时可能都认为雇佣规模是合理且合适的，但采用节约劳动的技术后，雇主认为员工人数太多，而此时工会很有可能会抵制潜在的就业岗位减少。[②]

■ 罢工

工会对生产效率造成负面影响的第二种方式是罢工。如果劳资双方在谈判阶段陷入僵局，罢工就不可避免了，而在罢工期间企业通常会停产。企业会损失掉营业额和利润，而工人们则以牺牲收入为代价。

关于罢工的统计数据显示，罢工其实相对罕见，与之相关的总经济损失也相对较小。图 11－4 提供了大规模罢工（指参与工人数在 1 000 人以上，并且持续了至少一整天或一个工作班次）的历史数据。如果假定每年有 700 个大规模协议要进行谈判，那么图中显示的大型罢工的数量的确少得可怜。图 11－5 显示了 1960—2008 年间在美国因大型罢工而损失掉的劳动时间占总工时的百分比。大多数罢工仅仅持续数天就宣告结束。所以，因大型罢工损失的工作时间在总工时中的占比一直远低于 0.5%。事实上，这一时期工时损失量一般不超过总工作时间的 0.2%。上述损失相当于单个工人每年损失 4 小时，即每个工人每周不到 5 分钟。[③]

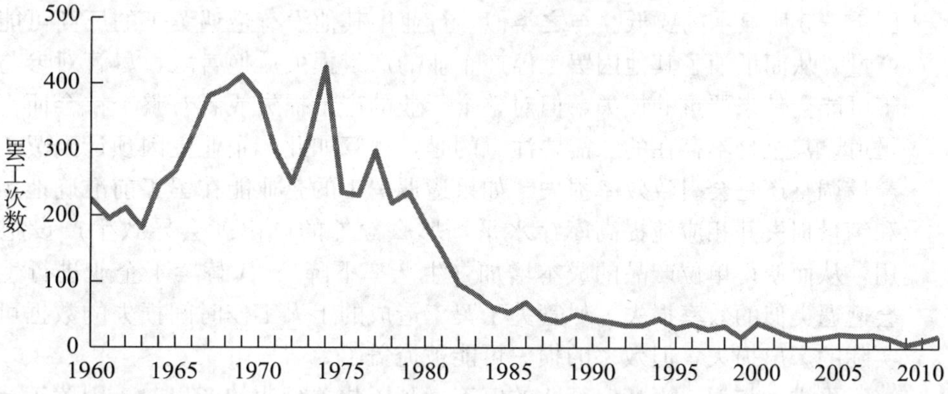

近年来全美只有几次罢工事件而已。

图 11－4　美国重大罢工次数

资料来源：U. S. Department of Labor，"Major Work Stoppages in 2011，" News Release 12-0215，February 12，2012.

---

① 参见 Paul A. Weinstein（ed.），*Featherbedding and Technological Change*（Boston：D. C. Heath and Company，1965）。

② 有关工会何时可能会抵制劳动节约技术的分析，可参见 Steve Dowrick and Barbara J. Spencer，"Union Attitudes to Labor-Saving Innovation：When Are Unions Luddites?" *Journal of Labor Economics*，April 1994，pp. 316-44。

③ Marten Estey，*The Unions*，3rd ed.（New York：Harcourt Brace Jovanovich，1981），p. 140.

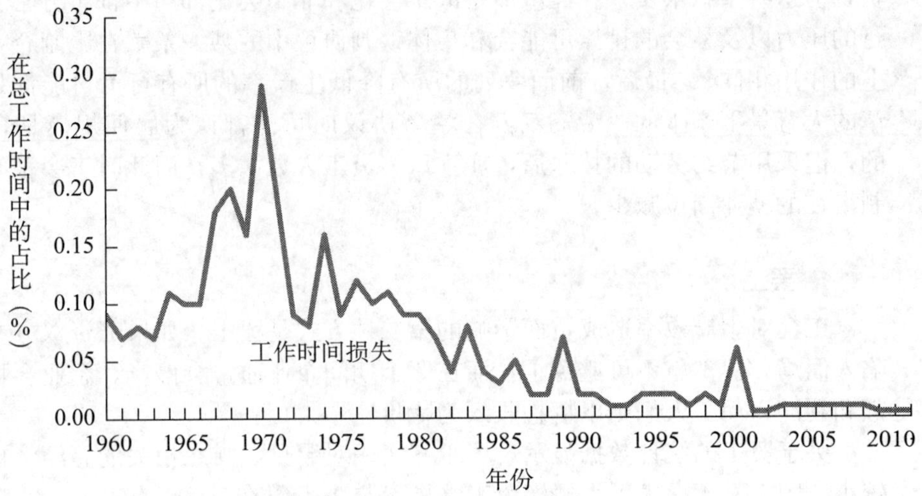

在美国因重大罢工造成的工作时间损失通常不到全部工作时间的0.05%。

图11-5　因重大罢工造成的工作时间损失在总工时中的占比

资料来源：U. S. Department of Labor，"Major Work Stoppages in 2011，" News Release 12-0215，February 8，2012.

不过，把罢工的时间损失数据作为罢工成本的度量可能会有误导性。比如，罢工行业中的雇主可能早已预料到罢工的发生而强制其工人加班增加库存，以满足在罢工期间客户的需求。在此情况下，工时损失以及产量、利润和工资的损失都将比图11-5所显示的要低。与之类似，行业中其他没有遭遇罢工的厂商可能会增加其产量，从而抵消了其他因罢工停产企业的产量损失。换言之，尽管对参与者而言罢工可能会带来严重的损失，但对整个行业的产量损失或者对整个社会而言其实微不足道，甚至是不存在的。需要注意的是，尽管如此，企业主因预计到罢工而做出的产量调整还是会引致效率损失。如果遭遇罢工的企业能在罢工前准确地预测到产量和销量损失并相应地提高库存水平，那么额外的产出就会导致生产设施的过度使用，从而使得单位产品的成本增加（生产率下降）。代替罢工企业进行生产的企业会遭遇类似的效率损失。尽管关于罢工造成的工人工作时间损失的数据可能高估了实际的产出损失，但效率的损失可能被掩盖了。

更进一步说，当特定行业的停工扰乱了相关行业的产出时，因罢工造成的产量及收入损失会比工时损失数据所显示的更高。受影响的相关行业可能从罢工行业购买原材料或者向罢工行业销售产品。如果罢工减少了被波及行业的基本投入和基本需求，那么也可能给这些行业中未参加罢工的工人带来工作时间的减少，整个经济中的产出也会下降。在某些情况下，罢工可能使被波及企业停产或减产。

另外，在付薪工作时间维持稳定的情况下，与罢工行业相关的购买商和供应商的产出也会下降。如果事实果真如此，受影响行业中的劳动生产率（单个工人的产出）就会下降，平均单位产出的成本会上升。麦克休（McHugh）[①] 找到了经验证

---

① Richard McHugh，"Productivity Effects of Strikes in Struck and Nonstruck Industries，" *Industrial and Labor Relations Review*，July 1991，pp. 722-32.

据支持这种可能的结果。他指出，许多受罢工波及的非罢工企业会在罢工期间保留工人，这种“囤积”的劳动力是多余的；因为由于产量下降，这些企业会经历一个劳动生产率降低的过程。

全球瞭望 11-1

罢工发生率

和其他发达工业国家相比，美国参与罢工员工的比例较低。

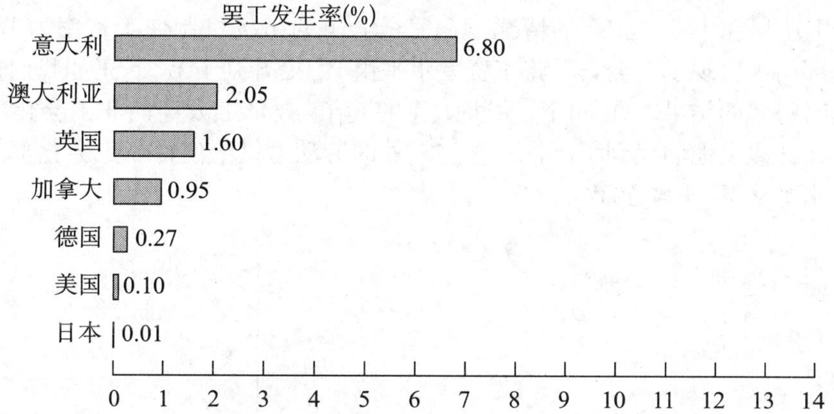

* 罢工发生率指 2003—2007 年间，参与罢工的带薪工人的比例。日本的数据不包括 2007 年。

资料来源：International Labour Organization，*Yearbook of Labour Statistics*，2008（Geneva，Switzerland：International Labour Organization，2008）.

一般而言，相比于产品制造业来说，罢工对服务业中的非罢工企业和顾客造成的负面影响更大。举例说来，2002 年西海岸 10 500 名码头工人 10 天的罢工造成从圣迭戈到西雅图 29 个港口的停摆。这些码头涉及美国 40%的海运货物。这次罢工给美国经济带来的损失估计达 100 亿美元。因这次罢工造成的货物积压足足用了 2 周的时间才清理完毕。与之形成鲜明对比的是，在耐用品行业出现的罢工对公众的影响几乎可以忽略不计。

总之，平均而言，罢工对受其直接和间接影响的企业与顾客造成的影响并没有想象中的那么大。通过对 1955—1977 年间 63 个制造行业的研究表明，罢工只对其中的 19 个行业造成显著的负面影响。① 而且，这 19 个行业中因罢工造成的产量损失通常只占到全年总产量的 1%。罢工企业增加库存、未遭遇罢工的企业扩大产出，这些都使罢工造成的产量损失降到最低。

后记：罢工是劳资双方协商失败的结果。实际上，近年来不断增加的停工是以雇主关厂为表现形式的。与时下盛行观点相反的一种看法是，把所有与罢工相关的

① George R. Neumann and Melvin W. Reder，“Output and Strike Activity in U. S. Manufacturing：How Large Are the Losses?” *Industrial and Labor Relations Review*，January 1984，pp. 197-211. 另外一项研究认为工会使得遭遇罢工企业的股票市值下降了 3%，参见 John DiNardo and Kevin F. Hallock，“When Unions ‘Mattered’：Assessing the Impact of Strikes on Financial Markets，” *Industrial and Labor Relations Review*，January 2002，pp. 219-33。

成本都归咎于工人一方是有失公允的。

■ 工资优势与劳动力错误配置

工会对效率造成负面影响的第三种方式就是工资优势本身。

一个简单的模型 这种影响可以通过对图 11-2 中溢出效应的拓展来说明。在图 11-6 中（为简便起见），我们在工会化部门和非工会化部门就某一特定劳动力画出了相同的劳动力需求曲线。我们假定，与之相关的产品市场是完全竞争的，这样劳动力需求曲线在反映边际收益产品（MRP）的同时也反映边际产品价值（VMP）。① 在不存在工会的情况下，完全竞争的市场机制使工资率为 W_n。现在假定在部门 1 出现了工会，并将工资率水平由 W_n 提升到了 W_u。正如我们在分析溢出效应时得到的结果，在部门 1 失去工作的 $Q_1'Q_2'$ 数量工人会向非工会化的部门 2 转移，在此假设他们找到了工作。这些额外的劳动力供给使得非工会化部门 2 的均衡工资水平从 W_n 下降至 W_s。

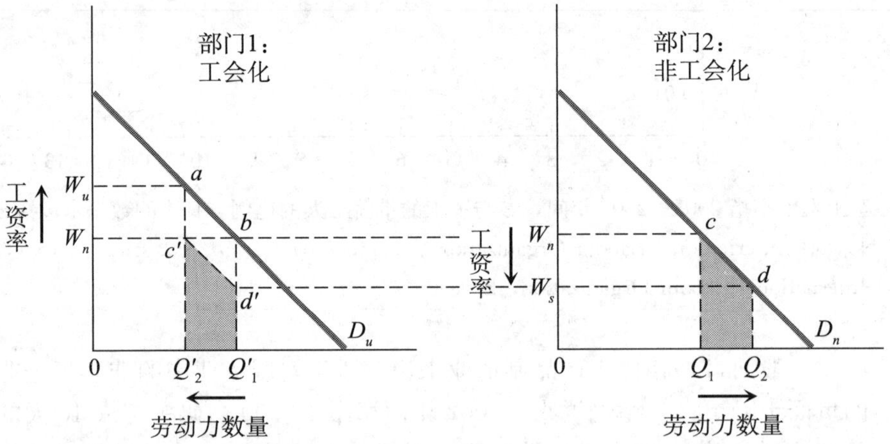

工会化部门 1 更高的工资率 W_u 使得雇佣量减少了 $Q_1'Q_2'$。这些工人在非工会化部门 2 中的再就业使得该部门的工资水平从 W_n 下降到 W_s。在部门 1 中减少的相应产出为 $Q_1'abQ_2'$，而部门 2 中的产出增加仅为 Q_1cdQ_2，由于两幅图中阴影部分的面积是相等的，因此产出的净损失为 $c'abd'$。

图 11-6 工会工资优势对劳动力配置的影响

由于我们假定就业水平并没有发生变化，这一简化的模型让我们能够分离出工会工资优势对效率或劳动力配置的影响。$Q_2'abQ_1'$ 代表了工会化部门因就业量减少 $Q_1'Q_2'$ 而形成的产出损失。这一区域是工会在部门 1 中把工资率由 W_n 提高到 W_u 排除 $Q_1'Q_2'$ 数量劳动力的 VMP 总和——对本地总产出的贡献。随着这些工人溢出到非工会化部门 2 并且实现再就业，他们增加了部门 2 的产出即 Q_1cdQ_2 所示的面积。由于 $Q_2'abQ_1'$ 的面积大于 $Q_1'cdQ_2'$ 的面积，因此产出上存在净损失。更准确地说，由于两图中阴影部分的面积相同，因工会工资优势造成的产出净损失相当于 $c'abd'$ 的面积。相同的劳动力却只有更少的产出，所以劳动力形成明显的错误配置并且低

① 在第 5 章中，MRP 度量的是单个工人对企业总收入带来的边际增量，而 VMP 反映的是工人额外产出对整个社会带来的价值。VMP 能告诉我们的是额外工人对产出的贡献。

效。从另一个角度来看，工会化部门剩余的劳动力 Q_1Q_2 向非工会化部门溢出后，两部门的工人都会得到等于其边际产品价值（VMP）的工资。但工会化部门的VMP会高于非工会化部门，经济总是会因劳动力从低VMP部门向高VMP部门转移所带来更高水平的产出而获益。但是，假设工会存在，并使其所在部门的工资率提高到 W_u，这种劳动力的重新配置便不会发生。

工作世界 11-3

劳资冲突与产品质量

2000年，1 440万个普利司通/凡士通轮胎被召回。大约650万个轮胎仍然在使用中，主要用在福特探路者系列车型上。美国公路交通安全管理局（National Highway Traffic and Safety Administration）发表声明，称被召回的轮胎与271起死亡和超过800例受伤相关，轮胎质量问题最常见的原因是橡胶线和钢带的分离，这会导致爆胎。

当时，一些观察人士指出，普利司通/凡士通位于伊利诺伊州迪卡特的工厂爆发的长期罢工是导致轮胎质量问题的重要原因。轮胎大多是手工制造的，因此人为错误会降低产品质量。克鲁格（Kruger）和马斯（Mas）的研究确认了上述猜测，认为劳资冲突降低了产品质量。他们发现，在工人向资方提出条件，以及罢工工人复工与罢工期间新进工人一起工作时的差品率最高。该项发现表明当工人觉得他们的待遇良好时，会更加认真、投入地工作。

劳资冲突在很多方面都带来了成本。据克鲁格和马斯估计，因劳资冲突带来的产品质量问题而死亡的人数超过40人。如果质量存在缺陷的轮胎不被召回，那么死亡人数可能超过前述人数的2倍。劳资冲突还使得普利司通/凡士通的财务状况恶化，因为在迪卡特工厂生产的轮胎被召回的可能性是其他工厂出产的轮胎的15倍。在召回事件发生后的4个月，普利司通/凡士通的市值从167亿美元跌至75亿美元。这表明良好的劳资关系对管理层和工人都是有益的。

资料来源：Alan B. Krueger and Alexandre Mas, "Strikes, Scabs, and Tread Separations: Labor Strife and the Production of Defective Bridgestone/Firestone Tires," *Journal of Political Economy*, April 2004, pp. 253-89.

限定 由于工会工资优势得出的配置效率损失模型过分简化，现在我们开始加入一些更贴近现实世界的情况，这些因素的存在会使得效率损失多于或少于先前模型中的预测。

1. 失业：回想前述关于等待性失业的讨论，在工会化部门中因更高工资水平而失业的工人，如果一直等待着想在本部门重新就业，那会有什么后果呢？其结果是图11-6中超过 $c'abd'$ 的净产出损失。这是为什么呢？尽管产出在工会化部门会减少 $Q_2'abQ_1'$，在非工会化部门却只会增加少于 Q_1cdQ_2 的产出。在极端情况下，如果 $Q_1'Q_2'$ 数量的工人在工会化部门仍保持失业，那么社会的产出损失是 $Q_2'abQ_1'$。当部门2的工资具有刚性时也会出现相同的结果。这是因为当某些原因使工资率不能下降到 W_s 时，那么对部门2的企业来说雇佣超过 Q_1 的额外工人可能并不划算。最后，威胁效应和产品市场效应的存在会增加非工会化部门的工资，非工会化部门也会同工会化部门一样出现失业。

2. 求职成本： 工作搜寻成本是导致模型低估产出损失的第二个相关因素。这是因为模型中隐含的假定是工人可以从工会化部门迅速且无成本地转移到非工会化部门。对失业工人来说，找工作需要付出时间并且产生成本（需要支付一些广告费用和中介机构的就业服务费用）以及机会成本（求职期间损失的收入）。正如我们在第9章中发现的，从工会化部门向非工会化部门转移过程中的地理变动也要付出昂贵成本。

3. 投资行为和生产力增长： 在前一个部分讨论的模型（见图11-6）仅仅刻画了工会工资优势静态的或者在短期的效率影响。工会工资差异还可能对效率造成动态的或者长期的负面影响。更具体说来，工会可能会降低企业和行业的利润率水平，进而阻碍投资和经济增长。如果一个强大的工会能够从企业的投资中攫取相当比例的收益，无论该项投资是实物资本（机器和设备）还是研发投资，这种投资都可能逐渐减少。因为劳动生产率的增长很大程度上依赖于单位劳动的资本支配存量以及技术进步（见第5章和第17章），任何工会从这些投资上攫取的利润都可能会阻碍劳动生产率的提升。

11.2.2 经验估计

已经有研究估计了与工会工资收益相关的静态效率损失，这些估计一致认为这种静态效率损失很小。在早期的研究中，里斯（Rees）发现，当假定15%的工会工资优势时，估计有0.14%的产出损失。[①] 弗里曼和梅多夫（1980）的研究认为，“工会垄断工资造成的损失占国民生产总值的0.02%～0.04%。在1980年，这相当于50亿～100亿美元或者人均20～40美元的损失”。[②] 德菲纳（Defina，1983）估计，工会工资优势只引起0.08%～0.09%的产出损失。[③]

11.2.3 正面影响

其他经济学家认为，总的来看，工会对生产率和效率有正面影响。

■ 投资与技术进步

有些人在图11-3关于工会工资优势导致劳动力错误配置的基础上进行更进一步的讨论，认为工会工资增长会加速资本对劳动要素的替代并推动降低成本（提高生产率）的技术进步。在面对工会工资优势引起的更高生产成本时，企业雇主将被迫使用更多的机械设备来降低成本，并且积极寻求节约成本的生产技术，这将同时降低单位产出所需的劳动与资本。事实上，如果产品市场是合理竞争的，那么用工成本比同行业竞争对手高（比如15%～20%）的工会企业是无法生存的，除非它拥有更高的生产率。简言之，来自工会的工资压力反而可能会让管理层不得不采取必要的措施，以

---

① Albert Rees, “The Effects of Unions on Resource Allocation,” *Journal of Law and Economics*, October 1963, pp. 69-78.

② Freeman and Medoff, op. cit., p. 57.

③ Robert H. DeFina, “Unions, Relative Wages, and Economic Efficiency,” *Journal of Labor Economics*, October 1983, pp. 408-29.

增进企业自身的生产率。这和前面刚刚提到的观点恰恰相反，后者认为更高的工会工资优势会降低利润，阻碍对资本品和创新的投入，并且降低劳动生产率。

■ 作为集体发声机制的工会

弗里曼和梅多夫强调，总体上，通过表达工人的不满、减少工人的流动性、保护工人的安全以及提高管理层效率等方式，工会可以提高企业的生产率。①

发声机制　工会对生产率的正面影响部分是由于工会在为工会成员解决争议、改善工作条件等方面发挥**集体发声**（collective voice）的作用。如果一群工人对自己的工作环境感到不满，他们有两种潜在的反馈方式：退出机制和发声机制。**退出机制**（exit mechanism）指利用劳动力市场——通过离开或者退出现有的工作岗位以寻找更好的就业机会——以作为对恶劣的雇主与工作条件的回应。**发声机制**（voice mechanism）则通过促成工人与雇主之间的对话，来谋求更好的工作条件并减少工人的抱怨。对单个工人来说，向“老板”表达不满的风险相当高。因为雇主很可能把其当做“麻烦制造者”而开除。但工会集体发声的作用给工人提供了向管理层反映问题、表达不满的机制，并由此向管理层施压，从而获得令工人满意的解决方案。工人的工作满意度以及士气由此得到加强，生产率也因此得到提升。在弗里曼和梅多夫看来，工会还可以通过发声机制以外的方式对生产率产生积极影响。

降低人员流动性　大量的证据显示，工会化减少了离职率和人员流动。一方面，工会的集体发声机制的存在使得工人的不满能够及时得到解决，从而避免了工人通过换工作的退出机制来解决问题。另一方面，在其他条件相同的情况下，工会工资优势通常会降低工会工人的离职率。

众多不同的研究显示，工会化对降低离职率的贡献巨大，其程度介于 31%～65%。② 更低的离职率能提高效率的原因是，一方面造就了工会化企业中更富经验的生产队伍，另一方面降低了企业的招聘、筛选以及雇佣成本。除此之外，较低的人员流动性使雇主更有动力对工人进行特殊培训。人员流动性的下降提高了雇主从工人培训（第 4 章）中获得正收益的可能性。

资历与非正式培训　由于工会坚持在提职或者解雇等事情上优先考虑资历问题，工人的安全感提高。在拥有这种安全感时，工人会更加愿意把自己的工作知识与技能通过非正式在职培训的方式传授给新人或者他们的下级（第 15 章）。显然这能够提升工人队伍的素质以及生产率。③

---

① Freeman and Medoff，op. cit.，chap. 11. For a critical review of the collective voice role of unions，see John T. Addison and Clive R. Belfield，“Union Voice，” *Journal of Labor Research*，Fall 2004，pp. 563-96.

② Freeman and Medoff，op. cit. pp. 95-96.

③ 一些日本企业向其雇员提供的终身雇佣制经常被认为是它们生产率快速提升的重要影响因素之一。然而，工会化会提升在职培训的观点已遭到了质疑。参见 John M. Barron，Scott M. Fuess，Jr.，and Mark A. Loewenstein，“Further Analysis of the Effects of Unions on Training，” *Journal of Political Economy*，July 1987，pp. 632-40。采用英国和加拿大相关数据的研究，可参见 Kim Hoque and Nicolas Bacon，“Trade Unions，Union Learning Representatives，and Employer-Provided Training in Britain，” *British Journal of Industrial Relations*，December 2008，pp. 702-31；and David A. Green and Thomas Lemieux，“The Impact of Unionization on the Incidence of and Sources of Payment for Training in Canada，” *Empirical Economics* 2-3（2007），pp. 465-89。

管理绩效 工会的工资压力对生产率形成有利的**冲击效应**（shock effect）。面对来自强势工会的压力和更高的工资要求，企业不得不采取更好的人事安排和生产方法，以在满足更高工会工资要求的同时保持盈利性。例如，克拉克（Clark）在研究水泥行业的工会化对生产效率的影响时注意到，工会化后工厂的管理水平得到改善。① 他记述了管理层在处理与工人关系上向"更专业、更有条理"的方向转变。除此之外，工会化后，管理层更加重视生产目标与工人监督。克拉克指出："也许对工会化前后管理过程差异最具说服力的描述是下面这个工厂管理人员的评述：'……工会化以前，工厂的经营更像是个家庭；但现在我们更像一家企业。'"最后，值得注意的是，集体谈判提供了潜在的沟通平台，通过这个平台工会可以向管理层指出提升生产率的方法。

总结：工会增进效率的方式有：（1）作为集体发声机制来表达工人的不满；（2）减少人员流动；（3）增加工人的安全感并由此为在职培训创造有利条件；（4）通过冲击效应提高管理效率。

11.2.4 经验证据

工会化对生产率影响的研究有很多。这些研究试图将诸如劳动力素质、资本-劳动比率、资本设备的新旧程度等工会化以外的、可能对生产率产生影响的因素作为控制变量。这方面的研究结论比较复杂。因为如果有研究认为工会化对生产率有正效应，就会有另一项研究通过运用不同的数据和方法得出存在负效应的结论。事实上，对现有研究（基于美国的数据）的统计分析显示，工会对生产率的平均正效应是3%。② 赫希在其最近的一项研究中指出，工会对生产率的平均影响接近于零。③ 他认为，工会对生产率的影响有两种。首先，在工会工资优势最大的行业中，工会对生产率的影响通常更高。这一结果与前述工会冲击效应对生产率的影响存在一致性。在冲击效应下，企业经营会更有效率从而提高生产率。其次，工会对生产率的正效应多数情况下局限在逐利的私人部门，正效应在那些竞争最激烈的行业中最为明显。例如，在公共图书馆、学校、政府机构以及立法部门，工会对生产率的正面影响并不存在。

尽管鲜有证据表明工会化对生产率有长期影响，现有的经验证据显示，工会化企业的生产率增长较慢。这种低增长似乎可以全部归结为这些企业都处在生产率增长缓慢的行业。④ 显然，工会对生产率的增长不存在直接影响。但工会可以通过降低实物资本投资率以及研发活动间接降低生产率的增长。

---

① Kim B. Clark, "The Impact of Unionization on Productivity: A Case Study," *Industrial and Labor Relations Review*, July 1980, pp. 451-69.

② Hristos Doucouliagos and Patrice Laroche, "What Do Unions Do to Productivity? A Meta-Analysis," *Industrial Relations*, October 2003, pp. 650-91.

③ Barry T. Hirsch, "Unions, Dynamism, and Economic Performance," in *Research Handbook on the Economics of Labor and Employment Law*, Michael Wachter and Cynthia Estlund, eds., Edward Elgar Series of Research Handbooks in Law and Economics, 2012, forthcoming.

④ Ibid.

11.3　企业盈利性

工会化究竟是提高还是降低了企业的盈利性？工会成员的工资优势是以企业的经济利润为代价的吗？因工会化形成的生产率提升是否恰好抵消了更高的工资水平从而使企业的利润不受影响？工会化企业和行业能够将更高的工资成本以更高的价格转嫁给消费者从而保证自身的利润水平吗？

工作世界 11-4

工会与投资

理论上说，工会对企业的实物资本投资会产生何种影响并无定论。一种可能性是，工会工资优势使得企业不得不选择以相对廉价的资本替代劳动从而使得投资率更高。另外一种可能性是，更高的工会工资推升了产品价格进而降低了产品的销售量。这将导致投资的回报率下降从而使得投资率也下降。此外，如果工会通过高工资从实物资本投资回报中抽走较大的比例，那么企业也会降低它的投资率。

福里克（Fallick）和哈塞特（Hasset）利用在纽约证券交易所（New York Stock Exchange）上市的 2 000 家企业的数据，考察了工会对企业投资决策的影响。他们发现，当标志着新工会建立的选举顺利完成时，在该选举之后的第二年，资本投资会下降 30%。

他们强调，工会化对企业造成的影响与把 34%的企业税翻倍带来的影响相当。他们认为，这项证据有助于解释为什么工会化企业倾向于与其他工会化企业合并，而非工会化企业则通常与非工会化企业合并。他们认为，上述结果源自工会对企业投资行为征缴的“重税”。如果一家工会化企业收购了另一家工会化企业，那么购入的资产价值将免受这项税的影响。但如果一家非工会化企业收购了一家工会化企业，非工会化企业的资产将要承受前面提到的工会税负效应。结果是，与工会化企业相比，非工会化企业与工会化企业合并的可能性更小。

资料来源：Bruce C. Fallick and Kevin A. Hassett, “Investment and Union Certification,” *Journal of Labor Economics*, July 1999, pp. 570-82.

几乎所有的实证研究都认为工会化降低了企业盈利水平。（事实上，如果工会化对企业盈利没有影响，那么雇主对工会化的反抗就会让人难以理解。）比如，弗里曼和梅多夫的研究指出，工会化大幅度（17%～37%）降低了企业利润。[①] 沃斯（Voos）和米塞尔（Mishell）对 139 个制造行业的研究结果显示，工会化降低企业盈利的幅度介于 20%～23%。[②] 两项使用企业数据的最新研究结果也表明工会化降

① Freeman and Medoff, op. cit., Table 12.1, p. 183.

② Paula B. Voos and Lawrence R. Mishell, “The Union Impact on Profits: Evidence from Industry Price-Cost Margin Data,” *Journal of Labor Economics*, January 1986, pp. 105-33.

低了企业的利润率。[①] 类似地，最近一项针对现有的45项基于美国企业数据研究的统计分析显示，如果是完全工会化的企业，工会对利润水平的平均影响为－23%；对平均工会化水平企业利润的影响则为－6%。[②]

这种企业利润与工人工资的再分配是人们期望的吗？有两种极端情况。第一种：如果工会化行业的竞争程度不高，工会造成的影响可能仅仅就是把资本家口袋中的部分超额利润转移到了工人那里，并不会对经济效率造成任何负面影响。第二种：如果工会化行业是高度竞争性的，企业的经济利润为零，更高的工会工资成本就会产生负面影响。具体说来，更高的工资成本意味着低于正常的利润水平，进而影响对资本设备以及技术进步的投资；从长期来看，企业会选择退出这个行业。随之而来的是更低的产出水平，这对消费者而言意味着更高的产品价格，对工人意味着更少的雇佣量。行业内投资水平的下降意味着经济增长速度放慢。

哪种情形更符合现实？实证检验也是存在分歧的。有一些研究指出，工会获得的部分利润实际上是来自企业的市场力量。具体说来，工会可以从进口受限以及准入受限的行业争取利润。[③] 例如，航空和货运行业的工会工人在这些行业"去监管化"之前拥有了大量的工资优势。换言之，上述观点似乎支持更加符合预期的第一种情形而非第二种。其他实证结果却支持相反的结论。这些结果表明工会通过减少企业研发活动以及降低实物资本投资的回报率来获取工资优势。[④] 毫无疑问，这支持的是第二种情形。

总而言之，现有的一致观点是，总体来看，工会降低了企业的盈利水平。但关于这种再分配是否降低了经济效率并没有达成共识。

快速回顾 11-2

- 工会降低效率和生产率的方式有：(a) 限制性工作条款；(b) 罢工；(c) 工会工资优势造成的劳动力资源错误配置。
- 一般认为工会化造成的静态效率损失相对较小。
- 工会对效率和生产率的正面影响主要通过以下几种方式：(a) 加快资本对劳动力的替代并支持对降低成本技术的研发；(b) 通过集体发声机制降低人员流动率、增强工人的安全感并且提升管理层的效率。
- 工会对生产率影响的实证检验是复杂且没有定论的。
- 研究认为工会大幅降低了企业的盈利水平。

---

① Barry T. Hirsch, "Union Coverage and Profitability among U. S. Firms," *Review of Economics and Statistics*, February 1991, pp. 69-77; Stephen G. Bronars, Donald R. Deere, and Joseph S. Tracy, "The Effects of Unions on Firm Behavior: An Empirical Analysis Using Firm-Level Data," *Industrial Relations*, October 1994, pp. 426-51; and Barry T. Hirsch, "Unionization and Economic Performance: Evidence on Productivity, Profits, Investment, and Growth," in Fazil Mihlar (ed.), *Unions and Right-to-Work Laws*, Vancouver, B.C.: The Fraser Institute, 1997, pp. 35-70.

② Hristos Doucouliagos and Patrice Laroche, "Unions and Profits: A Meta-Regression Analysis," Industrial Relations, January 2009, pp. 146-84.

③ 参见 Hirsch, 2012, op. cit。

④ 参见 Hirsch, 1991, op. cit; and Brian E. Becker and Craig A. Olson, "Unions and Firm Profits," *Industrial Relations*, Fall 1992, pp. 395-415。

思考题

请解释为什么以下两项论述一致："工会提高生产率"与"工会降低企业利润"。（答案：参见书末。）

11.4 收入分配

关于工会如何影响收入分配也存在分歧。少数经济学家认为工会加剧了收入分配的不平等，而绝大多数经济学家则持相反的观点。

11.4.1 加剧不平等

那些宣称工会加剧了工资分配不平等的人认为：（1）工会在增加工会工人工资的同时通过溢出效应压低了非工会工人的工资；（2）相对于非熟练的白领工人，工会提高了熟练蓝领工人的工资；（3）增加了工会化企业对熟练劳动力的需求。

■ **工会工资和非工会工资**

证明工会加剧工资分配不平等的最简单论证是基于溢出效应理论的。在图 11-2 中，更高的工资使得工会化部门的工人转移到非工会化部门寻找再就业的机会。这种转移降低了非工会化部门的工资水平。因此，尽管我们一开始假定两个劳动力子市场拥有相同的工资水平 W_n，工会化效应使工会化部门的工人享受到更高的工资水平 W_u，而非工会化部门的工人只能接受 W_s 水平的工资。

■ **蓝领工资**

工会化在技术更熟练、报酬更高的蓝领工人中比在非熟练、报酬较低的白领工人中更广泛存在，这个事实说明，工会获得的工资优势加剧了收入分配的不平等。

■ **对熟练劳动力的需求**

佩滕吉尔（Pettengill）① 认为，当工会迫使雇主支付高于均衡水平的工资率时，长期影响是企业会雇佣素质更高的工人，这导致了劳动力需求由低素质向高素质工人转移的结构性变化。最终的结果是工资的分散度更高，简言之就是加剧了工资不平等。佩滕吉尔用表 11-2 中的例子来说明他的观点。

佩滕吉尔假设 A、B 和 C 分别代表非工会化雇主可得的不同素质的劳动力，分别为高中毕业生、高中肄业生以及未接受高中教育的工人。表格的第（2）栏中给出了不同素质劳动力的生产率亦即每小时产出，而表格中第（3）栏给出的是工资水平。用生产率去除工资率得到第（4）栏给出的单位产出的工资成本。面对这三种选择的时候，一家企业会以每小时 4 美元的工资率雇佣劳动力 B，因为相应的单

① John S. Pettengill, *Labor Unions and the Inequality of Earned Income* (Amsterdam: North-Holland Publishing Company, 1980).

位产出工资成本最低。

表 11-2　　劳动力素质、生产率与工资率

(1) 劳动力类型	(2) 每小时产出	(3) 工资率（美元）	(4) = (3) ÷ (2) 单位产出工资成本（美元）
A	5	30.00	6.00
B	4	20.00	5.00
C	2	12.50	6.25

现在假设企业存在工会，B类工人的工资率增长到每小时30美元。这会导致什么结果呢？在短期，单位产出工资成本上升至7.50美元，B类工人一生的收入预期得到了提高。长期来看，B类工人由于退休、辞职、死亡等正常的流失，会促使企业用A类工人替代B类工人。也就是说，如果工会强迫企业支付每小时30美元的工资，企业就会寻求在该工资水平下最优秀的工人。特别地，现在企业会要求所有新员工都必须拥有高中学历。需要注意的是，当所有的B类工人都被A类工人取代时，由于A类工人的生产率更高，单位产出工资成本会从7.5美元下降至6美元。

如果将这种情形做更大的推广，我们会发现对于高素质的A类工人的需求会上升，对相对较低素质的B类工人的需求会下降。这会引起高中毕业生相对于高中肄业生的工资率更高，使得工资差异更大，加剧了收益分配的不公平。不太显著的是，高中毕业生更高的工资率会降低大学毕业生工资率的增加（见图4-2）。本科毕业生工资优势的下降会使得对本科教育的投资减少，同时本科毕业生的供给也会减少。结果是，本科毕业生的工资率会上涨，这又进一步加剧了工资差异，并加剧了收入分配不平等。

11.4.2 促进平等

然而，工会工资政策的其他方面表明，工会化提高了收入分配的平等性而非降低。那么，工会是如何通过其他政策使工资趋于平等的呢？

■ 企业内的统一工资

在没有工会的情况下，雇主往往会支付给从事相同工作的工人不同的工资。这些工资差异是基于管理者主观上对工人工作表现差异的评价、工作时长，甚至还包含个人喜好的因素等。与之不同的是，工会总是致力于确保从事某一特定工作工人的工资率能够统一起来。简言之，非工会化企业通常会按照个体工人确定工资率，而工会作为工人群体忠诚与团结的代表，则谋求按岗定薪。一旦工会获得成功，因管理者主观判断造成的工资与收入的差异就会消除。随标准化工资政策而来的一个重要影响是，对非裔美国人、其他少数族裔以及女性的工资歧视也可能会因为工会的存在而减弱。正如第10章中提到的，非裔美国男性比其他人更容易享受到来自工会的好处。工会化可能还会由于其他原因缩小企业内部工资与收入不平等。由不同熟练程度的工人组成的行业工会经常通过工资政策谋求对所有成员绝对工资增长

的平等性。这意味着对非熟练工人的工资增幅更大，由此熟练工人与非熟练工人之间的工资差异也就缩小了。用一个简单的例子来说明，假定所有的熟练工人最开始的工资水平是 20 美元/小时，非熟练工人的工资水平是 10 美元/小时，假设工会与用工方谈判后这两种工人的时薪都增加了 4 美元，那么熟练工人现在的时薪是 24 美元，非熟练工人的时薪是 14 美元。原来非熟练工人的工资只是熟练工人的一半，在这次工资上涨之后，非熟练工人的工资达到了熟练工人的 58%。由此，相对工资不平等的状况得到缓解。为什么工会会为不同熟练程度工人谋取绝对平等的工资增长呢？答案涉及两个方面：一方面，这反映了工会平等化的思想；另一方面，这能够让工会领导在很大程度上回避涉及不同成员相对价值的这种政治尴尬。

■ 企业间的统一工资

除了确保企业内部能够按岗定薪以外，工会也会寻求不同企业之间的统一工资。这种行为背后的原因几乎不言自明。如果在同一行业内两家相互竞争的企业之间工资率相差悬殊，那么工会维持或是强化工资优势的能力就会被削弱。比如，在一个有四家企业的寡头行业中，如果有一家企业能够向其工会员工支付明显较低的工资，那么其他三家企业的工会很可能会发现自身的工会工资优势难以维持。尤其是在经济衰退时期，高工资企业会向工会施压，以把工资降到与低工资企业相当的水平。为避免这种问题的发生，工会通过标准化企业间的工资水平来“避免劳动力（工资）竞争”，从而降低工资水平的差异。第 10 章中曾提到，行业多雇主谈判是工资标准化的主要手段。

■ 降低白领与蓝领之间的工资差异

在考察工会工资优势的实证论据时，我们观察到工会为蓝领工人争取到的工资增长要多于白领工人。平均来看。白领工人享受的工资水平高于蓝领工人，因此工会为蓝领工人争取到更多的工资增长会降低蓝领工人与白领工人之间的收入不平等。

11.4.3 工会真的促进了收入平等吗？

工会对收入分配的净影响究竟是什么？有相当多的人认为工会缩小了工资差异。弗里曼和麦道夫通过实证分析得出，溢出效应使得收入分配不平等提高了 1%，但企业内外的工资标准化却使得不平等下降了 4%。工会在降低收入不平等上的贡献率为 3%。弗里曼和麦道夫认为，考虑到只有相对较少的劳动力加入了工会，因此 3%的贡献已经相当可观了。[①] 卡德[②]的研究也支持上述观点，据他估计，1987 年工会使得工资不平等降低了 7%。他还指出，工会化程度的降低是导致美国工资不平等加剧的原因之一（参见专栏“工作世界 10-4”和第 17 章）。通过对 1973—1993 年的数据分析，卡德得出结论称工会化程度的下降使得男性工人工

① Freeman and Medoff, op. cit., pp. 90-93.

② David Card, “The Effect of Unions on the Structure of Wages: A Longitudinal Analysis,” *Econometrica*, July 1996, pp. 957-79.

资不平等的情况增加了15%～20%，而女性工人的收入不平等提高幅度比较小。[①]

11.5 其他问题：通货膨胀、失业以及收入份额

我们对工会经济影响的讨论并不完全。工会对通货膨胀、就业与失业、工资占国民收入的比重等也会产生一系列影响。接下来我们将对这几个方面进行简要讨论，详细讨论读者可以参考宏观经济学教材。

11.5.1 通货膨胀

经济学家普遍认为工会工资优势并不是通货膨胀的根本原因。大多数严重的通胀是由过度的总需求和总供给冲击导致的，而非由工资推动。尤其是近来的通货膨胀很大程度上可以归结于扩张性的财政和货币政策，或者是供给冲击，譬如石油输出国组织在20世纪70年代大幅提高油价。当工会预期未来将面临通货膨胀时，为了保证工人依然可以得到工会工资优势，集体谈判下的工资决定将贯穿整个通胀周期。这些行为会削弱反通胀政策的效果。

11.5.2 工会与失业

工会与失业之间的关系很复杂也极具争议。一种观点认为，工会是工资下降存在刚性的主要原因。[②] 造成的结果是，劳动力需求下降影响了就业，却没有影响工资。由于工资下降具有刚性，降薪并不能缓解衰退对失业的影响。持相反观点的人认为，工资刚性很大程度上是由工会之外的其他原因造成的。比如，非工会工人与雇主存在默契或者隐形契约，除非经济环境严峻到企业面临破产的风险，否则雇主将维持工资水平。更进一步地，在经济衰退期，企业宁愿选择裁员也不愿意全面降薪。理由是，如果大面积降薪，企业投入大量资源培养的熟练、富有经验的工人可能会离职并寻找其他工作。与裁员相联系的固定工资策略使得雇主能够在经济下行期留住更有价值的员工而裁掉那些训练程度较低的员工，训练程度低的员工往往也更容易被替代，且替代成本也较低。

除了劳动力需求的周期性变化以外，工会至少可从两个方面影响就业。其一，工会化与人员流动率相关，亦即工会降低了失业率。其二，推高工资之后，工会可能会使得失业率上升，其原因在于劳动力供给因工资上升而增加。（参见图10－7以及之后的讨论。）

总之，工会与失业之间的关系是很复杂的，工会对失业的净效应还未达成共识。不过值得注意的是，蒙哥马利（Montgomery）考察了42个大都会地区的数据，试图分析工会力量（以工会工人占总员工的比例以及工会工资与非工会工资之间的差异来度量）对就业的影响。他发现，工会力量越大，就业率可能越低，但是

---

① David Card, "The Effect of Unions on Wage Inequality in the U. S. Labor Market," *Industrial and Labor Relations Review*, January 2001, pp. 296-315. 也可参见 David Card, Thomas Lemieux, and W. Craig Riddell, "Unions and Wage Inequality," *Journal of Labor Research*, Fall 2004, pp. 519-59。

② 更详细的讨论参见第18章。

二者之间的定量关系其实很微弱。比如，工会会员比例提高10%，就业率可能只会降低0.2%。与之相似，当工会工资优势增加10%时，就业率降低的可能性只有0.06%。①

11.5.3 劳动的份额

到目前为止还没有确切的证据证明工会能够提高国民收入中劳动的份额并降低资本的份额。主要有以下几个方面的原因：首先，根据溢出效应，工会工人的高工资可能是以非工会工人的工资为代价的（见图11-2），而非源自资本的份额降低。其次，工会工资增长可能会引发资本对劳动的替代。因此，工会工资优势对劳动份额的正面影响可能被就业机会的减少所抵消。最后，管理层可以通过提高生产率以及价格来规避国民收入从资本向劳动的再分配。因为工资提高抽走的利润可能被生产率以及价格的提高所抵消。工会化对劳动份额的影响很小显然与工会化劳动力在总劳动力中占比相对较低有关。

本章总结

1. 工会化以外的因素至少在一定程度上揭示了为什么工会化的行业比组织程度更低的行业支付的工资水平更高。这些因素包括在高度工会化行业中更少的女性工人、更大规模的企业、资本密集程度更高的生产方法。

2. 纯工会工资优势 $A=(W_u-W_n)/W_n\times 100$，其中 W_u 为工会工资，W_n 为在不存在工会条件下的非工会工资。

3. 溢出效应和优秀工人效应使得测度到的工会工资优势高估纯工会工资优势；而威胁效应和产品市场效应则使得测度到的工会工资优势低估纯工会工资优势。

4. 研究证据一致表明，工会为其成员争取到工资优势，尽管工资优势会因职业、行业、种族和性别的不同而产生巨大的差异。刘易斯根据1923—1958年之间的数据得到的估计显示，平均工会工资优势达到10%～15%，不过工资优势会在经济萧条期间扩大，在预期之外的通胀时期缩小。工会工资优势在20世纪70年代扩大，而自那时起工会工资优势不断下降，直至17%。

5. 工会工人通常可获得更高水平和更多样化的附加福利，使得总薪酬优势超过工资优势。

6. 关于工会对分配效率和生产率的净效应是正还是负尚存争议。持负面影响的观点认为：(a) 低效与工会制定的条款有关；(b) 因罢工产生的产出减少；(c) 因工会工资优势造成的劳动力的错误配置是造成低效的原因。

7. 持正面影响的观点认为：(a) 来自工会工资的压力促进技术进步和生产过程的机械化；(b) 作为集体发声机制，工会通过缓解工人不满、降低人员流动性、增强员工的安全感以及促进管理层更高的绩效使得生产率得到提升。

8. 关于工会降低企业的利润率已经形成了共识，但因工会造成的利润率下降对整个经济体的效率的影响尚存在不同意见。

9. 那些认为工会增加了收入不平等性的人认为：(a) 工会化提高了工会工人的工资水平而降低了非工会工人的工资水平；(b) 工会在那些报酬高、熟练的蓝领工人中更有影响力，而在报酬低、非熟练的蓝领工人中影响力相对较弱；(c) 工会工资的提升增加了对高素质工人的需求而抑制了对低素质工人的需求。认为工会促进了收入平等的人认为：(a) 工会使得公司内部同样职位的工资水平相同；(b) 工会致力于促进行业

① Edward Montgomery, "Employment and Unemployment Effects of Unions," *Journal of Labor Economics*, April 1989, pp. 170-90.

内工资水平统一；（c）相对于工资更高的白领工人，工会为工资相对较低的蓝领工人争取到了更高的工资。近期的经验证据表明工会确实降低了工资的不平等，而工会化程度的下降会加剧工资不平等。

习题和学习建议

1. 从常识的角度看，期望工会会带来工资优势的基础是什么？下列工会化企业和非工会化企业的差异是否会使测度到的工会工资优势更加复杂？(a) 劳动力的人口构成；(b) 工厂规模；(c) 每个工人支配的资本数量。

2. 有证据表明工会工资优势随一个行业的组织化程度而变化，为什么会这样？

3. 纯工会工资优势是如何定义的？如果某一劳动力市场在没有工会的情况下工资是16美元，在有工会的情况下是20美元，那么纯工会工资优势是多少？请解释以下各因素将如何影响测度到的工会工资优势与纯工会工资优势之间的偏移：(a) 溢出效应；(b) 威胁效应；(c) 产品市场效应；(d) 优秀工人效应。

4. 请描述测度到的工会工资优势规模。近期的证据表明这种优势是增加了还是减少了？请解释工会工资优势的周期性变化并对其做出评价。

5. 试比较工会工人和非工会工人的附加福利并解释工会为何会造成两者之间的差异。

6. 请对以下表述做出评价："工会束缚住了管理层的手脚，限制了决策效率"；"工会促进了经济效率的提升，因为工会的工资压力淘汰了行业中高成本、低效率的生产者"；"尽管工会降低了工资的不平等，但在某种程度上，工会的存在也降低了基于个人素质和努力程度而存在的工资差异，结果是造成了不平等和无效率"；"通过降低利润，进而减少投资和经济扩张，工会间接地降低了效率"。

7. 请说明每年因罢工导致的工时损失。举例说明，在何种情况下因罢工造成的工时损失并不能很好地作为产出减少的参考指标。

8. "对整个社会而言，与工会工资优势相伴的是一种内在的成本。该成本其实就是劳动力资源配置过程中效率的损失。"请对上述观点予以解释，并请说明你是否同意该观点。在你的回答中，请区分静态和动态效率。

9. 证据表明，相对于高度竞争的市场而言，竞争程度低的市场更容易工会化。从第5章中我们知道，产品需求弹性是劳动力需求弹性的主要决定因素之一，请解释产品需求弹性如何影响图11-6中工会劳动力需求曲线和非工会劳动力需求曲线的弹性和因工会工资优势造成的净产出损失。

10. 在何种情况下工会可以提升企业内部的生产率？请结合退出机制和发声机制的概念予以解答。

11. 列举工会可能改变收入分配的不同形式。一般来说，工会究竟是提高还是降低了工资的分散度？

12. 如果没有工会我们的经济是不是运行得更好？请对你的答案进行解释，并提出一个与你自身立场相反的观点。

13. 解除管制对航空和货运行业中相对工资和工会工人就业的影响是什么？哪些因素有助于理解解除管制对这两个行业影响的差异？

互联网练习

相对工会收入的增减

请登录美国劳工统计局网站（www.bls.gov）并且选择"Economic Releases"。再找到并选择"Employment & Unemployment"。在"Quarterly, annual, and other"下找到"Union

Members”。最近几年工会员工周薪的中位数和非工会工人周薪的中位数分别是多少？相应地，测度到的工会工资优势是多少？请选择你自己的工资指标并提供相应的结果。

互联网链接

美国劳工统计局罢工网站（www. bls. gov/wsp）提供涉及 1 000 名及以上工人参与的罢工事件的相关统计。

第12章 政府与劳动力市场：就业、政府支出与税收

在第10章和第11章我们讨论了劳动力市场中工会对工资率和就业水平的影响。现在我们将注意力投向另一主体——政府，以及政府在经济运行中对工资和就业的各种影响方式。政府的参与对劳动力市场来说是非常重要的。例如，2012年美国联邦政府、州政府和地方政府的工作人员数量已经超过制造行业中的工人数量！

本章考察公共部门就业、政府支出、税收对私人部门工资以及就业的影响。下一章，我们将探讨政府通过法律法规等对劳动力市场的直接干预。

12.1 公共部门就业和工资

在许多劳动力市场中，政府是特定类型劳动力的主要甚至唯一的雇主。比如，它雇佣了军事人员、反垄断检察官、邮政人员、空中交通管制员、护林员、教师、机关管理者、消防人员以及高速公路养护人员。对这些人员的需求源自对公共部门产品和服务的社会需求。当政府雇佣劳动力时，它“消耗”或者“吸入”经济资源。更准确地说，政府的雇佣直接占用了一国的生产能力。举例来说，当政府雇佣邮政工作人员时，这些人员不再生产其他产品或提供其他服务。同样，当军队征兵或者劝说人们参军时，社会就放弃了这些人员在私人部门工作的产出。据推测，整个社会认为公共部门提供的产出和劳务比这些资源用于其他部门的价值更大。

12.1.1 政府部门就业：分布和增长

图12-1和图12-2描绘了1950年以来美国政府部门就业的分布和增长情况。仔细考察这些数据可以归纳出以下结论：第一，联邦政府文职人员、州和地方政府雇员的绝对数量（见图12-1）呈现出增长态势。这并不令人感到奇怪，因为经济活动中的总就业量显著增长了。第二，联邦政府雇佣规模的增长远低于州和地方政府。显然，1950年以来，雇佣量的增长绝大部分来自州和地方政府公共部门。联邦政府文员占全美就业的比例由1950年的3.2%降到2011年的2.0%（见图12-2）。与此同时，州和地方政府雇佣人员占比从7.0%上升到13.8%（见图12-2）。第三，在1950

年，政府雇佣了美国 1/7 的工作人员，到 2011 年，这一比例上升到 1/6。第四，现役军人的数量（见图 12－1）在 140 万～360 万之间波动。

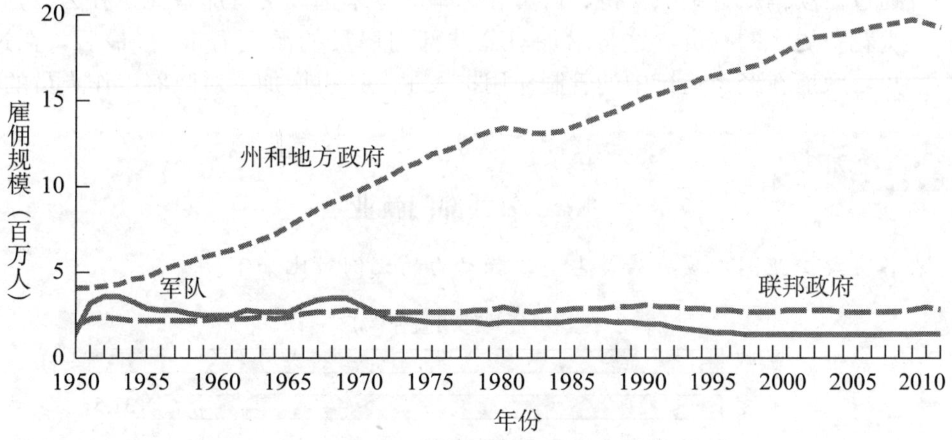

1950—2011 年，美国政府雇佣人数迅速增加，其中大部分来源于州和地方层级。

图 12－1　美国政府雇佣规模

资料来源：Bureau of Labor Statistics（www. bls. gov）and U. S. Defense Department，Statistical Information Analysis Division，"Active Duty Military Strength by Service by Fiscal Year."

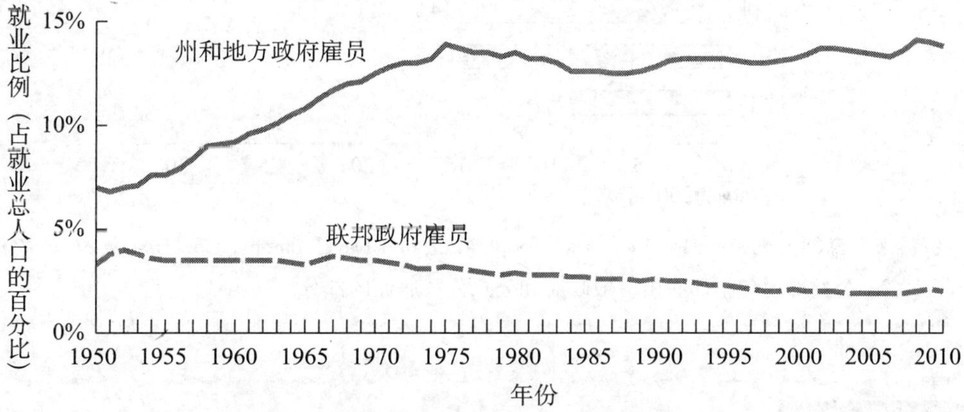

相对于全美就业率，在过去 60 年里，州和地方政府雇员占比增长迅速，联邦政府雇员比例稍微降低。

图 12－2　政府雇佣规模在全美就业中的比例

资料来源：Bureau of Labor Statistics（www. bls. gov）.

过去几十年公共部门就业的相对增长可以利用我们熟悉的劳动力供给和需求模型（见图 6－2）来理解。尽管劳动力供给在公共部门和私人部门中的增加大致相仿，但相较于私人部门，公共部门的劳动力需求曲线向右移动的程度更大，结果导致公共部门中均衡就业的更快增长。

经济学家指出了导致公共部门劳动力需求相对增长的一些影响因素。第一，人口增长、城市化和城市扩张增加了对州和地方政府所提供服务的需求。第二，人口的年龄结构在这一阶段发生显著变化，第二次世界大战后的"婴儿潮"带来了学龄儿童的显著增加，这增加了对公立学校教员的需求。第三，实际收入的增长增加了对收入弹性较高的政府服务的需求，比如高等教育、公共医疗、公园以及清洁的环境。此外，公共部门工会也以更加强大、激进的姿态出现在公共部门劳动力市场中。一些观察员认为，公共部门工会和专业化团体更多地使用它们的政治力量——通过运动捐款、组织支持、认可和选举——来选拔支持那些愿意在公共产品和服务上花费更多的官员，这将增加对公共部门雇员的派生需求。[①] 最后，在过去 50 年里，政府在经济运行中的管制作用扩大了，这也增加了对政府工作人员的需求。

全球瞭望 12-1

公共部门就业

在各主要工业国，政府雇员占全体劳动力的比例对比如下。

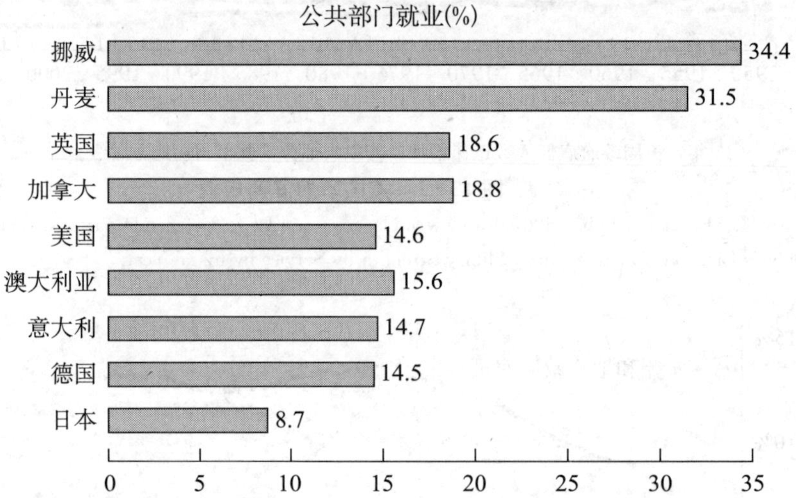

图为2008年数据。

资料来源：Organization for Economic Cooperation and Development，*Government at a Glance*，*2011*，Table 21.2. 公共部门包括那些由一般政府和公众公司雇佣的部分。

工作世界 12-1

政府雇员做什么？

政府雇员的工作类型取决于政府的层级。州和联邦政府雇员集中在教育：超过一半的工作人员在教育部门。第二大部门是法律实施部门，约占雇佣总数的 1/9。另外一部分员工集中在医疗卫生部门，大约占州和地方政府雇员的 1/10。更小一些的部门如公共福利和高速公路部门合计不到 1/10。“其他”包含公园、娱乐、消防、运输和图书馆。

① 参见 Paul Courant，Edward Gramlich and Daniel Rubinfeld，“Public Employee Market Power and the Level of Government Spending，” *American Economic Review*，December 1979，pp. 806-17；Marick F. Masters and John Thomas Delaney，“Union Political Activities：A Review of the Empirical Literature，” *Industrial and Labor Relations Review*，April 1987，pp. 336-53。对 1945 年以后美国国家政治中劳动力的角色做的优秀的文献综述可参见 John T. Delaney，Jack Fiorito，and Paul Jarley “Evolutionary Politics? Union Differences and Political Activities in the 1990s，” *Journal of Labor Research*，Summer 1999，pp. 277-95。

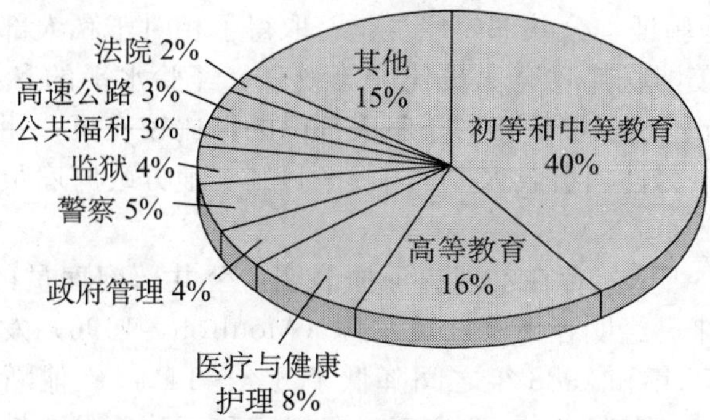

相对于州和地方政府，联邦政府雇员集中在不同领域。近一半的联邦政府工作人员在国防和邮政部门，1/8 的员工在医疗与健康护理部门，自然资源、警察和财政管理部门各自占雇佣总量的 4%～6%。"其他"类包含法律与司法部门、监狱、航空运输部门和社会保险管理部门等。

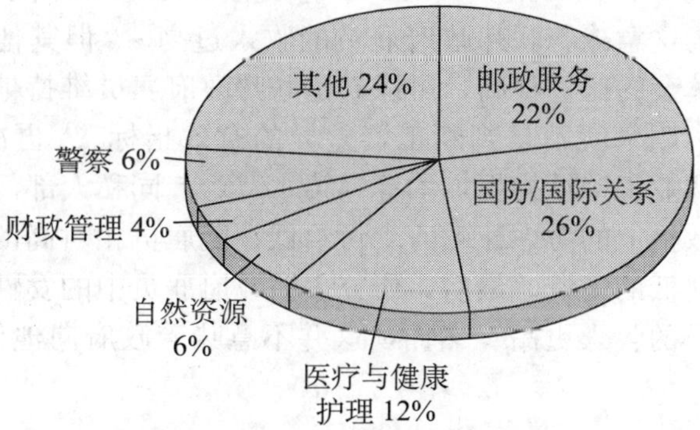

资料来源：U. S. Census Bureau，"State and Local Government Employment and Payroll Data，by State and Function，" March 2010；and "Federal Government Employment by Function，" March 2010.

12.1.2　公共部门和私人部门薪酬

随着 1950—2011 年公共部门雇佣量的增长，公共部门的工资水平也在提升。理论上说，绝大多数政府机构遵守**通行工资原则**（prevailing wage rule），又称可比工资原则，即这些政府机构试图将公共部门雇员的工资水平设置得与私人部门接受相同培训的可比雇员的工资水平相当。[①] 2011 年，公共部门雇员的平均小时工资为 24.03 美元，私人部门雇员的平均时薪为 20.03 美元。[②] 但这些平均值的差异并没

① 在美国，适用于联邦政府雇员的通行工资原则在 1970 年被写入《联邦薪酬比较法案》(Federal Pay Comparability Act)，许多州和地方政府也有类似的正式政策。

② Barry T. Hirsch and David A. Macpherson，*Union Membership and Earnings Data Book：Compilations from the Current Population Survey*（*2012 Edition*）(Washington，DC：Bureau of National Affairs，2012).

有因工会状况、教育与培训、人口学特征（性别、种族）而做出调整。20世纪70年代中期，史密斯（Smith，1977）将这些因素考虑在内进行了一项综合性研究，目的在于经验地验证，公共部门雇员是否取得了相对于私人部门可比较的工资。她发现，1975年美国联邦政府雇员比同等教育、经验水平的私人部门雇员的工资高13%～20%。在州的层级，相对于私人部门的可比较雇员，州政府女性雇员的收入要高6%～7%，男性雇员收入要低3%～11%。地方政府雇员的收入和私人部门雇员的收入大致相等。[①]

工资差异是否依然存在？现有证据表明，公共部门雇员的工资溢价在20世纪70年代中期以来已经明显下降。莫尔顿（Moulton，1996）发现，联邦政府工资差异在1977—1979年和1988年之间降低了8%～14%。[②] 他断言，就全国来说，联邦政府工资溢价大约为3%，但在高工资城区和行政、专业性职业中，这种工资溢价已经逐渐消失了。[③] 最近吉特尔曼和皮尔斯（Gittleman and Pierce，2009）的一份研究表明，州政府雇员已经没有工资溢价，地方政府雇员工资溢价水平为5%。[④]

关于公共部门和私人部门的工资，还有以下几点值得注意。首先，公共部门总薪酬中附加福利的比重要高于私人部门。[⑤] 吉特尔曼和皮尔斯（Gittleman and Pierce）指出政府部门雇员比私人部门雇员的总薪酬高3%～10%，地方政府雇员的工资溢价达到10%～19%。其次，联邦政府雇员的离职率比私人部门雇员低。一些经济学家认为这意味着联邦政府雇员的收入过高。[⑥] 但其他人也指出，联邦政府雇员收入中退休金的比例很高，可以鼓励联邦政府雇员维持他们的工作。若事实果真如此，那么离职率就不是判断工资差异的有效指标。[⑦] 再次，相对于私人部门，政府部门雇员职业工资结构更加均等（第17章）。同私人部门具有同等培训和经验的雇员相比，政治上的考虑让政府支付给低技能雇员相对高的工资，支付给选举和任命的官员相对低的工资。最后，研究表明政府雇员中的女性和非裔美国人比私人部门中相应雇员的收入更高。然而，这并不意味着政府向他们支付了过高的工资，

---

① Sharon P. Smith, *Equal Pay in the Public Sector: Fact or Fantasy* (Princeton, NJ: Princeton University Press, 1977).

② Brent R. Moulton, "A Reexamination of the Federal-Private Wage Differential in the United States," *Journal of Labor Economics*, April 1990, pp. 270-93. 用20世纪90年代的数据得出的相似结论参见 Dale Belmanand John S. Heywood, "The Structure of Compensation in the Public Sector," in Dale Belman, Morley Gunderson, and Douglas Hyatt (eds.), Public Sector Employment in a Time of Transition (Madison, WI: *Industrial Relations Research Association*, 1996).

③ 如果使用更加详细的职业定义，公共部门实际工资差异大幅降低。参见 Dale Belman and John S. Heywood, "Public Wage Differentials and the Treatment of Occupation Differences," *Journal of Policy Analysis and Management*, Winter 2004, pp. 135-52; Josefa Ramoni-Perazzi and Don Bellante, "Do Truly Comparable Public and Private Sector Workers Show Any Compensation Differential?" *Journal of Labor Research*, Winter 2007, pp. 117-33。

④ Maury Gittleman and Brooks Pierce, "Compensation for State and Local Government Workers," *Journal of Economic Perspectives*, Winter 2011, pp. 217-42.

⑤ Ibid.

⑥ James Long, "Are Government Workers Overpaid? Alternative Evidence," *Journal of Human Resources*, Winter 1982, pp. 123-31.

⑦ Richard A. Ippolito, "Why Federal Workers Don't Quit," *Journal of Human Resources*, Spring 1987, pp. 281-99.

而是政府承诺平等对待少数族裔和女性的结果。[1]

工作世界 12-2

公共部门工会：它们是独一无二的吗？

公共部门和私人部门之间有一个很重要的差别：政府在它的特定管辖范围内提供垄断性服务。这导致的结果就是，特定场所对公共产品和服务的需求是极度缺乏弹性的。也就是说，消费者不能像对待私人部门的绝大部分生产者那样，替换掉公共部门的产品或服务。根据一些观察家的观点，这最终导致对公共部门雇员的派生需求也是高度缺乏弹性的。这种缺乏弹性的需求赋予公共部门工会很大的谈判力。

弗里曼（Freeman，1986）基于以下四方面的原因否定了这种观点。

1. 如同私人部门面临需求约束一样，政府也面临税收和预算约束。在既定的约束下，任何工资的增长都将带来雇佣规模的下降。

2. 城市和州政府并非垄断性的，因为人们对某一地区的公共服务不满意可以迁移到别处。大批市民从某一特定管辖区域迁出将减少当地的应税人口，限制该政府支付公共部门雇员工资的能力。

3. 提供基础服务的部门（比如警察和消防部门）通常是禁止罢工的，因为他们的罢工会带来混乱。

4. 公共部门雇员罢工不会阻止税收流向政府，但是私人部门罢工会阻止收益流向企业。因此相对于私人部门企业而言，政府会更加抵制工会的需求。

弗里曼称，公共部门工会的独特性并不在于公共部门和私人部门劳动力需求弹性的差异，而是源于公共部门集体谈判的政治本质。工会利用它们的政治影响力增加对公共服务的需求，利用它们的谈判力来获取高额工资。与此同时，公共部门工会十分强调雇佣规模，因为额外的雇员会增加工会的政治力量。最后，公共部门工会常处于多雇主谈判的环境中，工会的诉求不仅取决于谈判桌上的人士，还取决于民选官员和公民团体。

总的来说，弗里曼认为，公共部门和私人部门工会的差异确实存在，但是两部门工会相对力量的大小并非仅仅由劳动力需求弹性决定。

资料来源：Richard B. Freeman，"Unionism Comes to the Public Sector，" *Journal of Economic Literature*，March 1986，pp. 41-86.

12.2　军事部门：征兵制与志愿兵制

在过去 30 年，美国现役军人数量从 1970 年的 300 万下降到 2011 年的 140 万。1973 年之前，美国使用义务征兵制——通常称为征兵制——强制人们服兵役。在军队中，除了义务兵之外还有志愿兵，志愿兵是指那些愿意主动承担兵役的人。在这种募兵制度下，应征入伍者的收入低于他们在民用部门可获得的工资。1973 年，

---

① 参见 Robert G. Gregory and Jeff Borland，"Recent Developments in Public Sector Labor Markets，" in Orley Ashenfelter and David Card（eds.），*Handbook of Labor Economics*，Volume 3C（Amsterdam：North-Holland，1999）。

美国联邦政府废除了征兵制，使用足够高的工资和福利来吸引足够多的志愿兵来填充军队。从某种意义上来说，参军已成为基于市场机制的一个职业，这点很像美国邮政服务部门、联邦调查局和美国国家公园管理局。事实上，2001 年的一项研究表明，对大多数男性征募者的军旅生涯来说，他的收入大致位于同等工作经验的高中毕业全职工作人员收入的 70 分位水平上，处于受过大学教育的全职工作人员收入的中位数水平。[①] 此外，军饷中的一部分属于补偿性工资（第 8 章），它是对与军旅生活普遍相关的额外风险和恶劣工作环境的一种补偿。

对于这种基于自愿和工资的志愿兵制仍然存在争议。是恢复和平时期的征兵制还是建立一个广泛的全国军队服务新制度，一直是人们谈论的话题。志愿兵制度的批评者认为，在该制度下招募到的军人主要是低收入市民，带来了一个种族不平衡的军事力量，降低了整个国家的集体责任感，并且增加了纳税人的国防成本。

志愿兵制的捍卫者不同意上述观点，他们认为职业化的军队能更好地实现国防目标，最小化社会配置劳动力的总成本，提升军队中劳动和资本结合的效率，为非熟练工人创造就业机会，提供可运用于民用部门的在职培训，同时还使得个人自由实现最大化。他们也辩称，由纳税人而不是应征入伍者承担军事成本会更加公平，志愿兵制度通过减少人员流动进而降低了军事培训成本。此外，技能人员和预备役人员不足的地区，可以通过提高工资水平来消除人员紧缺状况。

对于志愿兵制更深入的分析已经超出了我们的讨论范围。因为我们关注的是政府在劳动力市场中的作用，因此，我们将分析限定在两种制度下的劳动力市场特征方面。

12.2.1 征兵经济学

图 12-3 展示了军人这一特殊劳动力的供给和需求。为方便起见，我们假定，征募人员所在的劳动力市场是完全竞争的，国家没有发生战乱。我们先不考虑劳动力需求曲线（D_v），而是聚焦于供给曲线 S 和需求曲线 D_d。供给曲线 S 是从雇主视角出发的一条传统竞争性供给曲线。完全没有弹性的需求曲线 D_d 是基于这样的假设：美国国会授权军队招募或征调 $0G$ 单位个人、支付给他们每人 $0A$ 单位的工资率。如此，那些应征入伍的个体在均衡工资率 $0B$ 而非 $0A$ 时自愿入伍。

现在，我们讨论两个问题。第一，在征兵制下，军队（纳税人）支付的工资总额是多少？第二，基于我们的假定，征调 $0G$ 单位的劳动力，社会的总成本是多少？第一个问题的答案是简单直接的，军队工资总额就是 $0AfG$ 的面积，即用授权工资率 $0A$ 乘以授权雇佣规模 $0G$。

这也是整个社会的总成本吗？答案是否定的。通过分析劳动力供给曲线我们就可以明白这一点。曲线 S 的垂直高度测量的是在军事部门雇佣一个单位劳动力的机会成本，即应征入伍的 $0G$ 单位的劳动力放弃其在民用部门的收入。举例来说，这些人员可以每年挣 35 000 美元（即工资率 $0B$），但是在军队中职能挣 20 000 美元

---

① Beth J. Asch，James R. Hosek，and John T. Warner，*On Restructuring Enlisted Pay：Analysis in Support of the 9th Quadrennial Review of Military Compensation*（Santa Monica，CA：Rand，2001）.

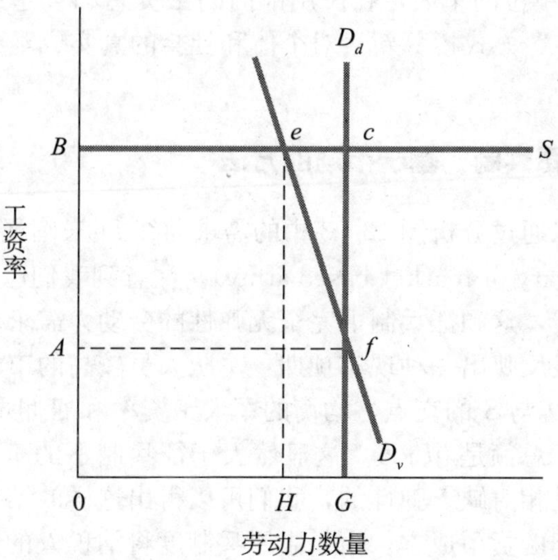

如果军队征调 0G 单位的军人，支付给他们每人 0A 单位的工资，那么纳税人需要支付的工资总额（0AfG）将低于这些应征入伍者总的机会成本（0BcG）。在志愿兵或者基于市场的制度下，相应的需求曲线变成了 D_v，纳税人的成本也增加了（0BeH 与 0AfG 相比），志愿入伍人员的机会成本（0BeH）得到了充分的补偿，军队也会减少其工作人员的总数量（OG 到 OH）。雇佣特定数量军人的真实成本独立于工资总额。

图 12-3　征兵制与志愿兵制

（军队工资率 0A）。通过征兵制，这些个体“牺牲”的年收入和社会放弃的产出就是 35 000 美元乘以 0G 单位的应征人员。军队支付给这些人员的 20 000 美元没有反映这些个体或社会的实际成本。通过征调 0G 单位的人员，军队将机会成本强加给应征入伍者和社会，这一机会成本等同于劳动力供给曲线下方的面积，0BcG。军队支付给应征入伍者 0AfG，并将机会成本的剩余部分——ABcf——强加给他们。剩余的这部分就是应征入伍者在民用部门和军队中赚取的工资差额。总结来说，招募任何种类劳动力参军的真实社会成本独立于军队支付给他们的总工资，真实成本包含应征入伍者“牺牲”的收入（产出）。以低工资征兵的**征兵制**（military conscription）减少了军队（纳税人）的人员费用，但并没有降低军队给整个社会带来的成本。相反，军队将真实成本的一部分——本例中每名应征入伍者 15 000 美元——从纳税人转移给了这些参军人员。①

至此，我们假定应征入伍者是有机会成本的，这体现在图 12-3 中的完全弹性供给曲线上。到目前为止，我们假定政府只在低技能、低收入的劳动力市场招募军人。但是如果政府采用“抽签”的方式来选择 0G 单位的军人会出现什么情况呢？他们中的许多人拥有获得比 0B 更高收入的工作机会。换句话说，通过“抽签”方

---

① 应征入伍者的一个额外成本是服兵役会降低他们未来在民营领域的收入。越战时期的应征入伍者在 20 世纪 70—80 年代收入比那些非应征入伍者收入低，但随着时间推移他们的收入也随着增长，到了 2000 年，他们相差无几。参见 Joshua D. Angrist and Stacey H. Chen, “Long-Term Consequences of Vietnam-Era Conscription: Schooling, Experience, and Earnings,” *American Economic Journal: Applied Economics*, April 2011, pp. 1-24。另一方面，志愿兵制能够提高收入，参见 Barry T. Hirsch and Stephen L. Mehay, “Evaluating the Labor Market Performance of Veterans Using a Matched Comparison Group Design,” *Journal of Human Resources*, Summer 2003, pp. 673-700。

式选出来 $0G$ 单位的军人，在民用部门的工资总和会超过 $0BcG$。若事实果真如此，则通过“抽签”方式招募新兵对个体和社会的真实成本将超过在低收入人群中的征兵方式。

12.2.2 志愿兵制：基于市场的方法

我们可以通过分析图 12－3 中的需求曲线 D_v 来阐释**志愿兵制或基于市场的兵役制度**（voluntary or market-based army）。注意到我们已经绘出了一条典型的向下倾斜的需求曲线，这和征兵制下完全无弹性的劳动力需求曲线是截然不同的。这种向下倾斜的曲线反映出一种现实预期：军队人员较高的市场工资将会引起雇佣人数的减少。观察 D_v 与 S 的交点，均衡的军人工资率和雇佣量将分别是 $0B$ 和 $0H$。支付给军人的工资总额是 $0BeH$，这显然大于征兵制下的工资总额 $0AfG$。假定军队对人员的需求是相对缺乏弹性的，我们可以得出这样的结论：志愿兵制度将增加纳税人为军队承担的货币成本。由于志愿兵制度将纳税人的收入转移给军人，所以军人的机会成本 $0BeH$ 得到了充分补偿。

图 12－3 表明，如果军人的工资率和征兵制下一样，都等于 $0A$，那么志愿兵制下的军队将雇佣与征兵制下一样规模的军人（$0G$）。但是，基于市场的工资率将志愿兵制的军队雇佣人员规模从 $0G$ 降到 $0H$。引起上述结果的原因有两个：首先，工资率从 $0A$ 上升到 $0B$，军队会用资本替代劳动。军队可以采购更多的洗碗机和武器，使用计算机来执行日常的文书工作，这将促使军队更加经济地使用高价的劳动力。其次，尽管更高的工资总额没有给军队带来实际成本，但它的确提高了美国国会和纳税人所理解的武装力量的价格。我们可以预期，这种价格的提高必然引起美国国会对军事“产品”需求的减少，甚至引起军事机构总规模的下降，如此便造成军队雇佣规模的缩减。留心的读者会发现，这就是工资率增长所带来的替代效应和产出效应。

最后一点与我们的讨论密切相关，支付给军人的工资等同于劳动力的供给价格，而不是人为地压低工资，将提高军队士气，降低离职率。我们可以将这些因素与前面降低国防的社会成本的讨论结合起来。

总之，政府招募或雇佣军人是经济运行中政府影响特定劳动力市场的另外一个例子。通过对劳动力市场的分析，可以发现：(1) 将人员配置到军队中去的真实成本与支付给他们的工资无关；(2) 招募军人的方法（通过抽签或招募低工资人员）会影响雇佣给定数量军人的总成本；(3) 低离职率和高士气可以带来高产出，因此志愿兵制的成本低于征兵制；(4) 志愿兵制将会提高纳税人所认为的“国防价格”；(5) 相对于强制性、低工资的征兵制，在自愿、高工资制度下，配置到军事部门的劳动力将更少。[①] 最后，尽管劳动力市场分析可以帮助我们理解各种公共政策选择的成本与收益，但它无法决定社会应该如何抉择。

---

① 对志愿兵制度的评估，参见 John T. Warner and Beth J. Asch，“The Record and Prospects of All-Volunteer Military in the United States，” *Journal of Economic Perspectives*，Spring 2001，pp. 169-92。

12.3　政府的非工资支出：对劳动力的影响

政府雇佣文职人员和军事人员是其对劳动力市场的重要影响因素。政府的非工资支出同样影响工资率和就业。这种支出是巨额的，通常采取两种形式：(1) 购买私人产品和服务；(2) 转移支付和津贴。2011 年，美国政府购买了 25 470 亿美元的产品和服务，其中约一半来自私人部门。此外，2011 年，政府的转移支付和津贴也达到了 23 710 亿美元。接下来，我们简要分析每一类支出对特定劳动力市场的影响。

12.3.1　政府采购私人部门产品

政府采购（government purchases）包含对计算机、坦克、医疗用品、教材、公共汽车、潜水艇、回形针、家具以及气象卫星等的购买。政府这类支出对特定种类私人部门的工作人员产生了派生需求。在某些情况下，它还创造了本不存在的劳动力需求或者说如果没有政府部门的存在，这类劳动力需求应该很小。政府支出带来的劳动力需求的变化将对均衡工资率和就业率产生影响。举例来说，缩减政府对战略导弹的支出将会降低航天工程师的工资和就业水平。与之类似，增加联邦建筑支出将增加对各种各样建筑工人的需求。

12.3.2　转移支付和津贴

政府部门的工资支出和购买私人部门产品和服务的非工资支出存在共性：都是消耗性或吸收资源性的支出，因为它们都占用劳动力和其他经济资源。相反，转移支付和津贴是非消耗性的，更准确地说，**转移支付**（transfer payments）如退休金、失业补助金、福利费、退伍军人福利金等，是基于年龄、工作状态、收入和服役情况，将一部分人的收入转移给另一类群体。接受者并没有参与生产性活动，也就并非消耗性的。类似地，**津贴**（subsidy）是向生产、消费特定类型产品、服务的企业、机构或家庭的转移支付，如老年人的医疗保障，给农民的价格补助金，以及青年人的公共教育。

■ 需求效应

尽管转移支付和津贴不直接消耗或吸收劳动力以及其他资源，但它们都改变了经济中的总需求结构，因此对特定类型劳动力的派生需求产生影响。例如，在社会保障制度下，向老年人提供的现金和实物医疗转移支付增加了老年人购买产品和服务的需求。更具体地说，这些转移支付增加了对处方药和非处方药、居家护理、住院护理，退休财产等项目的需求。这些需求继而会增加对生产、运输和销售这些产品和服务的人员的派生需求。同理，通过福利项目向低收入家庭提供现金转移支付增加了对包括儿童服装、玩具和食材在内的一系列产品的需求。在其他条件不变的情况下，对这些产品需求的增加会引起产品价格的提高，从而增加相关产业对劳动力的需求（见表 6－1）。

支付给私人部门企业和非营利组织的津贴同样会增加特定领域工作人员的需求。举例来说，美国政府通过进出口银行向一些购买美国出口品的进口商提供低息贷款。这没有改变出口商收取的价格，但却降低了美国出口货物的实际价格，因此可以增加出口，最终增加对美国出口部门劳动力的派生需求。类似地，联邦政府向非营利机构如私立大学提供津贴，将增加对提供这类服务的劳动力的需求。

■ 供给效应

转移支付和津贴除了影响劳动力需求外，对劳动力的短期和长期供给也会造成影响。回顾我们在第2章讨论的个体劳动力供给，转移支付（比如收入保障计划）产生的收入效应将减少接受者的最优工作时间。简单来说，转移性收入将导致接受者购买更多包括闲暇在内的正常产品和服务（见图2-12）。同样，如果现金转移支付与工作收入负相关，也就是说，福利的减少会增加工作收入，那么这样的转移支付项目就会产生替代效应，进一步减少工作时间。通过降低闲暇的机会成本或价格，转移支付将鼓励使用低价的闲暇替代相对高价的工作。

转移支付和津贴也会影响长期劳动力供给决策（第4章）。举例来说，现金和实物转移支付会减少人们对人力资本投资的热情。实际上，由于培训和教育的预期收益会伴随未来转移支付的减少而降低，因此投资者的净收益现值也会下降。在其他条件不变的情况下，转移支付项目中的津贴下降得越多，人力资本投资的实际净收益也就越少。

然而，并非所有转移支付和津贴项目都会减少长期劳动力供给。降低人力资本投资个人成本的转移支付和津贴反而会增加劳动力供给。例如，政府向许多高校学生提供津贴性的低息贷款。相应的理论依据参见第4章的内容。这种津贴降低了高等教育投资的个人成本，提高了这种人力资本投资形式的个人回报率。它的直接后果就是增加了各类技能型和专业型劳动力的长期供给。另外，鉴于受过良好教育的人相对于受教育较少的人留在劳动力市场的时间更长，我们可以得出这样的结论：政府转移支付和津贴既可能正向也可能负向影响特定领域的劳动力市场供给。

12.4 公共产品和服务的劳动力市场影响

到目前我们已经论述了政府部门就业、公共部门购买私人部门产品对特定劳动力市场工资率和就业水平的影响。接下来，我们将讨论一个相关的问题：公共产品和服务的提供是否会独立地影响劳动力需求和供给？公共产品和服务包含纯公共产品，以及由政府提供但可以在私人部门出售的产品和服务。**纯公共产品**（pure public goods）的收益是不可分割的，不能因为部分人没有为此付款而拒绝他们，例如国防。高等教育则是由政府提供但向私人部门出售的服务。很明显，一些公共产品和服务确实会影响影响私人部门对劳动力的需求。可以想象，政府部门提供的产品和服务还会减少经济中的整体劳动力供给。接下来，我们将对每种可能的情况进行分析。

12.4.1　对劳动力需求的影响

公共部门的产品和服务会通过多种途径影响劳动力需求。如政府在河流上建造了一个拦河坝。假定这一项目将带来多项好处，如发电、防洪、灌溉以及休闲。政府需要雇佣劳动力、购买私人部门产品来建设拦河坝、发电站、灌溉网络和邻近的休闲娱乐区，这将对劳动力市场造成影响。但是拦河坝存在的本身便会对劳动力需求产生独立影响。如灌溉系统将会增加对农业工人的需求；新的娱乐设施将会增加对游船、汽车和滑水板的需求，这将增加对生产这些产品的工人的派生需求；廉价的电力将吸引制造企业，也就增加了对特定熟练工人和非熟练工人的需求；对沿河洪水的控制将会减少对洪灾险代理商和理赔人员的需求。事实上，我们可以得出这样的结论：在其他条件不变的情况下，当公共产品与某一特定私人部门产品是互补关系时，公共产品的提供将会增加对生产该类私人部门产品的工人的派生需求。相反，当公共产品与某一特定私人部门产品是替代关系时，公共产品的提供将会减少对生产该私人部门产品的工人的派生需求。

12.4.2　对劳动力供给的影响

通过调整短期个人收入-闲暇劳动力供给模型可以发现，公共部门提供的产品和服务会减少劳动力供给的数量。回顾第 2 章，基本的收入-闲暇模型包含由无差异曲线构成的偏好图，每一条无差异曲线都代表能带来相同效用水平的实际收入和闲暇的各种组合。同时，模型中还包含一条工资率曲线，或预算约束线，表示的是个体在既定工资水平下能实现的收入和闲暇组合。

图 12－4 展示的是调整后的收入-闲暇模型。纵坐标表示的是实际收入：个体在特定工作量下可获得的公共和私人产品与服务的总数量。假定无论格林（Green）工作多长时间，他都可以获得 Y_{pu}（WW_1）数量的公共部门产品。那么他可获得的实际收入就等于 Y_{pu} 加上他通过工作所获得的私人产品。在获得 Y_{pu} 公共产品前，格林的预算约束是 WW'，但是由于公共产品的存在，他的有效预算约束变为 W_1W_1'。后一条线表示格林在既定工资率下实际可获得的闲暇和产品（包括私人和公共）的组合。两条线之间的垂直距离衡量的是格林可获得的公共产品的价值。

如果格林不能得到这些公共产品，那么他在点 a 达到效用最大化，他须工作 h_1 小时，赚取 Y_1 的产品（实际收入）。由于公共产品的存在带来了收入效应，允许格林“购买”更多闲暇。公共部门产品 Y_{pu} 的供给将他的最优选择从无差异曲线 I_1 上的点 a 移动到 I_2 上的点 b，增加了他的总效用。格林的工作时间也从 h_1 减少到 h_2。

由此我们得出结论：公共部门提供的产品和服务会减少经济活动中个体和总体的劳动力供给。公共产品对私人产品的替代性越强，劳动力供给减少的越多。例如，公共部门提供的免费食物将会降低个体赚钱购买食物的动机。实际上，研究表明，政府的食物券项目降低了女户主家庭中 9%的女性劳动力供给。[①] 公共产品与

① Thomas Fraker and Robert Moffitt, “The Effect of Food Stamps on Labor Supply: A Bivariate Selection Model,” *Journal of Public Economics*, February 1988, pp. 25-56.

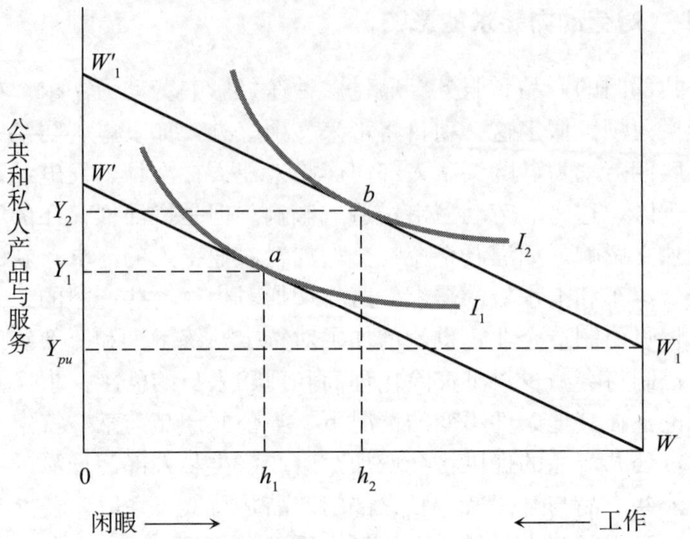

如果将收入定义为在任意特定工作量下可获得的公共和私人产品与服务的总数量，那么公共部门产品或服务 Y_{pu} 的出现将有效的预算约束从 WW' 向上移动到 $W_1W'_1$。假定闲暇是正常商品，并且不考虑增加公共部门供给的税收结果，这将带来收入效应，减少个体 h_1h_2 数量的工作时间。

图 12-4 公共产品对个体劳动力供给的影响

闲暇越是互补，劳动力供给减少的越多。例如，可以想象，一个公共高尔夫球场通过鼓励更多闲暇，从而减少劳动力供给。最后，公共产品与工作的互补性越强，劳动力供给减少的就越少。例如：公共交通系统通过降低上班成本，增加劳动力供给。

关于公共产品对劳动力供给影响的讨论，我们忽略了一个重要事实：政府必须向人民征税才能提供公共产品，税收也会对劳动力供给产生潜在影响。这就是我们接下来要讨论的内容。

◆ 快速回顾 12-1

- 自 1950 年以来，美国公共部门雇佣规模的扩大主要发生在州和地方政府部门。
- 尽管联邦政府支付的薪水在过去 10～20 年间有很大的优势，但最近这种优势正在消失。
- 以低于市场工资水平征兵并没有降低军队对整个社会的成本，它只是将部分成本转嫁给那些应征入伍者。基于市场的志愿兵制对社会是低成本的，主要因为其降低了离职率，提高了军队士气，以及促使军队最高效地利用劳动和资本的组合。
- 政府转移支付（和津贴）以及公共部门产品和服务的存在对劳动力的供给和需求产生了很大的影响。

思考题

图 12-4 怎样与东欧和俄罗斯在原来的社会体制下的缺少工作积极性相联系？（答案：参见书末。）

12.5　所得税和劳动力市场

到目前为止，我们的重点在于政府通过支出和雇佣决策影响劳动力市场。现在我们来考察税收对劳动力市场的影响，主要考察个人**所得税**（income tax）的影响。在美国，工资约占国民收入的 70%。由于收入的很大一部分都要缴纳个人所得税，清楚地理解这一税收对劳动力市场的影响显得特别重要。尤其是，是否工人以税后低工资率的形式承担了全部的税收负担？又或者是否追求利润最大化目标的雇主通过支付更高市场工资水平的形式担负了部分税收？所得税对就业究竟有怎样的影响呢？

全球瞭望 12-2

所得税税率

个人平均所得税税率从澳大利亚的 26.2%到法国的 49.3%不等。

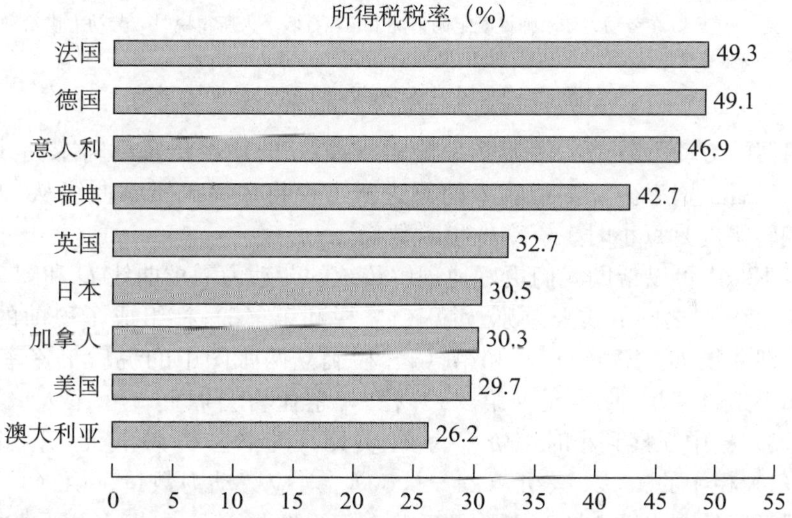

注：所得税包含个人所得税、雇主社会保险供款和员工的社会保险供款。

资料来源：Organization for Economic Cooperation and Development，*OECD Factbook 2011-2012* (Paris: OECD, 2011).

12.5.1　所得税：对工资和就业的影响

在接下来的讨论中我们可以发现，当劳动力需求弹性既定时，个人所得税对工资和就业的影响主要取决于劳动力供给弹性。图 12-5 证明了这一命题。图 12-5（a）中的劳动力供给曲线是完全无弹性的，意味着当工资率发生变化时，工人不会集体改变他们的劳动参与率。在图 12-5（b）中，劳动力供给曲线表现出一定的弹性，当工资率上升时，工人基本上会增加工作时间，反之亦然。

图 12-5 中的两幅图的需求曲线是一样的，反映了相同的税前工资率以及企业

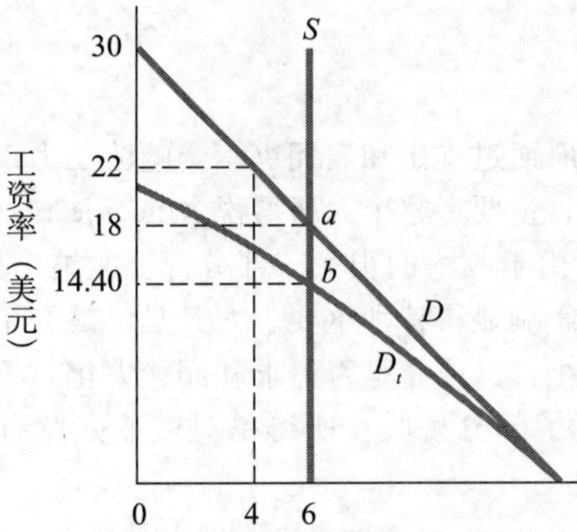

(a) 完全无弹性的劳动供给

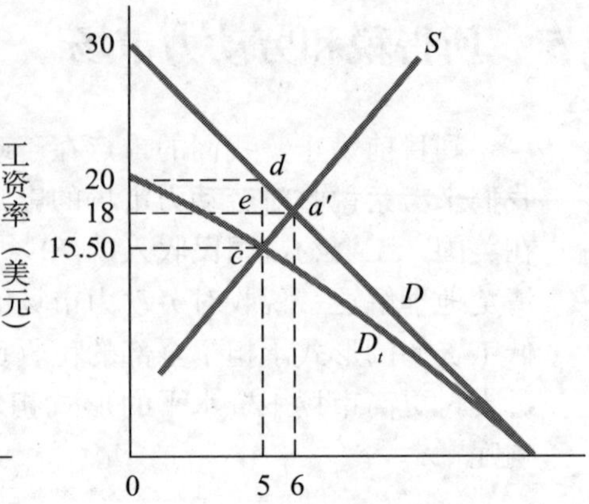

(b) 向上倾斜的劳动供给

如果经济运行中的总体劳动力供给曲线是完全无弹性的，见图（a），那么个人所得税（通过 D 和 D_t 之间的垂直距离度量）将不会影响市场工资率（18美元），但是会降低税后工资，降低额度是每小时的纳税额。如果供给曲线表现出一定的弹性，见图（b），税收减少了劳动时间的供给，提高了税前市场工资率——由18美元增长到20美元。在劳动力需求弹性既定的情况下，当征收个人所得税时，劳动力供给弹性越大，工资率提高越多，就业减少也越多。

图12-5　个人所得税对工资和就业的影响

愿意雇佣的劳动力数量。两幅图里的需求曲线 D_t 均在传统的需求曲线下面，表示工人的税后工资率。对工资收入的累进所得税将税后工资率曲线从 D 向下转动到 D_t，偏转幅度是每小时工资率的税款数额。

表12-1可以帮助我们更好地理解传统的劳动力需求曲线 D 和图12-5中税后工资率曲线 D_t 之间的重要差别。第（1）栏和第（2）栏组成了税前的劳动力需求计划，即曲线 D。第（2）栏和第（4）栏确立两张图中的税后工资率曲线 D_t。例如，如果工资率是24美元（第（1）栏），企业将会雇佣3个工人（第（2）栏）。在第（3）栏中观察到小时工资率为24美元，税率为6.50美元，因此税后工资率为第（4）栏中的17.50美元（24－6.50）。对应劳动力数量、第（4）栏的税后工资率就可以绘制出图12-5中的税后劳动力需求曲线 D_t。劳动力需求曲线和税后工资率曲线之间的垂直距离度量的即为在每一个特定市场工资率（和每一个特定劳动力需求数量）下的小时税率。

表12-1　　单位劳动力的税前和税后收入对比（假定的数据）

(1) W（美元）	(2) Q	(3) T（美元）	(4) $W-T$（美元）	(5) T/W（%）
28	1	8.50	19.50	30.4
26	2	7.50	18.50	28.8
24	3	6.50	17.50	27.1
22	4	5.50	16.50	25.0
20	5	4.50	15.50	22.5

续前表

(1) W（美元）	(2) Q	(3) T（美元）	(4) W－T（美元）	(5) T/W（%）
18	6	3.60	14.40	20.0
16	7	2.80	13.20	17.5
14	8	2.10	11.90	15.0
12	9	1.50	10.50	12.5
10	10	1.00	9.00	10.0
8	11	0.60	7.40	7.5
6	12	0.30	5.70	5.0
4	13	0.10	3.90	2.5

表 12-1 中的第（5）栏表示的是每个工资率下的平均小时税率（T/W）。随着小时工资率的增加，平均税率也随着增加，表明这一税收方式是累进制的。在图 12-5 中，累进性体现在随着工资率的上升，D 与 D_t之间的距离逐渐增大。

■ 完全无弹性的劳动力供给

现在我们聚焦于图 12-5 中的图（a）。税前市场均衡工资率和劳动力数量分别是 18 美元和 6 个（点 a）。一旦引入了税收，工人所理解的净工资率只有 14.40 美元（18－3.60），如点 b 所示。但是由于供给是完全无弹性的，所得税并不影响总体的劳动力供给。因此，工人承担了税收的全部；税前工资率保持在 18 美元，税后小时工资减少额度是全部税收的数量 3.60 美元（18－14.40）。

为了证实这一命题，假定工人对他们净工资率的降低十分愤怒，并尝试将税收转移给他们的雇主。如果他们要求，比如 22 美元（18＋4），那么雇主只会雇佣 4 个劳动力，而仍然会供给 6 个劳动力。在竞争性环境中，过度的劳动力供给将驱动税前工资率降到 18 美元，劳动力市场再次出清。显然，如果劳动力供给曲线是完全无弹性的，雇员没有能力将税收转移给雇主，税收对市场工资率和均衡雇佣量都没有影响。①

■ 向上倾斜的劳动力供给

现在我们关注图 12-5 中的图（b），其中劳动力供给曲线具有正斜率。这意味着，随着工资或税收的变动，所有工人都会作出调整。在不征收所得税的情况下，均衡工资率和劳动力数量分别是 18 美元和 6 个（点 a'）。那么这些工人面对新征收的所得税会做出怎样的反应呢？从 D_t 与 S_t 的交点，我们可以看出工人将会减少他们的劳动力供给，从 6 个减少到 5 个（点 c）。在市场工资为率 18 美元时，雇主将会面临 1 个（6－5）劳动力短缺。超额的需求将会推动工资率增加到 20 美元，市场也会在点 d 重新实现出清，此时均衡劳动力数量为 5 个。在征税的情况下，仍然

① 假定工会已经为它的一揽子最优合同开展过协商，那么即使存在强势工会，这一结论也是可信的。如果它已经从雇主那里挤压出了它能挤压出的所有，那么突然颁布的所得税法也不会增强它获取更多的能力。

在工作的工人得到的税前工资率将是20美元，而不是18美元。工人的税后工资率会降到15.50美元，减少了2.50美元（20－15.50）。这一降低幅度比小时工资税率4.50美元（20—15.50）要小。原因是雇主以高工资的形式间接承担了一部分税收。在图12－5（*b*）中，*dc*表示税收总额，*ec*是工人以较低的税后工资形式承担的部分税收，*ed*是雇主以更高的工资成本形式承担的部分税收。

总结：在其他条件不变的情况下，如果整体劳动力供给曲线是向上倾斜的，那么个人所得税将减少劳动力供给的数量，引起工资率提高，减少就业。当需求弹性既定时，供给弹性越大，雇主以高市场工资率的形式承担的所得税比重越高。在劳动力供给完全弹性时，雇主将承担全部税收，对就业的影响也会更大。

12.5.2 所得税和个体劳动力供给

图12－5中的两幅图哪一个更好地描述了现实情况呢？劳动力供给弹性究竟是怎样的？经济学家从理论和实证两个方面进行了探讨。

■ 理论分析

所得税与降低工资率的影响是相似的：两者都降低了工作的小时报酬，减少了任一特定工作数量的净收入。税收同时带来了对就业影响方向相反的收入效应和替代效应。通过降低任何水平工作的收入，税收减少了对所有正常商品的消费，包括闲暇；因此工作的动力增加（收入效应）。与此同时，税收也降低了工作的净收入，或者说，降低了闲暇的机会成本。这产生了用相对低价的闲暇替代相对高价的工作的动机，所以工作时间减少（替代效应）。

■ 图形描述

图12－6从图形的角度对上述观点进行阐述。图12－6（a）和图12－6（b）分别表示史密斯和琼斯的无差异曲线和预算约束情况，每幅图都有两条预算约束线：HW和HW_t，后者随着工作时间的增加增长率放缓。HW表示史密斯和琼斯在各个工作时间情形下的税前收入，HW_t描述的是既定工作量下的税后收入。HW与HW_t之间的垂直距离度量的就是在每一个工作-收入组合下的所得税。两者之间的距离占收入的比例随着收入的增加而增加，再一次表明税收是累进形式的。

如果没有税收，史密斯（见图12－6（a））将选择工作h_1小时，获得Y_b的收入，在无差异曲线I_2上的点a实现效用最大化。一旦开始征收所得税，史密斯的税后收入曲线从HW向下移转到HW_t，她将减少她的工作时间到h_2（点b）。这时她的总收入是Y_g，需要支付的税收为Y_gY_a，税后收入是Y_a。对于史密斯而言，所得税减少了她h_1h_2小时的工作时间。

图12－6（b）中的琼斯会怎样呢？采用同样的逻辑，我们发现，面对税收琼斯将增加他的工作时间。基于对收入的主观偏好，他倾向于将工作时间从h_1小时增加到h_2小时（点d而不是点c），获得Y_g的总收入，支付Y_gY_a的税收，保留税后收入Y_a。因此图12－6阐述了这样一个基本观点：累进的所得税（和税率变化）会导致部分工人减少工作时间，部分工人增加工作时间，也有一部分人维持他们税前

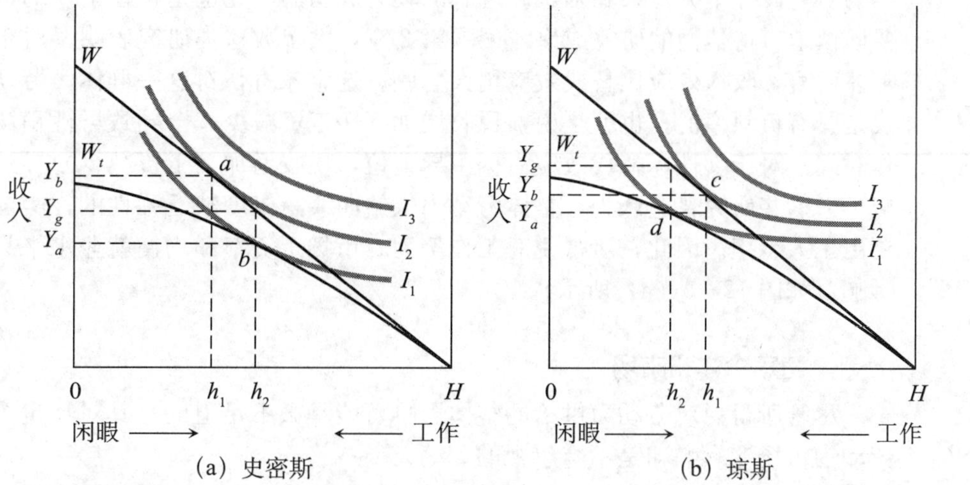

个人所得税将个人税后工资率曲线向下偏转到 W_t，这既可能增加也可能减少个人最优工作时间供给。对史密斯而言（见图（a）），税收产生的替代效应大于收入效应，导致工作时间从 h_1 减少到 h_2。另外，对于琼斯（见图（b）），收入效应大于替代效应，工作时间从 h_1 增加到 h_2。税收对劳动力供给的整体影响是不确定的。

图 12-6　个人所得税对个体劳动力供给的影响

的工作时间。对于史密斯而言（见图 12-6（a）），替代效应大于收入效应，她会减少工作时间；但对于琼斯（见图 12—6（b）），收入效应大于替代效应，他将工作更多时间。（回忆第 2 章中，当工资率降低时，收入效应增加工作时间，替代效应减少工作时间。）基本的个体劳动力供给的工作-闲暇理论不能预测整体的劳动力供给曲线是负斜率的、垂直的还是正斜率的。因此，我们不能确定在降低所得税时，整体劳动力供给究竟是会增加还是会减少。

■ 备注

我们注意到，这一问题并没有彻底解决。回顾之前的分析：政府提供的公共产品理论上会产生收入效应从而减少劳动力的工作时间。这些产品之所以能够提供，部分源于个人所得税，且公共产品的可获得性与个人工作的努力程度无关。因此，工人不需要工作那么多就可以获得一个既定水平的产品或总效用。这一收入效应会减少劳动时间供给，抵消因征税所带来的收入效应而导致的工作时间的增加。如果是这样，只有替代效应存在，总体结果可能是较少的劳动力供给。[①]

■ 实证分析

许多经济学家尝试去测量收入效应和替代效应的相对大小，进而估计经济中整体劳动力的供给弹性。研究需要适当地包含和控制影响劳动力供给行为的因素，这

---

① 税收对整个经济体的劳动力供给只产生替代效应的观点来自 James Gwartney and Richard Stroup，“Labor Supply and Tax Rates：A Correction of the Record，” *American Economic Review*，June 1983，pp. 446-51. Gwartney-Stroup 对传统模型（见图 12-6）的批判也受到很多经济学家的质疑，比如 Firouz Gahvari，“Labor Supply and Tax Rates：Comment，” American Economic Review，March 1986，pp. 280-83；and David M. Betson and David Greenberg，“Labor Supply and Tax Rates：Comment，” *American Economic Review*，June 1986，pp. 551-56。

样的研究设计十分复杂和困难。现有的较为成功的研究也是存在争议的，所以我们要谨慎地对待他们的研究成果。回顾第2章，大多数这类研究表明，对于成年男性整体而言，收入效应比替代效应稍大一些。这意味着，对这一群体，劳动力供给曲线是具有负斜率的；也就是说，税收增加（净工资减少）会导致男性稍微增加其工作时间。对于女性，替代效应占据主导地位，税收增加（工资减少）导致工作时间减少。这些研究普遍认为，整体劳动力供给曲线是极度缺乏弹性的，美国所得税主要由工人承担。因此，所得税对工作努力、市场工资率和均衡就业水平只有很小的影响（如图12－5（a）所示）。

■ 特定个体和市场

尽管所得税对劳动力供给的整体影响可能是微不足道的，其对特定个体和特定劳动力市场的影响却是不容忽视的。

例如，州之间所得税的差异会导致一些工人从高收入迁移到低税收的区域①；高额的边际税率会促使部分工薪人员从事地下活动来规避所得税；例外条款、税收减免以及信誉等作为税收规定的一部分，会通过影响消费者的支出模式进而影响劳动力需求的构成。关于第三个例子，我们想指出的是：对房贷利息的税收减免将增加住宅建筑工人的需求；对慈善捐助的税收减免将增强高校提供助学金的能力，进而增加教育、医药、法律等方面毕业生的供给；税法的复杂性增加了对税务会计、税务律师和美国国内收入署代理的需求。

◆ 快速回顾12－2

- 如果劳动力供给是完全无弹性的，那么工人将承担全部的个人所得税；如果劳动力供给具有正斜率，税负会通过高工资形式部分地转移给雇主。
- 理论上来说，所得税对个体劳动力供给的影响是不确定的，因为税收既产生了收入效应，也产生了替代效应，两者对最优工作时间起反向作用。
- 实证研究表明，劳动力供给是极端缺乏弹性的，这意味着工人承担了近乎全部的个人所得税，税收对市场工资率和就业水平的影响微乎其微。

思考题

自2013年开始，所得税的最高边际税率将从35.0%上调到39.6%。解释为什么斯通（Stone）会工作更多，而斯迈思（Smythe）会工作更少。（答案：参见书末。）

工作世界12－3

谁支付社会保险工薪税？

联邦政府对所有收入低于设定下线的群体征收统一税率的工资税来资助社会保险项目

① 参见Yu Hsing, "A Note on Interstate Migration and Tax Burdens: New Evidence," *Journal of Applied Business Research*, Winter 1995－1996, pp. 12-14; and Ira S. Saltz, "State Income Tax Policy and Geographic Labour Force Mobility in the United States," *Applied Economics Letters*, October 1998, pp. 599-601。

（养老、残疾和健康保险等）。2010 年，雇主和雇员各自从初始工资收入 106 800 美元中缴纳了 7.65%的社会保险税。因为这些税收意义重大，并且是直接对收入征收，劳动经济学家在这些税收对工资的影响方面十分感兴趣。

专家们的一致观点是：工人承担了一半以上的社会保险税。这是为什么呢？我们在前文中提到雇主和雇员承担了缴纳等额的社会保险税。答案是：企业从它的员工那儿“收集”了部分或者全部的税收款。通过把员工工资降到所得税开征界线之下的水平来筹集这部分资金。

从企业角度来说，对雇主征收的社会保险税部分降低了劳动力的税后边际收益产品。例如，假定工人的税前工资率是每小时 20 美元，雇主需要缴纳 7.65%的社会保险税（15.3%的一半）。从企业视角，工人的边际收益产品因此变成了 18.47 美元（20－1.53）。如果劳动力供给是完全无弹性的（见图 12－5（a）），工资率等于边际收益产品，那么税后小时工资就变成了 18.47 美元，而不是 20 美元。在这种情况下，工人通过每小时削减 1.53 美元的薪酬，间接地支付了雇主应当支付的每小时 1.53 美元的社会保险税。

同样，雇员还必须支付直接向他们的收入征收的 7.65%的税收。在 18.47 美元的市场工资率下，这一税收是每小时 1.41 美元（0.076 5×18.47）。因此税收小时工资将为 17.06 美元。社会保险税将员工的市场工资率从每小时 20 美元降到 18.47 美元，将他们的税后工资率从 20 美元降到 17.06 美元。因此，在这种情况下，工人实际上支付了全部的社会保险税。

实证研究证明了雇主并没有全额承担其一半的社会保险税，尽管看上去他们支付了其中的一部分。* 这些发现表明，整体的劳动力供给曲线可能是有一些弹性的，而不是完全无弹性的。随着社会保险税的增长，配偶、青少年、接近退休的工人和其他对劳动力市场依附性不强的工人会减少他们的劳动力供给。如果整体劳动力供给是有点弹性的（见图 12－5（b）），雇主不能把他们承担的全部社会保险税转移给雇员，为了继续吸引利益最大化数量的工人，他们需要承担部分社会保险税。

* 经典研究有 John A. Brittain, *The Payroll Tax for Social Security* (Washington, DC: Brookings Institution, 1972)；其他研究包括 Daniel Hamermesh, “New Estimates of the Incidence of the Payroll Tax,” *Southern Economic Journal*, February 1979, pp. 1208-19; and Patricia M. Anderson and Bruce D. Meyer, “The Effects of the Unemployment Insurance Payroll Tax on Wages, Employment, Claims and Denials,” *Journal of Public Economics*, October 2000, pp. 81-106。

本章总结

1. 自 1950 年开始，政府雇佣量无论是在绝对量上还是在相对量上都有增加。州政府和地方政府公共部门就业增长率一直较高。

2. 20 世纪 70 年代，相对于同等教育和经验水平的私人部门员工，联邦政府雇员工资率更高，但这一工资差异在 20 世纪 80 年代和 90 年代逐渐消失了。

3. 将劳动力配置到军队中的总成本包括放弃的可能产出（收入）的价值。志愿兵制的经济成本由纳税人承担，而支付低于市场工资率的征兵制则将成本强加给应征入伍者。

4. 仅仅考虑政府提供的公共产品和服务，它们将会产生收入效应从而减少个人的最优工作时间。

5. 政府转移支付和津贴既影响经济活动中劳动力需求的构成，也影响劳动力的供给决策。

6. 在其他条件相同的情况下，经济中的整体劳动力供给弹性越大，个人所得税对下列方面的影响程度就越大：(a) 工作时间的减少；(b) 市场工资率的提升；(c) 整体就业规模的降低。大多数经济学家断定整体的劳动力供给曲线是极度缺乏弹性的。

7. 理论上，由于所得税同时产生对劳动力供给数量作用方向相反的收入效应和替代效应，其对个体最优劳动力供给的影响是不确定的。

习题和学习建议

1. 为什么自1950年至2008年，公共部门雇佣增长快于私人部门？列举并讨论导致这一现象的因素。在政府什么层次上，公共部门雇佣量增长最显著？

2. 对这一声明发表评论："整体来说，联邦政府雇员相对于私人部门工作人员薪资过低，这是由于政府的垄断力量。"

3. 思考下列关于公共部门工资事实的原因：

(a) 联邦雇员的工资溢价在20世纪80年代下降。

(b) 相对于私人部门中的有同样培训和经验的人员，地方政府倾向于给低技能人员支付更多，而给高技能人员更少支付。

(c) 相对于私人部门中相同资质的同行，在政府中的女性和非裔工作人员平均来说收入更高。

4. 解释为什么相对于征兵制而言，志愿兵制对整个社会而言不是那么昂贵？哪一种制度对纳税人而言相对便宜？

5. 解释为什么征兵制可能会引起美国军队更多雇佣劳动力、更少使用资本（从社会的角度）。既然是自愿的，思考为什么军队更多地将建造和维护工作外包给私人企业。

6. 假定收入包含私人产品和公共产品，闲暇是正常商品，解释为什么政府供给产品的大幅减少会增加个人的最优工作时间。

7. 解释为什么国家、州和城市公园的存在会影响：

a. 休闲汽车行业的劳动力需求；

b. 对私人娱乐主题公园建造和维护工人的需求；

c. 整体劳动力供给。

8. 使用下列劳动力市场数据回答问题：

(1) 工资率	(2) 劳动力需求数量	(3) 劳动力供给数量	(4) 每小时税收
30	14	22	10
24	18	22	8
18	22	22	6
12	26	22	4
6	30	22	2

a. 税率是累进的吗？为什么？

b. 税前均衡工资率是多少？

c. 税收对劳动力供给数量、市场工资率有什么影响？

d. 如果劳动力供给曲线是高度弹性的，问题c的答案将怎样变化？

互联网练习

州和地方政府的工资差异是如何波动的？

浏览美国劳工统计局网站（www.bls.gov），逐一选择"Databases and Tables"和"Series Report"，输入下面的ID系列号：CIU3010000000000I和CIU2010000000000I。最后，点击

"All Years"。由此将得到州与地方政府雇员、私人产业工作人员的总薪酬指数（100＝2005 年第 4 季度）。

最近这个季度，州和地方政府的指数值是多少？私人产业工作人员的指数值是多少？

自 2001 年第 1 季度以来，州和地方政府工作人员薪酬的变动百分比是多少？私人产业工作人员薪酬变动的百分比是多少？这些数据意味着自 2001 年第 1 季度以来，州和地方政府薪酬差异发生了什么变化？

互联网链接

美国兵役注册机构（Selective Service System）的网站（www. sss. gov）提供大量有关美国征兵的历史信息，以及如果恢复征兵制的结果的描述。

第13章 政府和劳动力市场：立法和法规

除直接雇佣劳动力、提供公共产品、转移支付和征税以外（第12章），政府还担负着为整个经济制定法律法规的重要责任。许多法律法规都直接或间接地对工资和就业产生影响，本书贯穿着对这些法律法规的考察。例如，我们曾在第9章探讨过移民法，以后的章节中我们还将讨论禁止歧视（第14章）和促进充分就业的相关法律（第18章）。

影响劳动力市场的法律很多，我们必须加以选择。本章集中分析四个方面的内容：劳动法、最低工资法、《1970年职业安全与健康法案》以及提高工人经济租金的法律。

13.1 劳动法[①]

调节劳动关系的一般法和集体谈判的特别法构成了影响工资、就业和资源配置的重要制度因素。表13-1对这类主要法律进行了概括，仔细阅读表中的法律将有助于理解我们后文对相关问题的讨论。表中涉及的劳动关系法以多样的方式影响了劳动力市场，其中最主要的两种方式是：（1）通过对工会会员范围以及增长的影响，影响劳动力市场，而这又会增加工会获得工资优势的能力；（2）通过制定集体谈判的法规来影响劳动力市场。

13.1.1 劳动法与工会会员

劳动关系方面的法律法规对工会会员人数的影响是不确定的。因为产业结构变动、工人态度的变化等同时会对新劳动法律的产生以及工会会员人数的变化产生影响，所以工会会员人数的变化不一定是劳动法律的变化引起的。但值得肯定的是，无论在私人部门还是在公共部门，劳动法都是影响工会会员人数的一个重要因素。

---

① 单独开设劳动关系课程的教师可以跳过这部分。

表 13-1　主要劳动关系法汇总

《1932 年诺里斯-拉瓜迪亚法案》(Norris-LaGuardia Act of 1932)

1. 增加雇主获得反对工会活动禁令的难度。

2. 宣布黄狗合同无效。这种合同要求雇员以接受不参加工会作为继续雇佣的条件。

《1935 年瓦格纳法案》(Wagner Act of 1935)(《1935 年国家劳动关系法案》(NLRA of 1935))

1. 保证劳动力的"双重权利"：自由组织的权利以及与从事州际商业的雇主谈判的权利。

2. 列出许多资方的"不公平做法"。该法案特别规定：(1) 禁止雇主干涉工人组织工会的权利；(2) 宣布公司工会（即伪工会）的非法性，这种由厂商建立的工会目的在于阻止工人建立自我控制的工会；(3) 禁止雇主在雇佣、解雇和晋升等方面的反工会歧视；(4) 禁止歧视提起诉讼或提供证词的工人；(5) 要求雇主真诚地谈判。

3. 成立美国国家劳动关系委员会（NLRB），该委员会被授权调查在该法下的不公平做法；发布停止-终止命令；主持工会选举，让工人自主决定自己的工会代表。

4. 宣布联邦政府雇员罢工非法，并为解雇提供依据。

《1947 年塔夫托-哈特雷法案》(Taft-Hartley Act of 1947)(《1935 年国家劳动关系法案》补充条款)

1. 明确工会的"不公平做法"。具体来说，该法案禁止：(1) 强迫雇员成为工会成员；(2) 关于管辖权争执的罢工（即关于谁有权从事某种特定工作的工会间的争端）；(3) 间接抵制（拒绝购买或搬运另一个工会或工人团体的产品）；(4) 同情罢工（通过罢工帮助其他工会获得雇主认可或实现其他目标）；(5) 征收超额会费；(6) 额外雇工（强迫雇主对实际并不工作的工人支付工资）。

2. 规定工会的内部管理等，要求其向美国国家劳动关系委员会提供详细的财政报告。

3. 宣布只雇佣某一工会会员的工厂（或商店）非法，但在那些没有明确禁止工人加入工会（如实施工作权利法）的州，工人加入工会是合法的。

4. 建立紧急罢工机制，允许政府强制暂停危害国民健康和安全的罢工 80 天。

5. 成立联邦调停和调解服务机构，作为劳资争端的仲裁人。

《1959 年兰德鲁姆-格里芬法案》(Landrum-Griffin Act of 1959)(《1935 年国家劳动关系法案》补充条款)

1. 要求定期选举工会领导人，并且将共产党以及判过重罪的人排除在工会领导人之外。

2. 认为工会工作人员对工会资金和财产负有严格的责任。

3. 禁止工会领导人侵犯任何工人参与工会集会、对工会事项投票和提名工作人员的权利。

■ 劳动法和私人部门工会会员人数

从图 10-2 来看，1900 年工会会员人数占劳动力总数的 7%，1930 年也只占 11%，但 20 多年后，工会会员人数在劳动力总数中却超过了 30%。相对于总就业量，工会会员人数在 20 世纪 50 年代中期达到顶峰（如果将专业协会会员包括在内，则在 1970 年达到顶峰），此后，一直呈下降趋势。造成工会发展和衰落的原因虽然有很多，但劳动法的作用不容小觑。

20 世纪 30 年代以前　20 世纪 30 年代之前，受雇主甚至政府的压制，工会组织者和会员得不到法律保护，参加工会可能造成失去工作、罚款甚至身体上的伤害。在很多情况下，组织工会常使工人遭受**歧视性解雇**（discriminatory discharge）；这些被解雇的工人还被列入**黑名单**（blacklists），从而失去获得其他职业的机会。工人往往被强迫签订**黄狗合同**（yellow-dog contracts），该合同在法律层面上将禁止工人加入工会作为其继续就业的条件。此外，当雇主通过诉讼和法庭强制罚款时也可能对工会工人带来伤害。为阻止工人成立工会，厂商不惜采取**关闭工厂**（lockouts）等手段，即雇主通过将工厂关闭几周，向想要加入工会的员工施加高昂的成本。在那些工人已成功组织起来并迫使雇主谈判的地方，厂商还常通过雇佣**罢工破坏者**（strikebreakers）来反抗罢工，这些罢工破坏者往往会与工会工人发生暴力冲突，例如1892年荷姆斯泰德罢工（Homestead Strike）事件和1894年浦尔曼罢工（Pullman Strike）事件。当发生冲突时，政府经常采取支持雇主的做法。

法庭对组织工会的敌视是该时期工会会员人数较少的一个重要因素。因为没有劳资关系的相关法律，法庭依据普通法的解释，致使工会会员处于以失去企业中的长期财产权为代价获取新的劳工合法权利的不利地位。法庭对工会的敌视体现在其对反托拉斯法的解释和对**禁令**（injunctions）的使用等方面。例如，最高法庭认为《1890年谢尔曼反托拉斯法》（Sherman Antitrust Act of 1890）同样适用于工会，然而该法的原本意图是禁止厂商操纵价格、实施垄断。禁令则被用在制止纠察包围、罢工和联合抵制等方面，因为雇主声称这些行为减少了他们的利润。法庭认为，较低的利润会降低厂商资产的核定资本值，从而侵犯了厂商的财产权。

总结：20世纪30年代以前，保护性劳动立法的缺失使厂商和法庭压制了工会的活动和发展。工会会员人数过少使工会缺乏力量，从而对整个劳动力市场产生重大影响。

20世纪30年代之后 美国国会在20世纪30年代颁布了许多重要的劳动关系法案：《1932年诺里斯-拉瓜迪亚法案》和《1935年瓦格纳法案》给工会运动提供了保护伞，极大地促进了工会会员的增长。通过宣布黄狗合同的非法性，**《1932年诺里斯-拉瓜迪亚法案》**（Norris-LaGuardia Act of 1932）极大地降低了个人成为工会会员的成本，使工人很容易组织起来，而此前，加入工会可能要以失去工作为代价。同时，该法案规定，限制法庭对正常工会活动如罢工等使用禁令。这增强了工会的实力，因为工会可以通过提高雇主的成本，获得较高工资议价；与此同时，较大的工会工资收益又提高了工人成为工会会员的积极性。

《1935年瓦格纳法案》（Wagner Act of 1935）对工会会员人数产生了更大影响，该法案声明其目的之一是促进工会的发展。从表13-1可以看出，该法案可以确保工会：(1) 自发组织，免受雇主干涉的权利；(2) 与雇主平等谈判的权利。此外，该法案还明确列出许多资方阻止工会化的“不公平做法”。《1935年瓦格纳法案》授权美国劳工联合会（AFL）巩固其在各行业中的权力，并且促进了附属于产业工会联合会（CIO）的产业工会的快速发展。这些CIO工会将分布于钢铁、橡胶和汽车等大规模生产行业中的几百万非熟练工人组织起来。到1955年AFL和CIO合并时，工会会员增长到约1 700万人。

伴随20世纪30年代中期支持工会立法的确立，其后20年中工会会员人数激增，确立了工会在劳动力市场上的优势地位，使工人工资率和工作条件得到了改善。也就是说工会会员的增加增强了工会谈判力量，使工会对劳动力市场产生了更大的影响。

工会力量的增长开始受到政府的监管，政府相继通过**《1947年塔夫托-哈特雷法案》**（Taft-Hartley Act of 1947）和**《1959年兰德鲁姆-格里芬法案》**（Landrum-

Griffin Act of 1959)（如表 13-1 所示）。然而，工会会员的增长直至最近才出现下滑。一些观察家认为，工会主义的衰落，部分可归因于资方大量使用非法的反工会手段。如果这种观点是对的，那么劳动法律的实施力度也是解释私人部门工会会员发展趋势的一个因素。

■ 劳动法和公共部门工会会员人数

20 世纪六七十年代，公共部门工会会员剧增。在联邦一级的政府部门中，工会会员人数增长的原因在于一系列总统行政命令认可联邦雇员组成工会；在州一级的政府部门中，工会会员人数猛增的主要原因是：(1) 法律上承认州政府雇员有组织工会的权利；(2) 成立公共部门雇员关系委员会来主持选举，以确定雇员是否愿意让工会代表自己。[①]

13.1.2　劳动法和谈判力

劳动法条款影响了谈判力，进而对工会会员人数产生影响。有些条款加强了工会的谈判力，使它们能获得较高的工资溢价；另一些条款加强了雇主的谈判地位。我们将分别考察上述两种情况的部分实例。

■ 使用禁令的限制

《1932 年诺里斯-拉瓜迪亚法案》规定：限制法庭使用禁止工会集会、罢工等命令。这种限制明显增强了工会的谈判力，因为厂商不能获得如关闭工厂等的法律支持，所以来自工会罢工的威胁变得更加现实。而此前，一旦罢工，厂商可以借助法庭宣布禁止罢工。

■ 禁止间接抵制

间接抵制（secondary boycotts）是指工会采取的拒绝搬运，或让其雇主拒绝购买有劳资争议的厂商产品的行为。尽管《1947 年塔夫托-哈特雷法案》认定这些间接抵制非法，但卡车运输工会仍继续要求在合同中规定“热货条款”，法庭规定原则上这些条款并不构成非法的间接抵制。那么，“热货条款”内容是什么？又是如何影响工会的谈判力呢？

“热货条款”（hot-cargo clauses）宣布，卡车运输企业不能要求加入工会的卡车司机运输存在劳资争议的“不公平”雇主所生产的产品。例如，假设钢筋产品的生产商遭到雇员罢工，由“热货条款”管辖的工会化运输厂商雇员可以在劳动争议过程中拒绝运输这种钢筋制品，如此，代表钢筋工人的工会就拥有了更大的谈判力。由于“热货条款”的存在，罢工将在很大程度上削减厂商的利润，从而使该厂

---

① Richard Freeman, “Unionism Comes to the Public Sector,” *Journal of Economic Literature*, March 1986, pp. 41-86. 这篇论文中的表 4 是对支持法律环境变化独自激励公共部门成员这一论题的实证工作总结。有关公共部门劳动法的更多信息，参见 John Lund and Cheryl L. Maranto, “Public Sector Labor Law: An Update,” in Dale Belman, Morley Gunderson, and Douglas Hyatt (eds.), *Public Sector Employment in a Time of Transition* (Madison, WI: Industrial Relations Research Association)。

商遭受损失。该厂商不可能通过雇佣罢工破坏者、使用管理人员和销售存货等行动来保持销售和利润。一旦某个工会罢工，该厂商就不能将其产品运给顾客。

《1959年兰德鲁姆-格里芬法案》宣布“热货条款”的非法性。该法案规定工会和雇主“签订任何的合同或协议，借此向雇主明示或暗示，停止或制止，或者同意停止或制止搬运、使用、销售、运输或以其他方式抵制其他雇主的任何产品，或者停止同任何其他人进行买卖”是不公平的做法。一旦该法通过并实施，这种禁令将增加工会的成本，增强资方的谈判力。因为在罢工期间，很多厂商可以通过雇佣罢工破坏者、使用管理人员和销售以往生产的物品来继续保持其利润。

13.2 最低工资法

《1938年公平劳动标准法案》（Fair Labor Standards Act of 1938）规定**最低工资**（minimum wage）为0.25美元/小时，这是政府通过立法影响劳动力市场的另一种形式。在对这些影响进行详细分析前，我们先来了解一下最低工资法的相关事实，以及人们对政府干预劳动力市场行为的不同看法。

13.2.1 事实和争论

美国国会通过多次修改《公平劳动标准法案》来提高法定名义最低工资。1991—1996年间，法定最低工资为4.25美元/小时。由于这一时期的通货膨胀，最低工资与平均工资的比率从37.3%降为32.4%。[①] 因此，美国国会在1996年通过立法，将最低工资提高到5.15美元/小时（1997年9月之后）。2007年年中美国国会又将最低工资增至7.25美元/小时。

同时，美国国会还在不断扩大最低工资的覆盖面。最初的立法覆盖了全部非管理层工人的大约44%，现在覆盖到此类群体的88%。最新统计数据显示，领取最低工资的工人中，52%为16～24岁青少年，63%为女性，17%为非裔美国人；大约94%的领取最低工资雇员在私人部门的工作；领取最低工资的人中约67%从事非全日制工作。[②]

最低工资自开始设立起就备受争议。支持者认为，这是确保工人得到“最低生存性工资”所必需的，该工资将给全日制工人提供购买基本生活必需品的年收入保障；最低工资可以防止垄断企业剥削非熟练工人，而少数族裔和女性在非熟练工人中所占比例很大。

反对者则认为，首先，最低工资将增加失业，尤其是对青少年、女性和少数族裔而言；其次，法定最低工资将引起溢出效应（见图11-2），导致经济中未被最低工资覆盖部门的工资率下降；再次，最低工资会促使青少年退学；最后，反对者认为最低工资偏离了减少失业的目标，大多数领取最低工资的工人并非真的生活在贫

① Barry T. Hirsch and David A. Macpherson, *Union Membership and Earnings Data Book: Compilations from the Current Population Survey* (*2012 Edition*) (Washington, DC: Bureau of National Affairs, 2012).

② *Statistical Abstract of the United States*, 2012 (Washington, DC: U.S. Government Printing Office, 2011), Table 653.

困家庭中。

13.2.2　竞争模型

竞争性的劳动力供求模型是分析最低工资对劳动力市场影响最好的起点。① 考虑图 13－1，假设最低工资法覆盖了经济中的全部雇员，并且假设劳动力市场和产品市场都是完全竞争的，即有 MRP＝VMP＝MWC＝P_L成立。该图描绘了在均衡工资率和就业水平分别为W_0和Q_0时，给定的最低工资率W_m对劳动力市场的影响。首先需要强调的是，当最低工资率等于或低于均衡工资率W_0（这在高工资率的劳动力市场上是符合实际的），那么最低工资法对工资和就业不会产生直接影响，实际工资和就业量仍然保持在W_0和Q_0。然而，图 13－1 并不是这种情况，在该图中，显然W_m超过了W_0。

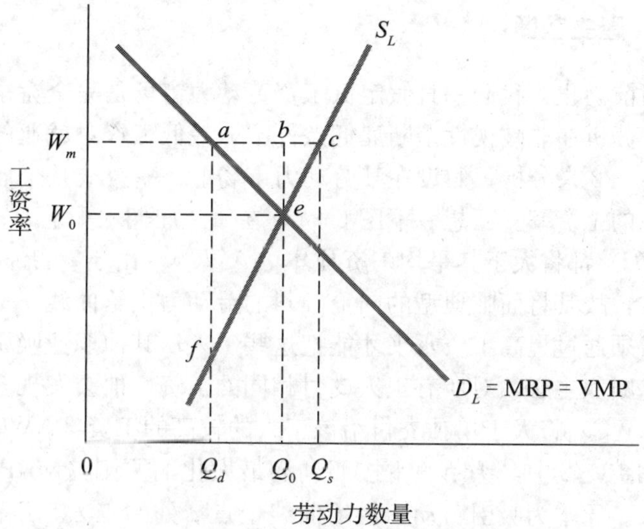

高于均衡点的最低工资率W_m使低工资率劳动力市场的就业量减少了 ab，并造成了 ac 段的失业。劳动力供给和需求曲线的弹性越大，最低工资法导致的失业越多。

图 13－1　最低工资的影响：竞争模型

政府强制实行最低工资，会对就业、失业和资源配置产生怎样的影响？首先，在最低工资率为W_m时，雇主将雇佣Q_d而非Q_0数量的工人。换句话说，由于在Q_0到Q_d段，工人的边际收益产品低于最低工资，追求利润最大化的雇主将会减少雇佣量。

其次，从供给的角度来看，最低工资将吸引Q_s而非Q_0数量的工人参与市场。最低工资将同时影响雇主和劳动力供给者的行为，导致就业量下降 ba，失业将增加到 ac 这一更多的数量。

---

① 最低工资的影响已经在其他类型的模型中考察过。有关最低工资在买方垄断竞争模型中的影响的讨论，参见 V. Bhaskar and Ted To，"Minimum Wages for Ronald McDonald Monopsonies：A Theory of Monopsonistic Competition，" *Economic Journal*，April 1999，pp. 190-203。有关最低工资在效率工资模型中的影响的分析，参见 James B. Rebitzer and Lowell J. Taylor，"The Consequences of Minimum Wage Laws：Some New Theoretical Ideas，" *Journal of Public Economics*，February 1995，pp. 245-55。

最后，最低工资还会导致资源配置无效率。在劳动力需求曲线 ae 段上，从 Q_d 到 Q_0 每名工人的边际产品价值大于其供给价格（在 S_L 曲线上由 fe 段表示），这意味着社会所放弃的产出价值（Q_daeQ_0）将大于 Q_dQ_0 数量被错误配置到其他工作岗位上的工人所创造的价值（Q_dfeQ_0），国内产出的净损失可以表示为面积 fae（$Q_daeQ_0-Q_dfeQ_0$）。借助图13-1，我们可以得到如下结论：(1) 在其他条件不变的情况下，最低工资与均衡工资的差距越大，对就业和资源配置的消极影响越大；(2) 劳动力供给和需求曲线的弹性越大，最低工资法造成的失业越多。

当然，有两个因素可能会减弱最低工资的影响：一是有些厂商并未遵守最低工资法①；二是存在某些厂商通过减少附加福利（如病休或健康保险）的方式来抵消最低工资可能造成的影响。② 在上述情况下，图13-1所示的每小时工资成本上升的幅度将小于 W_0W_m，最低工资对就业和资源配置效率所带来的不利影响也将减弱。

13.2.3 雇主垄断

到目前为止，我们一直假定低工资劳动力市场是完全竞争的。现在我们放宽这一假定，分析在非歧视性垄断雇佣条件下，最低工资对就业的潜在影响。我们可以结合图13-2来分析，假设在某劳动力市场上，一个或几个雇主合谋制定一个低于均衡水平的工资率。回想一下图6-7，在每一雇佣水平上，垄断雇主的边际工资成本（MWC）都将大于其平均工资成本（AWC）。由于垄断雇主是劳动力市场上的唯一买方，故其将面临典型的向上倾斜的劳动力供给曲线——雇主想要雇佣更多的工人，必须通过提高工资水平才能把这些工人从其他职业吸引过来。但是，因为非歧视性垄断雇主必须对所有工人支付相同的工资，他会发现多雇佣一个工人的边际成本（MWC）将大于单独支付给该工人的较高的工资（AWC）。

在图13-2中，垄断雇主按照利润最大化的原则（MRP＝MWC），雇佣 Q_0 数量的工人。原本为吸引劳动力供给曲线上点 c 处的工人，厂商要支付 W_0 水平的工资。但是，现在假定政府制定了介于 W_0 和 W_2 之间的最低工资 W_1。在 W_1 的工资水平下，劳动力供给曲线将沿着 $0Q_1$ 变成水平形状的，厂商雇佣工人数量为 Q_1。此时，厂商支付的边际工资成本（MWC）等于其平均工资成本（AWC），这与前面提到的厂商要雇佣工人需提高工资水平（MWC > AWC）形成对比。

在法定最低工资 W_1 的条件下，垄断雇主通过雇佣 Q_1 数量的工人实现利润最大化，变成了工资接受者而不是工资制定者。之所以多雇佣了从 Q_0 到 Q_1 数量的工人，是因为这部分工人的MRP大于最低工资MWC。在这种情况下，由最低工资所增加的从 Q_0 到 Q_1 的就业量会完全抵消雇主的垄断力量。从图13-2来看，任何介于

① 有关这种可能性的证据，参见 Orley Ashenfelter and Robert S. Smith，"Compliance with the Minimum Wage Law," *Journal of Political Economy*，April 1979，pp. 335-50。

② Walter J. Wessels，"The Effect of Minimum Wages in the Presence of Fringe Benefits：An Expanded Model," *Economic Inquiry*，April 1980，pp. 293-313. 亦可参见 J. Harold McClure，Jr.，"Minimum Wages and the Wessels Effect in a Monopsony Model," *Journal of Labor Research*，Summer 1994，pp. 271-82；and Kosali Ilayperuma Simon and Robert Kaestner，"Do Minimum Wages Affect Nonwage Job Attributes? Evidence on Fringe Benefits," *Industrial and Labor Relations Review*，October 2004，pp. 52-70。

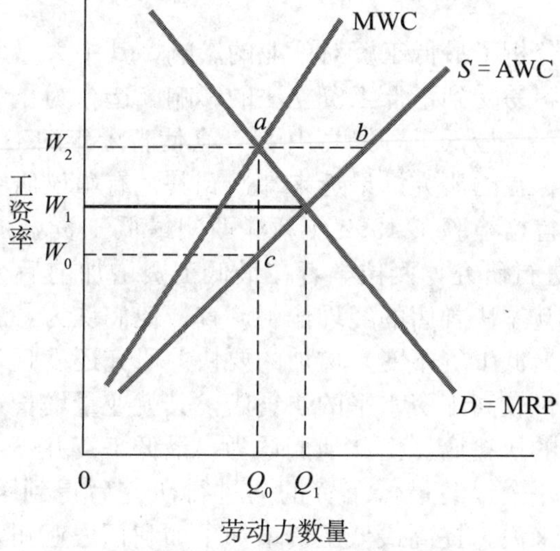

在没有最低工资时，垄断厂商将雇佣 Q_0 的工人，支付 W_0 的工资率。任何高于 W_0 低于 W_2 的法定最低工资都将使厂商成为工资接受者，并将增加其雇佣工人数。例如，如果最低工资率是 W_1，垄断厂商将雇佣与竞争性劳动力市场一样数量的工人。也就是说，最低工资有可能使得一些产业的就业量增加。

图 13－2　最低工资的影响：雇主垄断

W_0 和 W_2 之间的最低工资率，都能使就业增加到 Q_0 之上。由此可见，确定并实施恰当的最低工资可以增加就业，提高效率。

此外，还有几点需要引起我们的重视。第一，如果政府制定高于 W_2 的最低工资率，则会引起就业量的下降。第二，即使在最低工资水平高于垄断雇主制定的工资率 W_0 时，就业量等于或大于 Q_0，失业人数仍然可能较多。例如，当市场工资率为 W_2 时，会有 b 数量的劳动力寻找工作，而此时厂商只会雇佣 a 数量的工人，尽管就业量与工资率为 W_0 时的就业量相等，但工人的失业量却从零增加到 ab。第三，作为特定类型的低工资劳动力市场中的唯一雇主，该垄断雇主可能会采用歧视性的做法，即支付给每位工人仅能吸引其就业的工资。此时，边际工资成本（MWC）曲线将与劳动力供给曲线重合，追求利润最大化厂商的雇佣水平（MRP＝MWC）就是完全竞争状态下的雇佣水平 Q_1，而非 Q_0。这是因为为了达到其需要的工人数量，厂商必须支付较高工资以吸引每一个额外的工人。因此，在雇主实行歧视定价时，最低工资要么无效，要么降低就业，总之不可能增加就业。第四，实证研究表明，大多数劳动力市场上并不存在雇主垄断。[①]

13.2.4　经验证据

经济学家做了大量研究来估算最低工资对就业的影响，他们试图通过统计分析确定最低工资是否影响人力资本投资决策，是否实现了促进收入分配和家庭收入更平等的目标。现有的研究成果如下。

① 有关雇主垄断的理论和经验研究调查，参见 William M. Boal and Michael R. Ransom, "Monopsony in the Labor Market," *Journal of Economic Literature*, March 1997, pp. 86-112。

■ 就业

许多研究分析了最低工资对就业的影响，其中大量研究是关于青少年的，因为这一年龄段更容易受到最低工资立法的影响。迄今为止的经典研究表明，在其他条件不变的情况下，最低工资提高10%，会使青少年的工作数量减少1%～3%。[①] 然而，这项长期存在的研究结果近来却遭到其他有争议研究的质疑。

卡德和克鲁格检验了1992年新泽西州最低工资增加对本州快餐行业就业水平的影响。[②] 为进行研究，两位学者在最低工资增加前后分别对新泽西州和宾夕法尼亚州东部的410家快餐店的经理作了调查。他们认为，新泽西州快餐业就业量比宾夕法尼亚州（最低工资不变）增加的要快。研究还发现，在新泽西州，那些在最低工资增加前支付较高工资水平的快餐店，其就业量增长速度并不快于那些原本支付较低工资水平的快餐店。由此他们认为，最低工资并不会减少失业。

卡德对另一个提高最低工资的州进行研究后得到了相似的结果。[③] 研究表明，相对于其他州来说，提高最低工资增加了加利福尼亚州青少年的收入，然而并未减少该州青少年的就业。

尽管卡德和克鲁格的这类研究引起了政策制定者的强烈兴趣，他们也警告说，这些结果应该被看作试验性的。[④] 关于卡德和克鲁格对新泽西州这项研究的一个批评是他们搜集的数据质量比较差。纽马克（Neumark）和瓦斯切尔（Wascher）使用搜集到的新泽西州和宾夕法尼亚州快餐店实际工资数据进行研究，结果发现最低工资的提高对就业产生了负效应。[⑤] 卡德和克鲁格随后也使用了一套工资数据库，进一步证实了他们最初的结论。[⑥] 另一位研究者认为，对加利福尼亚州的研究并不能论证在该州最低工资提高时所发生的就业量的增加。[⑦] 批评者还指出，由于法律都是先颁布后实施的，新的最低工资立法所引起的就业下降很可能是在该法实施之前发生的。也就是说，就业的下降可能滞后于最低工资的增加。[⑧] 然而无论如何，

---

① 参见 Charles Brown，"Minimum Wages，Employment，and the Distribution of Income，" in Orley Ashenfelter and David Card（eds.），*Handbook of Labor Economics*，Volume 3B（Amsterdam：North-Holland，1999）。

② David Card and Alan B. Krueger，"Minimum Wages and Employment：A Case Study of the Fast-Food Industry in New Jersey and Pennsylvania，" *American Economic Review*，September 1994，pp. 772-93.

③ David Card，"Do Minimum Wages Reduce Employment? A Case Study of California，1987-1989，" *Industrial and Labor Relations Review*，October 1992，pp. 38-54.

④ 他们对这一主题的大部分研究汇集在 David Card and Alan B. Krueger，*Myth and Measurement*：*The New Economics of the Minimum Wage*（Princeton，NJ：Princeton University Press，1995）。有一篇关键性的评论，参见"Review Symposium on *Myth and Mismeasurement*：*The New Economics of the Minimum Wage* by David Card and Alan B. Krueger，" *Industrial and Labor Relations Review*，July 1995，pp. 842-48。

⑤ David Neumark and William Wascher，"Minimum Wages and Employment：A Case Study of the Fast-Food Industry in New Jersey and Pennsylvania：Comment，" *American Economic Review*，December 2000，pp. 1362-96.

⑥ David Card and Alan B. Krueger，"Minimum Wages and Employment：A Case Study of the Fast-Food Industry in New Jersey and Pennsylvania：Reply，" *American Economic Review*，December 2000，pp. 1397-1420.

⑦ 参见 Taeil Kim and Lowell J. Taylor，"The Employment Effect in Retail Trade of California's 1988 Minimum Wage Increase，" *Journal of Business and Economic Statistics*，April 1995，pp. 175-82。

⑧ 与这一批评相一致的证据，参见 Michael Baker，Dwayne Benjamin，and Shuchita Stanger，"The Highs and Lows of the Minimum Wage Effect：A Time-Series Cross-Section Study of the Canadian Law，" *Journal of Labor Economics*，April 1999，pp. 318-50。

这些发现更新了最低工资上升对就业影响的相关研究。①

■ 人力资本投资

最低工资对人力资本投资很可能带来负面影响。首先，最低工资可能会减少在职培训。我们在第 4 章中曾提到，厂商雇佣工人有时会给工人提供一般在职培训，为弥补这一费用，厂商往往在培训期间支付较低的工资。但是最低工资给厂商的工资限制了最低标准，因此有些厂商便不再提供一般性的在职培训，因此，最低工资减少了这种类型的人力资本的形成。② 其次，实证研究表明，较高的最低工资还会促使青少年退学去寻找工作，从而减少正规教育形式的人力资本投资。③

■ 收入不平等和贫困

最低工资没有改变总体的家庭收入分配或显著降低贫困。这一结果似乎看起来比较奇怪，原因可能是，与低收入家庭相比，中等或相对高收入家庭中的成员更有可能获得最低工资。大约有 84%的获得最低工资收入的工人并非来自贫困家庭。因此最低工资是一种比较差的反贫困工具。④ 同时，最低工资覆盖人群的年平均工资增长率超过了最低工资的 60%。⑤

工作世界 13-1

生活工资法

1994 年以来，美国大约有 100 个城市和县颁布了生活工资法。现在，这一立法已覆盖美国 20 个最大城市中的 9 个。生活工资法通常要求企业支付给雇员的工资要高到足以使仅有一个全职工人的家庭维持高于贫困线的生活。受这一法令覆盖的是那些与当地政府签

---

① 大多数研究发现了最低工资对就业和工时的负面影响。例如，参见 Mark B. Stewart and Joanna K. Swaffield, "The Other Margin: Do Minimum Wages Cause Working Hours Adjustments for Low-Wage Workers?" *Economica*, February 2008, pp. 148-67; and Joseph J. Sabia, Richard V. Burkhauser, and Benjamin Hansen, "Are the Effects of Minimum Wage Increases Always Small? New Evidence from a Case Study of New York State," *Industrial and Labor Relations Review*, April 2012, pp. 350-76。有关研究发现最低工资没有影响，参见 Arindrajit Dube, T. William Lester, and Michael Reich, "Minimum Wage Effects Across State Borders: Estimates Using Contiguous Counties," *Review of Economics and Statistics*, November 2010, pp. 945-64; and John Addison, McKinley Blackburn, and Chad Cott, "The Effects of Minimum Wages on Labor Market Outcomes: County-Level Estimates from the U. S. Restaurant and Bar Sector," *British Journal of Industrial Relations*, 2012。

② 与这一假设相一致的证据，参见 David Neumark and William Wascher, "Minimum Wages and Training," *Journal of Labor Economics*, July 2001, pp. 563-95。有关研究发现最低工资对培训没有影响，参见 David Fairris and Roberto Pedace, "The Impact of Minimum Wages on Job Training: An Empirical Exploration with Establishment Data," *Southern Economic Journal*, January 2004, pp. 566-83。

③ 参见 David Neumark and William Wascher, "Minimum Wages and Skill Acquisition: Another Lookat Schooling Effects," *Economics of Education Review*, February 2003, pp. 1-10; and David Neumarkand Olena Nizalova, "Minimum Wage Effects in the Longer Run," *Journal of Human Resources*, Spring 2007, pp. 435-52。

④ Joseph J. Sabia and Richard V. Burkhauser, "Will a ＄9.50 Federal Minimum Wage Really Help the Working Poor?" *Southern Economic Journal*, January 2010, pp. 592-623.

⑤ 参见 William E. Even and David A. Macpherson, "Wage and Employment Dynamics of Minimum Wage Workers," *Southern Economic Journal*, January 2003, pp. 676-90。

有合同或接受当地政府财政资助的企业。

生活工资法不同于最低工资法主要体现在三个方面。首先，生活工资比联邦最低工资高很多。平均生活工资大约8.19美元，比当前联邦最低工资几乎高60%。其次，生活工资法通常仅覆盖1%的低收入居民。最后，因为生活工资法是由地方政府负责执行的，政府官员势必担心厂商会因此离开或拒绝进入当地。

根据亚当斯（Adams）和纽马克（Neumark）进行的几项有关生活工资法的影响的研究，我们可以得出一些初步结论。首先，对于低薪工人来说，生活工资法似乎具有相当大的积极作用。其次，该法适度降低了非熟练工人的就业，这一证据与工资和就业之间的反向关系是一致的。最后，该法一定程度上降低了城市居民的贫困率。有趣的是，这种贫困率的下降源于贫困家庭中拥有较高工资或者较高技能的人的收入所得，而非拥有较低工资或低技能的人的收入所得。

资料来源：Timothy Bartik，"Living Wages and Local Governments，" W. E. Upjohn Institute for Employment Research *Employment Research*，April 2002，pp. 1-2；David Neumark and Scott Adams，"Detecting Effects of Living Wage Laws，" *Industrial Relations*，October 2003，pp. 531-64；David Neumark and Scott Adams，"Do Living Wage Ordinances Reduce Urban Poverty?" *Journal of Human Resources*，Summer 2003，pp. 490-521；and Scott Adams and David Neumark，"Living Wage Effects：New and Improved Evidence，" *Economic Development Quarterly*，February 2005，pp. 80-102.

13.2.5 结语

最低工资的确增加了一些低收入工人的年收入，这可能也是公众强烈支持最低工资的原因。如今，对最低工资的争论也已从是否应该设立最低工资转向应该制定多高水平的最低工资。经济学家普遍赞同，当实际最低工资很高时会严重减少就业量、降低经济效率，但证据表明这种水平的最低工资尚未达到。就这一点来说，有对最低工资研究做文献回顾的评论家认为，最低工资的影响不仅被其批评者也被其支持者高估了。①

◆ 快速回顾 13-1

- 《1932年诺里斯-拉瓜迪亚法案》和《1935年瓦格纳法案》促进了美国工会的发展；《1947年塔夫托-哈特雷法案》和《1959年兰德鲁姆-格里芬法案》则试图限制工会的力量。
- 在完全竞争的劳动力市场上，高于均衡水平的最低工资将减少就业、增加失业，造成效率损失。
- 研究者估计，最低工资增长10%将引起青少年的工作岗位数大约下降1%～3%。但是，近来最低工资增长影响是否遵循这一模式还存在争议。

思考题

假设联邦政府将最低工资提高25%，根据相关理论和已有证据，推测这种增加对下列

① Charles Brown，"Minimum Wage Laws：Are They Overrated?" *Journal of Economic Perspectives*，Summer1988，pp. 133-45.

各方面的影响：(a) 青少年的平均工资；(b) 青少年的就业；(c) 青少年的失业。(答案：参见书末。)

13.3 职业健康和安全规制

政府直接干预劳动力市场的另一个重要且有争议的方面是职业健康和安全规制。这类干预形式主要包括州政府的工人补偿计划和联邦政府的**《1970 年职业安全与健康法案》**(Occupational Safety and Health Act of 1970)。前者要求厂商购买保险以支付工人工伤时的特别赔偿费，后者（我们要重点讨论的）要求雇主遵守该立法所规定的工作场所健康与安全的标准。

研究工作场所健康与安全标准的原因主要包括以下几点。第一，统计数据表明，工作要比一般人认为的危险得多。2009 年，美国有 3 582 名工人死于与工作有关的事故，大约有 510 万人在工作中受伤。通过表 13－2 我们了解到，不同行业事故发生的可能性往往不同。例如，在农业中每 100 000 名工人中有 25 人死亡；而在服务业中每 100 000 名工人中有 1 人死亡。第二，工作安全状况是工作的一个很重要的非工资特征，它是影响劳动力供给的重要决定因素之一（第 6 章）。因此，工作场所的安全性可以对某些职业上的工资差异做出解释（第 8 章）。正如对最低工资和积极行动立法等劳动力市场法规存在争议一样（第 14 章），对于健康和安全的规定也存在关于其适用性和有效性的争议。

表 13－2　　按行业划分的职业死亡和伤残情况

行业类别	死亡		受伤就医的数量*（千人）
	数量（千人）	每 100 000 名工人的比率	
农业	0.5	25	110
矿业	0.1	13	20
建筑业	0.8	9	360
制造业	0.3	2	600
运输和公用事业	0.5	9	280
商业	0.3	2	710
服务业	0.7	1	1 920
政府	0.3	2	1 100
总计	3.6	3	5 100

* 受伤就医是指受伤特别严重以至于需要专业医师治疗。

资料来源：*Statistical Abstract of the United States*，*2012*（Washington，DC：U. S. Government Printing Office，2011），Table 632.

接下来我们首先讨论追求利润最大化的厂商将给工人提供多大程度的工作安全，其次分析为什么工作场所的保护措施水平达不到社会最优水平，最后讨论关于《1970 年职业安全与健康法案》存在的一些争议。

全球瞭望 13-1

职业伤害

英国的职业伤害比率相对较低，而西班牙的职业伤害比率相当高。

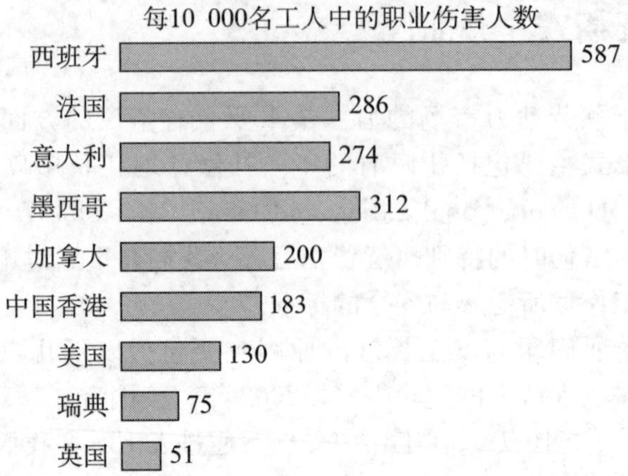

注：职业伤害比率被定义为因职业伤害而失去工作时间的工人的年均百分比。加拿大、意大利、英国的统计数字仅包括失去工作超过3天的工人。统计基于2006年的数据。

资料来源：International Labour Organization（www. ilo. org).

13.3.1 利润最大化的工作安全水平①

产品市场的竞争促使追求利润最大化的厂商在特定的产量下总是本着最小化其内部成本的目标。保证工作场所安全所必需的支出是厂商的生产成本之一。工作安全的“生产”通常也是收益递减的，即在工作安全上每增加一美元的支出所带来的安全收益是递减的。更具体地说，厂商一开始使用相对便宜的方式如宣传安全信息、发放安全用品（如安全帽等）来提高工作的安全性；但是想进一步提高安全程度，厂商就需要采取成本更高的方式（如购买安全性能好的设备、减缓工作节奏等）。因此，大多数厂商都会经历**工作安全的边际成本**（marginal cost of job safety）上升：直接费用递增、产出减少或者两者的结合。我们可以借助图13-3进行分析，图中工作安全的边际成本曲线用MC_s表示，由横轴来表示工作安全水平，每增加一单位工作安全水平，其成本是递增的。

既然提供工作安全措施的成本较高，厂商为何还会为工人提供安全措施呢？答案可通过工作安全措施的边际收益曲线MB_s反映。创造一个相对安全的工作场所可以通过减少厂商原本要支付的某些费用来使厂商获益。然而随着提供的工作安全措施增多，该厂商从工作安全措施中得到的边际收益下降。正如消费者消费商品时所经历的边际效用递减一样，厂商也会发现随着所提供的工作安全措施增加，工作安

① 这一部分以及后续部分的分析框架源自 Walter Oi in “An Essay on Workmen's Compensation and Industrial Safety,” in *Supplemental Studies for the National Commission on State Workmen's Compensation Laws*，vol. 1，1974，pp. 41-106。

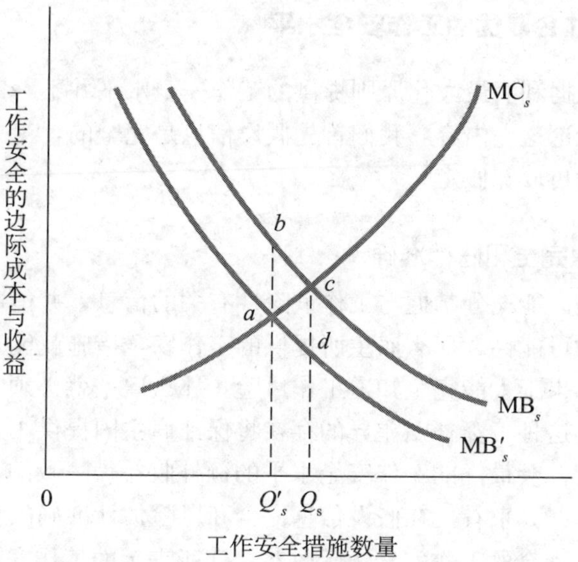

一个追求利润最大化的厂商将提供其边际收益等于边际成本处的工作安全水平 Q_s。Q_s 是由 MB_s 与 MC_s 的交点决定的。如果工人完全知晓可能的工作危害并能准确评估工作风险，那么这一工作安全水平将使社会福利实现最大化。如果工人对工厂危险并不知晓或低估其存在性，那么他们将无法得到适当的工资溢价，厂商也不能从低工资中得到像提供更多安全措施那样多的收益，因此每一单位工作安全的边际收益降低（MB_s 将左移到 MB'_s）。从社会角度看，厂商提供的工作安全将会不足（由 Q_s 降低到 Q'_s）。

图 13-3　工作安全的最优水平

全措施的额外收益（节约成本）递减。

那么该厂商的收益都有哪些？第一，较低的工伤或死亡风险使厂商能以较低的工资率吸引工人。由于工人看重工作安全，他们愿意为了能在一个健康、相对安全的环境中工作而接受较低的工资（第 8 章）。第二，更为安全的工作场所可以减少由于工作事故而造成的生产过程的中断。第三，更为安全的工作场所可以减少招聘、筛选和培训工人的费用。在工作中受伤的工人越少，雇佣和培训新雇员所耗费的资源就越少。第四，工作场所安全有助于维持厂商在特定人力资本投资上的收益。工作过程中的伤亡事故会使厂商此前在特定的、正规的在职培训投资上的收益中断或减少。第五，工伤事故的减少可转化为工人保险赔偿费率的降低。这种费率是根据特定厂商所发生事故的概率和类型确定的。

为了确定利润最大化的工作场所安全水平，追求成本最小化的厂商将比较工作安全边际收益和工作安全边际成本。厂商的决策原则是：当边际收益大于边际成本时，厂商将继续提高工作安全水平。通过图 13-3 我们看到，利润最大化时的工作安全水平为 Q_s，此时 $MB_s = MC_s$。因此，即使没有政府干预，厂商也会发现提供某种程度的工作安全是有利可图的。在本例中厂商将提供 Q_s 的工作安全水平。

值得注意的是，在现有技术条件下某些职业（如煤矿开采和建筑工作）提供工作安全措施的成本比另一些职业（如会计和教师工作）高。因此具有相似的边际收益但具有不同边际成本的厂商将提供不同的工作安全水平。具有与图 13-3 相同的边际收益曲线，但提供工作安全措施的边际成本比 MC_s 高得多的厂商，提供的工作安全措施可能比 Q_s 少得多。

13.3.2 社会最优的工作安全水平

厂商根据利润最大化原则提供的工作安全水平并不一定是社会最优的工作安全水平。为讨论这一内容，我们首先假设信息是完全的，工人对工作风险的评估是准确的，然后再放宽假定。

■ 信息完全和估计准确

如果工人能充分掌握与工作危险性有关的信息，并能准确地估计该职业使人伤亡及患病的可能性，那么雇主所提供的工作安全措施就能达到使社会最优的工作安全水平。如果工人能完全知道工作风险，那么雇主就必须支付工资补贴才能吸引足够的雇员。这种工资补贴差异的存在将保证雇主因提供工作场所安全带来的额外收益，这与使社会最优的工作安全水平的额外收益是一致的。

从图13－3来看，在假设信息完全和风险估计准确的情况下，曲线 MB_s 同时描述了私人和社会的工作安全边际收益，Q_s 所表示的工作安全水平不仅能实现厂商利润的最大化，也使社会福利达到最优水平。

■ 信息不完全和估计不准确

如果工人掌握的与工作危险性有关的信息有限，或者低估了该职业伤亡及患病的可能性，那么雇主所提供的工作安全水平将低于使社会最优的工作安全水平。

假设工人错误地判断某项工作无风险，而实际上工人接触的某种材料非常危险。由于雇员没有意识到长期危险的存在，没有减少对该危险职业和雇主的劳动力供给，导致该职业的市场工资不包含由于工作风险增加而必须补偿给工人的补贴。结果，该厂商因降低健康风险（提供更为安全的工作场所）带来的边际收益将低于工人能完全掌握与工作危险性有关信息时的水平。增加额外单位的工作安全措施并不会减少厂商支付的工资，因为劳动力市场并没有要求厂商支付补偿工人实际风险的工资。从厂商的角度来看，提供工作安全带来的边际收益，将低于工人完全掌握工作长期危险性有关信息时的水平。

在这种情况下，厂商工作安全的边际收益由图13－3中的曲线 MB_s' 表示，厂商将通过 MB_s' 和 MC_s'（边际成本）来确定提供 Q_s' 的工作安全水平。从社会角度来看这一数量的工作安全是不足的。假设每增加一单位安全的实际边际收益由 MB_s 而不是 MB_s' 表示，在工人能完全掌握与工作危险性有关的信息，并能准确地估计风险的条件下，厂商和社会的边际收益曲线都是 MB_s，那么厂商利润最大化的工作安全水平和社会最优的工作安全水平均为 Q_s。我们注意到，由 Q_s' 向上引垂线到 MB_s 得到三角形 abc，这表明 $Q_s'Q_s$ 单位的工作安全对社会产生的边际收益超过了边际成本 MC_s。但是在信息不完全和工人低估了安全风险的情况下，将没有市场工资补贴，厂商也没有提供额外工作安全的动力。由此可以得出结论：厂商利润最大化时的工作安全水平并不一定等于社会最优的工作安全水平。上述例子中由于这种低效率而引起的社会福利损失可以用 abc 的面积来表示。

13.3.3 《1970 年职业安全与健康法案》

《1970 年职业安全与健康法案》（OSHA）使美国联邦政府可以直接管制工作场所安全，该法案的目的是通过鉴定并消除工作场所的危险来减少工伤和疾病的发生。职业安全与健康管理局负责制定职业安全与健康标准，通过检察工作场所并对违规行为进行罚款来保证安全与健康标准的实施。

■ OSHA 的事例

OSHA 自通过以来就一直存在争议。支持者认为提供健康和安全的工作场所的成本是企业的法定成本，不应该转嫁给工人。根据这种观点，信息不完全、对工作风险的低估以及职业流动障碍等阻碍了劳动力市场对危险工作补贴的调整。因此，政府有必要强制要求厂商提供除基于其自身利益外的工作安全措施。OSHA 的支持者还指出，大部分批评来自企业，它们的抵制是可以预见和理解的，原因可以借助图 13-3 来分析。在信息不完全和工作风险评估不当的条件下，如果规定一个最低工作安全标准，如 Q_s，将强制厂商多提供 $Q_s'Q_s$ 的工作安全。通过比较曲线 MC_s 上的 ac 段和 MB_s' 的 ad 段，我们可以得出结论，对厂商来说，生产成本将高于产生的私人收益。

■ 对 OSHA 的批评

OSHA 的批评者指出，安全标准和检查代表了一种未经授权的、费用昂贵的政府对私人部门的干预。即使信息不完全、工作风险评估不足，也没有理由认为所有工人都会低估工作所带来的危险。相反，就像彩票购买者或者赌博参与者会高估自己中奖的可能性一样，工人很可能高估了自己成为职业伤亡或疾病受害方的可能性。根据这一推理，危险工作的工资补贴将会高于信息完全和风险估计准确时的工资水平。当这种高于实际情况的工资补贴存在时，厂商降低工作危险带来的边际收益高于没有这种工资补贴时的水平，因而不可能存在工作安全资源配置不当的情况。

OSHA 的批评者还声称，工作场所的安全标准通常与工伤和疾病的减少无关。他们指出，OSHA 存在大量不重要的标准（例如使用灭火器的墙高标准、马桶座的特定形状等）。此外，批评者认为只是确定标准就是很复杂的事情。威登鲍姆（Wiedenbaum）注意到，OSHA 对“出口”一词的最初定义是“出入设施的一部分，与楼房或建筑物的其他部分通过某种结构或设备分离开来，这种结构或设备是提供通往出口的预防性通道所必需的”。威登鲍姆拿这种定义与某一词典的定义做了对比，该词典对“出口”的定义是“出去的通道或道路”。[①] 由于受到规定烦琐和繁文缛节的批评，职业安全与健康管理局在 1978 年撤销了 1 100 条标准，并试图以简单的术语来修改现有标准。

---

① Murray L. Wiedenbaum, *Business, Government, and the Public* (Englewood Cliffs, NJ: Prentice-Hall, Inc., 1977), pp. 64-65.

■ 结论和启示

对OSHA是否减少了工伤事故和疾病的各种调查，加剧了对OSHA的争议。自OSHA通过以来，致命工伤事故的发生率下降了，而每年由非致命工伤事故导致的工时损失却提高了。

目前，学界对OSHA在工作场所事故中作用的看法尚不统一，但已取得一些颇有意义的研究成果。学者们认为在OSHA刚通过的那段时期，对减少工伤事故率的作用并不明显。特别地，维斯库斯认为①，OSHA对1972—1975年间的工作场所安全没有显著影响；史密斯（Smith）和麦卡弗里（McCaffrey）认为②，OSHA在1974—1976年间对工作场所安全的检查也没有产生什么影响。然而，这些学者警告说，在运用这些研究成果时要加倍小心，因为它很有可能是由于法律实施力度不够或者对不达工作安全标准的企业处罚力度不够导致的。

近期研究显示，OSHA的影响是复杂的。鲁泽（Ruser）和史密斯③对史密斯和麦卡弗里的前期研究做了进一步分析，发现OSHA对20世纪80年代早期工伤事故的影响很小；然而1986年，维斯库斯④对1973—1983年间情况的研究发现，OSHA检查在一定程度上降低了工伤事故并损失了一定的工作日；格雷（Gray）和琼斯（Jones）⑤发现，OSHA在制造业的检查使得违反安全规定的事例减少了1/2；然而，格雷和曼德洛夫（Mendeloff）⑥使用1979—1998年的数据发现，OSHA安全措施的影响随着时间的推移逐步下降。据统计，OSHA一项采取罚款的监管措施在1979—1985年间使受伤率下降了19%，而在1987—1991年间，这种效果降到11%，1992—1998年间进一步下降到1%。

如果OSHA对降低危险工作中的伤亡与疾病越来越有效，那么现有的“危险的”和“安全的”工作之间的工资差异将会逐渐缩小。回想一下第6章的内容，非工资特征是决定某一职业劳动力供给的重要因素之一。通过使危险工作变得更安全，有效的OSHA安全标准可以增加之前危险工作的劳动力供给，最终降低这些行业支付的工资溢价。对工作伤亡风险支付的工资溢价是许多工人工资差异的来源之一，因此，从长期来看，OSHA安全标准能够缩小行业间的一些工资差异。

---

① W. Kip Viscusi, “The Impact of Occupational Safety and Health Regulation,” *Bell Journal of Economics*, Spring 1978, pp. 117-40.

② Robert Smith and David McCaffrey, “An Assessment of OSHA's Recent Effect on Injury Rates,” *Journal of Human Resources*, Winter 1983, pp. 131-45.

③ John W. Ruser and Robert S. Smith, “Reestimating OSHA's Effects: Have the Data Changed?” *Journal of Human Resources*, Spring 1991, pp. 212-35.

④ W. Kip Viscusi, “Reforming OSHA Regulation of Workplace Risks,” in Leonard W. Weiss and Michael W. Klass (eds.), *Regulatory Reform: What Actually Happened?* (Boston: Little, Brown, 1986), p. 262.

⑤ Wayne B. Gray and Carol Adaire Jones, “Longitudinal Patterns of Compliance with OSHA in the Manufacturing Sector,” *Journal of Human Resources*, Fall 1991, pp. 623-53. 相关研究参见 Wayne B. Gray and Carol Adaire Jones, “Are OSHA Health Inspections Effective? A Longitudinal Study in the Manufacturing Sector,” *Review of Economics and Statistics*, August 1991, pp. 504-8。

⑥ Wayne B. Gray and John M. Mendeloff, “The Declining Effects of OSHA Inspections on Manufacturing Injuries, 1979-1998,” *Industrial and Labor Relations Review*, July 2005, pp. 571-87.

OSHA 可能对劳动力市场产生其他一些微妙的影响。例如，遵守 OSHA 安全标准带来的高成本可能导致某些产业中较小的非工会化企业破产，因而增加较大的工会化企业的产品市场份额，并会进一步提高工会的谈判力量和工资水平。[①] 另外，厂商为遵守 OSHA 安全标准而花费的资金增加，可能降低花在采用更有效率的提高工作安全措施方面的费用。[②]

OSHA 的有效性与其成本的关系问题使得一些经济学家呼吁用其他或补充的方法来改善工作安全。他们提出了两种方法：第一种方法是由政府搜集不同企业的工伤历史信息并提供给工人，就像政府公布航空公司的即时信息一样。政府还可以授权企业记录和披露已知的工作场所危险的信息。在上述情况下，信息的可获得性有助于工人评估风险，这反过来又能使劳动力市场确定更为恰当的补偿性工资。

第二种方法是，政府可以根据厂商已发生的工作伤亡事故向雇主征收"工伤税"，由于提高了雇主提供工作安全的边际收益，这种赋税可以激励厂商改善工作场所安全。

工作世界 13-2

对工人工作安全补偿的影响

美国 50 个州都有工人补偿法，要求雇主支付给在工作中受伤的工人（或支付给在工伤事故中死亡工人的家属）法定补贴。法律要求厂商必须购买保险以支付这种补贴。* 厂商必须支付的保险费率因厂商发生风险概率的不同而不同。例如，伐木厂商事故发生率高于平均水平，要比快餐企业（有着良好的安全记录）支付更高的工人保险补偿费。

工人补偿法对工作场所安全会产生什么样的影响呢？这些法律产生了两种截然相反的影响。其一，该法要求的保险费激励厂商主动改善工作场所安全。通过减少事故发生率，厂商可以降低为工人支付的保险费，这样，厂商提供任何既定安全水平的边际收益将高于其对工人的补偿。因此，厂商会发现提高工作场所安全水平符合它们的利润要求。

但是，工人补偿法也产生了一种相反的影响——道德风险问题。道德风险问题是指合同一方倾向于按照增加合同另一方成本的途径来改变其行为。具体到工人补偿法，道德风险问题指的是，工人知道雇主为其购买工伤保险后，在工作时就会不再谨慎，这种行为变化会导致较高的工伤事故发生率。

摩尔（Moore）和维斯库斯在一项重要的研究中发现，工人补偿法对降低工作死亡事故有显著影响。** 这表明，该法的正激励效应超过了其负面道德风险效应。如果没有工人补偿方案，美国企业的工作死亡风险将上升 40%以上，也就是说，该方案每年挽救了将近

---

① 对这一部分的实证研究支持与《1968 年联邦煤矿健康和安全法》(Federal Coal Mine Health and Safety Act of 1969) 有关，参见 Scott Fuess and Mark Lowenstein, "Further Analysis of the Effects of Government Safety Regulation: The Case of the 1969 Coal Mine Health and Safety Act," *Economic Inquiry*, April 1990, pp. 354-89。亦可参见 David Weil, "Are Mandated Health and Safety Committees Substitutes for or Supplements to Labor Unions?" *Industrial and Labor Relations Review*, April 1999, pp. 339-60。

② Ann P. Bartel and Lacy Glenn Thomas, "Direct and Indirect Effects of Regulation: A New Look at OSHA's Impact," *Journal of Law and Economics*, April 1985, pp. 1-25.

2 000 个生命。摩尔和维斯库斯的研究还表明，与其他研究认为的较小影响相比（比如 OSHA 安全规定所造成的影响），这种正的规模效应是显著的。这一事实表明，与当前其他管理方式相比，对雇主征收“工伤税”可能是减少工伤事故的最为有效的办法。

* 购买保险取决于各州，保险可以从州政府的某个机构或从私人保险公司购买。某些州允许厂商实行“自助保险”，这意味着它们可以在企业内部制定保险计划。

** Michael J. Moore and W. Kip Viscusi, *Compensating Mechanisms for Job Risks: Wages, Workers' Compensation, and Product Liability* (Princeton, NJ: Princeton University Press, 1990).

◆ 快速回顾 13-2

- 美国每年有约 3 600 人死于工作相关的事故，大约有 510 万人在工作中受伤。
- 当厂商提供工作安全的边际成本与边际收益相等时，即为厂商利润最大化时提供的工作安全水平。
- 利润最大化时的工作安全水平可能低于社会最优水平。在使利润最大化的工作安全水平上，工人缺乏有关工作风险的信息或者低估了伤亡事故的概率。
- 《1970 年职业安全与健康法案》一直存在争议。直到最近，才出现了一些初步的证据表明 OSHA 安全标准和检查在减少工伤事故方面是有效的。

思考题

假设某厂商增加一单位工作安全的边际成本为 25 万美元，私人边际收益为 20 万美元，社会边际收益为 30 万美元。该厂商会提供这一额外单位的工作安全吗？政府应该干预吗？如果干预，其政策选择是什么？（答案：参见书末。）

13.4 作为租金提供者的政府

相比制定劳动法、强制实行法定最低工资或制定职业安全标准，政府对劳动力市场中工资和就业的影响方式更为复杂。政府对劳动力市场的参与者提供经济租金是政府影响工资和就业的方式之一。劳动力市场的**经济租金**（economic rent）是指支付给某一类工人的工资与仅能维持工人当前就业所需工资之间的差额。回顾第 6 章，劳动力供给曲线实质上就是边际机会成本曲线，该曲线反映了每个工人的次优选择的价值（无论是另一份工作、家庭生产还是闲暇）。从图 13-4 中，我们可以看到，在既定的市场工资率为 8 美元的条件下，除了恰好在边际上的那位工人 Q_0 外，所有的就业工人都获得了经济租金，总经济租金可以用面积 *abc* 表示。假设琼斯是以 Q_j 表示的工人，她的边际机会成本是 6 美元，那么琼斯就获得 2 美元（8－6）的“租金”。

如果政府通过了一项法令，使市场工资率提高到 10 美元，那么琼斯的经济租金将会发生怎样的变化呢？她和所有其他在职工人都将增加 2 美元（10－8）的经济租金。但是，为什么政府对给工人增加经济租金感兴趣呢？根据一些经济学家和政治理论家的观点，政客的主要目的是赢得选票和保持当选地位，为达到此目的，

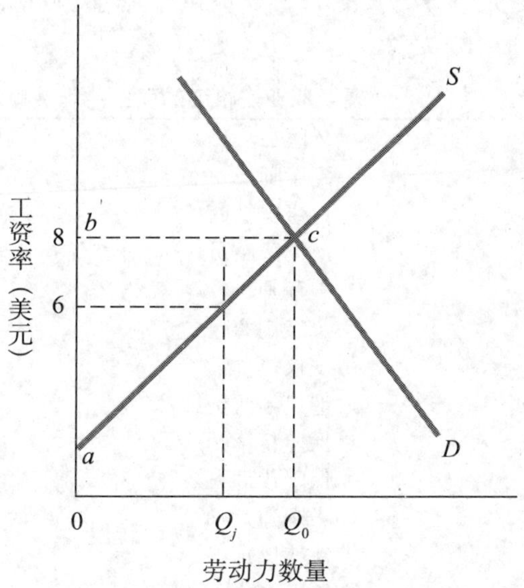

在劳动力市场中的工资率为 8 美元的情况下，雇主将雇佣 Q_0 数量的工人。劳动力供给曲线显示 Q_0 数量的工人总体上获得了与面积 *abc* 相等的经济租金，Q_j 工人得到 2 美元的经济租金（8 美元减去个人的机会成本 6 美元）。

图 13－4　劳动力市场的经济租金

他们提供广泛的公共产品以增加选民的效用，其中一项就是提供或增加经济租金。根据这种有争议的理论，工人团体（比如，职业团体或工会）有对经济租金的需求，这意味着他们是寻租者；那些在位的官员则通过提供公共服务、经济租金来迎合这种需求，他们是租金提供者。①

不可否认的是，经济租金的影响不能过分简单化，由法律规定的高工资可能会降低由市场决定的其他工人的工资、提高消费者面临的产品价格、降低普通股持有者的红利，或同时影响这三者。因此，某些团体出于对自己经济租金的考虑，可能会从政治上加以干预，以阻止向其他团体的工人提供经济租金。但是，由于获取信息、游说政府的成本高昂，所以当人们认为其个人的损失不大时，他们试图阻止提供租金的积极性也会降低。如此，在位的官员会发现，对那些具有高度组织性的工人团体提供经济租金是比较有利的。

提供租金的现象在诸如发放职业资格证、关税与配额、国内含量规则等方面表现得尤为明显。

13.4.1　发放职业资格证

在美国，20％的人受到某种形式的执业许可约束。实际上，在一个州内至少有

---

①　一位政治学家曾经将政治学定义为“谁得到什么，何时以及如何得到”。这一政治学观点已被一些经济学家正式化为规制理论。例如，参见 George J. Stigler，“The Theory of Economic Regulation，” *Bell Journal of Economics and Management Science*，Spring 1971，pp. 3-21。亦可见 Sam Peltzman，“Toward a More General Theory of Regulation，” *Journal of Law and Economics*，August 1976，pp. 181-210。

800种职业需要资格证。[①] 表13－3提供了华盛顿州部分需要职业资格证的职业清单。

表13－3　　需要职业资格证的职业：华盛顿州

会计师	牙医	整骨医师
农业经纪人	配镜师	牡蛎养殖员
飞行员	鸡蛋经销商	农药施药工
救护车司机	尸体防腐员	药剂师
建筑师	工程师	物理治疗师
审计师	鱼经销商	医师助理
理发师	殡仪员	内科医师和外科医师
美容师	港口领航员	私立学校经理
爆破工	保险精算师	心理学家
船商	保险代理人	房地产经纪人
锅炉工	景观建筑师	房地产销售代理
拳师	法律助理	保健师
拳击经理	律师	安全顾问
手足病医生	图书管理员	证券经纪人
按摩师	牲畜经销商	测量员
商业渔民	引航员（岛上的）	教师
商业顾问	牛奶供应商	兽医
牛奶场技师	理疗师	过磅员和分类员
债务调解员	护士	打井工
牙科保健员	验光师	摔跤手

资料来源：Employment Security Department，state of Washington.

在很多情况下，为了防止消费者受到能力不足的从业者造成的无法挽回的伤害，对某些职业团体（如药商、外科医生）发放资格证是必须的。在这些情况下，政府发放资格证可能是使消费者获得有关信息（而这种信息是做出最优购买决策所需要的）成本最小化的最有效方式。但是，正如我们在第6章指出的，在其他情况下，是职业团体本身而非消费者存在对资格证的需求，这些团体希望把发放资格证作为一种限制人们进入该职业，从而获得经济租金的方式。

通过图13－5，我们可以了解职业资格证是如何帮助获取经济租金的。假设在实行资格证制度之前，均衡工资率和就业水平分别为8美元和10 000名工人，再假设资格证制度将得到资格证的工人总数限制在7 000人。实际上，实行资格证制度后，劳动力供给曲线由之前的SS_0变为现在的SgS_1。发放资格证使市场工资率上升到11美元，总就业量从10 000人降到7 000人，11美元的小时工资将吸引另外4 000名工人（14 000－10 000）愿意从事该职业。这14 000名工人盯着7 000个资格证，那些获取资格证的人将得到3美元的经济租金增量。结果，政府的行动使就业者的经济租金总量增加了21 000美元。在实行资格证制度之前，经济租金总量为面积Saf；在实行资格证制度之后，经济租金总量为$Sbcg$。因此，就业者增加的

① Morris M. Kleiner，*Licensing Occupations：Ensuring Quality or Restricting Competition*？（Kalamazoo，MI：W. E. Upjohn Institute，2006）.

经济租金总量为面积 $abce$（图中的阴影面积），因实行资格证制度而失去工作的工人的租金损失为面积 gef。

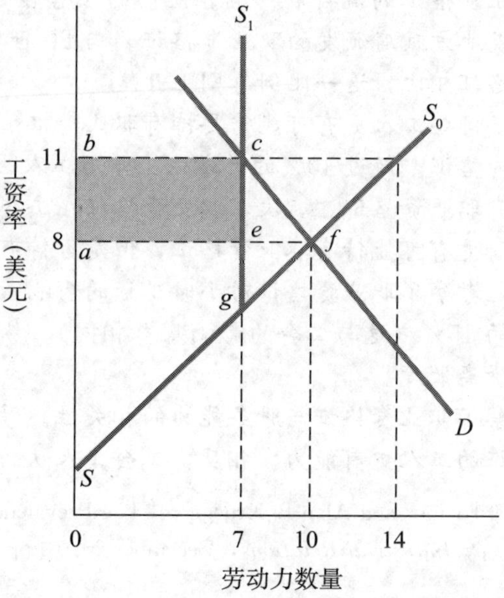

通过在劳动力市场上设定 7 000 人的资格证额度，政府间接把工资率从 8 美元提高到 11 美元。由此，为全部资格证获得者增加了面积 $abce$ 的经济租金，同时导致了面积 gcf 的效率损失。

图 13－5　通过职业资格证提供经济租金

仔细考察图 13－5 可发现，某种类型的职业资格证限制了劳动力供给，因而导致了社会效率的损失，在本例中，效率损失为三角形 gcf。另外 3 000 名雇员本来在该行业就业，可为社会贡献的产出（由需求曲线的 cf 段表示）大于他们在其他行业的产出（由供给曲线的 gf 段表示）。此外，社会真实的效率损失也许大于面积 gcf。这是由于为确保资格证制度的实施从而增加经济租金，特定的职业团体很可能在政治游说、公共关系、广告以及其他活动上花费了大量资金。从社会角度看，这些资金将资源从潜在的能产生更高价值的使用方面转移出来，从而增加了这一职业资格证的总效率损失。

总之，某种类型的职业资格证通过限制劳动力供给提高了市场工资水平，给予资格证持有者以经济租金，并且造成经济效率低下。我们还会发现存在这种可能性，即为获得有限数量的资格证而进行的竞争，会使新领到资格证的人的费用增加到与预期租金相等的数量。这样，那些在最初实行资格证时自动获得资格证的人以及那些对潜在的资格证持有者进行培训的人，将是实行资格证制度的最主要的受益者。

工作世界 13－3

职业资格证的流行和影响

在美国，职业资格证制度是一项增长最快，而得到研究最少的劳动力市场制度。过去 50 年见证了经济由以工会和合同为主导的制造业经济向服务业经济的转变。这一变化催生了对资格证可以提供的“规则网络”的需求。

莫里斯·克莱纳（Morris Kleiner）和艾伦·克鲁格（Alan Krueger）首次使用全国代表性的调查来考察职业资格证的流行和影响。他们的报告显示，2006年，约有29%的工人必须持有联邦、州或地方政府颁发的职业资格证。与20世纪50年代初不到5%的劳动力须持有州级职业资格证相比，这一比例急剧上升。

他们的分析揭示了哪些工人更有可能需要持有职业资格证。首先，受过良好教育的工人更有可能持有职业资格证。超过40%的大学以上学历工人需要持有职业资格证。而只有11%的高中辍学生持有职业资格证。其次，职业资格证在工会成员和政府工作人员中更为常见。最后，少数族裔更有可能持有职业资格证，但是否持有职业资格证与性别无关。

克莱纳和克鲁格还考察了职业资格证对小时工资的影响，结果显示有职业资格证工人的小时工资提高了大约15%（这与工会的影响基本相同）。然而与工会相比，职业资格证不会降低工人间的工资离散度。

最后，他们还考察了职业资格证与服务能力的相关性。结果显示，持有资格证的工人认为自己比没有资格证的工人更有能力。相反，工会工人认为自己的能力较弱。

资料来源：Morris M. Kleiner and Alan B. Krueger, “The Prevalence and Effects of Occupational Licensing,” *British Journal of Industrial Relations*, December 2010, pp. 676-87.

实证证据与这些假设是一致的，例如，克莱纳和克鲁德（Krudle）使用即将入职的空军人员的数据进行研究，发现那些对牙医资格证要求比较严格的州，并未拥有更好的牙齿健康状况。[①] 但是，口腔服务价格的提高与这些州实行资格限制导致的竞争程度降低有关。

13.4.2 关税、配额和国内含量规则

关税、配额和国内含量规则是政府向工人团体提供经济租金的另一种形式。**关税**（tariffs）是对进口产品征收的税赋；进口配额是对进口数量或进口总额的限制；**国内含量规则**（domestic content rules）要求进口品必须含有国内生产或组装的一定比例的成分。这些法规往往提高了外国商品的价格，增加了国内与之竞争的受保护产品的销量，从而增加了对生产国内物品的工人的派生需求。假设竞争性的劳动力市场中存在常见的向上倾斜的劳动力供给曲线，那么国内劳动力需求的增加便提高了均衡工资和就业水平。如果劳动力市场是不完全竞争的，劳动力需求的增加将提高工会的谈判地位，从而增加工会谈判工资提高的可能性。据此，我们就可以很好地理解为什么有些美国工会（如美国钢铁工人联合会和美国汽车工人联合会）强烈支持关税、配额和国内含量规则。简单来说，这些法规以损害国外生产者和国内消费者的利益为代价，增加了国内工人的经济租金。

用图形来描述这种经济租金的收益更加简单明了。图13-6中初始的均衡工资

① 参见 Morris M. Kleiner and Robert T. Kudle, “Does Regulation Affect Economic Outcomes? The Case of Dentistry,” *Journal of Law and Economics*, October 2000, pp. 547-82。一项研究发现，对注册会计师的严格资格要求没有提高审计质量，参见 Gary Colbert and Dennis Murray, “State Accountancy Regulations, Audit Firm Size, and Auditor Quality: An Empirical Investigation,” *Journal of Regulatory Economics*, November 1999, pp. 267-85。

率为 10 美元，此时厂商雇佣 Q_1 数量的工人。关税、配额和国内含量规则增加了对劳动力的派生需求，使得曲线从 D 移至 D_1。劳动力需求的增加将均衡工资率从 10 美元提高到 12 美元，并导致就业水平提高到 Q_2。在限制贸易之前，工人的经济租金总量为面积 abf。实行限制之后，租金总量为面积 ace。由此，该市场工人的经济租金总体上增加了面积 $bcef$。

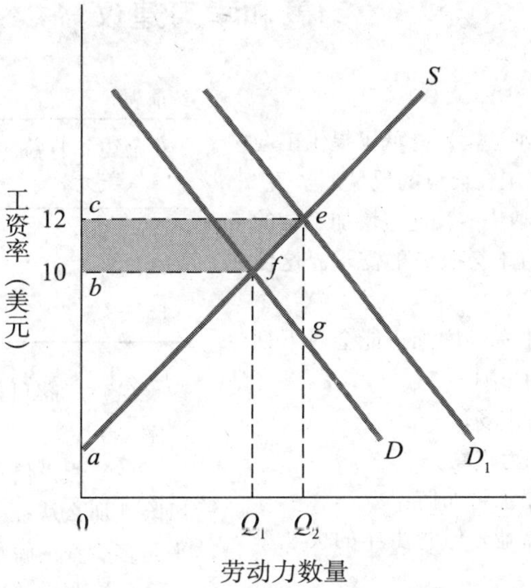

进口限制措施降低了对国外劳动力的需求，增加了对受保护国家特定类型劳动力的需求。因此，这些限制导致这些特定劳动力市场工资的上涨。此例中，工资率从 10 美元上升到 12 美元，经济租金增加了面积 $bcef$。

图 13－6　租金提供：关税、配额和国内含量规则

本章总结

1. 劳动关系法律法规影响了美国私人部门和公共部门的工会发展。从某种程度上说，工会会员人数与工会谈判能力正相关，劳动法影响了劳动力市场上工资和就业的决定。

2. 劳动法的一般条款尤其是特别条款影响了工会的谈判能力，从而影响了劳动力市场结果，而这与对工会成员的影响无关。

3. 根据竞争性劳动力市场的基本模型，在所有经济部门实行高于均衡水平的最低工资将会减少就业。劳动力供求的弹性越大，失业越严重。

4. 非歧视性雇主垄断的存在可能引起竞争模型预测的对就业和效率的负面影响不会完全实现。

5. 经验证据表明，最低工资的影响如下：(1) 减少就业，尤其是青少年就业；(2) 使青少年失业的增加小于就业的减少；(3) 减少为低薪工人提供在职培训的数量；(4) 对家庭收入不平等程度与贫困程度改变不大。

6. 当厂商提高工作场所的安全水平时，会同时带来成本和收益。追求利润最大化的厂商将提供安全边际收益等于安全边际成本的工作安全水平。

7. 如果工人完全掌握有关工作危险的信息，并能准确评估工作危险，那么从社会角度来看，利润最大化时的工作安全水平往往是最优的。如果工人的信息不完全且不能准确评估工作风险，那么社会最优的工作安全水平可能会高于利润最大化厂商愿意提供的安全水平。

8.《职业安全与健康法案》对私人厂商强制

实施了一套工作场所安全标准。该法案颇受争议。由于在该法案对工伤事故数量影响的研究中得出的结论迥异，使得对其条款和强制执行方式的争论变得更加激烈。

9. 政府通过提供租金影响特定职业的工资和就业。两个实例如下：（1）限制劳动力供给的职业资格证；（2）增加受保护国内工人劳动力需求的关税、进口配额和国内含量规则。

习题和学习建议

1. 解释以下观点：

（1）“《1935年瓦格纳法案》降低了提供工会服务的成本，因此增加了工会会员的数量。”

（2）“《1935年瓦格纳法案》通过增加工会的相对谈判能力而增加了对工会服务的需求。这使得工会会员的数量增加。”

2. 用图形说明最低工资的增加可能会对下列市场上的就业产生怎样的影响：

（1）竞争性的劳动力市场；

（2）雇主垄断的劳动力市场。

3. 解释最低工资的增加将如何：

（1）减少青少年的就业，但青少年的失业率不受影响；

（2）减少人力资本投资；

（3）使贫困率保持不变。

4. 为什么大多数工会（其会员得到的工资远在最低工资之上）是最低工资的坚定支持者？为什么由熟练工人（他们在生产中与非熟练工人生产的原材料完全互补（第5章））组成的工会可能会反对最低工资的大幅增加？

5. 评述此观点：“追求利润最大化的厂商缺乏提供工作安全的激励，因此，联邦政府必须干预立法以保护工人免遭不安全工作条件的伤害。”

6. 根据下表所列信息回答以下问题（数据来源于一个竞争性厂商）。

安全边际收益（美元）	提供的安全措施数量	安全边际成本（美元）
60	1	1
40	2	3
20	3	6
10	4	9
6	5	15

（1）厂商利润最大化的工作安全水平是多少？请解释。

（2）假设信息完全且工人能够准确评估个人风险，那么从社会角度来看，最优的工作安全水平是多少？请解释。

（3）假设政府强制实施5单位的最低安全标准，为什么厂商会反对？推断一下为什么一些工人也可能会反对。

（4）假设新技术使厂商的工作安全水平从第1个单位增加到第5个单位时，其相应的边际成本依次减少为1、2、3、4、5美元，该厂商应如何应对？

7. 如何解释以下政府作为租金提供者的例子？

（1）某州法律规定本州以外的大型猎物狩猎者必须在本州少数取得狩猎职业资格证的狩猎向导陪伴下狩猎。

（2）最低工资的增加会提高厂商雇佣熟练的工会化劳动力而不是非熟练劳动力的可能性。

（3）某州法律规定牙科学校的毕业生从事牙医职业必须通过一个牙医专家小组设定的严格考试。

互联网练习

美国国家劳动关系委员会

请登录美国国家劳动关系委员会（NLRB）的网站（www. nlrb. gov）。NLRB 位于哪里？它做什么？该委员会有多少成员？所有委员会成员的教育背景有什么共同之处？委员会最近发布的主要消息是什么？请列出最近委员会做出的三项决议名称。

互联网链接

美国职业安全与健康管理局的网站（www. osha. gov）提供了安全法规与安全检查统计数据的详细信息。

美国劳工部网站（www. dol. gov/dol/topic/wages）发布有关当前联邦和州最低工资法的信息。

第14章 劳动力市场歧视

很少有人会质疑，基于种族、性别、宗教和民族背景的歧视是美国现实生活的一种反映。大量统计数据证明了歧视的存在，比如黑人和白人、男性和女性之间的比较揭示了无论在收入、失业率、不同职业中的工作分配还是人力资本积累方面都存在巨大差异。同时，日常生活中也有证据表明歧视几乎可以每天在报纸的头条中出现，例如“法院支持抵制杂货连锁店的种族歧视案件”，“黑人青少年找工作难”，“少数族裔被排除在高管职务外”，“女性工资差异依然存在”，“工作场所性骚扰”，等等。鉴于劳动力市场歧视对劳动力市场制度特征非常重要，我们将在本章对这一话题进行阐述。

在阐述这个话题前，必须了解一些基本概念。歧视是一种复杂的、多方面的、根深蒂固的行为，很难去测度或加以量化。此外，任何合理的对于歧视的完整解释都是跨学科的，经济分析只能给出本领域的一些见解，无法全方位对这一现象进行解释。事实上，在经济学领域，我们将会发现很多有关歧视的相反解释，而这些解释常常暗含了不同的政策方针。直言不讳地说，歧视是一个较为杂乱的研究领域，既充满争议，又缺乏共识。最后，为了使我们的讨论焦点更加集中，本章将重点阐述性别和种族歧视。但请记住，年龄、民族起源、宗教信仰、肢体残疾和性取向均是歧视的重要方面，此处只是为了简洁所以不做赘述。

14.1 性别和种族差异

不难发现，统计上的差异致使人们怀疑性别和种族歧视的存在。

14.1.1 收入

图 14-1 是女性与男性的时薪比。我们注意到，1973—1978 年，美国女性工人的时薪与男性工人时薪的比率为 65%。自 1979 年至 20 世纪 90 年代中期上涨显著，此后略有上升，直升至 81%。

对于性别收入差异逐渐缩小有以下几种解释：第一，证据表明女性工人的技术能力得到提升；第二，劳动力市场的歧视也许有所缓解；第三，经济方面的产业结

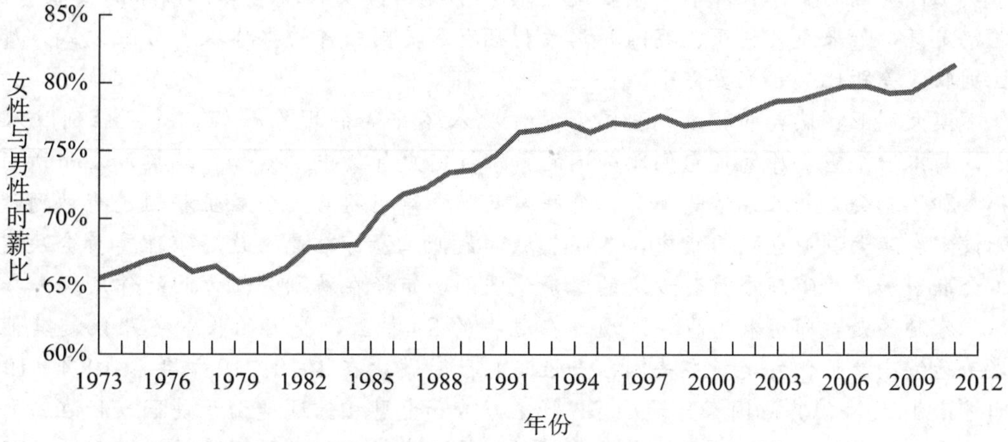

1979 年至 20 世纪 90 年代中期美国女性与男性的时薪比大幅上升，此后缓慢上升。

图 14－1 美国女性与男性时薪比

资料来源：Author calculations from *Current Population Survey*.

构调整使得工作岗位从制造业转向了服务业，也许导致了男性与女性的收入差距出现缩小；第四，工会的衰落导致男性工资比女性工资下降的幅度更大（第 10 章）；第五，男性和女性的职业分布可能也朝着有利于女性的方向发展。[①]

图 14－2 描绘了黑人和白人的时薪比。这一比率在过去的 30 年中几乎没有变化，黑人和白人在收入方面仍然存在巨大差距。[②] 事实上，相对于白人女性，黑人女性从 20 世纪 80 年代中期就已经开始处于劣势地位。

工作世界 14－1

性别收入差距：国际对比

美国的性别工资差距在 16 个工业化国家中排第八。具体说来，布劳和卡恩发现，在澳大利亚、比利时、法国、意大利、新西兰和瑞典，全职工作的女性与男性的周薪比介于 80%～90%之间，而美国则为 76%。美国相对较大的收入差距着实令人惊讶，因为美国女性在受教育和职业地位方面比其他国家的女性更占优势。同时，比起其他国家，美国更早致力于妇女同工同酬以及机会平等等问题的解决上。

布劳和卡恩解决了这一悖论。他们指出，在美国支付给非熟练工人的报酬要比其他大多数国家低。由于女性从事低技术岗位的比例较高，所以造成了美国性别收入差距较大。

① 这个列表来自 Elaine Sorensen，*Exploring the Reasons behind the Narrowing Gender Gap in Earnings*（Washington，DC：Urban Institute Press，1991），pp. 129-30。更多最近的收入趋势，参见 June O'Neill，"The Gender Gap in Wages，circa 2000，" *American Economic Review*，May 2003，pp. 309-14；Francine D. Blau and Lawrence M. Kahn，"The U. S. Gender Pay Gap in the 1990s：Slowing Convergence，" *Industrial and Labor Relations Review*，October 2006，pp. 45-66；and Casey B. Mulligan and Yona Rubinstein，"Selection，Investment，and Women's Relative Wages over Time，" *Quarterly Journal of Economics*，August 2008，pp. 1061-110。

② 20 世纪 70 年代之前美国黑人白人收入比扩大。例如，参见 James P. Smith and Finis Welch，"Black Economic Progress after Myrdal，" *Journal of Economic Literature*，June 1989，pp. 519-64。亦可参见 James J. Heckman，Thomas M. Lyons，and Petra E. Todd，"Understanding Black-White Wage Differentials，1960-1990，" *American Economic Review*，May 2000，pp. 344-49。

事实上，美国的整体收入不平等程度要远大于美国男女收入与其他国家男女收入的差距。也就是说，如果澳大利亚、英国和意大利拥有和美国一样的整体收入分配方式，那么美国性别收入差距比起它们要更小。

澳大利亚、瑞典和其他一些国家总体收入不平等的现象较轻，并且性别收入差距较小，其中一个重要原因是它们比美国的薪酬设定更加集中。例如在瑞典，几乎所有的员工都参加了工会，并且经常是一个工会联盟就工资等问题与一个雇主联盟进行协商谈判。薪酬设定在澳大利亚也较为集中，不同领域的最低工资标准是由政府审理委员会决定的。由工会联盟和政府审理委员会设定的工资试图削弱市场在薪酬分配方面的作用。

有趣的是，布劳和卡恩还发现，在过去的20年里，美国的收入差距比起其他国家更显著地缩小。他们发现，在美国，女性与男性时薪比在1979—1987年和1994—1998年期间缩小14%，但其他国家只缩小了7%。布劳和卡恩相信这是由于美国女性在工作资质和经验方面提升得比其他国家的女性快所引起的。同时，如果美国女性对劳动力市场的依附程度比其他国家上升得更快，那么基于女性将会退出劳动力市场这种假设的歧视在美国将会下降得更多。

资料来源：Francine D. Blau and Lawrence M. Kahn, "Gender Differences in Pay," *Journal of Economic Perspectives*, Fall 2000, pp. 75-99; see also Francine D. Blau and Lawrence M. Kahn, "Understanding International Differences in the Gender Pay Gap," *Journal of Labor Economics*, January 2003, pp. 106-44; and Claudia Olivetti and Barbara Petrongolo, "Unequal Pay or Unequal Employment?" *Journal of Labor Economics*, October 2008, pp. 621-54.

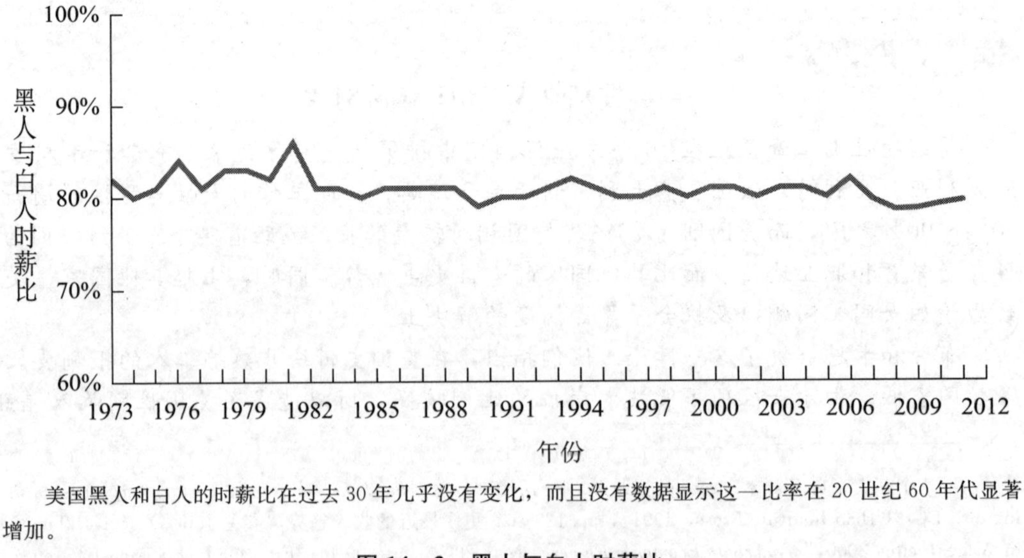

美国黑人和白人的时薪比在过去30年几乎没有变化，而且没有数据显示这一比率在20世纪60年代显著增加。

图14-2 黑人与白人时薪比

资料来源：Author calculations from *Current Population Survey*.

14.1.2 失业

图14-3刻画了美国在过去30年中，按种族和性别分类的失业率数据。20世

纪 70 年代，白人女性相比于白人男性处于劣势地位，这一差距随着时间的推移逐渐减弱，现在的差别微乎其微。

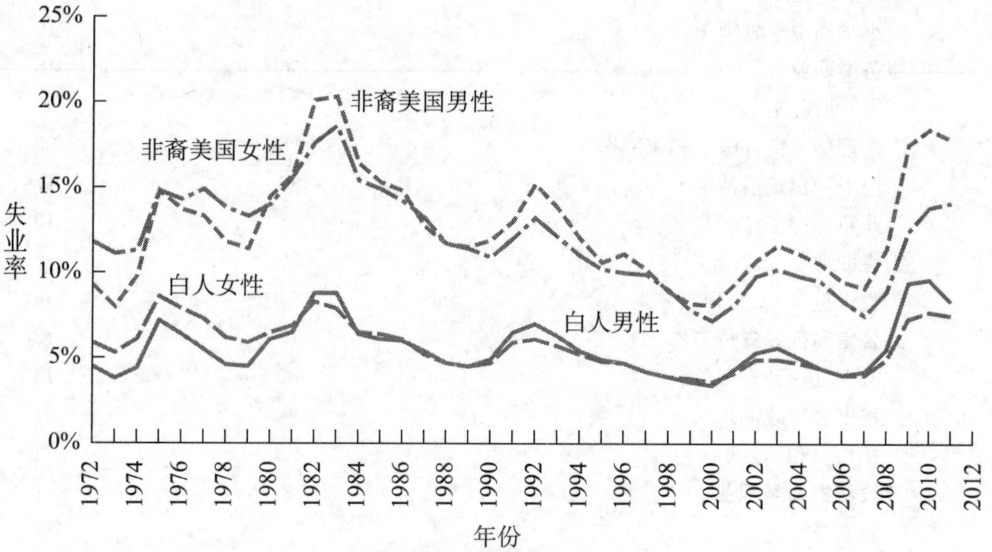

黑人的失业率是白人的两倍，每个种族的男性和女性的失业率非常相似。

图 14-3　美国种族、性别失业率

资料来源：U. S. Bureau of Labor Statistics (www. bls. gov).

但是，黑人的失业率一直是白人的两倍。此外，数据并不能完全反映黑人所处的就业劣势地位，因为从寻找工作开始，黑人就比白人受到更大的挫折（第 3 章和第 18 章）。由于找寻工作的前景黯淡，他们往往会退出劳动力市场，但却不被算作失业人口。

14.1.3　职业分布

劳动力的性别和种族在职业分布上存在巨大差距，如表 14-1 所示。女性大约占就业劳动力的 47%，但在不同类别的职业中，从业比例严重失调，主要集中在以下职业中：注册护士、小学和中学教师、办公室和行政支持工作、收银员、服务生以及儿童保健工作者等。所有这些职业在相关收入中排行都比较低。但需要说明的是，近来，女性在职业领域已经取得了显著的成就（见专栏“工作世界 14-5”）。

表 14-1　按性别和种族分类的就业工作者的职业分布

	女性（%）	非裔美国人（%）
管理、商业和金融操作职业	43	7
施工经理	6	3
保险承销商	63	11
专业及相关职业	57	9
内科医生和外科医生	33	5
牙医	22	1

续前表

	女性（%）	非裔美国人（%）
注册护士	91	10
小学和中学教师	82	10
服务类职业	56	15
男女服务生	70	8
护理师、精神医生和家庭医生	88	33
门卫和建筑清洁工	30	17
儿童保健工作者	95	15
销售职业	50	10
收银员	74	16
办公室和行政支持工作	73	13
文字处理和打字员	89	19
秘书和行政助理	96	8
接待员和信息员	92	11
建设和提取类职业	2	6
砖石匠	1	5
助手，建设交易员	8	11
安装、维护和修理工作	4	8
精密仪器和设备维修工	16	5
汽车车身和相关的维修工	1	7
生产职业	28	11
模具制造商	2	4
洗衣和干洗工人	60	15
运输和物料搬运类职业	15	16
起重机和吊塔操作者	0	14
出租车司机和班车司机	13	27

资料来源：U. S. Department of Labor，*Employment and Earnings*，January 2012，Table 11.

黑人约占总体劳动力的11%，主要集中在数量有限的低薪工作领域，例如洗衣工、清洁工、护工以及其他体力劳动工人。女性和黑人在高薪工作领域，例如牙医和内科医生等职业中的就业比重则比较小。

14.1.4 教育

图14-4提供了一些有关人力资本积累差异的基本见解，这些数据没有涉及学徒计划和在职培训的信息。我们在第4章中发现那些获得过正规教育的人往往会获得最多的在职培训。相比女性和黑人，白人男性在受过大学教育后可以获得更多的后市场工作培训，这会提高他们的生产力和收入。此外，研究表明，在受教育质量上，黑人与白人相比处于劣势。

14.1.5 按教育程度划分平均收入

虽然图14-4显示了不同性别及种族的受教育程度存在差异，但值得注意的是这些差异不能完全解释图 14－1 和图 14－2 所观察到的收入差距。如表 14－2 所示，在同等教育水平下，全职女性员工和黑人的平均收入比白人男性低很多。一般情况下，全职白人男性在任一教育水平下都比黑人男性收入高。此外，黑人男性的收入要比白人女性和黑人女性多。这一数据表明，女性和黑人的年龄——收入曲线明显低于图 4－1 中描绘的男性的年龄-收入曲线。

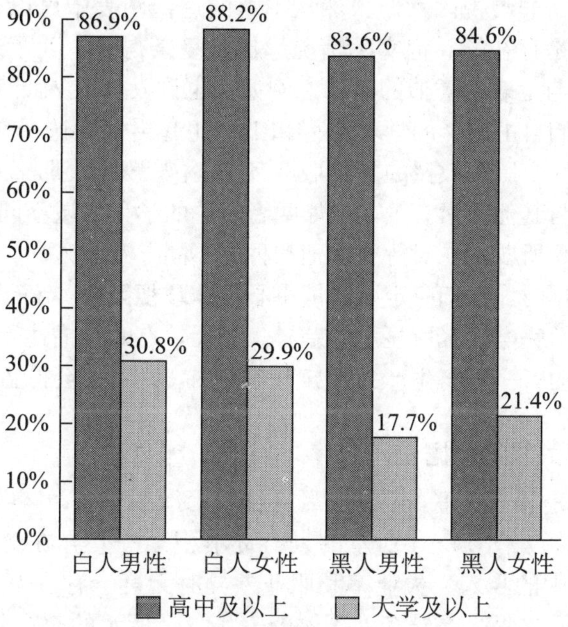

在美国，白人男性平均受教育程度要高于女性及黑人。

图 14－4 按性别和种族分类美国人的受教育程度

资料来源：*Statistical Abstract of the United States*，*2012*，Table 229.

表 14－2 按受教育程度划分的全职员工的平均收入（18 岁及以上） 单位：美元

	白人男性	白人女性	黑人男性	黑人女性
没有高中文凭	32 219	22 213	28 106	23 926
高中文凭	45 820	32 810	36 734	28 355
大专学历	56 056	43 003	43 988	37 199
本科学历	80 985	56 196	55 486	48 157
硕士学历	101 582	69 017	75 881	67 873
博士学历	168 001	99 824	u	u
专业学历	130 216	95 453	u	u
总体	64 303	46 034	42 176	39 372

注：u=数据不可得。

资料来源：Derived From U. S. Census Bureau，2010 Personal Income Tables，Table PINC-04.

14.1.6 相关要点

为避免对原始经验数据的误解，需要说明以下两点。

■ 非歧视因素

第一点是非歧视因素。虽然从本章的这些图表中可以得出一个很有诱惑力的结论——歧视是存在的，但实际情况远比这复杂得多。除了歧视因素外，还有很多其他因素具有与上表中类似的差异。例如，也许女性收入低于男性并不是歧视造成的，而是因为她们自由选择的学术课程和工作比起男性的选择在劳动力市场上价值更低。同样，如果一个黑人教授的平均收入不如白人教授，那么这一结果可能是歧视造成的，也可能与其他因素有关，例如两者所选的学科领域不同或者黑人教授不是从知名学府毕业的。所以，在对待因性别和种族不同导致收入、失业率、职业分布等有所差异的原始数据时，我们一定要谨慎小心。**非歧视因素**（nondiscrimination factors）也许可以部分甚至完全解释所显示的差异。相反，有时在描述劳动力整合和可比平均工资的原始数据时，一旦将生产力差异考虑在内，则可能会掩盖歧视问题。

■ 相互关联的数据

第二点是相互关联的数据。在前面的图表中所示的各种性别和种族差异是相互关联的。例如，图14-4所示的人力资本积累的差异在解释图14-1、图14-2以及表14-1中的收入、失业率和职业差异时无疑会存在互为因果的问题。同时，表14-1中所示的职业差异有助于解释表14-2所示的教育收益的差异。

◆ 快速回顾 14-1

- 女性与男性的时薪比较过去30年有了大幅提升。但是，黑人和白人的时薪比在此期间几乎没有变化。
- 非裔美国人的失业率大约是白人的两倍，而女性失业率和男性失业率相似。
- 相比于白人女性的30%、黑人女性的21%以及黑人男性的18%，白人男性已经完成了大学四年及以上教育的比例约占31%。
- 女性以及全职非裔美国人比同等受教育程度的白人男性获得的平均收入要低。
- 并不是所有的收入差距都是由种族和性别歧视造成的。非歧视因素，例如偏好差异，同样可能造成收入差异。

思考题

比较表14-2中的黑人男性与白人男性的平均收入。解释这种差异是否与黑人男性和白人男性受教育程度有关系（见图14-4）。（答案：参见书末。）

14.2 歧视及其维度

定义**歧视**（discrimination）比辨别歧视要容易。经济歧视是指女性或少数族裔工人虽拥有与白人男性相同的能力、教育水平、培训以及经验等，但在招聘、职业准入、晋升、工资回报和工作条件等方面却受到不公平对待。注意，歧视也可能表现为在正规教育、学徒或在职培训项目等方面的机会不平等，因为这些都是增加个体人力资本存量的重要因素（第4章）。

14.2.1　歧视类型

歧视的这个定义非常重要，值得充分阐述。根据这个定义，劳动力市场的歧视可分为四类。①

1. **工资歧视**（wage discrimination）。工资歧视意味着女性（黑人）工人的薪水比做同样工作的男性（白人）工人薪水少。严格来说，工资歧视是指工资差异是除生产率差异以外的其他因素所导致的。

2. **雇佣歧视**（employment discrimination）。在其他条件相同的条件下，黑人和女性面临不合理的失业率。特别是黑人，他们长期面临"最后被雇佣却最先被解雇"的问题。

3. **职业歧视**（occupational discrimination）。又称工作歧视，它是指女性（黑人）任意被限制或禁止进入某些职业，尽管她们在从事这些工作的时候与男性（白人）工人具有相同的生产力，却往往被排挤到其他职业中，而且经常是被大材小用。

4. **人力资本歧视**（human capital discrimination）。关于这类歧视的证据体现在，女性（黑人）拥有较少的机会去提升自身生产力，例如正规教育或在职培训。尤其是，与白人相比，黑人通常获得较少的教育和低质的教育。

前三类歧视经常被称为"后市场（当前或直接的）歧视"，因为这些是个人进入劳动力市场后遭遇到的。类似地，第四类歧视被称为"前市场（过去或间接的）歧视"，因为它发生在个人求职之前。②

了解各种歧视间的差别是有用处的，原因至少有以下两点。第一，不同类型的歧视对黑人和女性来说其重要性有所差异。一般说来，黑人比起女性会遭受更大的就业歧视。虽然黑人和女性均会遭到职业歧视，但这类歧视对女性更为严重。第二，对各种歧视形式的认识可以帮助人们理解歧视是如何自我强化并得以延续的。例如，如果黑人和女性预期职业歧视会把他们限制在低工资、无前途的工作上，或者他们将面临频繁和长期失业的状态，他们会理智地选择减少教育投资（第4章）。也就是说，对后市场歧视的预期，会降低在教育和培训方面的投资收益率，这将恶化前市场阶段对求职的准备工作。

---

① 我们这里涉及的只是那些与劳动力市场相关的歧视。虽然住房和消费信贷歧视也很重要，但与劳动经济学的主题不太相关。

② 在职培训会有一些售前和上市后的分类的问题。虽然这种培训是人力资本投资，但只有他们进入劳动力市场后才能获得培训。有关歧视的有用和更详细的分类，参见 Brian Chiplin and Peter J. Sloane, "Sexual Discrimination in the Labor Market," in Alice H. Amsden (ed.), *The Economics of Women and Work* (New York: St. Martin's Press, 1980), p. 285。

14.2.2 劳动力市场歧视理论

正如前面指出的，有关歧视的经济理论并未达成共识，主要有以下几方面的原因：第一，经济学家对歧视现象的研究比较晚。这一领域的前沿书籍是加里·贝克尔于1957年出版的《歧视经济学》（*The Economics of Discrimination*）①。第二，歧视表现为各种假象、对不同的群体有不同的形式。例如，黑人传统上被认为在就业方面处于很大的劣势，但是女性又不得不从事特定范围的一些工作。第三，我们从一开始就指出，歧视的根源多样且复杂，往往超出了经济学的界限。经济学是在理性人的假定之上分析问题的，如此便导致不能充分解释歧视的非理性原因。不过，经济学家已经在歧视问题上进行了重要分析和实证研究，主要可以归纳为以下几种理论：（1）歧视偏好模型；（2）统计性歧视理论；（3）排挤模型。我们知道，在大多数情况下，这些理论可以用来解释各种歧视。例如，尽管我们使用歧视偏好模型来解释种族歧视问题，但这一模型还可以用来解释由性别、种族、年龄和性取向等造成的歧视。

工作世界 14-2

为美貌买单

拥有美貌的男性和女性会比那些相貌平平的人挣的更多。三项劳动力市场调查的数据显示，面试官按申请人的外貌打分。哈默梅什和布里德（Biddle）报告指出，长相差的人比那些长相普通的人少挣5%～10%。* 中上等长相的员工收入要比中等长相的员工高出5%，大约有一半的男性和女性被评为中等长相，而有1/3的人被认为长相是中等偏上。对于外貌所受的影响，男性比女性略显著。

为什么美貌会影响员工的收入？哈默梅什和布里德指出，长相靓丽的人所选择的职业中长相是占据优势的（例如模特或者空乘）。但是，在一些不用靠长相生存的职业，貌美同样会带来收入的上涨（例如看门人）。这一结果说明雇主更倾向于雇佣貌美的员工这一歧视现象。

莫比尔斯（Mobius）和罗森布莱特（Rosenblat）† 在哈默梅什和布里德的基础上做了延伸，对美貌溢价的原因做出了更细致的分析。他们建立了一个实验劳动力市场，在这个市场上，雇员的工资由雇主决定，雇员被雇佣过来完成"迷宫任务"，这一任务的完成与外貌无关。他们从实验里看到了很高的美貌溢价，并且阐述了三点原因：第一，外表具有吸引力的员工更加自信，自信会使得工资增加，这份自信占美貌溢价的20%；第二，在拥有相同自信的情况下，样貌出众的员工会使雇主错误地认为他们更有能力，这一误解占美貌溢价的40%；第三，在员工同等自信的情况下，样貌出众的员工具有更优秀的沟通和社交技能，当他们在与雇主交谈时会使他们的薪水上涨，这一技能占美貌溢价的40%。

* Daniel S. Hamermesh and Jeff E. Biddle, "Beauty and the Labor Market," *American Economic Review*, December 1994, pp. 1174-94. For a review of the literature on the effects of beauty, see Daniel S.

---

① Chicago: University of Chicago Press, 1957.

Hamermesh, *Beauty Pays: Why Attractive People Are More Successful* (Princeton, NJ: Princeton University Press, 2011).

† Markus M. Mobius and Tanya S. Rosenblat, "Why Beauty Matters," *American Economic Review*, March 2006, pp. 222-35.

14.3 歧视偏好模型

贝克尔的**歧视偏好模型**（taste for discrimination model）把歧视设想为歧视者的一种偏好，并且甘愿为这种偏好买单。贝克尔是在国际贸易理论的基础上进行延伸。众所周知，一个国家可以通过比较优势原则参与自由贸易，从而实现总产量最大化。但事实上，许多国家通过关税、配额和其他各种各样的技术对贸易设限。国家显然愿意牺牲经济效益去支持国内生产的商品，而不是从其他国家进口的商品。社会似乎对国内生产的商品有某种偏好，甚至不惜以拉低国民收入为代价。同样，贝克尔认为不幸的是，社会对歧视也有偏好并愿意为此放弃一部分生产效益——产量和收益——而去选择偏见。仅性别歧视的代价或机会成本就占了国内生产总值的 4%。①

贝克尔的理论比较通用，因为它可以解释，白人（男性）员工歧视黑人（女性）员工、白人消费者歧视公司雇佣的黑人员工或销售人员、白人雇主歧视黑人员工。这一理论的最后一方面——白人雇主对待黑人时带上歧视的有色眼镜——是与我们此次讨论最相关的，我们将重点讨论这方面内容。为什么雇主歧视雇员？雇主对歧视的偏好是基于他们和他们的雇员想对某些群体保持一定的身体或社会距离这一观念。例如，白人雇主和他们的员工不想和黑人员工打交道。这些雇主就有可能选择不雇佣黑人，因为他们自己以及他们的员工不想和黑人一起工作。

14.3.1 歧视系数

假设黑人和白人员工（男性和女性）具有相同的生产力，一个不存在歧视观念的雇主将会把他们视作完全替代品，如果在工资相同的情况下，会随意雇佣他们。但是如果一个雇主对黑人存在偏见，那情况将会发生很大的改变。根据贝克尔所说，带有偏见的白人雇主会存在歧视偏好，采取的行为就好像是雇佣黑人员工本身就给雇主增加了主观上的心理成本。这一心理成本反映在**歧视系数**（discrimination coefficient）中就是 d，可以用货币来衡量。鉴于雇主不歧视其他白人，雇佣白人工人的成本将是工资率 W_{aa}。但是，对于一个带有偏见的雇主，雇佣一个黑人员工的成本相当于黑人员工工资 W_{aa} 加上歧视系数的货币价值，换句话说，就是 $W_{aa}+d$。在每个员工的总成本一样的情况下，带有偏见的雇主将会随机雇佣黑人和白人员工，即 $W_w=W_{aa}+d$。这就意味着，存在偏见的雇主只有在黑人工资低于白人工资的情况下才会雇佣他们。更准确地说，有偏见的雇主要想雇佣黑人，他们的工资

① Carl D. Lantz and Pierre-Daniel G. Sarte, "A Study of U. S. Employment Rates with Emphasis on Gender Considerations," *Federal Reserve Bank of Richmond Economic Quarterly*, Summer 2000, pp. 1-26.

必须低于白人工资减去歧视系数的值，即 $W_{aa}=W_w-d$。例如，我们假设支付给白人的工资率是20美元，那么雇主雇佣黑人的心理成本所换算成的货币价值就是4美元（也就是 $d=4$），当黑人员工的工资为16美元（$W_{aa}=W_w-d$ 或者 $16=20-4$）时，雇主就不会在意到底是雇佣黑人还是白人。

显然，白人雇主的歧视偏好用 d 的值来体现，这个值越大，白人雇员的工资与被雇佣的黑人的工资差异就会越大。正如此前提到的，对一个无歧视或者不戴有色眼镜的雇主来说（$d=0$），在黑人员工和白人员工具有相同生产力时，他们会被随机雇佣，并且领取相同的工资。再看另一种极端情况，就是白人雇主的 d 无限大，无论黑人在哪种工资水平上他都拒绝雇佣，无论他们的工资比白人员工低多少也不会雇佣。但要特别注意的是，我们并不是说有偏见的雇主在任何情况下都不会雇佣黑人员工。因此，在我们最初的例子里，d 的货币价值是4美元，如果白人员工与黑人员工的工资差异在4美元以上，白人雇主更愿意聘用黑人。例如，在具有相同生产力的情况下，如果雇佣白人员工的价格在20美元，而雇佣黑人为15美元，雇主会选择聘请黑人。有偏见的雇主将会多支付4美元的工资溢价以满足他在歧视上的偏好，但是不会再多。价格差为5美元的话，雇主就会选择雇佣黑人。相反，如果白人员工价格为20美元而黑人为17美元，那么白人将会被雇佣。雇主愿意为白人员工支付4美元的工资溢价，而只支付3美元的溢价意味着雇佣白人更划算。

14.3.2 需求与供给的解释

修改后的需求和供给分析可以深化对贝克尔模型的理解，具体地说，可以更为广泛地解释存在于黑人员工和白人员工之间的工资差异。

在图14-5中我们假设一个存在几种特定职业的劳动力市场是竞争性的。纵轴与常见的劳动力市场不同的是，它测量的是黑人员工和白人员工的工资比 W_{aa}/W_w，而横坐标代表黑人员工的数量。假设白人员工的数量和他们的工资已给定。需求曲线 D_{aa} 弯折后的部分表示从左到右雇主的歧视系数逐渐升高。对于水平部分的需求曲线（ab 段），W_{aa}/W_w 等于1.00说明白人雇主没有歧视，他们的 $d=0$。这些雇主不歧视具有相同生产力的黑人员工和白人员工，因此这两类人的工资相同。向下倾斜的需求曲线（bD_{aa} 段）说明雇主带有歧视，他们的 d 值沿着曲线从左至右逐渐变大。在曲线的这一段，W_{aa}/W_w 小于1.00且沿线右移逐渐减小。

在这条需求曲线的基础上，我们画出黑人劳动力的供给曲线。毫不奇怪，这条曲线是向上倾斜的，黑人员工的供给数量随着 W_{aa}/W_w 比值的上升而增加。两条曲线的交点呈现了 W_{aa}/W_w 的实际比率（即工资歧视的程度），以及在这一职业中受雇佣的黑人员工的数量。使用我们最初例子里面的数字，让我们假设预付给黑人员工和白人员工的实际工资分别是16美元和20美元，则有 $W_{aa}/W_w=16/20=0.8$。该模型表明那些没有歧视的雇主（需求曲线上的 ab 段）和 d 值小于4美元的雇主（bc 段）将全部雇佣黑人员工。而在需求曲线 cD_{aa} 段部分，由于 d 值大于4美元，所以歧视型雇主只会雇佣白人。

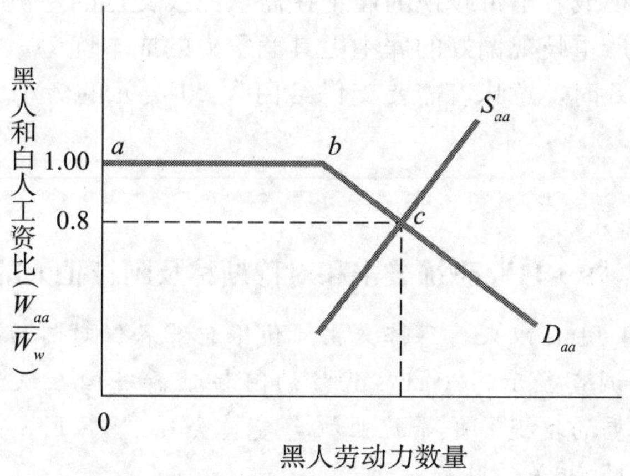

曲线 D_{aa} 和 S_{aa} 分别表示对黑人劳动力的需求和供给曲线，交点是黑人和白人的工资比以及被雇佣的黑人员工数量。

图 14－5　劳动力市场中的工资歧视

14.3.3　两点概括

从歧视模型的偏好得出的关于黑人和白人工资差异的两点概括如下：

1. 需求曲线的形状或者位置的变化将会改变 W_{aa}/W_w。例如，假设改变社会态度或实施反歧视法，可能降低雇主的歧视系数。这将使需求曲线的横坐标部分向右延伸，同时降低剩余部分的斜率。鉴于黑人劳动力的供给，W_{aa}/W_w 均衡比率将会上升，即降低歧视性工资差异的同时增加黑人的就业。例如，图 14－5 中的 W_{aa}/W_w 均衡比率可能从 0.8 上升至 0.85。

2. 歧视性工资差异的大小随着少数族裔（黑人）员工的供给而发生直接变化。如果黑人劳动力的供给量如图 14－5 所示很少，那么会和需求曲线上的水平部分相交，这时不会出现歧视性工资差异。如果黑人劳动力的供给增加至图中所示位置，差距将是 0.8。而供给继续增加会进一步降低 W_{aa}/W_w，表明工资差异将扩大。

这两点概括提出了一个有趣的问题：黑人与白人的工资差异在南方比在北方更大，这是否意味着南方对黑人歧视更为严重呢——南方黑人劳动力的需求曲线更偏左？还是说，这是因为南方黑人劳动力的供给相对更多造成的？也就是说，这是不是南方黑人劳动力供给增加的结果？当然，无论是哪种情况，歧视的根源都是白人存在偏见，而不是黑人劳动力的数量。

14.3.4　获益者、受损者和歧视的持久性

贝克尔的歧视偏好模型说明白人员工可以从歧视中获益，因为他们的工资比没有歧视时更高。正如进口限制减少外国竞争，保护国内生产商的利益一样，雇主歧视使得白人员工避免和黑人员工进行竞争。由于歧视，黑人不得不接受较低的工资。最后，带有歧视偏见的雇主也许会伤害自己的利益，因为他们需要支付不必要的高成本。接下来，我们具体分析其背后的原因。

回到图 14－5，让我们进一步假设，需求曲线上所列的雇主都生产同样的产品。

所有不带歧视或者稍带歧视的雇主在需求曲线交点的左侧，比起那些在需求曲线交点右侧带有严重歧视偏好的雇主更具竞争力的成本优势。举例说明：当 W_{aa}/W_w 均衡比率为 0.8 时，意味着需要支付给白人 20 美元的劳动力成本，而只需支付给黑人 16 美元。

工作世界 14－3

“9·11”恐怖袭击和对穆斯林及阿拉伯人的歧视

自 2001 年 9 月 11 日以来，恐怖袭击、仇恨犯罪和针对阿拉伯人和穆斯林的种族歧视在美国有所增加。调查显示，20%～60%的阿拉伯裔美国人认为，自“9·11”事件后，他们遭受了更为严重的歧视。平等就业机会委员会在“9·11”袭击后的 8 个月内，收到了 488 件与“9·11”相关的歧视投诉。

一些研究者展开了调查，探究这些针对阿拉伯人和穆斯林的日益高涨的负面情绪是否会加剧针对这些群体的歧视。为此，他们考察了自 1998 年至 2005 年居住在美国的第一代和第二代阿拉伯人和穆斯林的收入。相对于同类员工，阿拉伯人和穆斯林的收入在“9·11”恐怖袭击后下降了 9～11 个百分点。在仇恨犯罪率越高的地方，收入下降得越厉害。然而，也有证据表明收入下降只是短暂的：数据显示阿拉伯人和穆斯林的收入在 2005 年出现了大幅反弹。收入下降的一部分原因是，阿拉伯人和穆斯林开始放弃高工资工作，进入低工资行业。

这是因为，在劳动力市场上由于对阿拉伯人和穆斯林的偏见和歧视加剧，相应的人力资源需求也随之下降了。

这项研究还表明，阿拉伯人和穆斯林的就业和工作小时数并没有受到“9·11”恐怖袭击的影响。工资下降并未给就业造成影响，这表明在阿拉伯人和穆斯林中，存在弹性的劳动力供给曲线。

“9·11”恐怖袭击后，阿拉伯人和穆斯林的州内移民减少了。工资下降和歧视增加，减少了移民的受益。此外，在目的地待遇的不确定性也降低了移民率。

资料来源：Neeraj Kaushal，Robert Kaestner，and Cordelia Reimers，“Labor Market Effects of September 11 on Arab and Muslim Residents of the United States，” *Journal of Human Resources*，Spring 2007，pp. 275-308.

注意，前提是假设美国黑人员工和白人员工的生产力相同。一个没有歧视的雇主在这种情况下会以 16 美元/小时的价格雇佣黑人员工。然而，有歧视的雇主严重偏离需求曲线，会以 20 美元/小时的价格雇佣白人员工。有歧视的雇主会比没有歧视的雇主付出更高的工资。因此，没有歧视的企业比有歧视的企业的平均总成本和产品价格更低。

贝克尔模型的一个重要含义是，随着时间的推移，市场竞争将导致歧视的减弱和消失，因为相比低效率的歧视型企业，成本较低的非歧视企业会获得更大的市场份额。事实上，在竞争激烈的产品市场，只有非歧视企业（成本最低的生产商）才能生存；歧视型企业的产品价格将会高于平均总成本。因此贝克尔的理论与对歧视采取“保守”或放任的态度是一致的。也就是说，从长远来看，竞争激烈的市场机制将解决歧视问题，因此唯一需要做的是鼓励职业的自由选择。① 带有歧视的雇主如果不转变为非歧视雇主，最终将被驱除。

对于这种观点的一个重要批判是，事实上，在歧视消除方面的进展一直非常缓慢。市场机制并没有消除雇主的偏见。同时，基于种族和性别的歧视已存在数十年。因此，有人提出其他模型来解释歧视持续存在的原因。

工作世界 14-4

竞争和歧视

贝克尔的歧视偏好模型明确预测了竞争和歧视的关系。相比没有歧视的雇主，对女性有歧视的雇主会雇佣更少的女性，这些女性拥有同等生产力但只能得到较低的薪水。其结果是，有歧视的雇主将会付出更高的生产成本，从而获得更低的利润。这表明，雇主的歧视只可能在竞争力较弱的市场存在。因此，在一个竞争力较弱的行业内，当产品市场竞争变得激烈时，有歧视的雇主将会被驱逐，歧视也会因此减少。

布莱克（Black）和布瑞恩纳德（Brainerd）考察了国际贸易对性别歧视的影响。国际贸易是加剧竞争压力的来源之一。他们发现，在竞争力较弱的行业，进口份额每增加10个百分点，性别工资差异降低6.6个百分点。他们的结论是，在1976—1993年间，国际贸易在制造业中使得性别歧视下降了1/4。

在另一个关于竞争加剧影响的测试中，布莱克和斯特拉汉（Strahan）考察了放松管制对银行业歧视的影响。他们报告说，放松管制后，男性工资下降了12%，而女性的工资只下降了3%。女性工资的相对上升，部分原因在于她们转移到了更高技能的职业中。

例如，女性在银行业管理职位中的比重上升了约4个百分点，占比已超过40%。

海勒斯坦（Hellerstein）、纽马克（Neumark）和特罗斯克（Troske）直接测试了贝克尔模型关于利润和歧视的预测。他们发现，与模型一致，在市场竞争激烈的工厂，那些雇佣更多女性的工厂获得更多的利润。具体而言，在市场竞争激烈的工厂中，女性的比例每增加10个百分点，利润便提高1.6个百分点。正如预测的一样，歧视在竞争力较强的行业无法存在。这种理论对市场竞争力较弱的工厂并不适用。

资料来源：Sandra E. Black and Elizabeth Brainerd, "Importing Equality? The Impact of Globalization on Gender Discrimination," *Industrial and Labor Relations Review*, July 2004; Sandra E. Black and Philip E. Strahan, "The Division of Spoils: Rent-Sharing and Discrimination in a Regulated Industry," *American Economic Review*, September 2001, pp. 814-31; and Judith K. Hellerstein, David Neumark, and Kenneth R. Troske, "Market Forces and Sex Discrimination," *Journal of Human Resources*, Spring 2002, pp. 353-80. 一份研究报告显示，公共交通系统的私有化和货运业放松管制后，种族工资差异下降了，参见 James Peoples, Jr., and Wayne K. Talley, "Black-White Earnings Differentials: Privatization versus Deregulation," *American Economic Review*, May 2001, pp. 164-68。

---

① 有关政府无法成功消除歧视的论点，参见 Thomas Sowell, *Markets and Minorities* (New York: Basic Books, Inc., 1981)。亦可参见 William A. Darity, Jr., and Rhonda M. Williams, "Peddlers Forever? Culture, Competition, and Discrimination," *American Economic Review*, May 1985, pp. 256-61。

◆ **快速回顾 14-2**

● 劳动力市场歧视发生时，具有同等能力、教育、培训和经验的工人在招聘、职业准入、晋升或工资方面遭到不平等的待遇。

● 劳动力市场歧视可以分为：(a) 工资歧视；(b) 雇佣歧视；(c) 职业或工作歧视；(d) 人力资本歧视。

● 贝克尔的歧视偏好模型认为，歧视是一种偏好，带有歧视偏见的雇主愿意为此付出代价。这种偏好越明显，贝克尔的歧视系数越高。

● 与没有歧视的雇主相比，歧视系数越高，雇主的劳动力成本也会越高。因此，在市场上，没有歧视的雇主比有歧视的雇主更具成本优势。

思考题

假设某个白人员工的工资是每小时16美元，而具有相同生产力的黑人员工的工资是每小时12美元。在此情况下，如果一个雇主雇佣了所有白人员工，歧视系数的美元价值如何？如果雇佣所有黑人员工呢？（答案：参见书末。）

14.4 统计性歧视理论

另一个理论是**统计性歧视**（statistical discrimination）理论。① 关于统计性歧视的定义，我们可以作如下解释：

> 统计性歧视是指对一个个体的评价是基于其所属的一个群体或几个群体的平均特性，而非对其个人特性进行评价。如果该群体的确有这些特性，那么这种评价是正确、真实、客观的，但是，据此便推断该群体中的许多个体也是如此，这种判断就是不正确的。②

关于统计性歧视，一个常见的非劳动力市场方面的例子就是汽车保险。十几岁男孩的保费比十几岁女孩的保费高，这是因为累积的事实证明，平均而言，青年男子比青年女子更容易出事故。然而，与平均水平的青年女司机相比，许多青年男司机出的事故一样多甚至更少，但他们却因为统计性歧视需要支付更高的保费。

要理解统计性歧视如何在劳动力市场发挥作用是很容易的。有职位空缺时，雇主希望雇佣可选的最有生产力的员工填补职位空缺。于是，人事部门收集了每个求职者的各种信息。比如，年龄、学历、以前的工作经验等。雇主将会在雇佣前根据这些信息对求职者打分评价，因为他们认为这些指标有助于预测求职者潜在的工作

① Edmund S. Phelps, "The Statistical Theory of Racism and Sexism," *American Economic Review*, September 1972, pp. 659-61; and Dennis J. Aigner and Glen G. Cain, "Statistical Theories of Discrimination in Labor Markets," *Industrial and Labor Relations Review*, January 1977, pp. 175-87. 对于统计性歧视的实证调查，参见 Julian Lange, "The Speed of Employer Learning," *Journal of Labor Economics*, January 2007, pp. 1-35; and Joshua C. Pinkston, "A Test of Screening Discrimination with Employer Learning," *Industrial and Labor Relations Review*, January 2006, pp. 267-84。

② Lester Thurow, *Generating Inequality* (New York: Basic Books, 1975), p. 172. 这一部分引自 Thurow 著作的第7章。

表现。但是，有两个相互关联的因素涉及这个评价过程。首先，收集每个求职者的详细信息是昂贵的，所以只能收集有限信息。其次，雇主从求职申请表和测试中所获得的有限信息，并不足以让雇主准确地预测哪个求职者会是最适合的员工。由于这两个因素，雇主通常根据主观因素（如种族、性别和年龄）来决定聘用谁。在实践中，雇主并非出于其实际偏好，而是根据性别、种族、年龄等因素来判断工人的生产特征。例如，性别经常被视为衡量体力和工作责任感的指标。

具体来讲，雇主可能会认为，年轻的已婚女性在两年内通常比男性更容易辞职，因为她们可能会怀孕或者她们的丈夫可能去其他地方工作。在其他条件相同的情况下，雇主可能会在已婚女性和男性求职者之间选择雇佣男性。同样，当一位黑人和一位白人高中毕业生的年龄、工作经验和考试成绩都相同时，雇主可能会聘用白人。因为雇主知道，一般而言，黑人接受的教育不如白人的教育质量高。请注意这里发生了什么：适用于一个群体的某个特性被应用到个人层面。单个已婚女性的工作表现被认为与“平均水平”的已婚女性无异。同样，每个黑人青少年所接受的教育质量被认为与“平均水平”的黑人青少年一样。由此，群体特征被应用到个体上。这样一来，对婚后不打算生育的已婚女性（或者打算生孩子，但并不打算辞职）及受到高质量教育的黑人青少年来说，他们就受到了歧视。

关于统计性歧视，还应注意以下三点。第一，与歧视模型不同的是，雇主不会因为歧视而受到伤害，相反，雇主因此受益。雇主一般通过减少雇佣成本提高利润，由于收集每个求职者的详细信息花费很高，应用感知的群体特征筛选求职者可以节约成本。一些经济学家认为，统计性歧视理论相比其他歧视性理论，认为雇主是受益者而不是受损者貌似更合理。

第二，正如前面所说，统计性歧视模型并不一定表明雇主在其雇佣行为中具有恶意，雇佣决定可能是正确、合理的，而且如上所述，一般是盈利的。问题是，许多与群体平均水平不一致的员工将会受到歧视。

第三，没有令人信服的理由证明，统计性歧视会随着时间逐渐消失。与一般歧视模式相反，统计性歧视因为那些实践它的人从中受益而会持续下去。

上述第一点和第三点表明：如果两个群体的一般性特征随着时间的变化而逐渐趋同，统计性歧视对雇主来说可能会变得越来越昂贵。例如，假设人力资本歧视消失，黑人青少年所受到的教育与白人青少年受到的教育质量相当，雇主若采用统计性歧视只雇佣白人，将会导致更多的聘用决策失误。这些错误可以分为两种类型：雇佣更多不合格的白人，或是未能聘用合格的黑人。

同样，儿童保育设施的日益普及、女性更高的工资、女性偏好的改变等可能意味着生儿育女不再会严重中断女性的职业生涯。此外，有研究表明，在类似职业中，男性和女性的工作转换率差距较小。[①] 因此，基于女性平均工作转换率做出雇佣决策的雇主，可能会做出错误的决策，为此付出高昂的代价。这种错误决策的代价往往是，可用的最有生产力的员工没有被雇佣。而犯这种错误越少的雇主，生产成本越低，进而可以增加市场份额，取代竞争对手。

① Anders Frederiksen，“Gender Differences in Job Separation Rates and Employment Stability：New Evidence from Employer - Employee Data，” *Labour Economics*，October 2008，pp. 915-37.

14.5 排挤模型：职业隔离

回顾表14-1，我们可以发现，白人和黑人及男性和女性的职业分布有显著不同。我们在第8章中还注意到，职业不同，工资也有显著差异。因此，职业结构也是影响员工工资差异的一个重要因素。完整的歧视理论也是建立在职业隔离的基础上的。**排挤模型**（crowding model）采用简单的供给和需求概念，探究将女性和黑人限定在少数几种职业中所造成的后果。[①]

排挤现象为什么会发生？用人单位为什么会基于性别或种族实行职业隔离？其中一个重要的原因是，员工的生产力是一个群体或“团队”努力的结果。如果在工作中员工彼此间的互动不顺利，生产力将下降。当一个男人（或白人）需要与女人（或黑人）一起工作或被指挥，可能会产生不满的情绪。因此，为了生产率和利润，雇主会在工作中将男人和女人（或黑人和白人）隔离开来。此外，许多雇主对于女性和少数族裔员工的工作能力有着先入为主的观念。因此，对女性而言，很少从事卡车驾驶、电子设备或汽车销售方面的工作。

14.5.1 假设和预测

下面的简化假设将有助于我们理解排挤模型。

1. 男性和女性（或白人和黑人）的劳动力数量相等。比如说，有600万男性和600万女性。

2. 总的劳动力市场是由X，Y和Z三个职业组成，各自具有如图14-6所示的相同的劳动力需求曲线。

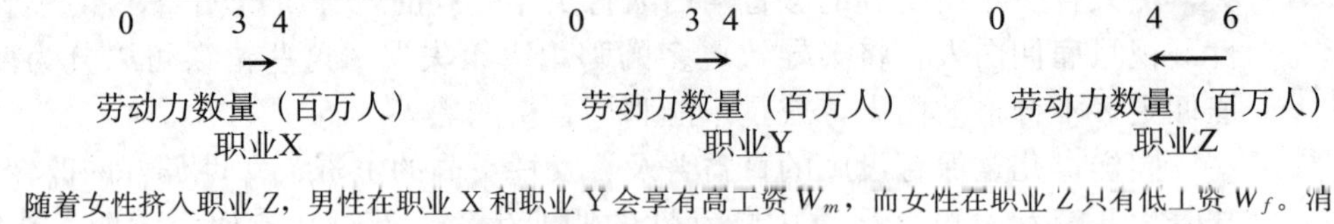

随着女性挤入职业Z，男性在职业X和职业Y会享有高工资W_m，而女性在职业Z只有低工资W_f。消除歧视可以把工资平均到W_e，同时国内产值净增加（（$abcd+efgh$）$-ijkl$）。

图14-6 排挤模型：职业隔离

① 若想了解排挤假说主要倡导者之一对该假说的详细论述，参见Barbara R. Bergmann，*The Economic Emergence of Women*，2nd ed.（New York：Palgrave Macmillan，2005），chaps. 4-6。更详细的内容参见pp. 85-90。亦可参见Elaine Sorensen，“The Crowding Hypothesis and Comparable Worth，”*Journal of Human Resources*，Winter 1990，pp. 55-89。

3. 男性和女性有相同的劳动力人口特征；也就是说，男性和女性在这三个职业中具有同等的生产力。

4. 产品市场竞争激烈，因此需求曲线不仅反映了边际收益产品（MRP），还反映了边际产品价值（VMP）（第5章）。

5. 我们认为，职业隔离将导致职业X和Y是男性的工作，而职业Z是女性的工作。女性被限制在职业Z中，被系统性地排除在职业X和Y之外。

男性会在职业X和Y之间平均分配，使得每个职业有300万男性员工，男性的通行工资率为W_m。假设对劳动力的流动不设任何障碍，初始状态时，在职业X和Y之间男性劳动力的任何分配不均，都会促使劳动力从低工资职业向高工资职业转移，直到两个职业工资相同为止。请注意，由于职业隔离，所有的女性劳动力都涌向职业Z，只能获得低得多的工资率W_f。由于存在歧视，这将达到“均衡”的局面。女性员工因为歧视，不能使自己转移到职业X和Y，并追求更高的工资。虽然如果男性愿意的话，他们可以进入职业Z，但是由于职业Z的工资较低，他们没有这么做的动机。

职业隔离的最终结果是显而易见的：男性以牺牲女性为代价，获得更高的工资和收入。但值得注意的是，女性没有被作为弱势群体：她们所获得的工资并没有低于其边际产品价值。在职业Z，女性获得的工资等于其边际收益产品和她们对社会产出所做的贡献（边际产品的价值）。所存在的问题是，由于被限制到职业Z，她们的劳动力供给相对大于需求，导致与男性相比，所获得的工资也处于较低水平。

14.5.2 消除歧视

假设通过立法或社会观念的彻底改变来消除歧视，那么结果会怎样？由于更高工资的吸引，女性将从职业Z转移到职业X和Y。具体来说，如果我们假设职业转移没有成本，100万女性将转移到职业X中，100万女性转移到职业Y中，留下400万女性在职业Z中。在这一点上，每个职业都会有400万员工，在这三个职业上的工资将都是W_e；也就是，不再有进一步分配的动力。这种新的、非歧视性的平衡，将会使女性获益，获得较高的工资，使男性受损，获得较低的工资。

如果消除职业隔离既带来了收益（女性）又造成了损失（男性），就应该问问收益是否超过损失。也就是说，社会是否会通过消除职业隔离获得经济利益？如图14-6所示，会给社会带来净收益。我们的劳动力需求曲线反映了边际产品价值，即每增加一名工人为国内生产总值所做出的贡献。因此，200万女性从职业Z的转出，像$ijkl$区域显示的一样，会造成国内生产总值的减少。

但是，职业X和职业Z的区域$abcd$和$efgh$显示，国内生产总值有所增加，在这两个职业，每个职业增加100万女性，导致了市场边际产品价值的增加。我们注意到，当女性离开职业Z时，在职业X和Y产生的国内生产总值的增加总量，高于在职业Z上的国内生产总值的减少量。消除职业隔离会使整个社会获益，这个结论并不令人意外。女性离开边际产品价值较低的职业Z，将自己重新配置在边际产品价值更高的职业X和Y中。这种再分配会一直持续下去，直到每个备选职业劳动力的边际产品价值一致，这也是定义劳动力有效配置的一个条件（第6章）。

我们在这里强调，先前的分析低估了歧视所具有的公平和效率内涵。歧视不仅影响国内生产总值的分布，也会影响国内生产总值的规模。

快速回顾 14－3

● 统计性歧视理论认为，雇主评价个体时往往根据个体所属的群体的平均特征，而不是该个体自身的特征，从而导致对该个体的错误评价。

● 歧视的排挤模型表明，女性和少数族裔被系统性地排除在高薪职业之外，并涌入低工资的职业中。

思考题

统计性歧视是如何强化职业隔离的？（答案：参见书末。）

14.5.3 隔离指数

职业的排挤或隔离程度有多严重？**隔离指数**（index of segregation）可以用来量化职业隔离程度。将该指数运用于性别歧视时，它衡量的是女性为达到与男性相同的职业分配比例而改变职业的比例数。我们可以借助表14－3的假设数字来理解这一概念。假设男性和女性员工的职业分布如第（2）栏和第（3）栏所示，为了使分布均等，或者所有女性员工的30%需从职业C离开（20%更换至职业A，10%更换至职业B），或者30%的所有男性员工需要到职业C任职（20%来自职业A，10%来自职业B）。因此为了使职业上男女员工所占比例均等，需要30%的男性员工或者30%的女性员工调换职业，隔离指数是30%，或者更简单地说是0.30。对于更多数量的职业种类，该指数可以像第（4）栏显示的那样，通过确定每个职业百分比差的绝对值（不考虑符号），并像第（4）栏一样加总这些差异。

表 14－3　　隔离指数的计算（假设数据）（%）

(1) 职业	(2) 男性	(3) 女性	(4)＝(2)－(3) 绝对差值
A	50	30	20
B	30	20	10
C	20	50	30
	100	100	60

注：隔离指数＝60%/2＝30%或0.30。

为了获得该隔离指数，所得的60%需要除以2，因为员工的任何转移都被计数了两次，离开一个职业算作一次转移，进入一个职业又算作一次转移。

从我们的假设可以得出结论，为了使男性和女性的比例在每个职业相同，30%的男性（或女性）劳动力，必须改变职业。请注意，这种新的分配将导致隔离指标为0。还有一个极端，比如说，职业A和B各有50%的男性，而职业C则有100%的女性，这样指数就是100%，或者1.00。因此，隔离指数可以是0～1.00的任何一个数值，数值越高，职业隔离程度越严重。

14.5.4　证据

在美国，基于性别和种族的职业隔离指数是多少？随着时间的推移，这些指数是如何变化的？图 14－7 展示了男性和女性间的职业隔离指数。1973 年，由于性别导致的职业隔离指数是 68.1%，到 2011 年，下降到了 51.5%。①

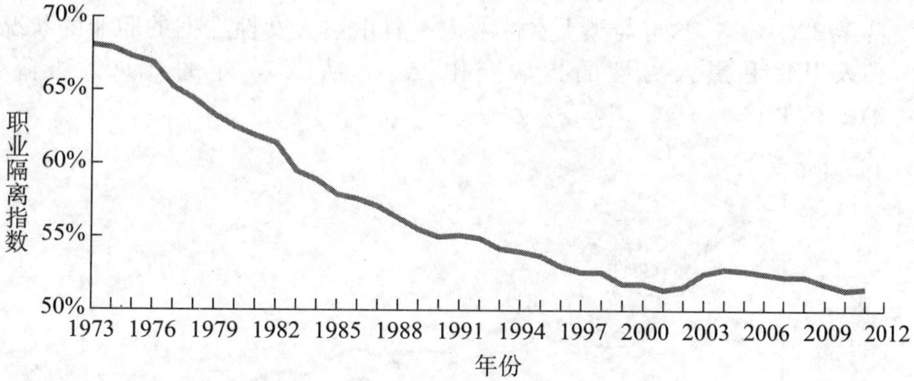

男性和女性的性别职业隔离指数在 1973—2011 年间发生了大幅度的下降。

图 14－7　美国性别职业隔离指数

资料来源：Author calculations from *Current Population Survey*.

全球瞭望 14－1

职业隔离

75 个职位的隔离指数从意大利的 44.9%到瑞典的 63.0%不等。

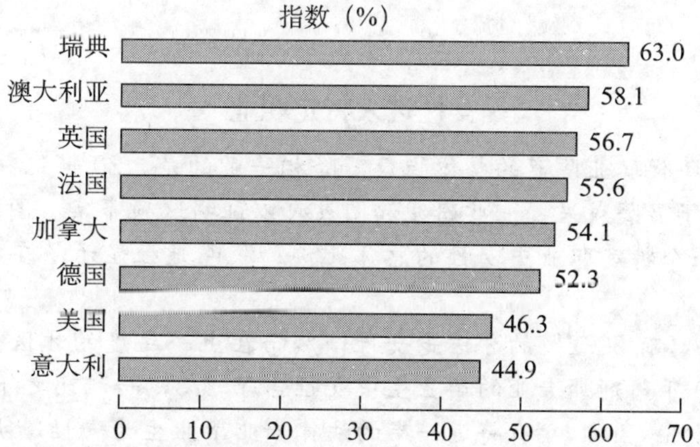

资料来源：Francine D. Blau，Marianne A. Ferber，and Anne E. Winkler，*The Economics of Women*，*Men*，*and Work*，6th ed.（Englewood Cliffs，NJ：Prentice Hall，2010），Table 12.3.

① 想了解更多有关性别职业隔离信息，参见 David A. Macpherson and Barry T. Hirsch，"Wages and Gender Composition：Why Do Women's Jobs Pay Less?" *Journal of Labor Economics*，July 1995，pp. 426-71；and Kimberly Bayard，"New Evidence on Sex Segregation and Sex Differences in Wages from Matched Employee－Employer Data，" *Journal of Labor Economics*，October 2003，pp. 887-922。

在美国，要想在职业上男女比例均等，略超半数的女性（或男性）不得不改变职业。指数需要做大幅度改变，与越来越多的女性在牙科、医学、制药、法律等方面任职并获得可观收入的现象是一致的（见专栏“工作世界14-5”）。[①]

与基于性别的职业隔离相比，基于种族的职业隔离不太明显，而且随着时间的推移，已经明显弱化很多。图14-8展示了按性别划分的基于种族的职业隔离指数。将白人女性和黑人女性进行对比，1973年职业隔离指数是37.1%，2011年下降至22.0%。[②] 这也与黑人女性融入一直由白人女性占据的职业的状况是相符的。白人男性和黑人男性的指数变化较小，从1973年的37.0%下降至2011年的27.7%。

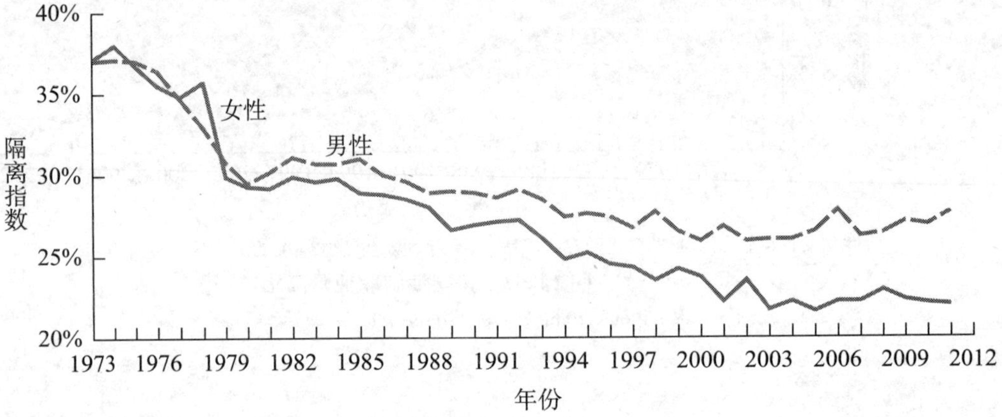

1973—2011年间男性和女性种族隔离指数明显下降。

图14-8　按性别划分的种族职业隔离指数

资料来源：Author calculations from *Current Population Survey*.

工作世界14-5

女性进入特定职业

与20世纪80年代职业隔离的整体指数下降相一致的是，20世纪90年代女性在进入特定职业方面取得了显著成果。一些研究和图表可以证明这项事实。图形中浅色的光柱显示了2011年在每一个特定职业中女性的总体比例；深色光柱显示了在各个领域女性应届毕业生的比例。

注意，2011年只有22.2%的牙医是女性，然而在上一年度的牙医专业毕业生中她们占了45.8%。2010年药剂师专业的毕业生中女性占了2/3，而相比之下2011年药剂师总数中女性占了55.7%。2010年有将近一半的法律专业毕业生为女性，明显超过了2011年女性律师数量占整体的百分比。

① 参见 Francine D. Blau and Marianne A. Ferber，*The Economics of Women*，*Men*，*and Work*，6th ed.（Englewood Cliffs，NJ：Prentice-Hall，2010）。

② 想了解更多有关种族职业隔离的信息，参见 William J. Carrington and Kenneth R. Troske，“Interfirm Segregation and the Black/White Wage Gap，” *Journal of Labor Economics*，April 1998，pp. 231-60；and Barry T. Hirsch and David A. Macpherson，“Wages，Sorting on Skill，and Racial Composition of Jobs，” *Journal of Labor Economics*，January 2004，pp. 189-210。

当然，女性进入职业领域的数量增加是振奋人心的。然而，关于平等的真正考验应随女性在其职业领域的进步同时进行。她们中是否会有人因为家庭的责任而放弃自己的事业呢？她们是否会经历歧视性障碍（所谓的玻璃天花板），进而阻止她们到达职业生涯的顶点？有关职业阶层的研究显示，男性往往在更高收入的专业性职位中占据主导地位。

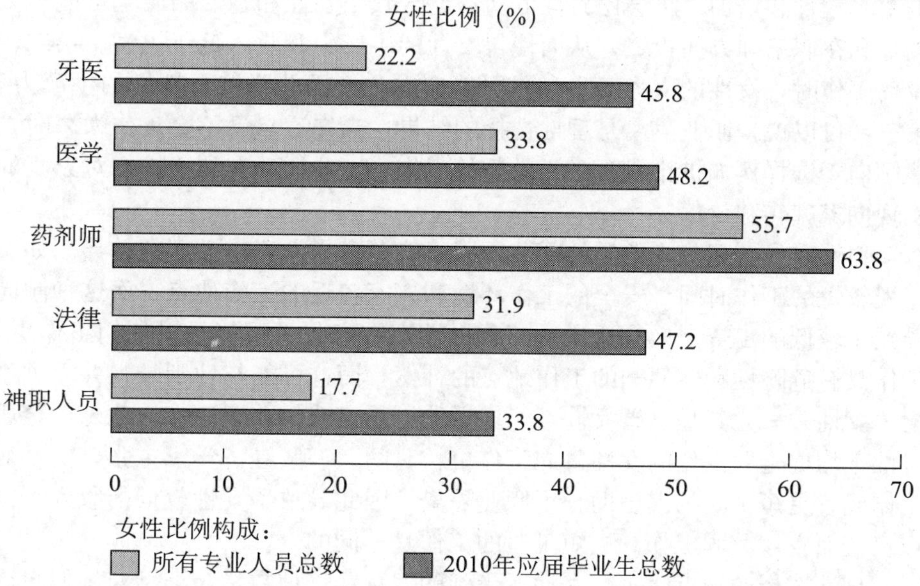

资料来源：Sylvia Nasar，"Women's Progress Stalled? Just Not So?" *The New York Times*，October 18，1992，Section 3，p. 1. Updated with data from the National Center for Educational Statistics，*Digest of Educational Statistics*，2011（Washington，DC：NCES，2012），Table 295，and U. S. Department of Labor，*Employment and Earnings*，2012，Table 11.

14.6 因果关系：非歧视因素

正如我们之前已经指出的，经济学家们知道，除了职业歧视，还有很多其他因素也与男性和女性、黑人和白人的收入差异有关。安德森（Anderson）女士年收入20 000美元，而阿尔瓦莱兹（Alvarez）先生年收入30 000美元。虽然安德森女士和阿尔瓦莱兹先生有同样的教育背景或者为同一个雇主工作，但这并不一定意味着性别歧视。和偏见无关的其他因素也许会导致阿尔瓦莱兹先生比安德森女士更有效率。因果分析法很难分离歧视在解释社会地位差距中的作用。接下来，我们将从性别歧视的角度来考虑这个问题。

14.6.1 理性选择与歧视作为原因的对比

一些经济学家提出，女性较低的经济地位基本上是由女性自己的理性和自由选择造成的。这种观点的本质是，女性优先选择了婚姻和生育，由此产生了女性对于劳动力市场与婚姻的冲突，这就解释了大部分女性经济地位处于劣势的原因。更具体地说，这种观点的支持者们认为，为使自己的传统家庭主妇角色与劳动力市场工作更协调，女性在自主选择前就已经充分将人力资本的投资、工作时间以及其他工作特性考虑在内，这才导致其收入水平低于男性。

传统的生育和家庭角色使得她们的劳动参与不连续，甚至可能中断，这一事实造成多方面影响。第一，因为参与工作的时间较少，她们期盼的人力资本投资的回报率（教育和培训）将会比男性低。这就导致了女性和她们的雇主可能不太愿意在教育和在职培训方面投资，从而使得女性的生产力和收入低于男性。第二，当她们脱离工作时，女性的人力资本存量可能会恶化，因此降低了她们的生产力和收入。第三，可以说，职业隔离是理性选择的结果，当知道自己不会工作太久时，女性可能倾向于选择例如护士或者小学教师的工作，这些活动有利于她们对家庭的照料或实现向家庭转移价值。

男性和女性间收入差异的部分原因可能源自男女工作类型的差异。如女性更加重视较短的工作时间、安全的工作环境和离家较近的工作地点，而这种倾向性选择导致了较低的工资。换句话说，部分男性拥有高收入可能是对他们工作更长时间、工作具有危险性和不便利的工作地点的补偿，而这可能与性别歧视并无关系。事实上，女性——尤其是已婚女性——比男性更愿意选择兼职工作。此外，全职工作的男性平均比全职工作的女性每周工作更长时间。一些经济学家主张，女性对于兼职工作或者更短工时的渴望助长了职业隔离，因此导致了女性较低的收入，因为就工作机会而言，兼职工作和更短工时的工作是不同的。

理性选择的观点暗示，女性所受到的教育和培训数量与类型与她们自己的自我选择有关，她们选择的工作导致其收入低于男性。怀疑者们则认为，推翻这种因果关系，从歧视的角度解释男女工资差异貌似更加合理。为了便于讨论，我们将专注于理性选择的论点——女性会自愿选择中断她们的职业生涯，因而导致雇主和自己理性地减少人力资本投资。

有人可能认为，女性更少地投资于教育和培训方面，或者投资在将来对家庭生产活动有最大后续价值的那种类型培训上，是市场歧视和明显的收入差异所导致的。例如，女性退出劳动力市场的机会成本较低，因此她们当中的很多人会选择长期退出劳动力市场。女性较少的市场参与机会降低了她们的工资，同时增加了家庭活动对于她们的吸引力。这种观点表明，市场歧视是造成女性做出人力资本投资的数量和类型以及长期退出劳动力市场决策的原因。

在工作场所遭受性骚扰和歧视的女性很可能会选择换工作或者在家带孩子和办公。因此，女性中断职业生涯，进而造成收入较低，可能是歧视而非真正自愿选择的结果。[①]

哪种观点是正确的呢？都有道理。歧视是蕴含这种复杂因果关系的混合物。劳动力市场歧视以及男女收入的差异可能是造成他们人力资本投资和职业选择不同的原因，然而也可能是人力资本投资和职业选择的不同导致收入存在差异。

---

① 有关这种效应的证据，参见 David Neumark and Michele McLennon, "Sex Discrimination and Women's Labor Market Interruptions," *Journal of Human Resources*, Fall 1995, pp. 713-40。

14.6.2 证据

尽管存在互为因果的难题，很多实证研究还是想试图研究造成收入差距的原因中，源自生产力差异和源自劳动力市场歧视各占多大比重。这些研究试图通过控制影响劳动生产率的因素，例如教育、年龄、培训、行业和职业、工会会员、地位、工作经验的连续性、健康等，以此分离出歧视所造成的收入差异。由布劳和卡恩所做的一项全面研究发现，男性和女性收入差异的 2/3 左右要归于这些因素，例如工作经验累计时间（26%）、行业（23%）、职业（8%），还有工会的地位（4%）。[①]也就是说，男性拥有更多的工作经验，更有可能成为工会会员，更可能在高收入的行业和职业工作。因此，男性的生产力更高，使得其享有 2/3 的收入优势是合理的。而剩下 1/3 的收入差异是难以解释的，可能全部或者部分归因于歧视。正如图 14-1 所示，男性和女性的时薪比从 1973 年的 65%上升到 2011 年的 81%。布劳和卡恩发现，1972—1988 年之间收入差异都有所下降，原因是女性相关生产力特征的增加和其他未知因素。韦恩伯格（Weinberger）和库恩（Kuhn）发现，多数在 1959—1999 年间无法解释的收入差距逐渐下降，这可能是由于市场对女性之前未被察觉的技能的需求量的增长和歧视的减少所引起的。[②]

布劳和卡恩发现，生产力的不同解释了黑人和白人之间收入差距的 89%。[③] 尼尔（Neal）和约翰逊（Johnson）则发现，种族差异可使用量化的指标，例如以军队资格考试（AFQT）的成绩来衡量，它可以解释年轻黑人和白人之间 2/3 的收入差距。[④] 他们发现，黑人在军队资格考试中的成绩比较低，原因在于低质量的教育和其他环境因素。与性别收入差距相比，近年来黑人和白人之间的收入差距并没有缩小。[⑤] 黑人进步的停滞可能源自以下两方面：一方面，黑人平均比白人接受更少的教育，因此 20 世纪 90 年代教育回报的增长使得黑人和白人间的收入差距扩大；另一方面，黑人和白人之间教育方面的差距已经缩小，这将会缩小黑人和白人之间

---

① Francine D. Blau and Lawrence M. Kahn, "Swimming Upstream: Trends in the Gender Wage Differential in the 1980s," *Journal of Labor Economics*, January 1997, pp. 1-42. 他们还报告说，当只有人力资本变量纳入统计模型时（也就是说，行业、职业和工会地位中的性别差异没有包含在内），生产力的差异仅能解释差距的 1/3。

② Catherine J. Weinberger and Peter J. Kuhn, "Changing Levels or Changing Slopes? The Narrowing of the U. S. Gender Earnings Gap, 1959-1999," *Industrial and Labor Relations Review*, April 2010, pp. 384-406.

③ Francine D. Blau and Lawrence M. Kahn, "Race and Gender Pay Differentials," in David Lewin, Olivia S. Mitchell, and Peter D. Scherer (eds.), *Research Frontiers in Industrial Relations and Human Resources* (Madison, WI: Industrial Relations Research Association, 1992), pp. 381-416. 证据显示，黑人和白人生产力特征的差异小于职业女性和非职业女性之间的差异。因此在职业女性中工资上的种族差异小于预期，如果所有女性都工作的话。参见 Derek Neal, "The Measured Black-White Wage Gap among Women Is Too Small," *Journal of Political Economy*, February 2004, Part 2 Supplement, pp. S1-28。

④ 参见 Derek Neal and William Johnson, "The Role of Premarket Factors in Black-White Wage Differences," *Journal of Political Economy*, October 1996, pp. 869-95。亦可参见 Donal O'Neill, Olive Sweetman, and Dirk Van de Gaer, "The Impact of Cognitive Skills on the Distribution of the Black-White Wage Gap," *Labour Economics*, June 2006, pp. 343-56; and Sergio Urzua, "Racial Labor Market Gaps: The Role of Abilities and Schooling Choices," *Journal of Human Resources*, Fall 2008, pp. 919-71。

⑤ 参见 David Card and Thomas Lemieux, "Wage Dispersion, Returns to Skill, and Black-White Wage Differentials," *Journal of Econometrics*, October 1996, pp. 319-61。

收入的差距。两相抵消的结果是，黑人和白人之间收入差距的变动很小。

14.6.3 争议

关于这类研究的结论，学术界一直存在争议。一些经济学家认为，原因不明的收入差异夸大了歧视的作用；另外一些则认为，这是一种低估。那些感觉职业歧视被高估的人认为，其他影响生产力的因素（例如工人的积极性、一定量的技能、学校学习的进程）并没有被考虑在内。这些因素如果被考虑进去，会更大程度地提高男性的生产力，如此便会减少原因不明的（歧视）那部分工资差异。[①]

一些持相反观点的人则认为，一些被遗漏的变量（例如男性更有可能抽烟、酗酒、吸毒，有犯罪记录，还有糟糕的驾驶记录）暗示，男性的工作表现和生产力应该低于女性。若把这些变量考虑在内，将会增加原因不明的女性和男性之间的收入差距。这种观点认为，事实上，很多控制变量（例如教育、在职培训、职业地位）已经包含了歧视因素。虽然男性的生产力可能高于女性，但更高的生产力本身已经反映了歧视因素：（1）提供给男性和女性教育、培训的数量和类型不同；（2）性别所导致的职业隔离。

综合考量，虽然我们不能对由于职业歧视导致的工资差异比例做一个精确的估算，但是我们可以相当确信地说，有数据显示职业歧视在劳动力市场占据了重要的地位。[②]

◆ 快速回顾 14-4

- 一些经济学家认为女性较低的经济地位主要是由教育、职业的选择、被中断的职业生涯，还有女性的自我选择所导致的。
- 另外一些经济学家强调，歧视是导致女性较低经济地位的根本原因；歧视结果有助于解释女性所做的经济选择。
- 在控制了非歧视性因素后，实证研究者发现性别和种族的收入差距中还存在大量无法解释的部分；很多研究人员把大部分残差归因于歧视性。
- 关于怎样成功地将歧视结果分离出来，实证研究方面一直存在争议。

思考题

平均来说，女性在培训的数量和质量上均比男性低，与此同时需要高水平培训的工作支付的薪酬也比较高。联系“快速回顾”中的前两点，考虑这些因素。（答案：参见书末。）

---

① 多达95%的大学毕业生起薪性别差异可由其大学所选专业的不同来解释。参见 Judith A. McDonald and Robert J. Thornton, “Do New Male and Female College Graduates Receive Unequal Pay?” *Journal of Human Resources*, Winter 2007, pp. 32-48。亦可参见 Catherine J. Weinberger, “In Search of the Glass Ceiling: Gender and Earnings Growth Among U. S. College Graduates in the 1990s,” *Industrial and Labor Relations Review*, October 2011, pp. 949-80。

② Barbara R. Bergmann, *The Economic Emergence of Women*, 2nd ed. (New York: Palgrave Macmillan, 2005), p. 54.

14.7　反歧视政策和问题

政府可能通过一些途径去抨击职业歧视问题。[①] 最常用的一种方法是采取适当的货币和财政政策来达到紧缩劳动力市场的目的。一方面，扩张的经济使雇主们沉浸于歧视偏好的成本高昂。另一方面，紧缩的劳动力市场有助于克服歧视这一陈规陋习。例如，第二次世界大战期间过度的充分就业同时为少数族裔和女性带来了新的劳动力市场就业机会，并且清楚地表明，女性和黑人都能很高效地完成工作。此前，这些劳动力市场对他们一向是关闭的。

第二种通用的方法是，针对被歧视人群增加他们受教育和培训的机会。例如，提高黑人所受到教育的数量和质量，将会增强他们与白人的竞争力。

第三个也是最简单的处理歧视问题的方法是政府的直接干预。我们将聚焦于这方面的政策分析。

政府直接干预强调的是对少数族裔和女性平等的就业机会。其目的是通过禁止一些在招聘、晋升和薪酬方面的行为，直接处理劳动力市场的不平等。表 14-4 给出了相关立法和政策的摘要。

表 14-4　　关于性别和种族的反歧视法律与政策摘要

《1963 年同工同酬法案》
规定男性和女性在相同或高度相似的工作情况下要获得同样的薪酬。
《1964 年民权法案》第 7 章
旨在消除在招聘、晋升、解雇和薪酬方面针对种族、性别、肤色、宗教和国籍的歧视。
行政命令（1965—1968 年）
禁止联邦合约商针对员工的种族、性别、肤色、宗教或者国籍进行歧视；需要公司对于女性和少数族裔的不录用情况进行确实的纠偏行动计划。

14.7.1　《1963 年同工同酬法案》

《1963 年同工同酬法案》（Equal Pay Act of 1963）是第一个主要的处理性别歧视的联邦法案。此法案规定，在男性和女性"做同样的工作，且这份工作是在相似的工作条件下，需要同等的技能、努力和责任来完成"的情况下，雇主付给男性和女性不同的工资率将被视为违法。

虽然《1963 年同工同酬法案》是立法的一个里程碑，但是它没能全面处理关于性别歧视的各个方面。特别是，通过很多例子，我们已经看到女性员工被职业隔离所困扰。一个带有歧视性思想的雇主，通过实行严格的职业隔离——在同一份工作中不同时雇佣男性和女性，就可以轻松地规避这项法案的规定。而事实上，雇主雇佣的全是男性将完全符合该项法律。

① 有关反歧视政策的更详细讨论，参见 Barbara Bergmann，*The Economic Emergence of Women*，2nd ed.，chaps. 7 and 8，op. cit.，and her *In Defense of Affirmative Action*（New York：Basic Books，1996）。

14.7.2 《1964年民权法案》

《1964年民权法案》（Civil Rights Act of 1964）第7章是美国反歧视政策的核心。这项法案不仅适用于歧视性工资，还适用于在招聘和晋升方面的歧视。特别是，这项法案规定，任何雇主“因种族、肤色、宗教、性别或者国籍原因，拒绝雇佣或解雇任何个人，或者在补偿、条款、条件、权利或者就业方面进行歧视”将被视为违法。通过要求在招聘、解雇、晋升和补偿（包括附加福利）方面的平等对待，这项法案从根本上剥夺了雇主合法实行蓄意歧视的权利。经过修订，这项法案适用于所有雇佣15人及以上数量的州际贸易公司、所有会员在15人及以上数量的工会、教育机构、州和地方政府、联邦代理机构。这项法案主要由平等就业机会委员（EEOC）监督执行。

14.7.3 行政命令和联邦合同

1965年和1968年颁布的行政命令，旨在消除所有持有政府合同的公司或其他机构可能实行的歧视性政策。因此1968年的行政命令明确指出：

> 合同商不能因种族、肤色、宗教或国籍对雇员或求职者进行歧视。合同商必须采取积极的行动以确保求职者被录取，且不能因种族、肤色、宗教、性别或国籍对雇员在职期间实施不公平待遇。这些行动包括但不局限于以下几方面：就业、升职、降职或者调动；招聘或者招聘广告；解雇或者终止合同；工资率或者其他形式的补偿；培训的选择，包括学徒。

修订后，行政命令要求拥有总价值在50 000美元及以上合同的公司开展**积极行动计划**（affirmative action program）。如果在检查中发现某公司对女性和少数族裔的录用比例低于该公司可提供的数量，该公司必须制定相应的详细计划以增加女性和少数族裔员工的雇佣数量。行政命令中还包括1986年和1987年制定的一系列重要决策，例如，增加纽约市的炼钢工人、克里夫兰的消防员以及亚拉巴马州的警察等，最高法院支持反歧视行动的合法性。虽然最近法院的决议支持反歧视行动的合法性，但却限制了它的范围。例如，2003年法院裁定，密歇根州的大学给每一位少数族裔大学本科申请人提供增加20分的政策，但前提是这些少数族裔必须达到150分的录取线，而这实际是违反宪法的。法院规定，拥有单独录取程序的密歇根大学法学院，只需保证少数族裔学生的数量不低于“临界数量”就可以。在政治舞台上，20世纪90年代，加利福尼亚州和华盛顿州的选民通过了一项宪法修正案，这项修正案旨在结束所有在政府雇佣、缔结合约以及公共教育方面所给予性别和少数族裔优惠的州计划。佛罗里达州和密歇根州也分别在2000年和2006年颁布了类似禁令。可以说，积极行动计划已经受到了法律和政治的攻击。

工作世界14-6

世界精心策划的平等

直到最近，在美国，大型交响乐团的成员大部分都是由音乐总监一一挑选的。虽然招聘过程包含在指挥和部门主管面前的试演，但是大部分应聘者都是一小批教员的男性学生。结果就是，典型的交响乐团女性成员不到 10%。

在 20 世纪 70 年代和 80 年代，管弦乐团改变了招聘程序使其过程更加公开和具有系统性。岗位空缺被广泛宣传，听力委员会被扩大至包含乐团成员。为了增加平等性，他们利用从天花板上垂降下来的大型幕布，来隐藏试演人员的身份。一些管弦乐团甚至在舞台上使用地毯来消除可能显示应聘者身份的脚步声。

在改变招聘程序之后，大型交响乐团的女性成员比例有了大幅提高。在排名前五的管弦乐团中，女性成员比例从 20%上升到 35%。新招聘成员中女性的比例甚至会更高。这项实证研究显示 1/4～1/3 的女性成员的增加要归功于在试演过程中幕布的使用。

资料来源：Claudia Goldin and Cecilia Rouse，“Orchestrating Impartiality：The Impact of ‘Blind’ Auditions on Female Musicians，” *American Economic Review*，September 2000，pp. 715-41.

14.7.4 反歧视政策起作用了吗？

在过去的 40 年中，黑人和白人之间、女性和男性之间的收入比率已经有所增长。[①] 那么这些比率的增长中有多少是反歧视政策导致的呢？在做评估之前，把反歧视政策的影响从其他可能影响女性、黑人以及白人的相关经济地位的因素和政策中分离出来是很重要的。

除了反歧视政策之外，还有三个可能引起黑人和白人之间收入比率明显增长的因素[②]：第一，在此期间，黑人相对于白人所受到的教育质量有所增加。一项研究表明，5%～20%收入比率的增加是由于教育质量的提高。[③] 第二，黑人平均入学率相对白人增长得更多。据估计，这种入学率的增长在收入比率的增长中起到了 20%～25%的作用。[④] 第三，低收入黑人在劳动力市场上的参与率大幅下降，导致了现有工作者收入比率的增加。据估计，这项因素在收入比率的增长中起到了 10%～20%的作用。[⑤]

在黑人与白人收入比率的增长中，有 35%～65%是原因不明的。收入比率增长中的这部分不明原因很难直接归因于反歧视政策。然而，有两个因素显示，反歧视政策起到了很重要的作用。第一，大部分收入比率的增长发生在 1960—1975 年，这个时间段正是反歧视政策制定完成的时候。第二，收入比率增长的最大部分发生

① 值得注意的是几乎所有黑人与白人之间收入比率的增长都发生在 20 世纪 60 年代到 70 年代早期，而大部分女性和男性之间收入比率的增长发生在 20 世纪 80 年代到 90 年代早期。

② 想更多地了解这些因素，参见 John J. Donohue Ⅲ and James J. Heckman，“Continuous versus Episodic Change：The Impact of Civil Rights Policy on the Economic Status，” *Journal of Economic Literature*，December 1991，pp. 1603-43。

③ David Card and Alan B. Kreuger，“School Quality and Black-White Earnings：A Direct Assessment，” *Quarterly Journal of Economics*，February 1992，pp. 151-200.

④ James P. Smith and Finis Welch，“Black Economic Progress after Myrdal，” *Journal of Economic Literature*，June 1989，pp. 519-64.

⑤ Donohue and Heckman，op. cit. 有关选择性退出劳动力市场的影响研究，参见 Amitabh Chandra，“Labor-Market Dropouts and the Racial Wage Gap：1940-1990，” *American Economic Review*，May 2000，pp. 333-38。

在南方，而那里正是反歧视政策最初集中实施的地方，也是收入差距最大的地方。[①]

实证研究对积极行动计划的态度是肯定的。[②] 伦纳德[③]从一系列研究中推断出，在1974年和1980年间，反歧视行动带来了少数族裔和女性就业机会的增加，但是这种进步在20世纪80年代很大程度上停止了。具体来说，他在超过68 000家公司中，统计比较了这些公司在劳动力人口构成上的变化，通过控制其他可能给人口构成带来变化的因素，分离出反歧视行动的作用。1974年至1980年期间，在被实施反歧视行动的公司中，女性和少数族裔的就业比例，比不受这项规定约束的机构增长得更加迅速。在实施反歧视行动期间，市场对于黑人男性的需求增加了6.5%，对少数族裔男性的需求增加了11.9%，对白人女性的需求增加了3.5%。

但是在20世纪80年代里根执政期间，当政府的执法力度减缓时，反歧视行动的积极影响明显消失了。伦纳德认为，在排除其他因素之后，1980—1984年，在实施反歧视行动的公司中，黑人就业比例的增长实际上慢于不被法律约束的公司。

最后的结论：我们可以相当确信地认为，争议不仅涉及反歧视政策的范围和技术，还将涉及这些政策的实际效果。[④] 但是这些争论不应该混淆一个清晰的事实，那就是在美国，职业歧视会继续影响劳动力的供给和需求——因此也会影响到工资率和劳动力的配置。关于歧视政策和非歧视政策的理解对于理解劳动力市场运行这一现实概念，是至关重要的。

本章总结

1. 实证研究数据表明：(1) 全职女性和黑人员工的收入明显地少于白人男性员工；(2) 黑人的失业率高于白人；(3) 由于性别和种族的原因，职业的分布差异明显；(4) 在人力资本的获取上存在性别和种族的差异；(5) 在每一教育水平上，女性和黑人的总收入都低于白人男性。

2. 当女性或黑人员工拥有和男性或白人员工同样的能力、受教育水平、培训和经历，但在招聘、职业准入、晋升或工作比例上却受到不平等待遇时，这就意味着发生了歧视。

3. 劳动力市场的职业歧视包括工资歧视、雇佣歧视、职业歧视和人力资本歧视。

4. 贝克尔报告称，一些白人雇主存在歧视偏好，这种偏好可以用歧视系数 d 来衡量。当黑人的工资率与白人工资率的差距大于 d 时，这类白人雇主会雇佣黑人。在供给和需求的形式上，歧视偏好模型表示：(1) 职业歧视系数的下降将会增加黑人和白人之间的工资比率，还会增加黑人的雇佣量；(2) 黑人与白人之间的工资差异与黑人的供给直接相关。

5. 统计性歧视理论表明，想要取得关于求职者潜在生产力的详细信息成本是高昂的，追求利

---

① Donohue and Heckman，op. cit. 有关联邦反歧视努力使黑人经济地位提高的更多证据，参见 Kenneth Y. Chay，"The Impact of Federal Civil Rights Policy on Black Economic Progress：Evidence from the Equal Employment Opportunity Act of 1972，" *Industrial and Labor Relations Review*，July 1998，pp. 608-32。

② 有关反歧视行动计划影响的调查，参见 Harry J. Holzer and David Neumark，"Affirmative Action：What Do We Know?" Journal of Policy Analysis and Management，Spring 2006，pp. 463-90。

③ Jonathan S. Leonard，"The Impact of Affirmative Action on Employment，" *Journal of Labor Economics*，October 1984，pp. 439-63；and Leonard，"Women and Affirmative Action，" *Journal of Economic Perspectives*，Winter 1989，pp. 61-75.

④ 有关反歧视行动7个误解的讨论，参见 Roland G. Fryer Jr. and Glenn C. Loury，"Affirmative Action and Its Mythology，" *Journal of Economic Perspectives*，Summer 2005，pp. 147-62。

润的雇主会利用个体所属群体的特征做出雇佣决策。因为群体是由很多不同个体组成，紧紧依靠群体特征就对个体进行评价，可能导致对特定个体的歧视。

6. 排挤模型主要聚焦于职业隔离问题。利用供给和需求原理的分析，该模型表明，职业排挤导致女性（黑人）获得较低的工资，而男性（白人）获得较高的工资，同时带来国内生产总值的净损失。职业隔离指数衡量的是，为达到同样的职业分配比例，需要转换工作的女性或男性的比例数。自 1973 年以来美国职业隔离指数已有显著下降。

7. 基于性别或种族的收入差距，其根源是歧视本身还是女性或黑人自我选择的结果，学者们在这一问题的探讨上存在很大争议。

8. 经济学家发现，一些非歧视因素有助于解释性别和种族方面的收入差距。然而，即使把这些因素考虑在内，对于黑人和女性而言，仍然存在很大的收入劣势无法解释。很多经济学家将这些原因不明的收入差距归因于歧视。

9. 政府通过反歧视的立法、政策和建议直接干预劳动力市场，这些干预手段主要包括：《1963 年同工同酬法案》、《1964 年民权法案》第 7 章以及适用于联邦合约商的行政命令。

10. 统计学上的证据显示，反歧视政策已经减少了关于种族方面的收入差距。还有证据表明，积极行动计划已经增加了受影响企业中黑人的就业和收入。

习题和学习建议

1. 全职女性员工的周薪和男性员工相比，大致的趋势是什么？哪些因素可以解释这种趋势？

2. 相比男性，女性成功地做到了增加她们受教育的数量，现在，女性和男性的平均受教育年限基本接近。人力资源理论预测，这些将缩小男性和女性之间的收入差距。然而事实上，这种情况并没有发生。你怎样解释？

3. 在贝克尔的歧视偏好模型中，歧视系数 d 是什么意思？如果一个白人雇主的 d 的货币价值 6 美元，当黑人和白人的实际工资率分别 16 美元和 20 美元时，这个雇主是会雇佣黑人员工还是白人员工？请解释原因。在贝克尔的模型中，黑人劳动力的供给减少，会对黑人和白人之间的工资比率，以及对黑人的就业产生什么样的影响？使用这个模型阐释雇主偏见增加的经济影响。这个模型暗含的基本公共政策是什么？

4. 统计性歧视是什么？它为什么会产生？统计性歧视理论显示，歧视将无限期地持续下去，然而，歧视偏好模型则显示歧视终将趋于消失。解释其中的差异。

5. 使用简单的市场供给和需求分析来解释，职业隔离或者就业拥挤对于男性和女性工资比率的影响。消除职业隔离的话，谁会获利，谁又将遭受损失呢？解释下面这段论述：“一个不存在性别歧视的劳动力市场会在整个经济运行中更有效地配置劳动力，生产率较高。”

6. 解释以下一段论述，“在歧视偏好模型中，即使实施的代价高昂，但是歧视仍然存在。然而在统计性歧视模型中，可以清晰地看到歧视是需要付出代价的。”

7. 假设男性和女性的职业分布如下所示：

职业	男性（%）	女性（%）
E	60	5
F	20	5
G	10	40
H	10	50

计算职业隔离指数，并且解释它的意义。比较指数分别为 0.40，1.00 还有 0 的意义。当运用于性别时，随着时间的推移，这个指数会发生明显的变化吗？

8. 以下的论述是正确的还是错误的？如果它是错误的，请解释原因。“白人女性和黑人男性的失业率明显高于白人男性。”

9. 表 14－2 显示，在同样的教育水平下，基于性别和种族的收入差距十分明显。哪些非歧视因素可能解释男性和女性之间的收入差距、黑人和白人之间的收入差距？你认为非歧视因素能够解释表中所有的收入差距吗？

10. 歧视是通过哪些途径重新分配国民收入的？它是如何减少国民收入的？

11. 关于某些退休金政策存在相当大的争议。在这些退休金政策计划中，男性和女性做出了同样的贡献，但特定补偿计划中每月付给女性的津贴要比男性少，原因是女性的平均寿命比男性长。这是不是一种歧视？请解释。在一般情况下，在大多数形式的战斗中禁止使用女性军人。你赞成这项禁令吗？

12. 一直存在这样的争论，那就是为了纠正过去歧视导致的不平等现象，黑人和女性应该在就业和晋升上得到优先权。你赞成吗？在著名的巴基（Bakke）案例中，原告方辩称，他被不公平地拒绝进入医学院，是因为在配额制度下，低水平的黑人申请者被给予了优惠。评估原告方的论点："对某一个体或群体的优惠必然造成对其他个人或群体的歧视。"你赞成吗？

13. "男性和女性之间的工资差异没有反映歧视，而是个体在工作连续性、教育和在职培训等方面的自我选择造成的。"请解释你赞成或者否定的原因。

14. 一些经济学家认为，相比白人，最低工资所造成的失业对黑人影响更大。请解释为什么会这样。

15. 批判性地评估以下每一条论述：

a. "积极行动计划并没有起到作用；没有证据显示它提高了黑人和女性的就业和工资。"

b. "男性和女性之间经济平等的最大障碍是婚姻和孩子。"

16. 虽然在过去的30年里，劳动力市场提供的机会对女性显著增加了，但是贫困却越来越集中在女性。你怎样调和这两种发展呢？

互联网练习

女性和男性之间的收入比率发生了怎样的变化？

搜索美国人口普查委员会历史收入网站（www. census. gov/hhes/www/income/data/historical/index. html)．在当前人口调查标题上，点击"People"，然后点击"Women's Earnings as a Percentage of Men's Earnings by Race and Hispanic Origin"。这将会检索出历史上一系列女性/男性收入比率的平均值。1979年、1995年还有最近这些年收入比率是怎样的？1979年和1995年的比率之间发生了怎样的变化？什么可以解释这种变化？在1995年和最近这些年比率之间发生了怎样的变化？

互联网链接

哈佛大学的项目隐含（Project Implicit）的网站（https：//implicit. harvard. edu/implicit/research）上有一个小测验，范围从宠物到种族，有超过90道题，可以测试出一个人有意识的和无意识的偏好。

美国平等就业机会委员会的网站（www. eeoc. gov）提供了关于反歧视法律的详细信息。

许多非营利组织建立的目的是反歧视，包括反诽谤联盟（www. adl. org）、全美女性组织（www. now. org），以及全美有色人种促进协会（www. naacp. org）。

第15章 工作搜寻：外部和内部

劳动力市场上存在大量更换工作的现象。将近 2/3 的年轻人在参加工作后的前 5 年内会为 3 个及 3 个以上雇主工作。[①] 近 20%的雇员为当前雇主工作不满一年。[②] 除了通过改变雇主更换工作以外，个人也会在雇主控制的企业内部更换工作。

个人由于种种原因寻找工作。厂商可能会因消费者对其产品需求的下降而解雇工人，这些被解雇的工人就需要寻找新的工作。刚毕业的高中生和大学生将会寻找他们第一份稳定的工作。为抚养孩子退出劳动力队伍的工人可能重返劳动力市场。工人可能寻找与自己能力更为匹配的工作。[③] 对于某一职业，其收入和工作条件在同一城市甚至同一企业内部存在巨大差异。[④] 因此，工人将会寻找那些能为他们提供更高工资和更好工作条件的工作。

我们有关工作搜寻过程的讨论将按如下顺序进行：首先，分析工人如何尝试从新雇主那里寻找工作（外部工作搜寻）。其次，讨论厂商内部的工作搜寻问题（内部工作搜寻）并在某些细节上展开对内部劳动力市场理念的讨论。

15.1 外部工作搜寻

劳动力市场的两个主要特征有助于个人搜寻最好的工作机会，并有助于厂商搜寻合适的员工填补职位空缺。首先，正如我们早些时候讨论工资结构（第 8 章）时所指出的，工人和工作具有高度异质性。即使个人可能拥有相似的教育水平、培训和经验，但是其个性、动机层次、能力和居住地差异巨大。工作也往往各具特色；

---

① Henry S. Farber, "The Analysis of Interfirm Worker Mobility," *Journal of Labor Economics*, October 1994, pp. 554-93.

② Henry S. Farber, "Mobility and Stability: The Dynamics of Job Change in Labor Markets," in Orley Ashenfelter and David Card (eds.), *Handbook of Labor Economics*, Volume 3B (Amsterdam: North-Holland, 1999).

③ 对工作匹配过程的分析，参见 Boyan Jovanovic, "Job Matching and the Theory of Turnover," *Journal of Political Economy*, October 1979, pp. 972-90; Derek Neal, "The Complexity of Job Mobility among Young Men," *Journal of Human Resources*, April 1999, pp. 237-61; and Shintaro Yamaguchi, "The Effect of Match Quality and Specific Experience on Career Decisions and Wage Growth," *Labour Economics*, April 2010, pp. 407-23。

④ 对工资中变量的证明，参见 Stephen G. Bronars and Melissa Famulari, "Wage, Tenure and Wage Growth Variation within and across Establishments," *Journal of Labor Economics*, April 1997, pp. 285-317。

即使对同类工人，雇主也会支付不同的工资，提供不同的晋升机会和不同的工作条件。

其次，有关工人和工作异质性的市场信息是不完全的，需要花时间去获取。因此，工作搜寻者——他们中的很多人在别的地方没有工作——和潜在的雇主发现，搜寻对方的信息来改善交易条件符合自身的利益。那些没有就业但正在积极寻找工作或搜寻工作的人就是官方统计的失业者。因为劳动力在劳动力市场和工作之间持续流动，所以失业者存量的减少和补充会同时发生。[①]

获取工作信息要考虑预期收益和成本。下面我们根据**工作搜寻模型**（job search model）对这两个方面进行考察。[②] 假设工作搜寻者已失业并正在寻找工作。[③] 另假设此人已经认识到工作和雇主的异质性、市场信息的不完全，以及与其搜寻职业相匹配的可能的工资报价范围。我们进一步假设此人面临的工资分布如图15-1所示。这一频率分布图可做如下解读：横轴表示不同水平的工资报价，越向右工资报价水平越高；纵轴表示每一工资水平上工资报价的相对频率。例如，工资报价水平最低的 $a \sim b$ 区间所对应的相对频率为0.05。换句话说，有5%的工资报价落在该区间内；同样，有15%的工资报价落在略高的 $b \sim c$ 区间内，30%的工资报价落在更高的 $c \sim d$ 区间内等。

接下来，我们假设此人能够大致估计出工资报价频率分布的均值和方差，却无法知道哪个雇主会有职位空缺或哪个雇主会提供哪种工资水平。换言之，工人知道这副牌是什么样，但这副牌的顺序已经被彻底打乱了。[④]

工作搜寻对该工人有什么好处呢？由于该工人失业，他不可能立即获得工作机会，工作搜寻可以使人们获取工资报价信息，并可以提高人们发现图15-1右侧分布区域工资报价机会的可能性。

获取工作信息的成本包括哪些？包括诸如在报纸和其他出版物上发布求职广告的费用、支付给职业介绍所的费用，以及面试的往返交通费，等等。此外，工作搜寻还包括重要的机会成本。例如，假设某人在某一时间搜寻某一工作机会，他可能找得到也可能找不到，如果找得到，则要么接受这一工作机会，要么拒绝并继续寻找其他工作机会。如果他拒绝这一工作机会，这一工作机会就会失去，因为大多数工作机会不能被存储。因此，持续搜寻工作的主要成本是放弃已知的最好工作机会的收益，随着搜寻的工资水平的提高，继续搜寻的边际成本也会上升。

人们在接受或拒绝某一特定工资水平时采用什么样的决策机制呢？一种方法是设立保留工资（第2章），或**可接受工资**（acceptance wage），在这种情况下，人们

---

① 参见第18章有关失业定义和劳动力市场存量-流量模型更为完整的讨论。

② 对于工作搜寻模型的非技术讨论和经验估计，参见 Adam M. Zaretsky and Cletus C. Coughlin, "An Introduction to the Theory and Estimation of a Job Search Model," *Federal Reserve Bank of St. Louis Review*, January-February 1995, pp. 53-65。

③ 只有大约20%的新雇员直接来自另外一份工作。用被雇佣工人来分析工作搜寻的研究，参见 Joseph R. Meisenheimer Ⅱ and Randy E. Ilg, "Looking for a 'Better' Job: Job Search Activity of the Employed," *Monthly Labor Review*, September 2000, pp. 3-14。

④ 参见 Arthur M. Okun, *Prices and Quantities: A Macroeconomic Analysis* (Washington, DC: Brookings Institution, 1981), p. 27。

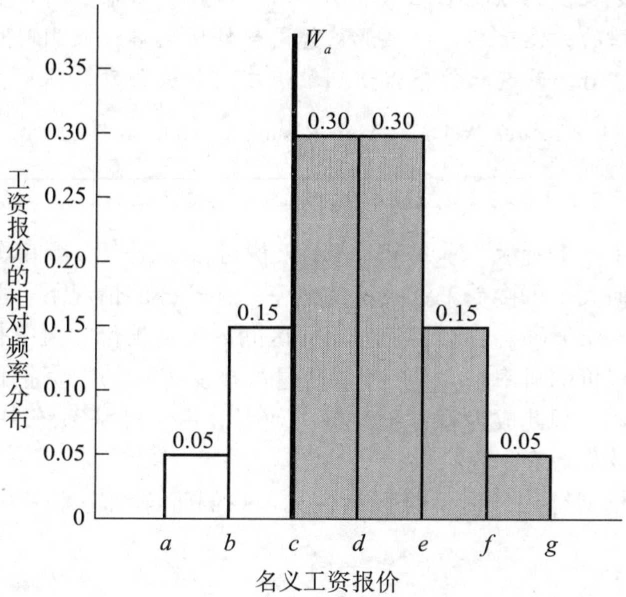

给定名义工资报价的频率分布和个人可接受工资报价 W_a，他将拒绝接受所有低于 c 的工资报价，而接受任何介于 c 和 g 之间的工资报价。超过可接受工资的工资报价的概率为 80%（0.30+0.30+0.15+0.05）。此人在寻找可接受工资报价期间将处于失业状态。

图 15-1　工资报价、可接受工资和失业

将拒绝接受任何低于保留工资水平的工作。但是，人们如何合理地选择这一工资水平呢？从理论上讲，如果一个人知道图 15-1 的频率分布图，并能估计出找到新工作机会的成本，那么他就能找到使工作搜寻的预期边际收益（MB）等于预期边际成本（MC）的工资水平。如果工作搜寻者可获得的小时工资报价高于其可接受工资，他会觉得继续搜寻工作是不划算的（MB<MC）；如果可获得的工资报价低于其可接受工资，他将拒绝接受并继续搜寻新的工作机会，因为继续搜寻的预期边际收益大于预期边际成本（MB>MC）。

工作世界 15-1

工作搜寻与软件筛选

互联网的爆炸性增长正在改变工作搜寻过程。现在申请一个工作职位比过去容易得多，因为只需轻点几下鼠标就可以在网上提交申请。结果，通过网络在线向雇主申请工作职位的求职者数量飙升。例如，2011 年，星巴克收到了 760 万份简历来竞聘其提供的 6.5 万个职位空缺，宝洁公司收到了近 100 万份简历来竞争其提供的 2 000 个职位空缺。然而，招聘人员却表示过半的在线求职申请者不具备空缺职位所要求的基本技能。

目前，绝大多数大公司通过计算机软件来筛选求职者简历，以处理数量庞大的求职申请和识别出最有潜力的求职者。筛选软件通过快速扫描简历捕捉到求职者的关键信息、前任雇主、工作经历以及就读学校。然后，通过软件程序给求职申请者排序。最后，那些得分高的求职申请者将由招聘经理通过面试进行评价，而其他人则直接被淘汰。

筛选软件确实存在一些问题。如果求职申请者将用人单位的名称列在了工作年限之后而不是之前，筛选软件就可能把他的求职简历给漏掉。如果一位优秀的求职者在简历中遗漏了所求职位空缺的关键信息，他可能被筛选软件所忽略。使用筛选软件筛选简单和流线型的简历效果非常好。筛选软件难以识别配有图表的有创意的简历并给予其很低的排序。

资料来源：Based on Lauren Weber，"Your Resume vs. Oblivon，" *The Wall Street Journal*，January 24，2012.

如图 15－1 所示，垂线 W_a 表示最优可接受工资。频率分布图中阴影部分的面积表示任何大于可接受工资报价的概率。在这样的情况下，其概率是 80%（0.30＋0.30＋0.15＋0.05）。此人接受 c～g 区间内工资报价的概率是 100%，接受 0～c 区间内工资报价的概率是 0。在搜寻超过可接受工资的工资报价期间，此人一直在积极寻找工作，因此成为官方统计的失业者。由于经济系统中劳动力流动的持续性，这种类型的失业会一直存在。

搜寻模型有几个重要的引申含义，我们将详细考察其中两个并简要列出其他几个。

15.1.1 通货膨胀与工作搜寻

通货膨胀是否会改变人们搜寻工作的时间长度？要回答这个问题，我们首先假设通货膨胀率为 0，经济运行在产出与就业的自然水平上，假设扩张性的财政和货币政策增加了总需求，以致一般物价水平上升了 5%，再假设名义工资报价的提高与物价水平的上升相匹配，以致实际工资报价保持不变。

图 15－2（a）再现了前面讨论的工资报价频率分布，与前面表示的一样，给定可接受工资 W_a，工作搜寻者将会接受任何高于可接受工资的工资报价的概率是 80%。但是现在从图 15－2（b）中可以观察到，整个频率分布已向右移动，这是因为现在的名义工资报价比以前提高了 5%。这一移动将会对求职者的工作搜寻时间长度产生什么样的影响呢？让我们来考察两种截然不同的情况。

■ 预期通货膨胀

如果图 15－2 中描述的工作搜寻者能够完全预期到 5%的通货膨胀率，他只需把自身的可接受工资提高 5%就可以保持实际工资不变。在图 15－2（b）中体现为垂线 W_a 右移到 W'_a，在这种情况下，该工人预期上升的 5%的通货膨胀率与增加的 5%的名义工资相抵消，这样使得可接受工资报价的概率仍保持在 80%（0.30＋0.30＋0.15＋0.05）。

总结：当实际通货膨胀率与预期通货膨胀率相一致时，工作搜寻者将不受通货膨胀的影响。工作搜寻的平均时间长度保持不变，因此，失业率也将维持在自然失业率水平上。

■ 非预期通货膨胀

假设目前的通货膨胀率为零，工作搜寻者预期物价持续稳定，再假设在短期内，此人没有根据实际较高的通货膨胀率调整其预期。在这种情况下，5%的通货

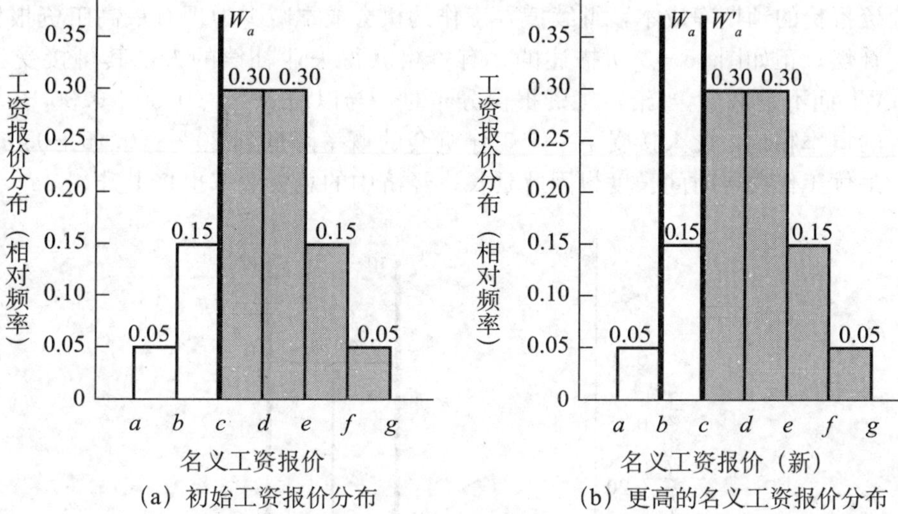

非预期通货膨胀导致更高的名义工资报价，工资报价频率分布图从图（a）变化为图（b）。由于此人初始可接受工资仍保持在 W_a，他很可能接受下一个工资报价——概率是 95%比 80%——因此工作搜寻时间将减少。但是，一旦人们意识到名义工资报价扣除物价因素没有以前高，他们将调整自身的可接受工资（例如从 W_a 调整到 W'_a），其工作搜寻时间长度也恢复到正常水平。

图 15-2　非预期通货膨胀对工作搜寻的影响

膨胀率将会导致该工作搜寻者减少其搜寻时间，结果，失业率将暂时下降到自然失业率水平以下。

这很容易从图 15-2 中看出来。如果预期通货膨胀率为零，个人认为可接受工资为 W_a，但是 5%的通货膨胀率使工资报价分布右移（如图 15-2（b）所示）。我们可以观察到，新的可接受工资报价的概率由原来的 80%增加到目前的 95%（0.15+0.30+0.30+0.15+0.05）。此人用于工作搜寻的时间也因此减少，如果这种情况普遍发生，失业率将会下降。但是根据**适应性预期理论**（adaptive expectations theory），失业率下降只是暂时的。从长期来看，工作搜寻者将会调整他们对将来通货膨胀的预期以应对 5%的实际通货膨胀率，因此他们将提高可接受工资水平并延长工作搜寻时间，以致失业率重新回归到自然失业率水平。

总结：超过预期的实际通货膨胀率可能使失业率暂时降到自然失业率水平以下。

15.1.2　失业补偿与工作搜寻

搜寻模型的第二个主要含义是：由政府、以前的雇主或者两者共同提供的失业补偿是否会使失业者以较低的净成本去搜寻更高的工资报价。① 回想一下，人们的可接受工资是建立在额外工作搜寻的预期收益恰好等于预期成本之上的。不难理

① 这并不表明失业补偿是不可取的。事实上，这些支付的一个明确目的就是让工人能够找到与自身技能和经验相匹配的职位，而不是被迫为了经济需要从事学非所用的工作。此外，大多数失业表现为临时性解雇，并且失业补偿可以缓解工人等待召回期间的收入下降。

解，失业补偿的存在提高了人们的可接受工资水平，因为它降低了人们搜寻较高工资报价的预期净成本，继续搜寻工作的机会成本减少为现有最高工资报价减去失业补偿。正如图15－3所描述的，有资格获得失业补偿的人，其可接受工资可能是W'_a而不是W_a。当给定工资报价分布时，与以前80％（0.30＋0.30＋0.15＋0.05）的概率相比，此人接受下一个工作机会的概率降低到20％（0.15＋0.05）。此人的最优工作搜寻时间长度也因此延长，经济中的总失业率也将上升。

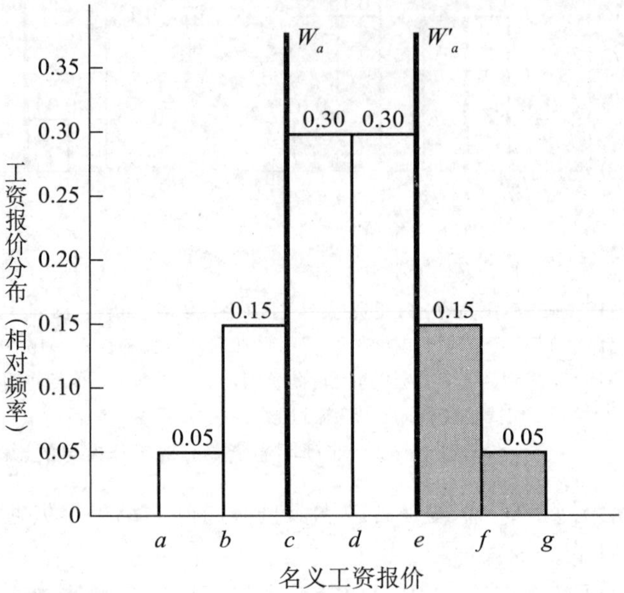

失业补偿降低了拒绝现有工资报价和继续搜寻更高收入工作的净机会成本，从而使人们提高了其可接受工资。如图所示，工作搜寻者的可接受工资从W_a提高到W'_a意味着，在接下来的工作搜寻中其获得可接受工资报价的可能性将会从80％下降到20％，工作搜寻时间长度以及失业数量也会因此而上升。

图15－3 失业补偿对失业的影响

15.1.3 工作搜寻的其他含义

让我们粗略地考察一下工作搜寻模型的其他几个含义。第一，潜在的工人也许不接受最初的工作机会，甚至去搜寻低于其可接受工资的工作。这一事实有助于解释在总体失业率相当高的情况下，还存在大量无人填补的职位空缺。第二，在其他条件相同的情况下，预期的工作期限越长，一个人的可接受工资就越高。例如，假设某人期望从事某一份新工作20年，在这种情况下，搜寻高工资报价的预期收益和可接受工资都比期望仅从事一份1～2个月的新工作要高。第三，经济中偶然的机遇对工资和收入分配会产生一定的影响（第16章）。一个人在第一次工作搜寻尝试时可能得到了工资报价频率分布中的最高工资报价；而另一个人可能得到了较低的工资报价，继续搜寻，最终接受高于可接受工资但低于工资报价频率分布中的最高工资的工资报价。第四，失业率水平在某种程度上是劳动力总需求的函数。经济衰退期间，因为很少的厂商会雇佣工人，所以搜寻每一工资报价所需的时间长度将会增加。而且如果工作搜寻者认为经济衰退只是暂时性的，他们可能会保持其可接受工资，从而延长他们的工作搜寻并导致失业率上升。

15.1.4　经验证据

对工作搜寻过程的研究沿着两条主要脉络进行。一条集中在可接受工资的决定因素，另一条集中在工作搜寻时间长度。有关可接受工资方面的研究已形成了一些模式：当个人对可得到的工资报价变得更为务实时，可接受工资随失业时间的增加而降低①；当人们用尽失业救济金时，可接受工资也会下降（估计会下降 15%）②；受教育程度高的工人和工会化工人有较高的可接受工资③；黑人男性青年的可接受工资往往比白人男性青年更高④；有钱人的可接受工资会稍高一些⑤。

在对现有证据进行总结的基础上，迪瓦恩（Devine）和基弗（Kiefer）认为大多数研究发现工资报价的平均可接受率介于 80%～100%。⑥ 因此，大多数失业率的变化是由于工人接受工资报价率的变化，而不是由于其工资报价接受率的变化。

大量的经验研究表明，失业保险延长了工作搜寻过程。从平均估计来看，每月实际失业救济金平均增加 10%将会导致个人的失业持续期延长半周到一周。⑦ 其他研究与这一研究结论相一致；采用其他国家数据的研究也表明，较高的失业救济金会延长失业持续期。⑧ 延长失业救济金领取者领取失业救济金的期限，将会延长其失业持续期。⑨

---

① 参见 Nicholas M. Kiefer and George R. Neumann, "An Empirical Job Search Model with a Test of the Empirical Reservation Wage Hypothesis," *Journal of Political Economy*, February 1979, pp. 89-107。

② 参见 Raymond Fishe, "Unemployment Insurance and the Reservation Wage of the Unemployed," *Review of Economics and Statistics*, February 1982, pp. 12-17。也可参见 Rafael Lalive, "How Do Extended Benefits Affect Unemployment Duration? A Regression Discontinuity Approach," *Journal of Econometrics*, February 2008, pp. 785-806。

③ 参见 Keifer and Neumann, op. cit。

④ 参见 Harry J. Holzer, "Reservation Wages and Their Labor Markets Effects for Black and White Male Youth," *Journal of Human Resourceg* Spring 1986, pp. 157-77。尽管黑人男青年有较高的可接受工资，但这并不能解释他们较长的失业持续时间。参见 Stephen M. Petterson, "Black-White Differences in Reservation Wages and Joblessness: A Replication," *Journal of Human Resource*, Summer 1998, pp. 758-70。

⑤ 参见 Hans G. Bloemen and Elena G. R Stancanelli, "Individual Wealth, Reservation Wages, and Transitions into Employment," *Journal of Labor Economics*, April 2001, pp. 400-39。

⑥ 参见 Theresa J. Devine and Nicholas M. Kiefer, "The Empirical Status of Job Search Theory," *Labour Economics*, June 1993, pp. 3-24。

⑦ 对这些研究的一些回顾参见 Bruce D. Meyer, "Lessons from U. S. Unemployment Insurance Experiments," *Journal of Economic Literature*, March 1995, pp. 99-131。也可参见 Peter Fredriksson and Bertil Holmlund, "Improving Incentives in Unemployment Insurance: A Review of Recent Research," *Journal of Economic Surveys*, July 2006, pp. 357-86。亦可参见 Alan B. Krueger and Andreas Mueller, "Job Search and Unemployment Insurance: New Evidence from Time Use Data," *Journal of Public Economics*, April 2010, pp. 298-307。

⑧ 有关挪威和瑞典失业保险影响的证据可参见 Knut Roed, Peter Jensen, and Anna Thoursie, "Unemployment Duration and Unemployment Insurance: A Comparative Analysis Based on Scandinavian Micro Data," *Oxford Economic Papers*, April 2008, pp. 254-74。也可参见 Peter Kuhn and Chris Ridell, "The Long-Term Effects of a Generous Income Support Program: Unemployment Insurance in New Brunswick and Maine, 1940 - 1991" *Industrial and Labor Relations Review*, January 2010, pp. 183-204。

⑨ 参见 Stepan Jurajda and Frederick J. Tannery, "Unemployment Durations and Extended Unemployment Benefits in Local Labor Markets," *Industrial and Labor Relations Review*, January 2003, pp. 324-48。也可参见 Jan C. van Ours and Milan Vodopivec, "How Shortening the Potential Duration of Unemployment Benefits Affects the Duration of Unemployment: Evidence from a Natural Experiment," *Journal of Labor Economics*, April 2006, pp. 351-78。

结果，当失业救济金发放结束时，找到工作的可能性将会急剧增加。[①]

其他因素也会影响工作搜寻的持续时间。黑人往往比白人有更长的工作搜寻时间；尽管工会工人拥有较高的可接受工资，但是没有有力的证据证明他们比非工会工人持续更长的工作搜寻时间[②]；年长工人往往比年轻工人有更长的工作搜寻时间，这可能是因为他们比年轻工人面临更宽的工资报价区间，从而工作搜寻的回报更高。[③] 耐性差的人搜寻强度低，因而工作搜寻持续的时间也较长。[④]

快速回顾 15-1

正在寻找工作的失业工人，根据工作搜寻的预期边际成本和预期边际收益确定一个可接受工资。如果某一工资报价超过其可接受工资，此人将接受这一工作；如果工资报价低于其可接受工资，此人将拒绝这一工作。

思考题

非预期通货膨胀、预期通货膨胀和失业保险分别如何影响个人最优工作搜寻时间长度？（答案：参见书末。）

15.2 内部劳动力市场

新古典主义理论的严格解释引入了拍卖市场的概念，在该市场上，工人公开和持续地竞争工作岗位，相应地，厂商持续报价以吸引和留住工人。传统理论假设，作为一个机构的厂商不会对劳动力市场竞争压力构成任何障碍，它还假设厂商所雇佣的每一类型劳动力的工资率都是由市场力量决定的。因此，雇佣同一类型工人的所有厂商的工资结构都是相同的，工人可以获得与他们的技能水平相匹配的工作，并可以在厂商之间无障碍地广泛流动。

但是，传统理论的批评者和许多主流经济学家一致认为，这种描述与现实世界格格不入。例如，公立学校的教师、技术娴熟的机械师和政府官员不会面临被那些具有同等能力且愿意拿稍低薪水的人替代的境况。工人享有“工作权利”，雇主力图保持劳动力队伍的稳定。虽然在我们的经济中存在相当多的职业和地理上的流动，但是普通工人的就业实际上是相当稳定的。法伯通过测算得出，在35～64岁的工人中，35%的人已经为当前雇主工作了10年以上。[⑤] 即使对于女性来说——她们有时为获得更为满意的工作面临重重困难（第14章），也有大约

---

① 参见 Lawrence Katz and Bruce Meyer，“Unemployment Insurance，Recall Expectations，and Unemployment Outcomes，” *Quarterly Journal of Economics*，November 1990，pp. 993-1002。

② 参见 Devine and Kiefer，op. cit。

③ 参见 Solomon W. Polachek and W. Stanley Siebert，*The Economics of Earnings*（Cambridge，England Cambridge University Press，1993），pp. 235-36。

④ 参见 Stefano Della Vigna and M. Daniele Paserman，“Job Search and Impatience，” *Journal of Labor Economics*，July 2005，pp. 527-88。

⑤ 参见 Farber，1999，op. cit。

30%的人为同一雇主持续工作了 10 年以上。事实上，可能多达 50%的劳动力参与内部劳动力市场，而这一市场很大程度上可以使他们免遭外部劳动力市场的竞争压力。[①]

工作世界 15-2

长期工作消失了吗？

在上几代，工人通常在一家公司长期工作。但是，如今的工人们从未期望与当前的雇主共度余下的职业生涯。1983—2001 年，全职男性工人的期望剩余工作任期（工人期望继续为当前雇主工作的时间长度）从 18.6 年下降到 13.7 年。同样，女性工人的期望剩余工作任期也从 1983 年的 15.9 年下降到了 2001 年的 12.1 年。

在一家公司长期工作的工人比例也在不断下降。1983—2010 年，为当前雇主工作 10 年或以上的 25 岁及以上的男性工人比例下降了 3 个百分点。而相应的女性工人比例却上升了 7 个百分点。为同一雇主工作 10 年或以上的除了 65 岁以上的所有年龄组的男性工人比例都经历了一个下降过程。其中，比例下降幅度最大的是 40～49 岁和 55～59 岁年龄组的男性工人。工作任期 10 年或以上的 35～64 岁年龄组的女性工人比例呈上升趋势，而其他年龄组的女性工人比例呈下降趋势。35～64 岁年龄组女性工人从事长期工作的比例上升可能源于近几十年来不断增长的劳动力市场女性从属性，这大大抵消了减少工作任期的趋势。

什么原因导致了工作任期的减少呢？首先，从制造业部门工作到服务业部门工作的转换往往会导致工作任期减少。制造业部门工人的平均工作任期比服务业部门长两年以上。其次，过去 20 年，技术的突飞猛进减少了工作任期。1983—2000 年，经历了生产率大幅提高的产业工人往往有较短的工作任期。新技术通过用机器替代非技术工作减少了非熟练工人的工作任期，并且使技术工作更加复杂。

资料来源：Kristie M. Engemann and Michael T. Owyang，"Your Current Job Probably Won't Be Your Last," *Federal Reserve Bank of St. Louis National Economic Trends*，February 2004 Leora Friedberg，Michael T. Owyang，and Tara M. Sinclair，"Searching for Better Prospects：Endogenizing Falling Job Tenure and Private Pension Coverage," *Topics in Economic Analysis and Policy*，2006，article 14；and U. S. Department of Labor，Bureau of Labor Statistics，"Employee Tenure in 2010," News Release 10-1278，September 14，2010.

全球瞭望 15-1

工作任期

工作任期——为当前雇主工作的年限——不同国家之间相差很大，变动范围从澳大利亚的 6.4 年到波兰的 17.5 年。

---

① 参见 W. Stanley Siebert and John T. Addison，"Internal Labour Markets：Causes and Consequences," *Oxford Review of Economic Policy*，Spring 1991，pp. 76-92。

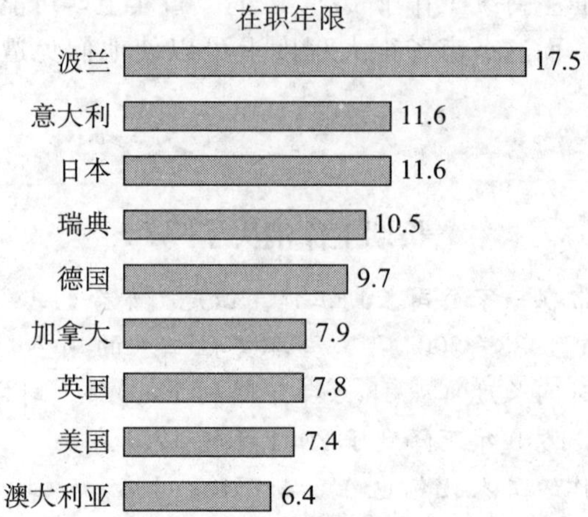

资料来源：Organization for Economic Cooperation and Development，*Employment Outlook*，July 1997，Table 5. 5.

15.2.1 内部劳动力市场的特征

什么是内部劳动力市场？这一市场如何以及为什么发展起来？它们的含义是什么？**内部劳动力市场**（internal labor market）是“一个行政单位，如制造工厂，在这一市场中劳动力的定价和配置由一系列行政规则和程序所控制”，而不是由经济变量所决定。[①] 我们发现，在许多厂商内部，或多或少都存在精心设计的工作层级结构，每一层级都会聚焦于某一技能（机械师）、某一共同职责（建筑维护）或某一特定工作（计算机）。此外，每一工作层级都包含一定的工作顺序或流程，形成了所谓的流动链或**职业阶梯**（job ladder）。如图15－4所示，新工人通常作为处于职业阶梯底层最低技能工作的实习生，进入这一职业阶梯。显而易见，工人获得的进入职业阶梯的职位称为**入口**（port of entry）。通过这一入口构成职业阶梯的一系列工作实现了与外部劳动力市场的连接。**外部劳动力市场**（external labor market）就是传统理论所说的“拍卖市场”，也就是说，为招聘工人以填补职业阶梯上的最低技能职位空缺，该厂商必须与其他厂商竞雇同类劳动力。尽管市场供求力量对决定入口职位的工资率可能起着至关重要的作用，但是在解释构成内部劳动力市场职业阶梯的其他类型工作的工资时，市场力量将被行政规则和程序所取代。需要强调的是，在内部劳动力市场上，制度化的规则和程序以及习惯和传统，对决定如何在职业阶梯上配置工人以及为他们支付什么样的工资起着决定性作用。

---

① Peter B. Doeringer and Michael P. Piore，Internal Labor markets and Manpower Analysis（Lexington，MA：D. C. Heath and Company，1971）. Doeringer and Piore 的书对内部劳动力的发展和特征进行了综述。对内部劳动力市场各方面分析的一系列论文，参见 Isao Ohashi and Toshiaki Tachibanaki（eds.），*Internal Labour Markets*，*Incentives*，*and Employment*（New York：St. Martin's Press，1998）。对内部劳动力市场理论批判性的评论，参见 George Baker and Bengt Holmstrom，“Internal Labor Markets：Too Many Theories，Too Few Facts，” *American Economic Review*，May 1995，pp. 255-59。

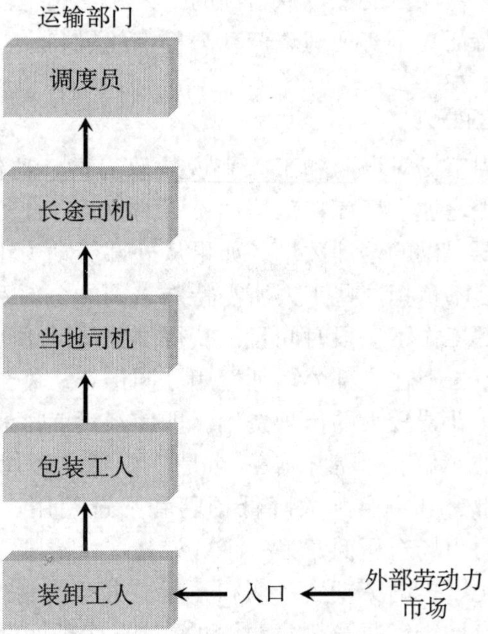

一个工人具备了职业阶梯或流动链入口处工作所需的最低技能，通常就可以进入内部劳动力市场。入口处工作的工资率将会受到当地外部劳动力市场需求和供给力量的强烈影响，而内部劳动力市场上的工资率和劳动力配置则主要由行政规则和程序所控制。

图 15-4 内部劳动力市场

资料来源：Adapted from Robert M. Fearn, *Labor Economics*: *The Emerging Synthesis* (Cambridge, MA: Winthrop Publishers Inc., 1981), p. 142.

15.2.2 内部劳动力市场存在的原因

为什么会存在内部劳动力市场呢？这一问题的基本答案是厂商在招聘和培训工人的过程中通常要花费大量的成本，通过减少劳动力的流动可以最小化这些成本。让我们首先来考虑培训问题。内部劳动力市场理论认为，许多工作技能对于各个企业来说都具有独特的适用性：

> 几乎每一项工作都需要一些特定的技能，即便是最简单的保管工作也需要通过熟悉履行该项工作的工作场所的具体实物环境才能得以推进，通过熟悉操作设备某一特殊部件将会对标准机械的常规操作有很大帮助……此外，一些生产的运行和多数管理工作都涉及团队因素，而一项关键的技能是团队既定成员之间有效合作的能力。这种能力取决于团队成员个性之间的相互碰撞，而且一个团队工作所必需的技能与另一个团队工作所必需的技能并不完全相同，从这个意义上说，个人的工作“技能”具有特殊性。[①]

个别厂商所需的特有工作技能和技术意味着工人需要在工作中获得最有效率的特殊培训，这种培训的成本由雇主来承担（第 4 章）。但为获得这些人力资本投资

① 参见 Doeringer and Piore，pp. 15-16。

的收益，雇主必须保留受过特殊培训的工人相当长一段时间。职业阶梯（内部劳动力市场的核心特征）是实现理想劳动力稳定的机制。

■ 对雇主的好处

内部劳动力市场对厂商和工人来说是双赢的，这值得进一步论述。如上所述，工人流动的减少增加了厂商特殊培训投资的收益。此外，内部劳动力市场的存在还将减少厂商需要提供的培训数量。如果从外部劳动力市场上招聘工人来填补职位空缺，厂商就不得不负担这些工人所需特殊培训的全部费用。而厂商只需通过提拔某个已在厂商内部工作了一段时间且已获得部分特殊培训并能胜任该职位空缺的内部申请者就可以省去上述大部分培训费用。同样，从外部劳动力市场上招聘工人来填补职位空缺还将花费较大的招聘费用。即使经过面试和筛选，厂商对外部劳动力市场上工人质量的了解仍非常有限。但是，厂商已经积累了大量有关现有工人的信息。因此，内部晋升将会大大降低招聘和筛选费用，并可以减少人岗错配的可能性。内部劳动力市场对厂商的另一个好处是一个清晰界定的职业阶梯的存在为现有劳动力遵规守纪、提高劳动生产率和不断追求新技能提供了激励，也就是说，内部劳动力市场将有助于解决第7章讨论的委托-代理问题。最后，内部劳动力市场的结构可以引导比较重要的雇员认同组织的目标。奥斯特曼（Osterman）宣称："这种高度承诺可能相应地引起雇员产生更加努力、更加关注质量、降低流动率以及提高劳动生产率的其他行为。"①

■ 对工人的好处

内部劳动力市场也会给那些进入该市场的工人带来好处。进入企业内部劳动力市场的工人可以得到各种形式的好处，如提高工作保障、获得工作培训与内部晋升的机会等。工人不需要离开企业去搜寻更好的工作，而只需要在构成职业阶梯的清晰界定的一系列职位上不断升迁。而且，内部劳动力市场上的工人还可以避免与外部劳动力市场上的工人进行竞争。此外，控制内部劳动力市场中工人配置与工资率的规则和程序的规范化，可以使工人免受不公正与善变的管理决策之伤害。因此，内部劳动力市场上的工人在有关解雇、晋升和获得培训机会方面更有可能享受到公正的程序与公平的待遇。②

15.2.3 工会的作用

虽然工会的存在能够加快内部劳动力市场的发展，但二者之间的因果关系相当

---

① 参见 Paul Osterman, "Internal Labor Markets in a Changing Environment: Models and Evidence," in David Lewin, Olivia S. Mitchell, and Peter D. Sherer (eds.), *Research Frontiers in Industrial Relations and Human Resources* (Madison, WI: Industrial Relations Research Association, 1992), pp. 273-337。

② 更多有关内部劳动力市场对雇主和雇员的潜在好处，参见 Peter B. Doeringer, "Internal Labor Markets and Noncompeting Groups," *American Economic Review*, May 1986, pp. 48-56。Michael J. Carter 和 Susan B. Carter 详细描述了两个研究内部劳动力市场发展的有趣案例，参见 "Internal Labor Markets in Retailing: The Early Years," *Industrial and Labor Relations Review*, July 1985, pp. 586-98。

复杂。内部劳动力市场往往引发工会化；反过来，工会又会促进或加速内部劳动力市场的发展。

一方面，一些因素促使内部劳动力市场工会化。首先，内部劳动力市场上劳动力稳定性的提高促进了工会化。一支流动的、不稳定的员工队伍是组织的一大障碍，而一支稳定的员工队伍却能形成团队精神，并且团队成员的共同不满可能导致工会化。其次，内部劳动力市场上的工人拥有特殊的培训，这赋予他们相当大的谈判权力。记住：雇主必须保留受过特殊培训的工人才能实现其在人力资本投资上的收益。而工人通过工会来表达他们的集体谈判能力是很自然的。最后，主导内部劳动力市场的行政规则和程序清晰地界定了管理决策的范围和特性，工会化是对那些管理行为与习惯规则和程序不相符情况的一个逻辑反应。

另一方面，工会的存在对于加快内部劳动力市场的发展非常重要。书面集体谈判协议的正式确立使得主导现有内部劳动力市场运行的规则和程序更加规范。

15.2.4　劳动力配置和工资结构

下面让我们更为详细地考察内部劳动力市场上的晋升过程（劳动力配置）和工资决定问题。回顾前述要点可知，在内部劳动力市场上，劳动力的配置和价格不是由市场供求力量决定的，而是由行政规则和程序决定的。因此，在其他条件大致相同的情况下，就晋升而言，通行的行政规则是，在职业阶梯的某一特定梯级上工作时间最长的工人，将被晋升到出现空缺的上一梯级上。也就是说，晋升一般由**资历**（seniority）来决定。然而，只有假定个人在试用期之后能够表现出令人满意的工作能力，由资历来决定晋升通常才是适当的。简言之，这种规则表明，晋升的“权利”属于最有经验的工人，但并不一定是来自内部或外部劳动力市场上最有能力的工人。同样，解雇也是根据资历而定：最新的工人最先被解雇（第 18 章）。

内部劳动力市场的工资结构也是由行政程序（通过习惯和传统）以及所寻求的流动方式来决定的。例如，依据图 15-4，与一个当地司机相比，成品车间包装工人的工资率应是多少？通常情况下，用工作评价系统来确定职业阶梯中每一梯级工作的工资率。**工作评价**（job evaluation）是根据一系列的工作特征和工人特质来确定工作等级及工资率的过程。表 15-1 显示了一个实例性的工作评价系统，表中为各种工作特征和工人特性赋予了相应分值，毫无疑问，这具有某种程度的主观性。这样，使用这一评价系统，赋予包装工人和司机这两项工作的实际分值分别为 50 分和 75 分，这种工作等级评价结果意味着司机的工资率应比包装工人高 50%。例如，如果包装工人的工资率是 12 美元，那么司机的工资率应为 18 美元。需要特别注意的是，在内部劳动力市场上，工资率通常与工作有关，而与从事工作的人无关。内部劳动力市场理论学者认为，事实上，劳动生产率通常与工作有关，而与从事工作的工人无关。因此，行政性的程序取代了供求力量。

内部劳动力市场一旦建立，习惯和传统就会随之介入，从而使得这一市场的工资结构具有刚性：“施行一段时间的任何工资率、工资关系或工资设定程序往往会成为一种惯例；任何变动都会被视为不公正或不公平，而且工作团队将会施加经济压力予以反对。”[①] 回顾一下公平比较的概念，我们应该注意到，习惯和刚性是围绕着工资关系而不是特定的工资率变化的。

工资结构并不仅仅由内部劳动力市场的配置功能单独决定。一个重要的约束是，工资结构必须有助于实现雇主所谋求的内部劳动力配置。“相对于那些需要吸引劳动力的工作来说，其工资必须足够高，而相对于那些需要缩减劳动力的工作来说，其工资必须足够低，从而实现期望的内部劳动力流动模式。”[②] 图15-4中包装工人的工资必须充分高于装卸工人以致后者将渴望成为前者。

表15-1　工作评价系统模型

因素		最高分
工作条件		15
噪声	5	
污垢	5	
气味	5	
对设备的责任		25
对其他员工的责任		20
技能		20
技能熟练程度	10	
经验	10	
教育		35
工作努力程度		10
总分		125

资料来源：Peter B. Doeringer and Michael J. Piore，*Internal Labor Markets and Manpower Analysis*（Lexington，MA：D. C. Heath and Company）p. 67.

15.2.5　效率问题

内部劳动力市场是否有效率是一个有趣且重要的问题。传统经济学的基本假设是，竞争压力导致劳动和其他投入要素的有效使用。当竞争激烈时，任何厂商都必须以最有效的方式把劳动和其他生产资源组合起来，否则它将会被其他有效率的厂商逐出所在行业。但是内部劳动力市场的关键特征是，除了入口处的工作之外，工人规避了竞争。内部劳动力市场的工资不是由市场力量来决定，而是由体现于工作评价中的主观行政程序等通过习惯和传统来决定。因此，正如传统经济学家所说，按照劳动生产率为各类工人支付报酬是不常见的。此外，工人的晋升（配置）也主要是依据资历，而非依据能力（劳动生产率），资历较深的工人与资历浅的工人相比，其劳动生产率可能高也可能低。这些特征表明，内部劳动力市场的存在与整个

① 参见Doeringer and Piore，op. cit.，p. 85。

② 参见Ibid.，p. 78。有关分析内部劳动力市场上工资压缩问题的研究，参见Sherwin Rosen，“The Military as an Internal Labor Market：Some Allocation，Productivity，and Incentive Problems，” *Social Science Quarterly*，June 1992，pp. 227-37。

社会的利益在配置效率上是相冲突的。

但是，出于一些原因，大多数内部劳动力市场理论学者和一些主流经济学家反驳了这一推理过程。他们认为恰恰由于内部劳动力市场及其工资结构能有效地配置劳动力，才使其能够得以存在。

首先，回顾一下，内部劳动力市场可以减少劳动力流动，从而降低培训、招聘、筛选以及雇佣成本。更为重要的是，内部劳动力市场的职业阶梯给雇主提供了大量有关工人质量的信息。因此，厂商不太可能从内部劳动力市场上选择劳动生产率低的工人进行提拔。相比之下，基于有限信息从外部劳动力市场招聘工人，则可能增加得到劳动生产率低的工人的风险。同样值得注意的是：使用资历配置劳动力并不一定与效率相矛盾。有较长工作经历的人可能是合适的晋升人选，而且内部劳动力市场上仅仅依据资历获得晋升的可能性很小。通常只有那些具有必备能力和良好业绩记录的资深员工才能得到晋升，而不仅仅是那些资历最深的员工才能得到晋升。①

其次，内部劳动力市场可能有效的第二个原因集中在静态和动态效率之间的区分上。**静态效率**（static efficiency）是指既定质量的劳动和其他资源以最有效的方式进行组合（成本最小）。而**动态效率**（dynamic efficiency）则是指由劳动与其他资源质量的改善引起的生产率的提高。目前，相关论点是内部劳动力市场提高了动态效率，这比实现静态效率更为重要。从更有效率地使用现有工人的技能中获取的收益是“一次性”收益，而从提高工人的知识和技能中获取的收益则可以无限期地持续下去。② 此外，内部劳动力市场有助于提高动态效率是因为内部劳动力市场为技能更为娴熟的资深工人提供了较多的工作安全保障，使他们愿意为那些技能较低的同事传授知识和技能。如果技能较低、资历浅的工人有能力成为高技能的资深工人所从事工作的竞争者，则后者将会对其拥有的知识保密而不传授给前者。但是，内部劳动力市场具有的资历规则和其他保障保证了不会发生这种情况。如果能够确保资深工人的优先晋升权，他们的工资将不会因更多的工人获得他们的工作知识而降低，而且他们将是最后一批被解雇的工人，那么他们将乐于与同事分享自己的技能。内部劳动力市场可以提供这些保证。

最后，一些经济学家指出，典型的内部劳动力市场工资结构可能是有效激励产生的机制，对于那些监控员工工作努力程度比较困难的大企业更是如此。内部劳动力市场的工资结构不仅表现在资历深的工人比资历浅的工人得到更高的工资，而且表现在资历深的工人的工资高于他们的边际收益产品，资历浅的工人的工资低于他们的边际收益产品。③ 为资深工人支付“附加工资”是对年轻工人努力工作的一种激励。年轻工人通过提高劳动生产率向雇主证明，他们值得留用并能够沿着职业阶梯攀升到工资更高的工作上去，而且将来也能够享受超过他们边际收益产品的“附

① 然而，需要注意的是在晋升过程中服务期限的长度往往优先于能力和绩效。参见 D. Quinn Mills，“Seniority versus Ability in Promotion Decisions，” *Industrial and Labor Relations Review*. April 1985，pp. 421-25。

② 参见 Lester Thurow，*Investment in Human capital*（Belmont，CA：Wadsworth Publishing Company，1970），pp. 194-95。

③ 这意味着工资率和边际收益产品之间的关系与图 4-8（b）所显示的恰恰相反。

加工资”。为了获得进入内部劳动力市场并在将来得到超过其边际收益产品的“附加工资”，年轻的工人可能会接受低于其边际收益产品的初始工资。这种工资结构之所以能够吸引年轻工人还在于它提供了获取更高终身收入的前景。由这种工资结构引起的更高工作努力程度、更高平均劳动生产率，增加了厂商利润，进而工人可以通过工资谈判与雇主分享这一利润。①

快速回顾 15-2

- 事实表明，许多人为同一雇主工作了很多年，事实上，他们通过所在厂商内部的晋升和调动进行工作搜寻，以提高工资和改善工作特征。
- 内部劳动力市场以称作职业阶梯的工作层级为特征，工人通过职业阶梯的入口进入。只有入口处的工资完全由市场决定。
- 因为内部劳动力市场上的工资由严格的行政程序和规则决定，所以一些经济学家认为内部劳动力市场导致低效率。
- 其他一些经济学家认为，内部劳动力市场通过以下三个方面提高了劳动生产率：(1) 降低了招聘、筛选和培训成本；(2) 激励资历深的工人向资历浅的工人分享他们的技能和知识；(3) 为年轻工人提高工作效率提供了更大动力。

思考题

你在清晰界定了职业阶梯的公司工作过吗？如果工作过，那么你观察过沿着职业阶梯有多大的上升空间吗？（答案：参见书末。）

本章总结

1. 在一个以异质性工人和工作以及信息不完全为特征的动态经济中，工作搜寻是一件自然且经常发生的事情。

2. 理性的工作搜寻者形成了一个可接受工资，在此工资水平上继续搜寻的预期边际成本等于预期边际收益，于是工作搜寻者会将这一工资水平与实际工资报价进行比较。

3. 完全预期通货膨胀对工作搜寻的最优时间长度没有影响，因为工作搜寻者将会以名义工资报价上升的同一速率上调其可接受工资。但是，如果工作搜寻者误将通货膨胀引起的名义工资报价上升当作实际工资报价上升，则他们将会缩短工作搜寻时间，从而失业率也会暂时下降。

4. 通过降低继续搜寻更高工资报价的净机会成本，失业补贴延长了最优工作搜寻时间长度。

5. 大多数企业和工厂包含内部劳动力市场，在这一市场上，工资和劳动力配置由行政规则和程序决定，而不是严格由供求关系决定。

6. 内部劳动力市场包含称作职业阶梯的工作层级，职业阶梯上的每一工作层级都会聚焦于某一工作技能、职责和技术。如果能够通过入口进入职业阶梯，内部劳动力市场上的工人就可以在

---

① 参见 Edward P. Lazear, “Agency, Earnings Profiles, Productivity, and Hours Restriction,” *American Economic Review*, September 1981, pp. 606-20; Lazear, “Why Is There Mandatory Retirement?” *Journal of Political Economy*, December 1979, pp. 1261-84; and Lazear and Sherwin Rosen, “Rank-Order Tournaments as Optimum Labor Contracts,” *Journal of Political Economy*, October 1981, pp. 841-64。也可参见 Michael L. Wachter and Randall D. Wright, “The Economics of Internal Labor Markets,” *Industrial Relations*, Spring 1990, pp. 240-62。

很大程度上免遭外部劳动力市场的竞争压力。

7. 内部劳动力市场存在的原因在于它对雇主和工人双方都有好处。对雇主来说，内部劳动力市场减少了工人流动，增加了特殊培训收益，并降低了招聘和培训成本；对工人来说，内部劳动力市场提供了工作安全保障、培训和晋升机会，并可使其免受武断管理决策之损害。

8. 内部劳动力市场通过提供劳动力稳定性吸引工会；反过来，工会又会促进和加速内部劳动力市场的发展。

9. 目前尚不清楚内部劳动力市场降低还是提高了生产率。

习题和学习建议

1. 工作搜寻的收益和成本是什么？为什么工作搜寻者不会无休止地搜寻更高的工资报价？

2. 可接受工资的含义是什么？一个工作搜寻者如何决定他的可接受工资？为什么一个刚毕业的大学生的可接受工资与另一个刚毕业的大学生的可接受工资可能不同？

3. 解释以下两种情况将如何影响工作搜寻者接受下一个工资报价的概率，并进而影响他失业的预期时间长度：(a) 通货膨胀率下降到预期通货膨胀率之下；(b) 失业补贴减少。

4. 如何解释内部劳动力市场的存在？它对雇主和员工各有什么好处？

5. 一个工人如何在内部劳动力市场上搜寻一份更好的工作？雇主在内部劳动力市场上的搜寻过程是什么？

6. 解释以下观点："工会既是内部劳动力市场发展的结果又是内部劳动力市场发展的原因。"为什么厂商内部劳动力市场的存在有助于工会化？

7. 你认为内部劳动力市场提高了效率还是降低了效率？为什么有人认为动态效率的实现比静态效率的实现更为重要？你同意这种观点吗？

互联网练习

长期工作任期发生了什么变化?

请登录美国劳工统计局当前人口调查网站（www.bls.gov/cps/home.htm），点击"CPS News Releases"标题下的"Employee Tenure"。

然后找到显示具有10年及以上工作任期工人比例的图表。查看1996年所有具有10年及以上工作任期工人的比例是多少？最近一年这一比例又是多少？基于这一度量标准的工作稳定性将如何变化？对男性和女性进行同样分析。如何解释工作稳定性变化方面的性别差异？

互联网链接

Monster.com 网站（www.monster.com）是全球最大的求职网站。

第16章 个人收入分配

到目前为止，我们主要考察了劳动力市场的微观经济层面，具体来说，我们已经详细地讨论了个人、家庭和厂商的劳动力市场决策。正如图 1－1 所示，接下来的三章我们将考察劳动力市场的宏观经济层面。回想一下，宏观经济学是将具体的经济单位集合或集体作为一个整体来处理的。这三章的主题包括个人收入分配、总体劳动生产率以及就业与失业。

本章宏观和微观的区别是相当明显的，我们关注的重点将从具体工资的分析转向对个人收入分配的考察。这种分配是个人工资收入的国家分配格局。工资和薪水分配有多不平等？哪些一般因素可以解释观察到的格局？总体分配过程中有多少可变性？为什么这种分配在过去的 30 年里变得更加不平等？

为了寻求这些问题的答案，我们首先讨论描述收入分配和测量观察到的不平等程度的替代方法。其次，考察有助于解释美国收入分配格局的理论。然后，关注的重点将转向个人收入在总体收入分配中的可变性和转移性。最后，讨论过去 30 年收入分配不平等进一步扩大的趋势。

16.1 收入分配的描述

可以用多种方法描述收入分配不平等程度，让我们看一下两种图形描述：频率分布和洛伦兹曲线。

16.1.1 频率分布

2010 年，美国全日制工人年收入分布如图 16－1 所示，这一**绝对频率分布**(absolute frequency distribution) 或**直方图**（histogram）显示了年收入落在组距为 5 000 美元的不同收入组别（由横轴表示）的全日制工人的数量（由纵轴表示）。例如，从左边数第四个长方条表示收入在 15 000～19 999 美元范围之内，我们通过该长方条的高可以知道，2010 年大约有 630 万人的年收入落入这一范围。再例如，表示收入在 55 000～59 999 美元范围的长方条告诉我们，2010 年有 410 万人的年收入落在 55 000～59 999 美元。

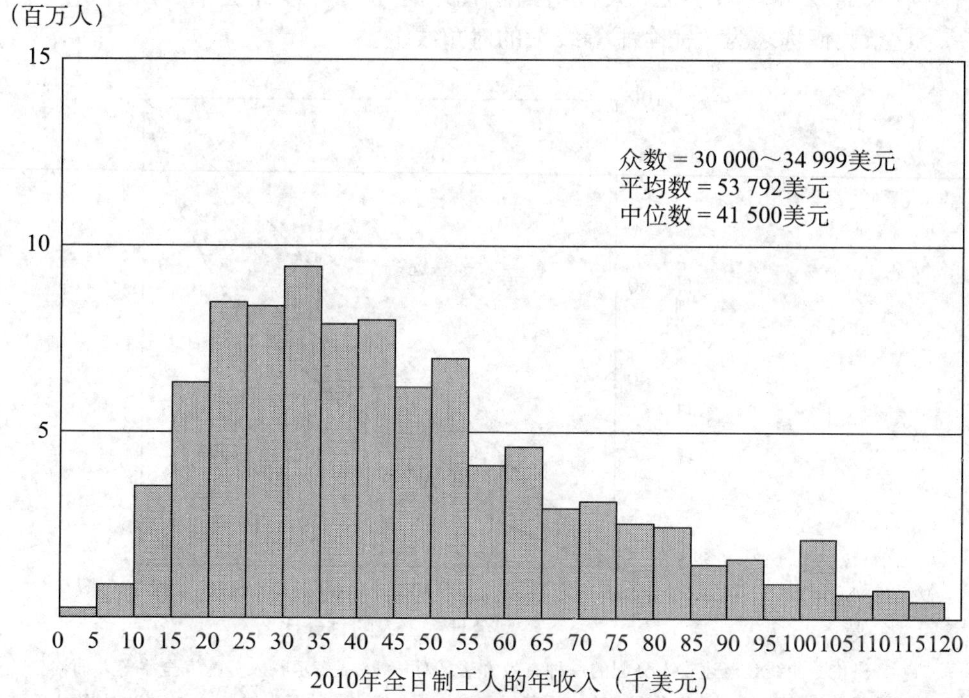

个人年收入分配极其不平等且向右倾斜，收入直方图（绝对频率分布）具有如下特征：(1) 大多数收入群组聚集在众数周围；(2) 一个向右延伸的尾巴；(3) 平均值（算术平均值）超过中位数（一半大于，一半小于）。

图 16-1　全日制工薪工人的年收入分布

资料来源：Author calculations from the March 2011 *Current Population Survey*.

用相对频率表示收入分配同样常见，在这种情况下，纵轴转换为总收入人数的百分比，而不再是此处所表示的工人绝对数量。

有三种度量位置或集中趋势的方法通常用于概括如图 16-1 所示的直方图或绝对频率分布。众数是出现频率最高的收入组别；平均数是指算术平均数，由总收入除以工人人数求得；中位数是处在个人年收入中间位置上的收入数。一半工薪收入大于中位数，而另一半工薪收入小于中位数。记住这些定义，我们从图 16-1 可以看出，美国全日制工人的年收入分布集中在左侧的单一众数周围（2010 年 30 000～34 999 美元）；中位数（2011 年为 41 500 美元）位于众数右侧；平均数（2010 年为53 792 美元）比众数和中位数都要大。平均数超过中位数是由于平均数被收入位于直方图右长尾的相对较少工人的极高收入拉升了。这一尾巴很长，以至于我们不得不采取断尾以阻止横轴延伸。这些特征恰好说明，大多数美国工人的收入落在占总体收入分布 2/3 的左侧区域，而一些人却得到了远大于中位数和平均数的年收入。

16.1.2　洛伦兹曲线

收入的不平等程度也可以用**洛伦兹曲线**（Lorenz curve）表示，图 16-2 描绘了这一曲线。这一曲线的横轴表示全日制工人（从左至右）的累积百分比，纵轴表示与工人百分比相对应的总收入累积百分比。如果每个全日制工人都得到平均收入，则洛伦兹曲线是一条平分图表的对角（45°）线。20%的全日制工人将得到总收入的20%。40%的工人将得到总收入的40%，以此类推，所有这些点都将落在这条我们称之为“完全平等线”的对角线上。

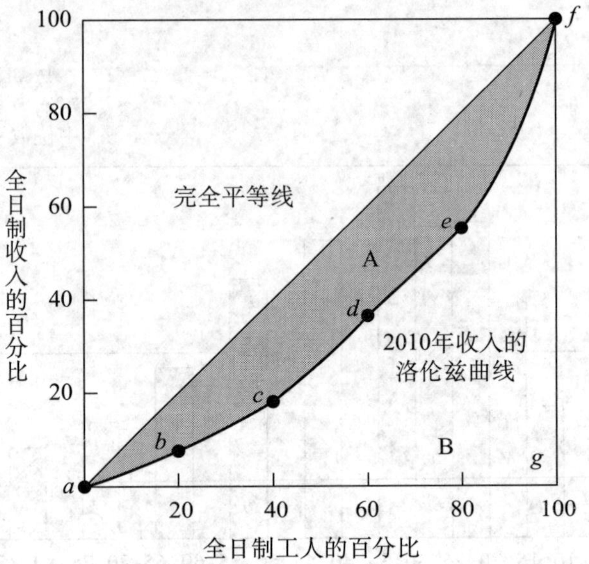

洛伦兹曲线是概述收入分配的一种有效方法。对角线 af 表示收入分配完全平等，而洛伦兹曲线 $abcdef$ 显示了2010年的实际收入分布。完全平等线和洛伦兹曲线之间的面积越大，收入分配越不平等。

图16-2 年收入的洛伦兹曲线

图16-2中实际的洛伦兹曲线是根据图16-3中2011年的数据绘制出来的。这一数字显示了5个数量相等的群体或阶层各自对应的总收入百分比。我们可以看到，2010年，收入最低的20%全日制工人得到了总收入的7.6%，绘制到洛伦兹曲线上如点 b 所示。收入最低的40%的收入者得到了总收入的18.1%（7.6%+10.5%），如曲线上点 c 所示，以此类推。收入完全平等线与洛伦兹曲线之间的阴影部分的面积提供了收入不平等程度的可观测性。该部分的面积越大，年收入不平等程度越大。如果收入完全不平等，即所有收入都集中在一个人手中，那么洛伦兹曲线将会与横轴和右纵轴重合，并在点 g 处形成一个90°角。

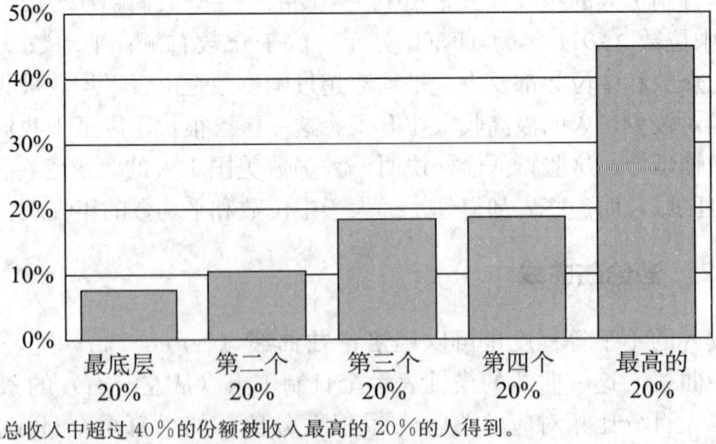

全日制工人总收入中超过40%的份额被收入最高的20%的人得到。

图16-3 2010年美国全日制工人年工薪收入分布

资料来源：作者根据2011年3月的当前人口调查数据计算得出。

16.1.3　基尼系数

刚刚描述的收入不平等的可观测性可以很容易地转换成一个数学计量公式。**基尼系数**（Gini coefficient）（式 16－1）是图 16－2 中阴影部分的面积与对角线以下整个三角形面积之比。

$$\text{基尼系数}=\frac{\text{洛伦兹曲线与对角线之间的面积}}{\text{对角线以下整个三角形面积}}=\frac{A}{A+B} \tag{16-1}$$

如果收入是完全平等的，那么对角线与洛伦兹曲线之间的距离将是零，因此基尼系数也是 $0\left(=\frac{0}{A+B}\right)$。相反，如果所有收入集中在一个人手里，洛伦兹曲线与对角线之间的面积将等于 A＋B，基尼系数将等于 $1\left(=\frac{A+B}{A+B}\right)$。基尼系数越大，收入不平等程度就越大。由图 16－3 中的数据以及图 16－2 中的洛伦兹曲线可知，2010 年的基尼系数是 0.37。

16.1.4　注意事项

用洛伦兹曲线和基尼系数解释收入分配时，应特别注意以下事项。

■ 全日制与非全日制工人

年收入是小时工资与一年内工作小时数的乘积。包括非全日制工人和全日制工人的收入分配比仅包括全日制工人的收入分配显示出更大的可变性。图 16－1 的直方图和图 16－2 的洛伦兹曲线仅包括全日制工人。

■ 附加福利

大多数收入数据不包括附加福利（第 7 章），加入这部分福利将增加收入频率分布的偏斜度，换句话说，将会增加洛伦兹曲线凹陷部分与对角线之间的距离，并使基尼系数增大。因为作为其总薪酬的一部分，高于平均年收入的工人也往往会有超过平均水平的附加福利。①

■ 个人与家庭分配

收入分配可以通过个人或家庭的工薪收入来表示。虽然家庭收入分配的总体状态与个人收入分配类似，但是按家庭收入分配计算的中位数和平均收入更高。此外，家庭收入分配更为集中，也就是说，基尼系数更小。原因是一些男性高收入者产生的收入效应（第 2 章和第 3 章）降低了他们妻子的劳动参与率。然而，一些高

---

① 附加福利对收入分配影响的实证分析，参见 Daniel Slottje，Stephen Woodbury，and Rod Anderson，“Employee Benefits and the Distribution of Income and Wealth，” in William T. Alpert and Stephen A. Woodbury（eds.），*Employee Benefits and Labor Markets in Canada and the United States*（Kalamazoo，MI：W E. Upjohn Institute，2000）。

收入男性选择与高收入女性结婚的趋势一定程度上抵消了收入效应。①

■ 静态描述

频率分布、洛伦兹曲线、基尼系数都是对收入不平等的静态描述或度量，它们不能提供不同年份之间或个人一生的收入分配变动程度信息，我们将在本章后面讨论这一重要话题。

■ 其他收入来源

最后一个重要的注意事项是年工薪收入只是个人或家庭多种收入来源之一。高工薪收入者与低工薪收入者相比，往往也会拥有更高的租金、利息和股息收入。因此，如果把非工薪收入计算在内，则个人或家庭收入分配将更加不平等。但是，政府转移支付如社会保障金、福利支付、退伍军人福利等将会抵消这种附加的不平等。没有收入或工薪收入很低的个人和家庭与高收入者相比，将会得到更多的转移收入。因此，将个人或家庭所有收入都纳入收入分配与仅将工薪收入纳入收入分配相比，收入不平等结果将会略有改善。

◆ 快速回顾 16-1

- 收入绝对频率分布（直方图）用图形描绘了落在不同收入区间内的工人数量。
- 洛伦兹曲线通过图形在横轴上显示了所有工人的累积百分比，在纵轴上显示了与之相对应的收入累积百分比；该曲线与完全平等线（对角线）距离越远，收入越不平等。
- 基尼系数是衡量收入不平等的一种算术方法；它等于洛伦兹曲线和对角线之间的面积除以对角线以下的总面积。基尼系数越大，收入越不平等。
- 正如直方图、洛伦兹曲线和基尼系数所度量的那样，美国的收入不平等程度是高的。

思考题

假设收入的洛伦兹曲线移近对角线，收入的直方图和基尼系数可能会发生什么变化？（答案：参见书末。）

16.2 收入分配的解释

与收入相联系的个人特征，如智力、体力、动机、决心被认为是依据我们熟悉的钟形正态曲线分布的。那么为什么收入不是这样的分布形态呢？许多理论试图解

① 参见 Maria Cancian and Deborah Reed, "The Impact of Wives' Earnings on Income Inequality: Issues and Estimates," *Demography*, May 1999, pp. 173-84。也可参见 Peter Gottschalk and Sheldon Danziger, "Inequality of Wage Rates, Earnings, and Family Income in the United States, 1975—2002," *Review of Income and Wealth*, June 2005, pp. 231-54。

释这一悖论。①我们不是一一去描述这些理论，而是首先讨论运用基本人力资本理论解释收入不平等问题，然后通过综合其中一些理论形成一个修正的多因素模型，来探讨其他解释的异同。

16.2.1　人力资本理论

人力资本模型（第 4 章）让我们深刻认识到为什么个人收入分配不平等以及有一个长的右尾。回想一下，人力资本投资有多种形式，目前最重要的两种投资形式是正规教育和在职培训，它们中的每一种都与收入分配息息相关。

■ 正规教育：数量与质量

正规教育作为投资的一个组成部分在于它需要以现在的牺牲来提高将来的生产率和终生收入。回顾一下，图 4 - 2 告诉我们只有当预期增加的收入流（区域 3）现值等于或超过直接和间接成本之和的现值（区域 1＋区域 2）时，投资才会发生。在其他条件相同的情况下，接受正规教育数量越多、质量越好，投资成本越高（区域 1＋区域 2），进而劳动生产率也越高。未来收入流证明了投资的必要性，因此，我们拥有了一个基本的收入不平等理论。如果诸如能力、非工资收入、收入不确定性和预期寿命等其他因素保持不变，收入将和个人接受正规教育的数量和质量系统正相关，受教育程度分配的不平等导致个人收入分配的不平等。

回顾表 14 - 2，它提供了受教育程度与平均年收入之间关系的证据。该图显示出拥有高中文凭的男性和女性（黑人和白人）比接受少于 12 年教育的人获得更多的收入。以此类推，拥有博士学位和职业等级的人比拥有硕士学位的人获得更多的收入；拥有硕士学位的人比拥有学士学位的人获得更多的收入；拥有学士学位的人比拥有副学士学位的人获得更多的收入。

计量经济学的研究解释了证明教育与收入之间存在正相关关系（如表 14 - 2 所示）的其他因素。一些研究已经发现正规教育的质量与后续收入之间的直接关系。例如，卡德和克鲁格②已经发现，在其他条件不变的情况下，个人接受更高质量的公共教育和师从优秀的老师，会拥有更高的教育投资回报率。然而，必须要谨慎，不能夸大教育和收入之间关系的重要性，正规教育只能解释个人收入差异的 7%～12%。

■ 在职培训

一旦把在职培训加入分析中，人力资本模型的解释力将更强，如第 4 章所述，

---

① 对这些理论的评论，参见 Derek Neal and Sherwin Rosen，“Theories of the Distribution of Earnings,” in A. B. Atkinson and F. Bourguignon（eds.），*Handbook of Income Distribution*（Amsterdam：North-Holland，2000）。

② David Card and Alan B. Krueger，“Does School Quality Matter? Returns to Education and the Characteristics of Public Schools in the United States,” *Journal of Political Economy*，February 1992，pp. 31-39. 大多数其他研究也发现了教育质量与收入之间的正向关系。有关这些研究的概述以及由 David Card 和 Alan Krueger 所做的其他教育质量的研究，参见 Randall K. Q. Akee and Klaus F. Zimmermann（eds.），*Wages*，*School Quality*，*and Employment Demand*；*David Card and Alan B. Krueger*（Oxford：Oxford University Press，2011）。

在职培训已从简单的“干中学”演变成正式的实习期及培训项目，可能是一般培训也可能是特殊培训。就一般培训而言，工人通常通过降低工资来承担培训的投资成本。因此，工人将来工资的预期收益必须足以使投资成本（当前减少的工资）产生的回报率等于工人选择其他投资的收益。对于不可转移的特殊培训而言，厂商将不得不支付投资费用。只有预期能提高工人的生产率时，雇主才会承担此项投资费用。培训只有在预期能提高生产率和增加未来收益的情况下才会进行。因此，我们期望观察到在职培训的数量和质量与个人年收入之间的直接关系。

明瑟指出，一旦把毕业后的在职培训投资包括在人力资本的定义中，个人收入变动的1/2～2/3将可以由人力资本模型来解释。[①] 解释力之所以增强主要基于以下两个原因：首先，单靠正规教育并不能解释为什么人们的收入会随着年龄的增长而增加。也就是说，教育只是解释了为什么个人接受教育后比接受教育前的收入高，但却不能解释为什么受过教育的人在工作中收入增加得更快。毕竟，大多数人认为他们一生中接受正规教育的时间相对较早。在职培训对收入分配中非常明显的年龄差异提供了一个基本解释。随着个人在工作中接受培训数量的不断增加，生产率和收入将会提高。此外，有证据显示个人接受正规教育的数量越多，其从雇主处得到的在职培训也越多。那些拥有最多正规教育的人已经展示了他们对培训的吸收能力，当然他们就会成为厂商选择在职培训的对象。因此，接受更多教育的人会比接受更少教育的人获得更多的收入。

其次，毕业后的人力资本投资有助于解释观察到的收入分配不平等源于其对工作时间的影响。假设替代效应大于收入效应（第2章），则那些接受更多正规教育和在职培训的人比那些接受更少正规教育和在职培训的人不仅会获得更高的小时工资率，而且每年会选择工作更长时间。这就意味着，年收入（工资率×工作小时数）将超过正规教育和在职培训方面的差异，表明收入分配将向右倾斜。

16.2.2 修正的人力资本模型：多因素分析方法

基本人力资本模型对收入差距的解释也受到批评，令我们特别感兴趣的批评是正规教育和在职培训不能充分地解释收入分配为什么会有一个向右延伸的长尾。许多经济学家认为，通过修正基本人力资本模型，将教育和在职培训之外的其他因素加入其中，就可以更好地理解为什么收入分配向右倾斜。在这种**多因素收入分配分析方法**（multifactor approach to the earnings distribution）中，我们将特别关注能力、家庭背景、歧视、机会成本与风险，以及教育和培训。

■ 能力

能力被广泛定义为“有能力去做”，这里所指的能力有别于通过正规教育或在职培训得到的技能。能力很难区分和度量，但是能力被认为服从正态分布。此外，能力是多维的，也就是说，能力表现为多种形式，包括智力（IQ）、思维敏捷度和动机。它可能源于先天遗传，也可能源于后天环境的影响。我们感兴趣的不是能力

① Jacob Mincer，*Schooling*，*Experience*，*and Earnings*（New York：Columbia University Press，1974）.

差异的原因，而是这些差异对收入分配的影响。能力可能直接影响收入（换句话说，能力独立于人力资本投资），也可能通过影响获取人力资本的最佳数量和质量而间接影响收入。

直接影响　那些设想能力直接影响收入的人认为，在市场经济下，通常根据人们对企业产出做出贡献的能力给予报酬。在其他条件相同的情况下，一个人的能力越强，其劳动生产率就越高，因而其收入也就越高。回顾一下第4章讨论的能力问题，一些人力资本理论的批评者认为，基于能力差异的正规教育与收入之间的正相关关系很大程度上反映了**自我选择**（self-selection）。智商高的人比智商低的人更倾向于选择上大学。即使这些智商高的人没有选择上大学，他们也有可能被预期比没上过大学的智商低的人拥有更高的收入。换句话说，如果我们能够以某种方式控制在大学期间获得的技能和知识，这一高素质群体仍然能够获得比低素质群体更高的收入。因此，大部分归因于教育和培训差异的收入不平等可能是能力差异导致的。

互补要素　不同的能力要素在收入的"生产"中可能相互补充。这就意味着一种要素的增加将会提高其他要素的生产力。换句话说，能力差异可以使某些人得到额外的高收入。为了说明这一点，我们假设能力包括几种常规分散式互补要素，其中两个分别是智力和**D因素**（D-factor）（D表示动力、精力、毅力或决心）。①

基于以上假设，如果一个人足够幸运地同时位于智力和D因素正态分布的右尾，那么他将比只位于其中一种因素正态分布右尾的人拥有更高的收入。这可以通过一个简单的例子来说明。假设我们能够为智力和D因素赋值。再假设智力的赋值范围为1～5（5是最大值，1是最小值），阿萨德（Assad）的智力赋值为4，贝特（Bate）的为1。假设阿萨德的D因素赋值为4，贝特的为1。如果智力和D因素可以通过相加的方式来决定收入，阿萨德的总赋值是4＋4（＝8），而贝特是1＋1（＝2），这就意味着阿萨德有望获得4倍于贝特的收入。但是，我们如果推测两要素通过相乘的方式来决定收入，那么阿萨德的得分将是16（＝4×4），而贝特的得分将是1（＝1×1）。在这种情况下，阿萨德的收入将是贝特的16倍（16÷1）。因此，如果能力要素之间正相关且以互补的方式相互作用，那么收入的偏态分布与要素的正态分布是完全一致的。

对人力资本的影响　能力可以通过影响人力资本投资决策来影响收入或许具有重大意义。回顾一下图4-6，较强的能力可以使人们将任何给定的人力资本投资（比如一年的大学教育或一年的在职培训）转化为更高的劳动生产率和收入。因此，对于那些拥有较强能力的人来说，其每年教育或在职培训的回报率将更高。② 相应地，这些人对正规教育的需求将更大，并且与能力较差的人相比，他们的雇主也更愿意为他们提供在职培训。结果呢？那些拥有较强能力的人往往拥有更多的人力资本存量和收入，这已超出了简单的能力差异。简而言之，由于能力强而在校表现好

① Howard F. Lydall, "Theories of the Distribution of Earnings," in A. B. Atkinson (ed.), *The Personal Distribution of Income* (Boulder, CO: Westview Press, 1976), p. 35.

② 这个结论必须慎重对待。能力越强也就意味着在投资期间放弃的收入越多，在这种情况下，就需要获取更多的投资后收入，而这种收入可能不会产生更高的回报率。参见 John Hause, "Ability and Schooling as Determinants of Lifetime Earnings, or If You're So Smart, Why Ain't You Rich?" in F. Thomas Juster (ed.), *Education, Income and Human Behavior* (New York: McGraw-Hill Book Company, 1975), pp. 123-9。

的人往往会选择接受更多的正规教育；同样，那些选择接受更多正规教育的人往往会得到更多的在职培训，这一趋势导致总体收入分布曲线向右倾斜。

■ 家庭背景

家庭背景（主要由以下变量来表示：家庭收入、父母所受教育年限、父母的职业、孩子的数量等）的不同也会直接和间接地影响收入。

直接影响 家庭背景对收入的直接影响往往通过家族企业雇佣家庭成员来实现。一个出生在富裕的奔驰经销商家庭的年轻人很有可能获得可观的收入。此外，家庭关系可以使富家子弟在自家公司或父母的亲朋密友以及生意伙伴所开公司谋取高薪职位。在某些情况下，这些网络关系只是提高了工作搜寻者获取职位空缺信息的机会。但在其他情况下，他们利用相互之间的社会或商业关系进行复杂的互惠安排，为其成年子女提供工作机会。

对人力资本决策的影响 家庭背景在影响人们接受多少正规教育决策方面起着重要作用。它既会影响对人力资本的需求，也会影响投资基金的供给价格。高收入家庭往往会为孩子们提供更多的学前教育，更有可能居住在配有好学校的区域，并强调高质量教育作为一条通向职业生涯道路的重要性。

他们的孩子也会进入社会公认的高质量教育机构。同样，高收入父母总体来讲对其子女的人力资本投资有更高的需求，因此，他们的后辈也将获得更多的正规教育。此外，家庭背景也为接受高等教育提供了宽松的资金支持。富裕的家庭可以利用年收入或个人储蓄为子女的教育提供资金，只需放弃商品或利息的机会成本；而低收入家庭很可能需要从不完全金融市场上借高利贷。由于人力资本供给成本的差异，富裕家庭的孩子将会发现，与贫穷家庭的孩子相比，接受更多的正规教育将是最优选择（见图4-7）。[①] 这些教育上的差异与直接的家庭影响相结合，形成一条不平等的、向右倾斜的收入分配曲线。[②]

■ 歧视

在第14章，我们已经看到歧视解释了美国男性和女性、白人和少数族裔之间工资的部分不平等。歧视在某些方面增加了收入的不平等。首先，公开的薪酬歧视和晋升歧视直接降低了被歧视者的收入；其次，职业拥挤或隔离不仅降低了女性和少数族裔的收入，而且提高了男性和白人的收入，结果进一步加剧了收入的不平等；最后，贫穷的黑人和少数族裔家庭常常被隔离在拥有低成本或公共住房的城市街区，这些街区学校质量差，并且几乎没有拥有大学学历的优秀教师，因此生活在这些街区的孩子不可能比生活在高收入街区的孩子获得更多的教育，再加上上大学

① 然而，必须注意不能夸大这种影响，低收入家庭学生获得的财政补助（低利率贷款、奖学金等）减少了其人力资本投资成本。而且，富裕家庭的隐性借款成本也许比穷人家庭的实际借款成本低不了多少。一项研究表明，家庭收入对人力资本的获取几乎没有影响。参见 John Shea，"Does Parents' Money Matter?" *Journal of Public Economics*，August 2000，pp. 155-84。

② 有关考察家庭背景与收入关系的研究，参见 Gary Solon，"Intergenerational Mobility in the Labor Market，" in Orley Ashenfelter and David Card (eds.)，*Handbook of Labor Economics*，Volume 3A (Amsterdam：North-Holland，1999)。

的费用问题，使得许多黑人和拉美裔人不能接受大学教育。

总之，工资和职业歧视直接导致了收入不平等，而人力资本歧视通过降低教育和培训的数量和质量，进一步加剧了收入不平等。

■ 机会与风险

一些经济学家将诸如机会或运气等随机因素加入到收入分配理论中。这些**随机理论**（stochastic theories）说明在诸如利润、租金和资本利得等非工资收入分配方面，随机因素的累积影响如何会产生一个长长的右尾。因为这是一本劳动经济学教材，我们关注的重点自然是收入分配，因此，很少会涉及随机理论。

尽管如此，一些经济学家仍然认为，随机因素对为什么收入不平等以及为什么收入分配曲线向右倾斜提供了重要见解。以下三个例子说明，风险和运气有可能会进入收入决定过程。第一，假设在一个特定的瞬间，所有人都有一个给定水平的正态收入分布和一次参与抽奖的机会。再假设中奖的人有机会成为高级职业运动员、摇滚明星、电影明星、大型公司高管或畅销书作家。这些职位数量很少，但其提供的报酬却大大高于社会平均工资水平。而且存在一个问题：如果你想要玩彩票就必须承担风险；也就是说，你必须买彩票。可以说，彩票价格是：你向雇主鼓吹投机一些大胆的商业风险项目，而其中一个项目失败所要付出的代价；投资并没能让你成为明星的提高你的表演、音乐或运动技能的直接或间接成本；或者说放弃目前工作的稳定性而成为一个获得不确定的版税收入的作家的成本。

是否所有的工人都有同样的能力参与博彩呢？显然不是。有些人厌恶风险，只有那些不厌恶风险的人认为赢得大奖的机会相对于彩票价格来说是值得的。那么彩票如何影响收入分配呢？存在三种相互对称且可观测的收入分布。第一，未参与博彩者的收入分布；第二，博彩失败者的收入分布（位于非参与者的左边）；第三，极少数赢得了巨额收入的博彩获胜者的收入分布（位于非参与者的右边）。虽然三种收入分布都是正态分布，但是三种收入分布的组合分布仍将向右倾斜。①

在第 8 章中我们已经说明机会可以解释个人收入差异，从图中可以看出，同工不同酬的现象可能存在于不完全工资信息和工作搜寻有成本的情况下。图 8－5 所示的工资频率分布部分是随机决定的。例如，假设戈麦斯和格林是具有同样的胜任能力的求职者，他们具有相同的保留工资（最低可接受工资）。同样，如图 8－5 所示，假设个人搜寻工作的方式是随机分布的，幸运的是，戈麦斯第一次找工作便找到了一个最高收入的工作，然而不幸的是，格林只找到了一个比保留工资高但远低于戈麦斯所得报酬的工作。

机会在个人收入分配理论中的作用的最后一个例子是由修罗（Thurow）提出的。他认为："边际产量是工作本身固有的，而不取决于个人。个人将会接受培训以胜任具有边际生产力要求的工作，除非他没有这种边际产生产力与工作本身无

① 这个例子基于米尔顿·弗里德曼所提出的一个更为复杂的模型，参见"Choice，Chance，and the Personal Distribution of Income，" *Journal of Political Economy*，August 1953，pp. 273-90。对米尔顿·弗里德曼论文的高度专业性评论，参见 S. M. Kanbur，"Of Risk Taking and the Personal Distribution of Income，" *Journal of Political Economy*，August 1979，pp. 769-97。

关。”[①] 这段话的意思是，拥有一般背景特征的工人（即接受过相同的培训）将构成雇主可任意选择的劳动力供应源。那些幸运的工人将会被挑选出来从事高边际生产力与高年收入的工作；但是由于这样的工作很少，其他具有同样胜任能力的工人最终将会从事低收入的职业。因此，修罗说：“相似的工人将会得到不同的工作机会和收入。事实上，他们将参与博彩。”[②]

16.2.3 图解概述

图16-4概述了刚才讨论的收入的主要决定因素。[③] 收入中基本人力资本模型解释的部分由连接“教育和培训”与“年收入”的粗实线来表示。更加全面的多因素模型解释由整个图形来描述。“能力”（独立于教育）直接影响收入，由连接两点的粗实线表示，并且通过影响教育和培训的最优数量和质量（细线）间接影响收入。同样，“家庭背景和歧视”也直接和间接影响个人收入。这些因素与收入之间的实箭头代表家族企业、家庭关系以及工资和职业歧视的作用。“家庭背景和歧视”与“教育和培训”之间的细线表示家庭教育和财富对人力资本需求及供给价格的影响，同时也表示了种族和性别歧视对人力资本的影响，并因此间接影响收入。最后，“机会”的作用由虚线表示并直接指向收入。

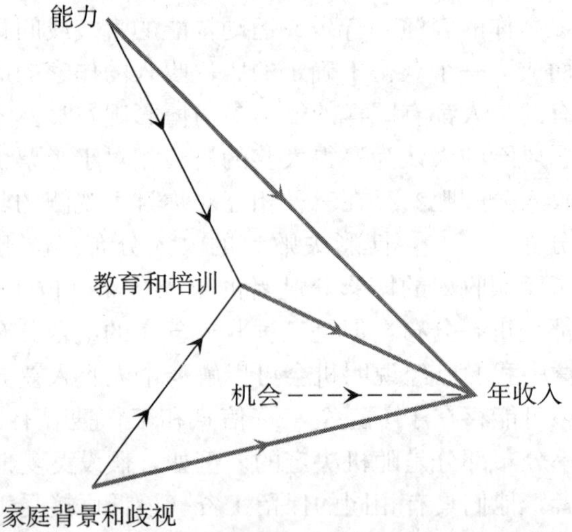

个人年收入分配中基本人力资本解释的部分由连接“教育和培训”和“年收入”的粗实心箭线来表示。多因素分析法加入了能力、家庭背景和歧视变量，这些变量能够直接影响收入（粗线），或通过影响个人所受教育和培训的数量与质量而间接影响收入（细线）。运气或机会也会影响年收入（虚线）。

图16-4 影响个人年收入的因素

资料来源：Adapted from A. B. Atkinson, *The Economics of Inequality*, 2nd ed. (Oxford: Oxford University Press, 1983), p. 122.

---

① 参见 Lester C. Thurow, Generating Inequality: *Mechanisms of Distribution in the U S Economy* (New York: Basic Books, Inc., 1975), p. 85。

② Ibid., p. 92.

③ 这种表示方法更全面的讨论，参见 A. B. Atkinson, *The Economics of Inequality*, 2nd ed. (Oxford: Clarendon Press, 1983), p. 122。

我们可以很容易地把更复杂的因素加入到图 16－4 中。例如，我们可以把“机会”和“家庭背景”及“能力”连接起来，因为从某种意义上来说它们一定程度上都是运气的产物。同样，我们可以在“收入”通向“教育和培训”的路径上添加反馈回路，因为当前的收入有助于确定最优的后续教育。然后，我们已经认识到补偿性工资溢价对收入差距的影响（第 8 章）。最后，正如莱德尔（Lydall）、罗森（Rosen）和其他人所指出的那样，组织的层级结构可以带来巨大的收入差距。[①] 但是，撇开这些重要因素，图 16－4 充分概述了个人收入分配的主要决定因素。

16.3　收入分配的内部流动

个人总体收入分配年复一年，增长缓慢，变化甚微。但是这一事实却掩盖了固定分配中个人收入的变动程度。正如席勒（Schiller）的形象描述，一方面，个人可能年复一年地高速流动，且在他们一生中进行静态聚集分布，就像音乐椅子游戏一样，游戏椅子的位置保持不变，但椅子的使用者却有规律地改变。另一方面，“聚集分布的固定形状和个人流动性的总体缺失相一致——可以说，人们坐在他们的椅子上直到音乐椅子游戏结束”。[②]

这两种可能性哪一种更好地描述了现实呢？答案似乎在音乐椅子游戏场景中。有证据表明，在相当稳定的静态分布中，存在相当多的运动或流动，这种**收入流动**（earnings mobility）的两种主要类型是：生命周期流动和独立于年龄的“搅动”。

16.3.1　生命周期流动

从我们以前讨论的年龄-收入剖面曲线（见图 4－1）得知，人们的收入在整个生命周期内通常随着年龄变化而发生系统性变化。大多数人年轻时收入相对较低，之后，步入黄金收入期，收入大幅增加；最后，接近退休时，收入下降。因此，即使每个人在其一生中有相同的收入流，我们仍然可以观察到收入分配中与年龄相关的不平等。在任何特定年份，静态的年收入分配包括：年轻人（低收入）刚开始参加工作；中年人（高收入）正处于事业的巅峰期；老年人陆续退休。尽管人们的终生收入是完全均等的，但对于某一特定年份来说，收入却是不平等的。

由于收入的**生命周期流动**（life-cycle mobility），人们的终生收入分配将比使用横截面年度数据观察到的收入分配更平等。

16.3.2　收入分配中的“搅动”

收入分配还会发生独立于年龄的变动。由于**收入分配中的“搅动”**（“churning” within the earnings distribution），人们一生中相对年龄调整后的收入情况也会发生变化。例如，一名推销员在他新工作开始的第一年可能只有相对较少的佣金

① Howard Lydall, *The Structure of Earnings* (London: Oxford University Press, 1968); and Sherwin Rosen, “Authority, Control, and the Distribution of Earnings,” *Bell Journal of Economics*, Autumn 1982, pp. 311-23.

② Bradley R. Schiller, “Relative Earnings Mobility in the United States,” *American Economic Review*, December 1977, p. 926.

和收入，但是随后几年他将会拿到相当高的年薪；或者一个经理可能被晋升到一个报酬远远超过之前职位的新工作岗位。再举一个向下"搅动"的例子，一个演员可能在某一年获得很高的收入，而在随后的几年里收入大幅下降。

16.3.3 证据

收入分配中有多少流动？为了回答这一问题，戈特沙尔克（Gottschalk）1974年选取了一个年龄在20～42岁之间的男性样本。① 他将样本分成了5个收入类型（五等分位数），每个收入类型均包括20%的工人，然后观察他们1974—1991年间收入类型的变动。戈特沙尔克发现，61%的工人至少换了一个收入类型，或者从同一收入类型的一端流动到另外一端。一些工人的收入流动性甚至更大：24%的工人17年间变换了两个或更多个收入类型。

然而，不能过分夸大收入的流动程度。戈特沙尔克发现，收入在最低和最高类型之间的流动性比在其他类型之间的流动性要弱。此外，吉特尔曼（Gittleman）和乔伊斯（Joyce）报告称，女性和黑人更有可能处在最底部的收入类型，而不大可能处在最顶层的收入类型。② 尽管收入分配流动频繁，但流动程度既不是贯穿整个收入分配过程，也不是所有工人都一样。③

然而，收入的流动的确减少了人们终生收入不平等的数量。戈特沙尔克发现，用17年间的平均收入数据比只用一年的数据得出的收入不平等结果减少了近1/3。④ 布钦斯基（Buchinsky）和亨特（Hunt）报告称，收入4年间的流动使收入不平等减少了12%～26%。⑤

工作世界 16-1

代际收入流动的跨国差异

度量一个社会收入流动的另一种方法是收入代际间的传递程度。大量的文献表明，美国父子代际间的收入弹性大约是0.4。这一弹性意味着如果父亲的收入超过平均收入的10%，则他儿子的收入将会超过平均收入的4%。

---

① Peter Gottschalk, "Inequality, Income Growth, and Mobility: The Basic Facts," *Journal of Economic Perspectives*, Spring 1997, pp. 21-40.

② Maury Gittleman and Mary Joyce, "Earnings Mobility and Long-Run Inequality: An Analysis Using Matched CPS Data," *Industrial Relations*, April 1996, pp. 180-96.

③ 关于此论点的更多证据，参见 John Geweke and Michael Keane, "An Empirical Analysis of Earnings Dynamics among Men in the PSID: 1968-1989," *Journal of Econometrics*, June 2000, pp. 293-356。亦可参见 Brett Theodos and Robert Bednarzik, "Earnings Mobility and Low-Wage Workers in the United States," *Monthly Labor Review*, July 2006, pp. 36-47。

④ Gottschalk, op. cit.

⑤ Moshe Buchinsky and Jennifer Hunt, "Wage Mobility in the United States," *Review of Economics and Statistics*, August 1999, pp. 351-68. 亦可参见 Richard V Burkhauser and John G. Poupore, "A Cross-National Comparison of Permanent Inequality in the United States and Germany," *Review of Economics and Statistics*, February 1997, pp. 10-17; and Richard V Burkhauser, Douglas Holtz-Eakin, and Stephen E. Rhody, "Labor Earnings Mobility and Inequality in the United States and Germany during the Growth Years of the 1980s," *International Economic Review*, November 1997, pp. 775-94。

与其他国家相比，美国的代际收入弹性如何？美国的代际收入流动性与英国相似或高于英国，但低于其他几个国家。英国的代际收入弹性估计在 0.42～0.57 之间。启发性的证据表明，不发达国家往往代际收入流动性也比较弱。例如，南非的代际收入弹性大约是 0.44。相比之下，通过测算，加拿大、芬兰和瑞典的收入流动性较强，其弹性在 0.1～0.3。

索伦（Solon）指出了解释这些跨国差异的几个因素。首先，收入越不平等的国家往往代际收入流动性也比较弱。例如，美国和英国收入不平等程度较高，因此其代际收入流动性与瑞典和芬兰相比也较弱。其次，对于收入-产出特性继承性较大的国家，由于选择与具有这种特性的个体作配偶，往往具有较低的代际收入流动性。再者，教育和其他形式人力资本投资的高回报率拉大了代际的收入差距，因此减少了代际收入流动。尤为值得一提的是，美国的高等教育比其他许多国家的回报率都要高。最后，高收入家庭对孩子人力资本投资相对较多的国家有较少的代际收入流动。

资料来源：Gary Solon，"Cross-Country Differences in Intergenerational Earnings Mobility，" *Journal of Economic Perspectives*，Summer 2002，pp. 59-66. 有证据表明在瑞典女儿之间的代际收入流动略高于儿子，参见 Lalaina H. Hirvonen，"Intergenerational Earnings Mobility among Daughters and Sons：Evidence from Sweden and a Comparison with the United States" *American Journal of Economics and Sociology*，November 2008，pp. 777-826。挪威也有类似的证据，参见 Espen Bratberg，Oivind Anti Nilsen，and Kjell Vaage，"Trends in Intergenerational Mobility across Offspring's Earnings Distribution in Norway，" *Industrial Relations*，January 2007，pp. 112-29。

工作世界 16-2

政府雇佣和收入分配

在美国，有 1/6 的工人受雇于政府。这些工人的工资如何影响收入分配？答案是，政府雇佣和薪酬降低了总体收入不平等。

政府机构和政府承包商通常坚持通行工资规则，即支付给公务员的工资应与支付给私人部门相似工人的工资具有可比性。但这条规则往往在政府支付结构的顶部和底部被修改。蓝领公务员的收入高于私人部门同类工人的收入，而政府部门的白领公务员，尤其是行政领导的工资较低。因此，政府部门的个人收入分配比私人部门更公平，从而减少了整个社会的收入分配不平等。

政府部门收入压缩的原因有很多。例如，政府官员可以支付比私人部门同类工人工资高的工资给低工资公务员，以避免出现全日制政府工作人员有资格领取政府现金和实物福利的潜在政治尴尬局面。而且，那些人数多且具有很强政治影响力的中低收入雇员比人数较少的高薪经理和专业人士看起来更有可能获得加薪。

此外，公司高管的巨额薪水（见表 7-1）如果拿来支付给政府高官和民选官员在政治上也是行不通的。就这一点而言，我们可能注意到在某一特定年份，美国前十位高薪总裁的薪水和奖金总和超过了以下政府官员的薪水总和：美国总统、副总统、100 位美国参议员、50 位州长、9 位最高法院大法官和 50 位主要政府机构的一把手。

◆ 快速回顾 16-2

● 人力资本理论认为教育的数量和质量差异以及在职培训的不同是产生收入不平等的主要原因。

● 除教育和培训之外，收入分配的多因素分析方法还考虑了能力、家庭背景、歧视、机会和风险因素。

● 在工人的整个生命周期中，会发生相当大的收入流动：刚开始工作时，收入较低，步入事业巅峰期，收入大幅上升，之后下降。

● 在各种收入类型中，存在独立于生命周期收入流动之外的相当多的年度流动。这种流动很少在最低与最高收入类型上发生。

思考题

在解释收入不平等的所有因素中，你认为哪一种因素最重要？（答案：参见书末。）

16.4 收入不平等的不断扩大

在过去的 30 年间，劳动经济学家一直致力于追踪和解释美国收入分配变化方面的研究。这项研究的最初动机是 20 世纪 80 年代早期提出的有关美国中产阶级正在减少的争议假说。从极端的角度来看，该假说认为美国的职业出现了两极分化：需要受过良好教育的高收入职业和服务行业中的低收入职业。[①]

尽管大多数劳动经济学家不认同这种极端两极分化的观点，但是他们在工作分配和工资收入分配不平等日益扩大方面达成了共识。[②] 有证据表明，在过去的 30 年间，收入不平等不断扩大且这一趋势自 1980 年以来不断加速。[③]

16.4.1 工资不平等的趋势

度量工资不平等的一种有用方法是计算工资分布不同部分的工资比率。例如，最常用的一种工资级差比是 90-10 比率，即第 90 百分位的工资与第 10 百分位的工资之比。图 16-5 按性别分类显示了工薪工人小时工资比率。1973 年男性的 90-10 比率是 3.75。这表明排在第 90 百分位的男性工资是排在第 10 百分位的男性工资的 3.75 倍。2011 年这一比率上升到 5.09，表明工资不平等扩大。[④]

---

① Barry Bluestone and Bennett Harrison, *The Deindustrialization of America* (New York: Basic Books, Inc., 1982). 亦可参见 Bennett Harrison and Barry Bluestone, *The Great U-Turn: Corporate Restructuring and Polarization of America* (New York: Basic Books, Inc., 1988), and Barry Bluestone, *The Polarization of American Society: Victims, Suspects, and Mysteries to Unravel* (New York: Twentieth Century Fund Press, 1995)。

② 有证据表明工作场所中的不利条件如工伤和倒班的不平等也在增加。参见 Daniel S. Hamermesh, "Changing Inequality in Markets for Workplace Amenities," *Quarterly Journal of Economics*, November 1999, pp. 1085-1123。

③ 有关工资不平等的最近一项调查研究，参见 Thomas Lemieux, "Wage Inequality: A Comparative Perspective," *Australian Bulletin on Labor*, December 2011, pp. 2-32。

④ 有证据表明度量不平等的方法对所选取的样本和所度量的收入是敏感的。参见 Mark S. Handcock, Martina Morris, and Annette Bernhardt, "Comparing Earnings Inequality Using Two Major Surveys," *Monthly Labor Review*, March 2000, pp. 48-61; and Thomas Lemieux, "Increasing Residual Wage Inequality: Composition Effects, Noisy Data, or Rising Demand for Skill?" *American Economic Review*, June 2006, pp. 461-98。

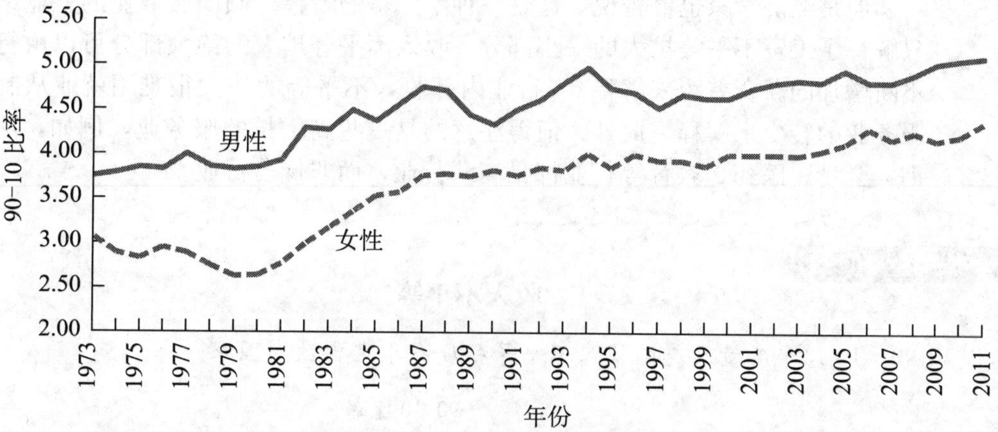

近几十年，男性和女性的收入不平等有所扩大。

图 16-5 工资不平等，90-10 比率

资料来源：Author calculations from 1973-1978 *May Current Population Survey* and the monthly *Outgoing Rotation Group Current Population Survey* files from 1979 to 2011.

然而，在此期间，这一比率的增加是不稳定的。1973—1979 年，每年以 0.013 点的速度缓慢上升。1979—1994 年，每年以 0.076 点的速度快速上升。而 1994—1999 年间，这一比率略有下降，此后，这一比率又上升至 1994 年的值之上。收入分配的进一步分解表明，最近收入不平等的相对稳定是由于以下抵消因素的存在。[①] 一方面，处于工资分布最底层的男性工资相对于中间层来说提高了，缩小了收入不平等；另一方面，处于工资分布顶层的男性工资相对于中间层来说继续提高，扩大了收入不平等。

女性工资不平等也在扩大，90-10 比率从 1973 年的 3.07 上升到 2011 年的 4.36。一方面，女性收入不平等的变化因时而异：1973—1979 年间下降，而男性则略微上升；另一方面，1979—1994 年，女性 90-10 比率的上升速度比男性快 20%。

16.4.2 收入不平等扩大的原因

经济学家在过去的 30 年里对收入不平等扩大的原因做出了一些解释，我们简要地评价以下四种可能的解释。

■ 去工业化

20 世纪 70 年代中期以来，相对于制造业而言，服务业中的就业增长迅速。由于服务业与制造业相比，拥有较低的平均工资和较大的收入差距，因此就业向服务业的倾斜无疑扩大了收入不平等。[②]

---

① 本部分统计数据的来源是作者根据 1973—1978 年的“美国人口现状调查 5 月数据”与 1979—2011 年的“美国人口现状调查年度收入数据”计算整理而来。

② Bluestone and Harrison, op. cit.; and Harrison and Bluestone, op. cit. Also relevant is Barry Bluestone, “The Impact of Schooling and Industrial Restructuring on Recent Trends in Wage Inequality in the United States,” *American Economic Review*, May 1990, pp. 303-7.

但是经济学家也警告说，这是一种不完整的解释。倾向服务业的就业结构变化只解释了工资不平等扩大的一小部分。收入不平等扩大的绝大部分可以由行业内部不断增加的薪资差距来解释。[1] 行业内部收入不平等的扩大很难用就业从制造业向服务业的转变来解释。此外，值得注意的是一些高增长的服务业，例如，法律、咨询、会计、医药、教育等行业都是高薪行业，而非低薪行业。

全球瞭望 16-1

收入不平等*

以90-10比率度量的美国收入不平等程度高于主要欧洲国家。

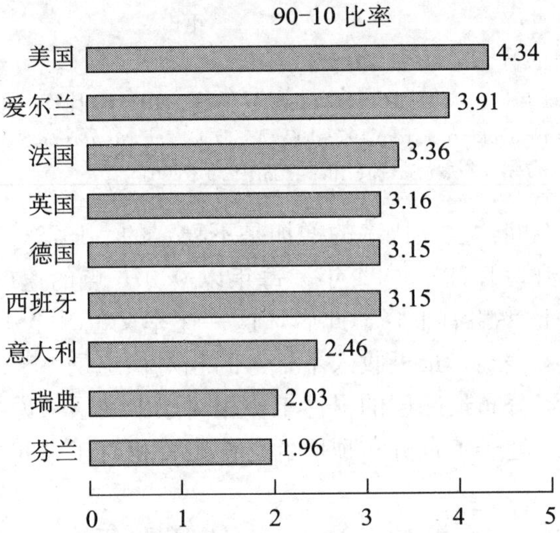

*2002年的数据。

资料来源：Hipólito Simón, "International Differences in Wage Inequality: A New Glance with European Matched Employer-Employee Data," *British Journal of Industrial Relations*, forthcoming, 2009, Table A2; and Lawrence Mishel, Jared Bernstein, and Heidi Shierholz, *State of Working America, 2008/2009* (Ithaca, NY: ILR Press, 2009), Table 3.5.

■ 工会的衰落

从理论上讲，工会对工资不平等的影响是不确定的。一方面，工会的存在增加了工资不平等，原因在于与非工会工人相比，它提高了工会工人的工资，并且这些工会工人大部分由高薪的蓝领工人组成。另一方面，工会的存在降低了工资不平等，原因在于它平衡了厂商内部及厂商之间工会工人的工资。此外，工会往往会降低白领和蓝领工人的工资差异，原因在于它提高了工会主体会员蓝领工人的相对工资。尽管从理论上讲，工会对工资不平等的影响是不确定的，但现有证据通常显示

① Robert G. Valletta, "The Effects of Industry Employment Shifts on the U. S. Wage Structure 1979-1995," Federal Reserve Bank of San Francisco *Economic Review*, no. 1 (1997), pp. 16-32.

它往往会降低工资不平等。

研究证据也支持这一观点，工会的衰落（第 10 章）加剧了收入不平等。[①]

■ 对技术工人需求的增加

回顾一下，20 世纪 80 年代大学工资升水率大幅上升（第 4 章），说明高技术工人与低技术工人之间的工资差异越来越大。高等教育回报率不断提高，进而使收入不平等扩大的一种可能解释是，相对于低技术工人而言对高技术工人需求的大幅增加。在其他条件相同的情况下，对高技术工人需求的增加，意味着高薪工人将扩大收入分配份额。

对高技术工人需求的增加可能存在以下两个方面的证据：第一，对高技术工人的需求可能出现在产业内部。为了适应新技术的发展，各产业通常在各个方面都需要受过大学教育的工人来改进生产技术。例如，制造业和服务业都扩大了对计算机辅助技术的应用。[②] 第二，产业间可能发生了产品需求的变化。具体来说，对劳动力的派生需求可能会转向有利于雇佣更高比例高技术工人发展的产业。例如，计算机软件和生物制药等高科技产业的出现可能会增加对高技术工人的整体需求。

由于历史上上大学的年轻人比例增长相对缓慢，大学工资升水率上升也是有可能的。再加上对受过大学教育工人的需求增加，这进一步解释了收入不平等的扩大。[③]

■ 人口结构的变化

一些经济学家用劳动力市场总供给方面的变化来解释不断扩大的收入不平等。具体来说，他们把高技术工人与低技术工人之间劳动力供给构成的变化作为一项重要因素。尤其是，20 世纪 70 年代和 80 年代，大量的低技术“婴儿潮”一代和女性进入劳动力市场可能使收入不平等扩大。

缺乏经验的低技术工人的数量激增与收入不平等存在以下两方面联系。一方面，缺乏经验的低技术工人的数量激增，使得所有产业中低薪工人与高薪工人的比率提高，导致更大的工资差距；另一方面，在各种低工资劳动力市场上，年轻工人和缺乏经验的女工的供给增加可能会降低这些市场上工人的相对收入。在这两种情况下，低技术工人（缺乏经验）与技术工人之间的工资差异将不断扩大。

收入不平等不断扩大的人口解释是符合逻辑的并经常被引用。但是这种解释很难与由每个年龄组内不断增长的收入不平等导致的总体不平等扩大的证据相一致。

---

① 有关工会衰落加剧收入不平等的证据，参见 Bruce Western and Jake Rosenfeld，“Unions，Norms，and the Rise in U. S. Wage Inequality，” *American Sociological Review*，August 2011，pp. 513-37。

② 例如，参见专栏“工作世界 8－2”。有关计算机技术增加对技术工人需求作用机制的证据，参见 David H. Autor，Frank Levy，and Richard J. Murnane，“The Skill Content of Recent Technological Change：An Empirical Exploration，” *Quarterly Journal of Economics*，November 2003，pp. 1279-1333。

③ 参见 Daron Acemoglu，“Technical Change，Inequality，and the Labor Market，” *Journal of Economic Literature*，March 2002，pp. 7-72；and David H. Autor，Lawrence F. Katz，and Melissa S. Kearney，“Trends in U. S. Wage Inequality：Revising the Revisionists，” *Review of Economics and Statistics*，May 2008，pp. 300-23。一些经济学家已经淡化了其对技术工人需求增加的作用；参见 Lemieux，op. cit。

研究达成的共识是，“婴儿潮”一代、女性劳动力和移民数量的激增对不断扩大的收入不平等的影响是温和的。[①]

16.4.3 结论与展望

我们能从引起收入不平等日益扩大的各种可能原因的讨论中得出什么样的结论呢？最主要的结论是导致这种现象的原因似乎并不唯一。有关这一结论的证据指向需求方面、供给方面及现有的制度因素。对受过大学教育工人的需求大于供给。相反，对低技术工人的需求小于供给。与此同时，贸易逆差和工会的衰落减少了传统的中等收入工作，并将这些工人引向低收入工作。结果导致男女收入分配不平等的扩大。

在今后的十年里，收入分配不平等是否会继续扩大？该领域专家的初步回答是“可能不会”。劳动力增长的不断下降（第3章）会使未来的总体劳动力市场趋向紧缩，并会使低技术工人的工资上涨。同时，教育和培训投资回报率的不断提高会吸引更多的人接受大学教育，并鼓励企业加大对员工的培训力度。最后，我们期望通过增加高技术工人的供给来减少支付给该群体的收入溢价。[②] 但是，考虑到影响收入不平等的因素是复杂多样的，因此，预测收入不平等的未来方向存在很大的不确定性。

工作世界 16-3

日益扩大的闲暇不平等

在美国，男性每周平均花53小时做市场工作或做家务。而女性每周平均花47小时。剩余的时间用在闲暇活动上。

在过去40年间，闲暇时间大幅增加。马克·阿吉亚尔（Mark Aguiar）和埃里克·赫斯特（Erik Hurst）的报告显示，1965—2003年，男性和女性的闲暇时间每周分别增加6.2小时和4.9小时。依此计算，男性和女性闲暇时间每年分别增加大约320小时和255小时。

闲暇时间增加的数量因教育水平的不同而不同。1965年，不同教育水平群体的男性和女性有相似数量的闲暇时间。而到2003年，受教育程度较高群体与受教育程度较低群体的闲暇时间数量已出现显著差异。1965—2003年，男性高中辍学者的闲暇时间每周增加12小时。相比之下，在此期间，男性大学毕业生的闲暇时间几乎没变。对于女性来说，在此期间，女性高中辍学者的闲暇时间每周增加8小时，而女性大学毕业生的闲暇时间每周只增加1小时。

不同教育水平群体的大部分闲暇时间差异是由于市场工作而非家务时间的变化。对于男性来说，受教育程度较低者比受教育程度较高者的市场工作时间减少了很多。而对于女性来说，女性大学毕业生每周的市场工作时间增加4小时，而女性高中辍学者每周的市场工作时间减少2小时。就家务时间而言，不同教育水平群体的男性增加了一个相似的数

---

① 参见 David Card，“Immigration and Inequality,” *American Economic Review*，May 2009，pp. 1-21。

② 有关这一观点的讨论，可参见 Topel，op. cit。

量，而不同教育群体的女性则减少了一个相似的数量。

闲暇活动也发生了变化。所有教育水平群体花在看电视上的时间都大幅增加。大学毕业生每周看电视的时间增加了5小时，而高中辍学者每周增加了9小时。大学毕业生看电视时间的增加被阅读和社交时间的下降所抵消。高中辍学者每周睡觉的时间增加了3小时，而大学毕业生每周减少了1小时。

近几十年，闲暇时间不平等的扩大如同收入不平等扩大的镜中像。受教育程度较高的工人比受教育程度较低的工人的收入增长幅度更大。然而，与受教育程度较低的工人相比，他们的闲暇时间增长幅度较小。

资料来源：Mark Aguiar and Erik Hurst，"Measuring Trends in Leisure：The Allocation of Time over Five Decades，" *Quarterly Journal of Economics*，August 2007，pp. 969-1006.

本章总结

1. 个人收入不平等程度可以用直方图（绝对频率分布）、相对频率分布或洛伦兹曲线来表示。频率分布表示年收入在各个收入范围内下降的绝对或相对雇佣人数。洛伦兹曲线描述了所有工薪收入者人数的累积百分比及与其相对应的总收入累积百分比。

2. 美国的收入频率分布证明：在中位数和均值左边的众数周围聚集了大量的收入群组，并显示出一个向右倾斜的尾巴，这说明个人收入存在巨大差距。

3. 基尼系数度量了从0（完全平等）到1（完全不平等）之间的收入不平等程度。通过比较对角线与洛伦兹曲线之间的面积和对角线以下整个三角形的面积可以计算出它的值。

4. 个人收入的频率分布、洛伦兹曲线和基尼系数必须慎重解释，因为它们：（1）取决于是否包括非全日制工人；（2）不包括附加福利；（3）没有提供家庭收入信息；（4）比加入转移收入后更加不平等。

5. 依据人力资本理论学者的观点，大约1/2～2/3的收入不平等可由人们接受正规教育和在职培训的不同来解释。

6.（1）一些经济学家认为能力可以通过提高生产率来直接影响收入；（2）能力可以通过多种形式的交互作用产生可观测的收入偏态分布；（3）能力也可以通过决定人力资本投资回报和最优数量来间接影响收入。

7. 家庭背景、歧视、风险和一定程度的运气也有助于解释收入不平等和收入分布的右偏。

8. 在个人整个收入分配过程中存在大量的流动，这种流动与生命周期相关，反映了年龄和收入之间普遍存在的正相关关系。此外，收入分配还具有"搅动"性，接受更多教育和培训、能力强、运气好的人相对年龄调整后的收入水平也会从低到高发生变动。

9. 在过去30年间，美国的收入分配变得越来越不平等。可能有以下几种原因：（1）去工业化；（2）进口竞争和工会的衰落；（3）对技术工人需求的增加；（4）人口结构的变化。其中，没有一个因素可以单独解释工薪收入不平等的扩大。收入不平等可能会涉及需求、供给和制度方面的因素。

习题和学习建议

1. 假设一个由20名非工会化工人组成的私人经济部门，他们的年收入（单位：美元）如下：18 000，9 000，82 000，12 000，13 000，76 000，61 000，14 000，22 000，23 000，21 000，

46 000，59 000，26 000，27 000，37 000，6 000，41 000，3 000，24 000。

a. 以10 000美元为年收入组距（也就是把年收入划分为0～10 000美元、10 000～20 000美元等不同的组）构建该经济部门的个人收入分配直方图（绝对频率分布）。请问该直方图的众数、均值、中位数分别是多少？请解释该分布的特征是正态分布还是向左或向右倾斜的偏态分布。

b. 画出洛伦兹曲线，并标注该私人经济部门收入分配的五分位数。

c. 请解释整件劳动力的工会化对洛伦兹曲线可能会产生什么样的影响。

2. 为什么一个给定的基尼系数可以与多个特定的洛伦兹曲线相匹配？请画图说明。

3. 为什么接受更多正规教育的人在其职业生涯中往往会接受更多的在职培训？这一事实对收入分配会产生什么样的影响？

4. 客观评价这一观点："终生收入分配比年收入分配的不平等程度低。"

5. 政府通过转移支付缩小家庭收入分配差距的良好愿望，如何不经意间扩大了年收入分配的不平等？

6. 请解释：能力和家庭背景是如何独立于教育和培训直接影响收入的？能力和家庭背景如何通过人力资本投资决策间接影响收入？歧视如何引起收入不平等？

7. 在过去的30年间，年收入洛伦兹曲线的位置发生了什么样的变化？设想一下，未来30年洛伦兹曲线向左移，或进一步向右移，你认为哪一种情况最有可能？

8. 请解释本章中哪两种对工薪不平等日益扩大的解释看起来至少与以下事实相符：收入分配在同一产业（制造业和服务业）内和同一年龄组内已变得更加不平等。

9. 根据本章提供的信息回答第4章第11题。

互联网练习

收入不平等不断扩大还是不断缩小？

请登录美国人口普查局收入不平等网站（www. census. gov/hhes/www/income/data/historical/inequality/index. html）。点击"Measures of Individual Earnings Inequality for Full-Time Year-Round Workers by Sex."将会检索出男性和女性全日制工人90－10收入比率的历史数据。

1973年、1979年、1999年以及最近一年男性的90－10收入比率分别是多少？收入不平等在1973—1979年、1979—1999年以及1999年至今发生了什么变化？对女性进行同样的分析。

互联网链接

联合国大学和联合国开发计划署有一个度量许多国家收入不平等的大型数据库（www. wider. unu. edu/research/Database/en_GB/database）。

第17章 劳动生产率：工资、价格和就业

前面章节重点阐述了特定类型工人工资率的决定，解释了组成工资结构的复杂的个人工资体系，并考察了个人收入分配。现在我们将重点转向实际工资平均水平的长期趋势。是什么推动了20世纪平均实际工资的增长？为什么1979—1995年间美国的实际工资增长如此之慢？为什么实际工资增长自1995年起开始反弹？

在回答这些问题时我们发现，实际工资水平的长期增长与劳动生产率的增长密切相关。因此，本章将重点研究生产率增长及其相关问题。

17.1 生产率的概念

从本质上讲，生产率是一个简单的概念。它仅仅是实际产出（生产的产品和服务数量）与用以生产产出的投入量之间的一种关系。换句话说，生产率是对资源或投入效率的一种度量。可用以下比率来表示：

$$生产率=\frac{产出}{投入} \tag{17-1}$$

生产率告诉我们从每一单位投入中可以得到多少单位的产出。如果单位投入的产出增加，则生产率提高。

从生产率的定义可以看出，选择具体的数据代入生产率公式的分子和分母，就可以得到一组不同的生产率值。分子中产出可能是实际GDP、私人部门的实际产出、特定产业或工厂的实际产出。无论分子中的产出用什么度量，它都必须是实际的而不能是名义的。单位劳动投入生产出更多的产品和服务实际上等于生产率增长；而在产出数量不变甚至下降基础上的价格上升，显然不构成生产率增长。至于分母，一些生产率分析师将劳动和资本投入合二为一来度量总要素生产率。因为劳动是我们讨论的焦点，所以我们将重点关注**劳动生产率**（labor productivity），即工时和总产量或实际国内生产总值之间的关系。[①]

---

① 有关可用的生产率度量方法，参见 Charles Steindel and Kevin Stiroh，"Productivity：What Is It，and Why Do We Care About It?" *Business Economics*，October 2001，pp. 13-31。亦可参见 Bureau of Labor Statistics，*BLS Handbook of Methods*（Washington，DC：Government Printing Office，1997），chap. 10。

17.1.1 度量

图 17-1 提供的信息使我们能够计算一个假定经济体两个特定年份中任一年的劳动生产率。该图描绘了两个总生产函数 TP_1 和 TP_2。总生产函数表示某一特定年份的工时数量与该年总产量（实际 GDP）之间的关系。我们首先关注总生产函数 TP_1，这条曲线反映出两个假设：其一，劳动质量、资本数量和生产方法是固定不变的；其二，生产遵循边际收益递减。为了简化，我们假设在整个产出范围内边际收益递减。这样 TP_1 就表示工时和总产量的关系，在其他条件相同的情况下，当资本存量一定时，随着单位劳动投入的增加，总产量以递减的比率增加。

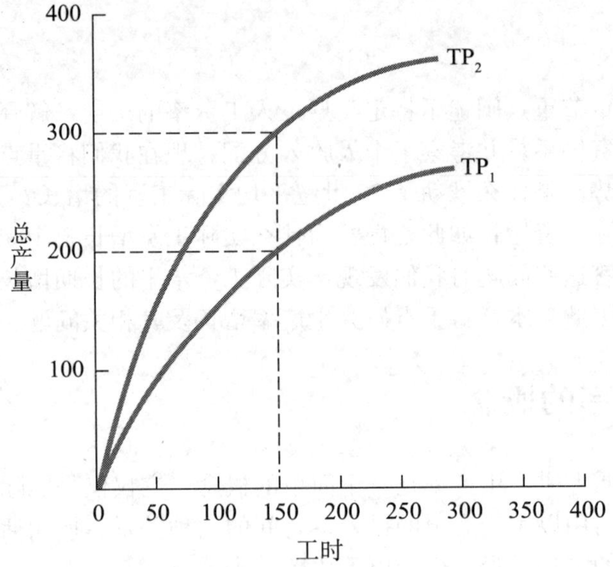

总生产函数 TP_1 和 TP_2 描绘了两个时期和不同资本存量条件下，工时投入和总产量（或实际 GDP）之间的关系。假设劳动时间不变，生产函数的向上移动表示劳动生产率提高了 50%。

图 17-1 总生产函数和劳动生产率

TP_1 曲线提供的投入-产出信息使我们能够度量这一假定的经济特定年份的劳动生产率。具体如下：

$$劳动生产率=\frac{总产量（实际\ GDP）}{工时数} \tag{17-2}$$

式（17-2）表明，劳动生产率只是整个经济劳动投入的平均生产率。为便于说明，我们假设工时数（式（17-2）中的分母）是 150。图 17-1 中的总生产函数 TP_1 显示相应的总产量是 200。200 除以 150，我们得到劳动生产率是 1.33。式（17-3）能够将劳动生产率转化成指数形式，使用某一特定年份作为基年：

$$生产率指数_{基年}=\frac{生产率_{第一年}}{生产率_{基年}}\times 100 \tag{17-3}$$

式（17-3）简单地将基年的劳动生产率设为 100，即 $100=(1.33/1.33)\times 100$。

现在我们将注意力转向图 17-1 中的总生产函数 TP_2，它由 TP_1 上移而来。从长期来看，其他条件是会发生变化的，也就是说，劳动质量可以提高，资本存量可以增加，更有效的资源整合方法也可能被发现。例如，假设经济体增加了资本品存量，进而促使工人在生产过程中使用更多的机器和工具。正如图 17－1 描绘的总生产函数从 TP_1 移动到 TP_2 一样，这将会增加每单位劳动投入的产出。假设工时数仍保持 150 不变，总产量将会增加到 300，进而劳动生产率提高到 2（＝300/150）。将这一新的生产率水平 2 与基年的生产率水平 1.33 相比，我们可以计算出第二年的生产率指数。

$$生产率指数_{第二年}=\frac{生产率_{第二年}}{生产率_{基年}}\times 100 \qquad (17-4)$$

新的指数是 150（＝（2/1.33）×100），这表明相对于基年指数 100 而言，生产率提高了 50％。

17.1.2　美国劳工统计局生产率指数（BLS 生产率指数）

美国劳工统计局（BLS）发布美国经济的官方劳动生产率指数。图 17－2 显示了自 1960 年以来每工时产出的 BLS 生产率指数的变化过程。需要说明的是，1992 年是该指数的基年。因为 **BLS 生产率指数**（BLS productivity index）被广泛使用和引用，所以，熟悉其特征是非常重要的。

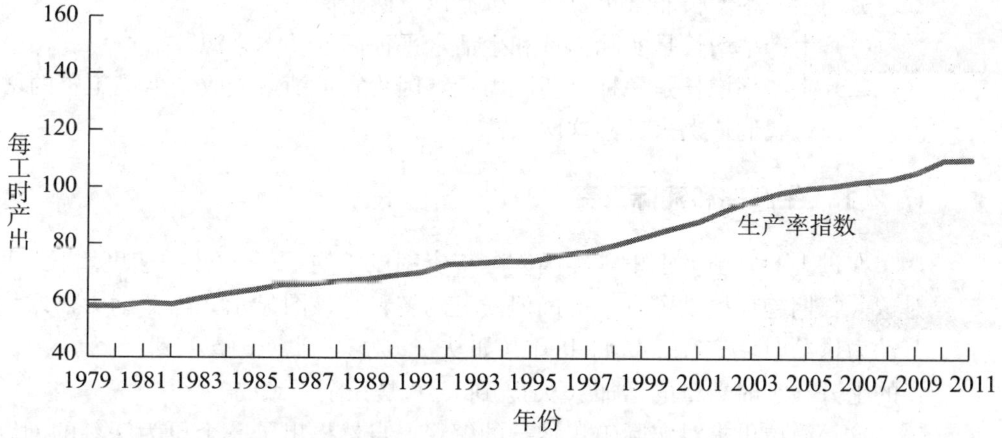

劳动生产率在过去 51 年里增加了一倍多。

图 17－2　美国劳动生产率指数*

＊指企业部门。

资料来源：Bureau of Labor Statistics（http://www.bls.gov）.

其一，该指数由私人部门的不变美元（实际）GDP 除以私人部门的工时数计算得出。公共部门被排除在 BLS 生产率指数之外的一个非常现实的原因是：政府提供的公共产品（如国防、防洪、警察和消防）不会在市场上出售给个人买家。因此，公共部门产出的经济价值是很难估计的。大多数生产率专家认为，公共部门的生产率增长比私人部门更慢。基于这个原因，美国劳工统计局的数据往往会高估整个经济的生产率增长。

其二，由于没有考虑产出质量的改进，该指数低估了生产率的增长。当然，这只是在计算私人部门实际产出或 GDP 的过程中暴露出来的一个缺陷：GDP 只度量产出数量的变化，而没有度量产出质量变化。

其三，使用单位工时的产出度量生产率意味着只有劳动与生产率的提高相关，而事实并非如此。正如我们在图17-1中所讨论的那样，影响劳动生产率的因素是多方面和多样化的，包括劳动质量的提高、更多资本设备的使用、生产技术与管理组织技术的进步、市场扩大导致的专业化提升、经济结构的转变、公共政策、社会态度等。而BLS生产率指数只提供了劳动生产率变化的信息，却未解释这些变化的原因。

尽管存在局限和偏差，但BLS生产率指数还是提供了私人部门的效率如何随时间变化的合理估计。事实上，官方BLS生产率指数测算有一些显著优点。首先，该指数概念简单且利用现有数据很容易计算。其次，因为它是以每工时为基础计量的，所以该指数自动考虑了工作周长度的变化。如果用每个工人每年的产出计算指数，则当平均工作周随时间推移缩短时，将会低估劳动生产率的增长。最后，作为衡量小时产出的一项指标，该指数可以直接与小时工资率相比较。①

17.2 生产率增长的重要性

劳动生产率增长非常重要，至少有以下两个原因：

（1）生产率增长是实际工资和生活水平提高的基本来源。

（2）生产率增长是一种反通胀力量，因为它抵消或吸收了名义工资的增长。

下面让我们依次来考察这两点。

17.2.1 生产率和实际工资

在过去的一个世纪里，美国实际工资率以年均2%～3%的速度增长。图17-3对这一长期趋势提供了一个准确但浅显的解释。该图显示，当劳动力需求增速大于劳动力供给时，实际工资将上升（如从 $(w/p)_1$ 到 $(w/p)_2$ 到 $(w/p)_3$）。实际工资的上升与工时数量的增加（从 Q_1 到 Q_3）是完全一致的。

这一简单供求对实际工资增长的解释，自然提出了一个更为深刻的问题：为什么劳动力需求在过去几十年里增加了？图17-4显示了劳动力需求增加的主要根源：劳动生产率增长。我们注意到每工时产出增长与平均实际小时报酬增长之间存在极其密切的关系。劳动生产率的增长增加了相对于劳动力供给的劳动力需求，进而导致平均实际工资率上升。当一个人认识到社会的实际产出就是它的实际收入时，生产率与实际报酬之间的密切关系就不足为奇了。一般来说，对于整个经济而言，每工时的实际收入只能与每工时的实际产出以相同的速度增长；每小时产出越多意味着可供每小时工作分配的实际收入越多。最简单的例子就是经典的鲁宾逊荒岛漂流记。鲁宾逊每小时可以摘到的椰子或抓到的鱼就是他每小时的实际收入或工资。简单地说，你生产的就是你得到的。

① 有关生产率度量问题的讨论，参见Edwin R. Dean，"The Accuracy of the BLS Productivity Measures，" *Monthly Labor Review*，February 1999，pp. 22-34。

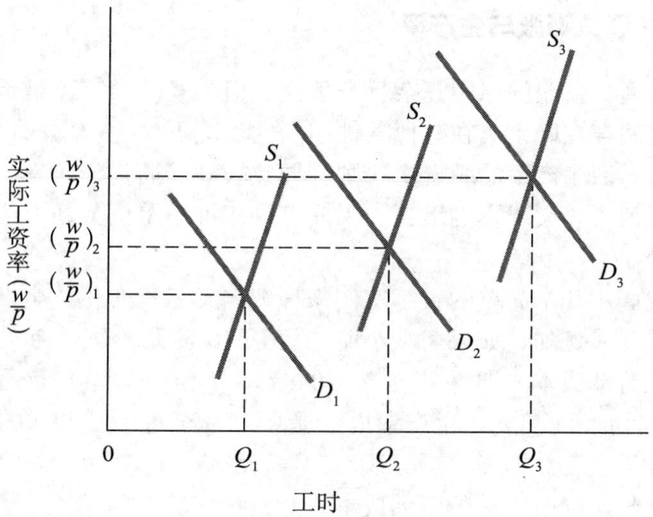

只有当劳动力需求增长快于劳动力供给时，实际工资才会增长。

图 17－3　实际工资增长：劳动力供给和需求分析

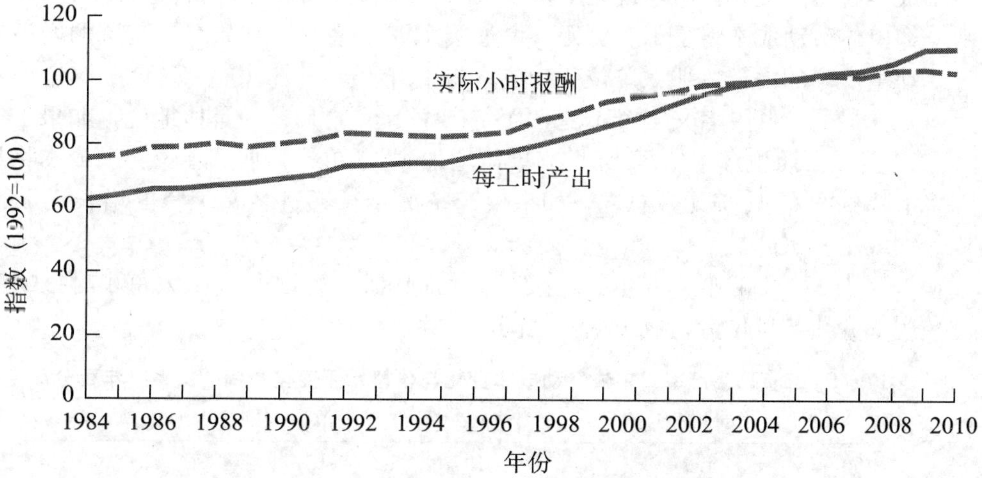

因为实际产出就是实际收入，所以每工时实际产出的增长与实际小时报酬的增长是密切相关的。

图 17－4　劳动生产率和平均实际报酬

劳动生产率增长对整个经济增长贡献的重要性无论怎样强调都不过分。我们可以将劳动生产率公式（17－2）重新整理如下：

实际 GDP＝工时×劳动生产率　　(17－5)

由式（17－5）可知，实际产出可以因工时投入增加或任一工时产出增加而增加。换句话说，正如图 17－1 所示，总产量可以因沿着当前总生产函数右移（更多的劳动时间投入）或因该函数上移（劳动生产率提高）而增加。数据显示，劳动生产率提高是美国实际 GDP 增长两个贡献因素中更重要的一个。例如，1960—2011 年，美国实际产出增长了 426%。在同一期间，劳动生产率提高了 207%，而劳动工时增加了 71%。

17.2.2 通货膨胀与生产率

尽管通货膨胀的原因复杂且有争议，但是经济学家还是承认生产率增速与通货膨胀率之间存在联系。在其他条件相同的情况下，生产率的快速增长有助于抑制通货膨胀率，而生产率的缓慢增长则会导致较高的通货膨胀率。更具体地说，生产率的增长抵消了名义工资的增长，因此有助于抑制单位劳动力成本增加和最终产品价格的上升。

让我们用几个简单的数字实例来理解名义工资变化、生产率以及单位劳动成本之间的关系。例如，如果名义小时工资是10美元，每个工人每小时生产10单位，那么单位劳动成本（即每单位产出的劳动成本）就是1美元。如果名义工资增加10%至每小时11美元，生产率也会提高10%至每小时11单位，那么单位劳动成本将不会发生变化。即10美元/10＝11美元/11＝1美元。总之，名义工资与生产率同比例增长不会改变单位劳动成本。

同样，如果名义工资增长10%而劳动生产率不变，那么单位劳动成本将会上升10%。也就是说，如果初始工资是10美元，每小时产出是10单位，那么单位劳动成本就是1美元。但是现在工资变成了11美元，而产出仍然是每小时10单位，那么单位劳动成本将是1.1美元，增加了10%。总之，如果名义工资的增长超过了劳动生产率的增长，那么单位劳动成本将上升。

最后，假设名义工资不变，而生产率增长了10%。具体地说，如果工资保持在10美元，而生产率从每小时10单位增加到11单位，那么单位劳动成本将从1美元下降到约0.91美元。总之，如果生产率的增长超过名义工资的增长，那么单位劳动成本将下降。

表17-1的第2～4列，分别显示了1960—2011年，工人每小时报酬变化、生产率变化与单位劳动成本变化之间的关系。

表17-1 工资、生产率、单位劳动成本变化与价格水平变化之间的关系（年百分比变化）

年份	每小时报酬变化	生产率变化	单位劳动成本变化	价格水平变化*
1960	4.2	1.7	2.4	1.1
1962	4.4	4.6	−0.1	1.0
1964	3.8	3.4	0.4	1.1
1966	6.7	4.1	2.6	2.5
1968	8.1	3.4	4.5	4.0
1070	7.7	2.0	5.6	4.3
1972	6.3	3.2	3.0	3.6
1974	9.6	−1.7	11.5	9.7
1976	8.6	3.2	5.3	5.3
1978	8.7	1.1	7.5	7.1
1980	10.7	−0.2	10.9	9.0
1982	7.2	−0.8	8.1	5.7

续前表

年份	每小时报酬变化	生产率变化	单位劳动成本变化	价格水平变化*
1984	4.2	2.7	1.5	2.9
1986	5.1	2.9	2.2	1.6
1988	5.2	1.5	3.7	3.2
1990	6.4	2.1	4.2	3.6
1992	5.3	4.2	1.1	1.9
1994	1.5	0.9	0.6	1.7
1996	3.4	2.9	0.5	1.6
1998	6.1	3.0	3.0	0.7
2000	7.4	3.5	3.7	1.8
2002	3.1	4.5	−1.3	0.8
2004	3.5	2.8	0.7	2.6
2006	3.8	0.9	2.8	2.9
2008	3.3	0.7	2.6	1.8
2010	1.9	4.0	−2.0	1.3
2011	2.2	0.2	2.0	2.5

*价格折算指数。

资料来源：Bureau of Labor Statistics. Data are for the private business sector.

因为劳动成本平均占到生产总成本的70%～75%，以及较高的生产成本最终会导致较高的产品价格，所以生产率增长和通货膨胀率之间的关系是显而易见的。在其他条件相同的情况下，我们的例子中单位劳动成本增加10%将导致总成本增加7%～7.5%。表17-1中的数据显示，除重大例外，单位劳动成本的变化（第4列）与通货膨胀率的变化（第5列）趋势很相近。作为大致的经验规则，在大多数年份，单位劳动成本的变化和通货膨胀率的变化大体是相似的。

我们必须谨慎，不能从表17-1推断名义工资增长与劳动生产率增长之间的关系必然是引发通货膨胀的主要原因。其他许多因素，如货币供给、不适当的财政政策、预期、供给冲击等都会对通货膨胀产生比较大的影响。事实上，一些经济学家认为，实际产出增长与货币供给增长之间的关系是价格水平变化的主要决定因素。他们认为，货币供给的过度增长会引起所有价格上涨，包括劳动价格（名义工资）。绝大多数经济学家认为，至少在短期内，需求和供给（成本）因素都可能引发通货膨胀。他们认为，名义工资与生产率之间的关系是价格水平的重要决定因素。事实上，作为一种控制通货膨胀的手段，美国政府不时会执行工资-价格政策，以将名义工资增长限制在平均劳动生产率增长范围之内。

单位劳动成本的增加是引起通货膨胀的原因还是通货膨胀的一个症状，这一问题一直争论不断。但可以肯定的是，给定名义工资率增速不变，劳动生产率增速越高，通货膨胀率越低。

17.3 劳动生产率的长期趋势[①]

数据显示，从长期来看或者说在过去一个世纪，每工时产出平均年增长大约2%～3%。尽管这些数字看起来似乎并不会特别令人印象深刻，但复合的“奇迹”会随着时间推移把这种年增长转化为小时产出和收入的巨大增长。具体地说，小时产出年增长2.5%就会使每工时产出在大约28年后翻番。我们很快就会看到，1995年以来的生产率增长已远高于之前20年。

生产率增长的原因是什么？一般来说，关键性的决定因素包括以下三个方面：(1) 劳动力的平均质量；(2) 与劳动配比的资本品数量；(3) 劳动、资本和其他投入的整合效率。图17-5展示了乔根森（Jorgenson）、霍（Ho）和斯特奥（Stiroh）对1959—2006年促进劳动生产率增长因素的估计。这些因素是接下来讨论的重点。

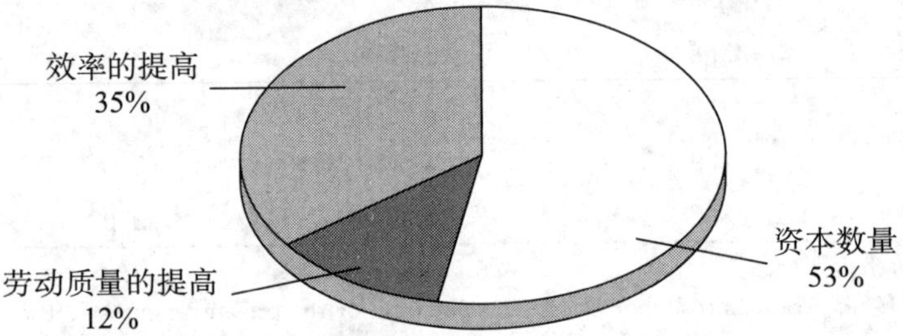

资本数量的增长可以解释大约一半生产率的增长，另一半生产率的增长则可以由效率和劳动质量的提高来解释。

图17-5 美国生产率增长原因的相对重要性

资料来源：Dale W. Jorgenson，Mun S. Ho，and Kevin J. Stiroh，“A Retrospective Look at the U. S. Productivity Growth Resurgence，” *Journal of Economic Perspectives*，Winter 2008，pp. 3-24.

17.3.1 劳动质量的提高

劳动质量取决于教育和培训、健康和活力以及年龄-性别构成。在其他条件相同的情况下，一个受过良好教育和培训的劳动力比一个缺乏教育和培训的劳动力的每小时产出更高。事实上，第4章我们对作为人力资本投资的教育和培训能提高劳动生产率和收入的讨论是非常有意义的。图17-6提供了1950年以来美国人口（25岁及以上）受正规教育程度增长的总概览。乔根森、霍和斯特奥估计，1959—2006年，大约12%的劳动生产率增长是由于工人的教育和培训增加引起的（见图17-5）。

---

① 有关生产率增长的更多信息，参见 Charles R. Hulten，Edwin R. Dean，and Michael J. Harper (eds.)，*New Developments in Productivity Analysis* (Chicago：University of Chicago Press，2001)。亦可参见 Kevin J. Stiroh，“What Drives Productivity Growth?” Federal Reserve Bank of New York *Economic Policy Review*，March 2001，pp. 37-59。

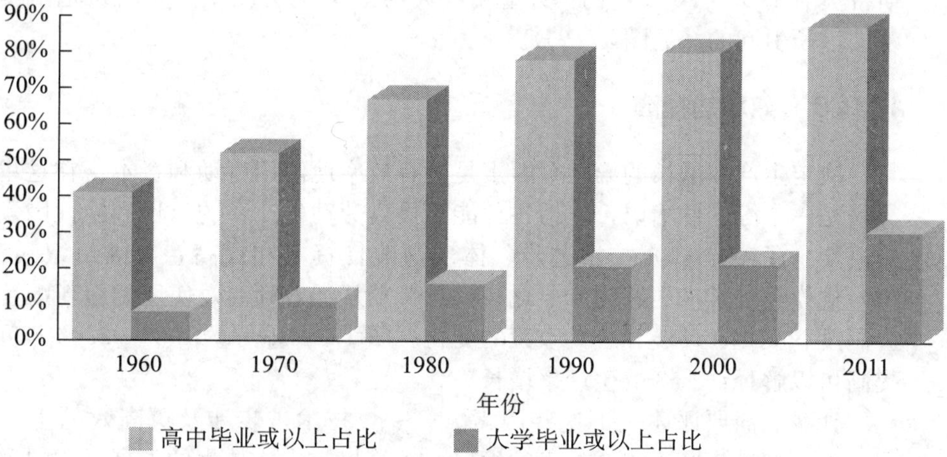

拥有高中或大学学历的个人比例随着时间推移不断上升。

图 17－6　美国人口的受教育程度（25 岁或以上）

资料来源：U. S. Census Bureau（www. census. gov）.

提高工人健康和活力的人力资本投资也会提高劳动力的平均质量。营养的改善、更多更好的医疗保健以及更好的基本生活条件都有助于提高劳动力的体能和士气。这些因素增加了工人寿命，并使劳动力经验更丰富，进而拥有更高的生产率。

最后，劳动力的年龄-性别构成变化也可能影响劳动力的平均质量，进而影响生产率。例如，从历史上看，对童工和入学日益严格的立法把潜在的年幼工人（由于缺乏教育和工作经验而欠缺技能和效率相对低下的工人）排除在劳动力队伍之外。这一排除提高了劳动力的平均质量。第二个例子是劳动力年龄-性别构成的变化可能降低了 20 世纪 70 年代和 80 年代的生产率增长。

就劳动质量而言，一个良性的反馈循环和自我强化可能会使其逐渐发展。如果劳动生产率提高，实际工资亦会提高。这些增加的收入能够使工人提高其健康和教育水平，从而进一步提高劳动质量和生产率。这一循环周而复始。循环互动可能会加强，因为对教育和医疗的需求相对于收入而言都是有弹性的。这意味着不断增长的国民收入使花费在这些项目上的支出产生了更大比例的增长。

17.3.2　实物资本的数量

任何工人的生产率都将取决于为其配备的资本设备的数量。一名建筑工人用推土机挖一个地下室比用手铲耗时要短得多。关于劳动生产率的一个重要关系是单位劳动可用资本数量，或者更专业地称作资本-劳动比率。从历史上看，这一比率是增长的。例如，1959—2006 年，资本品存量估计大约翻了两番；而在同一时期，劳动时间估计大约翻了一番。因此，每劳动小时资本品数量 2006 年比 1959 年增长了 100%。换句话说，在这 47 年间，资本-劳动比率增加了一倍。[①] 乔根森、霍和

---

① Dale W. Jorgenson, "Information Technology and the U. S. Economy," *American Economic Review*, March 2001, pp. 1-32. 可从 www. economics. harvard. edu/faculty/jorgenson/recent _ work _ jorgenson 获取更新表。

斯特奥对1959—2006年的估计显示，大约53%的劳动生产率增长是由实物资本存量的增长引起的（见图17-5）。

17.3.3 效率的提高

决定生产率增长的第三个因素是更有效率地使用劳动和资本。在这里，效率的提高是一个综合性术语，包括各种能够提高劳动生产率的显性和隐性因素。效率的提高至少涵盖：（1）技术进步，体现为改良资本和提高企业的组织和管理技术；（2）规模经济带来更高的专业化；（3）劳动从低效到高效使用的重新配置；（4）社会制度、文化、环境和公共政策的变化。图17-5显示，1959—2006年间，效率的提高可以解释约1/3的生产率增长。

让我们简要评述一下这些因素。第一，技术进步涉及更高效的生产技术的发展，如大规模生产流水线技术的发展，计算机、生物技术的发展，静电印刷术、机器人技术以及集装箱运输的发展。正如在石油提炼过程中用新型裂化工艺取代蒸馏工艺一样，在钢铁冶炼过程中，从陈旧的平炉工艺转化为氧化工艺提高了该行业的生产率。管理技术的改进（工时和动作研究与生产管理控制新系统的创立）同样提高了生产率。各种各样的工人参与、工作丰富化和利润分享计划正在进行实践，以期提高工人的生产率。

工作世界17-1

公共资本有效率吗？

诸如高速公路和机场等公共部门的资本支出对生产率增长的影响是有争议的。实证研究的结果存在很大差异，从公共资本对生产率没有影响到其对生产率的影响是私人资本的3倍。

公共资本对生产率影响估计的巨大差异源于以下几个因素。最大的估计是基于全国性数据得出的。我们应该对此表示怀疑，因为这些研究使用了公共资本品的广义概念且其结果会随着估计技术的变化而变化。使用州-地区性数据和公共资本的狭义概念得出的生产率估计明显较小，但忽视了基础设施对其他州的积极影响。总之，公共资本确实能够提高生产率，但确切的大小尚不清楚。

博恩（Born）和赖哈特（Ligthart）最近的一项研究试图通过对1983—2008年68项研究中的578个估计进行统计检验以使不同公共资本生产率估计结果相一致。他们的结论是，当公共资本由地方政府配置或投资于核心基础设施（如公路、铁路、机场和公用事业）时，其更有效率。进行长期投资时，效率大约会提高3倍。该项研究表明，只有地方政府进行投资或投资于核心基础设施时，公共资本的边际收益才会大于其边际成本。

资料来源：Pedro R. D. Born and Jenny E. Ligthart, "What Have We Learned from Three Decades of Research on the Productivity of Public Capital?" Tilburg University Working Paper, July 2011.

第二，被称作规模经济的生产效率通常源于不断增长的市场和企业规模。市场的增长使企业成为大规模的生产者，反过来在使用劳动力时企业会更加专业化，进而使每个工人产出更多。市场的扩张也有助于企业使用最有效率的生产技术。例如，一个大型汽车制造商可以使用以计算机和机器人控制为特征的复杂生产线；而小型制造商不得不接受较不先进的技术。

第三，生产率也会因劳动力从低效到高效使用的重新配置而增长。例如，历史上通过将劳动力从劳动生产率相对较低的农业转至劳动生产率相对较高的制造业而实现了生产率的增长。

第四，一个社会的文化价值观、制度的性质以及公共政策的特征都会从众多方面影响劳动生产率。美国崇尚物质进步的价值观和给予成功的发明家、创新者与企业家高度的尊重和声誉的事实，对其历史上生产率的增长是非常重要的。类似地，职业道德通常也备受尊重。同样重要的还有一系列吸收储户存款并为投资者提供融资服务的复杂金融机构的存在。但是，由第 11 章可知，工会对生产率的影响尚不确定。

公共政策和社会态度对生产率的影响是复杂的。例如，更加自由的国际贸易成为长期趋势和促进国内竞争的总方针都有助于生产率的增长；但自由贸易和促进竞争政策的许多例外规定却无助于生产率的增长。关税和进口配额使美国生产商免于竞争，从而使劳动和其他投入有效地保留在相对低效的行业。同样，我们从第 14 章已经了解到，基于种族、性别或年龄的歧视是对配置效率的一种人为障碍，并因此阻碍了生产率的增长。

最后两点评论。首先，尽管乔根森、霍和斯特奥得出的结论显示，大约一半的劳动生产率增长是由于使用了更多资本品，而另一半是由于劳动质量和效率的提高，但其他专家却给出了颇为不同的估计。例如，迪恩（Dean）和哈珀（Harper）将生产率增长的大约一半归因于效率的提高，而将另一半归因于劳动质量和资本品。[①] 其次，决定生产率增长的因素是相互关联的。例如，技术进步会刺激资本设备投资。同样，在缺乏尖端资本品的情况下，即使受过高等教育和良好培训的工人也不可能被高效使用。

快速回顾 17－1

- 劳动生产率是对单位劳动投入（工时）产出的度量。
- 生产率增长很重要，有以下两个原因：首先，它是实际工资和生活水平提高的基本来源；其次，当名义工资上升时，它通过抑制单位劳动成本有助于抵消通货膨胀的压力。
- 自 20 世纪初开始，生产率以年均 2%～3%的速度增长。
- 决定生产率增长的重要因素包括：(1) 劳动力的平均质量；(2) 与劳动配比的资本品数量；(3) 劳动、资本和其他投入的整合效率，包括技术、规模经济、资源配置改善以及法律人文环境。
- 图 17－5 概括了决定美国生产率增长的各种因素的相对权重。

---

① Edwin R. Dean and Michael J. Harper, "The BLS Measurement Program," in Charles R. Hulten, Edwin R. Dean, and Michael J. Harper (eds.), *New Developments in Productivity Analysis* (Chicago: University of Chicago Press, 2001). Dean 和 Harper 的估计涵盖的期间为 1948—1997 年。

思考题

假设一个假想经济体的实际产出是10单位，生产这一产出需要5单位的劳动，单位劳动价格是2美元。那么该经济体的劳动生产率是多少？其单位或平均劳动成本是多少？（答案：参见书末。）

全球瞭望17-1

制造业生产率的增长

2000—2010年间，在工业化国家中，美国制造业生产率的增长最快。

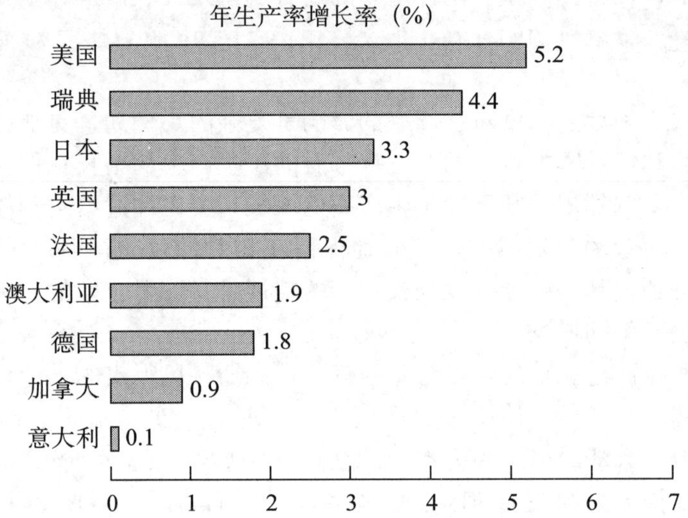

资料来源：Bureau of Labor Statistics（www. bls. gov).

17.4 生产率的周期性变化

到目前为止，我们一直强调生产率的长期趋势。因为生产率增长与实际工资之间存在密切的关系，所以这种关注是完全适当的。然而，围绕长期趋势，生产率还显示出一种系统性的短期或周期性特征。

劳动生产率一般呈顺周期性特征。即在经济周期性低迷或衰退期间，生产率增长低于长期趋势，而在经济周期性上升或复苏期间，生产率增长高于长期趋势。例如，1948—2011年间，其中有10年实际总产出下降，其余54年均增长。在产出下降的10年间，生产率增速较低，年均增长1.3%；而在总产出扩张的54年间，生产率每年增长2.7%。[①]

生产率周期性变化的原因十分复杂。为简化讨论，我们只考察以下三个因素：

① 作者基于经济分析局（www. bea. gov）的产出数据和劳工统计局（www. bls. gov）的生产率数据计算得出。

(1) 劳动利用率的变化；(2) 厂房和资本设备利用率的变化；(3) 产出构成的变化。[①]

17.4.1　劳动利用率

当经济进入低迷或衰退期，公司的销售和产出比其劳动投入下降得更快：

> 具体地说，在周期性衰退期间，雇主通常不愿意解雇工人——反而更愿意将劳动力分流到维护或其他相对于产品生产不太重要的工作岗位——直到他们确信衰退并不是暂时现象。因此，度量到的生产率（产出与雇佣劳动的比率）将会下降。类似地，一旦复苏开始，雇主将会把这些未充分利用的劳动力资源重新投入生产线。因此，雇主几乎无须招聘新雇员就能使产出迅速扩大，从而度量到的生产率将会急剧上升。[②]

为什么雇主在经济衰退期不愿解雇其雇员？为什么劳动是准固定而不是完全可变的投入？当然，一些雇员是工薪工人或高管人员。在经济衰退期，很少有企业会解雇高层或中层管理人员。即使当前产出下降，内部审计师、销售经理、人事经理仍然是必需的。此外，典型的企业还会投资为其熟练和半熟练工人进行特殊培训。由第 4 章可知，企业必须留住这些工人以实现其人力资本投资回报。如果这些工人被暂时解雇，那么企业就会面临他们流向其他雇主的风险。最后，由于存在解雇和重雇成本，如果在一定范围内通过保留和低效使用工人可以避免这些成本，那么这可能是划算的。因此，企业发现在经济衰退期囤积劳动力符合其长期利润最大化的利益，进而从社会视角看，劳动生产率较以前低。

德龙（DeLong）和瓦尔德曼（Waldmann）发现了美国周期性衰退时**劳动力囤积**（labor hoarding）的证据。[③] 然而，这种囤积随着失业率的上升而减少。被解雇的工人不太可能在其他企业找到工作，当企业想要重新雇佣他们时，其更有可能被重新雇佣。因此，当失业率很高时，企业就没有动力去囤积劳动力。与此推测相一致，他们发现，当失业率很高时，生产率几乎不会呈现顺周期性。

但在经济周期性上升或复苏阶段，只要把未充分利用的劳动力资源充分加以利用，产出就会大幅增加。在一定范围内，企业可以通过消除现有雇佣劳动力的懈怠行为增加产出。更多的产出可以从现有工时数量中获得以至于生产率快速上升。此外，我们还观察到，当有更多的工作需要做时，工人的效率通常会更高。例如，当

---

① 研究人员还对生产率顺周期性变化提出了两种其他解释。首先，技术创新可能是顺周期的；其次，不完全竞争和规模报酬递增可能导致生产率随着投入的增加而上升。经验证据表明，投入的使用随着商业周期的变化上升和下降。然而，一项研究表明这些因素不是生产率顺周期变化的主要因素。参见 Susanto Basu and John Fernald, "Why Is Productivity Procyclical? Why Do We Care?" in Charles R. Hulten, Edwin R. Dean, and Michael J. Harper (eds.), *New Developments in Productivity Analysis* (Chicago: University of Chicago Press, 2001)。

② Alan S. Blinder, *Economic Policy and the Great Stagflation* (New York: Academic Press, 1981), pp. 65-66.

③ J. Bradford DeLong and Robert J. Waldmann, "Interpreting Procyclical Productivity: Evidence from a Cross-Nation Cross-Industry Panel," Federal Reserve Bank of San Francisco *Economic Review*, no. 1, 1997, pp. 33-52. 发现劳动力囤积证据的其他研究包括 Argia M. Sbordone, "Interpreting the Procyclical Productivity of Manufacturing Sectors: External Effects or Labor Hoarding?" *Journal of Money, Credit, and Banking*, February 1997, pp. 26-45; and Basu and Fernald, op. cit。

购物者排长队时，超市收银员的工作速度更快。[①]

17.4.2 厂房和设备利用率

就资本设备而言，可以得出类似的结论。竞争迫使企业设计他们的厂房以便其在正常时间以最高效率运转。这意味着，在经济衰退期，产出的下降使厂房和设备的使用低于其最优水平，进而导致生产率下降。相反，在经济复苏期，厂房利用率向产出的最优水平回移，进而生产率也随之上升。

17.4.3 产出构成

周期性波动不同程度地影响着经济的各个部门。尤其是耐用制成品（机器和设备以及诸如汽车、冰箱、微波炉等消费品）的需求对周期性变化特别敏感。相反，大多数服务产品的需求对周期性变化的敏感性则很低。因此，制成品占国内产出的相对份额在周期性衰退期下降，在经济复苏期上升。因为制造业的生产率水平在所有经济部门中是最高的，所以制造业在衰退期的相对下降将会导致总体劳动生产率下降。

在经济复苏期，制造业占总产出比例的相对扩张将会导致平均劳动生产率的上升。需要说明的是，这一影响与对生产率的其他周期性影响是不相关的。即使劳动和资本的使用变化没有导致任何一家私人企业或产业的生产率发生变化，上述产出构成的相对变化也会引起平均劳动生产率的顺周期性变化。

17.4.4 启示

生产率周期性变化的结果是什么？首先，它们不仅是周期性波动的结果，而且是商业周期不可分割的一部分。当经济陷入衰退时，生产率快速下降，从而推动单位劳动成本上升。如果名义工资率在衰退期持续上升，单位劳动成本将会更大幅度地上升。持续上升的成本通常会挤压企业利润。利润下降从以下两个方面阻碍了投资支出：一是减少了企业用来投资的财务资源（未分配利润）；二是导致了悲观的商业预期。当然，投资的下降加剧了周期性衰退。相反，复苏期不断上升的生产率将会刺激经济回升。快速增长的生产率使单位劳动成本持续下降，进而使利润持续增长。利润的增长有利于企业扩大投资支出，从而加速经济扩张。

其次，生产率的周期性变化对经济政策有重要启示。例如，一些经济学家或多或少地相信，为遏制快速通货膨胀，通过采用紧缩性的货币和财政政策以产生衰退是十分必要的。但是生产率的周期性变化表明，任何此类衰退可能都需要足够的深度和长度以产生预期效果。具体地说，伴随衰退的生产率下降可能导致单位成本上升，进而可能导致供给或成本推动型通货膨胀。此外，如果经济已经陷入衰退且失业率很高，那么复苏早期阶段的劳动生产率快速增长可能使政策制定者通过扩张性的货币和财政政策来增加产出和就业，而不必担心产生通货膨胀。原因是高生产率

---

① George A. Akerlof and Janet L. Yellen, "Introduction," in Akerlof and Yellen (eds.), *Efficiency Wage Models of the Labor Market* (Cambridge, England: Cambridge University Press, 1986), p. 5.

增长往往能够抑制成本和价格上升。

17.5　生产率和就业

现在我们来考虑生产率增长对就业水平的影响。当雇员变得更有效率时，他们“会使自己失业”吗？

表面上考虑生产率和就业之间的关系往往使人错误地认为生产率增长导致了失业。即生产率水平的提高导致失业率增加。理由通常是劳动生产率的提高意味着生产任何给定水平的实际产出需要更少的工人。例如，如果某一企业雇佣了 50 名工人，他们的平均生产率为每小时实际产出 10 美元，那么总产出为 500 美元。如果 50 名工人的生产率提高 25%至每小时产出 12.5 美元，现在同样的产出只需要 40 名工人来生产。这样，50 名工人中的 10 人看起来好像是多余的。

但是，这个例子考虑的过于简单，因为它忽略了社会对额外产出的需求以及生产率提高增加总需求的事实。社会需求往往超过其可用资源。生产率的提高使得社会能够获得更高水平的产出，即在给定有限资源的前提下满足更多需求。就前面的例子来说，25%的生产率增长使社会获得了 125 美元的产出。与之前的 500 美元（50×10）相比，50 名工人现在可以生产 625 美元（50×12.5）的产出。但市场上是否会有充足的总支出将这些额外产出消费掉呢？我们知道生产率与实际工资是密切相关的。因此，25%的生产率增长有望增加实际收入，进而增加总支出并创造额外的工作。尽管我们的经济特征是产出与就业的周期性波动（第 18 章），但美国生产率增长的长期历史趋势并没有引起失业工人存量的增加。相反，劳动生产率的提高往往总体上与更高的实际工资和更高的就业水平相关联。

这种生产率和就业之间的正向关系在各个产业之间也适用吗？回答这一问题有助于：（1）在给定产品需求曲线位置和弹性的情况下，确定某一产业内部生产率增长与就业变化之间的关系；（2）表明一旦这些需求假设放松，复杂性将会上升；（3）提供美国产业生产率和就业增长之间关系的实际数据。

17.5.1　需求因素不变

让我们分析不同产品需求弹性下某一产业内部生产率增长和就业变化是如何关联的。我们首先必须证明美国不同产业的工资率更多地随全国生产率而不是产业生产率变化而变化。正如图 17－7 右列所示，即使不同产业每工时的产出差异很大（左列），但所有产业的每小时报酬增长或多或少都是相当的。为什么会出现这样的情况？如果工资率出现分化——在高生产率增长产业快速上升，在低生产率增长产业缓慢上升——那么工资结构将会被破坏。但这是不会发生的，因为工人们为应对日益增长的工资差异会选择离开低增长、低工资产业去寻找高工资、高增长产业。同样，新的劳动力也会选择在高增长产业内就业，而避开低增长产业。劳动力供给的增加使高增长产业的工资降低，而劳动力供给的减少则使低增长产业的工资上升。简言之，劳动力供给响应将会阻止不同产业间的工资分化。总之，因为工人会对工资差异做出反应，所以特定产业的工资趋势是由全国生产率趋势决定的（第 8 章）。

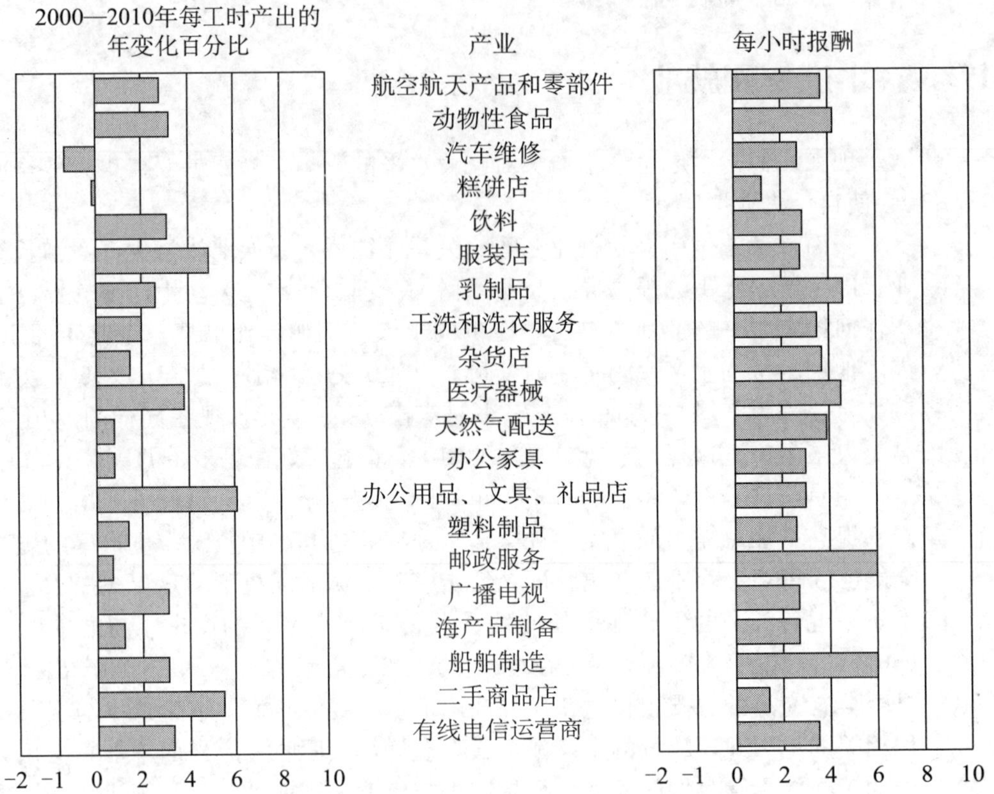

不同产业的年度劳动生产率变化差异很大，但每工时报酬的增加在不同产业间却大体相当。年度小时工资增长不是与某一特定产业的生产率变化密切相关，而是与整个经济的劳动生产率平均增长密切相关。

图 17－7　部分产业每工时产出与报酬

资料来源：Bureau of Labor Statistics (www. bls. gov).

记住这个事实，现在让我们用一个简单的数字实例来说明某一产业生产率增长和就业变化之间的关系，并在此背景下重新考虑生产率和单位劳动成本之间的关系（其他条件保持不变）。假设：(1) 整个经济的年均生产率增长为 3%；(2) X 产业的年均生产率增长为 6%，而 Y 产业的生产率增长为 0；(3) 两个产业的名义工资率和收入与整个经济的年均生产率增长相同，均为 3%。我们发现，X 产业的单位劳动成本将会下降，而 Y 产业的则会上升。进一步假设单位劳动成本的变化引起大致相同的价格变化，我们预计 X 产业的价格下降约 3%，而 Y 产业的价格上升约 3%。具体地说，X 产业名义工资增长 3%，生产率增长 6%，将会引起其单位劳动成本和产品价格下降约 3%。同样，Y 产业名义工资增长 3%，生产率增长为 0，将会引起其单位劳动成本和产品价格上升约 3%。给定两个产业的产品需求曲线的位置和弹性，X 产业的产出和销售将上升，而 Y 产业的将下降。因为现在生产每单位产出只需较少数量的劳动，所以只要销售增加多于报酬支出，X 产业的就业就会扩大。相反，Y 产业产品价格的上升将会减少其产出和销售，进而导致其对工人的需求减少。因此，在其他条件相同的情况下，生产率快速增长的产业将雇佣更多工人，而生产率增长缓慢的产业将提供更少的就业机会。

17.5.2　需求因素可变

希望经济中不同产业的产品需求条件相似和不变是不现实的。在上面的实例中，对 X 产业和 Y 产业的产品需求可能有不同的弹性特征，并且随着时间推移，因生产率增长与就业增长之间正相关的普遍性削弱而可能以某种方式变化（改变）。产品需求曲线的价格和收入弹性及其改变能够且确实会对生产率和就业之间的因果关系链产生深远影响。

■ 产业增长和下降

再次考虑 X 产业，其生产率增长了 6%，产品价格下降了约 3%。如果对其产品的需求相对于价格和收入来说都是有弹性的，那么随之而来的产出和就业增加就会特别大。如果需求相对于价格是有弹性的，那么价格下降将会引起销售相对较大幅度的增加。例如，价格下降 3%可能会使销售增加 8%或 9%。这就意味着就业将会有相对较多的增加。同样，如果需求相对于收入是有弹性的①，那么经济中收入的增长将会引起对 X 产业产品需求的相对较多的增长。例如，收入增长 3%（在我们假设的两产业经济中实际收入增加的数量），可能会使需求曲线右移以至于在任何给定价格水平下，产品需求将会增加 9%或 10%。当然，除了收入增加之外，X 产业的需求曲线可能也会因其他因素而右移。例如，消费者对该产品的偏好可能变得更强，或对竞争性的国外产品实施进口关税或配额使消费者由购买进口产品转向国内产品。重点在于产品需求的增加（右移）将会增加产出，进而增加该产业的就业，以至于抵消了因单位产出所需劳动更少而引起的就业下降。

相反，如果对 X 产业产品的需求相对于价格和收入是缺乏弹性的，那么产出的增加往往会很小。如果产出的增加非常小，那么由此带来的销售增加可能无法抵消因生产率增长而减少的单位产出的劳动力需求。在这种情况下，即使生产率高速增长，X 产业的就业也会下降。

如果 X 产品属于劣等品（人们随着收入增加买得更少的产品），那么逆向就业这一最糟糕的情形将会发生，因为产品需求减少（曲线左移）的结果，即使在产品价格下降的情况下，也会减少就业。外来产品竞争的加剧或替代品价格的下降也可能会减少需求，进而减少产出和就业。总之，对于一个生产率快速增长的产业，最有助于就业增长的条件是：(1) 一条富有价格和收入弹性的产品需求曲线；(2) 能增加产品需求的有利环境。

相反，回想一下 Y 产业，生产率零增长，其产品价格约上升了 3%。如果产品需求相对于价格缺乏弹性且相对于收入富有弹性，那么这一价格对产出和就业的逆向影响将会最小化或可能完全被抵消。然而，如果产品需求相对于价格富有弹性且相对于收入缺乏弹性，那么就业减少效应将会更加严重。此外，除了实际收入增加之外，其他因素引起的产品需求的变化也有可能会加剧或缓解对产出和就业的影响。

---

① 收入弹性由需求量变动百分比与收入变动百分比之比来衡量。如果需求量增加百分比大于收入增加百分比，我们称之为富有需求收入弹性或需求收入敏感。如果需求量增加百分比小于收入增加百分比，那么称之为缺乏需求收入弹性或需求收入不敏感。在劣等品的特殊例子中，收入增加会导致对该产品需求减少。

■ 例证

我们的分析可以使我们洞察经济中不同产业的盈和亏（尤其是亏）。例如，高等教育的生产率（尤其是教学）相对稳定。结果是教育成本和学费持续上升。但是，对高等教育的需求相对于价格缺乏弹性且相对于收入富有弹性。结果，高等教育吸收的人均收入比例越来越大。另一个例子，某些高档工艺品（如陶器、玻璃器具、装饰品等）的生产，其生产率几乎没有或根本没有增长，导致这些产品的价格飙升。但由于对这些产品的需求富有价格弹性，所以其总产量下降了。类似的分析也适用于表演艺术。（在观众规模既定的情况下，如何提高弦乐四重奏的生产率?）大多数城镇的交响乐团和社区剧院依靠公共和私人的资助。此外，许多大城市的财政问题与它们所提供的服务（如警察、医务人员、社工等）很难提高生产率密切相关。当公共部门雇员的工资增长与全国经济的生产率增长（较高）同步时，政府服务的成本也必然会增加。政府预算飙升的根源可能更多地与公共服务较低的生产率密切相关，而不是官僚管理不善和渎职。①

17.5.3 可观察的生产率-就业关系

图 17-8 比较了 10 年间约 100 个产业的就业平均年变化百分比与生产率平均年变化百分比。你可以观察到产业数据点的分布是随机的，我们无法简单地概括出各产业生产率增长和就业之间的关系。

尽管 2000—2010 年 100 个产业中有 83 个产业生产率增长，但只有 12 个产业的就业增长，88 个产业的就业是下降的。在一些产业中，生产率的快速增长伴随着就业的下降（纺织和家电制造业），然而其他一些产业则同时经历了生产率快速增长和就业增长（采矿支援机构）。同样，一些生产率增长相对停滞的产业经历了就业的大幅增长（电子批发市场），而其他一些产业就业却下降了（烟草制造业）。

推测图 17-8 中具体产业生产率和就业变化之间的关系极具挑战性。例如，烟草制造业就业大幅下降，而其生产率只略微负增长，这也许反映了最近几十年人们逐渐意识到吸烟对健康的危害。同样，我们注意到，纺织业的生产率增长相当快，但随之而来的就业下降无疑反映了 20 世纪 90 年代和 21 世纪前 10 年纺织产业进口份额的上升。你可以运用所掌握的一般经济学知识思考图 17-8 中其他产业生产率和就业变化之间的关系。

◆ 快速回顾 17-2

- 生产率增速随商业周期波动，经济衰退时下降，经济扩张时上升。
- 尽管生产率增长意味着社会可以用更少的工人生产现有产出，但也可以使社会获得更多的总产出。总体而言，生产率的增长往往伴随着就业增长，而非失业上升。
- 不同产业每工时产出差异很大，但所有产业每小时报酬增长或多或少都是相当的。

---

① 这些实例来源于 William J. Baumol，“Macro-Economics of Unbalanced Growth：The Anatomy of Urban Crisis，” *American Economic Review*，June 1967，pp. 415-26。

在其他条件相同的情况下，这一事实意味着，生产率缓慢增长的产业单位成本上升，产出和就业下降；生产率高速增长的产业单位成本下降，产出和就业增加。

● 可变的需求因素使产业内生产率和就业增长之间的实际关系变得更为复杂。数据显示，产业生产率增长和产业就业增长没有系统相关性。

思考题

1990 年和 1991 年生产率均增长了 0.7%，1992 年增长了 3.4%，对这一突然变化，你能给出一个可能的解释吗？（提示：1990—1991 年发生了经济衰退。）（答案：参见书末。）

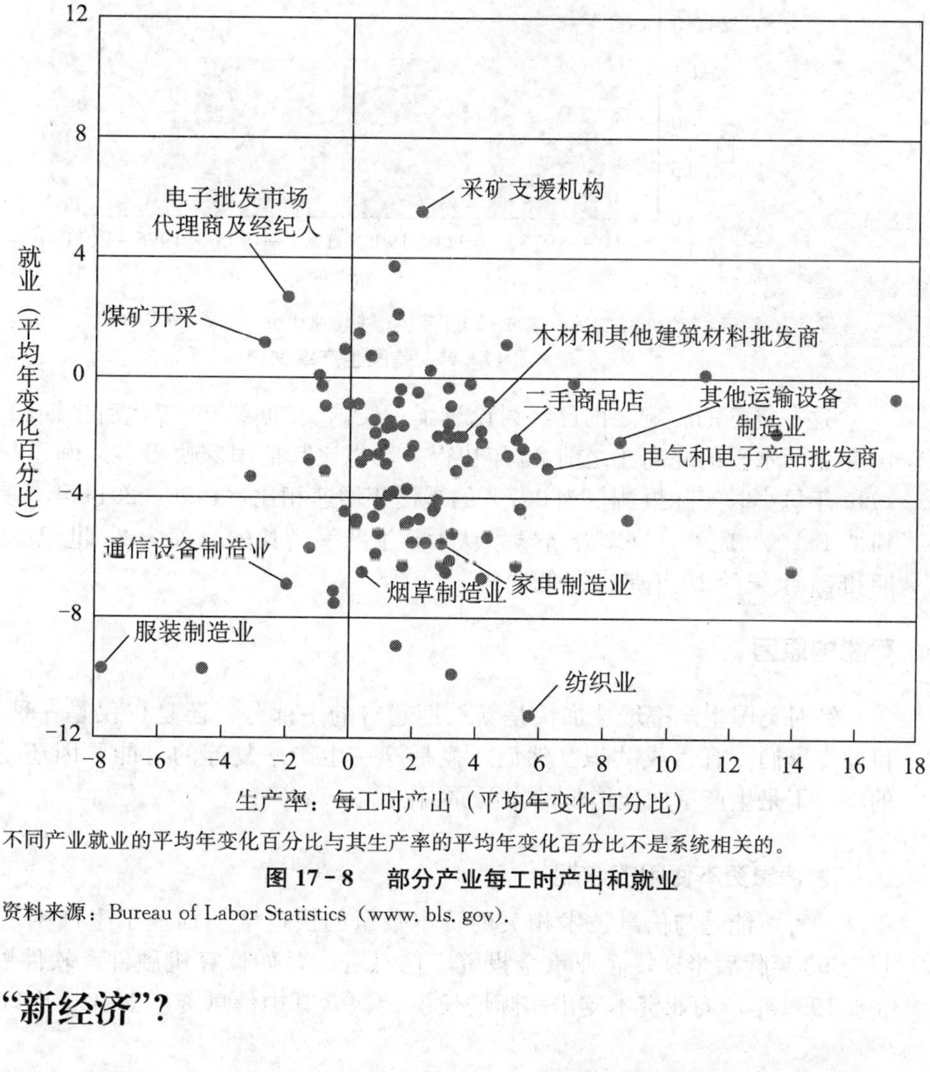

不同产业就业的平均年变化百分比与其生产率的平均年变化百分比不是系统相关的。

图 17-8　部分产业每工时产出和就业

资料来源：Bureau of Labor Statistics（www. bls. gov).

17.6　“新经济”?

自 20 世纪 90 年代中期以来，美国经历了生产率增长复苏。这种重燃的生产率增速导致某些人认为美国开启了“新经济”时代。对于新经济有三种相关的观点：其一，一些人认为较高的生产率增长可以使美国经济在不引发通货膨胀情况下快速扩张。其二，还有一些人认为信息技术创新产生的利益正向整个经济扩散。其三，其余一些人认为最近的技术创新改变了经济结构，以至于低失业和低通胀可以同时并存。①

图 17－9 显示了 1948—2011 年生产率的增速。1948—1973 年，美国生产率增速强劲，年增速达 3.2%。1974—1990 年和 1991—1995 年两个时期，生产率增速比 1948—1973 年增速的一半还要低；然而，1996—2011 年，年生产率增速重新反弹至 2.5%。

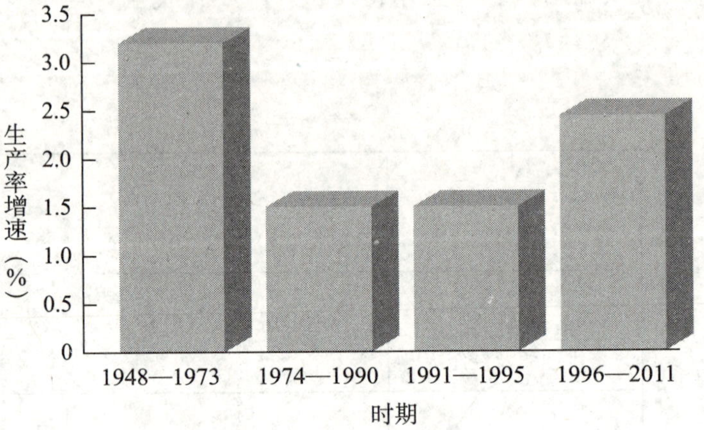

在经过 20 年相对较慢的增长后，1996—2011 年生产率增速加快。

图 17－9　美国生产率增速

这一复苏的影响之前已经讨论过了。美国 20 世纪 90 年代后半期和 21 世纪前 10 年生活水平的提高比之前 20 年快得多，也比其他国家快得多。例如，与 1974—1995 年每小时实际报酬仅为 0.7%的缓慢年增速相比，1996—2011 年，其年增速达到了 1.4%。此外，许多经济学家认为，生产率增长的复苏为 20 世纪 90 年代后半期和 21 世纪前 10 年带来了低通胀。

可能的原因

针对美国生产率增速加快是新长期趋势的一部分，还是仅仅是一种暂时现象，目前专家们没有达成共识。然而，概括这一生产率复苏的可能原因还是很有意义的。以下是生产率加速增长的主要原因。

■ 信息资本使用的增加

一种可能是与信息技术相关的资本数量的快速增加加速了生产率增长。在 20 世纪 90 年代后半期，企业重金投资于信息资本，如计算机硬件、软件以及通信设备。1999 年，商业资本支出实际增长了 14%，其中信息资本支出占了 11%。②

---

① 想了解更多这些不同的新经济观点，参见 Kevin J. Stiroh, "Is There a New Economy?" *Challenge*, July-August 1999, pp. 82-101。

② Council of Economic Advisers, *Economic Report of the President*, *2001* (Washington, DC: Government Printing Office, *2001*), chap. *1*.

经验研究显示，较高的信息技术支出在提高生产率增长方面发挥了重要作用。乔根森、霍和斯特奥的研究显示，1995—2000 年，37%的生产率增长源于信息技术使用的增加。[①] 2000—2006 年，这一数字略低于 23%。1995—2000 年和 2000—2006 年，其他类型资本支出的增加对生产率增长的贡献分别为 18%和 28%。

技术进步和效率的提高

另一种可能的解释是较大的技术进步和效率提高，尤其是在信息技术方面（不同于简单地增加资本品），提高了生产率增速。以价格衡量，近年来计算机技术创新的步伐明显加快。与 1991—1995 年计算机设备价格年均下降 18%相比，1996—2001 年年均下降升至 27%。[②] 这反映了创新和效率提高。

经验研究证明，高技术产业快速的技术进步在加速生产率增长方面发挥了重要作用。乔根森、霍和斯特奥研究发现，1995—2000 年，22%的生产率增长源于信息技术产品生产效率的提高。[③] 2000—2006 年，这一数字为 15%。他们估计，1995—2000 年和 2000—2006 年，经济其他领域的技术进步和效率提高对生产率增长的贡献分别为 16%和 22%。

未来生产率的增长主要取决于技术进步的速度。乔根森、霍和斯特奥估计，如果信息技术部门的创新速度维持在 1990—2006 年的平均水平，而不是 1995—2006 年之间的高速水平，那么生产率的长期年增速将会维持在 2.4%。如果创新速度不低于 1995—2006 年的平均水平，那么生产率年增速将会维持在 2.8%。[④] 未来信息技术产业的创新速度如何我们将拭目以待。

本章总结

1. 生产率是实际产出和投入之间的关系。劳动生产率的官方劳工统计局生产率指数（BLS 生产率指数）是私人部门的实际 GDP 与其雇佣的工时数量的比率。

2. BLS 生产率指数高估了生产率增长，因为它将公共部门排除在外。但它又低估了生产率增长，因为它忽略了产出质量的改进。BLS 生产率指数能够度量生产率增长，但不能揭示其增长的原因。

3. BLS 生产率指数的优点：（1）概念简单；（2）自动考虑了工作周长度的变化；（3）可以直接与小时工资率相比较。

4. 经济学家之所以对劳动生产率感兴趣主要是因为生产率的变化与实际工资率的变化密切相关。

5. 在其他条件相同的情况下，生产率的增长抵消了名义工资的增长，从而抑制了单位劳动成本和产品价格上升。

6. 决定生产率增长的基本因素有：（1）劳动质量的提高；（2）资本-劳动比率的提高；（3）劳动和资本投入使用效率的提高。效率的提高从数量上看是最重要的因素。

---

① Dale W. Jorgenson, Mun S. Ho, and Kevin J. Stiroh, "A Retrospective Look at the U. S. Productivity Growth Resurgence," *Journal of Economic Perspectives*, Winter 2008, pp. 3-24.

② Stephen D. Oliner and Daniel E. Sichel, "Information Technology and Productivity: Where We Are Now and Where We Are Going," *Journal of Policy Modeling*, July 2003, pp. 477-503.

③ Jorgenson, Ho, Stiroh, op. cit.

④ Jorgenson, Ho, Stiroh, op. cit.

7. 劳动生产率在衰退期低于长期增长速度，在复苏期高于长期增长速度。原因在于劳动和资本使用的周期性变化以及制造业相对重要性的变化。

8. 在各个产业内，生产率增长与就业变化之间的关系不易识别。产品需求的价格和收入弹性、消费者偏好或公共政策等因素变化引起的需求变化，使我们几乎不可能预测任何给定产业的生产率增长将会增加还是减少就业。

9. 自20世纪90年代后半期开始，生产率的增速显著加快。可能的结构性因素包括：(1) 与信息技术相关的资本使用的增加；(2) 技术进步和效率的提高。

习题和学习建议

1. 如何定义劳动生产率？评述BLS生产率指数的优缺点。

2. 假设在一个经济体中，第一年100工时生产了160单位产出。第二年和第三年的工时分别是120和130，产出分别是216和260。用第二年作为基年，计算：(a) 全部三年的生产率指数；(b) 生产率增速。

3. 如何解释整个经济的生产率增速变化与实际工资率变化之间的密切关系？这种关系也适用于产业与产业之间吗？请解释。

4. 请解释："高工资率既是高劳动生产率的结果又是其原因。"

5. 讨论总生产率增长与价格通胀之间的关系。绘制一幅图（类似于图17-8），横轴表示年均生产率增长，纵轴表示年均价格变化。如果你要标绘60或70个主要产业的相关数据，你预期将会有什么样的一般关系？请解释。

6. 假设某年某企业的生产率增长了2%，名义工资率上升了5%。你预期该企业的单位劳动成本和产品价格将会发生什么样的变化？

7. 简要评述美国劳动生产率在数量上的长期趋势。援引对增长做出贡献的三个主要因素，并指出每一因素的相对数量重要性。讨论对劳动和资本使用效率提高做出贡献的具体因素。

8. 描述并解释劳动生产率的周期性变化，这种变化有什么意义？

9. 解释以下各种因素变化的相互关系：(a) 名义工资率；(b) 生产率；(c) 单位劳动成本；(d) 产品价格。在某一特定产业内，这种关系在生产率增长对就业的预期影响中意味着什么？你能将你的结论与图17-8协调一致吗？

10. 假设整个经济的劳动生产率增长了6%，而X产业的生产率仅增长1%。再假设所有产业名义工资增长与整个经济的生产率增长相一致。X产业的劳动成本占总成本的90%。对X产业的产品需求富有价格弹性而缺乏收入弹性。假设除收入变化外，该经济中的产品需求曲线不会发生移动，预测X产业未来的增长或衰落，请具体描述你推理的所有步骤。

11. 评述以下观点：

a. "尽管大多数高效企业都是盈利的，但并不是所有盈利的企业都是高效的。"

b. "对诸如清洁空气和更安全工作场所等的公共需求增加使得不同时间生产率的比较更加复杂。"

c. "生产率的增长意味着生产给定水平的产出需要更少的工人。因此，生产率增长是失业的原因之一。"

12. 美国的生产率在20世纪90年代后半期加速增长。如何解释这一加速？为什么仍然无法确认这一加速究竟是一种长期趋势的开始，还是一种暂时变化？

互联网练习

生产率增长的复苏在持续吗？

请登录美国劳工统计局网站（www.bls.gov），依次选择"Databases and Tables"和"Series Report”，然后输入以下 ID 序列号：PRS84006091，最后，点击“All Years”。你将会检索到自一年前以来每小时产出的百分比变化（劳动生产率的增长）。

1991—1995 年，劳动生产率的平均增速是多少？1996—2006 年呢？2006 年至最近一年呢？依据这些数据，你认为在这场辩论中是新经济观点的支持者还是其批评者占上风？解释你的答案。

互联网链接

美国劳工统计局劳动生产率网站（www.bls.gov/lpc/home.htm）提供大量有关生产率的信息。

第18章 就业与失业

事实：20 世纪 80 年代，美国经济创造了 1 800 万个新工作岗位；90 年代，创造了 1 700 万个；2000—2011 年，新增了 300 万个工作岗位。2011 年，美国劳动力市场的失业率是 8.9%，比 2000 年高了 5.9%；加拿大和日本的失业率分别下降至 6.5%和 4.2%的水平；德国的失业率比 6 年前下降了 5.2%，处在 6.5%的水平。

问题：怎样解释就业率随时间的变化？经济体中的自然失业率是多少？是什么导致失业率高于正常水平？失业的是哪些人？他们失业的时间是多久？政府部门通常采取哪些政策来减少失业？

前面章节中我们分析了个人在短期与长期如何决定他们的劳动力供给水平，以及企业在不同的劳动力市场和产品市场条件下如何决定他们利润最大化下的雇佣水平。我们还研究了在工会工资、法定最低工资或效率工资超过市场出清工资的劳动力市场中，失业率是如何上升的。现在我们把注意力转向总体劳动力市场，研究经济体中就业、失业总体水平的决定因素。

18.1 就业和失业统计

就业和失业数据广泛用于评估宏观经济的健康程度。知道如何衡量总体就业、失业情况，了解近期就业、失业记录，了解数据作为对公共政策的指导的局限性是重要的。

18.1.1 数据测量

美国劳工统计局每个月都要进行一项当期人口调查，通常称为**“家庭调查”**(Household Survey)，也称“当前人口调查”(CPS)，大约抽取 6 万个家庭来代表美国 16 岁及以上的人口，并通过调查来确定就业人口、失业人口、不属于劳动力人口的比例。然后美国劳工统计局会使用这个样本数据估算调查周中每类人群的数量。

■ 就业者

官方对就业者的界定是指在调查周满 16 岁，且至少满足以下三种情况之一的人员：(1) 受雇于私人企业或政府部门；(2) 自己创业；(3) 有工作但当时由于生病、天气恶劣、劳动纠纷或假期而不在职位上。

一旦知道调查周总体就业水平，**就业人口比率**（employment-population ratio）就很容易算出来。如式（18－1）所示，就业人口比率是总就业人口与总非制度限制人口之比。

$$就业人口比率=\frac{总就业人口}{总非制度限制人口}\times 100\% \tag{18-1}$$

回忆第 3 章中对劳动力市场参与率的讨论，非制度限制人口包括所有满 16 岁且不处在监禁、精神病院或养老院等的人口。

■ 失业者

官方对失业者的界定是，在调查周满 16 岁、未被制度限制、可以工作但未工作，且至少满足以下 4 种情况之一的人口：(1) 在过去 4 周曾致力于某种工作搜寻活动；(2) 暂时被解雇但正等待被召回；(3) 想要寻找工作但因暂时生病而无法进行；(4) 等待在 30 天内到新工作岗位报到。

那些满 16 岁且未被制度限制但是按照官方界定既不是就业人员也不是失业人员的人被归为“非劳动力”，因此劳动力市场由就业者和失业者构成：

$$劳动力=就业人口+失业人口 \tag{18-2}$$

失业率（unemployment rate）就是失业人口占劳动力总数的比重：

$$失业率=\frac{失业人口}{劳动力总数}\times 100\% \tag{18-3}$$

■ 重述

图 18－1 有助于我们了解美国劳工统计局如何将总人口划分成不同的组成要素，它也提供了一个通过式（18－3）来计算式（18－1）的基础。2011 年的就业人口比率（式（18－1））是 58.4%。这个数字是用就业人口（1.399 亿）除以非制度限制人口（2.399 亿，等于 3.116 亿减去 0.717 亿），再乘以 100%得到的。

根据式（18－2），我们观察到 2011 年劳动力的规模是 1.536 亿，这个数字是把就业人口（1.399 亿）与失业人口（0.137 亿）相加得到的。2011 年的失业率（式（18－3））是 8.9%，这个数字是用失业人口（0.137 亿）除劳动力整体（1.536 亿）再乘以 100%得到的。

18.1.2　历史记录

图 18－2 展示了美国自 20 世纪 60 年代以来的就业人口比率。我们可以看到近年来该比率比 20 世纪 60 年代要高，2011 年比 1960 年要高 2.3 个百分点。图 18－3 展示了与图 18－2 同期的失业率，在这段时间内失业率的变化很大：最低点是 1968 年的 3.5%，最高点是 1982 年的 9.7%；可以观察到，失业率从 1992 年到 2000 年是逐步下降的，2000 年的 4.0%是自 1970 年之后的最低水平；2000 年之后，失业率开始上升，并在 2003 年达到了 6.0%；2003 年之后它又开始下降，并下降到了 2006 年、2007 年的 4.6%；2008—2010 年它又开始上升并达到了 2010 年的 9.6%；

2011 年失业率下降到 8.9%。

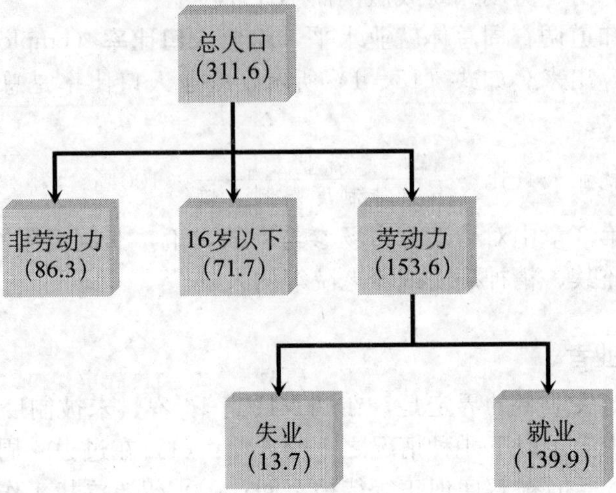

2011 年，美国的总人口为 3.116 亿，其中有 1.536 亿人是劳动力。这其中，有 1.399 亿人为就业者，0.137 亿为失业者。2011 年的失业率为 8.9%，就业人口比率为 58.4%。

图 18－1　总人口、劳动力、就业者、失业者的关系（单位：百万）

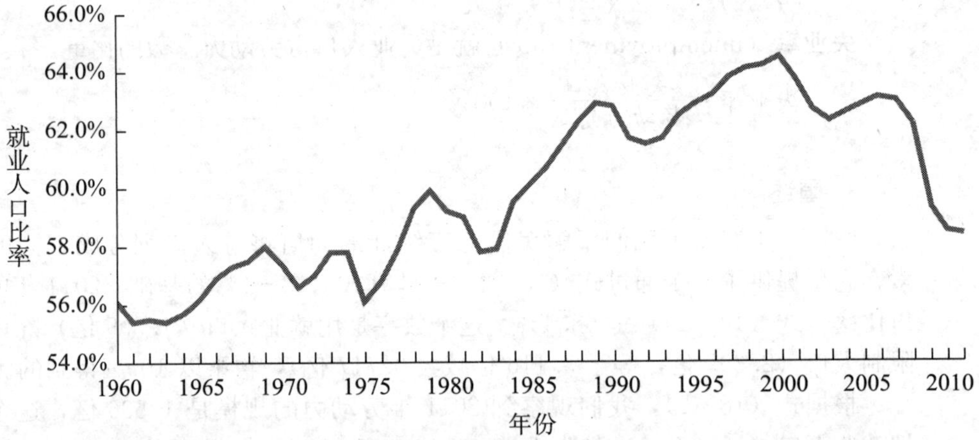

美国的就业人口比率在 2000 年之前总体呈上升趋势，在 2000 年之后一直下降到现在。

图 18－2　美国的就业人口比率

资料来源：Bureau of Labor Statistics（www.bls.gov）.

18.1.3　对家庭调查数据的评论

基于家庭调查并由美国劳工统计局发布的官方就业数据有以下几个显著的特点，这些特点对经济学家来说非常有用。第一，它的抽样技术在全国范围内是统一的，而且除极个别情况外，这个调查每年都是连续的。因此，经济学家可以比较不同时期的就业和失业数据，跟踪周期性或长期的趋势。第二，调查与数据公布之间的时滞比较短，且该数据通过政府出版物可以很容易获得。第三，该数据既有总体形式又有分类形式。例如，各种族、年龄、性别、失业率、婚姻状况、职业、失业

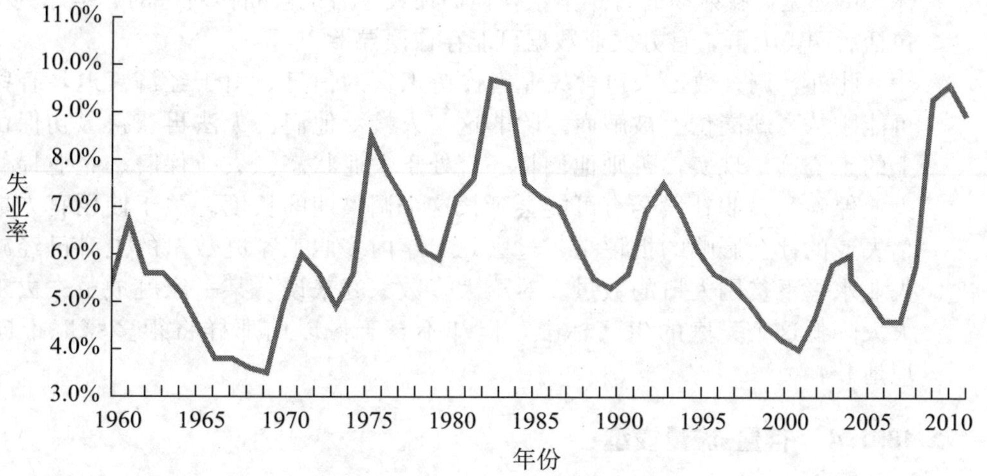

美国的失业率在过去 51 年里变化很大。

图 18－3　美国的失业率

资料来源：Bureau of Labor Statistics（www. bls. gov).

原因、失业时间的失业率都提供了，这有助于分析失业负担的分布。第四，该数据为经济周期中整体经济的走势提供了有用的线索。

然而，遗憾的是，这个官方数据仍然有它的局限性。第一，该数据将非全日制工人与全日制工人同等对待，但事实上，这些非全日制工人中有一部分人是希望从事全日制工作的。2011 年大约有 1 830 万人是根据个人意愿选择从事非全日制工作的，650 万非全日制工人或者是希望成为全日制工人但无法找到合适的工作或者是因暂时性的消费需求疲软而不得不减少工作时间。①

第二，一个人必须正在积极找工作才会被定义为失业者。但是研究发现，很多人在寻找一段时间的工作后若未成功就业的话就会很失望，从而放弃工作搜寻。具体而言，2011 年大约有 989 000 人处于这个类别中。这些**气馁工人**（discouraged workers）成为"隐性失业者"。

第三，该数据未考虑**就业不足者**（subemployed）。它没能区分那些由于经济环境而被迫接受较低工资的工人，在充分就业时期，他们完全能够胜任工资更高的工作。

这三个局限性导致官方失业数据低估了劳动力资源未充分使用的程度以及某官方总体失业率代表的经济困难程度。

但是数据的一些其他问题使部分学者得出这样一种结论：官方失业率高估了实际的经济困难程度。第一，月度家庭调查的部分被调查者很有可能提供了错误信息，提高了官方失业率。为使自己和家人能给别人带来好印象，被调查者有可能会说自己的家人正在积极寻找工作，但实际上他们并未处在劳动力队伍中。第二，无论某人之前是与劳动力市场联系紧密的全职工作者、希望从事非全日制工作的半退

① 对那些支持美国劳工统计局将这些工人定义为自愿性的非全日制工人的研究，参见 Leslie S. Stratton，"Are 'Involuntary' Part-Time Workers Indeed Involuntary?" *Industrial and Labor Relations Review*，April 1996，pp. 522-36。

休人员还是寻找兼职的青年学生，他们在失业后是被同样对待的。考虑到失业数据包括后两类人群，官方失业数据可能存在误导性。[①]

此外，调查数据未包含失业者保留工资的信息，由于经济衰退，有些失业者可能刚从高薪岗位上被解雇。除非这些人接受他们已无法再获得最初保留工资之上的工资这一现实，否则他们将一直处于失业状态。失业保险、企业提供的补充失业保险和离职补偿金有可能会延长这个调整期的长度。关于使用官方数据来评估失业的社会影响的批评是，过去几十年内多职工家庭数量的上升已经减少了各失业水平下贫困人口的数量。对绝大多数家庭来说，某一家庭成员失去工作将会大大降低这个家庭的生活标准，但却不至于像以前那样将很多家庭推向贫困的境地。[②]

18.1.4 存量-流量模型

总体失业率还有最后一个局限需要加以讨论。这个失业率未对经历短期失业（影响可能相对较小）和长期失业的人加以区分。举一个简单的例子，假设一个经济体中只有12个人处于劳动力队伍中。情况A：每个人在一年中失业的月份各不相同。情况B：一个人全年失业，其他人全年就业。家庭调查在两种情况下都会发现，每个月12个人中都有1个人失业，因此年度失业率是8.3（=1/12）。然而，大多数研究者会认为：情况B更会引起社会的担心，因为在这种情形下有一个人全年都没有工资收入。

这个例子说明了一个重要的事实：家庭调查数据在就业、失业、不在劳动力市场这三类重要的劳动力人群分类里衡量的都是人员存量。它并没有揭示人们在这三类人群之间持续的活动或者说流动。这种流动可以用失业的**存量-流量模型**（stock-flow model）来揭示，如图18－4所示。在这张图中需要特别说明的两点是：(1) 即使失业池中特定的人发生了改变，失业率（$U/(E+U)$）也可能保持不变；(2) 几个不同的流量因子可以独自或通过彼此间的相互作用，改变失业率。对第二点举例如下，假设失业者U的第二种流入方式临时解雇者的流入率上升，即流量2上升，而所有其他流出率保持不变。显然这会增加失业人数的绝对值，又因为劳动力规模（$E+U$）是保持不变的，从而导致失业率上升。

再举一个更复杂的例子，假设由于退休或失业等从就业者E中退出的人员比率（流量4）上升，但同时所有其他的流动率不变。这又使得失业率上升，但是在这种情况下，失业人数将保持不变。由于劳动力市场的规模（$E+U$）缩减，失业人数（U）保持不变，失业率（$U/(E+U)$）将会上升。

对劳动力市场中不同群体之间的流动分析有助于我们理解个体失业时间的长短，以及失业率上升或者下降的原因。以下是从对失业率的存量-流量分析中得到的启示：(1) 实证研究表明相当数量的失业是由于相对少数的人失业时间的延长引

① 一半以上的失业青年是学生，他们所寻找的只是非全日制工作。

② 参见 S. L. Terry, "Unemployment and Its Effects on Family Income," *Monthly Labor Review*, April 1982, pp. 35-43。亦可参见 Adam D. Seitchik, "When Married Men Lose Jobs: Income Replacement within the Family," *Industrial and Labor Relations Review*, July 1991, pp. 692-707。

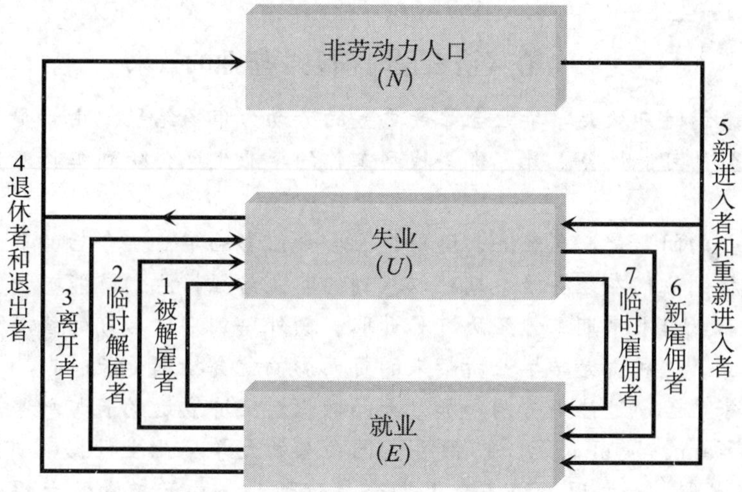

在任何时点，在代表劳动力市场的三类人群的三个盒子中，都有一个可测量的人员存量。但是，这些存量是随着大量人员的流入和流出同时被损耗和补充的。这些流动率的变化会极大影响失业率。

图 18-4　失业的存量-流量模型

起的。[①]（2）在衰退期间，自愿辞职率下降，但是裁员率、解雇率上升，新雇佣和被召回的比率下降。结果就是，整体失业率上升。（3）初次进入劳动力市场和重新加入劳动力市场的人占失业者的 1/3。（4）在经济恢复的早期阶段，失业率比预期更高，因为工作前景的改善会诱使不在劳动力市场的人寻找工作，即成为官方定义的失业者（第 3 章）。

18.1.5　充分就业的界定

在信息不完全和工人、厂商各具差异的动态经济体中，失业率为零是不可能实现也是没有必要奢求的。在本章的后续内容中，我们将会发现，一些自愿性的失业是个人提高他们收入水平的一种方式，并且是社会提高它的实际产出和收入过程的一部分。我们也会观察到，一些非自愿性的失业是偏好变化、人口流动、技术发展不可避免的副产物。这些变化导致劳动力需求和供给之间结构性的不匹配，要求劳动力资源分配在不同职业和区域之间进行调整。

美国经济中有多少自愿失业和不可避免的非自愿失业？什么程度的失业率可以称为**充分就业**（full employment）？20 世纪 60 年代，经济学家认为 4%的失业率是可以达到的充分就业政策目标；但是，70 年代和 80 年代，许多因素使经济学家把这个数字提高到了 5.5%，甚至 6%。其中比较重要的两个原因是：（1）劳动力市场的组成发生了变化，有着更高失业率的群体如青少年在整个劳动力市场中的占比上升。（2）证据显示，4%范围内的失业率与不断加速的通货膨胀率紧密相关。

① 参见 Kim B. Clark and Lawrence H. Summers, "Labor-Market Dynamics and Unemployment: A Reconsideration," *Brookings Papers on Economic Activity*, no. 1, 1979, pp. 13-60。

工作世界 18-1

在经济衰退时期大学毕业的效果

在经济衰退时期从大学毕业会导致更差的劳动力市场结果。由于更高的失业率，毕业生找不到工作的可能性会上升。那些找到工作的毕业生也会受到工作不匹配和过度教育的困扰。

一个重要的问题是，在经济衰退中毕业会如何影响毕业生今后的职业发展？如果可以很容易地转换到他们在经济繁荣期可以找到的职业路径，他们就能够消除工作不匹配的负面影响。然而，如果早期工作经历（如升职、额外培训）比后期的经济繁荣所带来的正向影响作用更大，这种由大学毕业所带来的负面影响就会持续更长时期。

经济学家已经通过使用美国和加拿大的数据对经济衰退的长期效果进行研究。利萨·卡恩（Lisa Kahn）使用1979—1989年美国白人的大学毕业生数据，研究他们毕业后至少17年的收入水平。她发现，经济衰退期会导致毕业生初始工资的大幅下降。失业率每上升一个百分点，收入就会下降6～7个百分点。这种收入损失随时间推移稳步下降，在毕业15年后稳定在2.5%的水平。

奥兰普拉斯（Oreopoulos）、冯沃奇（von Wachter）和海兹（Heisz）使用加拿大男性数据进行研究，发现在经济衰退期从大学毕业会使初始工资降低9个百分点。这种消极影响在5年后减半，在10年后消失。他们还发现那些毕业于低收入专业或低能力学校的毕业生会经历一个更大幅度的初始工资下降，并需要更长的时间来恢复。

资料来源：Based on Lisa B. Kahn, "The Long-Term Labor Market Consequences of Graduating from College in a Bad Economy" *Labour Economics*, April 2010, pp. 303-16; and Philip Oreopoulos, Till von Wachter, and Andrew Heisz, "The Short-and Long-Term Career Effects of Graduating in a Recession" *American Economic Journal: Applied Economics*, January 2012, pp. 1-29.

20世纪90年代，人口变化倾向于降低充分就业时的失业率。最重要的是，随着"婴儿潮"一代步入中年，年轻雇员在劳动力市场上的份额逐渐下降。临时性救助机构的增加以及互联网带来的信息改善都带来了失业率的下降。新的福利法规也起到了同样的效果，它使许多人从失业状态变为就业状态。最后，一些经济学家指出，自1985年开始，美国监狱犯罪人数的翻倍降低了劳动力市场中相对容易失业的人数，从而降低了总体失业率。

目前，人们比较认同的是，4%～5%的失业率对应"实际"的充分就业，致力于通过总需求来降低这个比率的政策将会导致通货膨胀率的上升。这个"实际"失业率通常被称为均衡失业率或**自然失业率**（natural rate of unemployment）。它的定义如下：（1）在整体劳动力市场中没有过度需求或过度供给时的失业率；（2）在长期经济中，预期通胀率与实际通胀率一致时的失业率。[①] 在后面的章节中我们将会解释这两种定义所隐含的经济理论。

① 更多关于自然失业率的内容，参见"Symposium: The Natural Rate of Unemployment," *Journal of Economic Perspectives*, Winter 1997, pp3-108; and Lawrence F. Katz and Alan B. Krueger, "The High-Pressure U. S. Labor Market of the 1990s," *Brookings Papers on Economic Activity*, no. 1, 1999, pp. 1-65。

全球瞭望 18-1

可比较的失业率

在某一特殊时期，失业率在世界上不同国家之间差别很大。这些差异的主要原因是不同国家有不同的自然失业率，同时也有可能处于经济周期的不同阶段。

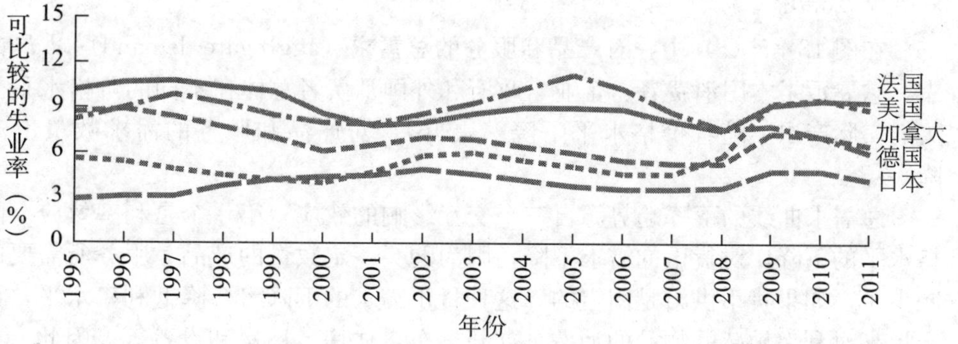

资料来源：Bureau of Labor Statistics，"International Comparisons of Annual Labor Force Statistics，Adjusted to U. S. Concepts，16 Countries，1970-2011，" June 7，2012.

18.2　宏观经济产出和就业决定

图 18-5（a）和图 18-5（b）所展示的宏观经济模型对于本章的大多数讨论来说都很重要。因此，对它的组成要素进行仔细分析是十分重要的。

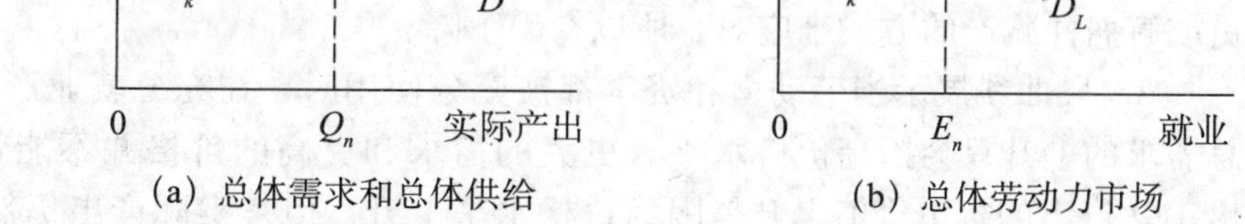

图（a）中总需求曲线 D 和总供给曲线 S_kAS_c 的交点决定了均衡价格 P_0 和实际产出 Q_n。在总体劳动力市场图（b）中，均衡工资率和总体就业水平在劳动力总需求和总供给曲线的交叉点确定。就业水平 E_n 是自然的就业水平，它是生产自然水平的实际产出 Q_n 所需的劳动力水平。

图 18-5　实际产出和总体就业的决定

18.2.1　总需求和总供给

图 18-5（a）描述了我们所熟悉的在宏观经济学课本中讨论价格水平和实际产

出水平时引入的总需求和总供给曲线。纵轴展示了一个假想经济中的价格水平，横坐标衡量的是实际产出。从概念上说，实际产出总是等于实际收入，1美元的产出会产生1美元的收入（主要以工资、房租、利息或利润等形式表示）。因此横轴也表示实际收入。

■ 总需求

在图18-5（a）中，对产品和服务的**总需求**（aggregate demand）以D曲线代表，它展示了本国消费者、企业、政府和外国消费者总体在不同的价格水平想要购买的实际产出。随着价格水平下降（上升），对产品和服务的需求数量上升（下降）。

总需求曲线的下降趋势源自三个交互影响的效应。第一个是利率效应。随着价格水平的下降，对货币的需求下降，因为购买一定数量的产品、服务所需要的货币减少了。如果货币供给是固定的，这种货币需求的下降将会降低利率水平，而这又会提高对利率敏感的物品的消费，如新汽车、住房、厂房和设备等。因此，在其他条件不变的情况下，价格水平越低，对社会产出的需求数量就越大。第二个是财富效应或实际金额效应。它有助于解释总需求曲线的下降趋势。更低的价格水平提高了通货、兑票、存款之类资产的实际价值。随着价格水平下降，消费者所持有的基于名义货币的财富的购买力上升，人们会提高他们在普通商品和服务上的花销。第三个是外国购买效应。随着本国价格水平相对于外国生产的产品的价格下降，外国消费者将会把他们的购买力用在美国商品上。因此，较低的价格水平往往伴随美国实际产出和收入的上升。

■ 总供给

产品和服务的**总供给**（aggregate supply）描述的是价格水平和企业愿意生产、出售的实际产出的总数量之间的关系。图18-5（a）中的总供给曲线是对总供给多种解释的结合体。S_kAS_c曲线包含了传统的凯恩斯主义（S_kA）和古典经济学（AS_c）对经济运行的假设。对S_kA段解释如下：随着总需求下降（D曲线左移），企业经历销售的衰退，库存货物增加。因为工资向下存在刚性，企业通过临时性裁员或解雇并减产的方式来应对，所以产出下降。

AS_c段曲线展示当劳动力和资本都被充分使用时，在充分就业产出水平Q_n下，总需求的上升只会抬高价格水平。更大的需求和更高的价格并不能带来更大的产出。Q_n产出的货币价值上升是因为价格水平上升，但是实际产出仍然保持在Q_n的水平。其他一些经济学家认为短期总供给曲线如S_kAS_e所示。他们假设在长期内，经济会出现一个自然的产出水平Q_n，但是在短期内，根据实际和预期价格水平之间的关系不同，产出可以比这个水平高或者低。我们将会在后文对此展开充分讨论，但它的本质是这样的。假设价格水平是P_0，工人预期它保持不变。现在假设预期之外的通货膨胀出现，以至于价格水平超过了P_0。结果，企业为其产品收取的价格就会上升，同时，名义工资至少在短期内是固定在他们之前的合同水平上的。这意味着实际工资率将会下降，利润将会上升，导致企业扩大雇佣和产出水平。

同时，正在搜寻工作的失业工人将会开始得到通货膨胀导致的较高名义工资的工作录用通知，并误认为他们会得到更高的实际工资。其结果是，他们开始更快地接受工作，就业水平将会上升，失业率下降，真实的产出在短期内将会超过 Q_n，因此，总供给曲线将会像 AS_e段所展示的向上延伸。

■ 均衡价格水平和实际产出

当总产出的需求、供给相等时，即图 18－5（a）中 D 曲线和 S_kS_c 曲线相交时，得到均衡的价格水平和实际产出。实际产出水平 Q_n 就是充分就业或者说自然的实际产出水平。

18.2.2 总体劳动力市场

图 18－5（b）展示了总体劳动力市场。这张图是我们所熟悉的扩大了的劳动力市场图。图中的劳动力需求曲线 D_L 可以被认为是经济的总体边际收益产品曲线，这条曲线是通过把劳动的总体边际产品与价格水平（图中为 P_0）相乘得到的。这条曲线告诉我们每个工资率条件下利润最大化的就业水平。总体劳动力供给曲线 S_L 表明了在价格水平确定的情况下，在每个名义工资率水平下人们愿意提供的劳动力服务的数量。假设在短期内，工人预期现有的价格水平保持不变。我们观察到，均衡工资率水平是 W_0，均衡就业水平是 E_n。这种就业水平就是自然就业水平或充分就业水平，刚好足够生产图 18－5（a）中的实际产出水平 Q_n。正像之前提到的，大多数经济学家认为与 E_n 和 Q_n 保持一致的自然失业率水平是 4.0%～5.0%。为什么这个自然失业率水平这么高？为什么美国某些年的实际失业率大大超过了自然失业率水平？为了回答这些问题，我们先来讨论三种主要的失业类型及其原因。在整个讨论中，谨记失业类型之间的边界并不是那么绝对，某一种类型失业的程度可能是另外一种或两种类型失业数量的函数。

18.3 摩擦性失业

即使总需求足够雇佣所有的劳动力，那些失业的人也拥有与有岗位空缺的企业所匹配的技能，各个国家的失业率也会是正的。正如我们的存量-流量模型（见图 18－4）所展示的，人们仍然会持续：（1）退出现有的工作来寻找新的工作；（2）在失去先前的工作后寻找新的工作；（3）初次进入劳动力市场寻找工作；（4）在一段时间的退出之后重新进入劳动力市场；（5）在 30 天内从一个工作岗位转换到另一个工作岗位。同样，雇主会持续地：（1）为离职或退休的工人寻找替代人员；（2）解雇部分工人以期找到更好的；（3）寻求新的工人来补充由于企业扩张带来的岗位空缺。因此，不像股票或小麦期货这类“拍卖”市场，整体劳动力市场从来不会完全出清。在任何时刻，都会存在**摩擦性失业**（friction unemployment），并不是所有积极寻找工作的人都已找到或接受工作，并不是所有的雇主都已经填充了他们的岗位空缺。

搜寻性失业（search unemployment）是摩擦性失业的重要来源。这种类型失业的产生来自搜寻最优工作的工人和寻找工人来填补职位空缺的企业。工作搜寻及它与失业补偿、通货膨胀的关系已经在第15章进行了讨论。

不是所有的摩擦性失业都是由搜寻造成的。在某些情况下，失业的工人被临时解雇后自愿等待被召回，或排队等候获取工会化工作（第11章）。此外，效率工资（第7章）可能会吸引那些被迫等待工会化工作的雇员进入劳动力市场。这些类型的摩擦性失业总体上可以描述为**等待性失业**（wait unemployment），而不是搜寻性失业。我们简单研究一下导致摩擦性失业的可能原因。

■ 暂时性解雇

大规模的解雇往往与经济衰退紧密相关，企业的暂时性解雇在经济发展的各阶段都会出现，包括总需求大规模上升时期。这样的解雇在自然失业率中可以占到1%～1.5%。[①] 被暂时解雇的工人通常不会搜寻新的工作，而是等待被原来的工作召回。从我们对家庭调查的讨论中可以知道这些人被界定为失业者。

季节性失业可能也会被认为是暂时性解雇，因而也是等待性失业的一种。例如，建筑工人经常在冬天失业，农民经常会在种植和收获季节之间失业，职业运动员可能在一年中的部分时间失业。在这些情况下，这些工人都在等待机会重新获得他们的工作。

■ 工会化工作排队

工会也会造成摩擦性失业。第10章的分析证明了工会工资标准可能会通过减少企业所需要的工人并增加劳动力供给者的数量而导致等待性失业。简而言之，有些工人可能愿意等待工会化工作而不愿意接受可获得的低收入非工会化工作。

■ 效率工资

最后，效率工资可能会导致相对较高的摩擦性失业率。回忆一下，效率工资是企业在市场出清水平之上设定的工资水平，目的是鼓励工人工作更努力、减少工作转换的成本或实现其他结果，从而提高工人的生产率。我们之前在图7-8中观察到效率工资成本和持续性的摩擦性失业联系密切。正如德菲纳（DeFina）详细描述的：

> 失业者，无论他们是主动离职、被解雇还是初次进入劳动力市场，都有可能报出低于现有工人的工资水平来获得工作。但是，与简单的竞争性市场相比，厂商不会接受申请者。厂商已经衡量过低工资的收益和损失并决定保持工资水平以保持它们的最大化利润。而且因为失业者争取不到工作，他们只能等待由辞职、被解雇者或厂商增加对工人的需求所带来的职位空缺。他们只能希

---

① D. M. Lilien, "The Cyclical Pattern of Temporary Layoffs in United States Manufacturing," *Review of Economics and Statistics*, February 1980, pp. 24-31.

望在众多失业者中被选中。整体而言，失业者可能会在相当长的时间内没有工作。①

快速回顾 18-1

- 就业人口比率衡量总体就业人口占非制度限制人口的比例；失业率是失业人口占劳动力总数的比率。
- 就业的总体水平主要由总需求和总供给决定。当失业率在 4.0%和 5.0%之间时，充分就业得以实现。
- 摩擦性失业主要来自自愿性辞职者、工作转化者、初次进入劳动力市场者和重新进入劳动力市场者。

思考题

哪些因素导致官方失业率高估了美国经济困难的真实程度？哪些因素导致官方失业率低估了美国经济困难的真实程度？（答案：参见书末。）

18.4　结构性失业

造成一个国家自然失业率的另一种类型的失业是**结构性失业**（structural unemployment）。这种失业与摩擦性失业有很多相似之处，不同之处在于它的持续时间更长。因此它包含了对失业者来说相当大的成本和对社会来说相当数量的物质损失。

结构性失业是由劳动力需求和供给的结构性变化带来的。它是个"方钉、圆孔"的问题。造成这种类型失业的原因可能有：第一，寻找工作的人掌握的技能和空缺岗位之间不匹配；第二，岗位空缺和工作搜寻者在地理位置上不匹配。例如，自动化技术和进口产品的市场份额上升减少了美国纺织业在 20 世纪 80 年代和 90 年代的雇佣人数。许多被解雇的工人不掌握空缺岗位的技能，如会计和电脑工程。同样，过去 100 多年来农业生产技术的进步使得许多农业从业者失业，这些人不掌握在雇佣扩大部门的空缺岗位所需要的工作技能，或者在地理上不可移动。20 世纪 90 年代大规模的企业合并导致的工作岗位减少是结构性失业的另一个例子，如卡车运输业和航空业的管制所导致的失业。

18.4.1　被解雇的工人

在 20 世纪 80 年代、90 年代和 21 世纪初，许多经历结构性失业的人都可能成

① Robert H. DeFina, "Explaining Long-Term Unemployment" *Business Review* (Federal Reserve Bank of Philadelphia), May-June 1987, p. 19. 如想了解更多关于效率工资和失业的信息，参见 W. Bentley MacLeod, James M. Malcomson, and Paul Gomme, "Labor Turnover and the Natural Rate of Unemployment: Efficiency Wage versus Frictional Unemployment," *Journal of Labor Economics*, April 1994, pp. 276-315; and Eskander Alvi "Job Security and Unemployment in an Efficiency-Wage Model," *Journal of Labor Research*, Spring 1998, pp. 387-96。

为被解雇的工人（displaced workers），尤其是那些因为永久性的工厂关闭或工作削减而失去工作的人。大约有690万20岁以上且已在本岗位上工作满3年的员工在2007年1月和2009年12月之间被解雇。截止到2010年1月，这些工人中的48.8%已经在新的工作岗位上被雇佣，另外15.2%离开了劳动力市场，还有36.1%仍然处于失业状态，并在寻找工作。这个36.1%的数字比2010年整体失业率的3倍还要多。重新回到岗位的全职工人中，有54.9%的人比他们被解雇之前收入要少。大约有1/4比原来多收入0～19%，大约有1/6比原来多收入20%以上。[①]

不是所有的工厂关闭和工作减少都在我们的预料之中，如在衰退的产业或被进口竞争所伤害的产业中。企业内的雇佣水平每年的变化是非常大的，与经济周期或主要的产业趋势不一致。工作岗位本身比我们想象的要不稳定得多，这表明许多结构性失业都来自工人在错误的时间处在错误的岗位上。单单企业内部的劳动力需求变化就能占到自然失业率的1/4。[②]

结构性失业的程度取决于劳动力需求和供给组成变化的程度，以及不平衡和不匹配的调整速度。培训和再培训在这个调整过程中扮演着关键角色，缩短结构性失业期的努力通常包括帮助工人重新获取技能来匹配工作空缺。

18.4.2 其他现象

一些关于结构性失业的其他现象值得一提。第一，更高的学历与更低水平的结构性失业相关联。例如，因为技术或需求变化而被解雇的大学毕业生，有更宽的工作选择范围，通常也比学历较低的人更容易获得培训。[③] 第二，结构性失业和周期性失业是重叠的。当经济处于充分就业和快速扩张中，厂商经历着技术工人的短缺，这时它们雇佣那些没有所需技能但是能在工作岗位上被培训从而获得技能的工人也是有利可图的。这种培训减少了结构性失业的数量。但是，当衰退来临时，总体失业率上升，需要雇佣新工人或候补工人的厂商能从失业池中吸引到有经验的工人。不具备所需工作技能的工人将会经历更长时间的失业，结构性失业将会上升。最后，每个历史时期的预言家都提醒人们即将出现大量的技术性失业。然而，截止到今天的历史记录证明，总体而言，比起它们摧毁的工作岗位，技术变化创造了更多的工作岗位，因而并未很大程度上改变总体的结构性失业率。更普遍而言，回忆围绕图17-8的讨论的结论，在生产率变化和就业变化之间没有基于产业的系统性关系。

但是科技革命会改变这种模式吗？大多数经济学家都对此表示怀疑。他们指出

---

① “Worker Displacement, 2007-2009,” United States Department of Labor, News Release 10-1174, August 26, 2010. 过去25年的这些数据在Henry S. Farber的文章有总结：“Job Loss in the Great Recession: Historical Perspective from the Displaced Workers Survey, 1984-2010,” Princeton University Industrial Relations Working Paper 564, May 2011。

② Jonathan S. Leonard, “In the Wrong Place at the Wrong Time: The Extent of Frictional and Structural Unemployment,” in Kevin Lang and Jonathan S. Leonard (eds.), *Unemployment and the Structure of Labor Markets* (New York: Basil Blackwell, 1987), pp. 141-63。

③ W. R. Johnson, “The Demand for General and Specific Education with Occupational Mobility,” *Review of Economic Studies*, October 1979, pp. 695-705; and Farber, 2005, op. cit.

虽然某些特定的工人会失去他们的工作，许多企业、社区甚至地区会经受消极后果，但是新科技会促进资本投资，产生新兴行业并引起产出效应，而这将会提升总体劳动力需求。为了在扩张的部门中填补空缺，企业可能会需要更关注在岗培训。大多数经济学家都将当前的新技术爆炸看作给社会提供的重大挑战，但它与以前的新技术带来的挑战没有本质的不同。

18.5　需求不足性失业

在许多年份，失业率大大超过 4.0%～5.0%的自然失业率水平。例如，1975 年失业率是 8.5%，1982 年是 9.7%，2010 年是 9.6%。在 1933 年大萧条最严重的时期，24.9%的劳动力失业。这些高失业率是经济衰退、对经济情绪悲观的副产品，它们是由总需求不足导致的企业被迫裁员、员工解雇。这些证据充分表明，总需求的下降是周期性失业的主要诱因，其他诸如预期和实际通货膨胀率之间的差距等并不是周期性失业的首要原因。①

18.5.1　图形分析

之前的分析框架有助于我们理解**需求不足性失业**（demand-deficient unemployment）或周期性失业。在图 18－6（a）中我们描绘了一个剧烈的、未被预期到的总需求下降，即从 D 到 D_1 的变化。通常，凯恩斯学派认为投资或消费的下降是造成这种变化的原因，然而货币学派认为货币供应的减少是其根本原因。不管原因是什么，总需求的下降使总产出从充分就业时的 Q_n 减少了 Q_nQ_1。

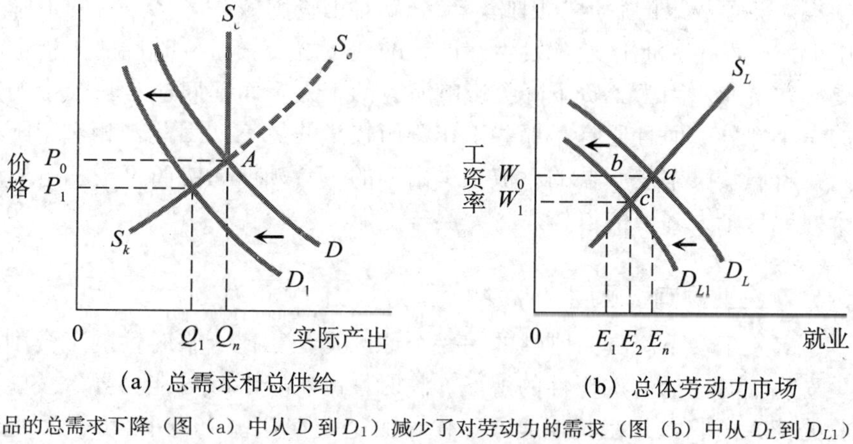

对产品的总需求下降（图（a）中从 D 到 D_1）减少了对劳动力的需求（图（b）中从 D_L 到 D_{L1}）。假设刚性的名义工资为 W_0，劳动力需求的下降就会导致非自愿的需求不足性失业，即图（b）中的 ab 段。

图 18－6　需求不足性失业

如图 18－6（b）所示，总需求的下降使相应的总体劳动力需求从 D_L 下降到 D_{L1}。从理论上来说，这种劳动力需求下降是因为图 18－6（a）中更低的价格 P_1 减

① Ronald S. Warren, Jr.,"Labor Market Contracts, Unanticipated Wages, and Employment Growth," *American Economic Review*, June 1983, pp. 389-97.

少了生产者的收入，这意味着总体的边际收益产品下降。更通俗地讲，企业由于无法卖出他们的产品而造成库存迅速上升，因此他们降低产量并减少对劳动力的需求。简而言之，在原有的工资水平之上，他们不想再像之前那样雇佣那么多人。

假设图18-6（b）中的工资率保持在W_0的水平，我们注意到就业人数从自然水平E_n下降到了E_1。在工资率为W_0时，有a个人想要工作，并且处于就业状态，但是企业只雇佣了b个员工。因此，有ab的工人处于周期性失业。

就业的普遍下降和失业的出现有一个关键的假设，即模型中工资率不下降。如果工资率下降到W_1，企业将会调整它们的就业到E_2（点c）。与在初始的工资率W_0时的就业量E_n相比，在工资率为W_1时的就业量是E_2，E_2E_n即为此工资水平下自愿性失业者的数量。正如劳动力供给曲线中的ca段所示，这些工人的保留工资超出了新的最低工资率W_1。因为E_2E_n的工人是自愿从劳动力市场退出，他们不会被官方界定为失业者。

那么，美国经济中名义工资下降的弹性到底有多大？虽然名义工资最终将在总需求短缺的压力下降低，但是它们在短期内的下降是具有刚性的。因此总需求的下降会导致需求不足性或周期性失业。①

18.5.2 工资刚性

为什么名义工资的下降具有刚性呢？有如下几种解释。

■ 工会

工会是名义工资下降具有刚性的原因之一。工会将工资削减看作之前辛苦获得的集体斗争成果的后退，因此，十分反对工资削减。名义工资的下降在工会化行业中确实会发生，但这通常发生在严重的裁员之后。与暂时性的工资下降相比，工会更喜欢解雇。因为工资下降会影响所有的工人，而解雇通常只会影响企业劳动力中的一小部分，而且通常是那些工作资历较浅的员工。因此，相对于降薪，大多数工人在解雇政策中是获益的，被选举出来的工会领袖在协商工资和解雇政策时更倾向于回应这个大多数的群体。

■ 企业倾向于解雇

名义工资下降具有刚性的另一个原因是，相比于临时性的工资削减，企业可能更喜欢临时性的有选择性的解雇。临时性的工资削减可能会导致技能更高、更有经验的工人离职，并在其他地方工作，而企业在这些人身上投入了大量的培训经费。解雇策略能使企业保留这些技能更高的劳动力，而解雇那些更易于被替换的工人。进一步地，失业补偿的存在和它运作的方式也有利于企业更偏好选择解雇政策。那些被解雇的工人所经历的收入下降比工资水平普遍下降的影响要小得多，因此他们在这个时期之内不喜欢接受其他长期性工作。同时，因为企业向失业补偿项目支付

① 根据凯恩斯的观点，即使名义工资真的下降，产品的成本和价格也会下降。因此，实际工资（名义工资除以价格水平）将会保持不变，就业也不会上升。

的税金与解雇行为并不是完全相关，那些大量解雇工人的企业可以使用其他企业支付的税收来补贴。因此，那些暂时被解雇的失业工人得到的失业补偿比解雇他们的企业所支付的税收成本还要高。①

■ 隐性契约

萧条期工资下降具有刚性的另一个相关原因是隐性契约支配着很多就业关系。**隐性契约**（implicit contracts）是非正式的，经常是不言自明的共识，常被称为"看不见的握手"。② 隐性契约的一个共同特征是一种理解，即企业将会保持现行名义工资并提高作为生活费用的工资水平，除非经历极其严峻的经济状况，例如面临破产。作为这种保障的补偿，雇主获得了在经济衰退期根据产品需求解雇工人的权利。通过提供在萧条时期的工资不下降的保证，雇主可以以更低的平均工资水平吸引工人。另外，"工资固定-就业可变"的合同能给企业提供工资总额（工资×工作总时间）削减的确定性，而工资水平削减往往产生不确定性，而这会导致某些高价值工人的离职。最后，这些契约会给企业带来积极的名誉效应，这使得企业能够吸引更高质量、在工作中需要更少监督的工人。

■ 内部人-外部人理论

近来，出现一套所谓的**内部人-外部人理论**（insider-outsider theories），试图在内部人和外部人的基础上阐释工资下降具有刚性的原因。③ 内部人是有一定市场竞争力的就业人员，外部人是不能或没有意愿通过降低现有工资水平来获得就业的失业人员。在图 18－6（b）中，外部人就是工资率为 W_0时的 ab 段。

为什么外部人不能或不想通过为自己降低工资率到图 18－6（b）中的 W_1来让自己获得工作？他们无法做到这一点可能是因为企业认为雇佣他们的成本过高。企业可能会预期，如果它们以比现行工资率低的工资率雇佣外部人，在职工人将会拒绝与这些"偷窃"工作的新进入者合作。在工作场合，合作对生产过程非常重要，否则企业的产出和利润肯定会受损。更进一步，即使企业愿意雇佣外部人，这个群体也可能不愿意在比现行工资率低的工资率下提供劳务，因为他们害怕遭到现行在职工人的骚扰。因此外部人可能会选择等待总需求的上升，来重新获得就业。同时，图 18－6（b）中描绘的周期性失业将会持续下去。

---

① 参见 Martin Feldstein，"The Importance of Temporary Layoffs：An Empirical Analysis，" *Brookings Papers on Economic Activity*，no. 3，1975，pp. 725-44；and Robert H. Topel，"On Layoffs and Unemployment Insurance，" *American Economic Review*，September 1983，pp. 541-59。亦可参见 Donald R. Deere，"Unemployment Insurance and Employment，" *Journal of Labor Economics*，October 1991，pp. 307-24。

② 对隐性契约的研究已有一定成果，主要贡献参见 The major contributions are surveyed in Costas Azariadis and Joseph E. Stiglitz，"Implicit Contracts and Fixed-Price Equilibria，" *Quarterly Journal of Economics*，vol. 98，suppl. 1983，pp. 1-22。

③ 参见 Assar Lindbeck and Dennis Snower，"Wage Setting，Unemployment，and Insider－Outsider Relations，" *American Economic Review*，May 1986，pp. 235-39；and Lindbeck and Snower，"Cooperation，Harass-ment，and Involuntary Unemployment：An Insider－Outsider Approach，" *American Economic Review*，March 1988，pp. 167-88。有关反对内部人-外部人模型的实证证据参见 Denise J. Doiron，"A Test of the Insider-Outsider Hypothesis in Union Preferences，" *Economica*，August 1995，pp. 281-90。

工作世界 18-2

为什么坏的失业消息通常对股市有好处?

股票价格很明显会受不可预期的消息影响。例如，当美国珠宝协会出乎意料地在2009年3月23日宣布一项帮助银行的计划时，股价平均上升了7.1个百分点。当标准普尔出乎意料地在2011年8月8日把美国政府的信用评级由AAA下调到AA+时，股价平均下降了7.2个百分点。

美国劳工统计局发布的月度失业报告是未被预期到的新闻的另一个来源。未被预期到的失业新闻提供的信息能以三种方式影响股价，它提供了关于未来利率、公司利润和分红、股市投资风险的信息。

包含三项信息要素的失业率对股市的影响效果是存在争议的。一方面，更高的失业率更可能造成更低的债券收益率，这使得债券丧失吸引力，由此抬高了股价。另一方面，更高的失业率降低了未来可预期的企业利润和股票分红，使股票成为更有风险的投资品。这种变化使股票投资不像原来那么有吸引力，并导致股价的降低。

约翰·博伊德等人（John H. Boyd et al.）使用从1957年2月到2000年12月的数据研究了失业新闻对股价的影响。他们研究了失业率在月度失业率信息发布之前和当天不可预期的变化对股价的影响。他们发现经济收缩期间失业率的突然上升会降低股价。这意味着企业利润和风险的效果比利率效果要大。相反，在经济扩张期间失业率的突然上升会抬高股价。这意味着相比于企业利润和风险效果，利率效果占据支配地位。因为经济通常是扩张的，所以股价通常随着坏的失业新闻上升。

资料来源：John H. Boyd，Jian Hu，Ravi Jagannathan，“The Stock Market's Reaction to Unemployment News：Why Bad News Is Usually Good for Stocks，” *Journal of Finance*，March 2005，pp. 649-72.

18.6 失业的分布

失业在劳动力市场上的分布是不均衡的，它随着需求不足性失业的升降而变化。在表18-1中，我们描绘了两个年份里分种族、年龄、性别和失业时长的平均失业率。选择这两个年份是为了进行对比。2000年（经济达到了充分就业）失业率为4.0%；2010年（经济萧条结束的前一年）总体失业率上升到9.6%。

对每一个年份中分类失业率的巨大差异的观察，以及对两年之间失业率的比较，支持了一些更为普遍性的结论，这些结论可以从对失业率数据更大规模的研究中获得：第一，在需要较少人力资本的行业里工作的人，失业率要高于那些身处需要较高技能水平的行业的人。例如，2000年时，职业经理人和专家的失业率是1.8%，而蓝领的失业率是5.2%。作为必然的结果，在衰退期间，低技能工人的失业率通常更高。观察表18-1，2010年蓝领的失业率是14.3%，同时，职业经理人和专家的失业率是4.7%。这个14.3%：4.7%的比率比2010年充分就业时5.2%：1.8%的比率要高。

不同技能的工人之间失业率不同，及衰退期间低技能工人失业率相对更高的原因包括：(1) 低技能工人通常更容易经历技术变革引起的失业，并且经历更长时间的结构性失业；(2) 高技能工人更倾向于自己创业；(3) 在产品需求下降期间，企业通常会解雇那些人力资本投资最少的工人，而不是那些技能更好的工人、经理和专家。

表 18-1　2000 年（充分就业）和 2010 年（经济衰退）分类别失业率汇总对比

类别	2000 年失业率（%）	2010 年失业率（%）
职业		
职业经理人和专家	1.8	4.7
蓝领	5.2	14.3
年龄（岁）		
16～19	13.1	25.9
黑人，16～19	24.5	43.0
白人，16～19	11.4	23.2
男性，16～19	3.3	9.8
女性，16～19	3.6	8.0
种族		
黑人	7.6	16.0
白人	3.5	8.7
性别		
女性	4.1	8.6
男性	3.9	10.5
持续时间		
15 周以上	0.9	5.7
总体	4.0	9.6

资料来源：*Employment and Earnings*，January 2001，2011.

从表 18-1 中得出的第二个结论是，16～19 岁的青少年的失业率会比成年人的失业率要高。另外，黑人青少年的失业率远超白人青少年。2010 年青少年的总体失业率是 25.9%，2000 年是 13.1%。但是，黑人青少年在这两年的失业率分别是 43.0%和 24.5%。青少年的技能更低、工作退出率更高、地理间流动小，且频繁进入或退出劳动力市场，因此他们在摩擦性失业和结构性失业中占据了很大的比例。此外，最低工资也是导致一些青少年失业的重要原因（第 13 章）。①

基于表 18-1 的第三个普遍性结论是，长期以来黑人青少年和成年人的失业率是白人的两倍。例如，2010 年，黑人的失业率是 16.0%，白人的失业率是 8.7%。

① 有关黑人青少年失业原因和结果的分析，参见 Richard B. Freeman and Harry J. Holzer，*The Black Youth Employment Crisis*（Chicago：University of Chicago Press，1986）。亦可参见 Harry J. Holzer，"Can We Solve Black Youth Unemployment?" *Challenge*，November-December 1988，pp. 43-9；and John Bound and Richard B. Freeman，"What Went Wrong? The Erosion of Relative Earnings and Employment among Young Black Men in the 1980s，" *Quarterly Journal of Economics*，February 1992，pp. 201-32。

黑人失业率高的原因很难分析清楚，但其中一个原因是，黑人更多在低技能行业中工作。回忆我们之前的讨论，这些职业的摩擦性和结构性失业率比较高。此外，黑人聚居在经济下滑的内陆城市，那里对劳动力的需求不能满足所有的工作搜寻者。最后，歧视也是造成黑人和白人之间失业率差异的原因。在黑人和白人之间失业率的差距中，只有20%～40%能被可以观察到的特征如教育和工作经历解释。[①]

第四个结论是，女性雇员失业率与男性十分接近。这是因为在过去十年时间里，女性逐渐进入那些有良好职业导向、低失业率的工作岗位。从表18-1中我们可以发现，2000年男性的总体失业率是3.9%，女性则是4.1%。在2010年，女性失业率实际上比男性还要低。对此的解释是，衰退会增加木制品、汽车制造、建筑、钢铁等行业的失业率，而这些行业中男性工人居多。

第五个结论是，通常，长期失业（比如说失业15周以上）的人在劳动力市场的占比要比总体失业率低很多，但是在衰退时期，这一占比会上升。2000年，相比于4.0%的总体失业率，失业15周以上的占比只有0.9%；然而在2010年，这个比率高达5.7%。由此说明，与自然失业率相比，经济衰退会创造更长时间的劳动力资源闲置和更多的社会困难。

快速回顾18-2

- 结构性失业源自空缺岗位所需要的技能与搜寻工作的人所掌握的技能之间的不匹配。此外，它还源自空缺岗位和工作搜寻者在地域上的不匹配。
- 许多被解雇的工人，即那些因为永久性的工厂关闭或裁员而失去工作的人，会变成结构性失业人员。
- 需求不足性失业（也称为周期性失业）来源于总需求的下降，因此，与衰退和萧条紧密相关。
- 失业率在不同种族、年龄、职业间不同，尤其是黑人、年轻人和低技能工人有更高的失业率。

思考题

"近年来，女性的失业率一般是男性的两倍。"你认为该观点正确吗？（答案：参见书末。）

18.7　减少失业：公共政策

美国政府致力于实现充分就业的目标。《1946年就业法案》（Employment Act of 1946）宣称，"运用所有与政府的要求和责任，以及与其他必要的国家政策考虑相一致的可行措施……来实现就业、产出和购买力的最大化，这是联邦政府的一贯政策"。《1978年充分就业和均衡增长法案》（Full Employment and Balanced

---

① 参见Leslie S. Stratton, "Racial Differences in Men's Unemployment," *Industrial and Labor Relations Review*, April 1993, pp. 451-63。

Growth Act of 1978）重申了这个目标，并要求政府：（1）确立为期五年的就业与通货膨胀目标；（2）制定计划来实现这一目标。

表18-2值得认真研究，它总结了各种完全或部分致力于减少摩擦性、结构性和周期性失业的政府项目。在一个章节中对这些政策进行逐个分析是不可能的，因此，我们在本章的剩余部分聚焦于一个主题：稳定性政策（财政政策和货币政策）。

18.7.1 财政政策和货币政策

如表18-2所示，**财政政策**（fiscal policy）是联邦政府谨慎使用政府支出或税收等政策，以实现充分就业、价格稳定和经济增长。**货币政策**（monetary policy）是美联储所采取的行动，通过调整国家的货币供给和利率来实现同样的目标。

表18-2 **减少失业的政府政策和项目**

摩擦性失业

就业信息和匹配：关于提高寻找工作的人在空缺岗位和技能方面信息的可获取性的政府项目，还包括帮助求职者和雇主进行匹配的项目。例如，美国工作服务机构（U. S. Job Service，公立就业机构）。

结构性失业

1. 教育补贴：有一些政府项目和支出是为了减少获取人力资本的投资支出，以此提升人们获取工作的能力，这些能力不会随新技术的出现而过时。例如，各种拨款和大学生担保贷款；根据《职业培训法案》（Vocational Educational Act）给予的补贴；对中小学、社区学校和州立学校的资助等。

2. 平等就业机会立法：法律规定，在招募和晋升方面基于种族和性别的歧视是违法的，因此，消除了一项可能造成结构性失业的制度障碍。例如：《1964年民权法案》第7章；11246号行政命令（Executive Order 11246）。

3. 工作培训和再培训：旨在给那些结构性失业者提供技能和工作经验的项目。例如：《人力开发和培训法案》（Manpower Development and Training Act，MDTA）；职业技能培训中心；MDTA在岗培训项目；工作公司（Job Corps）；针对青少年、美国本土人和被解雇的家庭主妇的《综合就业和培训法案》（Comprehensive Employment and Training Act，CETA）；《在职培训合作法案》（Job Training Partnership Act）；贸易调整援助（Trade Adjustment Assistance）。

4. 公共就业服务：对长期结构性失业者直接进行政府雇佣和在岗培训。例如：1978年修订的CETA的第二条。

5. 直接的工资补贴或就业税收减免：对雇佣拥有较高结构性失业率的特殊劣势群体的厂商给予直接补贴或税收减免。例如：1979年目标群体工作税收减免计划（Targeted Employment Tax Credit program of 1979）；AFDC-WIN计划。

6. 失业提醒：要求那些计划关闭工厂或进行大规模裁员的企业提前通知雇员，因而使员工能迅速搜寻新的工作或着手参加再培训项目。例如：《1988年工人调整与再培训通告法案》（Worker Adjustment and Retraining Notification Act of 1988）。

需求不足性失业

1. 财政政策：政府为增加总需求并进一步增加国内产出和就业而采取的税收和支出政策。例如：1964年、1970年、1974年和2001年的税收减免；《2009年美国恢复和重新投资法案》（American Recovery and Reinvestment Act of 2009）。

2. 货币政策：美联储谨慎使用的措施，以增加货币供给，从而降低利率水平、增加对产品和服务的总需求。例如：1982年、1991—1993年、2001年和2008—2009年的扩张性货币政策。

3. 供给政策：政府为增加劳动力供给、储蓄和投资并减少商品、服务成本的行动，以使总需求曲线向右移动的措施。例如：1981 年里根政府的税收减免、个人退休金账户、解除管制、2001 年布什政府的税收减免。

4. 公共部门就业：政府直接雇佣找不到工作的人。例如：20 世纪 30 年代的工作进度管理机构（Works Progress Administration in the 1930s）、《综合就业和培训法案》（Comprehensive Employment and Training Act）、70 年代《公共部门就业法》第 7 章（Titile Ⅶ，Public Service Employment in the 1970s）。

5. 工资补贴或就业税收减免：对扩大就业的企业给予直接的补贴或者税收减免。例如：1977 年的新工作税收减免计划（New Jobs Tax Credit program of 1977）。

注：并非表中所有计划目前都在运作，有些措施已经废止。

扩张性财政和货币政策对国内产出和失业的影响如图 18－7 所示。假设最初的总需求曲线从 D_1 下降到 D，并使实际产出降低到 Q_0（见图 18－7（a））。这个总需求的下降引起劳动力需求曲线从 D_{L1} 到 D_L 的下降（见图 18－7（b））。此时，假设劳动力供给如曲线 S_L 所示。因为名义工资被假设在 W_0 的水平，具有下降刚性，劳动力需求下降至 D_L 便产生了 ab 段的需求不足性失业。如果图 18－7（a）中充分就业的产出水平是 Q_n，图 18－7（b）中的自然就业率是 E_n，那么，E_0E_n 代表的就是周期性失业。

成功的财政和货币政策将会把总需求提高到 D_1，这将会把国内产出提高到自然水平 Q_n，并且，如图（b）中 D_{L1} 和 S_L 的交点所示，总体就业水平也就回到了它的自然水平 E_n。

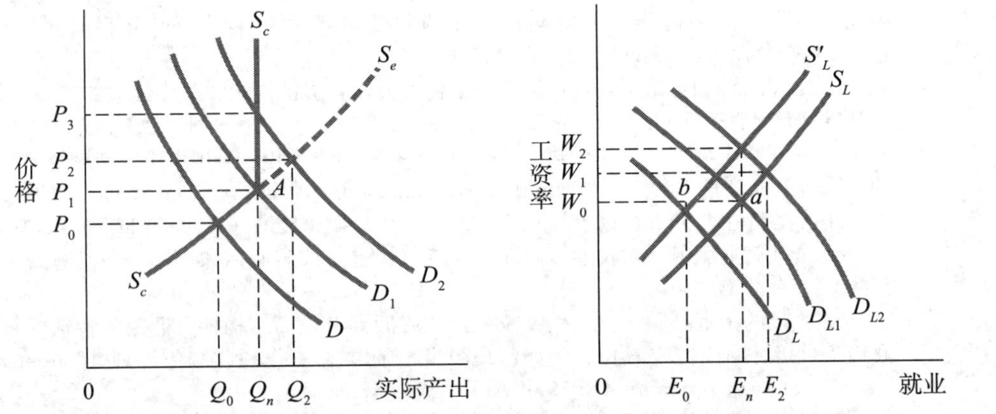

(a) 总需求和总供给　　(b) 总体劳动力市场

扩张性的财政和货币政策会把图（a）中的总需求从 D 提升到 D_1，进而将实际产出从 Q_0 提升到 Q_n。在劳动力市场上，劳动力需求相应地从 D_L 提升到 D_{L1}，消除了周期性失业，将就业水平提升到了 E_n。但是，如果政策制定者错误地将总需求提升到 D_2，劳动力需求将会上升到 D_{L2}。最终劳动力供给者将调整他们的供给行为以适应更高的预期市场价格，他们的劳动力供给将会从 S_L 下降到 S'_L，失业率将会移动到它的自然水平 E_n。

图 18－7　减少失业的财政和货币政策

要使总需求水平提升到 D_1，劳动力需求相应地上升到 D_{L1}，可以结合以下几种措施来实现：（1）对个人的税收减免，以提高私人消费水平；（2）增加货币供给，以降低利率水平，提高投资支出；（3）对企业进行税收减免或直接补贴，提升投资支出；（4）增加政府支出。

18.7.2　复杂性

要将总需求曲线移至 D_1，从理论上来看似乎很简单，但在现实中却很难实现。把握时机是至关重要的，一些时滞使总需求的精确管理变得非常困难。政府一旦发现总需求下滑，就必须制定财政政策，并提交国会。国会必须针对提出的议案举行听证会，通过后议案才能成为法律。此后，政策执行本身还需要一段时间才可能对经济产生影响。在这段时滞中，与财政政策无关的因素可能会使总需求曲线向左或向右移动。因此，一项本来适度的财政政策的实施效果可能被夸大或缩小。

财政和货币政策需谨慎配合使用，以避免稳定性政策实施过程中出现**挤出效应**（crowding-out effect）。为给扩张性的财政政策提供资金，联邦政府会从货币市场借款，由此可能引发挤出效应。政府的借款可能会与私人部门的借款产生竞争，从而提高利率水平并减少个人投资支出。由此可能造成财政政策的刺激被削弱，甚至被抵消。为避免这种挤出效应的出现，货币管理当局需要增加货币供给，进而抵消这种货币不足所引发的利率上升。

稳定性政策实施过程中的另一个复杂问题是，政府可能会矫枉过正。这种现象在过去就曾出现，研究它对总体产品市场和劳动力市场的影响是有价值的。我们假设扩张性的财政和货币政策把总需求曲线移到比我们预期的 D_1 更远的位置，如 D_2，这导致价格达到了比预期更高的水平，如 P_2 而不 P_1。在短期中，这种未预期到的高通货膨胀率会暂时性地将产出水平提高到自然产出水平之上，经济可能会沿着虚线 AS_e 部分向上移动。然而在长期，实际产出将会回到自然水平 Q_n。同时，当总需求水平处于 D_2 时，价格水平将被持续推高到均衡物价水平 P_3。

我们需要仔细研究劳动力市场上发生了什么，才能理解为什么实际产出会临时性地上升到 Q_2，但最终会降低到 Q_n。图 18－7（a）中总需求扩张到 D_2，使劳动力需求提高到 D_{L2} 的水平（见图 18－7（b）），就业暂时性地超过它的自然水平。此时企业将在它们已签订的 W_0 工资水平上扩大雇佣量。同时，求职者可以在名义工资水平 W_1 上找到工作，并减少了工作搜寻时间。换一种说法：就业水平上升的原因是实际通货膨胀率超过了预期水平，减少了摩擦性失业（回忆我们之前对此的讨论）。但是，一旦劳动力供给者意识到新的价格水平实际比之前预期的要高，他们就会调整自己的行为，从而使劳动力供给从 S_L 移动到 S_L'。为什么会这样？答案是，因为价格水平是 P_2 而不是他们预期的 P_1，工人在每个名义工资率水平上不会供给原来一样多的劳动。与每个名义工资水平相联系的实际工资（名义工资/价格水平）比原来更低，这个事实会使劳动力供给曲线向左移动。

观察 D_{L2} 和 S_L' 的交点，我们可以看到，名义工资水平向上调整有比较大的灵活性，因此，名义工资上升到了 W_2 的水平。在这个更高的名义工资水平上，就业回到它的自然水平 E_n，由此，图 18－7（a）中的实际产出从 Q_2 下降到 Q_n。可以发现，价格水平和名义工资都比以前更高了。所以说，失当的扩张性财政和货币政策虽然减少了周期性失业，但却造成了价格和工资水平的上涨。

本章总结

1. 年龄在16岁及以上，未被制度限制，且被解雇之后正在积极寻找工作，或等待被召回至自身原岗位上，或等待在30天内到新岗位上报到，这样的人被官方界定为失业者。

2. 官方失业数据作为衡量经济困难程度的标准及公共政策的指导时有一些局限性。存量-流量模型区分了失业率变化的原因，提供了关于个人就业时长的信息。

3. 4.0%～5.0%的失业率代表了充分或自然的失业率，在这个水平上，既不存在劳动力的过度需求也不存在过度供给，通货膨胀的实际水平和预期水平是一致的。

4. 摩擦性失业是一种自然失业，它经常结构性地出现在动态经济体中。在这样的经济体中，有各种不同的工人和工作，信息不充分，人们在不同劳动力状态之间连续不断地流动。它有两种基本形式：搜寻性失业，与找到工作所需的时间紧密相关；等待性失业，工人或者等待被召回到先前的工作，或者等待提供高于市场出清工资水平的工作岗位。

5. 结构性失业源自可获得岗位所需技能与工作搜寻者所掌握的技能之间的不匹配。还有许多结构性失业者是因永久性的工厂关闭或裁员而失去工作的工人。

6. 对产品和服务总需求的下降将会导致对劳动力总需求的不足。工资率由于很多原因具有下降刚性，这些原因包括：工会的存在、企业对解雇的偏好、隐性契约和内部人-外部人关系等。结果是，随着总需求的下降，产生非自愿的需求不足性失业。

7. 失业在劳动力市场中的分布是不均衡的。例如，黑人的失业率大约是白人的两倍。

8. 财政政策是减少需求不足性失业的主要工具，但是它本身充满了复杂性，包括：(a) 时滞；(b) 将财政政策和货币政策恰当结合，从而避免挤出效应；(c) 引发通货膨胀的趋势。

习题和学习建议

1. 使用下面的数据来计算一个假想经济体中的劳动力市场规模、官方失业率、劳动力市场参与率（第3章）：人口=500，16岁及以上且未被制度限制的人口=400，全职或兼职工作的人口=200，失业并积极寻找工作的人口=20；由于不成功而放弃寻找工作的人口=10，寻找全职工作的兼职工作者人口=30。

2. 哪些因素会低估使用官方失业率衡量国家经济困难程度的准确度？哪些因素会导致一些观察者认为官方失业率高估了一国经济困难程度？

3. 使用图18-5展示的基本模型，用图形来分析以下问题：(a) 需求不足性失业；(b) 产出和就业超出他们的自然或充分就业水平的暂时性增长。

4. 解释结构性失业，并将它与摩擦性失业和需求不足性失业进行区分。为什么当需求不足性失业下降时结构性失业也可能下降？

5. 假设你是总统的经济顾问，他需要你设计一个项目来减少与被解雇工人相联系的失业量。你将会考虑哪些因素？

6. 为什么名义工资具有下降刚性？"非自愿的需求不足性失业能持续较长时间"的含义是什么？

7. 假设由于严重的经济衰退，一国的官方失业率从4%上升到8%。你认为这对以下方面有什么影响：(a) 黑人与白人失业率的比率；(b) 劳动参与率；(c) 青少年与成人失业率的比率？解释你的原因。

8. 在未来的十年里，你预期自然失业率：(a) 上升；(b) 下降；(c) 保持现在的水平？解释你的选择。

9. 评论以下结论："政府只需为每个想要工作但在私人部门找不到合适工作的人提供工作，美国的失业问题便可以被迅速且有效地解决。"

互联网练习

失业率

请登录美国劳工统计局网站（www. bls. gov）。点击“Unemployment Rate”可以得到劳工统计局最新公布的有关美国劳动力情况的数据。

使用最新的数据回答以下问题：过去两个月的失业率是多少？这两个月失业的人数分别是多少？这两个月的失业率变化是因为劳动力规模的变化，还是因为失业人数的变化？解释你的答案。

互联网链接

想了解更多有关失业救济计划的详细情况请登录美国劳工部失业保险网站（www. workforce-security. doleta. gov/unemploy）。

想了解美国人口普查区、州、县、大城市以及其他城市的就业、失业和劳动力数据，请登录美国劳工统计局地方失业统计网站（www. bls. gov/lau/home. htm）。

附　录

劳动经济学的信息来源

本附录的目的是提供分析劳动经济学的重要信息来源。这些信息对于个人准备学期论文或随后的相关课程有很大帮助。因此，应首先关注一下表 1 中列出的学期论文主题。同时，附录里的信息能够帮助读者及时了解劳动经济学在个人和专业领域最新的研究成果。如果你的专业是管理学或经济学，我们建议你把本书（至少是附录的复印本）作为个人常用资料。

附录的主要内容是：第一，简单描述有关劳动经济学和劳动统计数据的主要网站。第二，给出劳动统计资料的书面来源。第三，提供有关劳动经济学和相关政策文献的各种出版物。首先，我们将提供一些目录索引、专业期刊、论文摘要和非技术出版物等信息。之后，将提供一些劳动经济学领域的优秀教材信息。最后，将会提供一些与劳动经济学领域相关的劳动法、集体谈判、劳动关系和劳动史教材信息。

表 1　　精选学期论文主题一览表

旷工	国家服务计划
兼职	最低工资效应
退休决策	OSHA 的劳动力市场影响
女性劳动参与率	工作场所的性别歧视
气馁工人与附加工人效应	种族的收入不均衡
平均工作时间的周期性和长期变化	男女收入比率的变化趋势
劳动参与率的种族差异	职业歧视
教育成就与收入、工作时间和失业的关系	反歧视法的效用
男性老年人劳动参与率的变化趋势	补偿性工资差异
学生贷款的经济学分析	工资规模与收入水平
人力资本理论的批判	明星“收入”
生活的经济价值	家庭背景和儿童时期的人力资本投资
企业中人力资本的投资：在职培训	收入分配的趋势
企业的教育资助	工会和收入分配
养老金的经济学分析	工作流动
CEO 薪酬	移民收入分析
公共部门培训项目的效应	移民政策改革：劳动力市场有关问题
劳动力市场的买方垄断	工厂倒闭和流离失所的工人
看护人员的劳动力市场分析	内部劳动力市场是有效的吗？

职业资格证
效率工资理论
边际收益该交税吗?
工会的衰落
工会会员的决定因素
解除管制和劳动力市场
集体谈判理论
职业体育中的集体谈判
资历的经济学分析
劳动者所有的企业
激励薪酬体系
雇员股权激励计划
强制仲裁
保障劳动权利相关法律的效应分析
边际收益、绩效、生产力的经济学分析
工会和工作轮换
罢工的经济学影响
政府就业趋势
公共部门与私人部门薪酬
税收对劳动力供给的影响
北美自由贸易协定和美国劳动力的关系
日本的终身雇佣制
发展中国家的失业和不充分就业
《美国残疾人法案》和劳动力市场
实际工资率的趋势
实际工资的国际比较
生产率增长和新经济
生产率增长的国际趋势
自我雇佣的趋势
什么是充分就业?
工作搜寻理论
技术性失业
隐性合约:理论和含义
青少年失业
非裔美国人的失业
工资津贴:收入税收奖励
利润分享
失业保险福利的劳动力市场效应
失业率的国际差异
非正式的工作安排:压缩工作时间、灵活就业时间、工作分享
美国的就业趋势
制造业和服务业的就业趋势
失业率的趋势
竞争能够减少歧视吗?

劳动统计资料的来源

统计资料可以分为原始资料和二手资料,同样可以提供时间序列数据和横截面数据。**原始统计资料**(primary statistical source)是指那些由美国人口普查局(CPS)统计并由美国劳工统计局(BLS)公布的未加工的数据。第18章指出,为了得到有关劳动参与率、就业和失业的信息,需每个月对全美范围内的6万个家庭进行抽样调查。美国人口普查局的数据被大量复制和总结在各种**二手统计资料**(secondary statistical sources)中,如统计学手册、商业期刊和教材。二手资料通常是可靠的,但是必须意识到这些资料是整理过的数据。因此,从原始数据中往往可以获得更多的信息。

劳动统计数据可以是时间序列数据、横截面数据或者是两者的综合。**时间序列数据**(time-series data)是按时间先后顺序排列的数据,按年或者按月均可。例如,图3-2显示的是1950年以来人口和劳动力的数量;图11-4记录的是美国自1960年以来的重大罢工情况;图17-2表明的是1960年以来美国劳工统计局公布的每年的劳动生产率指数。

但是,**横截面数据**(cross-sectional data)测量的是在某一时点上不同经济单位和群体某一特定变量的观测值。例如,表13-2表示的是2009年按行业划分的职业死亡和伤残的情况;表8-3提供了2011年部分州生产工人的平均小时收入数

据；表18-1呈现了在特定年份不同职业、种族、性别、年龄劳动力的失业率。

劳动统计的时间序列数据和横截面数据（原始数据和二手数据）的主要信息来源是什么？我们可以通过以下途径获取：互联网网站、统计资料文献、美国统计局的印刷资料、劳动经济学的相关印刷资料以及研究机构的数据。我们尽可能地用资料本身说明。[①]

互联网网站

互联网能够提供大量有关劳动经济学方面的信息和统计数据。表2列出了这些网站。建议大家尝试一下表中列出的网站。（部分网站包含了这里所描述的书面信息的全部）。

表2　　与劳动经济学相关的互联网网站

Bureau of Economic Analysis
[**http://www.bea.gov**]
提供有关GDP数据和《现代商业概念》(*Survey of Current Business*)中的部分表格。

Bureau of Labor Statistics
[**http://www.bls.gov**]
包括就业、失业、价格、生产率和外国劳动力统计的详细数据。

Data on the Net
[**http://3stages.org/idata**]
可以按照关键词在360个互联网网站中搜索能够下载的社会科学统计数据。

Econ Data
[**http://www.econdata.net**]
可以提供来自美国政府的大量可下载的数据资料。

Economic Journals on the Web
[**http://www.oswego.edu/~economic/journals.htm**]
提供大量经济学杂志的网站索引。

Economic Report of the President
[**http://www.gpoaccess.gov/eop/index.html**]
1996年及之后的完整在线报告。这个网站同时也提供一些概括了重要经济数据信息的统计表格。

Fedstats
[**http://www.fedstats.gov**]
可以搜索到与超过70个联邦机构相关的统计数据链接。

Health and Retirement Survey (HRS)
[**http://hrsonline.isr.umich.edu/**]
提供个人有关经济的、人口的和健康特征的调查数据。

Department of Homeland Security
[**http://www.dhs.gov/files/statistics/immigration.shtm**]
提供近年来移民统计的年度综合数据。

Minnesota Population Center
[**http://www.ipums.umn.edu**]
包含1850年到2000年的人口普查数据。

National Labor Relations Board
[**http://www.nlrb.gov/**]
提供关于NRLB及其决策的信息，这些决策与企业和工会的不公平行为有关。

About Guide to Economics
[**http://economics.about.com**]
提供最新经济信息的网络链接，例如，它包含了诸如《商业周刊》之类的杂志网络版的经济学文章的链接。

Open Directory Project
[**http://dmoz.org/science/social_sciences/economics/labor_economics/**]
提供许多劳动经济学的相关链接。

Organization for Economic Cooperation and Development
[**http://www.oecd.org**]
包含OECD成员的一些经济测量指标。

Panel Study of Income Dynamics
[**http://psidonline.isr.umich.edu/**]
由调查对象的特征和劳动力市场行为的纵向数据

---

① 这一部分内容的组织大体遵循 Charles Helppie，James Gibbons，and Donald Pearson *Research Guide in Economics* (Morristown，NJ：General Learning Press，1974)，pp. 69-91。

组成。

Resources for Economics on the Internet

[http://rfe.org]

提供超过 700 个经济相关的网站链接。

Social Security Administration

[http://www.ssa.gov]

提供有关社会保障计划的统计信息。

(福利计划、受益人数量、信托基金、一般福利等)。

W. E. Upjohn institute

[http://www.upjohninst.org]

提供公开出版物和学术论文的在线目录。

U. S. Census Bureau

[http://www.]

提供有关人口、收入和人口统计特征方面详细数据的综合性网站。它还同时提供 1996 年 1 月以来美国人口普查局发布的所有数据。最后，它还与最新人口调查（Current Population Survey, CPS)、美国住房调查（American Housing Survey, AHS）和公共用途的开放微观数据样本（Public Use of Microdata Samples, PUMS）的人口数据建立了链接。

统计资料来源的书目

统计出版物的文献书目索引像期刊文献的读者指南一样，只列出主要标题而不包含文章本身，统计信息的文献书目也不包含统计资料本身。这些文献书目或索引可作为互联网的补充，用来查询相关统计资料。对于劳动经济学来说，你可以找到工会、就业、劳动力和生产率方面的大量资料。在众多文献索引中，下面是一些常用的文献目录：

American Statistics Index（Washington, DC: Congressional Information Service)

该索引每年一期，并有月刊作为补充。

这些索引提供了非常全面的美国政府统计出版物中的信息。它对所有联邦机构发行的统计出版物进行了索引和摘要，为搜索详细的统计资料提供了非常大的帮助。

U. S Bureau of the Census: *Directory of Federal Statistics for Local Areas: A Guide to Sources*（Washington, DC: U. S. Government Printing Office).

这个目录是以大城市为统计范围（MSA）的联邦统计数据。MSA 是一个地理区域，包含：拥有 5 万或更多居民的城市，或者至少 5 万居民的城市和至少 10 万人口的 MSA。

综合性摘要统计

一些全面的资料里包括了政治、经济、社会以及人口等各变量的统计数据摘要。这些“数据书籍”、“统计摘要”或“统计手册”包含了大量劳动经济学学生感兴趣的表格数据。其中比较重要的有：

U. S. Bureau of the Census: *Historical Statistics of the United States, Colonial* Times to 1970（Washington, DC: U. S. Government Printing Office). Issued 1976.

这本书包含美国从 1610 年到 1970 年每年关于社会、经济、政治和地区发展等方面的超过 12 500 份时间序列数据。

U. S. Office of the President: *Economic Report of the President*（Washington, DC: U. S. Government Printing Office). Annual.

该年度报告提供了大量的有关收入、劳动力、就业和生产的统计性数据附录。其中对劳动经济学家特别有用的部分是“人口、就业、工资和生产力”。此外，报告的内容还通常包括与劳动力市场发展近况相关的部分或章节。例如，2007 年的报告就用一整章叙述了近期劳动生产率增长的情况。

专门的劳动统计资料

大量表格重复出现在各类统计资料中。例如，《美国统计摘要》（*Statistical Abstract of the United States*）中很多与劳动力相关的资料在其他很多专业资料中也可以找到。但一般来说，特定的有关劳动力的统计资料包含更为广泛的与劳动经济学直接相关的数据和信息。意识到这些专业信息对于找到其他地方没有出现的数据是非常关键的。下面是一些出色的出版物：

Eva E. Jacobs（ed.）：*Handbook of U. S. Labor Statistics*（Lanham，MD：Bernan Press）. Periodic.

该出版物是美国劳工统计局主要的年度统计资料来源。最新版本（2012 年版）包括以下类别的表格：（1）人口、劳动力和就业状况；（2）就业、工时和收入；（3）各行业的就业和工资；（4）不同行业和职业的劳动力和就业设计；（5）生产率和成本；（6）员工补偿；（7）劳动力市场的最新发展趋势；（8）劳资关系；（9）生产价格；（10）外国劳动力统计；（11）消费支出；（12）美国人时间使用情况的调查；（13）美国收入情况；（14）职业安全与健康。

Barry T. Hirsch and David A. Macpherson：*Union Membership and Earnings Data Book*：*Complications from the Current Population Survey*（*2012 Edition*）（Washington，DC：Bureau of National Affairs）. Annual.

该年度报告提供了工会会员近几年和历史上的数据资料，也包括工会会员和非工会会员的收入情况。这些数据根据不同州、行业和人口群体进行划分。

Directory of U. S. Labor Organizations（Washington，DC：Bureau of National Affairs，Inc.）. Periodic.

该出版物不仅提供美国工会会员的整体数据信息，还提供个体工会会员及其在人口、职业、行业和地区方面的特征信息。

U. S. Department of Labor，Bureau of Labor Statistics：*Monthly Labor Review*（Washington，DC：U. S. Government Printing Office）. Monthly.

该期刊是关于劳动参与率、生产率、就业、失业和消费价格的最新统计信息的来源。其附录包含以下内容：（1）最新人口调查；（2）企业薪酬调查；（3）消费价格调查。所有这些数据都是月度发布的。

U. S. Department of Labor，Bureau of Labor Statistics：*Employment and Earnings*（Washington，DC：U. S. Government Printing Office）. Monthly.

《就业与收入》（*Employment and Earnings*）杂志是一本月度出版物，提供有关就业状况、就业和失业特征、工时和收入、生产率、各州和地区劳动力数据的信息。值得注意的是，该出版物 1985 年引入了一份非常重要的（在当年 1 月刊上）关于工会会员在年龄、种族、性别、职业和行业分布方面信息的资料。

U. S. Department of Labor, Bureau of Labor Statistics: *Compensation and Working Conditions* (Washington, DC: U. S. Government Printing Office). Monthly.

该出版物早期名字为《现代工资发展》(*Current Wage Development*),刊物内容包括总薪酬、工作环境方面的一些简短文章和数据,其中工作环境指的是集体谈判、雇员总薪酬、工会会员、雇佣福利和区域工资等。

U. S Department of Commerce, Bureau of the Census: *Money Income of Households, Families, and Persons in the United States*. Current Population Report P-60. Annual.

该出版物一般在收藏联邦政府出版物的图书馆中可找到,提供有关美国功能性和个人收入分配的具体统计信息。其中的表格是从美国人口普查局的统计中摘取的。

International Labour Office: *Yearbook of Labour Statistics* (Geneva, Switzerland: ILO Populations). Annual.

该国际年鉴包括 180 多个国家和地区与劳动力相关的时间序列数据。

研究机构的调查数据

想开展原始数据研究的学者通常可以从研究机构开展的调查中获取数据。以下是三个原始数据的来源。

Survey Research Center, Institute for Social Research, University of Michigan: *Health and Retirement Survey*.

该调查每半年开展一次,它提供到 1992 年时 51～62 岁的人在 1992 年的工作条件和收入方面的信息。

Survey Research Center, Institute for Social Research, University of Michigan: *Panel Study on Income Dynamics* (*PSID*).

该调查提供有关就业、收入、失业、附加福利等的相关信息。1968 年有近 5 000 个家庭参与了调查,之后每年进行一次。一旦有家庭成员离开或重新组建新家庭,新成员同样也成为每年的调查对象。

U. S. Department of Labor, Employment and Training Administration: *National Longitudinal Survey* (*NLS*). Conducted by the Center for Human Resource Research, Ohio State University.

NLS 长期从同一群体获取信息。它提供有关工会地位、工资、附加福利、工作隔离和工作满意度的信息。研究者通过控制诸如教育、年龄和父母收入等因素,从而获取更全面的个人信息。

更新和扩展的表格

本书中的很多统计表格来自前面讨论的一般摘要统计或具体的劳动统计资料。这些表格可以根据各自引用的资料进行更新,以此发现那些特定出版物的最新版本。通常,早期版本中的资料是包含在新版本中的。你也可以通过网络来更新这些表格。

如果是出于写学期论文的目的,那么教材中的表格可能不够详细因而不能满足你的需求。这些出版物里的表格中所引用的资料可能比教材中总结的数据还多。例如，表13-2提供了2009年不同行业的职业死亡和伤残的统计信息。对比《美国统计摘要》，你会发现职业健康和安全方面的大量信息，例如，由于工作事故导致的时间损失；行业间非致命性工伤和疾病的发生率。而且，你会发现有关职业健康和安全的最早的信息来源是 *Accident Facts*（Itasca，IL：National Safety Council），它提供更多这方面的信息。

应用、新理论和新证据

现在我们将注意力转向劳动经济学最新发展情况的信息来源。我们将介绍大量专业期刊、论文摘要以及随后会讨论到的非技术出版物。但是，我们先介绍与劳动相关的出版物的索引或文献资料。

索引和参考书目

很多出版物能够为研究劳动经济学提供很大的帮助，人们从中能够获取具体的书籍和期刊文章信息。以下是两个重要的信息来源：

American Economic Association：*Index of Economic Articles*（Homewood，IL：Richard D. Irwin）. Updated via new volumes.

该系列包含了来自250种经济期刊的文章文献，每一卷都涵盖一定的时期。例如，卷Ⅰ的时间跨度为1886年到1924年，卷ⅩⅨ索引的文章出版于1977年。但这个索引不是最新的，要想得到最新出版的文章需要参考下列资料来源。

American Economic Association：*Journal of Economic Literature*（JEL）. Quarterly.

此出版物包括：（1）特定主题研究论文的评论；（2）特定书籍的评论；（3）经济领域最新出版书籍的介绍；（4）**经济学文献期刊分类体系**（Journal of Economic Literature classification system）。如表3所示，在分类体系中“J”目录下的都属于劳动与人口经济学的范畴。

表3　　经济文献期刊分类体系：“J”目录

J00 综述	
J1 人口经济学	
J10 综述	J15 少数族裔和种族经济学
J11 人口趋势和预测	J16 性别经济学
J12 婚姻；离婚；家庭结构；	J17 人生的价值；放弃的收入
J13 生育；计划生育；幼儿看护；儿童；青年	J18 公共政策
J14 老年人经济学	J19 其他
J2 时间分配、工作行为及就业决定和创造	
J20 综述	J24 人力资本；技能；职业选择；劳动生产率
J21 劳动力和就业，规模和结构	J26 退休；退休政策
J22 时间分配和劳动力供给	J28 安全；事故；职业健康；工作满意度；相关公共政策
J23 就业决定；工作创造；劳动需求；自雇佣	J29 其他

J3 工资、报酬和劳动成本	
J30 综述	J33 薪酬包；支付方式
J31 工资水平和结构：因技能、培训、职业等引起的工资差异	J38 公共政策
J32 非工资劳动成本和收益；私人养老金	J39 其他
J4 特殊的劳动力市场	
J40 综述	J44 专业劳动力市场和职业
J41 合约：特殊人力资本、匹配模型、效率工资模型和内部劳动力市场	J45 公共部门劳动力市场
J42 买方垄断；劳动力市场分割	J48 公共政策
J43 农业劳动力市场	J49 其他
J5 劳资关系、工会和集体谈判	
J50 综述	J54 厂商合作；劳动者管理型企业
J51 工会：目标、结构和作用	J58 公共政策
J52 争议解决：罢工、仲裁和调解	J59 其他
J53 劳资关系；工业法学	
J6 流动、失业和空缺	
J60 综述	J64 失业：模型，持续时间，发生率和工作搜寻
J61 地区间劳动力流动；移民工人	J65 失业保险；离职金；工厂倒闭
J62 职业和代际流动	J68 公共政策
J63 离职；空缺；解雇	J69 其他
J7 歧视	
J70 综述	J78 公共政策
J71 歧视	J79 其他
J8 劳工标准：国内的和国际的	
J80 综述	J83 工人的权利
J81 工作条件	J88 公共政策
J82 劳动力构成	J89 其他

专业期刊

学术期刊发表的文章通常包括经济学家对新理论、新证据、证明现有理论的新技术的介绍。这些文章的读者主要是经济学领域的其他专家。因此，学生们将会从中发现大量的数学模型和复杂的计量经济学技术。尽管如此，通过仔细阅读还是能够理解文章的基本结论。

有关劳动经济学的文章一般在经济学期刊和特定的劳动类期刊中找到。前者包括：*The American Economic Review*，*Journal of Political Economy*，*Review of Economics and Statistics*，*Quarterly Journal of Economics*，*Bookings Papers on Economic Activity*，*Economic Inquiry*，*Journal of Economic Issues*，*Southern Economic Journal*，*Canadian Journal of Economics*，*Oxford Economic Papers*。①

① 有关130种经济期刊的目录，参见 David N. Laband and Michael J. Piette，"The Relative Impacts of Economics Journals，" *Journal of Economic Literature*，June 1994，pp. 640-66。

下面是一些重要的劳动类期刊：

New York State School of Industrial and Labor Relations，Cornell University：*Industrial and Labor Relations Review*. Quarterly.

例如，2012年4月刊就涉及了国际劳工组织、工作满意度、可察觉的工作危险、工人补偿、工人技能、最低工资、歧视、移民和工作设施等问题。

University of Chicago：*Journal of Labor Economics*. Quarterly.

该期刊主要涉及劳动经济学的理论和应用研究，包括劳动服务的供求分析、总薪酬、劳动力市场、收入歧视、劳动人口学、工会和集体谈判、政策条令等。

Basil Blackwell：*Industrial Relations*. Triannual.

此交叉学科的国际期刊是由加州大学伯克利分校的产业关系研究出版社出版的。它包括就业关系方面的论文、文章原文、研究笔记和"热点话题"文章。

University of Wisconsin：*Journal of Human Resources*. Quarterly.

该优秀期刊刊登的文章主要是关于教育和培训的作用，包括生产技能提高、就业机会、收入，以及人力资源的发展、健康和与劳动力市场相关的福利政策等。

International Labour Office，Geneva，Switzerland：*International Labour Review*. Monthly.

该期刊包括论文、比较研究和研究报告，涉及的内容有就业和失业、工资、工作条件、产业关系、工人的参与率。作者都是国际学者。

George Mason University：*Journal of Labor Research*. Quarterly.

这本季刊包括关于工会、劳动经济、劳动关系等相关话题的文章。交叉学科的研究也比较常见，而且很多论文都有公共政策的导向。有时，期刊还刊登由期刊赞助的论坛、会议和研讨会的论文。

North-Holland：*Labour Economics：An International Journal*. Quarterly.

该国际期刊刊登的是宏观和微观劳动经济学在理论、实证研究及政策应用等方面的研究。其中有意思的文章是那些有关国际劳动力市场的制度安排以及这些制度对劳动力市场结果产生的影响。

Basil Blackwell：*British Journal of Industrial Relations*. Triannual.

在这本英国期刊中的文章主要是有关劳动经济学、劳动关系和集体谈判的。例如，《社会合伙人还是"完全背叛"？俄罗斯工会对冲突的应对》（Social Partnership or a 'Complete Sell out'? Russian Trade Unions' Responses to Conflict）、《英国工会效应的影响》（Influences on Trade Union Effectiveness in Britain）、《德国的劳资联合委员会和工厂关闭》、（Works Councils and plant Closings in Germany）、《实际的和首选的工作时间》（Actual and Preferred Working Hours）。

New York University：*Labor History*. Quarterly.

此期刊侧重对劳动史、劳动问题对种族和少数族裔的影响、劳动力流动理论、外国劳动力流动的比较研究、特定工会的研究以及重要工会领袖的人物特征等方面进行研究。

Industrial Relations Research Association：*Proceedings of the Industrial Relations Research Association*. Annual.

该期刊由著名劳动专家的演说、撰稿以及产业和劳动关系方面的专家和实践者的约稿组成。

Commerce Clearing House：*Labor Law Journal*. Monthly.

该期刊包含劳动法的立法、行政和裁决方面的重要调查。这些方面的文章对劳动关系领域的法律问题研究有重要作用。

特定劳动方面的期刊不止这些。其他与劳动力有关的英文类期刊还有：*Labor Studies Journal*，*Human Resource Planning*，*Economic and Industrial Democracy*，*Women at Work*，*Journal of Collective Negotiations in the Public Sector*，*International Journal of Manpower*，*Journal of Productivity Analysis*，*Government Union Review*，*Labour and Society*，*Japan Labor Bulletin*，*Journal of Industrial Relations*，*Work and Occupations*，*and Journal of Production Economics*。

论文摘要

一些机构和出版商会定期出版含有劳动经济学最新研究成果论文或章节的书籍。下面是三个例子：

Research in Labor Economics（Bingley，United Kingdom：Emerald）. Annual.

这里的文章通常是原稿，比一般期刊文章长，而比传统的专著短。这一系列1977年开始发行。作者大多是在劳动经济学领域有声望的研究人员。

Labor and Employment Relations Association Series. Annual.

劳动和就业关系研究会（LERA）每年都会出版一本由一系列特定主题论文组成的书籍。例如：*The Gloves Off Economy*：*Workplace Standards at the Bottom of America's Labor Marke*，edited by Annette Bernhardt，Heather Boushey，Laura Dresser，and Chris Tilly；*Employee Pension*：*Policies*，*Problems and Possibilities*，edited by Teresa Ghilarducci and Christian E. Weller；*Contemporary Issues in Employment Relations*，edited by David Lewin.

Kluwer Law：*Proceedings of New York University Conference on Labor*. Annual. Samuel Estreicher，editor.

该年度出版物1948年开始发行，重点关注集体谈判和劳动关系领域。因此最新的卷本包含了劳动法、仲裁、工人旷工和非竞争、年龄、性别歧视、公共部门谈判、可比价值以及双重工资体系等领域发展情况的文章。

非技术出版物

尽管专业期刊中的各类文章非常有用，但文章中使用的专业语言和深奥的统计技术常常使学生们难以理解。不过，非技术书籍、期刊、杂志甚至报纸对最新理论和研究的总结和报道也是非常有用的。

■ 非技术书籍

许多劳动经济学的重要书籍是针对广泛的读者的，而不仅限于劳动经济学方面的专家。一些出版社专门出版针对非专业人士的分析性书籍。密歇根州阿普约恩就业研究所（The W. E. Upjohn Institute of Employment Research）（Kalamzoo，MI）以定期出版与就业主题相关的书籍而出名。最新的例子是：Albert N. Link and John T. Scott，*Employment Growth from Public Support of Innovation in Small Firms*；Dana M. Muir and John A. Turner，*Imagining the Ideal Pension System*：*International Perspectives*；and Andrew R. Feldman，*What Works in Work-First Welfare*：*Designing and Managing Employment Programs in New York City*。此外，布鲁金斯学会（Brookings Institution）偶尔也会出版劳动经济学专业学生感兴趣的书籍。例如，Alicia H. Munnell，*State and Local Pensions*。

■ 听证会证词

在国会委员会前的证词也是劳动经济学重要研究的有用信息来源。由美国政府印刷办公室出版的这些卷宗保存在专门收藏联邦政府出版物的图书馆里。尽管大多数部门的听证会与劳动立法有关，但其中最重要的两个是参议院人力资源委员会与众议院教育和劳工委员会（以及两者的下属委员会）。

■ 非技术期刊

很多劳动经济学专业的学生同样也对非技术期刊比较感兴趣。《劳动评论月刊》（*Monthly Labor Review*）在这方面特别重要。它包含大量具有信息价值的可读性文章，如劳动力市场、工资和收入、附加福利、人员流动、工会以及集体谈判。此外，AFL-CIO在劳工职位政策方面也是一个非常好的信息来源。再者，《美国经济评论》（*American Economic Review*）的5月刊就包括了美国经济学会年度会议的大量论文。通常劳动经济学的会议一年有一两次，并且要求出席会议的学者保证其论文的非计量性，因而学生们也都能够理解文章的结论。最后，包括当今经济政策的两份期刊也值得关注：《当代经济政策》（*Contemporary Economic Policy*）和《经济学展望》（*Journal of Economic Perspective*）。

■ 杂志和报纸

诸如像《商业周刊》（*Business Week*）、《新闻周刊》（*Newsweek*）、《时代周刊》（*Time*）以及《美国新闻与世界报道》（*U. S. News and World Report*）这些较受欢迎的杂志的经济学或劳动部分通常都会包括与当今劳动经济学问题相关的报道。只要提及研究某一特定领域的经济学家，这些文章都有助于引起学术方面的共鸣。对于报纸的文章同样如此，特别是那些出现在例如《华尔街日报》（*The Wall Street Journal*）中的金融类文章。接下来列出的是一本致力于经济学研究的非技术杂志与两个重要的非技术杂志和报纸文章的索引：

Challenge：*A Magazine of Economic Affairs*. Six issues yearly.

此杂志包含经济政策方面的各类约稿、首席经济学家的访问以及知名的评论。一个劳动经济学的专题包含一到两篇文章是很常见的。这些文章由该领域的经济学专家所写，但适用于所有对这一专题感兴趣的人员，而不仅仅是针对该领域的专业人士。

Reader's Guide to Periodical Literature，1900-present.

这本众人熟知的参考资料提供了美国 160 多家非技术的、综合性的和流行的杂志上连载文章的索引。

The Wall Street Journal Index.

该杂志的文章是按索引中的主题和公司来排列的。

教材和研究概论

在"新"劳动经济学和相关领域的大量研究生教材中有一些高级教程，前者强调个人对劳动经济学深度的领悟，后者则增加了教材主题之外的其他内容。

高级教材和概论

与普通教材相比，高级教材需要更多的数学、计量经济学和经济理论知识。尽管如此，勤奋的读者仍然能从中获取很多知识。下面介绍的是在这方面特别有用的书籍：

Solomon W. Polachek and W. Stanley Seibert：*The Economics of Earnings*（Cambridge，UK：Cambridge University Press，1993）.

该书囊括了当代劳动经济学的很多主题，并对其进行了深入分析。这些主题包括歧视、培训、最低工资法、工会、人力资本以及健康和安全法规等。

Robert F. Elliott：*Labor Economics：A Comparative Text*（London：McGraw-Hill，1991）.

该英国教材大量运用图表分析和演算，在处理劳动力市场经济学方面的水平要稍高于美国研究生教材。它还包括很多不同行业劳动力市场数据对比的表格。

Pierre Cahuc and Andrè Zylberberg：Labor Economics（Cambridge，MA：MIT Press，2004）.

这本高级教材假设读者都是接受过微观经济学培训和熟悉量化研究技术的人士。该教材讨论的话题涉及劳动力供给和需求、工资决定、失业、不平等和劳动力市场政策。

Orley Ashenfelter and Richard Layard（eds.）；and Orley Ashenfelter and David Card（eds.）：*Handbook of Labor Economics*，4vols.（Amsterdam：North-Holland，1986，1999，2011）.

这本涵盖 4 卷 73 章的劳动经济学研究概论由多位著名的劳动经济学专家编写而成。卷 1 考察了劳动力供给、劳动力需求以及工资结构。卷 2 考察了劳动力市场均衡与摩擦，并讨论了劳动力市场的制度结构。卷 3 考察的论题涉及劳动力供给、劳动力需求、新兴劳动力市场、劳动力市场与宏观经济以及政府政策。卷 4 考察了新的研究方法和具体的劳动力市场，如按年龄、种族、性别划分的劳动力市场。

Alison L. Booth：*The Economics of the Trade Union*（Cambridge，England：Cambridge University Press，1995）.

该研究概论从理论和实证角度综合批判分析了工会在美国和英国的经济影响。

相关领域的教材

与劳动经济学课程相关的高质量教材比比皆是。找到它们的一个好方法是在你的大学书店里浏览诸如集体谈判、劳动法、劳动史、劳动关系、人力资源经济学以及社会保险课程需要的教材。表4按主题列举了一些这样的书。大量其他教材可以在各自领域中寻找，也可以向相关领域的专家咨询。这些教材通常3～5年修订一次。

表4　与当代劳动经济学主题相关的代表性教材

集体谈判

H. C. Katz，T. A. Kochan，and A. J. S. Colvin：*Introduction to Collective Bargaining and Industrial Relations*，4th ed.（Irwin/McGraw-Hill，2008）

劳动关系

J. W. Budd，Labor Relations：*Striking a Balance*，3rd ed.（New York：McGraw-Hill，2010）

人力资源管理

R. L. Mathis and J. H. Jackson：*Human Resource Management*：*Essential Perspectives*，6th ed.（South-Western，2012）

E. P. Lazear and M. Gibbs，*Personnel Economics in Practice*，2nd ed.（Hoboken，NJ：Wiley，2009）

劳动法

D. P. Twomey：*Labor Law and Employment Law*，25th ed.（South-Western，2013）.

J. J. Moran：*Employment Law*，5th ed.，（Prentice-Hall，2011）.

社会保险

G. E. Rejda：*Social Insurance and Economic Security*，6th ed.（Prentice-Hall，1999）.

劳动史

F. R. Dulles and M. Dubofsky：*Labor in America*，6th ed.（Harlan Davidson，1999）.

术语表

A

ability problem

能力问题 如果能力较强的人倾向于接受更多的教育，那么教育回报率往往被高估。收入差距可能反映了能力差异而不是教育水平的差异。

absolute frequency distribution

绝对频率分布 收入分布的直方图描述，横轴表示不同的收入组别。长方条的高度表示某一特定收入组别的实际收入数量。可以与相对频率分布作比较。

acceptance wage

可接受工资 个人愿意接受某项工作的最低工资。

accident model

罢工事故模型 一种罢工模型，该模型假定罢工源于谈判过程中双方的误判。

actual labor force

实际劳动力 受雇或失业但正积极寻找工作的人。

actual subsidy payment

实际补贴额 收入维持计划参与者收到的补贴。它等于该计划的基本补贴减去补贴扣减率乘以个人收入。

adaptive expectations theory

适应性预期理论 基于近期的实际情况，形成将来预期的理论。

added-worker effect

劳动力补充效应 因赚取收入的主要家庭成员失去工作，其他家庭成员暂时加入劳动力队伍而引起的劳动力变化。

affirmative action programs

积极行动计划 为实现女性和少数族裔就业目标和计划而制定的一系列政策。

AFL-CIO

美国劳工联合会-产业工会联合会 它是美国最大的全国性自治工会联合会。

age-earnings profile

年龄-收入剖面曲线 反映某一员工或某一组员工在其整个职业生涯中不同年龄阶段收入变动轨迹的曲线图。

agents

代理人 被委托人雇佣以帮助其实现目标的一方当事人。可以与委托人相比较。

aggregate demand

总需求 消费者、企业、政府和外国消费者在每一价格水平上愿意并且有能力购买的产品和劳务总量。

aggregate supply

总供给 生产者在每一价格水平上愿意并且有能力提供的实际总产量。

asymmetric information

不对称信息 在讨价还价过程中，一方比另一方拥有更多的信息。

average product (AP)

平均产量 每单位劳动的产量，它等于总产量除以劳动的投入量或者可以用从原点到总产量曲线某一特定点之间的直线的斜率来度量。

average wage cost

平均工资成本 厂商的总工资成本除以其所雇佣的劳动力数量。如果支付给所有工人相同的工资，平均工资等于工资率。

B

backward-bending labor supply curve

向后弯曲的劳动力供给曲线 劳动力供给时间是工资的函数。在工资率较低时，替代效应大于收入效应，在工资率较高时，收入效应大于替代效应。在收入效应大于替代效应的区域，劳动力供给曲线向后弯曲且斜率为负。

bargaining structure

谈判结构 集体谈判协议所覆盖的雇员和雇主范围；谈判结构决定了谁与谁谈判。

Becker's model of the allocation of time

贝克尔时间分配模型 该模型假定家庭是一个决定如何将家庭成员的时间在工作、家庭生产和家庭消费之间分配以达到效用最大化的经济单位。

benefit reduction rate

补贴扣减率 随着收入增加，家庭基本收入维持补贴扣减的比率。

blacklists

黑名单 载有工会会员或同情者的人名录。该人名录上的人往往被拒绝雇佣。

bonuses

奖金 基于个人、团队或公司绩效等因素支付的除年薪以外的收入。

break-even level of income

盈亏平衡的收入水平 家庭从收入维持计划中得到的补贴为零的收入水平。它等于基本补贴除以补贴扣减率。

budget (wage) constraint

预算（工资）约束 在给定任何工资率的条件下，工人可以得到的物品（收入）和闲暇的所有组合。

BLS productivity index

BLS生产率指数 美国劳工统计局（BLS）发布的官方劳动生产率指数。该指数等于私人部门的实际国内生产总值除以私人部门劳动时间；设基年指数为100来计算该指数。

C

capital market imperfections

资本市场不完善 对贷款进行人力资本投资存在偏见的主要原因在于与借款人不可分离的人力资本不能作为贷款的抵押品。

capital mobility

资本流动 为寻求较高的投资回报率，资本从一个地区或国家流动到另一个地区或国家。

Change to Win federation

变则赢联盟 由12个独立的全国性工会组成的松散的工会联盟，它专注于组织新的工会会员。

"churning" within the earnings distribution

收入分配中的"搅动" 不受生命周期流动影响的静态收入分配中的个人收入分配流动。可以与"生命周期流动"相比较。

Civil Rights Act of 1964

《1964年民权法案》 美国国会1964年通过的一项法案，根据该法案的规定，任何雇主基于个人种族、肤色、宗教、性别或者国籍原因拒绝雇佣、解雇或在其他方面的歧视行为均属于违法行为。

cobweb model

蛛网模型 由于某类劳动力需要较长的培训时间，导致该类劳动力出现供给调整滞后于需求变化的市场特征。当绘制该类劳动力供给和需求关系图时，其工资率和就业调整路径呈现蛛网形状。

collective voice

集体发声 工会作为工人的代表或代理人在合同谈判和解决纠纷过程中代表工人发言。

college wage premium

大学工资升水率 大学毕业生与高中毕业

生的平均收入之比。

commissions

佣金 按照销售额的一定比例支付给代理人的报酬。

compensating wage differentials

补偿性工资差异 某类工作与其他种类工作相比具有令人厌恶的特征，雇主必须向从事这类工作的工人支付额外的工资补偿。补偿性工资差异又称工资溢价或均衡工资差异。

cross-sectional data

横截面数据 某一时点不同经济单位和群体一组变量观测值的集合。

crowding model

排挤模型 一个描述女性（少数族裔）被排挤在"女性"（"少数族裔"）职业，其工资由于该职业相对过剩的劳动力供给而被压低的供给需求模型。

crowding-out effect

挤出效应 当政府增加借款时，利率面临上行压力而导致私人投资减少。

D

D-factor

D 因素 影响个人潜在收入的几种个人特质组合。D 表示动力、精力、毅力或决心。

Davis-Bacon Act

《戴维斯-贝肯法案》 1931 年通过的一部法案，该法案要求那些承包联邦政府出资项目的承包商支付工资等级表规定的"通行工资"。

demand-deficient unemployment

需求不足性失业 总需求下降引起的失业。也称周期性失业。

demand for human capital curve

人力资本需求曲线 反映人力资本投资边际收益率与最优人力资本投资需求量负相关关系的曲线。

derived demand

引致需求 对劳动和其他生产要素的需求源于对它们所生产产品的需求。例如，对汽车工人的需求源于对汽车的需求。

determinants of labor demand

劳动力需求决定因素 引起劳动力需求曲线移动，而不是引起沿着劳动力需求曲线移动的因素。这些因素包括产品需求、生产率、雇主的数量以及其他资源的价格等。

determinants of labor supply

劳动力供给决定因素 引起劳动供给曲线移动，而不是引起沿着劳动供给曲线移动的因素。这些因素包括其他行业的工资率、非工资收入、工作与闲暇偏好、工作的非工资特征以及合格劳动供给者的数量。

determinants of migration

迁移的决定因素 影响劳动力流动决策的个人和地理特征，诸如年龄、教育、家庭和距离等。

discount formula

折现公式 根据终值（E_t）和折现率（i）计算净现值（V_p）的数学关系表达式：

$$V_p = E_0 + E_1/(1+i) + E_2/(1+i)^2 + \cdots + E_n/(1+i)^n$$

discouraged-worker effect

劳动力阻滞效应 由失业工人对寻找到合适就业机会感到悲观引起的劳动力队伍变化。

discouraged workers

气馁工人 那些没有成功寻找到工作的工人变得气馁，然后放弃寻找工作。因为他们退出了劳动力队伍，官方并不把他们算作失业者。

discrimination

歧视 某一群体与另一群体拥有相同的能力、教育、培训和经历，却在雇佣、职业准入、培训、晋升及工资待遇方面受到不公正对待。

discrimination coefficient

歧视系数 歧视性雇主认为雇佣黑人（女

性）的工资率超过了雇佣相同劳动生产率白人（男性）的工资率。如果歧视性雇主认为雇佣黑人（女性）的工资率等于 $W+d$，则 d 就是歧视系数。

discriminatory discharge

歧视性解雇 工人因参加工会活动被解雇。

displaced workers

被解雇的工人 因工厂永久性关闭或工作消减而失去工作的人。

domestic content rules

国内含量规则 进口产品必须含有一定比例的国产或国内组装成分的要求。

dynamic efficiency

动态效率 从长期来看，以最小的可能成本生产出产品和劳务的各种资源组合。可以与“静态效率”相比较。

E

earnings mobility

收入流动 个人收入分配年复一年的变动。

economic perspective

经济学视角 一种分析方法。假设资源相对于人们的欲望是稀缺的，个人通过比较成本和收益做出选择，人们对激励和约束做出回应。

economic rent

经济租金 超过机会成本的生产要素回报。具体来说，就是支付给某类工人的工资与仅能维持工人当前就业所需工资的差额。可以与“租金”相比较。

efficiency gains from migration

迁移的效率增进 劳动力从边际产品价值较低的国家和地区迁移到边际产品价值较高的国家和地区，给社会总产出带来的净增加。

efficiency wage

效率工资 最小化雇主有效单位劳动服务雇佣成本的工资率。

efficient allocation of labor

有效率的劳动力配置 给定一定数量的可利用劳动力所能生产商品和劳务的最大可能价值的经济状态。当给定某一类型劳动力的边际产品价值在其所有潜在用途上都相等且等于其机会成本（该类型劳动力的价格）时，这一状态就会实现。

efficient contracts

效率合约 在没有使任何其他一方境况变坏的前提下，使得至少一方变得更好的工资率和雇佣量组合。

elasticity of labor demand

劳动力需求弹性 劳动力需求量对工资率变化的敏感度。

employment discrimination

雇佣歧视 某一群体因教育和经验以外的因素遭受高于平均水平的失业率。

employment-population ratio

就业人口比率 总就业人口与总非制度限制人口之比。

Equal Pay Act of 1963

《1963年同工同酬法案》 一部规定男女同工不同酬违法的法律。

equilibrium wage differential

均衡工资差异 不会导致工人在不同职业（工作）间流动的工资差异。

equity compensation

股权工资 授予工人公司股票作为其部分报酬的一项支付方式。

exclusive unionism

排他工会主义 工会会员试图通过排斥潜在的工人进入某一行业或职业来限制劳动力供给的工会结构。

exit mechanism

退出机制 工人为表达对目前工作条件的不满而辞去目前工作的过程。可以与“发声机制”相比较。

external labor market

外部劳动力市场 工资和就业由供给和需

求力量决定的传统经济理论下的劳动力市场。

F

Fair Labor Standards Act of 1938

《1938年公平劳动标准法案》 一部规定了法定最低工资、最长工作时间和加班支付一倍半标准工资的法律。

featherbedding

额外雇工 在不必要或冗余工作岗位上雇佣工人。

fiscal policy

财政政策 通过运用政府支出和税收促进充分就业、物价稳定和经济增长。

free-rider problem

搭便车问题 当个人报酬取决于团队绩效时，个人就会有偷懒的动机。随着团队规模的增长，个人对团队绩效的贡献几乎可以忽略不计。

frictional unemployment

摩擦性失业 由自愿辞职、工作转换和劳动力市场的新进入者及重返者引起的失业。包括搜寻性失业和等待性失业。

fringe benefits

附加福利 工资或薪水以外的员工报酬。包括养老金、保险福利、带薪休假和病假等。

full employment

充分就业 失业率等于自然失业率时的就业水平。

G

general training

一般培训 对所有企业和行业都有价值的员工技能培训。

geographic mobility

地区间流动 劳动者从一个城市、州或国家流动到另一个城市、州或国家。流动前后劳动者所从事的职业可能改变，也可能不变。

Gini coefficient

基尼系数 测量收入分配不平等的一种算法。它等于洛伦兹曲线与收入分配绝对平等线之间的面积除以收入分配绝对平等线以下整个三角形面积。

goods-intensive commodities

物品密集型商品 需要相对大量物品和少量时间生产的商品。可以与“时间密集型商品”相比较。

government purchases

政府购买 联邦、州及地方政府对产品、服务以及资源的采购。

gross complement

总互补 由于产出效应大于替代效应导致当一种生产要素的价格发生改变时，对另一种生产要素的需求量反方向发生变化。

gross substitute

总替代 由于替代效应大于产出效应导致当一种生产要素的价格发生改变时，对另一种生产要素的需求量同方向发生变化。

H

hedonic theory of wages

享乐主义工资理论 一种均衡工资差异模型，该模型假定工人通过工资变化与工资以外的工作属性变化之间的交易最大化自己工作的净效用。

heterogeneous jobs

异质性的工作 假设不是所有的工作都是同质的，因此，对不同的工作支付不同报酬。

heterogeneous workers

异质性的工人 假设不是所有的工人都是同质的，因此，对不同的人支付不同报酬。

histogram

直方图 参见“绝对频率分布”。

homogeneous workers and jobs

同质性的工人和工作 假设所有的工人和工作都具有相同的特征，如果信息完全且迁移无成本，则所有的工人将获得相同的实际工资。

hot-cargo clauses

“热货条款” 规定货运公司不能要求加入工会的卡车司机搬运或运输雇主卷入劳动争议的产品的条款。《1959年兰德鲁姆-格里芬法案》宣布该条款非法。

Household Survey

家庭调查 美国劳工统计局为确定就业人口、失业人口以及非劳动力人口数量进行的月度调查；也称当前人口调查。

human capital discrimination

人力资本歧视 个人获得提高生产率的机会不平等，如接受正规教育或在职培训的机会不平等。

I

implicit contracts

隐性契约 有关雇佣关系的非正式且通常未明确说明的协议。

in-kind benefits

实物福利 以具体产品或服务而不是货币保险形式发放的福利。例如，公司配车。

incentive pay plan

激励薪酬计划 将员工的薪酬与绩效直接挂钩的报酬计划。这一计划可能包括计件工资、佣金和版税、加薪和晋升、奖金、利润分享以及竞赛工资等。

inclusive unionism

包容性工会主义 试图让某一行业所有工人都加入工会的工会结构。

income effect

收入效应 在工资率保持不变的情况下，由收入变化带来的期望工作时间的变化。

income guarantee or basic benefit

收入保障或基本补贴 没有收入的个人或家庭得到的公共补贴数量。

income maintenance programs

收入维持计划 为所有家庭和个人提供最低收入保障的计划。

income tax

所得税 以多种来源收入（不仅仅包括工资和薪金）作为广泛课税基础的一种税。

index of segregation

隔离指数 为了达到与男性（白人）相同的职业分布比例，女性（黑人）不得不转换职业的比例数。

indifference curve

无差异曲线 一条用来表示能给消费者带来相同效用水平或满足程度的两种商品（实际收入和闲暇时间或现金工资和附加福利）的所有组合的曲线。

injunctions

禁令 法庭下令停止某些特定的活动，如罢工、联合抵制、设置工人纠察队等。

insider-outsider theories

内部人-外部人理论 该理论试图解释工资下降的刚性和基于在职工人（“内部人”）与可能会压低工资以获得就业的失业工人（“外部人”）之间的关系的周期性失业。

internal labor market

内部劳动力市场 一个以职业阶梯为特征的厂商或其他行政单位。除了入口处的工作，其他工作的工资和分配规避市场竞争的压力由行政规则和程序决定，而不是由供给和需求力量决定。

internal rate of return

内部收益率 一个使未来成本和收益现值相等的折现率。如果一项投资的内部收益率超过了该项投资以利率衡量的边际机会成本，则该项投资是有利可图的。

investment in human capital

人力资本投资 为提高工人生产率（通过提高工人技能和能力）而采取的任何行动；为提高工人教育、健康或收入水平的支出。

isocost curve

等成本线 一条描绘在既定成本和既定资本与劳动价格条件下，生产者可以购买到的各种资本和劳动组合的曲线。

isoprofit curve

等利润线 一条描绘能给企业带来既定利润水平的各种工资和附加福利（或其他非工资福利）组合的曲线。

isoquant curve

等产量线 一条描绘生产某一既定产量的资本和劳动投入量的各种不同组合的曲线。

J

job evaluation

工作评价 根据一系列的工作特征和工人特质来确定工作等级和工资率分配的过程。

job ladder

职业阶梯 内部劳动力市场的工作结果，从入口处的工作开始，工作技能水平不断提高，工作责任不断加大，工资水平也不断上升。

job search model

工作搜寻模型 解释工人和雇主如何获取就业前景信息的一种理论。

joint monopsony

联合的买方垄断 参见“买方垄断”。

Journals of Economic Literature classification system

经济学文献期刊分类体系 该体系把经济学分为不同的分支学科。“J”分类是劳动与人口经济学的范畴。

L

labor economics

劳动经济学 以劳动力市场的组织、运行和结果，潜在的和现实的劳动力市场参与者的决策，以及与就业和劳动力报酬有关的公共政策等经济领域为研究对象的一门经济学分支学科。

labor force participation rate

劳动参与率 实际劳动力（包括就业者和失业者）占潜在劳动力的比率。

labor hoarding

劳动力囤积 在经济衰退期间，企业通常保留超过需要的工人，尤其是企业已花大量投资招募和培训的“骨干员工”，如高管、经理、技工等。

labor immobilities

劳动力流动障碍 地区、制度或社会因素阻碍了劳动力的流动。这些障碍是工资差异出现和持续存在的一个主要原因。

labor mobility

劳动力流动 工人在不同雇主、职业、工作地点之间的流动。

labor productivity

劳动生产率 总产量（实际 GDP）除以工时数。

labor turnover

员工离职率 员工辞去工作的比率，需要雇佣新的员工填补他们留下的职位空缺。

Landrum-Griffin Act of 1959

《1959 年兰德鲁姆-格里芬法案》 该法案是对《1935 年瓦格纳法案》的修正和补充，该法案宣布“热货条款”非法，要求定期选举工会领导人，将判过重罪的人等排除在工会组织之外，工会工作人员对工会资金和财产负有严格的管理责任，禁止工会领导人在参与工会治理过程中侵犯工人个人权利。

law of diminishing marginal returns

边际报酬递减规律 在技术水平不变的条件下，在连续等量地把某种可变要素增加到其他一种或几种数量不变的生产要素上，增加该可变要素投入所带来的边际产量是递减的。

least-cost combination of resources

成本最小的要素组合 等成本线与既定等产量线的切点。在切点处，劳动与资本的边际技术替代率等于其价格之比。

life-cycle mobility

生命周期流动 个人收入分配在整个生命周期中的变动。可以与“收入分配中的‘搅动’”相比较。

local union

地区性工会 劳工组织的基本单位。它的主要职能是管理劳动合同和解决工人的不满。

lockouts

关闭工厂 雇主以关闭工厂的方式作为对参加工会组织活动或诸如罢工等其他工会活动的工人施加成本的一种手段。

long-run demand for labor

长期劳动力需求 当所有生产要素都可以发生变化时，在每一可能工资率水平上，厂商将会雇佣的劳动力数量。

Lorenz curve

洛伦兹曲线 收入分配的图形化描述。横轴表示所有工薪收入者（按收入由低到高分组排列）的累积百分比，纵轴表示与收入分组相对应的收入累积百分比。

M

macroeconomics

宏观经济学 以整个经济总体或经济基本总量间的互动关系为研究对象的一门经济学分支学科。

managerial opposition hypothesis

雇主反对假说 该假说认为雇主对工会的强烈反对是工会成长的一个主要障碍。

marginal cost of job safety

工作安全的边际成本 每增加一单位工作安全给厂商带来的成本。

marginal product（MP）

边际产量 每增加一单位劳动投入所带来的总产量变化。

marginal rate of substitution of leisure for income（MRS *L*, *Y*）

闲暇对收入的边际替代率（MRS *L*, *Y*） 为获得一单位（小时）闲暇所必须放弃的收入量。

marginal rate of technical substitution

边际技术替代率 沿着等产量线每增加一单位的劳动投入量所减少的资本投入数量；等产量线上某一点的边际技术替代率就是等产量线在该点斜率的绝对值。

marginal revenue product（MRP）

边际收益产品 每增加一单位劳动投入所带来的总收益变化。

marginal wage cost（MWC）

边际工资成本 厂商每增加一单位劳动投入量所带来的总工资成本变化。在完全竞争劳动力市场中，边际工资成本等于工资率。

market demand for labor

劳动力的市场需求 在相应工资率水平下，所有厂商对某一类型劳动力的需求量。它假定不同工资率水平下雇佣的劳动力数量会影响产品价格，而在分析单个厂商的劳动力需求时，产品价格是保持不变的。

measured union wage advantage

测度到的工会工资优势 参见“工会工资优势”。

microeconomics

微观经济学 以个体经济单位的决策和特定市场运行为研究对象的一门经济学分支学科。

military conscription

征兵制 一种方式是利用政府权力强制人们入伍以获取为军事服务的劳动力资源。另一种方式是自愿入伍或以市场为基础获取为军事服务的劳动力资源。

minimum wage

最低工资 法律规定对所有职业中雇佣的劳动力支付的最低工资率。

monetary policy

货币政策 美联储为实现充分就业、价格稳定和经济增长目标而采取的调控货币供应量的措施。

monitoring

监视 雇佣监视员或运用其他方法以确定工人是否偷懒。

monopoly union model

垄断性工会模型 该模型假设工会设定工资率，雇主在既定工资率下决定工人雇佣量。

monopsony

买方垄断 在一个劳动力市场中只存在一个特殊类型劳动力的雇主（纯粹的买方垄断），或虽有两个或多个雇主，但它们之间通过串谋成为该特殊类型劳动力的唯一雇主（联合的买方垄断）。

moral-hazard problem

道德风险问题 涉及工人的职工赔偿保险，一旦工人知道给他们的工作事故购买了保险，工人工作时往往就不会那么小心。

MRP＝MWC rule

MRP＝MRC 法则 规定利润最大化时的劳动力雇佣量法则。保持资本不变，边际收益产品（MRP）＝边际工资成本（MRC）时的劳动力雇佣量可以实现利润最大化。

multifactor approach to the earnings distribution

多因素收入分配分析方法 运用包括教育和在职培训、天赋、家庭背景、冒险、机会等多因素解释收入分配的分析方法。

N

national unions

全国性工会 由同行业或同职业地区性工会组成的工会联合会。

natural rate of unemployment

自然失业率 （1）在整个劳动力市场中既不存在超额劳动力需求也不存在超额劳动力供给的失业率；（2）从长期来看，自然失业率是预期与实际通货膨胀率相等时的失业率。目前自然失业率大约是4.0％～5.0％。

net present value

净现值 一项投资的未来现金流入与现金流出之差按适当的利率折现到当前时点的价值。参见“折现公式”。

noncompeting groups

非竞争性群体 由于不同群体的劳动力市场参与者在教育、培训和技能方面的差异，导致他们之间不能完全相互替代。

nondiscriminatory factors

非歧视因素 歧视以外的因素导致的种族与性别收入差异。

Norris-LaGuardia Act of 1932

《1932 年诺里斯-拉瓜迪亚法案》 该法案严格限制使用禁令禁止工会活动和宣布黄狗合同无效。

O

occupational discrimination

职业歧视 任意限制或禁止某些成员进入某些职业，即使这些成员具备该职业所需的技能；又称工作歧视。

occupational licensure

职业许可证 政府制定法律或法规规定工人必须满足某些要求才能进入某一特定行业或职业工作。测试、标准和其他要求的建立常常会限制许可职业的劳动力供给。

occupational mobility

职业流动 工人在不同职业间的流动。

Occupational Safety and Health Act of 1970

《1970年职业安全与健康法案》 根据该法案成立了职业安全与健康管理局，负责制定和实施工作场所健康和安全标准。

on-the-job training

在职培训 在工作过程中获得技能的积累。

optimal work-leisure position

最优工作-闲暇组合点 该组合点位于工人预算约束线上，在这一点上，闲暇对收入的边际替代率等于工资率。该组合点是工人预算约束线与工人可达到的最高无差异曲线的切点。

output effect

产出效应 由于工资率变动使厂商生产成本及预期产出水平发生变化而引起的劳动投入量的变化。

overemployed

工作过度 工人可以通过增加闲暇、减少收入增加效用的一种工作状况。在这种工作状况下，闲暇对收入的边际替代率大于工资率。

P

pattern bargaining

典型谈判 工会与某一行业的一家代表公司进行谈判并达成协议，然后寻求将类似条款运用于该行业的其他雇主的一种谈判模式。

pecuniary externalities

货币外部性 会给第三方带来货币成本或收益的个人活动效应。货币外部性不影响经济效率但会重新分配不变的实际收入。

perfectly competitive labor market

完全竞争劳动力市场 具备以下特征的劳动力市场：（1）大量同质合格工人向大量厂商独立提供劳务；（2）工人和厂商都没有能力影响工资率；（3）工人和厂商都具有完全信息且工人流动是无成本的。

piece rates

计件工资 根据单位个人产出量支付报酬。

port of entry

入口 外部劳动市场与内部劳动力市场职业阶梯的接口。市场供求力量决定着职业阶梯入口最低水平工作的工资。在该入口处获得工作的人将来可以进入内部劳动力市场获取更高水平的工作。

potential labor force

潜在劳动力 所有未被制度限制且年龄在16岁及以上的人口，也称“适龄人口”。

prevailing wage rule

通行工资原则 政府根据私人部门接受同等培训的工人的工资率来确定公共部门工资率的通行做法。也称可比工资原则。

price of labor

劳动力价格 某类型劳动力用在其他工作、非市场生产或闲暇时的边际价值。可以用劳动力的机会成本来度量。

primary statistical source

原始统计资料 诸如当前人口调查一样的原始数据。

principal-agent problem

委托-代理问题 代理人所追求的目标背离委托人目标时产生的利益冲突。

principals

委托人 雇佣别人帮助自己实现目标的一方当事人。可与“代理人”相比较。

private perspective

私人视角 严格从个人角度考察人力资本投资收益和成本。

product market effect

产品市场效应 消费者需求由价格相对较高的工会工人生产的产品转向价格相对

较低的非工会工人生产的产品而引起的非工会工人的工资上涨。

production function

生产函数 在资源与技术有效结合的假设条件下，各种要素投入量与相应产出量之间的关系。

profit sharing

利润分享 把企业的一部分利润分配给员工的一项报酬支付计划。

pure complements in production

生产上的完全互补 两种生产要素如资本和劳动，在生产过程中必须按一定比例配比使用才能生产出产品。生产上的完全互补常常是总量上的互补。

pure monopsony

纯粹的买方垄断 参见“买方垄断”。

pure public goods

纯公共产品 集体消费的产品或服务。个人对该种产品的使用并不减少其他人对该种产品的消费数量。例如国防。

pure union wage advantage

纯工会工资优势 参见“工会工资优势”。

Q

quasi-fixed resource

准固定资源 兼有固定因素和可变因素某些特征的生产资源。特殊培训投资是企业的固定成本；因此接受过培训的工人就构成了企业的准固定资源。

R

real externalities

实际外部性 私人行为的影响波及第三方，导致经济效率的增加（外部收益）或减少（外部成本）。

rent

租金 自然界中可供使用且数量固定的不可再生资源（土地）的报酬。可以与“经济租金”相比较。

reservation wage

保留工资 个人决定不工作的最高工资率；个人决定工作的最低工资率。

right-to-work laws

工作权利法 该法（受《国家劳动关系法案》14b条款保护）宣布让工人限期加入工会制和工会代理制非法。

royalties

版税 代理人因被授权销售委托人的产品而按销售数量或比例支付给委托人的报酬。

S

screening hypothesis

筛选假说 该假说认为教育的作用不在于提高劳动生产率而仅仅在于识别出那些可塑造或高能力的人。

search unemployment

搜寻性失业 因个人寻找更好的工作机会和企业寻找工人填补职位空缺造成的失业。

secondary boycotts

间接抵制 某一工会拒绝购买或让其雇主拒绝购买由存在劳动争议的厂商生产的产品的行动。参见“热货条款”。

secondary statistical source

二手统计资料 从原始资料删节而来的数据资料。比如《美国统计摘要》。

self-selection

自我选择 当对个人选择效应度量不当或未予说明时产生的一种统计偏差。例如，一个能力强的人更有可能获得高收入，也更有可能选择接受教育，不考虑能力差异往往会夸大教育对收入的影响。对于迁移来说，那些选择迁移的人与拥有类似技能选择不迁移的人相比，他们抱有更强烈的经济获利动机或更愿意牺牲当前消费来换取将来更好的消费。

seniority

资历 根据服务年限（工作任期）给予相应经济福利（较高的工资率，较好的工作，免于解雇）的一项制度。

shirking

偷懒 工人试图通过偷懒或在工作中付出较少努力增加自身效用的行为；疏于或逃避工作的行为。

shock effect

冲击效应 工资率提高导致的边际产品计划上移。

short-run labor demand curve

短期劳动力需求曲线 资本固定不变的条件下，厂商在每一可能工资率水平下雇佣的劳动力数量的组合轨迹。它是斜率为正且位于平均收益产品曲线以下的边际收益产品曲线部分。

skill differential

技能差异 熟练工人与非熟练工人之间的工资差异。

skill transferability

技能可转移性 适用于某项工作或某一地区的技能同样也适用于另一项工作或另一地区。

social perspective

社会视角 从整个社会的角度来考察人力资本投资的收益和成本。

specific training

特殊培训 只对提供培训的企业具有价值的工人技能培训。

spillover effect

溢出效应 失业的工会工人进入非工会化的劳动力市场就业导致的非工会工资下降。

static efficiency

静态效率 在给定时点以最低成本生产产品的既定质量生产要素的组合。可以与“动态效率”相比较。

statistical discrimination

统计性歧视 根据个人所属群体的平均特征而非个人特征来判断个人情况。

stochastic theories

随机理论 认为收入分配依赖于随机因素而非个人选择或制度结构的收入分配理论。

stock-flow model

存量-流量模型 不同类别劳动力流入和流出的劳动力流动模型。它用来分析失业率变化。

stock options

股票期权 公司给予员工在一定期限内以事先约定的价格购买公司一定数量股票的权利。

strikebreakers

罢工破坏者 罢工期间，厂商为维持生产而雇佣的非工会工人。

strongly efficient contract

强效率合约 工会和厂商达成的没有工会干预情况下的雇佣水平合约。

structural change hypothesis

结构变化假说 劳动力构成和产业结构的变化导致工会增长下降和会员数量减少。

structural unemployment

结构性失业 由以下原因引起的失业：（1）空缺岗位所需技能与工人所拥有的技能不匹配；（2）工作岗位与求职者所处地点不匹配；（3）被解雇的工人。

subemployed

就业不足者 那些迫于经济环境而从事比自己充分就业时所从事职业工资低的职业的人。

subsidy

津贴 提供给消费或生产某一特定产品或服务的消费者或生产者的一种转移支付。

substitution effect

替代效应 就劳动力供给来说，如果保持收入不变，工资率的变动将会导致劳动者期望工作时间的变化。就生产来说，如果保持产出不变，劳动力的相对价格变化，将会导致厂商雇佣水平的变化。

substitution hypothesis

替代假说 政府或一些雇主提供一些通常只有通过加入工会才能得到的福利，导致工会增长下滑和成员数量减少。

superior worker effect

优秀工人效应 由工会化的雇主严格筛选应聘员工和雇佣最具生产率的工人引起的平均工会工资的上涨。这种做法可能导致雇员排队等候高薪的工会化工作。

supply of investment funds curve

投资资金供给曲线 反映投资资金边际机会成本（利率）与用于不同层次人力资本投资的资金二者之间关系的组合轨迹。

T

Taft-Hartley Act of 1947

《1947年塔夫托-哈特雷法案》 《1935年瓦格纳法案》的一项修正法案，确定工会的不公平做法，规定工会的内部管理，宣布封闭工厂制非法并支持州工作权利法，设立应急罢工条款。

tariffs

关税 对进口商品征收的一种税。

taste for discrimination model

歧视偏好模型 由贝克尔提出的一种歧视理论，该理论把歧视看作歧视者愿意支付的一种偏好。

Temporary Assistance for Needy Families (TANF)

贫困家庭临时援助计划 该福利计划要求福利接受者（极少数例外）接受两年援助后必须去工作。

threat effect

威胁效应 非工会雇主为应对工会化的威胁而提高非工会工人的工资水平。

time-intensive commodities

时间密集型商品 需要投入相对大量时间和较少物品进行生产的商品。可以与“物品密集型商品”相比较。

time preference

时间偏好 与远期消费相比，大多数人更偏好现期消费。

time rates

计时工资 按工作时间，如小时、月或年支付报酬。

time-series data

时间序列数据 按时间顺序排列的一组变量的观测值。

total product (TP)

总产量 以劳动投入函数形式表示的厂商的总产出。

total wage bill rules

总工资规则 决定劳动力需求弹性的规则。如果工资率的变化引起总工资反方向（同方向）变化，则劳动力需求富有弹性（缺乏弹性）。如果劳动力需求具有单位弹性，则工资率变化不会引起总工资变化。

tournament pay

竞赛工资 以相对绩效作为支付基础的一项激励性报酬计划。一般来说，第一名的奖金非常高，接下来的几个名次奖金额度将大幅下降。如果每一个人都渴望拿第一名，则低层员工的生产率就会提高。

transfer payments

转移支付 收入由政府向家庭无偿转移的一项政府支出。接受者无须以生产活动作为交换。

transitional wage differential

过渡性工资差异 在劳动力市场实现最终均衡的过程中，由于信息不完全和获取信息的高昂成本造成的短期工资差异。

U

underemployed

工作不足 工人能够通过减少闲暇和增加

工作提高效用的一种工作状况；工资率超过闲暇对收入的边际替代率的工作水平。也可以这样说，工人会受雇于低于其胜任能力的工作岗位。

undocumented persons

非法移民 为了寻找工作非法移民到美国的人。也称非法工人。

unemployed

失业者 16岁及以上非制度限制的人口在调查周内符合工作条件而不工作，并且：（1）在最近4周内参加过一些具体的求职活动；（2）临时解雇后正等待被召回工作；（3）一直在搜寻工作但暂时情况不理想；（4）30天内等待到新工作岗位报到。

unemployment rate

失业率 失业人口占劳动力总数的比例，其中劳动力总数等于就业人口与失业人口之和。

union shop clause

工会企业条款 一项规定工会企业可以雇佣非工会工人但要求非工会工人必须在试用期（通常为60天）内加入工会或支付工会会费的谈判协议。

union wage advantage

工会工资优势 工会工资超过非工会工资的百分比数量。工会工资优势可以用公式 $(W_u - W_n)/W_n \times 100\%$ 来度量，其中 W_u 表示观测到的工会工资，W_n 表示观测到的非工会工资。纯工会工资优势也可以用相同方法计算，但此时的非工会工资是在不存在工会的条件下观测到的。

V

value of marginal product (VMP)

边际产品价值 每增加一单位劳动投入所增加的产品价值。边际产品价值等于产品价格乘以边际产品数量。

voice mechanism

发声机制 为表达雇员对工作条件的不满而设立的雇主与雇员之间的一条沟通渠道。这一沟通渠道通过集体谈判和工会申诉程序制度化。可以与“退出机制”相比较。

voluntary or market-based army

自愿兵制或基于市场的兵役制度 军队通过向应征入伍人员支付高的足以补偿他们从事其他工作的机会成本的工资而招募到所需的军人数量。

W

wage discrimination

工资歧视 由生产率差异以外的因素决定的工资差异。

wage elasticity coefficient

工资弹性系数 衡量工资率变化对劳动力需求量变化的影响。它等于劳动力需求量变化的百分比除以工资率变化的百分比。

wage elasticity of labor supply

劳动力供给工资弹性 衡量工资率变化对劳动力供给量变化的影响。它等于劳动力供给量变化的百分比除以工资率变化的百分比。

wage structure

工资结构 经济中可见的工资差异，是由于行业、职业、地区差异或者工作或工人的多样性导致的工资差异。

Wagner Act of 1935

《1935年瓦格纳法案》 该法案规定雇员有组织工会和同雇主集体谈判的权利，列出了部分资方的不公平做法，设立国家劳动关系委员会，宣布联邦雇员罢工非法。

wait unemployment

等待性失业 由非市场出清工资率导致的劳动力供给过剩。一些曾经拿到工会工资的失业工人可能宁愿失业而等待重新获得工会化的工作，也不愿从事低工资的非工会化工作。此外，也有一些失业工人迫于效率工资而不得不等待职位空缺。

Y

yellow-dog contracts

黄狗合同 要求雇员接受把不参加工会作为继续就业的一个条件的合同。《1932 年诺里斯-拉瓜迪亚法案》宣布黄狗合同无效。

Z

zone of production

生产区间 生产函数的第Ⅱ阶段。也就是劳动投入量超过最大平均产量点而边际产量仍为正的生产阶段。在这一阶段，劳动投入的变化将会提高劳动效率或资本效率。

快速回顾思考题答案

快速回顾 1-1：第二种说法体现了经济学视角。那些 65 岁退休的人会权衡成本和收益，即对激励和约束做出反应。虽然退休人员牺牲了工作收入，但他们可以得到私人养老金、社会保障福利以及更多的闲暇，这些收益远远超出了放弃的收入。

快速回顾 2-1：如果预算线的斜率大于与其相交的无差异曲线的斜率，那么该工人应该比那些位于交点处的工人工作更长时间。而工作更长时间将会使该工人获得更大的总效用（达到更高的无差异曲线）。该工人将在预算线的斜率和其能够达到的最高无差异曲线的斜率相等的位置上最大化其总效用。

快速回顾 2-2：当某人的工资率下降且收入效应大于替代效应时，此人将会工作更长时间。此人位于劳动力供给曲线向后弯曲的部分。

快速回顾 2-3：在其他条件相同的情况下，我们更喜欢自己可以选择工作时间的工作。这种能够自行选择确切工作时间的方式将会使我们的总效用最大化。最优工作时间可能因雇主的规定而各不相同。雇主规定工作时间可能导致工作不足或工作过度；而工人自行决定工作时间则不会导致这种结果。

快速回顾 3-1：女性实际工资和劳动参与率同时上升的事实意味着贝克尔替代效应已经超过了贝克尔收入效应。

快速回顾 3-2：假设一个国家的劳动力规模是 6 000 万（5 300 万就业者＋700 万正在积极寻找工作的失业者）。潜在劳动力是 8 500 万（6 000 万劳动力＋2 500 万不加入劳动力队伍的劳动力）。劳动参与率是 70.6%（(6 000/8 500)×100%）。

快速回顾 4-1：如果一项教育投资的净现值远大于 0，那么该项投资的内部收益率通常会超过该项投资贷款的利息成本。

快速回顾 4-2：每个人在其最优教育水平上的边际收益率 r 确实是相同的。r 等于贷款利率 i。但能力较强的人在任何特定教育水平上的边际收益率 r 都较高，这导致能力较强的人比能力较弱的人得到更多的正规教育。

快速回顾 4-3：MBA 教育主要是适用于许多雇主的一般培训。企业雇员可能通过接受比没有这项福利时更低的薪水来间接为这类培训买单。

快速回顾 5-1：在完全竞争市场上，MRP 是 32 美元（8×4）。在厂商垄断的市场上，MRP 将少于 32 美元。厂商每单位产品的边际收益将低于 4 美元。

快速回顾 5-2：美国汽车工人的高工资可能会加速工业机器人对工人的替代（替代效应）。同时，高工资为日本汽车制造商带来了成本优势。一定程度上因为这种成本优势，从日本进口的汽车数量猛增，从而导致美国汽车工业的就业量下降（产出效应）。

快速回顾 5-3：在这种情境下，资本和劳动是总互补关系。资本价格下降增加了资本购买数量，进而增加了劳动力需求。资本价格下降的产出效应超过了替代效应。

快速回顾 6-1：劳动力供给的增加将降低市场工资率（完全竞争厂商的边际工资成本

(MWC))。MWC 的下降将会导致厂商雇佣更多的劳动力。当边际收益产品（MRP）下降到等于新的较低工资率（MWC）时，厂商将停止雇佣新工人。在 MRP= MWC 处将重新实现均衡。

快速回顾 6-2：买方垄断厂商的边际工资成本（MWC）曲线位于市场劳动力供给曲线上方的原因是买方垄断厂商必须支付较高的工资来吸引额外的工人且必须给所有工人支付较高的工资，包括那些原本工资可能较低的工人。买方垄断并不会使雇主处于不利地位，因为它可以使买方垄断厂商通过限制雇佣工人数量来降低工资率。

快速回顾 7-1：典型工人的无差异曲线的斜率将会变得更小。工人将不愿意以工资收入交换附加福利。因此，附加福利的最优数量将会下降。

快速回顾 7-2：作为一种解决委托-代理问题的方法，利润共享计划的主要困难是它可能会产生那些知道自己即使怠工也能分享利润的搭便车者。一旦其他工人发现搭便车者，他们可能也会放弃提高生产率的努力，从而违背了利润共享计划的初衷。

快速回顾 8-1：州长得到了诸如名誉、声望以及权力等私人部门大多数高管得不到的补偿性工资差异。因此，即使州长的工资低于私人部门相似职位的工资，也会随时有许多合格的、有意愿的州长候选人。

快速回顾 8-2：因为大多数人不喜欢在寒冷的室外工作，所以这类工作将会产生补偿性工资溢价。一个喜欢在寒冷室外工作的人在不遭受效用损失的情况下将会获得较高的工资，而那些被补偿性工资吸引到这类工作中的少量工人在遭受效用损失的情况下才能获得较高的工资。

快速回顾 9-1：净现值公式中的 V_p 将会下降，从而降低 V_p 大于 0 以及迁移的可能性。

快速回顾 10-1：基于个人特征、职业以及工作地点，艾赛亚显然比苏珊更有可能成为工会成员。

快速回顾 10-2：正确答案是（b）。减少进口可能会使国内设立工会的厂商提高产量和销量。因此，国内就业和工会会员都会增加。

快速回顾 10-3：罢工的可能性应该会降低，因为厂商或工会误解对方让步曲线的可能性将会下降。

快速回顾 11-1：测度到的工会工资优势是每小时 1 美元，或 11.1%（（（10 美元－9 美元）/9 美元）×100%）；纯工会工资优势是每小时 2 美元，或 25%（（（10 美元－8 美元）/8 美元）×100%）。

快速回顾 11-2：工会可以在提高企业生产率（人均产出）的同时，要求比生产率提高所得收益更高的工资率提升。如果是这样，则企业的利润率将会下降。

快速回顾 12-1：如果国家提供了大量免费的或低价的以及高补贴的物品，则人们努力工作的积极性将会降低。

快速回顾 12-2：如果税负增加（税后工资减少）的收入效应超过了替代效应，斯通可能会工作更长时间。也就是说，为应对当前较低的实际工资，他可能会工作更长时间。相反，对斯迈思来说，税负增加的替代效应可能超过收入效应。

快速回顾 13-1：（a）青少年的平均工资将会提高；（b）青少年的就业将会下降；（c）青少年的失业将会上升。成年人的就业不大可能会改变。

快速回顾 13－2：厂商不会提供这一额外单位的工作安全，因为20万美元的边际收益小于25万美元的边际成本。但是25万美元的边际成本小于30万美元的社会边际收益。因此，这就为政府干预提供了充分的理由。政府可以要求厂商提供这一额外单位的工作安全；或者，政府可以为工人提供有关其工作场所安全风险的信息。工人对工作风险的深刻认识催生了补偿性工资差异，而这一差异提高了厂商提供工作安全的私人收益。

快速回顾 14－1：因为在较高的教育水平下，黑人男性比白人男性挣得少，所以，黑人可能会降低接受更多教育的动机。

快速回顾 14－2：雇主雇佣所有白人工人的歧视系数的价值必定大于4美元。雇主雇佣所有黑人工人的歧视系数的价值必定小于4美元。

快速回顾 14－3：群体平均值的统计性差异可能会导致雇主拒绝接受有资格从事某些工作的女性和少数族裔群体，这样受歧视的群体就被限制在低工资、重复性的工作中。例如，基于家庭责任会妨碍工作地点转移和其他方面工作表现的假设，女性可能会被排斥在管理岗位之外。相反，女性可能会被隔离到管理助理职位上。

快速回顾 14－4：女性经济地位低下可能部分源于她们相对缺乏数学与量化方面的兴趣和培训。也许女性自愿选择规避为需要这些技能的高薪职业做准备。此外，由于歧视，女性可能比男性接受更少的数学培训。也就是说，社会化、教育咨询以及常规招聘可能使她们远离这种类型的培训，而只接受一些“女性职业”的培训。

快速回顾 15－1：非预期通货膨胀减少了工作搜寻时间长度；预期通货膨胀对工作搜寻时间长度没有影响；失业保险增加了工作搜寻时间长度。

快速回顾 15－2：学术机构的职业阶梯仅包含三个梯级：助理教授、副教授和正教授。沿着该职业阶梯有相当大的上升空间。

快速回顾 16－1：洛伦兹曲线移近对角线表示收入不平等下降。收入的直方图很可能被压缩，收入的基尼系数将下降。

快速回顾 16－2：尽管图16－4中显示的所有因素都很重要，但如果要求只选择一种因素，我们将会选择教育和培训差异。

快速回顾 17－1：劳动生产率是2（＝10单位产出/5单位劳动）。平均劳动成本是1美元（＝10美元劳动成本/10单位产出）。

快速回顾 17－2：随着经济从1990—1991年的衰退中复苏，厂商总体的产出增长远快于其雇佣量的增长。因此，人均产出增加了。

快速回顾 18－1：官方失业率高估了经济困难的原因是：一些被调查者谎称他们正在寻找工作；将对劳动力市场依附弱的人与依附强的人一并计算；许多家庭挣钱的人不止一个。官方失业率低估了经济困难的原因是：将非自愿兼职工人视为充分就业；没有将气馁工人或就业不足的工人计算在内。

快速回顾 18－2：错误。最近美国女性和男性的失业率大致相同。

中国人民大学出版社工商管理类翻译版教材

序号	书名	作者	定价	出版年份	ISBN 978-7-300-

(一) 工商管理经典译丛

序号	书名	作者	定价	出版年份	ISBN 978-7-300-
1	管理学（第13版）	罗宾斯（Stephen P. Robbins）	75	2017	23460-1
2	罗宾斯《管理学（第13版）》学习指导	罗宾斯（Stephen P. Robbins）	42	2017	24217-0
3	管理学（精要版第9版）	孔茨（Harold Koontz） 韦里克（Heinz Weihrich）	58	2014	18405-0
4	管理学（第3版）	贝特曼（Thomas S. Bateman）	58	2014	20098-9
5	商学精要（第8版）	埃伯特（Ronald J. Ebert）	55	2013	17581-2
6	管理经济学（第8版）	贝叶（Michael R. Baye）	65	2017	24850-9
7	管理经济学（第4版修订版）	彼得森（H. Craig Petersen）	69	2009	11367-8
8	管理经济学（第7版）	基特（Paul G. Keat）	65	2015	20416-1
9	组织行为学（第16版）	罗宾斯（Stephen P. Robbins）	78	2016	23166-2
10	组织行为学（第2版）	麦克沙恩（Steven L. McShane）	52	2015	20492-5
11	组织行为学（第9版）	格林伯格（Jerald Greenberg）	75	2011	13603-5
12	战略管理：概念与案例（第12版）	希特（Michael A. Hitt）	69	2017	24489-1
13	战略管理：概念与案例（第13版·全球版）	戴维（Fred R. David）	68	2012	15855-6
14	战略过程：概念、情境、案例（第4版）	明茨伯格（Henry Mintzberg）	69	2012	16331-4
15	人力资源管理（第14版）	德斯勒（Gary Dessler）	79	2017	23844-9
16	会计学（第10版）	亨格瑞（Charles T. Horngren）	85	2016	22753-5
17	公司理财：核心原理与应用（第3版）	罗斯（Stephen A. Ross）	76	2013	18161-5
18	项目管理：管理新视角（第7版）	梅雷迪思（Jack R. Meredith）	78	2011	12977-8
19	MBA运营管理（第5版）	梅雷迪思（Jack R. Meredith）	56	2015	21627-0
20	运作管理（第10版）	海泽（Jay Heizer）	89	2012	14890-8
21	运作管理（精要版第3版）	蔡斯（Richard B. Chase）	59	2014	18408-1
22	供应链管理（第6版）	乔普拉（Sunil Chopra）	69	2017	24293-4
23	市场营销：原理与实践（第16版）	科特勒（Philip Kotler）	79	2015	21339-2
24	营销管理（第13版·中国版）	科特勒（Philip Kotler）	59	2012	16254-6
25	营销信息系统（精要版·第9版）	劳东（Kenneth C. Laudon）	59	2012	16254-6
26	管理信息系统（第13版）全球版	劳东（Kenneth C. Laudon）	68	2016	20282-2
27	质量管理与卓越绩效（第9版）	埃文斯（James R. Evans）	75	2015	19776-0
28	数据、模型与决策（第4版）	埃文斯（James R. Evans）	59	2011	13605-9
29	电子商务（第7版）全球版	特伯恩（Efraim Turban）	79	2016	22533-3
30	电子商务导论（第2版）	特伯恩（Efraim Turban）	59	2011	13747-6
31	电子商务——商务、技术与社会（第7版）	劳东（Kenneth C. Laudon）	72	2014	18478-4
32	商务与经济统计学（精编版第5版）	威廉斯（Thomas A. Williams）	69	2014	19503-2
33	基础统计学（第4版）	拉森（Ron Larson）	52	2013	18479-1
34	商务统计学（第7版）	莱文（David M. Levine）	68	2017	24940-7
35	管理沟通——以案例分析为视角（第4版）	奥罗克（James S. O'Rourke）	49	2011	12920-4
36	商务谈判（第5版）	汤普森（Leigh L. Thompson）	55	2013	17837-0
37	管理思想史（第6版）	雷恩（Daniel A. Wren）	62	2012	14821-2
38	企业管理研究方法（第10版）	库珀（Donald Cooper）	79	2013	17645-1
39	商业伦理：概念与案例（第7版）	贝拉斯克斯（Manuel G. Velasquez）	52	2013	17376-4
40	企业伦理学（第10版）	费雷尔（O. C. Ferrell）	58	2016	22285-1
41	职业生涯发展与规划（第4版）	里尔登（Robert C. Reardon）	49	2016	22755-9
42	商法（第7版）	亚当斯（Alix Adams）	59	2014	20311-9
43	领导学——领导的艺术与科学（第7版）	纳哈雯蒂（Afsaneh Nahavandi）	55	2016	22758-0

(二) 工商管理经典译丛·市场营销系列

序号	书名	作者	定价	出版年份	ISBN 978-7-300-
1	市场营销学（第9版）	阿姆斯特朗（Gary Armstrong）	65	2010	12524-4
2	市场营销学基础（第18版）	佩罗（William D. Perreault, Jr.）	65	2012	15644-6
3	市场营销学（第3版）	格雷瓦尔（Dhruv Grewal）	65	2015	21338-5
4	营销管理（第5版·全球版）	科特勒（Philip Kotler）	39	2012	15367-4
5	营销管理（亚洲版·第5版）	科特勒（Philip Kotler）	75	2010	11369-2

6	营销管理：知识与技能（第10版）	彼得（J. Paul Peter）	65	2012	15751-1
7	消费者行为学（第10版）	所罗门（Michael R. Solomon）	68	2014	18249-0
8	消费者行为学（第11版）	希夫曼（Leon G. Schiffman）	69	2015	20402-4
9	战略品牌管理（第4版）	凯勒（Kevin Line Keller）	79	2014	19869-9
10	现代品牌管理	拉福雷（Sylvie Laforet）	55	2012	16015-3
11	商务谈判（第6版）	列维奇（Roy J. Lewicki）	65	2015	22006-2
12	营销调研（第7版）	伯恩斯（Alvin C. Burns）	65	2015	21107-7
13	基于Excel的营销调研（第3版）	伯恩斯（Alvin C. Burns）	58	2014	18621-4
14	营销调研精要	马尔霍特拉（Naresh K. Malhotra）	65	2016	22656-9
15	网络营销（第7版）	斯特劳斯（Judy Strauss）	65	2015	21036-0
16	服务营销（第6版）	洛夫洛克（Christopher Lovelock）	68	2010	12155-0
17	国际市场营销学（第10版）	钦科陶（Michael R. Czinkota）	69	2015	20986-9
18	全球营销	阿隆（Ilan Alon）	69	2016	23463-2
19	营销渠道：管理的视野（第8版）	罗森布洛姆（Bert Rosenbloom）	68	2014	18654-2
20	营销渠道（第7版）	科兰（Anne T. Coughlan）	59	2008	09525-7
21	广告学	阿伦斯（William Arens）	68	2014	18655-9
22	广告学：原理与实务（第9版）	维尔斯（William Wells）	75	2013	17868-4
23	广告与促销：整合营销传播视角（第9版）	贝尔奇（George E. Belch）	78	2014	19002-0
24	销售管理（第10版）	科恩（William L. Cron）	65	2017	23887-6
25	销售管理——塑造未来的销售领导者	坦纳（John F. Tanner Jr.）	48	2010	11767-6
26	客户关系管理	毛卡尔（Urvashi Makkar）	42	2014	19254-3
27	零售管理（第11版）	伯曼（Barry Berman）	79	2011	13093-4
28	战略营销：教程与案例（第11版）	凯琳（Roger A. Kerin）	65	2011	13868-8
29	营销战略与竞争定位（第5版）	胡利（Graham Hooley）	65	2014	07898-4
30	组织间营销管理（第10版）	赫特（Michael D. Hutt）	59	2011	13027-9
31	社会化媒体营销	塔腾（Tracy L. Tuten）	49	2014	20063-7
32	定价策略	史密斯（Tim J. Smith）	52	2015	21001-8

（三）工商管理经典译丛·会计与财务系列

1	会计学：管理会计分册（第25版）	里夫（James M. Reeve）	42	2016	22481-7
2	会计学：财务会计分册（第25版）	沃伦（Carl S. Warren）	72	2015	21597-6
3	会计学原理（第21版）	怀尔德（John J. Wild）	68	2015	20097-2
4	成本与管理会计（第15版）	亨格瑞（Charles T. Horngren）	99	2016	23024-5
5	管理会计	达塔（Srikant M. Datar）	78	2015	20847-3
6	高级会计学（第10版）	比姆斯（Floyd A. Beams）	69.8	2011	14636-2
7	审计学原理（第19版）	惠廷顿（O. Ray Whittington）	76	2015	22008-6
8	审计学：一种整合方法（第14版）	阿伦斯（Alvin A. Arens）	72	2013	16828-9
9	公司理财（第2版）	科尼特（Marcia Millon Cornett）	49	2015	20475-8
10	财务报表分析（第11版）	苏布拉马尼亚姆(K. R. Subramanyam)	75	2015	21598-3
11	个人理财（第3版）	吉特曼（Lawrence Gitman）	59	2016	23025-2
12	业绩评价与控制系统	西蒙斯（Robert Simons）	89	2016	23114-3

（四）工商管理经典译丛·运营管理系列

1	运营与供应链管理（第3版）	博扎思（Cecil C. Bozarth）	65	2014	20047-7
2	运营管理：供需匹配的视角（第2版）	卡桑（Gerard Cachon）	55	2013	17106-7
3	供应链设计与管理（第3版）	辛奇-利维（David Simchi-Levi）	55	2010	11614-3
4	物流管理	格兰特（David B. Grant）	49	2016	22839-6
5	物流学（第11版）	墨菲（Paul R. Murphy，Jr.）	49	2015	21056-8
6	质量管理：整合供应链（第4版）	福斯特（S. Thomas Foster）	59	2013	17142-5
7	供应管理（第8版）	伯特（David Burt）	68	2012	15794-8

（五）人力资源管理译丛

1	人力资源管理：赢得竞争优势（第7版）	诺伊（Raymond A. Noe）	79	2013	17773-1
2	人力资源管理基础（第2版）	德斯勒（Gary Dessler）	65	2014	19505-6
3	薪酬管理（第11版）	米尔科维奇（George T. Milkovich）	69	2014	20048-4
4	战略性薪酬管理（第7版）	马尔托奇奥（Joseph J. Martocchio）	49	2010	11213-8

5	绩效管理（第3版）	阿吉斯（Herman Aguinis）	45	2013	18106-6
6	雇员培训与开发（第6版）	诺伊（Raymond A. Noe）	55	2015	22322-3
7	国际人力资源管理（第5版）	赵曙明 道林（Peter J. Dowling）	45	2012	14734-5
8	员工招聘与录用（第5版）	阿瑟（Diane Arthur）	45	2015	21108-4
9	工作分析——实用指南	普里恩（Erich P. Prien）	39	2015	21758-1
10	组织中的人际沟通（第5版）	杰纳兹（Suzanne C. De Janasz）	59	2016	22283-7
11	谈判与冲突管理	科尔韦特（Barbara A. Budiac Corvette）	39.8	2009	10388-4
12	人力资源管理：案例、练习与技能训练（第7版）	恩科莫（Stella M. Nkomo）	45	2015	21626-3
13	劳动经济学（第10版）	麦康奈尔（Campbell R. McConnel）	65	2018	25333-6

（六）工商管理经典译丛·国际化管理系列/国际商务经典译丛

1	国际贸易（第15版）	普格尔（Thomas A. Pugel）	49	2014	19001-3
2	国际金融（第15版）	普格尔（Thomas A. Pugel）	42	2014	19329-8
3	全球商务（第3版）	彭维刚（Mike Peng）	68	2016	22417-6
4	国际商务（第9版）	希尔（Charles W. L. Hill）	75	2013	10660-1
5	国际企业管理（第6版）	约翰·卡伦（John Cullen）	62	2018	24851-6
6	国际管理（第5版）	包铭心（Paul W. Beamish）	75	2013	10660-1
7	国际管理——跨国与跨文化管理（第8版）	德雷斯凯（Helen Deresky）	65	2015	20938-8
8	国际商务谈判	塞利奇（Claude Cellich）	42	2013	18404-3
9	全球营销（第6版）	基根（Warren J. Keegan）	72	2015	20471-0
10	国际企业伦理（第2版）	克兰（John M. Kline）	39	2013	18089-2
11	跨文化商务沟通（第6版）	钱尼（Lillian H. Chaney）	42	2014	19139-3
12	国际商务谈判：原理与实务	莫德（Barry Maude）	48	2016	23387-1

（七）管理科学与工程经典译丛

1	数据、模型与决策（第10版）	泰勒（Bernard W. Taylor Ⅲ）	78	2011	14005-6
2	创新管理（第4版）	蒂德（Joe Tidd）	59	2012	15657-6
3	工程经济学（第5版）	帕克（Chan S. Park）	75	2012	16014-6
4	管理信息系统（第15版）	奥布赖恩（James A. O'Brien）	65	2012	16779-4
5	管理信息系统案例（第4版）	米勒（M. Lisa Miller）	49	2013	18076-2
6	现代数据库管理（第10版）	霍弗（Jeffrey A. Hoffer）	68	2013	17076-3
7	知识管理：一种集成方法（第2版）	贾夏帕拉（Ashok Jashapara）	48	2013	17172-2
8	管理科学	史蒂文森（William J. Stevenson）	55	2013	17681-9
9	现代系统分析与设计（第6版）	霍弗（Jeffrey A. Hoffer）	69	2013	15844-0
10	决策支持与商务智能系统（第9版）	特伯恩（Efraim Turban）	62	2015	21400-9

（八）工商管理经典译丛·旅游管理系列

1	旅游学（第12版）	格德纳（Charles R. Goeldner）	65	2014	20229-7
2	旅游服务业市场营销（第4版）	莫里森（Alastair M. Morrison）	54	2012	16351-2
3	饭店经营管理（第2版）	海斯（David K. Hayes）	52	2013	17035-0
4	饭店业战略管理（第3版）	奥尔森（Michael D. Olsen）	45	2013	18013-7
5	饭店前厅管理（第5版）	巴尔迪（James A. Bardi）	49	2014	18628-3
6	会展业概论（第3版）	费尼奇（George Fenich）	55	2016	23161-7

（九）工商管理经典译丛·创业与创新管理系列

1	中小企业创业管理（第3版）	卡茨（Jerome A. Katz）	75	2012	14271-5
2	创业学（第9版）	库特科（Donald F. Kuratko）	52	2014	20022-4
3	创业计划（第9版）	希杜克（Gail P. Hiduke）	59	2017	24215-6

（十）其他教材

1	创业学（亚洲版）	弗雷德里克（Howard H. Frederick）	55	2011	13506-9
2	商务沟通——数字世界的沟通技能（第12版）	伦茨（Kathryn Rentz）	49	2012	15331-5
3	组织变革管理（第5版）	卡纳尔（Collin A. Carnall）	45	2015	21954-7
4	战略管理——制定、实施和控制（第12版）	皮尔斯二世（John A. Pearce Ⅱ）	65	2015	21111-4
5	案例学习指南：阅读、分析、讨论案例和撰写案例报告	埃利特（William Ellet）	39	2009	10202-3

Campbell R. McConnell，Stanley L. Brue，David A. Macpherson
Contemporary Labor Economics，10e
0078021766

北京市版权局著作权合同登记号：01－2017－0429

图书在版编目（CIP）数据

劳动经济学：第10版 / 坎贝尔·麦康奈尔等著；徐玉龙等译；杨伟国译校．—北京：中国人民大学出版社，2018.1

（人力资源管理译丛）

ISBN 978-7-300-25333-6

Ⅰ.①劳… Ⅱ.①坎… ②徐… ③杨… Ⅲ.①劳动经济学-教材 Ⅳ.①F240

中国版本图书馆CIP数据核字（2017）第323146号

人力资源管理译丛

劳动经济学（第10版）

坎贝尔·麦康奈尔

斯坦利·布鲁　　　著

戴维·麦克弗森

徐玉龙　杨伟国　等 译

杨伟国　译校

Laodong Jingjixue

出版发行	中国人民大学出版社		
社　　址	北京中关村大街31号	**邮政编码**	100080
电　　话	010－62511242（总编室）		010－62511770（质管部）
	010－82501766（邮购部）		010－62514148（门市部）
	010－62515195（发行公司）		010－62515275（盗版举报）
网　　址	http://www.crup.com.cn		
	http://www.ttrnet.com(人大教研网)		
经　　销	新华书店		
印　　刷	北京鑫丰华彩印有限公司		
规　　格	185 mm×260 mm　16开本	**版　　次**	2018年1月第1版
印　　张	32.25 插页2	**印　　次**	2018年1月第1次印刷
字　　数	730 000	**定　　价**	65.00元

教师反馈表

麦格劳-希尔教育集团（McGraw-Hill Education）是全球领先的教育资源与数字化解决方案提供商。为了更好地提供教学服务，提升教学质量，麦格劳-希尔教师服务中心于 2003 年在京成立。在您确认将本书作为指定教材后，请填好以下表格并经系主任签字盖章后返回我们（或联系我们索要电子版），我们将免费向您提供相应的教学辅助资源。如果您需要订购或参阅本书的英文原版，我们也将竭诚为您服务。

★ 基本信息					
姓		名		性别	
学校			院系		
职称			职务		
办公电话			家庭电话		
手机			电子邮箱		
通信地址及邮编					
★ 课程信息					
主讲课程-1		课程性质		学生年级	
学生人数		授课语言		学时数	
开课日期		学期数		教材决策者	
教材名称、作者、出版社					
★ 教师需求及建议					
提供配套教学课件（请注明作者 / 书名 / 版次）					
推荐教材（请注明感兴趣领域或相关信息）					
其他需求					
意见和建议（图书和服务）					
是否需要最新图书信息	是、否	系主任签字/盖章			
是否有翻译意愿	是、否				

McGraw Hill Education | Higher Education

教师服务热线：800-810-1936

教师服务信箱：instructorchina@mheducation.com

网址: www.mheducation.com

麦格劳-希尔教育教师服务中心

地址：北京市东城区北三环东路 36 号环球贸易中心 A 座 · 702 室 教师服务中心 100013

电话：010-57997600

传真：010-59575582

教师教学服务说明

中国人民大学出版社工商管理分社以出版经典、高品质的工商管理、财务会计、统计、市场营销、人力资源管理、运营管理、物流管理、旅游管理等领域的各层次教材为宗旨。

为了更好地为一线教师服务，近年来工商管理分社着力建设了一批数字化、立体化的网络教学资源。教师可以通过以下方式获得免费下载教学资源的权限：

在“人大经管图书在线”（www. rdjg. com. cn）注册，下载“教师服务登记表”，或直接填写下面的“教师服务登记表”，加盖院系公章，然后邮寄或传真给我们。我们收到表格后将在一个工作日内为您开通相关资源的下载权限。

如您需要帮助，请随时与我们联络：

中国人民大学出版社工商管理分社

联系电话：010-62515735，62515987，62515782，82501048

传　　真：010-62515732，62514775　　　电子邮箱：rdcbsjg@crup. com. cn

通讯地址：北京市海淀区中关村大街甲 59 号文化大厦 1501 室（100872）

教师服务登记表

姓 名		□先生　□女士	职　称		
座机/手机			电子邮箱		
通讯地址			邮　编		
任教学校			所在院系		
所授课程	课程名称	现用教材名称	出版社	对象（本科生/研究生/MBA/其他）	学生人数
需要哪本教材的配套资源					
人大经管图书在线用户名					

院/系领导（签字）：

院/系办公室盖章